2012

上海人口和计划生育年鉴

Shanghai Almanac of Population and Family Planning

上海人口和计划生育年鉴编辑委员会

上海科学技术文献出版社

《上海人口和计划生育年鉴》编辑委员会

《上海人口和计划生育年鉴》编辑部

上海市政府召开上海市人口和计划生育工作会议，副市长赵雯出席会议并讲话

2011年上海市世界人口日宣传活动暨上海市人口和家庭计划指导服务中心启动活动揭牌仪式，国家人口计生委副主任陈立(右二)、上海市副市长赵雯（右一）为中心揭牌

上海市人口计生系统举行文艺汇演，隆重纪念建党90周年

2011年度上海市人口和计划生育情况驻沪领馆通报会

谢玲丽同志实地考察杨浦区社区人口计生综合服务站

0～3岁婴幼儿早期发展指导服务

0～3早教指导活动

孕前优生健康检查套餐服务

“幸福工程”、“救助贫困母亲”活动现场募捐

计生协会与社区特扶家庭成员联欢

人口文化宣传

流动人口关怀关爱活动

凡　例

一、《上海人口和计划生育年鉴(2012)》是由上海市人口和计划生育委员会主办，按年度全面、系统、准确、权威记录上海市人口和计划生育事业发展轨迹的大型资料性工具书，是新中国建立以来全国首部省(直辖市、自治区)级人口和计划生育部门性年鉴。

二、本年鉴由《上海人口和计划生育年鉴》编辑委员会主持编纂，上海市人口和计划生育委员会及直属单位，区、县人口和计划生育委员会及有关社会团体、研究机构供稿，《上海人口和计划生育年鉴》编辑部负责编纂工作。

三、本年鉴在新的历史条件下，以马列主义、毛泽东思想、邓小平理论、“三个代表”重要思想和科学发展观为指导，记录本市人口和计划生育工作改革发展历程，为促进人口与经济、社会、资源和环境全面协调可持续发展服务。

四、本年鉴设17个栏目：(1)综述篇；(2)法规规章与重要文件；(3)重要讲话和报告；(4)重要会议和活动；(5)专业工作篇；(6)上海市人口和计划生育委员会直属单位；(7)社会团体；(8)人口和计划生育研究机构；(9)人口要情选编；(10)专文；(11)市人口计生委研究成果选编；(12)区县人口计生委研究成果选编；(13)区县人口和计划生育工作；(14)大事记；(15)人口数据；(16)文献摘要；(17)机构名录。其中(5)、(6)、(7)、(8)、(13)、(16)、(17)栏目，采用栏目——分目——条目三级结构层次，条目为主要信息载体和基本撰稿形式。

五、本年鉴所记一般为2011年度上海人口和计划生育系统所发生之事。但为了不割断历史，保持内容上的连续性和衔接性，在少量条目和需要对比时，涉及2011年度之前的情况；同时，为了叙述的完整性和提供信息的及时性，有的内容收录到截稿时为止；此外，有些在《上海人口和计划生育年鉴(2011)》已经记载且变化不大的情况，本年鉴仍予记载，以求阅读的方便和内容的完整。

六、本年鉴各分目之首一般都设“概述”条目，用于集中记述各部门、各单位、各区县的总体情况。

七、本年鉴中的“人口数据”栏目由上海市人口和计划生育委员会规划统计处供稿，正文中的数据由各单位提供。

八、本年鉴分列中、英文目录，均列至分目标题。

目　录

凡　例

一、综述篇

二、法规规章与重要文件

三、重要讲话和报告

四、重要会议和活动

五、专业工作篇

六、市人口和计划生育委员会直属单位

七、社会团体

八、人口和计划生育研究机构

九、人口要情选编

十、专　文

十一、市人口计生委研究成果选编

十二、区县人口计生委研究成果选编

十三、区县人口和计划生育工作

十四、大事记

十五、人口数据

十六、文献摘要

十七、机构名录

Contents

3. Important Addresses and Reports

4. Important Conferences and Activities

5. Specific Programs

6. Organizations Directly Affiliated to Shanghai Municipal Population and Family Planning Commission

7. Public Organizations

8. Research Institutes of Population and Family Planning

9. Selection of Population News

10. Research Papers

11. Selection of Research Papers of SMPFPC

12. Selection of Research Papers of PFPC of Districts and Counties

13. Population and Family Planning Program in Districts and Counties

14. Chronology of Major Events

15. Statistics of Population and Family Planning

16. Digests

17. Organization List

2011年上海市人口和计划生育工作综述

2011年，上海市人口计生工作紧密结合实际，解放思想，改革创新，人口计生利益导向机制建设取得重大突破，人口发展战略研究深入推进，人口计生综合改革全面深化，优生促进工程和婴幼儿早期启蒙工程全面实施，公共服务体系进一步转型升级，流动人口服务管理得到强化，低生育水平保持稳定。

【编制《上海市人口和计划生育事业“十二五”规划》】 上海市人口计生委将《上海市人口和计划生育事业“十二五”规划》编制列入年度重点工作。通过征求市人大代表、市政协委员和市发展改革委、市公安局等相关部门以及各区县政府的意见，形成《规划》送审稿，得到了市人大、市政协和市政府相关部门的充分肯定。2011年11月15日，市政府印发《上海市人口和计划生育事业“十二五”规划》，这是上海人口计生工作历史上首次由市政府印发的五年规划。《规划》提出“十二五”时期全市人口和计划生育事业转型发展的“十大任务”：(1)加强人口综合调控，全面提升大城市人口管理水平；(2)引导人口合理分布，推进形成与区域功能相匹配、疏密有度的人口分布格局；(3)提高人口素质，加快推进人口大市向人力资源强市转变；(4)优化人口结构，不断增强城市人口活力；(5)加强人口综合服务，促进来沪人员融入城市；(6)坚持依法行政，推进利益导向机制建设创新发展；(7)提高家庭发展能力，推进计划生育优质服务提质提速；(8)发挥宣传教育的先导功能，在全社会广泛树立正确的人口观、婚育观；(9)大力支持社会组织、企事业单位的人口计生工作，促进和谐有序的社会管理；(10)大力推进人口计生统计与信息化建设，夯实人口管理工作基础。

【完善人口计生利益导向机制】 2011年6月1日，上海市政府印发《上海市计划生育奖励与补助若干规定》，大幅提高计划生育奖励与补助标准。新《规定》将独生子女父母奖励费从每人每月2.5元提高到每人每月30元；将年老退休一次性计划生育奖励费从每人2300元提高到每人5000元；将婚后无子女人员年老退休一次性计划生育奖励费从每人4600元提高到每人1万元。新《规定》改变了上海独生子女父母奖励费30年未变、年老退休时一次性计划生育奖励费15年未变的现状。全市各区县人口计生部门及时落实，对各种符合领取计生奖励的人员情况进行梳理，保证计生奖励及时、足额发放。2011年，全市由各区县、乡镇（街道）发放独生子女父母奖励费金额1.03亿元；发放农村计划生育家庭奖励扶助费7426.48万元，发放计划生育家庭特别扶助金6091.06万元，已有23.5万户独生子女家庭参加了独生子女保险。

【修订出台《上海市社会抚养费征收管理若干规定》】 为了使社会抚养费征收管理更加符合实际以及未来发展趋势，根据基层干部群众反映的意见和建议，2011年12月22日，上海市人民政府发布新修订的《上海市社会抚养费征收管理若干规定》，自2012年1月1日起施行。2002年8月30日市政府印发的《上海市社会抚养费征收管理若干规定》同时废止。与原规定相比，新修订的《上海市社会抚养费征收管理若干规定》调整的内容主要有两项：一是调整"生育第一个子女不符合规定的"征收标准。生育第一个子女不符合规定的，统一按照征收基数的一半征收社会抚养费。二是增加限期补办再生育手续的规定。对于符合法律法规规定的再生育子女条件，但未办理再生育手续而生育的夫妻，由区县人口计生委责令其限期3个月补办。补办再生育手续的，不再征收社会抚养费；逾期不补办的，对男女双方当事人各按征收基数的四分之一征收社会抚养费。

【开展人口重大问题研究】 按照国家人口计生委统一部署，上海市人口计生委开展"特大城市养老服务需求与供给现状、趋势研究——以上海为例"和"特大城市人口规模调控研究——上海子课题"研究。同时，参与市委、市政府重点研究课题——《解决"新二元结构"的途径、前景及举措的调研》，形成《上海市外来人口现状及变化趋势预测》专题报告。开展全市流动人口现状及趋势预测专题调研，副市长赵雯率队赴广东省学习考察流动人口服务管理情况，引入由条件管理向积分制转变的思路，并以《人口要情》报市委、市政府领导，市委书记俞正声作重要批示。市人口计生委和市政府发展研究中心以"六普"数据开发利用为抓手，共同组织开展2011年市政府决策咨询（人口系列）、人口计生工作创新研究等16项研究。市人口办围绕全市人口管理热点问题，组织人口发展决策咨询专家组成员开展课题调研，充分发挥人口决策咨询功能。积极推进研究成果转化应用，为人口与发展综合决策提供了重要参考，许多研究成果成为国家、本市和各区县的规划、政策和实事项目。

【推进新型家庭人口文化建设】 上海市人口计生系统积极构建以家庭为中心的人口计生公共服务体系，推动人口计生公共服务从以个人为单位向家庭为单位转变，从以户籍人口为主向全人口转变，从以育龄期为主向生命全过程转变。2011年7月7日，市人口计生委与市计划生育科学研究所成立"上海市人口和家庭计划指导服务中心"，推动上海人口计生公共服务转型升级。2011年10月25日，市人口计生委召开文化体制改革与家庭文化发展研讨会，就如何学习贯彻落实党的十七届六中全会发展海派的、科学的、大众的家庭文化，努力提升家庭发展能力进行深入探讨，提出前瞻性、综合性、政策性建议。2011年11月3日，市人口计生委印发《关于加强本市人口和家庭计划指导服务工作的意见》，提出在"十二五"期间，全市要建立健全人口和家庭计划指导服务体系，逐步推进以生命阶段为基础的家庭计划指导服务项目，为建设新型家庭人口文化、和谐家庭、和谐社区提供有力支持。

【提升流动人口服务管理水平】 2011年12月22日，上海市政府印发《上海市流动人口计划生育工作规定》，新增了群众自律、动态监测、区域协作等多项制度，明确流动人口在现居住地享受的计划生育权利。积极推进流动人口计划生育基本公共服务均等化，围绕来沪人员随迁子女入学、计划生育服务管理、就业服务、培训和权益保障等，做好来沪人员服务工作。积极推进流入地与流出地之间的流动人口计划生育双向管理。截至2011年底，上海市人口计生委与江苏、安徽、浙江等9个省的人口计生委签订了省级流动人口双向管理服务协议，区（县）累计签订流动人口计划生育双向管理和服务协议书660多份。积极推动泛长三角地区流动人口计划生育区域协作，汇编了泛长三角流动人口计划生育工作机构通讯录，收录街镇以上单位1.2万个，形成区域内统一的流动人口管理规范、服务标准、工作程序和协作平台，提升区域协作的制度化、规范化水平。

【强化人口计生投入保障机制】 上海市加强财政保障，建立稳定增长的人口计生投入保障机制。2011年，全市共发放年老退休一次性计划生育奖励费近10亿元，发放农村计划生育家庭奖励扶助金7426.48万元，发放计划生育家庭特别扶助金6091.06万元，常住人口人均计划生育事业费达到36.20元。同时，认真做好对口支援新疆人口计生工作，人口计生援助项目2600万元已列入《上海市对口支援新疆喀什四县综合规划（2011～2015年）》。2011年8月16日，上海市计生协援助江西省建立幸福工程项目签约仪式在江西省资溪县举行。此次签约的幸福工程项目以公司+基地+贫困母亲的模式，带动150名贫困母亲参加公司劳动。2011年9月10日，上海市计生协援助西藏自治区建立幸福工程项目签约仪式在日喀则举行，江孜县、萨迦县将建立两个幸福工程项目，通过开展养殖、种植和运输等项目，扶助38户计划生育贫困母亲家庭发展生产。

【深化婴幼儿早期启蒙工程】 2011年，上海市人口计生委将科学育儿指导纳入市农委的农村卫星远程教育内容，印发《本市社区婴幼儿早期启蒙指导服务规范化流程》，并制定户籍人户分离人员居住地社区早教服务细则。修订《社区0～3岁婴幼儿科学育儿入户指导手册》、《社区0～3岁婴幼儿启蒙服务指南》，方便群众获得相关服务信息。推进优生优育网络平台——宝优网和手机互动平台建设，不断推动"优势互补、共建平台、资源整合、百姓受益"工作格局的形成。组织开展婴幼儿综合发育能力普测试点项目，完成1500例普测并提供针对性指导服务。开展育婴师职业资格培训，全市共有175名学员报名参加，并组织第7批21名人员赴加拿大进行科学育儿国际合作项目培训。

【加强人口信息化建设】 2011年，上海市人口计生委加强做好流动人口统计、监测等工作，推进"智慧人口计生"建设。开展上海市人口与计生综合管理信息系统居（村）委电子台账应用试点，完善独生子女父母年老一次性计划生育奖励费补发及计划生育技术服务人员和机构审核模块，完成了国家人口计生委流动人口抽样调查数据录入模块，实现独生子女父母光荣证居住地办理。重点推进用户行为审计及网络与信息安全综合监管系统开发建设，完成人口计生舆情监测平台、本市地方性法律法规数据以及人口与经济、社会统计年鉴数据收集整理入库工作。

【推进免费孕前优生健康检查试点】 2011年，上海市静安、杨浦、松江3个区被列入国家免费孕前优生健康检查项目第二批试点单位，其他各区县参加市级试点。为全面做好国家免费孕前优生工作，市人口计生委与市财政局联合成立上海市实施国家免费孕前优生健康检查项目试点工作领导小组，并联合印发《关于本市开展国家免费孕前优生健康检查项目试点工作的指导意见》。为提高优生促进的质量，市人口计生委依托上海红房子妇产科医院建立"上海市出生缺陷一级预防指导中心"，依托上海市计划生育科研所设立"上海市孕前优生项目临床检验质量监测指导中心"。各区县接受免费孕前优生健康检查的计划怀孕夫妇呈增多趋势，2011年，全市各区县共完成免费孕前优生检查17000对，其中3个国家试点区完成4000对。

（市计生委研究室）

二、法规规章和重要文件

上海市人民政府
关于印发《上海市人口和
计划生育事业“十二五”规划》的通知

沪府发〔2011〕79号

各区、县人民政府，市政府各委、办、局：

现将《上海市人口和计划生育事业 “十二五”规划》印发给你们，请认真贯彻执行。

上海市人民政府
2011年11月15日

上海市人口和计划生育事业“十二五”规划

“十二五”时期，是我国全面建设小康社会的关键时期，是上海加快推进“四个率先”、加快建设“四个中心”和社会主义现代化国际大都市的关键时期。人口问题是城市发展中必须研究和解决的全局性重大问题，关系到上海经济社会和资源环境的全面协调可持续发展。全面做好人口和计划生育工作，是创新社会管理和发展公共服务的重要任务，是推进创新驱动、转型发展的重要支撑。依据《全国“十二五”人口和计划生育事业发展规划草案》、《国家人口发展“十二五”规划草案》和《上海市国民经济和社会发展第十二个五年规划纲要》，编制本规划。

一、“十一五”上海人口和计划生育事业发展回顾

市委、市政府一直高度重视人口工作。

“十一五”时期，在市委、市政府的正确领导下，在国家人口计生委的有力指导下，在各级政府和各有关部门的共同努力下，本市人口和计划生育工作任务全面完成，人口和计划生育事业得到全面发展。

（一）主要人口发展目标完成情况

到2010年末，全市常住人口总量为2302.66万人。低生育水平继续保持稳定，到“十一五”期末，户籍人口计划生育率达到99.20%，常住人口计划生育率达到94.05%；常住人口自然增长率为2.77‰。人口素质稳步提高，常住人口新增劳动力平均受教育年限达到13.8年；婴儿死亡率为3.12‰，孕产妇死亡率为5.30/10万，户籍人口预期寿命超过80岁。人口布局进一步优化，人口向郊区扩散的趋势初步显现，郊区人口密度逐步上升。人口管理体制机制不断完善，人口综合服务和管理水平不断提高。这些为“十二五”时期全面做好人口工作打下了坚实基础。

（二）人口和计划生育事业主要进展

“十一五”时期，全市深入贯彻落实科学发展观，紧紧围绕“四个中心”建设和人口与经济社会、资源环境全面协调可持续发展大局，改革创新，锐意进取，各项工作取得显著成效，人口发展战略研究、统计与信息化建设、人口计生公共服务、人口计生利益导向、流动人口服务管理等方面走在全国前列。

1.统筹解决人口问题已成为人口和计划生育事业发展的主线。市委、市政府出台了《关于贯彻〈中共中央、国务院关于全面加强人口和计划生育工作统筹解决人口问题的决定〉的意见》。成立了市人口和计划生育工作联席会议，明确部门职责，不断完善统筹解决人口问题的体制机制。全市大力推进人口和计划生育综合改革，着力构建“党委领导、政府负责、社会协同、公众参与”的人口计生工作格局。各级财政加大对人口计生事业发展的投入力度，加强人口综合服务和管理。2010年，全市常住人口人均计划生育事业费达到31.42元，超过《中共中央、国务院关于全面加强人口和计划生育工作统筹解决人口问题的决定》提出的人均30元目标。

2.人口发展战略研究已成为人口计生工作的重要组成部分。围绕特大型城市发展目标和重点，深入开展人口重大问题的前瞻性、实证性和政策性研究。“十一五”期间，市人口计生委先后组织开展了上海人口发展战略、人口最大承载量、人口合理分布、应对人口老龄化、提高人口素质等百余项重大课题研究。完成了国家部署的人口发展功能区规划、人口因素对经济长期平稳较快增长影响以及市委“调控人口总量、提升人口素质”等重大课题研究。积极推动区县开展区域人口重大问题研究，促进人口发展与教育、卫生等公共资源均衡配置。注重课题研究成果转化，为各级政府实施人口与发展综合决策、编制规划、加强社会管理和公共服务提供决策参考。

3.全面提高生育质量、生命质量已成为人口计生公共服务发展的核心理念。大力推进人口计生公共服务机构标准化建设，探索建立“1+X”都市型人口计生公共服务体系。启动实施“优生促进工程”，建立了市出生缺陷一级预防指导中心，率先开展城市免费孕前优生健康检查试点。率先建立扎根社区的婴幼儿早期启蒙公共服务体系，80%的街镇建立社区0～3岁婴幼儿早期启蒙指导服务点，科学育儿指导服务覆盖率达到95%以上。建立了科学育儿国际合作项目基地。率先开展人口计生社工队伍职业化建设和育婴师职业资格培训。率先全面推进避孕药具“易得工程”，并探索向“优得工程”转变。开通了“上海12356阳光计生咨询、研究和综合服务热线”。建立了向驻沪领馆通报人口和计划生育情况的制度，加强国际交流和合作。充分发挥计划生育协会、人口学会、生殖健康产业协会、人口福利基金会、人口与发展研究院、人口早期发展协会等群众团体在人口计生管理和服务中的作用。

4.统筹协调、均等服务已成为流动人口工作的重要内容。全面实施居住证制度和实有人口、实有房屋“两个实有”全覆盖管理。率先开展包括流动人口在内、面向所有市民的免费计划生育技术服务。社区免费优生咨询指导、婴幼儿早期启蒙教育等的受众逐步扩展到流动人口，全面启动流动人口计划生育基本公共服务均等化试点。率先探索建立流动人口源头互动有序管理新机制，市、区县两级人口计生部门与9个省、500多个地市签订了流动人口计划生育服务管理协议。推进长三角、泛长三角人口和计划生育工作区域协作，努力构建流动人口计划生育服务管理“一盘棋”格局。开展流动人口动态监测和全员流动人口信息统计。依法严厉打击“两非”行为。2008年，出生人口性别比首次呈下降趋势。

5.构建“政府、社会、市场”三位一体的利益导向机制已成为惠及民生的立足点。制定出台了《上海市计划生育奖励与补助若干规定》，解决历史遗留问题。全面推行计划生育家庭特别扶助制度和农村部分计划生育家庭奖励扶助制度，提高计划生育老年家庭社会保障水平。市人口计生委、市民政局发出《关于在申请社会救助时计划生育奖励与补助费豁免计算家庭收入有关事项的通知》。全面启动和推进独生子女保险计划工作，发行扶助独生子女困难家庭专题彩票，实施生育关怀行动，加大对计划生育困难群体的扶助力度。坚持依法行政，严格按照法律、法规、规章和制度开展人口计生服务和管理。“十一五”期间，全市人口计生系统没有发生一例违法行政案件。

6.多部门协同的统计与信息化建设已成为人口管理工作的重要基础。不断完善人口计生、统计、公安等部门紧密互动的人口统计数据交流分析机制，科学判断人口总量、人口出生、人口结构和人口分布等发展变动。加强人口计生日常统计工作，坚持每年开展人口发展状况抽样调查，开展人口预测，全面把握人口发展形势。坚持每年开展人口出生预测预报工作，引导市民避开生育高峰。建设市人口与计划生育综合管理信息系统，统一规划、统一数据、统一平台、统一网络，分层维护、分级使用，形成了“一库（集中式全员人口计生数据库）、一网（互联互通的全系统信息传输网络）、一平台（门户式综合业务应用平台）”的工作格局。建立部门间人口信息资源共建共享机制，实现网络全方位、业务全纳入、人群全覆盖的上海人口计生信息化应用模式。

总之，“十一五”时期，上海率先转变人口计生工作的思路和工作方法，求创新、求突破，全面推进，转型发展，为“十二五”时期人口计生事业发展奠定了良好的基础。一是工作重点从单纯控制人口数量向提升人口素质、优化人口结构、推进人口合理分布转变，推进人口综合管理和综合调控深入发展，为保持上海经济长期平稳较快发展提供良好的人口环境；二是工作内涵从单纯提供计划生育公共服务向调节城市公共服务与人口结构变动协调发展的方向转变，特别注重将流动人口服务管理纳入城市统一的公共服务管理体系，切实落实以人为本和加强社会管理的工作要求；三是工作方式从单部门管理向多部门资源整合、政策联动、信息共享转变，努力形成统筹解决人口问题的工作格局。同时，也要清醒地看到，“十二五”期间，上海人口计生事业发展还面临着一系列问题和挑战，如城市人口规模日益庞大，如何加强特大型城市人口管理已经成为一个突出的现实问题；人口流动性进一步增强，计划生育服务管理难度加大，流动人口违法生育和出生性别比偏高现象仍较突出；日益多样化的公众需求对人口计生公共服务提出了更高的要求，利益导向机制建设亟待进一步创新发展。

二、“十二五”上海人口发展的阶段性特点与趋势判断

进入21世纪以来，在低生育水平继续得到稳定的同时，上海特大型城市人口开放性特征日益显现。“十二五”时期，本市人口发展将呈现明显的阶段性特点：人口总量增速趋缓，人口素质快速提升，人口分布明显调整，人口老龄化与少子化矛盾凸显和学龄人口较大波动。

（一）在全国城市化加快发展的背景下，上海人口总量依旧面临增长压力，但增速趋缓

上海常住人口总量从20世纪90年代初浦东开发开放起步入快速增长阶段，已持续近20年，人口总量达到高位水平，城市能源供

给、环境容量、交通管理等压力不断增强。“十二五”期间，全国城市化步伐继续加快，城镇化率将超过50%，城乡人口格局将发生重大变化。作为我国重要的经济中心城市，上海对国内外人口的吸引力依旧强劲。但随着国家区域发展总体战略的深入实施和中西部城市的崛起，以及长三角城市群的快速发展，农村导出人口流向将更加多元、分散，上海面临的人口吸纳压力将会有所缓解。

（二）上海经济发展方式转变对人口素质快速提升提出了迫切要求

“十一五”期间，上海人口健康水平不断提升，人口预期寿命、婴儿死亡率和孕产妇死亡率保持在发达国家水平，但人口文化素质与发达国家大都市相比，仍有较大差距。“十二五”时期，全球进入后金融危机时代，为上海吸纳全球高端人才，应对日益加剧的全球经济科技竞争，提供了重要战略机遇。“十二五”时期是上海加快产业结构升级和转变经济发展方式的关键时期，对先进制造业和现代服务业等领域的各种专业人才和高新技术人才的需求更加强劲。可以预计，在“四个中心”建设和世博后续效应的带动下，上海人才集聚和人口国际化发展态势将更加明显，人力资本加快流入、人力资源高度集聚、“人口大市”向“人力资源强市”转变态势将进一步凸现，来沪经商、工作、留学、参加各类国际交流与合作、居住和旅游等的外国人和港澳台地区人员呈不断增加趋势。

（三）中心城区人口将进一步向郊区疏解，长三角区域内的人口迁移流动更加频繁

经过“十一五”时期的努力，核心城区人口密度出现下降趋势，但中心城区与郊区人口密度落差悬殊的格局未得到根本改变。“十二五”期间，上海将加快推进新城建设，将嘉定、松江、浦东、青浦、奉贤、金山、崇明等区县新城建设成为特色鲜明、功能完善、产城融合、用地集约、生态良好的长三角城市群的重要组成部分。随着城市轨道交通体系的日臻完善和大型住宅小区建设的不断推进，人口居住沿轨道交通扩散和向郊区新城集聚，呈现出人口城市化和郊区化并进的发展态势。与此同时，随着长三角城市群一体化发展步伐的加快，特别是同城交通干线的快速推进，区域内人口迁移流动将日益频繁，人口分布变动的同城效应将更加明显。

（四）老龄化与少子化问题突出，优化人口年龄结构任重道远

受以往人口变动影响，上海人口转变在人口年龄结构上反映突出。“十二五”期间上海人口老龄化将进入快速上升期，预计户籍60岁及以上老年人口平均每年净增20万人左右；到“十二五”末，全市老年人口数量将达到430万人左右，占总人口的28%左右；按常住人口预测，则为20%左右。从2013年起，新增老年人口中80%以上将为独生子女父母。与此同时，0～14岁人口占户籍总人口比例从20世纪90年代起持续下降，“十一五”期末已降至8%左右，少子化现象进一步凸现。“十二五”时期，户籍劳动年龄人口（16～59岁）数量开始下降，城市发展将更加依赖流动人口的大量导入，如何合理吸纳流动人口，将成为影响城市经济社会持续平稳发展的关键因素。

（五）人口出生小高峰仍将持续，学龄人口波动性较大，对城市公共服务资源配置提出了新的挑战和要求

“十二五”时期本市人口生育小高峰仍将持续，常住人口自然变动将保持正增长。受人口出生周期性波动影响，本市学龄人口波动性进一步加剧。学龄前人口在2015年前将继续呈逐年增长趋势；小学适龄人口将于“十二五”时期开始进入增长波段；初中适龄人口在“十二五”末开始进入增长波段；高中适龄人口在2020年前始终处于低谷波段，呈逐步下降趋势。根据年龄结构变动，合理调整配置全市托幼、义务教育及高中教育资源，至关重要。同时，在人口大量流动和人户分离情形大量存在的情况下，区域常住人口基础设施和公共服务资源均衡配置难度进一步加大。

三、“十二五”上海人口和计划生育事业发展的指导思想、基本原则和主要目标

（一）指导思想

高举中国特色社会主义伟大旗帜，以邓小平理论和“三个代表”重要思想为指导，深入贯彻落实科学发展观，顺应人民群众过上更好生活的新期待，充分发挥上海世博会的后续效应，坚持创新驱动、转型发展，坚定不移地走统筹解决人口问题的道路。要贯彻落实计划生育基本国策，稳定低生育水平，合理调控人口规模，提高人口素质，优化人口结构，引导人口合理分布，保障人口安全。要加强战略研究、政策统筹、工作协调和任务落实，创新社会管理，发展公共服务，力争通过“十二五”时期的努力，逐步形成“统筹有力、战略引领、政策导向、法制完备、服务提升、信息支撑”的人口管理新格局和新体系，使上海成为人口发展均衡型、资源使用节约型、环境建设友好型的高度现代文明的国际大都市，在全国继续发挥示范、引领作用。

（二）基本原则

1.坚持以人为本。人口管理是社会管理的核心。要将加强和改进人口工作摆到更加突出的位置，将人口工作的重心统一到加强人口综合调控和综合管理、推动城市转型发展的轨道上来，充分发挥人口工作在全市经济社会发展中的基础性、引导性作用。

2.坚持统筹协调。进一步加强人口工作的统一领导和部门协同，不断完善人口与发展综合决策的工作机制，统筹人口数量、素质、结构和分布之间的协调发展，统筹人口与经济、社会、资源和环境之间的协调发展，确保城市人口安全。

3.坚持依法行政。全面落实依法治市基本方略和现代化、国际化发展要求，坚持依法履职，加强人口计生社会管理和公共服务，切实维护计划生育群众合法权益，促进社会公正公平、和谐文明。

4.坚持改革创新。科学把握大城市人口发展规律，全面推进实有人口服务管理。更加注重提高人口素质，更加注重优化人口结构，更加注重家庭能力建设，不断开创人口工作新局面，为经济社会发展创造更加有利的人口环境。

（三）主要目标

1.加强人口宏观调控。稳定低生育水平，常住人口总量年均增长率预期1.5%左右。

2.人口素质不断提升。努力提高劳动年龄人口受教育文化程度和高技能劳动人口比重，新增劳动力平均受教育年限达到14.7年。稳定低婴儿死亡率和低孕产妇死亡率水平，人口预期寿命有所提高。

3.人口分布进一步优化。中心城区人口密度进一步降低，西部新城群和沿海沿江新城人口进一步集聚，城镇之间合理的人口梯度分布初步形成。郊区常住人口总量占比进一步提高。

4.人口结构更加合理。增量人口结构不断改善，人口构成的国际化程度不断提高，保持城市人口活力和劳动力供应。常住人口出生性别比进一步降低。

5.人口计生公共服务能力不断加强。群众基本享有优质的计划生育、优生优育、生殖健康服务，出生缺陷一级预防指导服务覆盖率达到80%，科学育儿指导服务覆盖率达到100%，流动人口计划生育服务管理综合覆盖率达到85%。

表　“十二五”时期人口发展和计划生育工作主要指标

类别	指标名称	单位	2015年	属性
I.人口总量	1.常住人口年均增长率	%	1.5左右	预期性
II.人口出生	2.常住人口计划生育率	%	90	约束性
	3.常住人口自然增长率	‰	4 左右	预期性
	4.户籍人口总和生育率	—	1.0左右	预期性
III.人口健康素质	5.户籍人口婴儿死亡率	‰	5以下	预期性
	6.户籍孕产妇死亡率	1/10万	10以下	预期性
	7.户籍人口预期寿命	岁	81以上	预期性

（续表）

IV.人口文化素质	8.常住人口25～64岁大专及以上比例	%	35	预期性
	9.常住人口新增劳动力平均受教育年限	年	14.7	预期性
	10.常住人口高级工以上技能人才占技能劳动者比重	%	30	预期性
V.人口年龄构成	11.常住人口少年儿童比	%	10左右	预期性
	12.常住人口60岁及以上比例	%	20左右	预期性
	13.户籍人口少年儿童比	%	9左右	预期性
	14.户籍人口60岁及以上比例	%	28左右	预期性
VI.计划生育公共服务与保障	15.出生缺陷一级预防指导服务覆盖率	%	80	约束性
	16.科学育儿指导服务覆盖率	%	100	约束性
	17.流动人口计划生育服务管理综合覆盖率	%	85	约束性

四、“十二五”上海人口和计划生育事业发展的主要任务和保障措施

（一）主要任务

1.加强人口综合调控，全面提升大城市人口管理水平。

加强人口总量调控。贯彻落实计划生育基本国策，切实稳定低生育水平。完善人口出生预测预报制度，加强生育调节，增强全社会的人口意识。有计划地控制户籍人口机械增长。通过产业结构优化升级、城市建设推进和规范居住与用工行为，促进人口合理流动，有效调节人口总量。

推进城市人口管理制度创新。进一步调整完善人口管理体制机制，提高人口综合调控能力。坚持总量控制与条件管理并重，通过不断完善户籍制度改革，全面提升人口迁移管理水平。健全居住证、居住证转办常住户口、引进人才直接落户等政策体系。依托社区，健全实有人口、实有房屋“两个实有”全覆盖管理服务机制，逐步实现居住地服务管理。加强人口分类管理，破解城乡“二元”结构，促进不同人群的社会融合。

加大统筹解决人口问题工作力度。充分发挥市、区县人口计生工作联席会议作用，进一步增强部门沟通和协调能力，推进各级政府和部门实现人口与发展综合决策。深入开展重大人口问题和人口发展相关政策研究，促进城市和经济发展方式转型，促进人口与经济社会、资源环境全面协调可持续发展。充分发挥各类研究机构的作用，推进市人口与发展研究中心二期建设，加快浦东人口发展研究中心、复旦–杨浦人口发展研究中心等区域人口研究机构建设。

2.引导人口合理分布，推进形成与区域功能相匹配、疏密有度的人口分布格局。

深化研究人口发展功能区战略。根据中心城区、近郊区、远郊区资源环境承载能力、现有开发密度、发展潜力和区域发展定位，分别制定实施人口稳定发展、人口集聚发展、人口疏散发展、人口限制发展政策措施，引导人口有序流动，使人口布局与城市形态、区域功能和资源环境协调发展。

合理疏解中心城区人口。加快中心城区旧区改造和动迁工作推进，引导人口向城郊结合部和郊区疏解，适度降低中心城区人口密度。加快中心城区产业升级，加强公共设施和公共空间建设，提高绿地覆盖率，改善人居环境。加强跨行政区统筹管理，加强公共资源统筹协调和共建共享，提高社会管理和公共服务保障能力。

充分发挥郊区新城人口集聚功能。优化嘉定、松江长三角地区综合性节点城市人口发展，加快青浦新城、浦东南汇新城、奉贤南桥新城、金山新城人口集聚，引导崇明生态岛人口适度发展。通过实行差别化区域政策，推进人口居住和就业在各区域内相对平衡。结合浦东综合配套改革，加快推进浦东人口发展，提高各类领军人才、创新创业人才的集聚度，加快人口管理创新，推进户籍、人口管理等制度改革。

推动人口、产业与公共服务资源均衡配置。发挥大型居住区和保障性住房建设对人口分布的引导作用。统筹考虑各区域人口居住、生活、就业、休闲和出行空间的合理配置，推进人口、产业与公共服务资源均衡发展。完善人口计生公共服务设施建设。引导农村人口向城镇集中，促进城乡一体化发展。

3.提高人口素质，加快推进人口大市向人力资源强市转变。

大力提高出生人口素质。全面实施优生促进工程，推进国家免费孕前优生健康检查试点项目，大力提高婚前医学检查、孕产期检查和新生儿疾病筛查覆盖面，降低出生缺陷发生风险。加强预防不孕不育科普宣传和服务指导。全面推进0～3岁婴幼儿早期启蒙工程和独生子女社会行为教育，研究建立市级早期启蒙促进中心，坚持“政府主导、公益为主、社会运作”，努力建立与国际化大都市相适应的社区婴幼儿早期启蒙服务体系。

坚持人力资源优先开发。充分发挥市场、产业在人力资源的数量和结构配置中的决定性作用，促进人口素质提升与经济发展水平和产业结构转型同步。加大人才引进力度，加快集聚经济、金融、贸易、航运等领域的高层次科技人才、管理人才和高技能人才。提高新增户籍人口中的人才比例，增强创新能力建设，不断提升城市社会管理和公共服务国际化水平和能级，为推进自主创新营造良好的人口政策环境和社会氛围。

坚持教育事业优先发展。提高高等教育质量和研发能力建设，为上海经济社会发展提供人才和智力储备。加强对各类从业人员的专业技术和岗位技能培训教育，大力提高从业人员的科技素养和职业技能。根据不同学龄人口变动，及时优化调整各类教育资源配置，全面推进流动人口子女教育规范管理，推动城乡教育均衡发展。创新教育理念，加强青少年健康人格教育，促进人的全面发展。

4.优化人口结构，不断增强城市人口活力。

坚持和完善现行生育政策。按照国家总体部署，逐步完善生育政策，推进人口长期均衡发展。

注重吸纳年轻活力人口。充分发挥公共租赁房和社会保险等保障制度作用，不断改善提高来沪务工人员的生产和生活条件，合理吸纳外来年轻人口。注重吸引高素质、高技能、紧缺型劳动年龄人口来沪务工，保持劳动力人口年龄结构合理，进一步激发城市人口创业创新活力。

积极应对人口老龄化。构建梯次合理、水平适度的基本养老保障和医疗保障体系。努力推进独生子女伤残、死亡家庭养老服务优先优惠，加强对独生子女家庭中的失能、高龄、贫困老年人的照料服务。积极推进区域联动、城乡联动的养老服务保障体系建设。加强社区为老服务能力建设，发挥信息化手段和社工服务的作用，满足不断增长的老年生活照料、老年护理和精神慰藉需求。

5.加强人口综合服务，促进来沪人员融入城市。

完善流动人口服务管理体制机制。构建统筹规划、政策引导、信息完备、服务一体、管理高效的流动人口服务管理新机制。健全流动人口源头互动和有序管理工作机制，促进人口有序流动、合理分布。加强制度建设，提升流动人口计划生育工作规范化、制度化、科学化水平。强化社区综合服务管理功能，完善分类分层管理模式，减少流动人口违法生育。健全全员流动人口统计信息和动态监测长效机制，形成适时采集、动态监测、综合分析、科学决策的统计监测体系。强化流动人口信息协查和通报，落实双向管理，积极推进长三角和泛长三角人口发展合作机制，深化完善流动人口服务管理“一盘棋”格局。

稳步推进基本公共服务均等化。重视解决流动人口最关心、最现实、最直接的民生问题，不断推进公共就业、技能培训、子女教育、公共卫生、计划生育、居住条件等公共服务体系均衡发展，为流动人口发展创造良好的社会环境。到“十二五”期末，实现流动人口计划生育、优生优育、生殖健康等服务全覆盖，实行计划生育的流动育龄夫妇获得出生缺陷一级预防指导服务率达到80%。组织开展为农民工送文化送温暖活动，加强对经济困难的流动人口计划生育群体帮扶力度，切实保障流动人口的基本权利和发展权利，促进社会融合。

综合治理流动人口出生性别比偏高问题。健全部门间协调机制和责任制，坚决依法打击非医学需要的胎儿性别鉴定和选择性别的人工终止妊娠行为，全面实施出生实名登记制度，建立健全综合治理长效机制。深化和拓展关爱女孩行动，营造有利于女孩健康成长的社会环境，树立性别平等观念。完善妇女权益保障机制，制定有利于女孩健康成长和妇女发展的社会政策，促进男女平等。

6.坚持依法行政，推进利益导向机制建设创新发展。

积极完善与生育政策相匹配的利益导向机制建设。认真落实各项人口计生奖励扶助政策，切实维护计划生育群众合法权益。探索以落实生育政策为目标的人口计生利益导向机制建设。加强统筹协调，推进相关公共政策与计划生育基本国策的衔接配套，完善生育保险政策，促进计划生育民生得到持续改善。完善特殊困难计划生育家庭的扶助政策，切实解决他们的实际困难。

完善人口和计划生育法规体系。按法定程序修订《上海市人口与计划生育条例》和《上海市流动人口计划生育管理办法》等法规、规章和规范性文件，制定《上海市计划生育技术服务管理办法》，为统筹解决人口问题提供法律支撑。建立健全规范性文件审查备案和定期清理制度。

大力推进人口计生依法行政。全面推进诚信计生工作，完善行政执法责任制，规范行政执法程序，强化行政执法监督，定期开展行政执法检查，推进行政执法结果公开，不断提升人口计生社会管理的公信力。

进一步畅通民众利益诉求渠道。开展阳光计生行动规范化建设，不断完善上海12356阳光计生咨询、研究和综合服务平台，满足群众咨询事务、反映问题、提出建议的个性化需求。健全“上下联动、快速反应、高效运转”的信访处理机制，切实推进社会和谐稳定。

7.提高家庭发展能力，推进计划生育优质服务提质提速。

努力提高家庭发展能力。研究制定促进家庭发展的政策措施，积极推进幸福家庭项目建设。积极探索以家庭为中心的人口健康促进模式，推进人口计生公共服务体系向家庭计划指导服务转型。探索建立人口和家庭发展（人口和家庭计划）公共服务体系，探索开展支持家庭生活、残疾康复、老年照料、青少年教育、妇女儿童关爱等家庭服务项目，推进家庭计划指导规范化。探索建设生殖健康咨询师上海培训基地。

推进人口计生公共服务升级转型。与家庭服务升级转型相结合，提升人口计生综合服务站标准化建设水平。利用各种资源和现代科学技术，延伸人口计生公共服务，为不同年龄段人群提供相应的计划生育、优生优育和生殖健康咨询、指导和宣传服务。实施免费避孕药具“优得”工程。建设市人口和家庭计划指导服务中心，加快区域层面公共服务设施建设，着力推进浦东新区、徐汇、普陀、虹口、杨浦、闵行、松江等区的指导服务中心建设。启动市计划生育药具管理中心改建项目，建设现代一流的集药具仓储、调配、物流及展示等功能于一体的市级药具管理平台与运作载体，发挥区域服务功能。

进一步把上海建设成为国家级人口计生重要科研基地。充分发挥上海计划生育科研综合优势，组织开展重大科技创新研究，积极推广使用计划生育生殖健康新技术、新产品。推动筹建市优生优育研究和促进中心，使上海成为具有国际水平的计划生育生殖健康科研基地。整合资源，加强计划生育技术服务综合管理。

8.发挥宣传教育的先导功能，在全社会广泛树立正确的人口观、婚育观。

大力推进人口计生公益宣传事业发展。围绕统筹解决人口问题，强化人口和计划生育理论宣传、新闻宣传和社会宣传。加强新型家庭人口文化建设和新农村新家庭建设，深入推进婚育新风进万家活动，广泛宣传，服务群众。

更加注重运用各种现代传媒，开展定期、不定期的社会公益宣传，满足各类人群计划生育、避孕节育、优生优育、生殖健康、青少年教育、妇女儿童关爱和预防艾滋病等知识需求。继续加强各级党政干部人口理论教育培训基地建设，深化党政领导干部人口与可持续发展教育项目。

进一步推动人口计生宣教工作体制机制创新。适应经济转轨、社会转型、人口转变的新形势，充分发挥市场和社会机制作用，建立政府推动、部门合作、社会协同、公众参与的宣传工作网络，形成“优势互补、共建平台、资源整合、统筹发展”的宣传工作体系和“大联合、广覆盖、出精品”的社会宣传工作格局。实施上海人口计生宣教中心改造项目，提升功能，使其成为辐射长三角，服务全国的宣教平台。探索建立市人口网络传媒中心、家庭人口文化传播基地等新载体。

9.大力支持社会组织和企事业单位协同开展人口计生工作，促进社会管理更加和谐有序。

鼓励公益性社会组织参与人口计生公共服务。充分认识计生协会、人口福利基金会、人口发展研究院、生殖健康产业协会和人口早期发展协会等群众团体和各类组织在建立健全人口工作新格局中的地位和作用。高度重视和大力支持各类群众团体和社会组织的工作，加大对其组织建设和网络建设的支持力度，创造良好条件，充分发挥他们在贯彻落实计划生育基本国策、服务计划生育家庭民生、推进群众自治、提高家庭发展能力、深化国际交流和合作等方面的独特优势。

探索完善新形势下企事业单位协同服务管理新机制。加强和改进人口属地化管理体制下的企事业单位人口计生工作，实行“以块为主，条块结合”，进一步理顺块与条对企事业单位人口计生工作管理的关系。不断完善企事业单位法定代表人的人口和计划生育工作责任制，实行分级分类管理。加强与企事业单位及其上级主管部门的沟通协调，督促各企事业单位认真落实本单位职工的计划生育奖励和有关待遇，并结合单位文化建设，在职工中积极倡导科学、文明、进步的婚育观念。

10.大力推进人口计生统计与信息化建设，夯实人口管理工作基础。

探索建立符合大城市特点的人口发展监测体系。加强对人口出生、人口总量、人口素质、人口分布、劳动力人口变动、特殊类型人口数量等状况的监测，坚持开展居留意愿、生育意愿、避孕节育和各类人口生产、生活状态等抽样调查，掌握人口发展变动趋势。探索开展流量人口发展监测，促进人口安全和合理布局。不断完善人口发展近期和中长期预测。加强人口发展安全预警。

强化部门沟通、“数出一门”的工作机制。加强人口统计机制建设，完善人口统计联席会议制度，加强人口计生、公安、统计、卫生、民政等部门人口统计工作方面的沟通，全面把握人口形势。加强人口统计分析，深入开发应用第六次人口普查数据，为经济社会发展决策提供准确的人口统计数据。加强人口年龄结构变动分析，满足社会管理和公共服务需求。坚持统计求实，加强统计队伍专业化建设。

大力推进人口计生信息化建设。完成国家人口计生委的全国“金人工程”省级配套建设项目，深化行政事务管理、流动人口计划生育服务管理和全国“一盘棋”等信息化应用。建设实有人口计划生育动态监测系统及重点人群跟踪与干预服务管理信息系统。建立人口计生政务资源目录体系，积极拓展公共服务渠道。开展数据挖掘，建设市人口宏观管理与决策支持信息系统，深化拓展统计分析应用，逐步提高辅助决策支持能力。建设行政管理电子监察系统，促进行政效能高效透明。完善人口计生地理信息系统。构建优生、优育、优教网上公共服务平台。建设全市人口和计划生育统一的跨区域、跨平台、集中式、相互联动的门户网站群，为市民提供优质的网上一门式服务。

（二）保障措施

1.切实加强人口计生工作的领导，积极营造统筹解决人口问题的工作环境。

要充分认识统筹解决人口问题的长期性、复杂性、艰巨性，不断增强做好人口工作的自觉性和主动性，从落实科学发展观、构建和谐社会、实现经济社会转型发展的高度出发，把人口工作摆在更加突出的位置，建立健全“党委领导、政府负责、社会协同、公众参与”的工作格局。要坚持一把手“亲自抓、负总责”不动摇，切实加强对人口计生工作的领导。要完善目标管理责任制，将各级党政领导落实人口发展目标纳入政绩考核，纳入重大事项督查范围，确保责任到位、措施到位、投入到位、落实到位。

2.切实加强政府职能转变，加快人口计生综合改革步伐。

要全面深化综合改革，强化政府社会管理和公共服务职能，着重推动人口计生理论创新、制度创新、科技创新、能力创新和载体创新，建立“统筹协调、科学管理、优质服务、利益导向、群众自治、人财保障”的工作新机制。全面构建适应新形势下行政部门、服务机构、自治组织、群众团体互联、互动、互补的人口计生公共服务和管理新格局。推进人口计生政府信息公开和政务公开，提高行政透明度和行政效率。

3.切实加强投入保障机制建设，推动新时期人口计生工作稳步发展。

人口计生工作是一项具有显著社会效益的公益性事业。要按照中央关于城乡一体化发展和基本公共服务均等化的要求，建立与之相适应的人口计生公共财政投入体制，实现基本公共服务对象由户籍人口向常住人口转变、育龄妇女向全人口转变。各级政府要坚持人口和计划生育财政投入增长幅度高于经常性财政收入增长幅度，确保人口和计划生育财政投入逐年稳定增长。继续调整和优化支出结构，加大对人口计生利益导向机制建设、人口计生公共服务与管理、人口发展战略研究、信息化建设和自身能力建设等重点领域的资金投入力度。认真做好有关对口支援工作。

4.切实加强基层队伍和网络建设，夯实人口计生工作基础。

要按照市人口计生委《关于印发〈关于加强上海市人口和计划生育工作队伍建设的意见〉的通知》（沪人口委〔2010〕57号），加强镇（乡）政府、街道办事处的人口计生办、社区人口计生综合服务站（家庭计划指导站）、村（居）委会各级人口计生工作人员配备。到2015年，实现每万常住人口至少配备4名专职人口计生工作人员。大力实施“强基提质”工程，确保基层人口计生机构和人员稳定，不断提高全市人口计生工作队伍的社会管理和公共服务能力，为稳定低生育水平、统筹解决人口问题、促进人的全面发展提供智力支持和人才保障。

5.深化人口与发展领域的国际交流与合作，提升上海人口调控、社会管理和公共服务的国际化水平。

要适应上海现代化国际大都市发展的新要求以及人口国际化特征日益显现的新形势，进一步加强人口发展领域的国际交流与合作。积极参与和承担国家层面有关人口发展领域的国际合作项目，加强科学育儿国际合作项目基地建设，推动形成具有国际化理念和标准的科学育儿工作模式。进一步加强对外宣传，完善人口计生对外宣传窗口建设和队伍建设，夯实工作基础。完善向驻沪领馆通报人口发展状况制度，展示上海人口计生工作的良好国际形象。

6.切实加强规划的实施监督，加强与产业、城市建设、教育、卫生等相关规划的有效衔接。

要加强对规划实施工作的领导，为规划实施提供强有力的组织保障。建立规划实施的监测、评估机制和民主决策、公众参与机制，加强对规划执行情况的监督管理。加强对重大政策、重大工程项目的动态跟踪和实施效果的评估。坚持把经济增长指标同人口、资源、环境、社会发展指标有机结合起来，加强人口发展规划与产业、城市建设、教育、卫生等相关规划实施的有效衔接，努力促进人口发展、城市建设、土地利用“三规合一”。

上海市人民政府
关于印发修订后的《上海市计划生育奖励与补助若干规定》的通知

沪府发〔2011〕24号

各区、县人民政府，市政府各委、办、局：

现将修订后的《上海市计划生育奖励与补助若干规定》印发给你们，请认真执行。2006年3月31日市政府印发的《上海市计划生育奖励与补助若干规定》（沪府发〔2006〕13号）同时废止。

上海市人民政府

2011年6月1日

上海市计划生育奖励与补助若干规定

第一条（目的和依据）

为了鼓励公民实行计划生育，保障公民计划生育的合法权益，根据《上海市人口与计划生育条例》（以下简称《条例》），制定本规定。

第二条（晚婚晚育奖励）

晚婚的公民，在国家规定的婚假基础上，增加晚婚假7天。晚婚假一般应当与婚假合并连续使用。晚婚假期间享受婚假同等待遇。

符合《条例》规定生育的晚育妇女，在国家规定的产假基础上，增加晚育假30天，其配偶享受晚育护理假3天。晚育假一般应当与产假合并连续使用，晚育护理假应当在产妇产假期间使用。晚育假期间享受产假同等待遇；晚育护理假期间的工资，按照本人正常出勤应得的工资发给。

晚婚假、晚育假、晚育护理假遇法定节假日顺延。

第三条（领取光荣证条件）

依法生育一个子女后自愿不再生育的本市户籍公民，在子女年满16周岁之前，可以在本市申领《独生子女父母光荣证》（以下简称《光荣证》）。

一次生育两个及两个以上子女的公民，不可以领取《光荣证》。

第四条（换领光荣证）

持有外省市《光荣证》的本市户籍公民，符合本市规定的领取《光荣证》条件的，可以换领本市《光荣证》。

换领本市《光荣证》时，不受子女未满16周岁条件的限制。

第五条（退回光荣证）

已领取《光荣证》的本市户籍公民，有下列情况之一的，所持《光荣证》无效，并且应当退回《光荣证》：

（一）申请再生育子女；

（二）违反规定生育子女；

（三）以欺骗等不正当手段取得《光荣证》；

（四）不符合领取《光荣证》条件的其他情形。

第六条（补领光荣证）

已领取《光荣证》的本市户籍公民，《光荣证》遗失或损毁的，可以补领。

第七条（独生子女父母奖励费）

持有《光荣证》的本市户籍公民，在其子女年满16周岁以前，领取每月30元的独生子女父母奖励费。

独生子女父母奖励费按下列办法支付：

（一）有用人单位的，由用人单位支付；

（二）无用人单位的，由其户籍所在地的镇（乡）政府、街道办事处支付。

第八条（独生子女父母年老时的计划生育奖励）

持有《光荣证》的本市户籍公民，按照下列规定领取一次性计划生育奖励费：

（一）按照《上海市城镇职工养老保险办法》规定参加社会保险的人员，办理退休手续时，在按照《上海市城镇职工养老保险办法》规定计发养老待遇后，再给予一次性计划生育奖励费（即原计划生育一次性补充养老金）5000元。

（二）不符合前项规定的人员，女年满55周岁或者男年满60周岁的，由其户籍所在地的区、县政府给予5000元一次性计划生育奖励费。

第九条（婚后无子女奖励的过渡性规定）

2004年4月15日前办理结婚登记且婚后未生育又未收养子女的本市户籍公民，按照下列规定领取一次性计划生育奖励费：

（一）按照《上海市城镇职工养老保险办法》规定参加社会保险的人员，办理退休手续时，在按照《上海市城镇职工养老保险办法》规定计发养老待遇后，再给予一次性计划生育奖励费(即原计划生育一次性补充养老金)10000元。

（二）不符合前项规定的人员，女年满55周岁或者男年满60周岁的，由其户籍所在地的区、县政府给予10000元的一次性计划生育奖励费。

第十条（独生子女意外伤残补助）

持有《光荣证》的本市户籍公民，其独生子女在未满16周岁之前发生意外伤残，自愿不再生育和收养子女的，凭其子女的《中华人民共和国残疾人证》，由其户籍所在地的区、县政府给予不少于3000元的一次性补助。

第十一条（独生子女死亡补助）

持有《光荣证》的本市户籍公民，其独生子女在未满16周岁之前死亡，自愿不再生育和收养子女的，由其户籍所在地的区、县政府给予不少于5000元的一次性补助。

第十二条（实行计划生育手术的奖励）

实行计划生育手术的公民，按照下列规定享受休假，假期期间的工资按照本人正常出勤应得的工资发给：

（一）放置宫内节育器的，休息2天。在术后一周内不做重体力劳动。放置宫内节育器3个月、6个月、12个月时各随访一次，以后每年随访一次，每次休息1天。

（二）取宫内节育器的，休息2天。

（三）输精管绝育的，休息7天。

（四）输卵管绝育的，休息30天。

（五）第一次人工流产及因放置宫内节育器、绝育、皮下埋植术后失败的再次人工流产，孕期小于13周且行吸宫术及药物流产的，休息14天；孕期小于13周且行钳刮术的，休息21天；孕期大于13周的，休息30天。

（六）放置皮下埋植剂的，休息5天。

（七）取出皮下埋植剂的，休息3天。

（八）放置宫内节育器或皮下埋植剂后因月经失调需诊断性刮宫的，休息5天。

实行计划生育手术的公民有以下情形之一且经医生同意需要休息的，其假期按照病假处理：

（一）第一次人工流产后及因放置宫内节育器、绝育、皮下埋植术后失败而再次人工流产后，已休满规定假期。

（二）未采取绝育、放置宫内节育器或皮下埋植术而再次人工流产。

（三）发生节育手术并发症。

本条第一款、第二款规定的假期，自手术之日起计算；同时实行多项计划生育手术的，多项手术假期累计。

第十三条（过渡性规定）

持有《光荣证》的本市户籍公民，1993年1月1日以后参加工作，按照《上海市城镇职工养老保险办法》规定参加社会保险，在本规定施行前已按照《上海市城镇职工养老保险办法》规定办理退休手续，但未领取过一次性计划生育奖励费的，参照本规定第八条第一项的规定执行。

《条例》施行前办理结婚登记且婚后未生育又未收养子女的本市户籍公民，1993 年 1 月 1 日以后参加工作，按照《上海市城镇职工养老保险办法》规定参加社会保险，在本规定施行前已按照《上海市城镇职工养老保险办法》规定办理退休手续，但未领取过一次性计划生育奖励费的，参照本规定第九条第一项的规定执行。

在《条例》施行之日前领取的《上海市独生子女证》仍然有效的，与《光荣证》具有同等效力。

第十四条（解释部门）

本规定的具体应用问题，由市人口计生委会同有关部门解释。

第十五条（施行日期）

本规定自发布之日起施行，有效期 5 年。2006 年 3 月 31 日上海市人民政府印发的《上海市计划生育奖励与补助若干规定》同时废止。自 2011 年 1 月 1 日起，凡符合本规定条件领取奖励费的，按照本规定执行。

上海市人民政府关于印发修订后的《上海市社会抚养费征收管理若干规定》的通知

沪府发〔2011〕97号

各区、县人民政府，市政府各委、办、局：

现将修订后的《上海市社会抚养费征收管理若干规定》印发给你们，请认真执行。2002年8月30日市政府印发的《上海市社会抚养费征收管理若干规定》（沪府发〔2002〕30号）同时废止。

上海市人民政府

2011年12月22日

上海市社会抚养费征收管理若干规定

第一条　为了做好社会抚养费的征收管理，保障人口与计划生育工作的顺利开展，维护公民合法权益，根据《中华人民共和国人口与计划生育法》、国务院发布的《社会抚养费征收管理办法》和《上海市人口与计划生育条例》，结合本市实际，制定本规定。

第二条　市人口和计划生育委员会负责本市社会抚养费的征收管理。

区、县人口和计划生育委员会负责本辖区内社会抚养费的征收管理。

本市财政、物价、卫生、审计、监察等行政部门按各自职责，做好社会抚养费征收的相关监管工作。

第三条 不符合《中华人民共和国人口与计划生育法》和《上海市人口与计划生育条例》规定生育子女的公民，应当依法缴纳社会抚养费。

第四条 城镇居民的社会抚养费征收标准，以子女出生前一年市统计局公布的全市城市居民家庭年人均可支配收入为基数，并结合当事人的实际收入和不符合法律、法规规定生育子女的情节确定。

农村居民的社会抚养费征收标准，以子女出生前一年市统计局公布的全市农村居民家庭年人均可支配收入为基数，并结合当事人的实际收入和不符合法律、法规规定生育子女的情节确定。

当事人一次生育两个及两个以上子女的，在确定社会抚养费征收标准时，以生育一个子女计算。

第五条 生育第一个子女不符合规定的，按下列标准征收社会抚养费：

（一）系城镇居民的，按子女出生前一年市统计局公布的全市城市居民家庭年人均可支配收入的一半征收。

（二）系农村居民的，按子女出生前一年市统计局公布的全市农村居民家庭年人均可支配收入的一半征收。

第六条 生育第二个子女不符合规定的，按下列标准征收社会抚养费：

（一）系城镇居民的，按子女出生前一年市统计局公布的全市城市居民家庭年人均可支配收入的三倍征收，但前一年实际年可支配收入高于市统计局公布的城市居民家庭年人均可支配收入的，按其实际年可支配收入的三倍征收。

（二）系农村居民的，按子女出生前一年市统计局公布的全市农村居民家庭年人均可支配收入的三倍征收，但前一年实际年可支配收入高于市统计局公布的农村居民家庭年人均可支配收入的，按其实际年可支配收入的三倍征收。

第七条 生育第三个子女及三个子女以上不符合规定的，按下列标准征收社会抚养费：

（一）系城镇居民的，按子女出生前一年市统计局公布的全市城市居民家庭年人均可支配收入的六倍征收，但前一年实际年可支配收入高于市统计局公布的城市居民家庭年人均可支配收入的，按其实际年可支配收入的六倍征收。

（二）系农村居民的，按子女出生前一年市统计局公布的全市农村居民家庭年人均可支配收入的六倍征收，但前一年实际可支配收入高于市统计局公布的农村居民家庭年人均可支配收入的，按其实际年可支配收入的六倍征收。

第八条 符合法律、法规规定的再生育子女条件，但未办理再生育手续而生育的夫妻，由女方户籍所在地的区、县人口和计划生育委员会责令其限期三个月补办；一方为本市户籍、另一方为非本市户籍的夫妻，由本市户籍一方户籍所在地的区、县人口和计划生育委员会责令其限期三个月补办。补办再生育手续后，不再征收社会抚养费；逾期不补办的，对男女双方当事人各按下列标准征收社会抚养费：

（一）系城镇居民的，按子女出生前一年市统计局公布的全市城市居民家庭年人均可支配收入的四分之一征收。

（二）系农村居民的，按子女出生前一年市统计局公布的全市农村居民家庭年人均可支配收入的四分之一征收。

第九条 农村居民自批准转为城镇居民之日起未满三年的，社会抚养费按农村居民的征收标准执行；超过三年的，按城镇居民的征收标准执行。

第十条 当事人双方均为本市户籍的，由子女出生时女方当事人户籍所在地的区、县人口和计划生育委员会作出征收社会抚养费决定。当事人一方为本市户籍、一方为非本市户籍的，由子女出生时本市户籍一方户籍所在地的区、县人口和计划生育委员会作出征收社会抚养费决定。

当事人双方不具有婚姻关系的，可以由子女出生时男女双方当事人各自户籍所在地的区、县人口和计划生育委员会作出征收社会抚养费决定。

第十一条　双方均为非本市户籍的当事人，生育行为发生在本市的，由本市现居住地的区、县人口和计划生育委员会按本市的征收标准作出征收社会抚养费决定。

双方均为非本市户籍的当事人，生育行为未发生在本市，但由本市现居住地首先发现的，由现居住地的区、县人口和计划生育委员会按本市的征收标准作出征收社会抚养费决定。

第十二条　区、县人口和计划生育委员会可以委托镇（乡）人民政府、街道办事处作出征收社会抚养费决定。

区、县人口和计划生育委员会对征收管辖发生争议的，由市人口和计划生育委员会决定管辖权。

当事人在外省市已经被征收社会抚养费的，本市不因同一事实再次征收社会抚养费。

第十三条　区、县人口和计划生育委员会发现有违法生育行为嫌疑的，应当立案调查，并收集有关证据。调查终结后，对确有违法生育行为，属于本机关管辖的，作出征收社会抚养费决定；不属于本机关管辖的，应当及时将案件移送有管辖权的区、县人口和计划生育委员会，并协助做好工作。

区、县人口和计划生育委员会在作出征收决定前，应当告知当事人作出征收决定的事实、理由、依据及征收数额，并告知当事人依法享有陈述和申辩的权利。

区、县人口和计划生育委员会作出征收决定，应当制作征收社会抚养费决定书。

第十四条　当事人应当自收到征收社会抚养费决定书之日起30日内，到指定的缴纳地点一次性缴纳社会抚养费。指定征收点收妥款项后，应当于当日解缴国库。

当事人一次性缴纳社会抚养费确有实际困难的，应当自收到征收社会抚养费决定书之日起30日内，向作出征收决定的区、县人口和计划生育委员会提出分期缴纳的书面申请，并提供有关证明材料。区、县人口和计划生育委员会应当自收到当事人的申请之日起30日内，作出批准或者不批准分期缴纳的决定，并书面通知当事人。

分期缴纳的期限最长不超过3年，第一年缴纳额不低于所征收社会抚养费总数的百分之四十。

第十五条　当事人所在单位或者居民委员会、村民委员会应当如实提供当事人无计划生育子女出生前一年实际经济收入总额。当事人系职工的，由所在单位提供；系农村居民的，由其户籍所在地的村民委员会提供；系城镇无固定职业的，由其户籍所在地的居民委员会提供；系个体工商户的，由其经营所在地的工商行政管理部门会同税务部门提供。

第十六条　本规定由市人口和计划生育委员会负责解释。

第十七条　本规定自2012年1月1日起施行，有效期5年。

上海市流动人口计划生育工作规定

（2011年12月22日上海市人民政府令第74号公布）

第一条（目的和依据）

为了加强本市流动人口计划生育工作，维护流动人口计划生育的合法权益，稳定低生育水平，提高人口素质，根据《中华人民共和国人口与计划生育法》、《流动人口计划生育工作条例》等法律、法规，结合本市实际，制定本规定。

第二条（适用范围）

本市行政区域内流动人口的计划生育服务和管理工作，适用本规定。

第三条(政府领导)

本市各级人民政府统一领导本辖区内流动人口计划生育工作，将流动人口计划生育工作纳入经济社会发展规划，并提供必要的人员和经费保障；建立健全流动人口计划生育工作协调机制，组织协调有关部门对流动人口计划生育工作实行综合管理；实行目标管理责任制，对有关部门承担的流动人口计划生育工作进行考核、监督。

第四条（部门职责）

市人口计生部门主管本市的流动人口计划生育工作；区（县）人口计生部门负责本辖区的流动人口计划生育工作。

发展改革、公安、卫生、财政、人力资源社会保障、教育、民政、住房保障房屋管理、工商等部门按照各自职责，共同做好流动人口计划生育工作。

第五条（工作体制）

乡（镇）人民政府、街道办事处对本辖区内的流动人口实施计划生育管理，开展计划生育宣传教育；组织从事计划生育技术服务的机构指导流动人口中的育龄夫妻（以下简称育龄夫妻）选择安全、有效、适宜的避孕节育措施；依法向育龄夫妻免费提供国家规定的基本项目的计划生育技术服务。

村民委员会、居民委员会协助乡（镇）人民政府、街道办事处，做好本村或者本居住地区的流动人口婚育情况登记等计划生育工作。

第六条（信息服务与共享）

市人口计生部门建立和完善人口和计划生育信息服务平台，为流动人口提供行政事务办理、政策咨询、投诉举报受理等服务。

人口计生、发展改革、公安、卫生、人力资源社会保障、教育、民政、住房保障房屋管理、工商等部门通过本市实有人口服务和管理信息系统，相互提供与流动人口有关的信息，实现信息共享。

第七条（动态监测）

市人口计生部门建立动态监测机制，定期对流动人口的避孕节育、优生优育、生殖健康、婚育变动等基本情况进行监测，并向社会公布监测结果。

第八条（区域协作）

本市人口计生部门建立与流动人口户籍所在地的人口计生部门之间的区域协作机制，开展流动人口计划生育的信息通报等工作。

流动人口现居住地的乡(镇)人民政府、街道办事处建立与流动人口户籍所在地的乡(镇)人民政府、街道办事处之间的信息通报制度，及时将本辖区内流动人口中的成年育龄妇女（以下简称成年育龄妇女）的怀孕、生育信息通报其户籍所在地的乡(镇)人民政府或者街道办事处。

第九条(避孕节育情况证明与通报)

流动人口中的已婚育龄妇女（以下简称已婚育龄妇女）在现居住地从事计划生育技术服务的机构接受免费避孕节育检查服务的，从事计划生育技术服务的机构应当为其出具避孕节育情况证明。

已婚育龄妇女现居住地的乡（镇）人民政府、街道办事处应当在从事计划生育技术服务的机构出具避孕节育情况证明后5个工作日内，将有关情况通报已婚育龄妇女户籍所在地的乡（镇）人民政府或者街道办事处。

第十条（群众自律）

村民委员会、居民委员会可以依托计划生育基层协会组织，引导流动人口实行计划生育的自我管理、自我服务、自我教育、自我监督。

第十一条（婚育证明）

成年育龄妇女应当按照《流动人口计划生育工作条例》的规定，在离开户籍所在地前，到户籍所在地的乡（镇）人民政府或者街道办事处办理婚育证明，并自到达现居住地之日起30日内提交婚育证明；成年育龄妇女在现居住地婚姻或者生育情况发生变动的，应当自发生变动之日起30日内提交婚育证明。婚育证明可以直接向现居住地的乡（镇）人民政府或者街道办事处提交，也可以通过村民委员会或者居民委员会提交。

现居住地的乡（镇）人民政府、街道办事

处应当依法对成年育龄妇女的婚育证明进行查验或者记录变动信息。

第十二条（生育服务登记）

育龄夫妻生育第一个子女的，可以在现居住地的乡（镇）人民政府或者街道办事处办理生育服务登记。

第十三条（再生育要求）

育龄夫妻双方均为流动人口，要求安排再生育子女的，应当到户籍所在地办理手续。

育龄夫妻一方为流动人口，一方为本市户籍人口，要求安排再生育子女的，可以到现居住地的乡（镇）人民政府或者街道办事处办理手续。

第十四条（生育联系卡）

本市实行流动人口生育联系卡(以下简称生育联系卡)制度。拟在本市生育的成年育龄妇女，持本人身份证件、居住证明到现居住地的乡(镇)人民政府或者街道办事处领取生育联系卡后，可以享受孕产期的生育关怀、生殖健康和产后避孕节育等方面的指导和服务。

成年育龄妇女在本市办理生育服务登记或者再生育子女的手续时，可以同时领取生育联系卡。

乡(镇)人民政府、街道办事处每半个月将生育联系卡的领取情况，通知本乡（镇）、街道的社区卫生服务中心。

第十五条(医疗机构查看与登记)

流动人口孕产妇到医疗机构进行产前检查时，医疗机构应当查看其生育联系卡；对未领取生育联系卡的，医疗机构在提供服务的同时，应当告知其到现居住地的乡(镇)人民政府或者街道办事处领取。

医疗机构应当对前来分娩的流动人口孕产妇进行登记，收回其生育联系卡并记录有关生育信息；对没有生育联系卡的，应当填写医院通报单。医疗机构每半个月将生育联系卡和医院通报单移交所在地的区（县）人口计生部门。

第十六条（免费指导服务）

流动人口可以到提供人口计生综合服务、家庭计划指导服务的网点，免费接受人口与计划生育法律知识和生殖健康知识普及、孕前优生和婴幼儿早期启蒙教育咨询指导等服务。

第十七条（免费技术服务）

流动人口可以到人口计生部门设立的计划生育免费药具发放点，免费获取避孕药具；到从事计划生育技术服务的机构，依法免费享受避孕节育检查和手术、终止妊娠手术以及计划生育手术并发症诊治等国家规定的基本项目的计划生育技术服务。

第十八条（产检、分娩服务）

持本市有效居住证件的流动人口孕产妇可以到卫生部门指定的医疗机构，接受实行限价收费的产前检查、住院分娩服务。

第十九条（假期和待遇）

在本市就业的流动人口中的晚婚、晚育人员和实行计划生育手术的人员，可以按照本市计划生育奖励与补助的有关规定，享受相应的假期和待遇。

第二十条（生育保险）

符合国家和本市计划生育规定、所在单位已经参加本市城镇生育保险的已婚育龄妇女生育后，可以享受相应的生育保险待遇。

第二十一条(申办常住户口提供的证明)

流动人口申办本市常住户口的，应当按照户籍管理的有关规定，提交相应的计划生育证明。

第二十二条(用人单位的义务)

用人单位应当接受所在地的区（县）人口计生部门和乡（镇）人民政府或者街道办事处的指导、监督和检查，做好下列工作：

（一）协助开展对流动人口的计划生育宣传教育；

（二）协助采集流动人口的婚育信息；

（三）依法落实流动人口计划生育奖励、优待。

第二十三条(房屋租赁中介机构、房屋出租（借）人、物业和公共租赁房运营机构的义务)

房屋租赁中介机构、房屋的出租（借）人、物业服务企业、公共租赁房运营机构等有关组织和个人在村民委员会、居民委员会了解流动人口计划生育情况时，应当如实提供相关信息。

第二十四条（社会抚养费缴纳）

违反计划生育规定生育子女的流动人口，应当依法缴纳社会抚养费。

第二十五条（信息保密）

有关单位和个人对在流动人口计划生育工作中获悉的流动人口信息，应当予以保密；出售或者违法提供相关信息的，依法追究相应的法律责任。

第二十六条（行政责任）

有关行政机关的工作人员违反本规定，有下列情形之一的，由其所在单位或者上级主管部门依法给予行政处分：

（一）未按照本规定履行有关服务和管理职责的；

（二）为流动人口提供应当免费享受的服务时，违法收取费用的；

（三）滥用职权、玩忽职守、徇私舞弊的其他行为。

第二十七条（施行日期）

本规定自2012年3月1日起施行。1998年9月17日上海市人民政府发布的《上海市外来流动人员计划生育管理办法》同时废止。

上海市人口和计划生育委员会关于印发《上海市2011年人口和计划生育工作要点》的通知

沪人口委〔2011〕1号

各区、县人口和计划生育委员会，各局、（集团）公司计划生育工作领导小组（计生委），委属各单位及有关单位：

现将《上海市2011年人口和计划生育工作要点》印发给你们，请结合本地区、本部门和本单位实际情况，认真贯彻落实。

上海市人口和计划生育委员会

2011年2月12日

上海市2011年人口和计划生育工作要点

2011年，上海市人口计生工作要深入贯彻科学发展观，全面落实党的十七届五中全会和九届市委十四次全会精神，按照国家人口计生委与市委、市政府的部署和要求，紧紧围绕创新驱动、转型发展的中心任务，进一步解放思想，勇于改革创新，充分利用世博后续效应，以统筹解决人口问题为主线，全面推进人口工作，深化人口计生综合改革，启动实施“十二五”

人口计生事业发展规划，着力加强统筹协调机制建设，着力完善政策，着力推进人口计生公共服务转型发展，着力提升流动人口服务管理水平，加快转变政府职能，强化人财物和信息化保障，继续保持在全国的率先、示范和引领作用，为上海新一轮发展和实现“四个率先”、建设“四个中心”营造良好的人口环境。

一、启动实施“十二五”发展规划，依法逐步完善政策

坚持计划生育基本国策，继续稳定适度低生育水平。编制完成并启动实施“十二五”人口计生事业发展规划。注重人口结构改善，有步骤地依法做好逐步完善政策的工作，积极应对人口老龄化，促进“城市、人口、发展”三者良性互动。合理调控城市人口增长，避免人口过度膨胀和城市病产生，使城市人口规模与资源环境承载能力、城市发展阶段、经济发展水平、城市服务管理相适应。

围绕增强国际竞争力，注重人口素质提高，促进发展方式转变和城市能级提升。转变城市发展模式，积极推动人口合理再分布，使人口布局与城市形态、区域功能和资源环境协调发展。各级政府和相关部门在编制规划、实施社会管理、开展公共服务和制定公共政策时，要统筹考虑人口发展状况、特征和发展趋势，促进人口与经济、社会、资源和环境全面协调可持续发展。

坚持党政一把手“亲自抓、负总责”，建立完善以统筹解决人口问题为导向的人口计生工作目标管理责任制。围绕统筹协调、科学管理、优质服务、利益导向、群众自治、人财保障等机制建设，深入推进人口计生综合改革，继续开展综合改革示范区创建。不断完善市和区县人口计生工作联席会议（领导小组）工作机制，加强部门协调配合，积极构建部门联动、政策衔接、资源整合和信息共享的人口工作机制。

二、以“六普”人口数据开发利用为抓手，深入开展人口重大问题研究，进一步强化人口信息化等基础保障

充分挖掘“六普”人口数据，围绕经济发展方式转变、加强社会管理和民生改善，深入开展市和区（县）两级人口重大问题的战略性、政策性、实证性研究，组织开展区县人口重大问题研究优秀成果评选活动，完善人口研究长效机制，促进人口与发展综合决策，增强人口工作为经济社会发展服务的能力。

大力推进人口信息化建设，根据国家人口计生委的要求和部署，开展PADIS二期省级配套建设前期准备工作。积极参与户籍人员居住地服务和管理试点，探索人口计生信息化居住地管理模式，改造上海市人口与计划生育综合管理信息系统。继续完善部门之间、省际之间人口信息共享机制。建立死亡人口及时核销办法，加快户籍变动信息的更新速度。开展人口地理信息系统的区县推广工作，提高人口重大问题辅助决策支持能力。

开展来沪人员居留意愿、全市常住人口已婚育龄妇女避孕节育等人口计生社会热点问题抽样调查。进一步加强流动人口出生统计。建立人口发展监测体系与人口安全预警机制，进一步做好人口统计、人口预测和人口出生预报工作，不断完善实有人口统计工作机制。

三、深入推进优生促进工程和婴幼儿早期启蒙工程，全面提升出生人口素质

要把提高出生人口素质作为履行公共服务职能的重要任务来抓，树立优生优育从娃娃抓起、优先投资于人的全面发展的理念，深入开展出生缺陷一级预防，全面实施优生促进工程，积极创造条件将优生促进工程列入区县政府实事项目。认真做好首批免费孕前优生健康检查项目试点工作的评估和经验总结，扩大免费孕前优生健康检查项目试点范围，大力普及优生科学知识，强化宣传服务和咨询指导，提高孕前优生人群覆盖率。

深入推进人口早期启蒙工程，进一步健全与国际大都市相适应的社区人口早期启蒙公共服务体系，完善政府推动、部门协作、社会参与、家庭响应的社区0～3岁科学育儿指导服务工作机制。进一步加强独生子女社会行为教育和培养工作，认真组织实施青少年健康人格工程，引导独生子女健康成长。

四、不断完善人口计生利益导向机制，加

强人口计生依法行政

做好《上海市人口与计划生育条例》的修订完善工作，进一步加强完善人口计生地方性法规、规章和规范性文件。适时修订《上海市计划生育奖励与补助若干规定》，适度提高独生子女父母奖励费和独生子女父母年老奖励扶助费等标准。研究改进本市农村部分计划生育家庭奖励扶助制度、计划生育家庭特别扶助制度。探索建立积极的、低成本的、可持续的养老保障模式，特别是要探索建立针对独生子女父母的年老扶助制度。积极推动计生奖励扶助政策与社会普惠政策相衔接，在普惠中体现对计划生育家庭的优先优惠，不断提升家庭发展能力。

进一步规范行政执法，完善层级监督，探索构建依法行政预警机制。巩固基层文明执法专项活动成果，按照国家人口计生委要求，开展基层依法行政示范乡镇创建活动。全面推进诚信计生工作，组织开展人口计生基层群众自治示范活动。深入开展生育关怀行动，发动社会力量，整合资源，多元运作，积极扶助计划生育困难家庭，继续做好扶助独生子女困难家庭专题彩票的发行和扶助工作。不断完善独生子女保险计划。以幸福工程为抓手，开展“幸福家庭”活动。

五、强化流动人口服务管理，加大综合治理出生性别比偏高问题的力度

修订《上海市外来流动人员计划生育管理办法》。推动流动人口计生工作全面纳入本市实有人口、实有房屋“两个实有”全覆盖管理范围，推进流动人口计划生育分类分层管理，加强执法监督检查，控制和减少流动人口违法生育现象发生。积极稳妥地开展流动人口计划生育基本公共服务均等化试点，抓好4个国家级试点。开展流动人口服务维权专项行动。不断完善流动人口源头互动有序管理机制，深化流动人口计划生育服务管理区域协作制度，特别要做好与泛长三角地区省（市）人口计生政策的对接和联动。加强区（县）资源整合，形成规范统一的区域“一盘棋”工作机制。加强市内人户分离人员计划生育服务管理，扎实做好户籍人口计划生育居住地管理。

认真贯彻落实市政府办公厅转发市人口计生委等15个部门《关于深入推进关爱女孩行动、综合治理出生人口性别比偏高问题的意见》，进一步完善和落实宣传倡导、利益导向、全程服务、严查“两非”、统计监测等措施，不断完善政府主导、部门配合、群众参与、标本兼治的工作机制，使出生人口性别比继续趋于回落。

六、加强人口计生宣传倡导，建立健全覆盖全人口、满足不同生命阶段人群多元化需求的人口计生公共服务体系

进一步加强高层倡导，立足各级党校，推进以统筹解决人口问题为主题的干部人口理论教育，不断增强各级党政领导干部的人口意识、人均观念和可持续发展理念。组织开展世界人口70亿主题宣传活动。坚持正确舆论引导，着力加强新闻宣传，健全网上舆情分析机制，不断提高人口文化传播能力。全面开展新型家庭人口文化建设，深入推进婚育新风进万家活动和新农村新家庭计划。

进一步加强人口计生公共服务网络建设，继续推进市、区（县）、镇（乡）街道和村（居）委人口计生公共服务机构标准化建设和创示范活动，突出提升服务能级、完善服务功能、拓展服务内涵、打造服务品牌，探索建立家庭计划指导新模式。开展创建全国计划生育优质服务示范站活动，启动科技服务信息化工程。

落实免费基本项目计划生育技术服务。围绕生育、节育、不育，深化生殖保健系列服务，积极创新推进青少年性与生殖健康教育，依托专业机构和专家，积极推动不孕不育防治知识及导医等技术服务，加强中老年生殖保健服务，积极开展围绝经期妇女的保健关怀活动。开展计划生育药具“优得”模式建设。

不断完善科技创新体系，深入开展生育调节、优生优育和生殖健康等方面的科技攻关。以孕前预防为重点，加强出生缺陷基础研究和关键技术研究，探索降低出生缺陷发生风险的有效措施，继续保持上海计划生育科技在全国领先的优势。

七、加强人财物保障，为统筹解决人口问题提供强有力支撑

扎实推进强基提质工程。认真贯彻落实《关于加强上海市人口和计划生育工作队伍建设的意见》，制定年度推进计划，进一步稳定各级人口和计划生育机构队伍，充实和加强基层人口计生工作力量，到2011年底，各区县每万常住人口至少配备3名专职人口计生工作人员。大力推进人口和计划生育职业化队伍建设，认真落实人才规划。加强人口计生社会工作者队伍建设。加强人口计生干部队伍分类、分层培训，全面提升服务管理能力。

进一步加大人口和计划生育经费投入的力度，建立政府主导的财政投入保障机制，按照中央《决定》和市委《意见》要求，人口计生财政投入增长幅度要高于财政经常性收入增长幅度。认真做好新疆喀什、西藏日喀则等地区的对口援助工作。

八、加快转变政府职能，调动社会力量参与人口计生工作

各级人口计生部门和人口计生干部要牢固树立群众观念，强化服务意识，切实改进工作作风，着力提高依法办事的能力，深入基层开展调研，了解实情。要抓好落实，坚持“问题导向”、“需求导向”和“项目导向”；抓好“三找三定”，就是“找差距、找问题、找隐患”和“定措施、定责任、定期限”，确保各项目标和任务落到实处。进一步做好信访工作，解决群众反映的突出问题，促进社会和谐。深入推进政务公开和政府信息公开。进一步做好政务信息工作，建立更加透明的信息平台，更好地宣传和展示上海人口计生工作改革与发展所取得的新成效。不断完善上海12356阳光计生咨询、研究和综合服务热线平台。

推动群众自治机制建设，进一步完善和落实计划生育村（居）民自治规范，切实保障群众的知情权、参与权、决策权和监督权。充分发挥计划生育协会、人口学会、生殖健康产业协会、人口福利基金会等非政府组织的作用，形成政府调控机制同社会协调机制互联、政府行政功能同社会自治功能互补、政府管理力量同社会调节力量互动的人口计生社会管理和服务网络。加强流动人口计生协会建设。加强和改进企事业单位人口计生工作，探索军民共建人口计生工作的长效机制。

进一步加强人口计生领域的国际交流与合作，召开2011年人口计生工作驻沪领馆通报会。认真参与实施中国/联合国人口基金第七周期项目。深入推进科学育儿国际合作项目基地与实验点建设。推进人口计生事业单位改革，增强发展后劲。进一步加强全市人口计生系统党风廉政建设，全面推进廉政风险防范管理，保障人口计生事业持续健康发展。

关于印发《关于实施上海市计划生育药具优得工程的意见》的通知

沪人口委〔2011〕20号

各区、县人口和计划生育委员会，委属各单位及有关单位：

现将《关于实施上海市计划生育药具优得工程的意见》印发给你们，请结合本地区、本部门和本单位实际情况，认真贯彻落实。

上海市人口和计划生育委员会

2011年4月29日

关于实施上海市计划生育药具优得工程的意见

计划生育药具是贯彻落实计划生育基本国策、促进人口长期均衡发展的重要物质保障，计划生育药具供应、管理和服务是政府履行人口计生社会管理和公共服务的一项重要职能。为了深入推进计划生育药具优质服务提质提速，满足广大育龄群众在计划生育、优生优育和生殖健康等方面不断增长的需求，促进统筹解决特大型城市人口问题，促进家庭幸福，根据中央《决定》、市委《意见》和国家人口计生委有关深化计划生育药具改革的精神，市人口计生委决定在“十二五”期间组织实施计划生育药具优得工程，意见如下：

一、站在新的历史起点，充分认识新时期实施计划生育药具优得工程的重要性和紧迫性

计划生育药具工作是人口计生公共服务的重要组成部分。上海推行计划生育工作以来，药具管理和服务在控制人口增长、稳定低生育水平、满足群众需求等方面起到了重要作用。2006年起，本市组织开展了计划生育药具易得工程建设，充分发挥人口计生服务网络体系优势，坚持安全、便捷、易得和不同人群全覆盖的“四项原则”，进一步创新药具服务新载体，积极探索全方位、多渠道、开放式、广覆盖的药具服务管理新模式，有力地推动了“十一五”期间全市计划生育药具工作转型升级。

当前，上海人口计生工作正处于一个重要的转折时期，仍然面临着许多亟待解决的问题。与新形势、新要求和新任务相比，计划生育药具工作仍然面临着不少新情况和新问题，主要表现在：计划生育药具公共服务的覆盖面与流动人口、特殊人群等各类群体的需求之间存在矛盾，迫切需要加以解决；计划生育免费药具产品结构比较单一、品种逐步老化与育龄群众对计划生育／生殖健康产品的多样化需求之间存在矛盾，需要进一步优化品种和结构；计划生育药具公共服务的载体、手段和服务与现代化大都市的发展氛围、育龄群众和家庭的多元化、个性化、高质量的服务需求之间存在矛盾，需要进一步提升服务品质和服务能力。

“十二五”期间，上海计划生育药具工作

要实现新一轮跨越，必须按照创新驱动、转型发展的要求，以实施药具优得工程建设为抓手，全面推进计划生育药具优质服务提质提速，创新体制机制，创新服务管理，通过优化和丰富药具品种结构，广泛宣传和树立免费药具公共服务品牌形象，推进和规范避孕方法知情选择，提高广大育龄群众对药具政策和药具公共服务的知晓率和满意度，有效降低和减少意外妊娠发生率和避孕失败率，最大限度满足育龄群众的多元化、个性化需求，保障生殖健康权益。实现计划生育药具从“易得”向“优得”的新跨越，这不仅是广大育龄群众的客观需要，也是深化计划生育药具改革的重要举措，是人口计生系统造福于民的一项民心工程、实事工程、幸福工程。

二、计划生育药具优得工程建设的指导思想、遵循原则、主要目标和主要措施

（一）指导思想

坚持以科学发展观为统领，认真贯彻落实党的十七届五中全会和市委九届十四次全会精神，按照中央《决定》和市委《意见》的要求，深入推进全市新一轮计划生育药具改革与发展，强化社会管理和公共服务职能，更加注重以人为本，更加注重人文关怀，更加注重管理和服务能力的提升，进一步推动“硬件改善、软件提升”，创新体制机制和管理服务，拓展服务内涵，提升服务品质，打造服务品牌，在体制、机制、载体、服务和管理五个方面实现新突破，造福于社会、家庭和广大市民，促进人口长期均衡发展。

（二）遵循原则

推行药具优得工程建设，应遵循以下原则：

1、坚持高起点、高标准、高要求，与上海“四个中心”和现代化国际大都市建设同步推进。

2、坚持以人为本，着眼于保障和改善民生，以群众需求为导向，坚持公益性原则，满足广大育龄群众多元化、个性化需求。

3、坚持连续性，在易得工程基础上稳步推进优得工程建设，整体部署，分步实施。

4、坚持因地制宜，鼓励各区县结合本地区实际，创新服务载体、服务手段和服务模式，形成各具特色的药具服务品牌。

5、注重加强和完善基层社会管理和服务体系，把人力、财力、物力更多投到基层，努力夯实基层阵地、壮大基层力量、整合基层资源，强化基础工作。

（三）主要目标

到 2015 年，全市基本完成计划生育药具优得工程建设，着力在体制、机制、载体、管理和服务五个层面取得突破，全市计划生育药具工作在全国更好地起到率先、示范和引领作用。

1、药具管理体制进一步优化，努力形成统筹协调、上下联动、规范统一、运转高效、保障有力的药具管理、服务体系。

2、药具品种结构进一步优化，最大限度确保育龄群众能够获得优质、适宜、安全、经济的免费药具和生殖健康产品。药具可及率达到 95%，药具获得率达到 90% 以上。

3、药具管理服务进一步优化，标准化、规范化和信息化水平不断提升，建立完善与现代化大都市相适应的网络健全、流程合理、设备良好、人员到位、发放到位、方便群众、服务优质的标准化药具管理服务机构，标准化率达到 100%。实现药具流转信息全程监管。药具报损率降至 0.5% 以下。

4、药具队伍整体素质进一步优化，公共服务能力得到进一步提高，实行持证上岗制度，专兼职药具工作人员的培训率达到 100%。

5、育龄群众对计划生育药具的知晓率、知情选择率、正确使用率、满意度进一步提高，满意率达到 95% 以上，意外妊娠发生率和避孕失败率进一步下降，优生优育、生殖健康水平进一步提高。

三、推进计划生育药具优得工程建设的主要举措

1、进一步理顺和优化药具管理体制，强化公共服务职能。根据国家人口计生委要求，加快推进本市计划生育药具管理部门的参公步伐，逐步理顺机构性质，明确职能定位。市计划生育药具管理中心重点加强协调推进、药具重大问题研究、药具需求计划和专项经费编制、监督管理和指导服务；区县计划生育药具管理机

构重点加强组织实施、网络布局、规范管理、监督检查和宣传服务。

2、科学编制年度计划生育药具需求计划，优化药具产品需求结构。要进一步深入基层、深入社区、深入育龄群众开展调查研究，全面客观了解和掌握群众对免费计划生育药具的实际需求，科学编制市、区县、街道三级年度药具需求计划，完善计划统计、汇总、调整、报送等各个环节，进一步优化全市免费药具的需求结构。同时，针对计划生育免费药具供给与育龄群众的实际用药矛盾，积极争取财政支持，申请地方计划生育药具专项经费。

3、进一步加强免费药具主渠道建设，优化药具公共服务网络和供应载体。紧密结合上海现代化国际大都市的特点，进一步加强人口计生公共服务网络建设，强化免费药具发放功能，进一步拓宽渠道、延伸网络、完善网点，强化网点更新和维护。计划生育药具管理和服务机构要遵循布局合理、渠道畅通、服务均等、保质保量的原则，不断创新药具发放模式，不断优化和完善多渠道、全方位、全覆盖的药具发放网络。重点加强公共场所、流动人口集聚点、商务楼宇、新建大型居住区、企业单位和农村地区等免费药具载体建设。进一步提升开架式免费药具自助点的整体形象和服务品质。积极拓展社会化发放渠道及网点，探索社会化的药具免费发放模式，利用社区公共服务信息化平台，为群众提供更便捷的免费药具服务。

4、深入推进药具管理和服务的标准化、规范化和信息化建设，优化药具工作机制。按照现代化管理和公共服务要求，在新的更高层次上，开展全市新一轮药具管理和服务规范化建设。按照国家要求，全力推进药具工作标准化建设，建立健全流程合理、设备良好、人员到位、发放到位、方便群众、服务优质的药具管理服务标准化机构。鼓励区县创新工作机制，因地制宜打造药具服务品牌和特色。加快探索建立规模化、便捷化、集约化的上海市药具物流配送模式。进一步强化药具质量控制，加强药具不良反应监测，实现药具储运、发放和使用全过程的质量监督，确保药具安全。进一步加大免费药具信息化建设力度，根据国家人口计生委药具管理中心统一部署，配合开展“物联网技术在药具免费发放服务中的应用”工程试点项目，实现对免费药具生产、储运环节的全程监管与跟踪。努力构建本市四级免费药具管理服务信息化平台。

5、不断优化药具宣传、咨询、指导，提升药具服务水平。进一步加强药具宣传推广工作，创新药具宣传形式，依托大众传媒、社区文化中心、人口学校、新婚学校、人口计生综合服务站、家庭计划指导室、人口文化建设等多种宣传载体，广泛开展免费药具公共服务、优生优育和生殖健康宣传，重点加强对流动人口、未婚育龄人群、艾滋病传播的高危人群等重点人群的宣传服务，不断提高育龄群众的药具知晓率和满意度。进一步加强药具咨询、指导和服务，借鉴国际先进理念，大力实施避孕方法知情选择项目，不断提高避孕方法知情选择率，减少意外妊娠发生率和避孕失败率。

6、加强人才保障机制建设，确保药具事业持续健康稳定发展。进一步稳定和加强各级药具管理和服务队伍建设，优化队伍年龄结构、知识结构。区县级计划生育药具管理机构原则上至少配备 3 名以上的专职药具管理人员；镇乡街道级人口计生办至少配备 1 名以上的专（兼）职药具管理人员；社区人口计生综合服务站至少配备 1 名以上的专（兼）职药具服务人员。加强药具工作队伍职业化建设，以能力建设为核心，有针对性地开展药具业务技能专项培训，拓展培训内容。各级财政要进一步加大对计划生育药具事业的投入力度，确保计划生育药具事业持续健康稳定发展。市计划生育药具管理中心要加强对计划生育药具专项经费使用情况的监督和效益评估。

各区县人口计生委要进一步加强对本地区计划生育药具优得工程建设的领导、协调和推进，把这项工作作为“十二五”期间强化人口计生公共服务的一项民生工程。主要领导亲自抓，分管领导具体抓，明确责任、落实措施，重在实效，加强监督检查。把计划生育药具优得工程建设纳入全市人口计生工作目标管理责任制考核范围，做到责任到位、措施到位、人员到位、投入到位。

全市计划生育药具优得工程建设，具体由市计划生育药具管理中心组织实施、协调、推进和监督检查，各区县人口计生委负责本地区计划生育药具优得工程的具体实施，加强与相关部门的沟通、联系和协调，注重资源整合和上下联动，形成合力，使计划生育药具优得工程落到实处，取得实效，成为上海市人口计生公共服务的优质品牌。

上海市人口和计划生育委员会
关于全面推进本市新农村新家庭计划的实施意见

沪人口委〔2011〕31号

各区、县人口计生委：

为贯彻落实胡锦涛总书记在中共中央政治局第二十八次集体学习时关于全面做好新形势下人口工作的重要讲话精神，进一步提高“十二五”时期本市农村人口和计划生育工作水平，增进农村家庭发展能力，促进人口长期均衡发展，根据《国家人口计生委关于全面深入实施新农村新家庭计划的意见》，结合上海实际，现就本市全面推进新农村新家庭计划提出如下意见。

一、充分认识全面实施新农村新家庭计划的重要意义

实施新农村新家庭计划是人口计生系统融入社会主义新农村建设进程的重要切入点，也是促进统筹解决农村人口问题的重要载体。近年来，本市各级人口计生部门积极参与社会主义新农村建设，大力开展多种形式的新农村新家庭创建活动，在提高农村人口计生工作水平、促进农民群众观念更新、推动生殖健康和文明富裕等方面起到了积极作用，初步形成了“党政领导、部门配合、社会协同、公众参与”的长效工作机制。

“十二五”时期，人口因素在经济社会发展中的基础性地位和作用进一步凸显，加快转变经济发展方式、促进经济社会又好又快发展，对农村人口和计划生育工作提出了更高要求。同时，本市农村人口发展形势出现了新的趋势，流动人口逐步向市郊农村扩散，人口流动给农村社会带来的诸多问题还未得到有效解决，农村人口和计划生育工作面临新的机遇和挑战。

全面深入推进新农村新家庭计划，要紧紧围绕胡锦涛总书记关于“建立健全家庭发展政策，切实促进家庭和谐幸福”的重要指示，在社会主义新农村建设总体进程中，充分发挥人口计生公共服务职能和管理网络优势，以农民群众民生为根本，以农民家庭需求为导向，通过宣传倡导、优质服务、利益导向、关怀关爱和民主管理，推动农村计划生育家庭的生育文明、健康促进、权利保障、能力发展和素质提升，努力将广大农村家庭建设成为“计划生育、优生优育、文明富裕、身心健康、和谐幸福”的新家庭，促进社会主义新农村建设和人口长期均衡发展。各级人口计生部门要从贯彻落实科学发展观的高度，充分认识全面实施新农村新家庭计划的重要性，加大措施力度，把农村人口计生工作提高到新水平。

二、全面实施新农村新家庭计划的指导思想、总体目标和基本原则

（一）指导思想

以科学发展观为指导，认真贯彻落实胡锦

涛总书记重要讲话精神，围绕“十二五”规划，把全面实施新农村新家庭计划纳入社会主义新农村建设总体规划，充分发挥人口计生公共服务网络优势，以农村家庭为主体，以群众需求为导向，提高农村群众的文明程度、生活质量、发展能力和幸福指数，全面做好农村人口工作，推动社会主义新农村建设进程。

（二）总体目标

围绕“建设新农村、培育新农民、倡导新风尚”的总体要求，全面实施新农村新家庭计划，深入开展“文明农家、健康农家、幸福农家”创建活动，广泛培育“计划生育、优生优育、文明富裕、身心健康、和谐幸福”的新家庭。创建“文明农家”，使全市农村家庭人口文化繁荣发展，群众实行计划生育更加自觉，男女平等观念蔚然成风，出生人口性别比偏高势头继续得到有效遏制并逐步趋向自然平衡；创建“健康农家”，计划生育、生殖健康、家庭保健知识和观念传播渠道畅通，优生优育、生殖健康意识和能力明显增强，出生人口素质和生殖健康水平稳步提高；创建“幸福农家”，计划生育家庭合法权益得到保障，家庭美德、社会公德逐步树立，陈风陋俗逐渐破除，家庭和美，邻里和睦，农村和谐。

（三）基本原则

一是以人为本，服务家庭。把农民家庭特别是农村计划生育家庭的需求满足、权益保障和能力发展作为出发点和落脚点，更加注重利益引导，更加注重服务关怀，更加注重宣传倡导，使新农村新家庭计划成为农村人口计生工作的民心工程。

二是统筹发展，整体推进。将全面深入实施新农村新家庭计划纳入新农村建设的总体规划，与创建幸福家庭相结合，坚持资源共享、协调推进，在农村人口计生阵地建设、设施配备、惠民政策等各方面，做到统筹、整合、融入、共享。

三是因地制宜，凸显特色。坚持实事求是、量力而行、因地制宜、分类指导，形成新农村新家庭计划的不同发展模式与特色品牌。

三、全面实施新农村新家庭计划的主要任务

一是推进宣传教育进农家。积极争取党委、政府，协调相关部门，发展农村家庭人口文化事业，把农村家庭人口文化建设纳入新农村文化建设总体布局，提倡人口计生宣传文化场所、设施、设备等与新农村建设综合配套设施共享共用，避免重复建设。围绕家庭人口文化的新内涵和农民的新需求，大力传播科学、文明、进步的婚育观念，普及人口计生政策法律法规和生殖健康、优生优育知识。免费发放反映新观念、新风尚、新知识的文图音像宣传品，使每个育龄群众家庭每年至少获得1份适宜宣传品。结合乡风民俗，组织开展群众性文化文艺活动，吸引广泛参与。主动融入“三下乡”、“宅基课堂”等活动，协助开展农业技术、致富信息、生活技能、健康卫生等方面的教育培训，提高综合素质，培育新型农民。

二是推进优质服务进农家。实施生殖健康促进计划，推行避孕节育知情选择，推进计划生育药具“优得工程”，降低农村非意愿妊娠发生率。全面落实免费计划生育基本技术服务制度，指导农村育龄妇女积极预防和治疗生殖疾病，提高农村群众生殖健康水平。积极开展家庭计划指导，满足全人口、不同生命阶段人群多元化的需求，加强出生缺陷一级预防，实施优生促进工程，推进免费孕前优生健康检查项目试点工作，深入实施人口早期启蒙工程，加强独生子女社会行为教育和培养工作，加强青少年性健康和中老年期生殖保健服务。

三是推进奖励优惠进农家。完善政策推动机制，把健全农村计划生育家庭奖励优惠政策纳入社会主义新农村建设政策配套体系，协调相关部门在制定和落实各项惠农政策时，对农村计划生育家庭予以优先优惠。落实农村计划生育家庭奖励扶助和特别扶助等制度。

四是推进关爱行动进农家。认真做好农村女孩家庭、老年家庭、特别家庭的关怀关爱。发挥舆论导向和科普教育的作用，营造有利于农村女孩健康成长和妇女发展的良好舆论氛围，在制定落实新农村普惠政策时，体现计划生育女孩家庭同等优先地位，修订完善村规民约，保障计划生育女孩家庭合法权益。综合治理出生人口性别比偏高问题，依法打击侵害妇女、女孩合法权益的违法犯罪行为。发扬敬老、养老、助老的良好社会风尚，发挥家庭养老保障的基本功能，积极应对农村人口老龄化问题。对农村留守家庭、空巢家庭和流动人口家庭，积极开展生产生活帮扶和身心健康关怀活动。

五是推进村民自治进农家。维护农民合法权益。坚持依法管理，发挥计生协等群众团体的作用，组织引导农民群众自我教育、自我管理、自我服务。推动修订完善计划生育村规民约和村居自治章程，消除涉及性别歧视的资源分配制度等内容。加强制度建设，推动村务公开，保障农民群众的人口计生知情权、参与权、决策权和监督权。畅通农民计划生育诉求和维权渠道，保障合法权益。

四、全面深入实施新农村新家庭计划的保障措施

一是加强领导，融入全局。积极争取党委政府支持，将这项工作纳入本地经济社会发展全局和新农村建设总体规划。要研究制定实施方案，科学规划、稳步推进，加快新农村新家庭计划的实施，及时总结经验，研究解决问题，扎实做好工作。

二是整合资源，统筹发展。要协调相关部门和社会各界参与配合，整合农村各种资源，共同推进活动的深入开展。要把新农村新家庭计划与创建幸福家庭活动有机结合起来，在创建活动中更多关注农村家庭发展。人口计生系统要发挥主导作用，不断提高基层人口计生队伍业务能力和服务水平。发挥计划生育协会等群团组织的作用，积极开展计划生育村民自治。

三是因地制宜，分类指导。要充分借鉴国内外项目经验，结合自身实际，创造性地开展工作，不断探索新思路，培育新典型，形成具有地域特色的创建品牌，使新农村新家庭计划更加贴近基层实际，满足群众需求，促进新农村建设。市人口计生委每年将组织开展经验交流，加强绩效评估，推动工作科学发展。

四是加大投入，提供保障。各级人口计生部门要切实加大对新农村新家庭计划的投入力度，确保工作取得积极成效。充分调动专家学者的积极性，为工作发展提供科学指导和智力支持。

上海市人口和计划生育委员会
2011 年 6 月 28 日

关于进一步全面推进诚信计生和人口计生基层群众自治工作的实施意见

沪人口委〔2011〕35号

诚信计生和人口计生基层群众自治是人口计生领域社会管理创新的重要实践。为进一步贯彻落实国家人口计生委、中国计划生育协会关于全面推进诚信计生和人口计生基层群众自治工作的要求，结合本市“十二五”人口计生工作目标任务，提出如下实施意见：

一、指导思想

以科学发展观为指导，认真贯彻胡锦涛总书记在中央政治局第二十八次集体学习时重要讲话精神，推进政府职能转变，创新人口计生工作体制和手段方法，强化诚信道德，强化服务意识，强化制度建设，扩大群众参与，增强社会自治功能，实现行政管理与基层群众自治的有效衔接和良性互动，切实维护广大群众的合法权益，促进低生育水平稳定。

二、目标任务

三年内完成国家下达的目标和任务，诚信计生和人口计生基层群众自治工作整体水平得到提高，计划生育基本国策的执行力和公信力进一步强化，社会对人口计生部门工作的满意度不断提高，群众实行计划生育的权利和义务得到实现。

（一）2011 年，根据国家的总体部署和要求，确立本市推进诚信计生和人口计生基层自治工作的目标任务和实施意见。年内，将诚信计生列入全国依法行政示范乡镇（街道）和“万村（居）示范”创建的重要内容，在全面总结经验的基础上做好宣传引导，形成全面推进诚信计生和人口计生基层群众自治良好工作氛围。

（二）2012 年，要进一步将诚信理念全面贯穿于人口计生各项工作中，在完善人口政策、坚持依法行政、创新流动人口管理与服务机制、提升优质服务质量等方面不断凸现诚信计生形象，逐步形成和完善有利于全面推进诚信计生工作的新机制。组织开展形式多样的诚信计生和人口计生基层群众自治的主题活动，加快推进诚信计生和人口计生基层群众自治工作进程。

（三）2013 年，本市诚信计生和人口计生基层群众自治实现全覆盖。全面总结推进诚信计生和人口计生基层群众自治工作成效，继续完善和优化工作机制，逐步实现诚信信息共享机制，逐步形成党委领导、政府负责、社会协同、公众参与的工作格局。

三、基本内容

（一）坚持以人为本，广泛发动群众参与

群众积极参与是推进诚信计生和人口计生基层群众自治的基础。要从深入了解和帮助解决群众所关心和关注的热点难点问题出发，发挥各级计生协会组织作用，通过实施独生子女保险计划、开展生育关怀行动、幸福工程救助母亲行动以及群众性的互帮互助活动等，动员和吸引协会会员和群众参与到诚信计生和群众自治活动中来。要积极为群众排忧解难，让他们真切感受党和政府的温暖，从而不断增强群众落实计划生育基本国策的自觉性。要尊重和维护群众的避孕方法知情选择权、生殖健康权以及获得规定的奖励扶助待遇的权利，加强对群众实行计划生育权利和义务的宣传，积极培育“讲信用”和“守信用”意识，逐步形成“诚信为荣”的社会氛围。

（二）坚持依法行政，切实维护群众合法权益

推进诚信计生和人口计生基层群众自治的关键是政府首先要讲诚信。政府诚信的重点在于文明规范的依法行政。各级人口计生部门要以创建全国依法行政示范乡镇（街道）活动为契机，把依法行政作为全面推进诚信计生工作的首要任务，全面履行法定职责，加强对行政权力的制约，增加管理服务透明度，大力推进以人口计生政策及其执行情况为重点的政务公开、村（居）务公开，方便群众办事，切实维护群众权益，自觉接受群众监督。要积极争取将人口计生诚信信息纳入本市联合征信服务系统，研究制定有利于推进诚信计生和人口计生基层群众自治的利益引导及便民利民的具体措施，充分利用本市行政审批信息共享平台、人口计生综合管理信息系统，着力协调部门资源共享，逐步建立和完善失信惩戒和守信受益机制，探索建立多方参与的人口计生诚信评价机制、监督机制和激励机制，推动诚信信息在社会利益导向政策运用和体现。

（三）坚持群众自治，不断增强工作凝聚力和生命力

群众自治是推进诚信计生和人口计生基层群众自治的手段和方法。坚持把人口计生基层群众自治工作纳入基层民主政治建设的总体部署，以“万村示范”活动为载体，组织发动村（居）民、计生协会员和志愿者，积极参与“阳光计生”行动以及修订完善自治章程和有关公约等活动，不断增强群众自治的积极性和创造性，努力提高群众自治能力和水平。相关村规民约内容的修订和完善，要以国家和本市的法律法规规定的公民实行计划生育的权利和义务作为依据，突出实行计划生育家庭利益保障措施。要大力推进人口计生“强基提质”工程和职业化建设，

加强人口计生组织网络和宣传服务阵地建设，稳定基层人口计生机构和队伍，加强分类指导，完善自治机制，拓宽自治范围，促进人口计生基层群众自治工作健康发展。

四、工作要求

（一）统一思想，提高认识

全市各级人口计生部门要充分认识全面推进诚信计生和人口计生基层自治是新时期人口计生工作适应政府职能转变、加强和创新社会管理、推进依法行政的迫切需要，对加强实现人口计生工作思路和方式的转变，实现群众自我管理、自我服务、自我教育和自我监督，维护广大计划生育家庭合法权益具有重要意义。要切实增强大局意识、责任意识和群众意识，自觉将诚信计生和人口计生基层群众自治工作纳入重要议事日程，明确任务、细化措施，进一步推动行政管理和群众自治的有效结合。

（二）加强指导，保障投入

诚信计生和人口计生基层群众自治是基层基础工作的重要内容。各区县人口计生部门和计生协要积极探索开展诚信计生和群众自治工作的有效途径，深入研究开展诚信计生和人口计生基层群众自治工作面临的困难和问题，不断总结经验，确定不同阶段与不同地区的工作重点和工作方法。要支持计生协的组织建设，加大对基层基础工作的必要投入。要加强对基层人口计生工作者的培训和指导，克服畏难情绪，全面提升服务能力，确保诚信计生和基层群众自治工作有序深入开展。

（三）监督评估，规范考核

各区（县）要按照国家和本市全面推进诚信计生和人口计生基层自治实施意见和要求，结合本地区工作实际，制定工作方案和评估标准，认真组织自查和评估验收，存在的问题要及时得到整改。认真总结阶段性工作经验，逐步建立诚信计生和人口计生基层群众自治的长效机制，并将全面推进诚信计生和人口计生基层群众自治纳入年度工作总结和目标管理考核。

上海市人口和计划生育委员会
上海市计划生育协会
2011年8月2日

关于做好本市现居住地向实行计划生育的育龄夫妻提供免费基本项目计划生育技术服务试点工作的通知

沪人口委〔2011〕38号

杨浦、宝山、嘉定区人口计生委、财政局：

为了做好本市户籍人员居住地服务和管理试点工作，根据《上海市人民政府办公厅转发市人口办制订的〈关于开展本市户籍人员居住地服务和管理决定方案〉的通知》（沪府办〔2010〕73号）文件规定，就现居住地向实行计划生育的育龄夫妻提供免费基本项目计划生育技术服务试点的有关工作通知如下：

一、适用对象

凡在开展本市户籍人员居住地服务和管理试点地区的杨浦区五角场镇，宝山区大场镇、庙行镇，嘉定区马陆镇、安亭镇三区五镇（以下简称“试点地区”）中，已办理居住地登记手续，符合《关于向实行计划生育的育龄夫妻免费提供基本项目的计划生育技术服务的实施办法》（沪人口委〔2009〕68号，以下简称《实施办法》）规定，享受政府财政提供的免费基本项目计划生育技术服务的本市户籍已婚育龄夫妇。

二、操作流程

1．在试点地区居住、原在户籍地享受免费基本项目计划生育技术服务的已婚育龄夫妇，可以携带本人身份证、居住登记证明、结婚证，到本人居住登记地的镇（乡）人民政府或者街道办事处人口计生部门办理《免费计划生育技术服务记帐通知单》（以下简称《服务通知单》）。

2．居住地镇（乡）人民政府或者街道办事处人口计生部门接到申请人提出的申请后，应当对材料进行审核。符合条件的，发给《服务通知单》，注明本地区指定的服务机构和拟接受的服务项目。

3．当事人凭《服务通知单》到指定服务机构接受服务。

三、资金结算

为保证试点工作顺利开展，上述适用对象在试点地区发生的免费基本项目计划生育技术服务所需经费，由试点地区区政府或镇（乡）政府按《实施办法》规定渠道列支。

四、信息数据

各试点街镇应在每季度结束后10个工作日内将相关数据汇总（参照人口计生部门现有相关的统计局备案报表），报送区级人口计生和财政部门。各试点区应在每季度结束后20个工作日内将汇总数据报送市级人口计生和财政部门。

五、工作要求

各级人口计生部门和财政部门应统一思想、高度重视，为确保试点工作顺利开展，提供各项保障，并加强业务指导和监管，做好相关信息的收集、汇总和报送。

上海市人口和计划生育委员会
上　海　市　财　政　局
2011年8月19日

关于印发《上海市集中整治“两非”专项行动实施方案》的通知

沪人口委〔2011〕41号

各区县人口计生委、公安分局、卫生局、食品药品监管分局、妇联，上海警备区后勤部卫生处：

现将《上海市集中整治“两非”专项行动实施方案》印发给你们。请结合实际，认真抓好落实。

上海市集中整治“两非”专项行动举报电话：12356

上海市人口和计划生育委员会
上海市公安局
上海市卫生局
上海市食品药品监督管理局
上海警备区后勤部
上海市妇女联合会
2011年9月15日

上海市集中整治“两非”专项行动实施方案

为深入贯彻落实胡锦涛总书记在中央政治局第二十八次集体学习时关于全面加强人口工作的重要讲话精神，深入推进综合治理出生人口性别比偏高问题工作，依法严厉打击非医学需要的胎儿性别鉴定和选择性别的人工终止妊娠行为（以下简称“两非”），根据国家人口计生委、公安部、卫生部、国家食品药品监督管理局、总后勤部卫生部、全国妇联等六部委联合下发的《关于印发全国集中整治“两非”专项行动实施方案的通知》(人口宣教〔2011〕69号)精神，以及全国集中整治“两非”专项行动电视电话会议精神，决定在全市范围内开展集中整治“两非”专项行动。现制定如下实施方案。

一、工作目标

依据《人口与计划生育法》、《母婴保健法》等相关法律和《国家计生委、卫生部、国家药品监督管理局关于禁止非医学需要的胎儿性别鉴定和选择性别的人工终止妊娠的规定》(2002年第8号令）以及《上海市人口与计划生育条例》，开展整治“两非”专项行动，进一步深入做好综合治理出生人口性别比工作，推动相关部门机制建设和制度建设，为实现“十二五”时期本市出生人口性别比继续下降目标创造条件。

1、开展集中整治行动。集中力量联合查处一批“两非”案件，依法严肃处理一批涉案单位及有关责任人，在全社会产生威慑作用。

2、完善相关管理制度。加强对各级各类医疗保健、计生技术服务机构和终止妊娠药物销售、使用单位的管理，严格执行B超使用管理制度、终止妊娠药物销售和使用管理制度、怀孕14周以上终止妊娠手术审批制度。

3、建立长效工作机制。建立和完善综合治理出生人口性别比问题的长效工作机制，切实落实各部门职责，相互配合，形成合力，共同推进。

4、营造浓厚舆论氛围。广泛宣传“两非”行为的严重危害，宣传国家有关禁止“两非”行为的法律法规规定，营造严厉打击“两非”行为的舆论氛围，形成良好的工作环境和社会环境。

二、工作内容和重点

1、依法查处“两非”案件，严肃处理涉案单位和有关责任人。专项行动期间，各区县人口计生、公安、卫生、食品药品监管、妇联等部门要抽调专门人员，统一开展“两非”案件集中整治活动。以出生人口性别比严重偏高的地区为重点，严肃查处“两非”案件。

对涉案的公立医疗保健机构和计生技术服务机构，一经查实，依法对单位负责人和直接主管人员给予降级、撤职等行政处分；对进行“两非”行为的直接责任人，依法吊销医师执业证书（母婴保健技术执业资格）直至开除公职；构成犯罪的，依法追究刑事责任。

对涉案的非公立医疗保健机构、个体行医人员，依法没收非法所得及相关医疗器械，从重给予经济处罚；对情节严重的机构吊销《医疗机构执业许可证》；对进行“两非”行为的直接责任人，依法吊销医师执业证书（母婴保健技术执业资格）；构成犯罪的，依法追究刑事责任。

依法严厉打击非法行医机构，一经发现立即依法取缔；对非法行医人员，依法没收非法所得及相关医疗器械，从重给予经济处罚；构成犯罪的，依法追究刑事责任。

各区县要设立有奖举报电话，发动群众检举违法犯罪行为。要安排专人受理群众举报，对举报的每一条涉案线索要认真排查，一查到底，对查实的案件要处理到位。要加强与监察部门的沟通，对“两非”案件查处中发现的违反行政纪律的行为，及时将线索移交监察机关查处。

2、强化监管，完善医疗保健、计生技术服务机构和相关单位的日常管理制度。各级卫生、人口计生、食品药品监管等部门组织对各级各类医疗保健、计生技术服务机构和终止妊娠药物销售、使用单位进行全面清查。对管理中存在的问题进行限期整改，督促其建立和完善执业资质认证制度、B超使用管理制度、终止妊娠药物销售和使用管理制度、怀孕14周以上终止妊娠手术审批制度。

3、加强调研，完善部门协调机制和整治“两非”专项行动信息共享机制。要全面检查本地区综合治理出生人口性别比工作长效机制的建立和运行情况。充分发挥本部门自身职能优势，根据职责分工，各司其职，各负其责，相互协调，密切配合，形成合力，不断完善综合治理出生人口性别比的长效工作机制。开展“两非”专项调研，加快建立整治“两非”专项行动信息共享机制，做好信息统计监测工作。

4、加强倡导，开展系列宣传活动。专项活动期间，各区县和各有关部门要广泛开展宣传活动。要充分发挥报刊、广播、电视、网络等媒体的作用，通过开设宣传专栏、制作专题宣传片、专家访谈、涉案人员现身说法等多种形式，大力宣传专项行动成果，及时揭露曝光“两非”典型案件，通报涉案单位和人员的处理情况。

三、组织领导及部门职责

此次专项行动由市人口计生委牵头。市人口计生委、市公安局、市卫生局、市食品药品监管局、上海警备区后勤部、市妇联共同组织开展。成立上海市集中整治“两非”专项行动领导小组，下设办公室，办公室设在市人口计生委。

各区（县）整治“两非”专项行动在区（县）政府的领导下统一进行。各相关部门职责分工如下：

1、人口计生部门：负责专项行动领导小组办公室日常工作；起草专项行动实施方案，协调召开专题会议；定期召集领导小组工作协调会，研究和安排相关工作；加强对计生技术服务机构的管理，并做好孕情管理；会同公安、卫生、食品药品监管、妇联等部门联合查处“两非”案件；协调建立综合治理出生人口性别比工作部门协调机制；与公安、卫生、食品药品监管、妇联联合开展“两非”专项调研；会同卫生部门建立和完善本市怀孕14周以上终止妊娠手术审批制度；与卫生部门共同建立人口出生信息和整治“两非”专项行动信息共享机制；向本级政府和上级主管部门报告工作进展情况；组织开展宣传活动，及时向社会发布相关信息。

2、公安部门：负责组织本部门相关单位和人员参加整治“两非”专项行动；会同人口计生、卫生、食品药品监管、妇联等部门联合查处“两非”案件，依法打击溺弃女婴等违法犯罪行为；与人口计生、卫生、食品药品监管、妇联联合开展“两非”专项调研。

3、卫生部门：负责组织本部门相关单位和人员参加整治“两非”专项行动；会同人口计生、公安、食品药品监管、妇联等部门联合查处“两非”案件；加强对各级各类医疗保健机构的管理，加强对终止妊娠药物使用单位的监管，严厉打击非法行医，依法对发生“两非”行为的医疗保健机构及有关责任人进行严肃处理；会同人口计生部门建立和完善本市怀孕14周以上终止妊娠手术审批制度；与人口计生、公安、食品药品监管、妇联联合开展“两非”专项调研；与人口计生部门共同建立人口出生信息和整治“两非”专项行动信息共享机制。

4、食品药品监管部门：负责组织本部门相关单位和人员参加整治“两非”专项行动；会同人口计生、公安、卫生、妇联等部门联合查处“两非”案件；加强对终止妊娠药品销售单位的监管，完善相关制度，依据有关规定对违规违纪单位及有关责任人进行严肃处理；与人口计生、公安、卫生、妇联联合开展“两非”专项调研。

5、妇联部门：负责组织本部门相关单位和人员参加整治“两非”专项行动；与人口计生、公安、卫生、食品药品监管联合开展“两非”专项调研；发挥社会群众团体优势，动员和组织广大妇女参与整治“两非”专项行动，发挥积极作用。依法保护妇女合法权益。

6、上海警备区后勤部卫生处：要加强与地方政府的密切配合，同步开展整治“两非”专项行动。

四、时间安排

此次专项行动于2011年8月～2012年3月集中开展，分三个阶段实施：

1、准备部署阶段（2011年8月）。制定印发《上海市集中整治“两非”专项行动实施方案》。各区县、各市级相关部门按照本方案的要求，结合本地区、本部门实际，制定具体实施方案，对本地区、本部门开展专项行动进行动员和部署。各区县要在区县政府的统一领导下，成立专项行动领导小组和办公室，建立健全工作机制，为专项行动的顺利实施提供组织保障；市级各相关部门要对条线上的整治活动提出具体要求和部署。

2、自查治理阶段（2011年9月～2012年2月）。各地在自查基础上，按照专项行动实施方案，集中查处“两非”案件，依法严肃处理涉案单位及有关责任人；对各级各类医疗保健机构、计生技术服务机构和终止妊娠药物销售、使用单位进行全面检查，建立和完善相关管理制度和工作机制；协调新闻媒体开展系列宣传活动。全市集中整治“两非”专项行动领导小组办公室及时汇总、通报各区县和各市级相关部门专项行动进展情况，并组织人员对部分区县专项行动进行调研督导。

3、督查评估阶段（2012年3月）。市人口计生委、市公安局、市卫生局、市食品药品监管局、市妇联和上海警备区后勤部抽调有关人员联合组成若干督查组，对部分区县医疗保健机构和驻沪部队医院整治“两非”专项行动进行督查评估，并对全市工作情况进行全面总结。相关部门将此项工作纳入年度工作考核评估内容。

五、工作要求和措施

1、加强领导，落实责任。各级政府相关部门要高度重视，主要领导亲自负责，将此次集中整治“两非”专项行动切实摆上重要议事日程。要加强领导，做好协调，上下联动，形成合力，迅速行动。要切实履行法定职责，将专项行动的具体任务和工作目标逐级分解，责任到人，一级抓一级，层层抓落实，决不走过场。

2、协调联动，严肃执法。各级人口计生、公安、卫生、食品药品监管、妇联等部门以及上海警备区后勤部卫生处，要落实各自职责，集中时间，集中力量，联合查处一批“两非”案件，积极开展区域协作，加大“两非”案件的信息通报和打击力度。对涉案单位及有关责任人要依法严肃处理，一查到底，决不姑息。

3、标本兼治，健全制度。各区县和各部门要加强沟通协作，注重将集中整治与日常综合治理相结合，建立和完善长效工作机制和管理制度。全面加强对重点单位和人员的监管，抓好对B超、终止妊娠药物及怀孕14周以上终止妊娠手术等关键环节的管理。

4、强化宣教，优化环境。广泛开展关爱女孩行动，引导广大干部群众充分认识集中整治“两非”的必要性和紧迫性，充分认识综合治理出生人口性别比问题的重大意义。重点加强对来沪流动人口的宣传教育，引导他们进一步树立科学、文明、进步的婚育观念。各区县和各相关部门要加强对相关从业人员的教育培训，增强行业自律，提高职业操守，自觉遵纪守法。

2011年9月30日前，各区县结合实际，制定本地区专项行动实施方案，并报市集中整治“两非”专项行动领导小组办公室。专项行动期间，各区县专项整治行动领导小组办公室和市各相关部门要及时向市专项行动领导小组办公室报送工作进展情况、有关案件的具体情况和查处结果。

上海市人口和计划生育委员会
上　海　市　财　政　局
关于本市开展国家免费孕前优生健康检查项目试点工作的指导意见

沪人口委〔2011〕42号

静安区、杨浦区、松江区人口计生委，财政局：

为降低出生缺陷发生风险，提高出生人口素质，在国家人口计生委、国家财政部的指导下，近年来上海开展了出生缺陷一级预防、优生促进和免费孕前优生健康检查工作的探索。根据《国家人口计生委、财政部关于启动国家免费孕前优生健康检查项目第二批试点工作的通知》（人口科技〔2011〕18号）及《财政部、国家人口计生委关于印发〈国家免费孕前优生健康检查项目试点专项资金管理办法（试行）〉的通知》（财教〔2010〕333号，以下简称《专项资金管理办法》）精神，现就本市贯彻落实国家试点任务提出如下指导意见：

一、开展免费孕前优生健康检查项目意义重大

生育健康聪明的孩子，是所有家庭共同的期盼。出生缺陷儿的诞生给家庭带来沉重的精神痛苦和经济负担，直接影响家庭生活质量。优生是重大的民生，计划生育既要体现生育数量的计划，更要提高孕育质量，帮助生育健康的孩子。孕前优生健康检查是预防出生缺陷的关键环节之一，是出生缺陷一级预防的重要手段。

近年来，全市人口计生系统发挥覆盖城乡

的管理服务网络优势，在全国率先开展孕前检测试点、孕早期干预以及 0 ～ 3 岁婴幼儿早期启蒙教育等系列优生优育工作，受到群众欢迎，取得了重要进展。当前，开展国家免费孕前优生项目试点，同时带动市级试点工作，将从总体上提升全市优生促进工作水平，从源头上提高出生人口素质，为上海经济社会协调、可持续发展创造良好的人口环境。

二、免费孕前优生健康检查项目试点任务、目标和工作要求

（一）试点任务

本市的国家试点区要积极探索以人口计生部门牵头、财政保障、政府购买服务的方式，开展免费孕前优生健康检查的长效机制，建立规范的项目管理制度和流程，并不断加以完善。

（二）试点目标

力争在“十二五”期间，建立以人口计生服务网络为基础、以专业服务机构为依托的优生促进工程分级服务管理体系；形成“政府主导、部门协作、专家支持、社会参与、家庭响应”的优生促进工作机制；力争让每一对符合条件的计划怀孕夫妇都能享受到免费孕前优生健康检查服务；计划怀孕夫妇优生科学知识知晓率达到 80%；孕前优生指导服务覆盖率达到 80%；出生缺陷发生风险逐步降低，出生人口素质逐步提高。

（三）试点要求

1. 目标人群

免费孕前优生健康检查项目试点地区的目标人群是辖区内常住人口中符合生育政策并计划怀孕的夫妇。原则上，如夫妻双方都是本市户籍人口的，纳入女方户籍地服务范围；如夫妻双方属于两地婚姻的，纳入本市户籍一方的户籍地服务范围；如夫妻双方都是外来常住人口的，纳入女方现居住地服务范围。

2. 服务内容

试点地区应为目标人群每孩次提供一次免费孕前优生健康检查，包括优生健康教育、体格检查、临床试验室检查、影像学检查、风险评估、咨询指导、跟踪随访等内容，共计 19 项，详见《国家免费孕前优生健康检查试点工作技术服务规范（试行）》（国人口发〔2010〕31 号，以下简称《技术服务规范》）。试点区可以根据本区实际，有针对性地增加检查项目和服务内容。

3. 服务机构与分级服务流程

（1）试点地区的人口计生服务机构要承担起组织发动、信息登记、宣传指导和咨询随访等服务任务。

居（村）委人口和家庭计划指导室负责收集辖区内常住人口中拟怀孕夫妇信息，定期汇总报送街镇人口计生部门，并接受街镇人口计生部门确定计划怀孕夫妇名单后的反馈；负责向拟怀孕夫妇发放优生相关宣传指导材料；协助街镇服务人员开展健康教育，宣传孕前优生健康检查的重要意义；协助社区人口计生综合服务站办理《免费孕前优生健康检查服务单》；协助定点服务机构开展早孕和妊娠结局随访。

街镇人口计生部门定期从市人口与计生综合管理信息系统中提取辖区内新婚夫妇名单，下发到居（村）委人口和家庭计划指导室，作为掌握计划怀孕夫妇的基础。社区人口计生综合服务站负责对计划怀孕夫妇开展健康教育，做好宣教资料发放，开展媒体宣传和版面宣传，组织优生知识讲座等，并做好相关活动记录；填写《国家免费孕前优生健康检查项目技术服务家庭档案》（以下简称《家庭档案》）的“基础信息”；指导服务对象通过自评表或风险评估系统进行孕前自我风险评估；与准备怀孕夫妇签订《知情同意书》；为符合条件的对象办理《免费孕前优生健康检查服务单》（本市户籍人员需提供《结婚证》、《身份证》、《户口本》，居住 6 个月以上流动人口需提供《结婚证》、《身份证》、上海市居住证件、查验合格的《流动人口婚育证明》，如系再生育的，需提供《再生育子女告知书》）；指导服务对象填写孕前检查表中的“一般情况”部分，预约检查时间，告知服务对象携带已填表单到定点机构接受检查；协助定点服务机构开展早孕和妊娠结局随访。

区县人口计生部门可通过派驻“婚姻家庭健康咨询室”的咨询人员，在新婚登记环节了解新婚对象准备生育的情况，也可以通过新婚

学校、孕前俱乐部、流动人口信息交换系统等平台，获取计划怀孕夫妇信息，并将相关信息告知街镇人口计生部门。

（2）试点地区承担孕前优生医学检查的定点服务机构，由区（县）人口计生部门从具有相应资质的医疗保健机构选定，双方应通过协议明确服务内容、服务流程和管理要求等。区（县）人口计生部门应同时将选定的医疗保健机构（以下简称“定点服务机构”）报区（县）财政部门备案。

定点服务机构负责根据预约为服务对象进行体格检查、临床检验、B超检查以及其他检查等孕前医学检查，并做好相关记录；筛查危险因素，提供个性化优生咨询指导，出具《孕前优生健康检查结果及评估建议告知书》；对具有风险因素的对象，结合诊断及时提出进一步查治、转诊或暂缓怀孕等建议；负责早孕随访、妊娠结局随访，并做好相关记录。

4．服务管理要求

（1）试点地区要遵循科学规范、适当拓展、知情自愿和严格保密的原则，按照国家优生项目及其技术服务规范的各项要求，认真组织实施项目试点工作。市人口计生委和市财政局将不定期开展项目试点的督导和抽查，组织开展评估，不断提高项目实施质量。

（2）试点地区要按照《技术服务规范》有关质量管理的要求，建立健全各项质量管理制度，制定岗位职责，定期开展培训。从事各类技术岗位的人员应具备相应的资质，定点服务机构要确定质量管理负责人，定期开展质量检查并做好相应记录。有关实验室及影像学检查，要严格按照标准规程进行操作，出具规范的检验检查报告。使用的仪器、试剂和耗材应当经食品药品监督管理部门批准。

（3）试点地区要同步开展信息化管理，按照《技术服务规范》的要求，检查记录应为一家一档，所有文书包括知情同意书、技术服务记录册、检查结果及评估建议告知书、早孕随访记录表、妊娠结局记录表和出生缺陷儿登记表等。试点区要严格按照国家人口计生委的有关工作部署，做好信息上报工作。在本市相关信息系统投入使用前，上述材料由区县人口计生指导中心负责汇总、统一保存；在相关信息系统投入使用后，上述材料由区县人口计生指导中心负责信息输入、汇总后返还定点服务机构保存。各级管理服务机构要定期对所开展的服务情况进行统计分析。与个人隐私相关的信息应严格限定接触人员范围。试点过程中，市人口计生委将组织开展孕前干预信息收集和管理模式的研究。

三、经费管理

根据《专项资金管理办法》及本市现行财政管理体制要求，试点区国家免费孕前优生健康检查项目所需经费由区财政部门安排专项资金在区人口计生部门的年度部门预算中予以保障。区人口计生部门负责核实确认计划怀孕夫妇的资格和人数，提出下年度专项资金及工作经费的预算申请，并对相关数据进行综合分析。区财政部门负责专项资金的预算、决算，及时足额支付资金并加强监督管理。中央财政按照《专项资金管理办法》的有关规定予以适当补助。专项资金的使用必须接受财政、人口计生、监察和审计等有关部门的监督和检查。

专项资金预算批复后，区人口计生部门应当定期按实际检查人数和项目与定点服务机构进行结算。服务项目结算标准由区人口计生、财政部门结合本区经济社会发展水平，按照“政府购买低成本、高效益”的原则，与定点服务机构协商合理确定。定点服务机构应当及时汇总服务情况并报区人口计生部门，区人口计生部门要及时审核，并报区财政部门备案后，将专项资金及时划拨到定点服务机构，确保试点工作顺利开展，保障项目持续发展。

四、切实做好项目试点工作

（一）加强组织领导，广泛宣传倡导

试点地区要积极争取党委政府的支持，将免费孕前优生健康检查纳入政府实事项目，纳入“十二五”人口计生事业发展规划，为免费孕前优生健康检查项目顺利开展提供体制保障。要加强与各相关部门的沟通和协商，推动试点工作深入开展。强化舆论倡导，充分发挥报刊、广播、电视、网络等媒体的作用，以及人口计生网络、宣传优势，营造重视优生优育和提高出生人口素质的社会氛围，引导计划怀孕的夫妇自觉进行孕前优生健康检查。

（二）关注重点环节，突破瓶颈难点

试点地区要做好试点项目实施方案的制订，重点关注服务机构的选定、服务机构之间的衔接、各项服务记录的落实和汇总、服务质量的控制以及经费合理有效使用等环节。及时总结实际操作中存在的主要困难和问题，研究并协调解决问题的思路和途径，突破瓶颈和难点，逐步形成、完善各种长效机制。

（三）注重实际效果，创新工作特色

免费孕前优生健康检查项目试点的实际效果，应当体现在孕前优生指导服务覆盖率、计划怀孕夫妇优生知识知晓率、孕前检查的参与比例等结果指标中，各项工作都应围绕工作目标开展。特别要重视服务质量的管理，建立有效的激励机制。试点区县要充分利用本市丰富的孕前优生医疗保健资源和人口计生公共服务品牌，在开展项目试点的过程中争创特色和亮点。

本市鼓励所有市级免费孕前优生健康检查项目试点区参照上述要求深入开展项目试点。

上海市人口和计划生育委员会
上　海　市　财　政　局
2011 年 9 月 20 日

上海市人口和计划生育委员会
关于下发《上海市2011年流动人口
计划生育“一盘棋”工作方案》的通知

沪人口委〔2011〕13号

各区（县）人口计生委、委机关各处（室）、市计生协秘书处、委属各单位：

现将《上海市 2011 年流动人口计划生育“一盘棋”工作方案》下发给你们，请结合各自实际，认真贯彻执行。

上海市人口和计划生育委员会
2011 年 3 月 29 日

上海市2011年流动人口计划生育“一盘棋”工作方案

为贯彻落实全国流动人口计划生育“一盘棋”、“三年三步走”战略目标，推进流动人口计划生育服务管理区域协作进一步深入，根据国家人口计生委《2011 年全国流动人口计划生育“一盘棋”工作方案》的部署和要求，结合本市特点，制定本方案。

一、指导思想

坚持以科学发展观和党的十七届五中全会精神为指导，立足统筹解决人口问题，深入贯彻落实《流动人口计划生育工作条例》，按照建立流动人口计划生育服务管理新机制要求，强基础、补短板、破难点，进一步强化现居住地管理和服务，深化区域协作，推动实现“一盘棋”战略目标，全面提升上海流动人口计划生育服务管理水平。

二、工作目标

到 2011 年底，统筹协调、综合管理工作机制进一步完善，基础工作更加扎实，政策法规进一步健全；管理模式创新取得成效；基本公共服务均等化试点有明显进展，流动人口计划生育基本项目免费技术服务实现全覆盖；信息通报与协查有新推进，协查信息反馈率达到 85% 以上；区域协作机制进一步完善，流动人口计划生育率较 2010 年有所提高，流动人口出生性别比有所下降，流动人口服务管理覆盖率达到 85% 以上。

三、重点任务

为进一步深化流动人口计划生育服务管理工作，确保实现“一盘棋”工作目标，重点抓好以下几项工作：

1. 加强统筹协调，完善流动人口计划生育综合管理服务机制。各级人口计生部门要积极争取党委、政府的支持，加强流动人口服务管理综合协调机制建设。将流动人口服务管理相关内容纳入“十二五”人口和经济社会发展规划，强化与公安、人力资源和社会保障、卫生等相关部门的协作，做好政策衔接，争取出台有利于流动人口计划生育服务管理的政策措施。进一步健全“立足全局、协调顺畅、资源共享、职责明确、运作高效”的委内“一盘棋”协同配合工作制度和机制，协调做好流动人口计划生育服务管理各项工作。

2. 加强机构队伍建设和经费投入，强化“一盘棋”保障机制。各区（县）要通过整合资源、购买服务等各种途径，进一步健全区（县）、街（镇）流动人口计划生育服务管理机构，配齐配强工作人员；进一步加强与人口办等部门的协调，将社区综合协管员配合做好流动人口计划生育服务管理的职责落实到位，并积极争取建立计划生育专职协管员队伍。有计划有步骤加强各级流动人口计划生育服务管理人员业务培训，全面提升基层工作人员政策水平和业务能力。加大流动人口计划生育经费投入力度，强化经费保障机制，各级财政预算中要有流动人口计划生育专项工作经费，人均经费标准要逐年递增。

3. 加强宣传教育和法制化建设，夯实工作基础。深入开展流动人口计划生育宣传教育，进一步加大生殖健康知识和政策法规宣传力度，流动人口政策知晓率稳步提高。

市人口计生委继续做好《上海市外来流动人员计划生育管理办法》的立法调研和修订起草工作；根据国家人口计生委的部署，组织开展《条例》执行情况，尤其是流动人口服务维权情况的检查。各级人口计生部门要坚持依法行政，努力提升流动人口计划生育服务管理工作制度化、规范化水平，不断强化政务公开，认真受理流动人口计划生育信访诉求，切实保障流动人口合法权益。

4. 落实管理责任，破解流动人口计划生育难点问题。各区（县）要根据本地区流动人口的特点，探索建立和完善各具特色的服务管理模式，认真做好流动人口婚育证明、生育联系卡、一孩生育服务登记等各类证件办理以及查验及建档等工作。流出成年育龄妇女办证登记率达到 85% 以上，流入已婚育龄妇女查证建档率达到 85% 以上。

加强执法督查，加大对违法生育重点人群的管理力度和社会抚养费征收力度，控制和减少违法生育行为的发生。常住流动人口出生政策符合率 85% 以上，并较前一年有所提高。加强与卫生部门协调，完善出生实名登记制度和出生信息通报制度；联合公安、食药监、卫监、工商等部门，加大打击“两非”行为的力度，流动人口出生性别比逐年下降。

5. 完善全员流动人口统计信息工作，推进以网络化协作为重点的信息化应用。进一步做好全员流动人口数据库维护与更新，各区（县）、各街（镇）要结合流动人口服务管理和行政事务办理，及时采集和更新流动人口个案信息，尤其要做好流动人口育龄妇女信息采集，流动人口育龄妇女信息入库率稳定在90%以上。

做好跨省流动人口信息协查和通报工作，流动人口避孕节育信息、怀孕生育信息、证件办理信息等均通过网络通报户籍地，切实提高流动人口行政事务办理、服务管理信息网络通报率和接收率、反馈率，流动人口行政事务办理网上通报率达到90%以上，协查信息反馈率达到85%以上。建立完善流动人口信息化管理层级监管制度，落实层级监管责任。

6. 建立流动人口动态监测分析长效工作机制，为宏观决策提供参考依据。加强与科研机构和相关部门合作，探索建立市、区两级流动人口动态监测分析长效工作机制。各区（县）要根据要求开展流动人口动态监测工作，做好样本框编制、调查对象抽取、调查员培训及问卷质量检查、问卷录入、数据分析等工作，并充分利用调查数据，开展研究，撰写分析报告，为区委区政府宏观决策提供参考依据。

继续完善流动人口出生录入机制，各区（县）对收到的生育联系卡、医院通报单要做到“逢单必入”和及时录入，要提高录入信息的准确率；市人口计生委将对照卫生部门提供的流动人口出生统计数据，对各区（县）录入情况进行检查评估。

7. 深入推进流动人口计划生育基本公共服务均等化试点工作。深入开展流动人口计划生育关怀关爱活动、农民工文化送温暖活动，全面落实流动人口免费基本项目计划生育技术服务，不断提高流动人口享受免费孕前优生咨询指导和0～3岁婴幼儿早期启蒙咨询指导服务的比率，在免费孕前优生健康检查等服务项目中，将流动人口纳入覆盖人群，享受与户籍人口同等服务。进一步拓宽流动人口避孕节育药具免费发放渠道，提高免费药具获得率和可及率。

市人口计生委适时组织召开流动人口计划生育基本公共服务均等化试点工作座谈会、经验交流会等，为区（县）之间搭建交流学习平台，组织开展阶段性评估，及时总结推广成功经验。各区（县）人口计生委要进一步协调有关部门，创新服务内容，拓展服务渠道，探索建立流动人口计划生育公共服务、利益导向新机制。

8. 加强流动人口计划生育协会组织建设和能力建设。各区（县）人口计生部门要从人、财、物等方面支持计划生育协会组织建设，流动人口集聚百人以上的居村、企业、集贸市场等要成立计划生育协会组织，确保全年新增流动人口计生协会组织5%以上。继续实施“促进流动人口计生协会能力建设”项目，通过业务培训、建章立制，培育建立适宜流动人口计生协会多元化宣传服务阵地，完善流动人口计划生育自我服务管理模式。加强与流出地计生协会特别是签订计划生育合作协议的各省、地（市）、县级协会之间的交流与协作。

9. 建立区域协作机制，促进流动人口计划生育工作“一盘棋”格局形成。进一步深化与泛长三角区域各省的交流与合作，强化区域协作工作机制，推进区域协作进一步深入。市人口计生委加强与流动人口主要来源地省级人口计生部门的沟通协调，探索建立省际间人口计生系统全方位、多层级的联系协调长效机制，逐步解决两地协作中的政策衔接、协作制度建立等问题。各区（县）人口计生委及街（镇）人口计生部门要与流动人口主要来源地人口计生部门实施点对点联动协作，加强同级间的联系协调，按照法定职责，共同做好流动人口计划生育证件办理、计生维权、社会抚养费征收、性别比偏高治理、信息通报等工作。

四、组织实施

市人口计生委流动人口计划生育工作领导小组负责2011年上海市流动人口计划生育“一盘棋”工作方案的组织实施和检查评估（评估标准见附件1）。各区（县）人口计生委负责本区（县）工作方案的组织实施和考核评估。具体安排如下：

2011年3月，市人口计生委制定下发《上海市2011年流动人口计划生育“一盘棋”工作方案》，部署全年工作。

2011年4月，各区（县）人口计生委结合本区（县）实际，研究制定2011年流动人口计划生育“一盘棋”工作方案和措施，上报市人口计生委。

2011年7月，各区（县）人口计生委书面汇报上半年本区(县)深化流动人口计划生育“一盘棋”工作情况，市人口计生委通过专题调研、召开会议和业务指导等形式，对2011年流动人口计划生育“一盘棋”工作进展情况进行督导。

2011年11月，各区（县）人口计生委、市人口计生委各处（室)、市计生协秘书处、委属各单位自我评估流动人口计划生育“一盘棋”年度工作情况，于2011年11月30日之前将自评报告上报市人口计生委。

2011年12月30日前，市人口计生委流动人口计划生育工作领导小组办公室在汇总各区（县）人口计生委和市人口计生委各处（室)、市计生协秘书处和委属各单位自评报告的基础上，形成上海市2011年流动人口计划生育“一盘棋”评估报告，上报国家人口计生委，并将综合评估结果纳入本市年度目标管理考核。

上海市人口和计划生育委员会关于成立“上海市人口和家庭计划指导服务中心”的通知

沪人口委〔2011〕21号

各区、县人口计生委，市人口计生委各处室、委属各单位：

为了认真贯彻落实党中央关于建立健全家庭发展政策、切实促进家庭和谐幸福的精神，以及国家人口计生委关于提高家庭发展能力的要求，推动本市人口计生事业创新驱动、转型发展，经与上海市计划生育科学研究所研究决定，依托上海市计划生育科学研究所成立上海市人口和家庭计划指导服务中心。

上海市人口和家庭计划指导服务中心主要职能是：

1. 按照国家人口计生委关于提高家庭发展能力的要求，开展相关研究，提出具有中国特色、上海特点的支持家庭发展的社会保障政策和公共服务体系的决策建议。

2. 组织人口学、生殖保健医学、心理学、社会学、经济学和家庭问题专家等多学科专家，运用国内外先进理念，探索建立以生命阶段为基础的家庭计划指导服务模式。

3. 结合本市实际，对家庭计划指导服务的探索提供技术支持和业务指导，参与建立可复制的服务模式，创建新型的人口计生服务网络。

4. 研究建立家庭计划指导服务评估体系，参与应用科学的方法进行全程评估。

5. 承接家庭计划指导新职业开发研究工作，为设立家庭计划指导新职业提供决策参考意见；组织相关学科专家，开发家庭计划指导相关职业培训教材，参与对基层服务人员的系统培训。

6. 承接人口计生技术服务信息管理、流行病学调查及适宜技术开发等课题研究，为人口计生行政管理部门提供决策参考意见。

7. 依托市计生科研所的专业优势，开展性与生殖保健、计划生育技术服务、避孕药具知情选择、孕前优生健康、婴幼儿早期启蒙指导、中老年保健等健康咨询、健康教育和相关技术服务，创建以生命阶段为基础的示范服务载体。

根据以上主要职能，上海市人口和家庭计划指导服务中心设立工作协调委员会和专家委员会，同时下设技术服务部、研究开发部、社区指导部。

本市各级人口计生部门要充分利用上海市人口和家庭计划指导服务中心的专业资源，加强合作，不断提高本市家庭计划指导服务水平。

上海市人口和计划生育委员会
2011 年 5 月 9 日

上海市人口和计划生育委员会关于开展2011年度社区优生优育指导服务示范单位创建活动的通知

沪人口委办〔2011〕19号

各区、县人口计生委：

为认真贯彻落实国家人口计生委、市人口计生工作要点，推进本市社区优生优育指导服务工作创新驱动、转型发展，结合启动实施“十二五”人口计生事业发展规划，决定在全市开展 2011 年度社区优生优育指导服务示范单位创建活动。现将有关要求通知如下：

一、创建单位

以镇（乡）人民政府或街道办事处为单位参与创建，创建应反映街道（镇、乡）在优生优育、科学育儿方面的整体工作。

二、创建标准

市人口计生委根据基层的创建情况，进一步完善了创建标准，制定了《2011 年度上海市社区优生优育指导服务示范单位创建标准》（附件 1）。新一轮创建单位要按照新的标准开展创建，在接受验收时，社区服务点必须已运作半年以上；服务点应当及时将课程安排和活动计划公布在“宝优网”上。已被命名的示范单位要对照新标准，完善各项制度和运行机制，推动工作深入发展。

三、申报程序

各区、县人口计生委组织申报参加创建活动的镇（乡）人民政府或街道办事处，对照创建标准，填写《2011 年度上海市社区优生优育指导服务示范单位申报表》（附件 2），于 2011 年 4 月 30 日前，报市人口计生委宣教处。

四、验收评估及复查

市人口计生委将于2011年11月，对创建单位进行验收评估，并对符合创建标准的单位命名授牌。

附件：

1.2011 年度上海市社区优生优育指导服务示范单位创建标准

2.2011 年度上海市社区优生优育指导服务示范单位申报表（略）

上海市人口和计划生育委员会
2011 年 3 月 16 日

附件一

2011年度上海市社区优生优育指导服务示范单位创建标准

一、工作机制和工作保障

1．参与创建的镇（乡）人民政府和街道办事处要着眼改善民生，在场所、人力、物力、财力等方面给予保证，凸现公益服务；分管领导要亲自抓，并统筹辖区内人口计生、教育、卫生、妇联等相关部门和团体共同参与创建。

2．参与创建的镇（乡）人民政府和街道办事处要整合辖区内的各种资源，探索构建“1+x+y”（社区中心服务点＋分中心服务点＋居（村）委人口和家庭计划指导室）的工作体系，努力提高优生优育指导服务覆盖率。

3．创建单位要以项目化形式推进创建工作，积极探索长效运作机制，形成“政府推动、部门协作、社会参与、家庭响应”的工作格局。

4．区、县人口计生委要以统筹解决人口问题、提高出生人口素质为主线，把示范单位创建工作摆到重要议事日程，加强调查研究和工作指导，加强与相关部门的协作，为创建单位创造条件、解决实际问题，并及时总结推广创建经验。

二、社区服务点建设要求

（一）设施要求

1．社区服务点（以下简称“服务点”）应选在居民较集中、交通便利的位置，有固定场所，远离各种污染源，且周边环境比较安全和安静。

2．服务点内部环境必须符合安全和卫生要求，有独立的出入口、紧急疏散通道，配有消防等相关安全防范设施。布置要美观，气氛宁静，通风采光好，有对外宣传的专用标志牌，并能营造优生优育科学育儿宣传氛围。

3．服务点应保证一定面积的房间作为专门的儿童活动室，达到60平方米以上；并配备培训室、咨询接待室、盥洗室（含厕所）等基本用房，可资源共享。有条件的可以增设婴儿哺乳室、孕妇活动室等。

4．根据用房的功能，配备相应的基本设施，包括电脑、电话、电教设备、科学育儿指导宣传品；适用于0–3岁不同年龄段的婴幼儿的桌椅、教学玩具；盥洗卫生、尿布更换设施；保健橱、常用的急救用品等。

5．儿童设施设备必须符合0–3岁婴幼儿年龄特点，能满足儿童发展的需要。婴幼儿经常出入的安全通道和活动场所应注意防滑，配备防寒保暖、防暑降温设施。

6．要确保前来活动的婴幼儿等的健康和安全，定期做好公共用具、玩具的消毒工作。

（二）人员配备要求

1．服务点必须配备一名懂得科学管理知识的人口计生专职（或兼职）干部为管理人员，负责服务点的各项管理工作。

2．服务点必须配备两名以上的专职指导员，具有育婴师（五级）以上职业资格；并可根据业务需要，聘请若干名兼职指导员，或聘请妇幼保健和幼教专家作为顾问。指导员应具有科学育儿的专业知识和技能，能根据儿童发展的特点和差异，开展有针对性的指导服务，并具有与家长和看护人员交流沟通的能力。

3．对服务点的管理人员、指导员和咨询服务人员，定期组织参加市、区（县）举办的业务培训和系列讲座，不断更新知识，提高服务水平。

（三）工作要求

1．在接受验收时，社区服务点必须已运作半年以上。

2．有切实可行的工作计划和完善的规章制度，包括管理制度、咨询服务制度、宣传培训制度、工作人员培训制度、培训指导手册管理制度和监督评估制度等。要建立婴幼儿健康安全制度，确保每次活动前都有必须的健康和安全检查。

3. 服务形式要体现实用性与多样性相结合、服务的普遍性与特殊性相结合。要以提升家庭发展能力为目标，以《婴幼儿启蒙训练社区指导提纲》和《婴幼儿启蒙训练社区指导集锦》为基础，按照不同年龄段婴幼儿的生长发育特点，设计活动方案，探索开展婴幼儿综合发育能力普测，并提供形式多样的特色指导服务，体现个性化和针对性；也可以因地制宜，在坚持公益性的基础上提供有偿服务，体现良好的社会效应。

4. 要根据家庭需求，合理设计服务示范点的服务时间。每周至少开放5个半天，其中双休日保证至少开放2个半天；对不便于到服务示范点接受指导的家庭上门送教送服务，并形成长效服务机制；优先照顾计划生育困难家庭。

5. 服务点要及时将课程安排和活动计划公布在“宝优网”上，便于婴幼儿家庭及时了解和获取所需服务和相关信息。

6. 服务点要起到辐射带动作用，指导本街道（镇、乡）内的分中心服务点和居（村）委会人口和家庭计划指导室提供优生优育指导服务，使社区家庭覆盖面不断扩大，为民服务水平和社区家庭满意率不断提高。

三、社区优生优育指导服务工作要求

1. 充分发挥社区志愿者作用，共同做好社区优生优育指导服务活动；组织志愿者中的专业人员，承担有关咨询指导服务和培训工作。

2. 以《上海市社区0–3岁婴幼儿科学育儿入户指导手册》为基础，定期在分中心和居（村）委人口和家庭计划指导室开展活动，确保辖区内98.5%的相关家庭全年获得4次以上优生优育科学育儿指导服务。要指导家庭掌握出生缺陷一级干预、科学合理的喂养、婴幼儿常见病和意外伤害预防、避孕节育等知识。

3. 借鉴国际先进理念和科学方法，参与相关的国内国际交流与合作，提升指导服务水平。

上海市人口和计划生育委员会关于2011年春节前后开展“新生代农民工计划生育关怀关爱活动”的通知

沪人口委办〔2011〕3号

各区（县）人口计生委：

新生代农民工是上海城市建设和发展的有生力量，也是社会和谐稳定的重要因素。根据国家和本市有关工作的要求，市人口计生委决定在春节前后流动人口集中返乡探亲和来沪就业的高峰期间，在全市组织开展流动人口计划生育关怀关爱活动，重点突出对新生代农民工的关怀关爱，为上海城市发展和社会和谐稳定创造良好的人口环境。现将有关事项通知如下：

一、活动主题

关爱新生代农民工，促进社会和谐融入。

二、活动目的

针对新生代农民工计划生育政策和生殖健康知识缺乏，未婚先孕现象等突出问题，聚焦新生代农民工在生产、生育、生活中的实际问题，深入基层、深入群众，尤其要深入到新生代农民工居住点和相对集中的工作场所，广泛宣传生殖健康科学知识和计划生育政策知识，认真开展咨询服务活动，提高新生代农民工对婚姻家庭和性与生殖健康的正确认识，减少未婚先孕、政策外怀孕等行为的发生，为新生代农民工创建幸福家庭做好事、办实事。

三、活动时间

2011年1月17日至2011年2月16日

四、活动内容

1. 加强宣传服务。各区（县）利用广播、电视、报刊、网络和社区服务中心等阵地多渠道广泛宣传普及生殖健康知识；向新生代农民工家庭发放人口计生政策法规书刊、生殖健康光盘、避孕节育科学知识小册子及药具等服务内容的大礼包；组织专家学者在大型企业、流动人员集中居住点及交通枢纽等新生代农民工较多的人群中开展咨询和宣传服务等系列活动，营造全社会关爱新生代农民工的良好氛围。

2. 推进人文关怀。各级人口计生部门要主动走访慰问新生代农民工家庭，了解掌握他们的婚恋信息以及他们对生殖健康知识的需求，关注他们的身心健康，帮助解决他们的现实问题。针对没有工作的新生代农民工，要积极与相关部门联合，创造条件，开展技能培训服务，引导他们依靠自身努力创造幸福生活。

3. 建立长效工作机制。各区（县）要结合实际，将本次“新生代农民工计划生育关怀关爱”活动融入流动人口服务管理日常工作，并与流动人口计划生育基本公共服务均等化试点有效结合，精心培育特色工作，探索建立“新生代农民工计划生育关怀关爱”工作的长效机制，着力解决人口城镇化进程中新生代农民工在计划生育等方面出现的新情况和新问题。

五、活动要求

1. 领导重视。各区（县）人口计生委要高度重视“新生代农民工计划生育关怀关爱”活动，认真研究制定方案，部署落实各项工作，切实将活动抓紧、抓实、抓出成效。

2. 加强统筹。各区（县）人口计生委要加强统筹，整合资源，积极为活动提供人力、物力、财力支持，组织指导街道（镇）、社区（村）、企业和集贸市场开展好活动。

请各区县将活动情况于2011年3月1日前报送市人口计生委流动人口处。

上海市人口和计划生育委员会

2011年1月4日

三、重要讲话和报告

上海市人口和计划生育形势发展报告

上海市人口和计划生育委员会

一、人口发展基本情况

上海是我国最早实行计划生育和实现人口转变的城市之一，同时作为全国重要的经济中心，人口发展的开放性特征正日益凸显。2000年以来，随着上海“四个中心”（即国际经济、金融、贸易和航运中心）建设的深入发展，上海人口总量、结构、素质、分布等方面均发生了深刻的变化。

（一）人口总量持续增长，常住人口规模突破2300万

图1　上海市人口总量变动

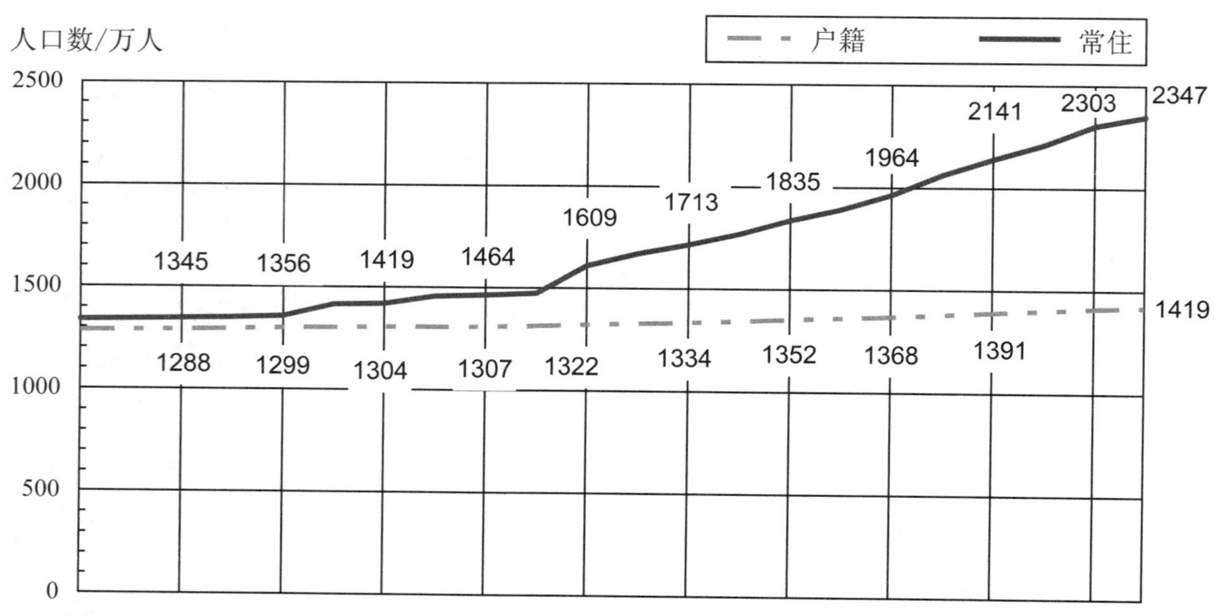

2011年全市常住人口达到2347.46万人，占全国总人口的1.7%，较上年增长45.5万人。2000年以来，上海人口持续快速增长。“六普”同“五普”相比，10年间常住人口增加628.1万人（年均增加62.8万人），增长37.5%，远高于同期全国人口（5.8%）和长三角（13.2 %）的增长水平。

2011年全市户籍人口为1419.36万，较上年增长7万人。自1993年起，上海户籍人口自然变动持续处于负增长状态，户籍人口增长来源于人口的净迁入。2000～2010年间，上海户籍人口由于自然变动减少了22.56万人，同期净迁入了118.15万，户籍人口净增长了95.59万人。

表1　上海户籍人口自然及增长情况　　人口数／万人

年份	出生	死亡	自然增长	迁入	迁出	机械增长	总增长
2000	6.95	9.45	−2.50	15.16	5.32	9.84	7.34
2001	5.76	9.34	−3.58	14.63	5.56	9.07	5.49
2002	6.20	9.67	−3.47	15.41	4.38	11.03	7.56
2003	5.73	10.07	−4.34	14.92	3.69	11.23	6.89
2004	8.09	9.65	−1.56	13.93	2.74	11.19	9.63
2005	8.25	10.23	−1.98	12.96	3.46	9.50	7.52
2006	8.12	9.80	−1.68	12.86	3.50	9.36	7.68
2007	10.08	10.22	−0.14	14.69	3.95	10.74	10.6
2008	9.67	10.70	−1.03	17.28	4.29	12.99	11.96
2009	9.23	10.67	−1.44	15.72	4.77	10.95	9.51
2010	10.02	10.87	−0.84	17.22	4.97	12.25	11.41
合计	88.1	110.67	−22.56	164.78	46.63	118.15	95.59

（二）外来常住人口总量近千万，已占常住人口的四成

2011年末，全市外来常住人口达到935.36万，占全市常住人口总量的39.8%，即每5个上海常住人口中就有2个来沪人员，而2000年这一比例为18.6%。

来沪流动人口呈现出以下特征：一是人口总量规模快速攀升。“六普”显示，来沪流动人口大量增加是人口规模不断突破的重要原因，10年间增加的常住人口中，87.7%为外来人口，外来常住人口增长551万，年均增加55.1万人。二是外来人口主要集聚在城郊结合地区，近郊和远郊区外来人口占全市总量的70.7%。其中，松江、嘉定、青浦3区超过常住人口的50%，闵行、奉贤两区接近50%。三是外来人口平均年龄低，外来常住人口平均年龄为31.6岁，一半外来人口年龄低于27.9岁（户籍人口的平均年龄和年龄中位数则分别超过45岁和46岁）。四是外来人口就业率较高，15岁以上外来人口中87.4%在业。外来从业人口就业的产业结构为“二、三、一”模式，所占比例分别为50.4%、47.4%和2.2%，与常住人口（40.7%、55.9%、3.4%）略有不同。

（三）人口密度不断提高，人口继续由中心城区向外围区域转移

由于人口规模的不断扩大，上海市人口密度持续提高，2011年达到3702人／平方公里。与此同时，随着上海城市功能的不断拓展和城市形态的优化重塑，尤其是城市轨道交通体系日臻完善和大型居住区建设的推进，上海人口继续从中心城区向外围区域转移，人口分布不断优化，人口分布落差悬殊格局有所改观。(1)核心区（黄浦、卢湾、静安、虹口，大部分处于内环以内，面积51.56平方公里）人口密度明显下降，由2000年的每平方公里4.01万人，下降到2011年的3.44万人，降幅为14.2%；(2)次核心区（徐汇、长宁、普陀、闸北、杨浦，面积237.88平方公里）人口密度缓慢上升，由2000年的2.04万人，上升到2011年的2.20万人，增幅为7.8%；(3) 近郊区（浦东、闵行、宝山、嘉定，面积2316.35平方公里）人口密度上升迅速，由2000年的每平方公里2757人，上升到2011年的4792人，增幅为73.8%；(4) 远郊区（松江、金山、青浦、奉贤和崇明县,面积3734.71平方公里）人口密度明显增长，由2000年的828人，上升到2010年的1434人，增幅为73.1%。

表2 上海市人口密度的变化 （单位：人/km²）

区　域	2000年	2011年	变动幅度
全　市	2588	3702	43.0%
核心区	40136	34438	−14.2%
次核心区	20434	22047	7.8%
近郊区	2757	4792	73.8%
远郊区	828	1434	73.1%

（四）人口出生持续处于“小高峰”阶段，低生育水平保持稳定。

自“十一五”以来，上海进入了新一轮生育小高峰，出生人数持续处于高位。主要原因：一是20世纪80年代生育高峰出生的户籍人口，从“十一五”开始陆续进入婚育期；二是外来常住人口出生持续增长。2011年常住人口出生为18.00万人,其中户籍人口出生为10.15万人，外来常住人口出生7.85万人。综合考虑近年来本市婚姻登记、育龄妇女变动及实际出生情况，预计2012年全市常住人口出生继续保持在18万人左右的高位水平，与2011年基本持平。

图2 2000年以来上海人口出生数量变动

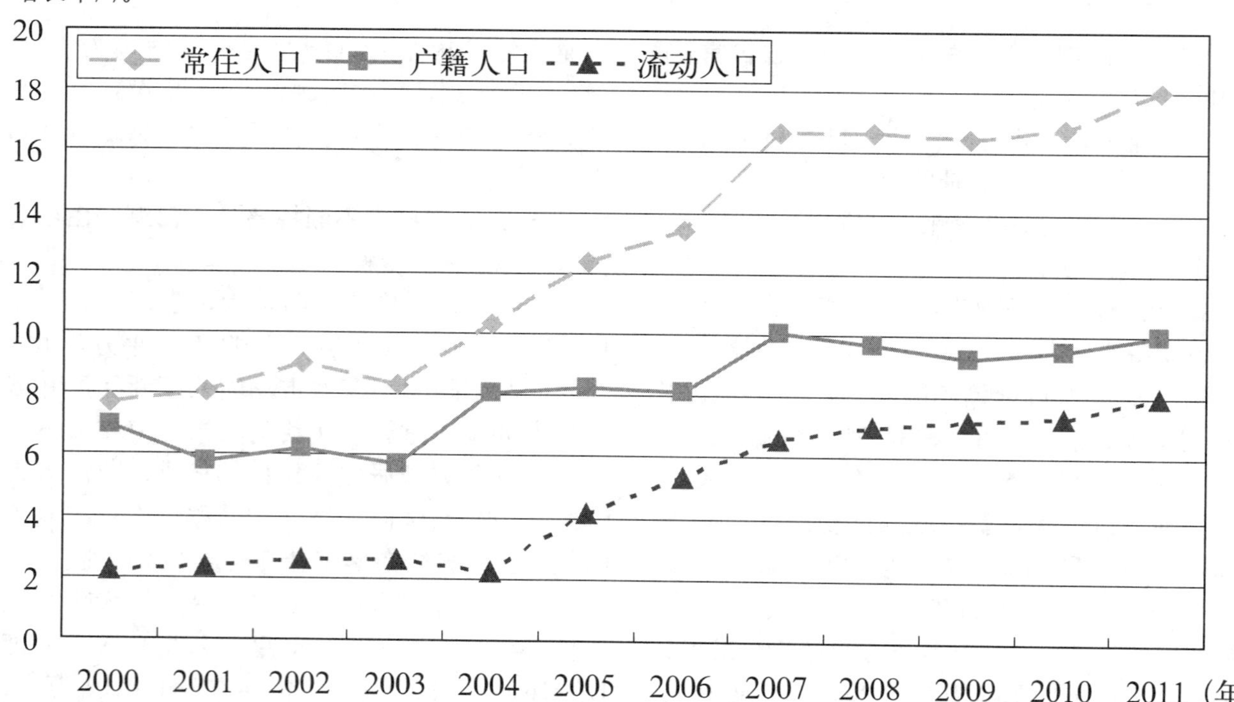

在出生小高峰持续的情况下，上海生育情况保持“三个稳定”：一是低生育水平保持稳定，户籍总和生育率自1994年起长期持续低于1，2011年为0.90；2011年户籍人口出生率为7.17‰，自然增长率为−0.68‰（常住分别为7.74‰和2.64‰）。二是符合政策生育率保持稳

定，户籍人口计划生育率保持在 99% 以上，来沪流动人口计划生育率稳定在 85% 以上。三是户籍人口出生孩次率分布基本保持稳定，2011 年出生一孩率为 92.8%，二孩率为 7.1%，多孩率仅为 0.1%。出生人口性别比有所下降，上海高度关注并不断加大综合治理出生人口性别比偏高工作力度，2008 年常住人口出生性别比首次出现下降趋势，2011 年继续保持下降态势，常住人口为 113.1，比上年下降 0.8，其中户籍人口为 106.7，流动人口为 119.2。

图3 上海市户籍人口期望寿命变动

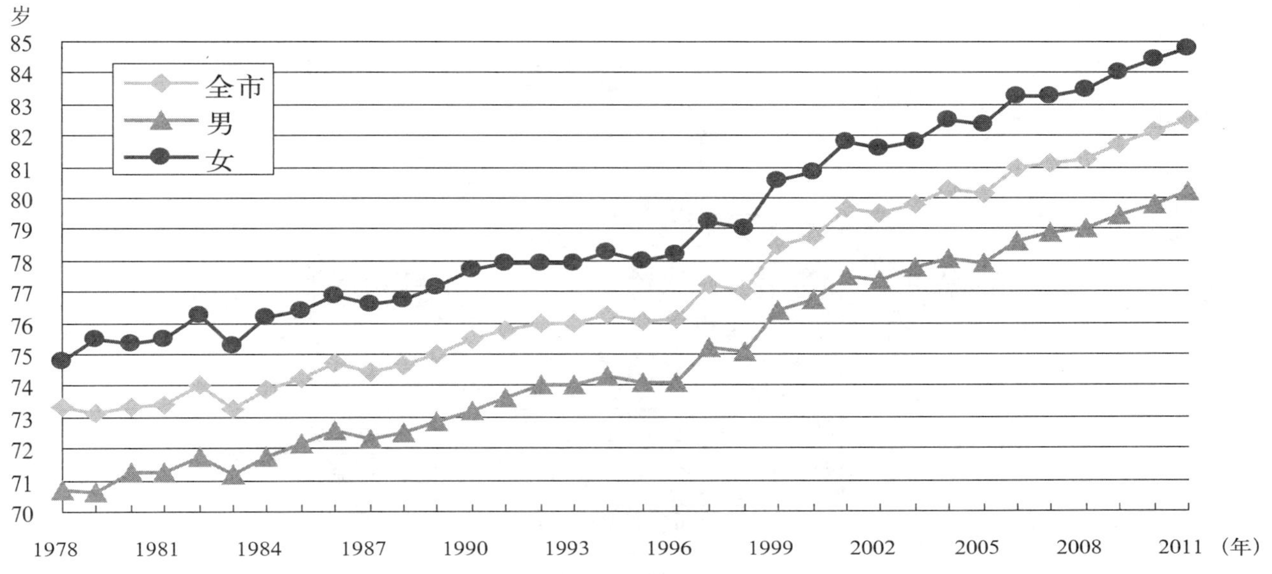

表 3 上海常住人口受教育程度比较

受教育程度	五普		六普	
	人数／万人	比重 /%	人数／万人	比重 /%
小学	310.66	19.60	312.18	14.10
初中	603.86	38.20	840.65	38.10
高中	337.67	23.80	482.32	21.80
大专及以上	179.50	11.40	503.96	23.60

（五）人口素质稳步提高，高学历文化程度人口增加较快

改革开放以来，上海人口健康素质不断提高。2011 年全市男、女平均期望寿命分别为 80.23 岁和 84.80 岁，比 1978 年（70.69 岁和 74.78 岁）增加了 9.13 岁和 9.66 岁，达到发达国家水平（2010 年高度发达国家为 74 岁和 81 岁，美国人口咨询局数据）。与此同时，婴儿死亡率和孕产妇死亡率持续下降，1978 年婴儿死亡率和孕产妇死亡率分别为 15.49‰ 和 24/10 万，2011 年分别为下降为 5.7‰（2010 年高度发达国家为 6‰，美国人口咨询局数据）和 7.36/10 万。

在人口健康素质提高的同时，人口文化素质不断提升。“六普”显示，大专及以上常住人口为 503.96 万人，比 2000 年增加 324.46 万人，是 2000 年的 2.8 倍，所占比例达到 23.6%，比 2000 年提高了 12.2 个百分点；其中研究生文化程度人口达到 42.18 万人，是 2000 年的 5.5 倍。与“五普”相比，人口文化程度大幅提升，每十万人中拥有大学以上人口从 2000 年的 10940 人，增长到 21892 人，增加了 1 倍多。

（六）老龄化与少子化问题突出，人口红利吸纳效应明显

从“六普”结果来看，上海户籍人口年龄构成极不均衡，呈现“峰谷交替”，青少年人口比重过低、老年人口比重偏高，总体上呈现出明显的老年型与缩减型的人口发展特征：一是 0 ～ 14 岁少年儿童比例严重偏低，2010 年仅为 8.6%，比 2000 年下降了 3.9 个百分点；二是 25 ～ 44 岁年轻劳动人口比例偏少，形成明显的“低谷”，2010 年仅为 26.9%；三是 45 ～ 59 岁劳动力人口大幅增长，比重为 30.2%，比 2000 年上升了 7.1 个百分点；四是 60 岁以上老年人口比例大幅上升，2010 年达到 23.4%，比 2000 年增加了 5.1 个百分点，老年人口总量达到 331 万人。

图4　“六普”上海市户籍人口年龄构成

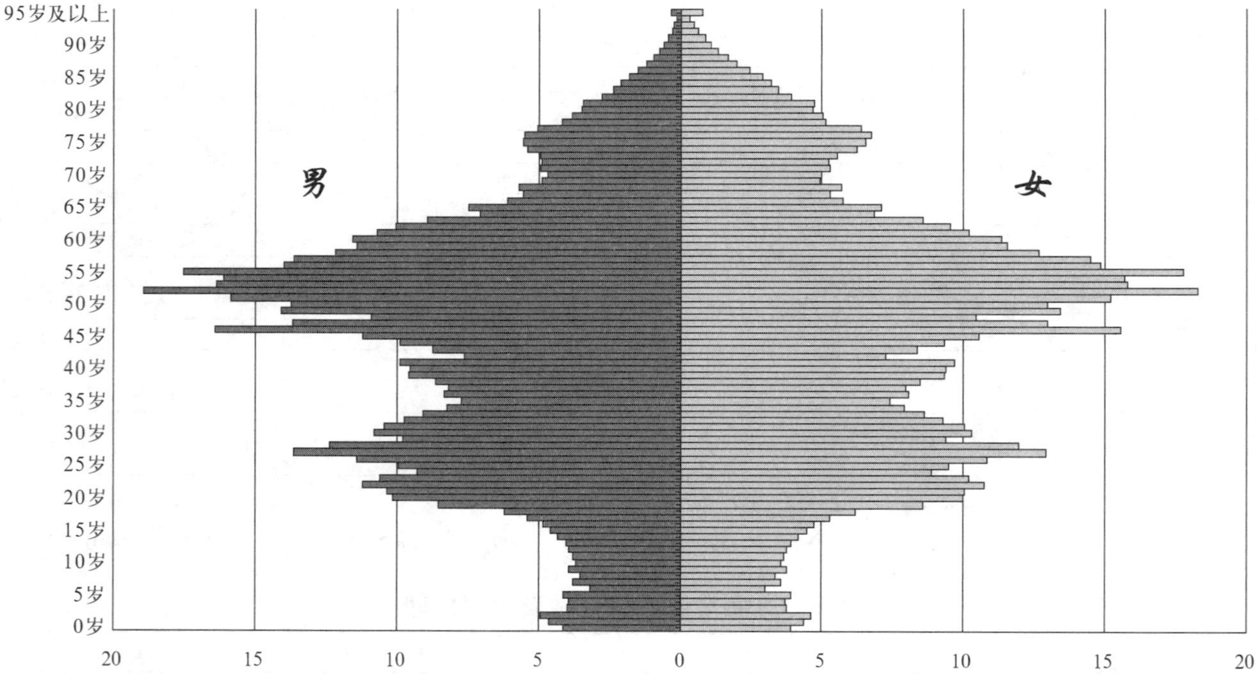

图5　“六普”上海市常住人口年龄构成

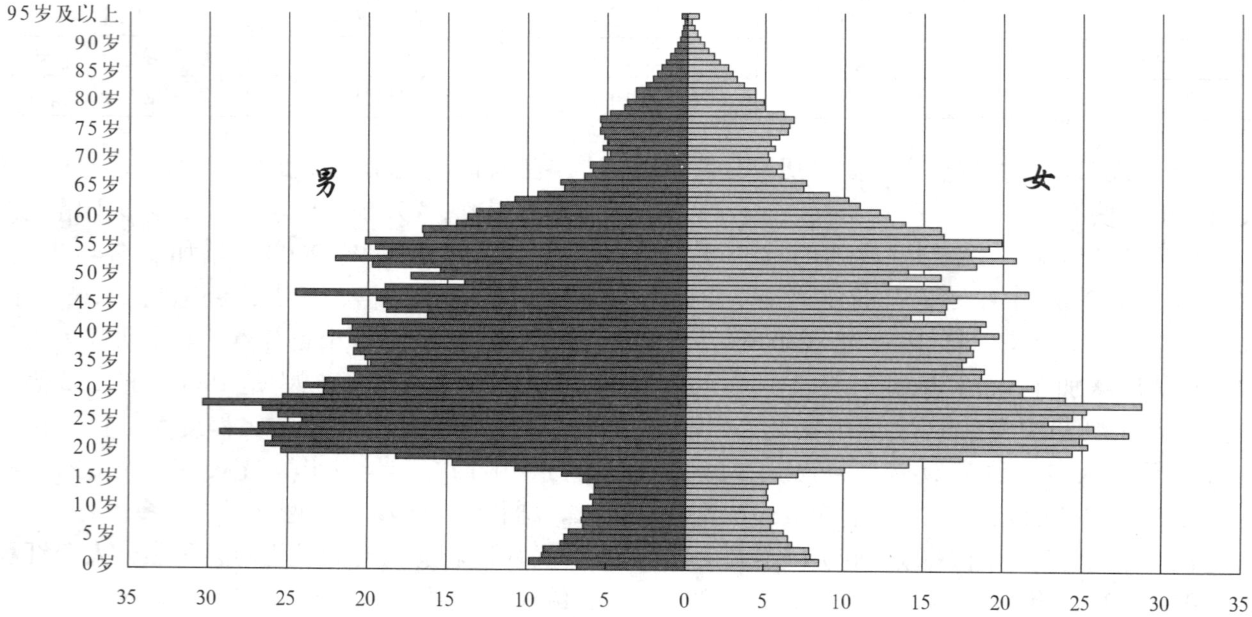

从常住人口来看，由于大量外来年轻劳动人口的流入，使年龄结构状况有所改观：一是劳动年龄人口比例大幅上升，2010 年常住劳动年龄人口比例达到 76.3%（比户籍人口高 8.3

个百分点），25～44岁年轻劳动人口比例上升为36.9%。“六普”显示，17～43岁每岁组来沪流动人口都比户籍人口多，即青壮年人口中户籍人口与外来人口倒挂；二是老龄化程度大为下降，2010年60岁及以上老年人口比例为15.1%，与“五普”相比微升0.1个百分点；65岁及以上占10.1%,比“五普”下降1.3个百分点。

人口与经济发展密切相关。伴随着上海16年的经济两位数增长，上海人口发展呈现出人口总量高位增长、外来人口比例持续升高、人口分布优化调整、人口素质不断提升、人口结构红利吸纳效应明显等鲜明特征。加强人口综合调控，合理发挥全国人口红利优势，促进人口均衡发展及人口、经济、社会、资源协调可持续发展，加强出生人口性别比综合治理，是当前和今后一段时间上海人口工作的重要任务。

表4 “六普”上海人口年龄结构比较

年龄	常住人口		户籍人口		外来人口	
	总量／人	比例／%	总量／人	比例／%	总量／人	比例／%
0～14	198.5	8.6	120.5	8.6	76.6	8.9
15～59	1755.4	76.3	960.8	68.0	797.7	88.5
60及以上	348.0	15.1	331.0	23.4	23.4	2.6

二、“十二五”上海人口发展的阶段性特点与趋势判断

由上海市政府颁布的《上海市人口和计划生育事业“十二五”规划》(沪府发〔2011〕79号)指出：“十二五”时期，本市人口发展将呈现明显的阶段性特点：人口总量增速趋缓，人口素质快速提升，人口分布明显调整，人口老龄化与少子化矛盾凸显和学龄人口较大波动。

（一）在全国城市化加快发展的背景下，上海人口总量依旧面临增长压力，但增速趋缓

上海常住人口总量从20世纪90年代初浦东开发开放起步入快速增长阶段，已持续近20年，人口总量达到高位水平，城市能源供给、环境容量、交通管理等压力不断增强。“十二五”期间，全国城市化步伐继续加快，城镇化率将达到54%，城乡人口格局将发生重大变化。作为我国重要的经济中心城市，上海对国内外人口的吸引力依旧强劲。但随着国家区域发展总体战略的深入实施和中西部城市的崛起，以及长三角城市群的快速发展，农村导出人口流向将更加多元、分散，上海面临的人口吸纳压力将会有所缓解，常住人口总量年均增长率预期1.5%左右。

（二）上海经济发展方式转变对人口素质快速提升提出了迫切要求

“十二五”时期是上海加快产业结构升级和转变经济发展方式的关键时期，对先进制造业和现代服务业等领域的各种专业人才和高新技术人才的需求更加强劲。与此同时，全球进入后金融危机时代，为上海吸纳全球高端人才，应对日益加剧的全球经济科技竞争，提供了重要战略机遇。可以预计，在“四个中心”建设和世博后续效应的带动下，上海人才集聚和人口国际化发展态势将更加明显，人力资本加快流入、人力资源高度集聚、“人口大市”向“人力资源强市”转变态势将进一步凸现,来沪经商、工作、留学、参加各类国际交流与合作、居住和旅游等的外国人和港澳台地区人员呈不断增加趋势。

（三）中心城区人口将进一步向郊区疏解，长三角区域内的人口迁移流动更加频繁

“十二五”期间，上海将加快推进新城建设，将嘉定、松江、浦东、青浦、奉贤、金山、崇明等区县新城建设成为特色鲜明、功能完善、产城融合、用地集约、生态良好的长三角城市群的重要组成部分。随着城市轨道交通体系的日臻完善和大型住宅小区建设的不断推进，人口居住沿轨道交通扩散和向郊区新城集聚，呈现出人口城市化和郊区化并进的发展态势。与此同时，随着长三角城市群一体化发展步伐的加快，特别是同城交通干线的快速推进，区域

内人口迁移流动将日益频繁，人口分布变动的同城效应将更加明显。

（四）老龄化与少子化问题突出，优化人口年龄结构任重道远

受以往人口变动影响，上海人口转变在人口年龄结构上反映突出。“十二五”期间上海人口老龄化将进入快速上升期，预计户籍60岁及以上老年人口平均每年净增20万人左右；到“十二五”末，全市老年人口数量将达到430万人左右，占总人口的28%左右；按常住人口预测，则为20%左右。从2013年起，新增老年人口中80%以上将为独生子女父母。与此同时，0～14岁人口占户籍总人口比例从20世纪90年代起持续下降，“十一五”期末，已降至8%左右，少子化现象进一步凸现。“十二五”时期，户籍劳动年龄人口（16～59岁）数量开始下降，城市发展将更加依赖流动人口的大量导入。如何合理吸纳流动人口，将成为影响城市经济社会持续平稳发展的关键因素。

（五）人口出生小高峰仍将持续，学龄人口波动性较大，对城市公共服务资源配置提出了新的挑战和要求

“十二五”时期本市人口生育小高峰仍将持续，常住人口自然变动将保持正增长。受人口出生周期性波动影响，加之大量流动人口随迁子女在本地接受义务教育，本市学龄人口波动性进一步加剧。学龄前人口在2015年前将继续呈逐年增长趋势；小学适龄人口将于“十二五”时期开始进入增长波段；初中适龄人口在“十二五”末开始进入增长波段；高中适龄人口在2020年前始终处于低谷波段，呈逐步下降趋势。根据年龄结构变动，合理调整配置全市托幼、义务教育及高中教育资源，至关重要。同时，在人口大量流动和人户分离情形大量存在的情况下，区域常住人口基础设施和公共服务资源均衡配置难度进一步加大。

针对上海人口发展的阶段性特征，《上海市人口和计划生育事业“十二五”规划》提出十大任务：一是加强人口综合调控，全面提升大城市人口管理水平。有计划地控制户籍人口机械增长，通过产业结构优化升级、城市建设推进和规范居住与用工行为，促进人口合理流动，有效调节人口总量。二是引导人口合理分布，推进形成与区域功能相匹配、疏密有度的人口分布格局。合理疏解中心城区人口。充分发挥郊区新城人口集聚功能。深化研究人口发展功能区战略。推动人口、产业与公共服务资源均衡配置。三是提高人口素质，加快推进人口大市向人力资源强市转变。全面实施优生促进工程，大力提高出生人口素质。坚持人力资源优先开发。充分发挥市场、产业在人力资源的数量和结构配置中的决定性作用，坚持教育事业优先发展。四是优化人口结构，不断增强城市人口活力。坚持和完善现行生育政策，按照国家总体部署，逐步完善生育政策，推进人口长期均衡发展。注重吸引高素质、高技能、紧缺型劳动年龄人口来沪务工，保持劳动力人口年龄结构合理，进一步激发城市人口创业创新活力。积极应对人口老龄化。构建梯次合理、水平适度的基本养老保障和医疗保障体系。综合治理流动人口出生性别比偏高问题。五是加强人口综合服务，促进来沪人员融入城市。构建统筹规划、政策引导、信息完备、服务一体、管理高效的流动人口服务管理新机制。稳步推进基本公共服务均等化。不断推进公共就业、技能培训、子女教育、公共卫生、计划生育、居住条件等公共服务体系均衡发展，为流动人口发展创造良好的社会环境。六是坚持依法行政，推进利益导向机制建设创新发展。积极完善与生育政策相匹配的利益导向机制建设。加强统筹协调，推进相关公共政策与计划生育基本国策的衔接配套。七是提高家庭发展能力，推进计划生育优质服务提质提速。积极探索以家庭为中心的人口健康促进模式，推进人口计生公共服务体系向家庭计划指导服务转型。八是发挥宣传教育的先导功能，在全社会广泛树立正确的人口观、婚育观。九是大力支持社会组织和企事业单位协同开展人口计生工作，促进社会管理更加和谐有序。十是大力推进人口计生统计与信息化建设，夯实人口管理工作基础。

《上海市国民经济和社会发展第十二个五年规划》明确了“创新驱动、转型发展”的要求，对加快推进上海人口计生工作创新发展提出了要求，更提供了机遇。2012年是实施“十二五”规划承上启下的重要一年，我们将按照国家人口计生委提出的统筹解决人口问题的工作要求，重落实、求创新，不断推进上海人口计生工作科学发展，为上海经济社会发展创造良好的人口环境。

解放思想、改革创新
推动上海人口和计划生育事业转型升级

上海市人口和计划生育委员会

解放思想、改革创新是当今时代发展的主旋律，是推进经济社会发展的重要动力。日前，国家人口计生委下发了关于进一步深化综合改革创新体制机制的指导意见，这对于推动全国和各省市开展新一轮人口计生工作综合改革、统筹解决人口问题具有十分重要的作用。回顾上海市这几年在国家人口计生委指导下开展的人口计生综合改革，我们感到，只有以科学发展观为指导，坚持依法履职，不断解放思想和勇于改革创新，人口计生工作的道路就会越走越宽广，从而推动实现人口与经济、社会、资源和环境的全面协调可持续发展。

一、上海市人口概况

上海是一个人口特大型城市，2009年，全市常住人口为1921.32万人，其中户籍人口1400.70万人；来沪半年以上的流动人口541.93万人。全市常住人口出生为16.46万人，其中户籍人口出生9.23万人，外来常住人口出生7.23万人；全市常住人口出生率为8.64‰，自然增长率为2.70‰；户籍人口出生率为6.62‰，自然增长率为−1.02‰；妇女总和生育率0.83；。全市户籍人口中60岁及以上的老年人口为315.7万人，占22.54 %；全市户籍人口平均预期寿命为81.73岁。

二、战略思考：综合改革，时不我待

上海是我国最早推行计划生育的地区，人口转变进程早于全国10～20年，1979年起进入人口老龄化，1993年起进入户籍人口自然变动负增长阶段，而且是全国跨省流入人口数量最多的城市之一。广大市民和家庭对新型生育文化的接受程度高，法制意识强，多年来户籍人口计划生育率一直在99%以上。上海作为一个正在建设中的国际大都市，处于东部沿海地区，是我国市场经济的前沿，市场化、法治化、信息化、国际化迅速发展。在人口率先转变过程中、在改革开放的大潮中，上海人口计生工作最先遇到了问题、最先受到了市场的冲击，无论从大环境来说，还是从人口问题以及人口计生工作本身来看，不改革就没有出路。

（一）从大环境来看，推进综合改革，是时代发展的客观要求

1.科学发展观这一重大战略思想的提出，为统筹解决人口问题指明了方向。科学发展观的核心是以人为本，本质要求是全面、协调、可持续，意味着执政理念和执政方式的重大转折。人口是关系到能否实现科学发展的首要因

素，所有的经济和社会发展指标都以人口为分母，人均概念和人均指标已上升到突出位置。以人的全面发展来统筹解决好人口问题，实现经济又好又快发展，是走科学发展之路的必然选择，也是人口计生综合改革的紧迫任务。

2. 改革开放的不断深化和拓展，客观上要求人口计生领域必须进行改革。我国和上海的改革开放正在从经济体制改革，走向融经济、政治、文化和社会为一体的全方位综合性改革，触及到各个领域和各个层面。各个行业和部门都在进行改革，经济和社会政策在不断变化，财政体制改革、社会保障制度改革、住房制度改革等对传统的计划生育政策和制度产生冲击。在这种改革开放的大形势下，人口计生工作如果不主动进行改革，将会被弱化，必须紧跟潮流和主动适应，不失时机地推进改革，才能赢得发展的主动权和新空间。

3. 市场经济体制的不断完善和发展，对人口计生工作提出了新的挑战。在从长期的计划经济向市场经济转变过程中，人口出现了前所未有的新变化，市场在资源配置中的基础性作用日益显现，伴随着工业化和城镇化步伐的加快，全国范围内的人口大流动已成为一种不可阻挡的趋势，“单位人”转变为“社会人”，企业不再承担社会职能和保障职能，多年来以户籍人口为主的计划生育工作，在体制、机制、方法和手段等各方面已经越来越不适应市场经济新体制和人口大流动的现实，问题和困难不断暴露，不改革不行。

4. 政府职能转变，对人口计生部门的职能转型提出了新要求。加强社会管理和公共服务是新形势下各级政府推进职能转变、塑造服务型政府的重点，人口计生工作具有典型的社会管理和公共服务特征，承担着统筹解决人口问题和促进民生改善的双重功能，因此，对于人口计生部门来说，要抓住政府职能转变的重要机遇，实施转型和功能拓展，强化社会管理和公共服务职能。

（二）从人口发展来看，推进综合改革，是统筹解决人口问题的必由之路

上海作为一个人口特大型城市，又是一个资源短缺型城市，在推动科学发展和转变经济发展方式中，面临着一系列不可回避的人口问题和矛盾：

1. 人口总量的持续增长与城市承载能力之间的矛盾日益尖锐。虽然上海市户籍人口自然变动从1993年起就进入负增长阶段，至今已有17年，但是城市人口总量却并未出现负增长，相反，在不断增加，增长速度超过全国平均水平。进入21世纪以来的8年，上海的常住人口平均每年绝对增长35万，相当于一个小城市。今后一段时期，全市人口总量将继续呈增长态势，据预测，到2015年上海户籍人口将达到1440万人，常住人口将达到2140万人；到2020年上海户籍人口将达到1450万人，常住人口将达到2250万人。如果把影响人口总量规模变动的非常规因素以及政策性因素考虑进去，人口总量有可能进一步上升。随着人口不断集聚和人口总量规模的持续扩大，城市资源和环境的硬约束凸现，向极限逼近，人口与资源能源供应、生态环境保护、基础设施建设和住宅建设等方面的矛盾将日益尖锐城市资源和环境的硬约束凸现。如何合理调控人口总量，使人口总量与城市发展阶段和发展水平以及资源环境承载能力相适应，是摆在政府和人口计生部门面前的一个重大问题。

2. 人口大量流入与城市管理和公共服务之间的矛盾日益突出。上海在传统上是一个移民城市，“海纳百川”是上海的城市特征。20世纪90年代以来，上海面临着前所未有的人口大流入，跨省流入人口数量在全国位居第3位，2009年来沪半年以上的外省市流动人口达541.9万人，占全市常住人口的28.2%，松江、闵行等区的流动人口数量已经超过户籍人口数量。同时，在沪外国人和港澳台人员数量增多，常住在上海的世界各国侨民大体是25万～27万，人口构成日益多元化。过去偏重于以户籍人口为主的城市人口管理体制、工作机制、管理制度和公共服务体系，有很多方面已经不适应，迫切需要改革、调整和完善。

3. 人口的整体素质与要建设的“四个中心”和社会主义现代化国际大都市相比，仍有很多

方面不相适应。人口素质是决定上海实现“四个率先”、建设“四个中心”成败的关键因素。目前，上海的人均受教育水平只相当于初中毕业程度，而纽约、东京等国际大都市的人均受教育水平都达到了大专文化程度。全市从业人口素质偏低，2000年上海大专及以上学历人才占从业人员的比例为13.8%。而美国纽约大专及以上学历人才占从业人员的比例高达52%，汉城也达到了50%。目前，上海人才（大专以上学历或中级以上专业技术职称）总量只占常住人口11%（北京13.5%，天津12.6%，深圳10.9%），与世界城市相比仍存在明显差距（纽约占24.4%，东京34.4%，香港21.3%）。人才结构不尽合理，经济社会发展所需的领军人才、专业人才和实用人才的缺口十分明显，重点行业的高端紧缺人才集聚不够。人口整体素质不高，已经成为落实科学发展、转变经济发展方式、产业结构调整升级和提高城市综合竞争力的一大制约因素。

4. 人口老龄化日益加剧，给城市可持续发展带来严峻挑战。全市人口老龄化程度已经接近意大利、德国、希腊、日本、瑞典等世界人口老龄化最高的国家水平（人口老龄化程度23～25），比全国高一倍。上海人口老龄化的一个显著特点是，独生子女老年父母绝对数量将越来越多，所占比重越来越大，目前全市有独生子女父母610万左右，占户籍人口总数的比例为44.59%，比全国高30.9个百分点，独生子女父母将逐渐成为上海人口老龄化的主体人群。今后一个时期，全市人口老龄化程度将不断加深，到2020年全市户籍人口中60岁及以上老年人口的比例将超过34%。在人口老龄化、家庭小型化和少子化的背景下，上海将面临本地劳动力短缺现象突出、老年人口抚养比快速上升、社会保障压力空前加剧、老年医疗和养老等问题凸现。

5. 城乡人口分布落差悬殊，中心城区人口疏解任务依然艰巨。人口密集是上海的重要特征之一，这种密集主要体现在人口过度集聚在中心城区，仅占全市1/10土地面积的中心城承载了超过全市一半的人口（976万人）。如按城镇用地计算，人口密度高达9589人／平方公里，高于世界上一些国际大都市建成区的人口密度（东京6992人／平方公里、巴黎3540人／平方公里、伦敦4762人／平方公里）。中心城区人口过于密集，引发了资源紧张、交通拥挤、居住成本上升、生态环境质量不高等一系列问题。由于城乡之间在经济发展、资源配置、就业机会、收入水平、社会保障、基础设施、公共服务等方面存在较大差距，并且短时期内难以根本扭转，未来一段时期内，推动人口在城乡之间合理布局和均衡发展的难度相当大。

以上这些问题，必须加以通盘考虑，通过综合改革，采取综合性措施来统筹解决。

（三）在新的形势下，人口计生工作本身遇到了不少问题、困难和瓶颈

主要表现在：

1. 人口计生工作的发展方向和工作定位急需明确。上海从1971年起TFR就达到更替水平，比全国早20年，并持续下降，1994年起上海TFR一直在1.0以下，低于西欧、北美、日本等发达国家的生育水平，处于全世界最低行列。2009年为0.83。在长期低生育率和户籍人口自然变动负增长的情况下，社会上和有些区县及部门的领导在思想上出现了松懈和麻痹情绪，对计划生育基本国策的重视程度下降，认为人口计生部门已经完成了历史使命。与此同时，不少人口计生干部也出现了困惑和迷茫。有一段时间，一些地区出现了人口计生机构队伍不稳定的迹象。迫切需要回答人口计生工作的发展方向是什么？工作定位在哪里？

2. 流动人口超生现象突出，出生性别比严重偏高。随着外省市流动人口的大量涌入，流动人口出生大量增加，可控性减弱，不可预见性增多，无计划生育现象突出。流动人口出生数量的逐年上升，导致上海常住人口自然增长率逐年回升，在经历了11年负增长后，2004年回到零增长，2005年以来又进入到正增长。同时，常住人口出生性别比特别是流动人口出生性别比仍然偏高，形势不容乐观。

3. 人口的双重二元结构矛盾突出，人口调控和服务管理的难度加大。长期以来本市城镇人口和本市农村人口之间、本市人口和来沪流动人口之间存在的双重“二元结构”，难以在短期内从根本上消除，许多积累多年的矛盾逐步显现。由于城市社会发展相对落后于经济发展，长期以来形成的偏重于户籍人口的社会发展、社会管理和公共服务遇到了前所未有的挑战和压力，可以说滞后于人口发展和变动的新格局，难以适应流动迁移人口不断增加、人户分离现象日趋普遍、人口老龄化不断加剧的趋势。因此，急需在管理体制、制度安排、政策制定、工作机制和服务体系等方面进行改革和创新，以更好地适应经济社会发展和人口发展的新变化。

4. 人口计生综合管理出现弱化现象。长期以来在计划经济体制下形成的以行政手段为主、条线自成体系和相对封闭的人口计生管理方式开始失灵，相关部门的配合力度下降，条线分割现象仍较严重，利益导向缺乏一致，政策措施缺乏衔接，资源缺乏有效整合，信息不能共享，制约城市人口管理和服务水平的提高。

5. 人口计生公共服务体系建设滞后于其他领域。对于公共服务，一般总认为是教育、卫生、就业、社会保障、基础设施建设等方面，而忽视了人口计生公共服务这一重要领域，对其基础性、社会性和长远性缺乏充分认识。传统的人口计生公共服务，在内容上比较简单，在手段上比较单一，偏重于控制生育，缺少个性化服务。随着生活水平的不断提高，广大市民和家庭对于优生优育、生殖健康等方面的公共服务需求显著增加，对于青少年、未婚育龄人群、艾滋病传播的高危人群、老年人等群体的人口计生公共服务还十分薄弱。亟须建立适应现代化国际大都市发展要求、促进人的全面发展的人口计生公共服务体系。

6. 人口计生利益导向机制建设滞后于经济社会发展。上海从 1979 年实行独生子女政策以来，先后出台了一系列计划生育奖励措施，对鼓励市民贯彻计划生育基本国策起到了较大促进作用。随着经济体制改革的深入，多种所有制形式企业的大量增加以及人们从“单位人”转向“社会人”，原有的计划生育奖励与补助政策也存在不少问题。

7. 人口计生网络队伍的结构性矛盾较为突出。传统的人口计生工作网络优势在部分地区有所削弱，基层人口计生工作队伍数量偏少，与相当繁重的依法行政任务不相匹配，年龄结构老化，知识结构单一，文化层次不高，研究能力薄弱，已经难以适应新形势下统筹解决人口问题和公共服务的新要求。

因此，传统的以控制人口出生为主要任务的人口计生工作已经无法应对错综复杂的人口问题。上海人口计生工作到了一个很关键的时刻，必须要回答今后的发展方向和路怎么走的问题，这是摆在我们面前的一种使命和责任。改革有风险，有可能面临失败，但更孕育着机遇和成功；不改革就会被边缘化和淘汰。在长期低生育水平条件下和各种人口问题的交汇期，人口计生工作的重点必须不失时机地实施战略性转移。

中央对上海发展提出了“四个率先”和建设“四个中心”的定位，要求上海在经济、政治、文化、社会等各个方面走在全国前列。上海所遇到的人口问题也早于全国和其他省市，人口计生工作有条件也更应该实现率先发展，继续走在全国前列。上海人口计生部门在更名后必须及时转变职能和拓展职能，实施工作重点的战略性转移也就是向统筹解决人口问题转变，才能发挥新的更大的作用。要通过强化大人口工作，着力解决影响科学发展的突出人口问题。

要进一步解放思想，勇于开拓创新，通过深化综合改革，推动实现“四个转变”：一是人口计生部门职能从以控制人口出生数量为主，向统筹解决人口问题、强化社会管理和公共服务转变；二是管理体制从以人口计生部门条线为主，向以块为主和属地化管理转变；三是工作机制从以行政控制为主，向依法管理、政策联动、利益导向、资源整合、信息共享化和社会化运作等多元化手段转变；四是公共服务从以避孕节育为主向提高出生人口素质和生殖健康综合性服务转变。

三、探索实践：改革创新、转型发展

近几年来，在市委、市政府的领导下，在

国家人口计生委的统一部署推动下，上海市人口计生工作认真贯彻落实中央《决定》和市委《意见》，紧密结合实际，不断解放思想，勇于改革创新，适应市场化、法治化、信息化和国际化快速发展的新形势，积极推进和深化综合改革，着力于破解发展面临的问题、困难和瓶颈，取得了新进展和新成效。

（一）以高层倡导、部门配合和政策联动为重点，推进统筹协调机制建设

1. 强化党政一把手亲自抓、负总责。市委、市政府把稳定低生育水平、统筹解决人口问题作为一项重大战略任务来抓。俞正声书记、韩正市长专门听取市人口计生委的工作汇报，对做好全市人口计生工作提出明确要求。2007年3月21日，市委、市政府下发《关于贯彻〈中共中央、国务院关于全面加强人口和计划生育工作统筹解决人口问题的决定〉的意见》，要求以科学发展观为统领，积极探索特大型城市统筹解决人口问题的新路子。全市每年召开人口计生工作会议，部署和推进人口计生工作。市委在全年重点工作安排中明确提出市人口计生委的参与内容。市政府每个季度的工作重点中都有人口计生部门的项目。市政府每年与区县政府签订人口计生工作目标管理责任书，把“大人口”工作要求列入目标管理。2009年4月7日，市政府召开全市人口计生工作会议，市委副书记、市长韩正出席会议并讲话，他从大人口角度，提出了“五项研究”、“五个推进”、“三项保障”的工作要求。2010年9月20日，市政府召开纪念中央《公开信》发表30周年大会，俞正声书记专门为大会发来贺信，要求积极推动人口计生工作转型，合理调控人口规模，全面提升人口素质，积极改善人口结构，着力优化人口布局；韩正市长在会前接见了人口计生先进工作者代表，强调要在研究经济和社会发展问题的过程中，要高度重视人的因素，不断促进人的全面发展，努力实现人口和经济社会协调发展。分管副市长赵雯高度重视人口计生工作，多次到人口计生系统调研工作，对于难点问题进行协调和推进。目前，上海市党政一把手亲自抓、负总责的内涵已经从传统的计划生育、控制人口出生，转变到统筹解决人口问题和促进人的全面发展。由于党政一把手和分管领导的高度重视和强有力推动，全市人口计生工作保持了持续稳定发展的良好势头。

2. 注重建立相关部门通力合作机制。针对实际工作中相关部门在人口计生方面的配合力度出现弱化的现象，2006年，市人口计生委建议市政府建立市人口计生工作联席会议，得到了市政府同意，联席会议由分管副市长担任第一召集人，办公室设在市人口计生委。适应政府机构改革后的新形势，2009年4月25日，市政府下发了《关于调整上海市人口和计划生育工作联席会议组成人员的通知》，进一步调整和充实了联席会议组成，增补了国资、环保等7个部门为成员单位。2009年12月18日，市人口计生工作联席会议办公室下发了《上海市人口和计划生育工作联席会议成员单位主要职责》的通知，进一步明确了统筹解决人口问题的部门职责分工。市人口计生委通过联席会议这一平台，明确每年要推进的重点任务，并按照部门职责，将任务落实到各个相关部门，明确牵头部门和配合部门，抓推进、抓落实。目前，全市基本形成了以稳定低生育水平、统筹解决人口问题为主要任务的部门之间通力合作机制。

3. 注重形成政策联动机制。近几年来，上海市委、市政府和各相关部门坚持人口与发展综合决策，在编制城市发展规划、城市建设、产业结构调整、城镇体系构建、公共服务设施建设和社会保障体系完善等工作中，把人口作为前提性条件，注重政策联动和各项改革措施的统筹协调和综合平衡。市委、市政府出台重大政策、部署年度和季度工作时，事先征求市人口计生委等各部门的意见。市委、市政府和有关部门召开与人口相关的专题会议时，都要求人口计生部门出席会议，参加讨论研究。《上海市人口与计划生育条例》设立专章，就“人口综合管理”作出明确规定，如《第十六条》规定：本市制定、实施的生育调节、人口迁移、人口流动等制度和措施，应当有利于优化人口年龄结构，缓解人口老龄化。《第二十一条》第二款规定：人口和计划生育、公安、卫生、教育、民政、劳动和社会保障、医疗保险等行政管理部门应当通过本市社会保障和市民服务信息系统相互提供与人口管理相关的数据，实现人口信息共享，促进人口信息资源的综合开发和利用。《第四十条》规定：各级人民政府和各有关部门在制定老年保障制度和措施时，应当体现对独生子女父母的优先照顾。市人口计生委主动与市财政局、市民政局、市公安局、市卫生局等相关部门进行沟通和协调，联合出台有关文件，形成了实质性的政策联动。

（二）以依法履职、人口发展战略研究和信息化建设为重点，构建科学管理机制

1. 坚持依法履职，实现部门工作法治化。近几年来，全市人口计生部门坚持依法履职，突出依法行政，努力做到“法无授权不得行、法有授权必须行”，依法转变和拓展职能，依法保持机构队伍稳定，依法争取财政经费。根据《人口与计划生育法》，2003 年 12 月 31 日，市十二届人大常委会第九次会议审议通过《上海市人口与计划生育条例》，《条例》于 2004 年 4 月 15 日起施行。《条例》从保障公民基本生育权出发，对生育政策作了适当微调，取消了生育间隔的规定，增加了人口出生预报制度。自 2000 年 3 月 1 日起，对上海独生子女父母分别发放《独生子女证》，从根本上保障了持证公民的合法权益。为进一步规范执法行为，市人口计生委制定了《上海市再生育子女办理规定》和《上海市〈独生子女父母光荣证〉办理规定》等规范性文件及近 20 种法律文书格式。全市不断完善社会抚养费征收管理制度，建立了《征收社会抚养费决定书》备案制度，制订了《上海市社会抚养费征收管理工作手册》。各级人口计生部门牢固树立依法行政意识，正确执法、文明执法、按法定程序办事，把人口和计划生育各项管理和服务切实纳入法制轨道。到目前为止，全市没有发生计划生育恶性案件。进一步加大综合治理出生人口性别比偏高问题的力度，深入开展关爱女孩行动，依法严厉打击“两非”行为，全市出生人口性别比上升势头继续得到有效遏制。上海市人大常委会有关领导在调研视察本市《条例》实施情况时指出：人口计生部门坚持和突出依法行政，是做得比较成功的一个政府部门和一个《条例》，这是一个亮点，都源于忠实地执法。

2. 大力推进人口发展战略研究，促进人口与发展综合决策。人口计生部门在更名后要有所作为，必须强化大人口工作。近几年来，市人口计生委以人口发展战略研究为抓手和突破口，转变职能和拓展职能，在统筹解决人口问题中显现了重要作用。2004 年起，市人口计生委根据市委、市政府关注的重点，每年组织开展 10 多项人口重大问题的前瞻性、实证性和综合性课题研究，如：“上海建成国际化大都市的人口最大承载量”、“国际大都市人口发展与人口管理比较研究”、“上海人口发展与城市和谐构建的若干战略重点”、“增强上海人口综合管理能力”、“建立流动人口源头互动有序服务管理新机制研究”、“上海人口与发展指标体系研究”、“上海人口安全预警及干预机制对策”，以及与经济社会发展密切相关的民生问题。2004 年 6 月 20 ～ 21 日，长三角地区人口发展战略研讨会在沪举行。2005 年 12 月 23 日，市人口计生委与复旦大学联合举办“机遇与挑战——上海未来人口发展战略研讨会”。2008 年，市人口计生委牵头完成了市委重点调研课题《调控人口规模、全面提高素质——人口管理服务战略研究》。2009 年，市人口计生委与闵行区政府联合召开“区域人口调控与城市协调发展”论坛。2010 年，市人口计生委与黄浦区政府联合举行了“世博效应与人口发展”论坛，在推进人口重大问题研究中，市人口计生委十分重视研究成果的转化和应用，通过编发《人口要情》和专报，将取得的重要研究成果和政策建议，及时上报市委、市政府主要领导以及分管领导。目前，全市已经基本形成了人口发展战略研究的长效机制。上海市委、市政府充分肯定了人口计生部门在人口发展战略研究方面所取得的成效。

3. 大力推进人口信息化建设，形成人口信息共享机制。近几年来，上海市政府大力推动信息化建设，给人口计生部门带来了机遇，市人口计生委以此为契机，将人口计生信息化建设融入到全市信息化建设的整体规划来加以推进，赢得了发展的主动权。在市发展改革委的大力支持下，2006年，市人口计生委建成了“上海市人口与计划生育综合管理信息系统”，2007年1月起投入在线使用。该系统与传统的育龄妇女信息系统相比，实现了跨越式发展。一是建立了市级集中式人口和计划生育数据库，有利于实现数据整合和异地之间协同服务管理；二是在覆盖对象上从原来的户籍育龄人群扩展到全体常住人口、实有人口，也就是全人口；三是在功能上从原来的简单计划生育数据汇总扩展到人口个案信息维护、人口统计分析、人口与发展综合统计、人口预测、人口地理信息系统、行政事务办理等多项业务应用。同时，市人口计生委积极推动建立政府部门之间的人口基础信息共享机制，按照“一次采集、多次使用；源头采集，各方使用”和“依法共享、按需共享”的原则，与市公安局、市人力资源社会保障局、市卫生局、市民政局建立了人口信息共享机制，实现人口信息共享，构建了上海市集中式全员人口计生数据库，建立人口个案信息之间的关联关系，形成以家庭为单位的人口数据库。到2009年底，全市有14项人口计生业务应用统一纳入人口计生信息化平台，基本建成上海市人口计生地理信息系统。积极推进长三角人口信息基础数据共享。此外，市和各区县人口计生委发挥专业优势，进一步强化了人口预测、人口预报和人口统计工作，为党委、政府、相关部门和社会提供基础性人口数据。从2004年起，市人口计生委探索建立了人口出生预报制度，引导家庭合理安排生育计划、改善人口年龄结构、促进教育和卫生等公共资源的均衡配置。

（三）以公共服务体系建设、提高出生人口素质、流动人口为重点，推进优质服务机制建设

1. 以转型和发展为重点，推进人口计生公共服务体系建设。针对全市人口计生系统的计划生育服务机构出现萎缩的情况，市人口计生委及时转变工作思路，积极构建与国际化大都市相适应的人口计生公共服务体系，推动人口计生网络的服务转型和发展。2006年，市人口计生委出台了《关于在推进社区建设中进一步加强和改进人口计生管理和公共服务工作的意见》，重新确定了区、县和街道、镇（乡）计划生育技术服务机构的定位和职能，其功能在原来的基础上有了较大拓展，主要承担技术服务、免费避孕药具发放、政策咨询、宣传教育、行政事务受理、实有人口信息采集等职能。2008年，市人口计生委下发了《关于推进本市区县和社区人口计生公共服务机构标准化建设的意见》，全面推进标准化建设，2009年全市标准化率为87%。各区、县和街道、镇（乡）加大人财物投入，在硬件和软件方面都比原来有较大的提升，从而使基层人口计生公共服务机构得到巩固和发展。

在加强人口计生系统自身服务体系建设的同时，市和各区县人口计生部门拓宽视野，整合社区资源，充分利用社会资源，延伸人口计生公共服务，多渠道为社区居民提供人口计生公共服务。在社区事务受理服务中心设立计划生育行政事务一门式服务窗口，在区县婚姻登记处设立人口计生咨询服务点，在社区卫生服务中心强化计划生育技术服务功能，在社区文化中心设立婴幼儿早期行为启蒙教育点，在流动人口集居点设立计生咨询服务点，在学校和社区设立服务青少年的“亲青服务室”等。目前，上海市在人口计生公共服务体系建设方面基本形成了“1+X”模式，“1”就是人口计生系统自身的公共服务网络，“X”就是通过各种社会力量和资源开展的人口计生公共服务。在构建人口计生公共服务体系过程中，基本实现了“三个转变”：一是服务对象由户籍人口为主，向全人口转变，逐步实现基本公共服务均等化；二是服务内容由避孕节育为主，向不同生命阶段所需要的综合性服务转变；三是服务方式由人口计生部门为主提供，向政府主导、部门资源整合、社会共同参与转变。

2. 优先投资于人的全面发展，大力提高出生人口素质。近几年来，全市人口计生系统树立优先投资于人的全面发展的理念，把优生优育作为一项为民办实事的重要任务来抓。一是着力构建政府主导、人口计生部门牵头、相关部门分工协作、专家技术支撑、社会参与的出生缺陷一级预防模式。市人口计生委从2007年起在静安区开展了免费孕前优生健康检查试点，2008年全市已有12个区县开展了这项工作。2008年，市人口计生委下发了《关于本市开展出生缺陷一级预防工作的指导意见》，许多区将出生缺陷一级预防工作列为区政府推进的实事项目。2009年5月，市人口计生委与复旦大学附属妇产科医院合作建立了“上海市出生缺陷一级预防指导中心”。二是大力开展社区0～3岁科学育儿指导服务。2006年，市人口计生委出台了《关于本市人口计生系统加强社区0～3岁婴幼儿科学育儿指导服务的意见》，目前，全市形成了社区中心——辖区幼儿园——居（村）家庭计划指导室“1+x+y”的社区科学育儿指导服务体系，全市有1/3的街镇（94个）建立了指导服务点，许多区已将这项工作列入了区政府实事项目，全市基本形成了规划发展、规模运作、规范管理的工作格局。

3. 加强流动人口服务和管理，促进人口合理有序流动。一是探索建立流动人口源头互动有序管理服务新机制，积极推进流入地与流出地之间的流动人口计划生育双向管理，到2010年底，市人口计生委已与江苏、河南等9个省的人口计生委签订了省级流动人口双向管理服务协议，区（县）累计签订流动人口计划生育双向管理和服务协议书500多个。二是建立长三角地区流动人口服务管理联动机制。2007年，上海市与江苏省和浙江省人口计生委联合出台了《关于加强流动人口计划生育服务和管理区域联动协作有关问题的意见》。2008年，沪苏浙三省（市）人口计生委第一次联席会议在上海召开，形成了《关于推进沪苏浙三省（市）人口计生工作联动发展的框架》。三是建立以现居住地为主的流动人口计划生育统一管理、优质服务新机制。市人口计生委先后探索建立了流动人口《婚育证明》查验制度、孕检服务制度、流动人口《生育联系卡》制度、医院生育情况通报制度、流动人口出生统计制度、执法检查制度等，对于促进流动人口计划生育规范化管理起到了重要作用。

（四）构建“政府、社会、市场”三位一体的利益导向机制，促进民生持续得到改善

1. 依法落实计划生育奖励与补助政策，实现全覆盖。2006年，市政府出台实施《上海市计划生育奖励与补助若干规定》，落实和解决了多年来积累的计划生育奖励问题，实现了全覆盖。据统计，2006～2009年，全市约82万人领取了年老一次性计划生育奖励费，共发放资金近19.3亿元。2004年8月24日，市政府办公厅转发市人口计生委、市财政局制订的《本市农村部分计划生育家庭奖励扶助制度实施方案》，作为国家鼓励的东部试点地区，全面推行农村奖励扶助制度，符合条件的农村农民在年老时每人每年可领取600元奖励扶助费，2009年奖励扶助标准提高到800元。据统计，2004～2009年，全市累计约31万人次受益，累计发放扶助金1.7亿元。2008年，本市出台了《上海市计划生育家庭特别扶助制度实施办法》（针对独生子女伤残死亡家庭），扶助标准在国家基础上提高50%。据统计，2008～2009年，全市共有6万名计划生育家庭特别扶助对象得到了特别扶助金，总计8998万元。

2. 注重计生奖励补助政策与社会普惠政策的衔接，体现对计划生育家庭的优先优惠。市人口计生委积极把人口计生利益导向政策体系建设融入到经济社会发展的大局，推动相关惠民政策与基本国策协调配套。如：《上海市城镇生育保险办法》规定，参加上海市城镇职工社会保险的妇女属于计划内生育的生产或者流产，可以申领生育生活津贴和生育医疗费补贴，晚育者另外增加一个月生育生活津贴（2000元左右）。2007年1月18 日，市人口计生委与市民政局联合出台有关文件，明确规定本市市民在申请社会救助时，计划生育奖励与补助费不计入个人和家庭收入范围，在普惠中体现出对计划生育家庭的优惠。

3. 推动计划生育利益导向与社会福利、社会保险、社会救助相结合。近年来，全市各级人口计生部门发动社会力量，整合资源，多元运作，积极扶助计划生育困难家庭。一是2004年起市人口计生委与市民政局合作，探索发行了扶助独生子女困难家庭专题彩票，用筹集的资金设立“上海市独生子女困难家庭扶助专项资金”，主要用于扶助因独生子女死亡、伤残、大病而陷入困境的家庭。二是注重制度创新，全面启动独生子女保险计划。2008 年 8 月 5 日，市人口计生委、上海保监局联合出台了《上海市计划生育保险试点工作方案》，全面启动独生子女保险计划。三是各区县开展了形式多样的生育关怀行动，以项目运作方式，形成各自特色品牌，形成了“一区一品、一街一品、一镇一品”的特色项目。四是鼓励各区县人口计生委创新利益导向机制。如：闵行区启动“计划生育特殊家庭免费助餐和家政服务”实事项目，为独生子女伤残或死亡、年满 60 周岁的老年家庭免费提供午餐，年满 70 周岁的老年家庭加送家政服务；等等。

（五）加强群众自治机制建设，维护群众的计划生育合法权益

按照政府职能转变和加强社会建设的要求，市人口计生委进一步理顺和明确各级人口计生行政部门、事业单位、非政府组织之间的关系，使三者相互协调，形成合力。充分调动计划生育协会、人口学会、计划生育用品管理协会等群众团体在人口计生管理和服务中的积极性，通过政府购买服务、资助等多种形式，使其在人口计生宣传、学术研究、性与生殖健康教育、艾滋病预防、国际交流与合作、计划生育用品管理等方面发挥更大作用，取得更多的社会效益。各级计生协会进一步更新观念，创新发展思路，完善工作机制，充分利用社会资源，不断增强在市场经济条件下的自我发展能力，真正成为协助党和政府推动人口计生工作的重要群众团体。全市积极推进计划生育基层群众自治，建立完善基层计划生育协会组织和网络，已在农贸市场、新经济组织等建立了 1200 多个流动人口基层协会组织。健全民主参与、民主监督制度，通过协会理事会、小组会等多种形式，及时收集和反映群众意见，对计划生育事务进行事前参与、事中介入和事后评议。大力推进人口计生政务公开（村务公开）、政府信息公开。

（六）加强人财物保障机制建设，为人口计生事业可持续发展提供保障

1. 适应财政体制改革，建立稳定增长的投入保障机制。近几年来，市和各区县政府加大了对人口计生事业发展的投入力度。市政府坚持将人均计划生育事业经费增长幅度纳入每年对各区县政府下达的人口计生目标管理责任制。从 2007 年开始，市财政局明确把人口计生事业经费纳入到公共财政投入的法定增长范围。市人口计生委积极会同财政部门，研究建立稳定增长的投入保障机制，提出财政投入法定增长方案，明确人口与计划生育财政投入口径，完善对财政投入法定增长的考核。按照目前的统计方法和口径，据统计，2009 年本市各级人口计生财政投入达到 5.95 亿元，比上年增长 21.5%，全市常住人口人均计划生育事业费达到 31 元；如果加上由医保基金支付的免费技术服务经费（2617 万元）以及由市人力资源社会保障局代为发放的一次性计划生育奖励费（4.2764 亿元），则全市常住人口人均计划生育事业费已经达到 54.6 元。

2. 以职业化建设为抓手，推进人口计生队伍网络建设。按照中央要求，全市采取积极措施，稳定和加强人口计生机构队伍。2004 年，经市编办批准，市人口计生委增设流动人口管理处，办公室增挂研究室、信息中心牌子。2009 年，经市政府批准，市人口计生委新的“三定”方案出台，进一步强化了“大人口”职能，增设了“家庭计划指导处”，增加了 2 名副主任职数。针对基层人口计生队伍网络出现弱化的问题，近几年来，市和各区县人口计生部门一方面积极争取公务员编制和事业编制，另一方面积极开拓思路，以队伍职业建设为切入点，多渠道用人，打开了队伍网络建设新局面。一是率先将社工引入人口计生领域。2006 年 9 月，市人口计生委与市民政局联合下发了《关于推进人口计生系统社会工作者队伍建设的实施意见》，启动开展人口计生社工队伍建设，通过引进社会工作理念和方法，提升人口计生社会管理和公共服务的水平。二是通过政府购买服务方式，解决人员不足问题。市和区、县人口计生委积极争取公共财政经费，通过政府购买服务途径，向社会招聘人口计生工作者。三是不求为我所有，但求为我所用。市和区、县人口计生委在工作中注重与相关部门协调，整合相关队伍，合力开展人口计生工作。如：全市各镇（乡）、街道建立了一支社区综合协管员队伍，这支协管队伍的一个职能是协助人口计生部门开展流动人口服务管理。四是优化人口计生队伍职业化结构。目前，全市基层人口计生队伍网络构成正在向多元化趋势发展。在人口计生公共服务方面吸引了一批专业社工、育婴师和生殖健康咨询等多种职业工作者参与其中，在社会管理方面还增加了社区党建工作者、社区人口综合协管员、房管员等队伍，参与对“两新”组织、流动人口的计划生育管理与服务。

四、聚焦重点，突破难点：深化上海人口计生综合改革的主要举措

下一步全市人口计生综合改革，要深入学习实践科学发展观，全面贯彻落实中央《决定》和市委《意见》精神，以统筹解决人口问题为主线，立足于上海“四个中心”建设和经济发展方式转变，重在人口素质提升和人口结构改善，推动人口计生工作转型升级，促进人口长期均衡发展以及人口与经济、社会、资源、环境的协调和可持续发展，促进人口特大型城市向人力资源强市转变。

综合改革的发展方向：一是推动人口计生部门职能转变，从传统的以控制人口出生为主的计划生育，向稳定低生育水平、统筹解决人口问题和促进人的全面发展转变。二是推动人口计生政策创新，从局限于人口自身发展的调节，向统筹人口与经济、社会、资源和环境的全面协调可持续发展转变。三是推动人口计生管理创新，从传统的行政控制型，向综合运用法律手段、经济手段、信息化手段、宣传教育手段等转变，更加注重部门协调、政策联动、资源整合和信息共享。四是推动人口计生服务创新，从以避孕节育为主，向覆盖全人口、关注生命各阶段的综合性服务转变。五是推动人口计生网络转型升级，使之发展成为能担当起统筹解决人口问题、强化社会管理和公共服务的新型网络。重点抓好以下工作：

（一）深入推进统筹协调机制建设，不断完善统筹解决人口问题的体制、机制和政策体系

1. 继续加强高层倡导，营造统筹解决人口问题的高层氛围。人口问题在本质上既是一个发展问题，又是一个民生问题。统筹解决人口问题是政府履行社会管理和公共服务的一项重要职能。要通过多种途径和形式，深入开展高层倡导，积极争取党政领导对新时期人口问题的重视和对人口计生工作的支持，增强人口意识和人均概念，营造统筹解决人口问题的高层氛围。要坚持党政一把手亲自抓、负总责，把人口计生工作作为一项打基础、利长远的工作来抓，纳入经济社会发展的总体部署。继续实行严格的“一票否决”制度。

2. 进一步强化部门配合，不断完善统筹解决人口问题的部门协调和联动机制。统筹解决人口问题是一项系统工程，涉及各个相关部门。从人口的本身工作来讲，它并不是人口计生一个部门的工作，它实际上是全局性的工作。要进一步完善统筹解决人口问题的部门协调和联动机制，充分发挥市和区县两级人口计生工作联席会议（领导小组）的综合协调作用，把统筹解决人口问题的各项任务分解到各个相关部门，发挥各职能部门在人口服务管理中的优势和作用。建立和完善对相关部门的人口计生工作目标管理责任制考核，加强督查评估，推动形成工作合力。

3. 坚持人口与发展综合决策，形成统筹解决人口问题的政策和制度安排。统筹解决人口问题的关键是要实施政策联动，形成制度安排。要坚持人口与发展综合决策，各级政府和各个部门要进一步增强人口意识、人均意识，充分考虑人口现状、人口结构和未来发展趋势，把统筹解决人口问题与转变经济发展方式、调整产业结构、编制城市规划、构建城市体系和公共设施配置等有机结合，坚持调控人口规模与提升人口素质、改善人口结构、优化人口布局并举，更加注重提升人口质量和优化人口结构，真正体现发展为了人、发展依靠人、发展成果由人民共享的理念。

（二）在更高层次上构建科学管理机制，提高战略研究、法治化和信息化水平

1. 深入推进人口发展战略研究，不断完善统筹解决人口问题的宏观决策机制。统筹解决人口问题的关键是能否科学把握人口发展规律、发展现状和发展趋势，能否找出制约科学发展的瓶颈问题，能否提出和实施有针对性的政策措施。要进一步加强人口发展战略研究，完善长效研究机制，创新人口理论与研究方法，积极探索特大型城市人口发展的规律以及人口与经济、社会、资源和环境之间的互动关系，增强工作的预见性和科学性，注重将研究成果转化为发展规划、制度安排和政策措施，不断完善统筹解决人口问题的宏观决策机制，制定有利于促进科学发展的人口调控政策，统筹协调人口政策与经济社会政策的制定和实施。

2. 加大人口计生依法行政力度，为统筹解决人口问题提供强有力的法制保障。要围绕统筹解决人口问题来不断完善和丰富人口与计划生育法律法规，特别是要强化“大人口”职能，在新的起点和更高层次上依法推进统筹解决人口问题。全面落实行政执法责任制，规范行政执法行为，严格遵守行政执法程序。转变执法理念，拓宽监督渠道，完善监督机制，开展便民维权活动。建立和完善预警机制和突发事件应急处理机制。完善生育政策，促进人口年龄结构改善和人口长期均衡发展。

3. 强化出生人口性别比综合治理，促进人口性别平衡。要把综合治理出生人口性别比偏高问题作为统筹解决人口问题的一项重点和难点任务来抓，建立党政负责、部门配合、群众参与的标本兼治工作机制。依法严厉打击“两非”行为，积极开展区域协作和联防联治。建立出生性别、引产监测网络和登记报告制度。完善再生育全程服务管理。深入开展“关爱女孩行动”，营造关爱女孩的良好舆论氛围和社会环境。建立促进男女平等就业和参与社会经济活动的机制。

4. 建立科学的考核评估体系，把工作重心引导到统筹解决人口问题和促进人的全面发展的轨道。不断完善市政府对各区县政府的人口计生工作目标管理责任制、市委对区县党政领导班子的人口计生工作绩效考核，内涵和导向从传统的计划生育、控制人口出生，拓展到统筹解决人口问题、促进人的全面发展，完善考核评估方法，简化考核指标，增强考核效能。

5. 加强人口统计和信息化建设，为城市管理和公共服务提供强有力数据信息支持。适应城市化快速发展和人口大流动的新形势，建立和完善上海市实有人口统计工作机制。不断健全上海市人口出生预报制度，引导市民合理安排生育时间。深入开展人口与发展综合数据分析，为城市管理和公共服务提供强有力数据支持。开发建设上海市人口宏观管理与决策支持信息系统，不断提高信息系统的辅助决策能力。依托上海市实有人口数据库和数据交换平台，全面改造、升级上海市人口计生信息数据库，完善相关部门之间的人口信息共享机制。继续完善面向人口计生系统的信息化平台建设，创造条件将人口计划生育社会管理和公共服务信息化平台延伸至村居委级。构建以公民为对象、以互联网为基础、市区两级配合、多种技术手段相结合的电子政务公共服务体系。

（三）深入推进优质服务提质提速，构建覆盖全人口、满足不同生命阶段人群需求的人口计生公共服务体系

1. 积极推动网络转型升级，增强为民服务能力和水平。要把全市各级人口计生公共服务机构建设纳入社会事业发展的总体规划，坚持服务机构公益性质，加快标准化、规范化建设步伐，推动网络转型，拓展服务功能，强化宣传咨询、技术服务、优生指导、药具发放、信息咨询、随访服务、生殖保健和人员培训等功能，提高服务能力，使各级特别是基层人口计生公共服务机构和网络得到巩固、发展和壮大。

2. 大力提高出生人口素质，从源头上增强人口综合竞争力。树立提高人口素质要从娃娃抓起的理念，把全面实施优生促进工程作为政府为民办实事的重要项目，积极开展出生缺陷一级预防。发挥人口计生系统的网络优势和宣传优势，依托社区、面向家庭，广泛宣传普及优生优育科学知识，加强待孕夫妇特别是高危对象的优生咨询指导，积极开展孕前优生健康检查项目。进一步完善政府推动、部门协作、社会参与、家庭响应的社区 0 ～ 3 岁科学育儿指导服务工作机制。

3．实施生殖健康促进项目，提高生命质量和生活质量。建立和完善以家庭为中心的生殖健康促进模式，提高家庭发展能力。围绕生育、节育、不育，深化生殖保健系列服务。积极创新推进青少年性与生殖健康教育，推广青春健康国际合作项目的先进理念和先进方法，提高青少年的自我保护能力。加强对未婚青年的生殖健康指导服务，减少意外妊娠。开展以生殖道感染干预为重点的常见妇女病的检查和防治工作。推动不孕不育诊治和再生育技术服务。积极应对人口老龄化，加强中老年生殖保健，积极开展围绝经期妇女的保健关怀活动。

4．大力提升技术服务水平，增强科技创新能力。充分发挥上海计划生育科研优势，加快推进计划生育科学研究和技术创新，加强基础研究、应用研究和药具开发，以科技创新带动人口计生社会管理和公共服务水平的提升。不断完善免费计划生育技术服务制度。深入开展“三位一体”的药具改革，推进和规范避孕方法知情选择，加强避孕药具应用指导和不良反应监测。

5．进一步完善人口计生公共服务机制，促进民生持续得到改善。建立政策协调、部门联动、资源整合、运转高效和规范有序的人口计生公共服务体制和机制。既要运用传统的网络优势，深入家庭开展服务；又要顺应社区建设和发展的新趋势，把人口计生公共服务融入社区服务；同时要充分运用信息化手段和网络，加强网上办事、科学知识普及等公共服务。充分运用政策引导和激励机制，调动社会各方面积极性，为非政府组织、中介机构承担人口计生公共服务提供平台、搭建桥梁，形成全社会关心、支持和参与人口计生公共服务的局面和氛围。

6．完善流动人口计划生育服务管理体制机制，促进人口有序合理流动。适应城镇化快速发展和人口流动性增强的新形势，进一步强化流动人口服务管理，建立健全相关部门通力合作的流动人口计划生育服务管理机制，把流动人口计生工作全面纳入“两个实有”全覆盖管理范围。根据流动人口工作、生活、居住的特点，探索建立和完善各具特色的分类分层管理模式。加强对违法生育重点人群的管理，控制和减少计划外生育。建立健全流动人口计划生育公共服务体系，稳步推进计划生育基本公共服务均等化。健全区域协作机制，完善和推广源头互动有序管理工作机制，运用市场调控和行政引导相结合的方法，减少人口流动的盲目性，促进人口有序流动。按照“部门共享为主、基层信息采集为辅”的原则，做好全员流动人口信息采集与统计工作，建立流动人口动态监测长效机制，掌握流动人口变动趋势。

（四）进一步完善人口计生利益导向机制，推动计划生育工作从“天下第一难事”向“第一民生工程”转变

要不断完善计划生育奖励扶助制度，促进民生持续得到改善。围绕计划生育家庭优生优育、子女成才、抵御风险、生殖健康、家庭致富、养老保障等方面的需求不断建立完善利益导向政策体系用。适时修订《上海市计划生育奖励与补助若干规定》及相关奖励扶助制度，适度提高独生子女父母奖励费和独生子女父母年老奖励扶助费等标准，建立独生子女父母年老计划生育奖励费动态增长机制，随经济社会发展情况适时调整。探索建立针对独生子女父母的计划生育年老扶助制度。

要推进部门之间的政策联动，发动社会力量扶助计划生育困难家庭。创新计划生育奖励扶助理念、思路和相关制度设计，积极推动计生奖励扶助政策与社会普惠政策相衔接。各相关部门在研究和制定社会公共政策时，要在普惠中体现对计划生育家庭的优先优惠。进一步推动人口计生利益导向融入到社会保障、社会福利、社会救助的大平台，深入开展生育关怀行动，发动社会力量，整合资源，多元运作，积极扶助计划生育困难家庭。继续抓好扶助独生子女困难家庭专题彩票的发行和扶助工作。不断完善独生子女保险计划。探索积极的、低成本的、可持续的养老服务机制，实现健康老龄化，特别是要做好独生子女伤残死亡老年父母、独生子女高龄父母和空巢老年家庭的社区照料。

（五）推动群众自治机制建设，切实维护群众实行计划生育的合法权益

适应法治化和民主化进程，不断推进符合上海国际大都市特点的计划生育基层群众自治，进一步完善和落实计划生育村（居）民自治规范。加强镇（乡）对村的指导，全面推行计划生育村务公开，切实保障群众的知情权、参与权、决策权和监督权。充分发挥计划生育协会、人口学会、计生用品协会、人口福利基金会等非政府组织的作用，形成政府调控机制同社会协调机制互联、政府行政功能同社会自治功能互补、政府管理力量同社会调节力量互动的人口计生社会管理和服务网络。

切实加强群众监督。各级人口计生部门和人口计生干部要牢固树立群众观念，强化服务意识，切实改进工作作风。深入推进政务公开和政府信息公开，主动接受党内、人大、司法、行政、群众及舆论的监督。深入推进便民维权活动，开展“阳光计生”行动，不断完善上海12356阳光计生咨询、研究和综合服务热线平台。深入开展民主评议活动，不断完善社会监督。认真做好人口计生信访工作，畅通群众诉求表达渠道，加大信访事项督办督查力度，探索建立社情民意汇集分析、矛盾排查预警、信访终结、社会稳定风险评估等制度，努力提高人民群众满意程度。

（六）构建人财保障机制，为统筹解决人口问题提供强有力支撑

1. 大力实施“强基提质”工程，为人口计生工作转型发展提供智力支持和人才保障。要进一步加大全市人口计生机构队伍建设的推进力度，积极构建与新时期人口计生工作改革发展新形势相适应的队伍网络。按照中央《决定》和市委《意见》的要求，进一步稳定各级人口和计划生育机构队伍，特别是要稳定健全镇（乡）街道人口计生工作机构和基层网络队伍，充实和加强基层人口计生工作力量，按照常住人口规模比例配备人口计生工作人员。大力推进人口和计划生育职业化队伍建设，以能力建设和人才培养为核心，积极稳妥地开展行政管理队伍、科研和技术服务队伍、宣传咨询队伍、信息工作队伍、群众团体和自治组织的职业化建设。加大培训力度，进一步提升人口计生队伍的职业化水平和综合素质。按照国家人口计生委要求，结合本市实际，因地制宜推进全市人口计生系统生殖健康咨询师队伍建设。

全面引入社会工作先进理念和专业方法，积极推动建立“政府主导、部门合作、社工服务、义工辅助、各方参与、社会运作”的人口计生社会工作体系。一是积极探索多元化的人口计生社会工作者队伍建设模式。各区县要通过政府购买服务的方式，建立一支人口计生专职社工队伍。二是区人口计生委要加强与相关部门协调，充分运用和整合现有社区社工资源，为街道人口计生部门、社区人口计生综合服务站、居（村）委配备专业社会工作者。三是要探索运用采取政府购买服务的方式进行人口计生公共管理和服务项目委托，建立健全相关的委托服务制度。

人口计生工作是一项社会系统工程，涉及各方面的相关部门。要拓宽用人渠道和用人方式，充分运用和整合人力资源、组织资源和社会资源，有效弥补人口计生部门工作力量不足的问题，降低行政成本，提高工作效率。要充分利用社区行政事务受理服务中心、社区卫生服务中心、社区文化中心、社区早教机构等资源和平台，为社区群众提供人口计生行政事务、计划生育技术服务、0～3岁早教等公共服务。

2. 优先投资于人的全面发展，建立稳定增长的人口计生投入保障机制。“国策”必须要有“国库”来保障，作为政府履行社会管理和公共服务职能的重要组成部分，对人口和计划生育事业的公共投入，是保稳定、促发展的基础性投入。当前，人口计生工作已经进入到稳定低生育水平、统筹解决人口问题和促进人的全面发展的新阶段，政府要进一步加大人口和计划生育经费投入的力度，建立政府主导的财政投入保障机制，将人口计生事业经费增长纳入公共财政投入规定增长的范围，按照中央《决定》

和市委《意见》要求，人口计生财政投入增长幅度要高于本市财政经常性收入增长幅度，结合人口计生事业发展不同阶段的不同需要，不断调整财政重点保障内容，进一步加强人口计生事业财政投入保障的力度。

经费投入项目主要有以下几大类：一是综合决策类项目。包括人口发展战略研究、统筹协调机制建设、人口计生信息化建设、人口发展情况监测和人口安全预警、对外国际交流与合作等。二是利益导向类项目。包括年老一次性计划生育奖励费、独生子女父母奖励费、独生子女伤残死亡一次性补助费、农村计划生育家庭奖励扶助费等。三是公共服务类项目。包括免费计划生育技术服务、出生缺陷一级预防（优生促进工程）、生殖健康促进工程、0 ～ 3 岁早教、人口文化建设、党政干部人口理论教育、计划生育科学研究、计划生育药具供应等。四是社会管理类项目。包括人口计生依法行政、流动人口服务与管理、综合治理出生性别比偏高问题、目标管理责任制考核、12356 阳光计生服务热线等。五是能力建设类项目。包括人口计生公共服务机构建设、队伍职业化建设、社工队伍建设、干部教育培训、基层基础性工作建设等。

上海市政府召开人口和计划生育工作会议

2011年4月6日，市政府召开全市人口和计划生育工作会议，副市长赵雯出席会议并讲话。赵雯指出，人口问题既是发展问题，又是民生问题，直接关系到经济社会发展的全局，是一项打基础、利长远的重要工作，也是加强和创新社会管理的一项重要任务。“十二五”期间，上海人口计生工作要以科学发展观为统领，坚持“城市、人口、发展”三位一体，以常住人口为服务对象，着力提升城市社会管理和公共服务水平，合理调控人口规模，全面提升人口素质，积极改善人口结构，着力优化人口布局，不断完善统筹解决人口问题的体制机制、政策制度和服务管理，促进人口长期均衡发展，促进人口与经济、社会、资源和环境的全面协调可持续发展。会议指出，“十二五”期间，上海人口计生工作委按照中央要求，围绕创新驱动、转型发展，大力推进统筹解决人口问题。重点抓好6项工作：一是注重人口结构改善，促进人口长期均衡发展；二是注重人口素质提高，促进经济发展方式转变；三是引导人口合理分布，促进城市发展模式转变；四是完善人口服务管理，促进城市平稳健康发展；五是完善人口计生利益导向机制，加强人口计生公共服务；六是加强人口发展战略研究，不断完善统筹解决人口问题的体制机制。

国家人口计生委来沪调研流动人口计划生育服务管理“一盘棋”工作

8月31日，国家人口计生委副主任王培安一行到上海调研流动人口计划生育服务管理“一盘棋”工作。市人口计生委向调研组汇报近年来全市流动人口服务管理“一盘棋”机制建设情况，并演示全市人口和计划生育系统信息化建设内容。王培安高度评价上海人口和计划生育工作成效，指出上海市人口计生工作有5个特点：一是发展全面；二是一直在探索创新；三是底数清、情况明、管理到位；四是积极推动流动人口计划生育区域协作，探索建立长效协作机制取得明显成效；五是流动人口计划生育基本公共服务均等化站位高、措施实、力度大、覆盖面广。并希望上海市人口计生工作要不断健全完善流动人口服务管理体制，加强建立流动人口动态监测的长效机制，做好“三年三步走”“全国一盘棋”工作总结和自评安排，进一步弄清情况，科学分析推进特大城市人口规模调控课题研究工作。

上海市人口和计划生育委员召开新闻发布会

10月26日，市人口计生委召开新闻发布会，向媒体发布全市人口出生预报数据和相关抽样调查数据分析结果。（1）全市人口出生预报。

全市出生人数持续处于高位，2011年前3季度，全市常住人口出生13.7万人，与2010年同期（13.3万人）相比，略有增加。预计，2011年全市常住人口出生将达到18万人，与2010年的17.5万人相比，继续保持在高位水平。预计2012年全市常住人口出生将达到18万人。（2）来沪人员社会融合与居留意愿状况调查。2011年7月，市人口计生委对在上海居住的非上海户籍、16～59周岁的流动人口开展社会融合和居留意愿情况专题调查。调查样本2.3万例，平均来沪时间6.3年。调查显示，来沪人员社会融合和居留意愿呈现4个特点：一是寻求更多的工作机会和更高的报酬是外来人口来沪的主要原因，且来沪后收入方面改善最大；二是来沪人员社会融合情况良好；三是对在沪长期工作生活信心强，幸福感较高；四是四成多来沪人员明确表示希望在沪长期居留。（3）常住已婚育龄妇女避孕节育抽样调查。一是常住人口已婚育龄妇女综合避孕率有所下降，且户籍已婚育龄妇女综合避孕率低于非户籍人口；二是避孕措施构成进一步发生变化，避孕套使用比例继续呈上升趋势；三是中心城区综合避孕率低于非中心城区，中心城区综合避孕率为73.0%，低于非中心城区（83.7%）10.7个百分点；四是不同类型人群采用的避孕方法存在明显差异，宫内节育器的使用比例随年龄上升而明显升高，避孕套使用比例则随年龄上升下降，文化程度较低的妇女倾向于放置宫内节育器，文化程度高的妇女更倾向于使用避孕套；五是免费获取避孕药具基本公共服务均等化得到有效落实，避孕节育服务满意度高；六是常住人口已婚育龄妇女实际平均生育1.1个子女，平均生育意愿1.43个子女。

开展户籍人户分离人员计划生育居住地服务管理试点工作

2011年，市人口计生委印发《关于开展上海市户籍人员计划生育居住地服务和管理试点的实施方案》、《〈独生子女父母光荣证〉居住地办理办法（试行）》和《关于做好本市居住地向实行计划生育的育龄夫妻提供免费基本项目计划生育技术服务试点的通知》，规定已办理居住登记的户籍人户分离人员，可以凭居住登记等材料在现居住地接受0～3岁早教咨询指导、享受免费基本项目计划生育技术服务和申领《独生子女父母光荣证》等多项计划生育居住地服务事项，并明确各服务事项的工作流程和推进的时间结点。为配合户籍人户分离人员计划生育居住地服务管理事项的落实，市人口计生委及时调整人口计生电子政务平台，改造人口与计划生育综合管理系统，完成针对上述业务办理由户籍地向居住地的变更所涉及的程序和代码修改工作，并已在试点地区上线运行。

“特大城市人口规模调控”课题研讨会在沪召开

8月30日，国家人口计生委在上海召开“特大城市人口规模调控”课题研讨会。国家人口计生委副主任王培安出席会议并讲话。国家发改委城市和小城镇改革发展中心以及北京、上海和广州课题组负责人和主要成员参加研讨会，上海相关部门领导和专家学者参会。国家人口计生委组织开展特大城市人口规模调控课题研究，旨在通过研究提出合理调控特大城市人口规模的政策建议。研讨会指出，随着我国城市化进程的推进，城市尤其是大城市人口规模越来越大。但一个城市的人口承载能力最终有一个极限。建立健全特大城市人口规模调控机制，保持适度人口规模，对促进城市化健康发展具有重要的战略意义。研讨会上，各课题组汇报了阶段性研究成果，听取了专家学者和相关部门领导的意见和建议。王培安要求各课题组要加强调研，做好研究论证，开展必要的预测、验算，提出可操作性的政策措施。

开展新生代农民工计划生育关怀关爱活动

2011年1～3月，上海市人口计生委以“关爱新生代农民工，促进社会和谐融入”为主题组织全市人口计生系统开展流动人口计划生育关怀关爱专项行动。活动期间，全市制作宣传板报2600多块，发放宣传资料11万多份、计划生育礼包2万份、避孕药具3000多箱，召开座谈会380多场次，为30多万流动人口提供计划生育相关内容的咨询；部分区（县）、街（镇）利用车站码头、建筑工地、文化广场等农民工相对集中的区域开展文艺演出或有传统特点的节目汇演及计划生育服务活动，各类演出和服务活动共2100多次；走访慰问流动人口计划生育家庭，并为流动人口计划生育困难家庭发放慰问金。

上海市成为全国第一批计划生育药具发放服务监测哨点试点单位

经国家人口计生委药具管理中心研究确定，上海市成为全国第一批计划生育药具发放服务监测哨点的试点单位，设置监测哨点6个。开展计划生育药具发放服务监测哨点试点工作，既是上海市积极构建城镇药具发放现代服务体系，强化药具发放终端网络建设的大胆尝试，也是上海市推进计划生育药具优得工程的新探索。按照总量控制、合理分布、科学选点、便于管理的原则，宝山区、闵行区、松江区确定为全市第一批计划生育药具发放服务监测哨点试点单位。试点工作将通过架构网络监测系统平台、布点安装自助发放设备，实现对监测哨点领药人员的信息采集、发放设备存货情况的实时监控等功能，不仅能有效地为本市计生药具管理工作提供准确、及时的数据信息支持，也将成为实践全市计生药具“优得工程”的一项新举措。

召开驻沪领馆人口计生工作情况通报会

2011年11月15日，上海市人口计生委、市政府外办联合召开上海市人口和计划生育情况通报会。美国、法国、俄罗斯、瑞典、芬兰、日本、乌拉圭、保加利亚、新加坡等18个国家驻沪领馆官员出席会议。市人口计生委主任谢玲丽介绍上海人口发展的主要特征：人口总量持续增长，流动人口迅猛增加，人口出生继续上升，人口老龄化程度进一步提高。会议通报，2011年，上海市人口计生工作围绕改善民生和促进家庭幸福，不断完善利益导向机制；围绕促进家庭发展，加强人口和计划生育公共服务体系建设；全面实施优生促进工程，推进免费孕前优生健康检查实事项目；深入开展婴幼儿早期启蒙工程，全市有24家单位被命名为市级优生优育指导服务示范单位；积极推进流动人口计划生育基本公共服务均等化，在4个国家级试点区组织开展基本公共服务均等化试点工作，开展以“关爱新生代农民工，促进社会和谐融入”为主题的关怀关爱专项行动；编制本市“十二五”人口计生事业发展规划，深入开展人口重大问题研究。（冷熙亮　夏　军）

2011年上海市人口和计划生育工作概述

2011年，在市委、市政府的领导下，全市人口计生工作深入贯彻落实科学发展观，认真学习胡锦涛总书记4.26讲话精神，主动适应“世博后”社会管理和公共服务的新形势、新要求，解放思想，改革创新，积极完善人口综合服务管理机制，认真落实各项公共服务，人口综合服务管理水平得到进一步提升，实现了“十二五”人口工作良好开局。

一、市委、市政府高度重视人口问题，全市人口计生工作得到全面加强

胡锦涛总书记在中央政治局第二十八次集体学习时发表了关于做好人口工作的重要讲话，明确提出了“四个加强”的总体要求和新时期人口工作的“六项重点任务”。市委、市政府高度重视人口问题，俞正声书记主持召开市委常委会，专题听取市人口计生委工作汇报，并多次在市人口计生委上报的《人口要情》上作出重要批示。韩正市长主持召开市政府常务会议，专题研究计划生育奖励与补助等重要民生问题。赵雯副市长率领部分区（县）人口计生工作分管区（县）长专程赴广东省学习考察流动人口服务管理情况，还多次调研人口计生工作，协调推进重点难点工作。2011年3月，市委、市政府向党中央、国务院上报了《关于2010年人口和计划生育工作情况的报告》。2011年4月6日，市政府召开了2011年全市人口和计划生育工作会议，部署全年重点任务，副市长赵雯出席会议并作讲话，并代表市政府与区县政府签订了2011年度人口计生工作目标管理责任书。

按照国家人口计生委关于综合改革的统一部署和要求，全市人口计生部门围绕“统筹协调、科学管理、优质服务、利益导向、群众自治、人财保障”六大机制建设，进一步解放思想，改革创新，聚焦重点，突破难点，积极推进综合改革。黄浦区、闵行区被国家人口计生委确定为“中国／联合国人口基金第七周期生殖健康／人口与发展项目”试点地区。2011年10月31日，南京军区计划生育领导小组和上海、江苏、浙江、安徽、福建、江西五省一市人口计生委联合印发了《南京战区五省一市军民共建人口和计划生育工作指导意见》，人口计生工作整体合力进一步增强。

二、高起点、高质量完成《上海市人口和计划生育事业“十二五”规划》编制

2011年11月15日，市政府印发了《上海

市人口和计划生育事业“十二五”规划》(沪府发〔2011〕79号),这是上海人口计生工作历史上首次由市政府印发的五年规划,是一个重要里程碑。《规划》提出了“十二五”时期全市人口和计划生育事业转型发展的“十大任务”:(1)加强人口综合调控,全面提升大城市人口管理水平;(2)引导人口合理分布,推进形成与区域功能相匹配、疏密有度的人口分布格局;(3)提高人口素质,加快推进人口大市向人力资源强市转变;(4)优化人口结构,不断增强城市人口活力;(5)加强人口综合服务,促进来沪人员融入城市;(6)坚持依法行政,推进利益导向机制建设创新发展;(7)提高家庭发展能力,推进计划生育优质服务提质提速;(8)发挥宣传教育的先导功能,在全社会广泛树立正确的人口观、婚育观;(9)大力支持社会组织、企事业单位的人口计生工作,促进和谐有序的社会管理;(10)大力推进人口计生统计与信息化建设,夯实人口管理工作基础。《规划》明确了未来五年上海人口计生事业的发展方向,为“十二五”时期全市人口综合调控与管理提供了制度保障。

三、加强依法行政,完善人口计生利益导向机制取得重大突破

全市人口计生部门严格按照法律、法规、规章和制度开展人口计生服务和管理,积极推进依法行政示范乡镇街道创建活动和诚信计生建设,推荐上报6个乡镇街道为第一批全国人口计生依法行政示范乡镇街道候选单位。据统计,2011年,全市共办理再生育10783件,比2010年增加1863件,增加了20.89%。同时,依法追究违法生育者的法律责任,2011年,全市共作出征收社会抚养费决定2496份,应征收社会抚养费3719.58万元,实际征收2486.07万元,结案率为79.93%。

积极推进人口计生利益导向机制建设。2011年6月1日,市政府印发了修订后的《上海市计划生育奖励与补助若干规定》,大幅提高计划生育奖励与补助标准。新《规定》将独生子女父母奖励费从每人每月2.5元提高到每人每月30元;将年老退休一次性计划生育奖励费从每人2300元提高到每人5000元;将婚后无子女人员年老退休一次性计划生育奖励费从每人4600元提高到每人1万元。新规定改变了本市独生子女父母奖励费30年未变、年老退休时一次性计划生育奖励费15年未变的现状,充分体现了政府对实行计划生育群众的关怀。全市各区县人口计生部门抓紧落实,将各种符合领取计生奖励的人员情况进行了梳理,保证将计生奖励及时、足额发放给计生群众。据统计,2011年,全市由各区县、乡镇(街道)发放独生子女父母奖励费金额1.03亿元;2011年全市发放农村计划生育家庭奖励扶助费7426.48万元,发放计划生育家庭特别扶助金6091.06万元,已有23.5万户独生子女家庭参加了独生子女保险。

2011年12月22日,市政府印发新修订的《上海市社会抚养费征收管理若干规定》,进一步完善了社会抚养费征收制度。根据国家人口计生委、财政部文件精神,市人口计生委会同市财政局对完善本市农村计划生育奖励扶助制度开展了深入调研,起草了《关于将符合规定的“半边户”农村居民一方纳入本市农村部分计划生育家庭奖励扶助制度的通知(草案)》,该草案拟从2011年开始,将一方为农村居民、一方为城镇居民的夫妇中符合条件的农村居民一方,纳入本市农村奖励扶助制度。据初步统计,受益目标人数近3万人。目前,该《通知》已正式印发。

四、深入开展人口重大问题研究,加强人口信息化建设

按照国家人口计生委的统一部署,市人口计生委开展了“特大城市养老服务需求与供给现状、趋势研究－以上海为例”和“特大城市人口规模调控研究－上海子课题”研究。市人口计生委积极参与市委、市政府重点研究课题——《解决“新二元结构”的途径、前景及举措的调研》,形成了《上海市外来人口现状及变化趋势预测》专题报告。市人口计生委和市政府发展研究中心以“六普”数据开发利用为

抓手，共同组织开展了2011年市政府决策咨询（人口系列）、人口计生工作创新研究等16项研究。市人口办围绕本市人口管理热点问题，组织人口发展决策咨询专家组成员开展课题调研，充分发挥人口决策咨询功能。积极推进研究成果转化应用，为人口与发展综合决策提供了重要参考，许多研究成果成为国家、本市和各区县的规划、政策和实事项目。

5月9日，市人口计生委与上海社科院等单位联合成功举办了“第17届东亚地区人口老龄化专家会议”。11月15日，市人口计生委、市政府外办联合召开2011年度上海市人口和计划生育情况驻沪领馆通报会，美国、法国、俄罗斯、瑞典、芬兰等18个国家的驻沪领馆官员出席会议。这是上海连续第8年主动向国际社会宣传人口发展情况，树立上海人口计生工作开放务实的良好形象，加强人口计生领域的国际交流与合作。全市进一步加强人口信息化建设、做好流动人口统计、监测等工作。市人口计生委组织开展了2011年本市新生代流动人口专题调查工作，及时了解和掌握流动人口生存发展状况。10月26日，市人口计生委召开2011年新闻发布会，向媒体发布全市人口出生预报数据和相关抽样调查数据分析结果。

五、深入推进优生促进工程和婴幼儿早期启蒙工程，构建以家庭为中心的人口计生公共服务体系

积极推进免费孕前优生健康检查试点。本市静安、杨浦、松江3个区被列入国家第二批试点单位，其他各区县参加市级试点。为全面做好国家免费孕前优生工作，市人口计生委与市财政局联合成立上海市实施国家免费孕前优生健康检查项目试点工作领导小组，并联合印发了《关于本市开展国家免费孕前优生健康检查项目试点工作的指导意见》，成立“上海市孕前优生项目临床检验质量监测指导中心”，各区县接受免费孕前优生健康检查的计划怀孕夫妇呈增多趋势，2011年，全市各区县共完成免费孕前优生检查17000对，其中3个国家试点区完成4000对。深入推进婴幼儿早期启蒙工程。市人口计生委将科学育儿指导纳入市农委的农村卫星远程教育内容，开展育婴师职业资格培训。下发《本市社区婴幼儿早期启蒙指导服务规范化流程》，并制定了户籍人户分离人员居住地社区早教服务细则。推进优生优育网络平台—宝优网和手机互动平台建设，不断推动“优势互补、共建平台、资源整合、百姓受益”工作格局的形成。组织开展婴幼儿综合发育能力普测试点项目，完成1500例普测并提供针对性指导服务。市人口计生委组织第七批（共21名人员）赴加拿大进行科学育儿国际合作项目培训。

全市人口计生系统以促进家庭发展为落脚点，积极构建以家庭为中心的人口计生公共服务体系，推动人口计生公共服务从以个人为单位向家庭为单位转变，从以户籍人口为主向全人口转变，从以育龄期为主向生命全过程转变。市人口计生委制定下发了《关于加强本市人口和家庭计划指导服务工作的意见》，与市计划生育科学研究所联合成立了“上海市人口和家庭计划指导服务中心”。

六、强化流动人口服务管理，综合治理出生人口性别比偏高问题

2011年12月22日，市政府印发了《上海市流动人口计划生育工作规定》，新增了群众自律、动态监测、区域协作等多项制度，体现了以人为本、和谐融入、协作共赢的工作理念。积极推进流动人口计划生育基本公共服务均等化，围绕来沪人员随迁子女入学、计划生育服务管理、就业服务、培训和权益保障等，做好来沪人员服务工作。积极推进流入地与流出地之间的流动人口计划生育双向管理，至2011年底，市人口计生委已与江苏、安徽、浙江等9个省的人口计生委签订了省级流动人口双向管理服务协议，区（县）累计签订流动人口计划生育双向管理和服务协议书660多个。积极推动泛长三角地区流动人口计划生育区域协作，形成了区域内统一的流动人口管理规范、服务标准、工作程序和协作平台，提升了区域协作的制度化、规范化水平。部署开展集中整治“两非”专项行动，市人口计生委等部门联合印发

了《上海市集中整治“两非”专项行动实施方案》，启动开展打击“两非”专项行动，全市共打击“两非”1638次，取缔非法窝点716个，处理非法行医者698人。2011年，全市常住人口出生性别比为113.1，户籍人口为106.7，流动人口为119.2，分别比2010年下降0.8、0.3、1.3，出生性别比上升势头继续得到控制。

加强实有人口综合服务与管理，稳妥推进人户分离人口居住地服务和管理试点工作。组织开展实有人口管理专项整治行动，坚持重点房屋和重点区域“挂牌”整治制度。健全完善人口信息质量测查、监控制度，定期开展人房信息质量测查。加快实有人口信息管理系统建设，完善实有人口信息管理系统应用功能，规范人口业务数据报送，提高实有人口信息共享程度。推进人户分离人口居住地服务和管理在“三区五镇”的试点工作，颁布实施《上海市户籍人户分离人员居住登记办法（试行）》，修订居住登记工作流程规范，全面启动本市户籍人员居住登记办理工作，推出一批与居住登记相配套的公共服务事项，并组织开展试点评估工作。

七、加强人财物保障，为统筹解决人口问题提供有力保障

市人口计生委积极指导、推动委系统事业单位岗位设置管理工作。组织举办2期共约160人的助理社会工作师考前培训班。9月16日，市人口计生委启动开展人口计生干部队伍建设专题调研，积极推进人口计生工作队伍职业化建设。11月7～18日，市人口计生委分两期举办全市人口计生系统全国生殖健康咨询员职业考试考前培训班，124名人口计生工作人员参加培训，提高生殖健康咨询服务能力和综合素质。

加强财政保障，建立稳定增长的人口计生投入保障机制。据统计，2011年本市各级人口计生财政投入达到8.33亿，全市常住人口人均计划生育事业费达到36.20元。全市认真做好对口支援新疆人口计生工作，人口计生援助项目2600万元已列入《上海市对口支援新疆喀什四县综合规划（2011～2015年）》。9月10日，上海市计生协援助西藏自治区建立幸福工程项目签约仪式在日喀则举行，江孜县、萨迦县将建立两个幸福工程项目，通过开展养殖、种植和运输等项目，扶助38户计划生育贫困母亲家庭发展生产。（樊　华）

党务和人事

【概述】 2011年，市人口计生委党委全面贯彻落实市委和市级机关工委工作要求，不断提高机关党建工作水平，努力为实现人口计生“十二五”良好开局提供坚强的政治、思想和组织保证。

【开展中国共产党成立90周年纪念活动】 为纪念建党90周年，市人口计生委组织“读党史、学党章、唱党歌”系列活动，纪念建党90周年。（1）组织开展“读党史”活动。为每位机关党员购买《中国共产党历史》第一、二卷。邀请市委党校陈丽凤教授作中共党史导学讲座，委系统约120名党员参加学习。分批组织45周岁以下年轻党员参加党史教育专题学习班，组织公务员特别是年轻公务员重走革命路，赴贵州遵义、赤水等地进行红色之旅，帮助党员身临其境学习党史。促进党员增强知党、爱党、兴党意识，提高党史学习有效性。（2）组织开展“学党章”活动。为机关党员干部采购一批新党章，确保人手一册。各级党组织在学习党章过程中，着力在学习的“认真”、“求实”、“全面”、“长期”4个方面下功夫，通过组织生活讨论、实地考察等各种方式，交流学习方法和心得，努力将党章从外在规范转化为党员干部的内在要求与自觉行动，形成坚定的党章意识或党章观念。（3）组织开展“唱党歌”活动。6月14日，市人口计生系统纪念建党90周年文艺汇演在浦东新区青少年活动中心举行。来自全市人口计生系统22支代表队和党委结对帮扶的奉贤区四团镇拾村代表队，通过舞蹈、诗朗诵、快板、合唱等多种形式，自编自演，展示人口计生工作者对党的深厚情感和忠于祖国、忠于人民、忠于事业的精神风貌和爱党、爱国之心。

【开展"讲党性、重品行、作表率"活动】 继续在全委系统开展"讲党性、重品行、作表率"主题实践活动。2月19日，邀请市世博局党委书记陈安杰为委系统党员干部作弘扬世博精神报告会。多批次组织机关党员干部集体参观"辉煌十一五"大型图片展等各种方式，引导党员特别是年轻党员，进一步坚定理想信念和宗旨意识，切实在人口计生本职岗位上做到以人为本、执政为民。

【"两优一先"评选表彰】 精心做好2007～2011年市级机关和市人口计生委系统先进基层党组织、优秀共产党员和优秀党务工作者的推荐和表彰工作。经过民主推荐、集中讨论和公示，党委决定授予委机关党办发规支部等5个党支部"上海市人口和计划生育委员会先进基层党组织"荣誉称号；授予张德玮等8名同志"上海市人口和计划生育委员会优秀共产党员"荣誉称号；授予胡冰等3名同志"上海市人口和计划生育委员会优秀党务工作者"荣誉称号。市人口计生委机关离退休支部以及傅成文、邵又娟获得市级机关工委"两优一先"的表彰。

【深入开展创先争优活动】 一是做好承诺、亮诺。组织部署基层党组织、党员做好承诺、亮诺活动，将承诺书公开，接受党员群众的监督。二是引导党员践诺。基层党组织结合工作实际，树立先进典型，营造学习先进、争当先进、赶超先进的良好氛围。三是精心组织评议活动。各支部认真开展了群众评议党员、党员互评，基层党组织向党员报告工作并接受评议等活动，并开展了领导点评。四是市人口计生委党委与拾村村党支部结对互帮活动不断深化，以实际行动服务群众。2011年，结合加强农村文化建设，为村党员远程教育点赠送了6套电脑，并筹资9万元帮助拾村建设"标准化"的村级档案室。市人口计生委机关各党支部还分别与区县人口计生委党组织结对，共同做好对计划生育家庭特别是计划生育特殊家庭的情况调研、沟通交流、帮扶送温暖等工作。

【推进学习型党组织建设】 发挥党委中心组学习的示范辐射作用，发挥领导班子成员的带动者、促进者作用。不断丰富学习内容和学习方式，组织党委委员、机关党员干部参加上海市庆祝中国共产党成立90周年党史知识（学习）竞赛，观看红色电影《建党伟业》。广泛开展调研活动，了解社情民意。继续深入开展"创建学习型党支部、争当学习型党员"活动，形成单位有创建规划、处（科）室（支部）有创建计划、个人有学习计划的"三有"联动机制，不断提升党支部的学习创新能力和党员干部的学习自觉性，将学习型党组织建设任务落实到基层党支部和党员。

【推进基层党组织规范化建设】 一是抓好机关总支换届选举工作。2011年6月，召开中共上海市人口和计划生育委员会机关党员大会，采取无记名投票方式和差额选举的办法，选举赵勇为中共上海市人口计生委机关总支书记。二是抓好党建责任制落实，开展党建责任制签约，召开机关党总支、各委属单位总支民主生活会，通过党建工作年度考核、党员群众评议等方式做好对基层党组织党建责任制的落实情况的监督检查，督促各项党建任务的完成。

【推进党内民主建设】 制定《关于市人口计生委系统基层党组织实行党务公开的工作方案》，按照"组织试点—总结推广—全面实施"的步骤，确定市计划生育药具管理中心党总支为试点单位，进行组织试点。在2011年第三季度，在市人口计生委系统全面实施。按照相关规定，明确了党务公开的内容、程序和方式，制订《上海市人口计生委机关基层党组织党务公开目录（试行）》和《上海市人口计生委系统非机关单位基层党组织党务公开目录（试行）》，设立党务公开栏、在局域网特定目录下进行常规性公开，同时也利用有关会议进行公开。

【接受中组部干部选拔任用工作延伸抽查】 5月9日，中央巡视组在沪巡视。为了配合中央巡视组做好巡视工作，中央组织部对上海的干部选拔任用工作进行了检查，在全市委办局抽中市人口计生委进行延伸检查。中组部通过听取汇报、民主评议、个别访谈、档案检查等方式，检查市人口计生委自十七大以来的干部选拔任用工作，认为市人口计生委党委和组织干部在任务重、人手少、兼职多的情况下，干部选拔任用工作做得很好，很规范，评议中干部群众的满意率这么高，非常不容易。市人口计生委的干部选拔任用工作主要有4个特点：一是坚持标准，树立了正确的用人导向；二是正视问题，整改效果明显；三是较好地履行了干部监督管理的各项制度；四是在干部任用中，较好地坚持了党委与新任命处级干部廉政谈话制度和领导干部个人有关事项申报制度。

【干部选拔任用工作】 2011年，根据事业发展和实际工作需要，对委系统处级干部进行了调整、充实。提拔正处级领导职务1名，提拔正处级非领导职务1名，提拔副处级领导职务1名；处级非领导职务转任领导职务4名；处级领导干部（试用期满）正式任职5名。

【加强干部教育和培养】 2011年，党委安排10名缺少基层工作经历的同志到下属的社会团体、民办非企业单位等挂职锻炼，增加对基层工作和社情民意的了解，增强工作能力和水平。组织7名同志参加市委党校的处级干部任职培训等各类培训班。3名同志由副主任科员晋升为主任科员。鼓励机关干部职工参加在职学历教育，委机关有5名同志正在参加研究生的学历教育课程。

【老干部工作】 5月，在机关总支的指导和监督下，选举产生新一届的离、退休党支部。在委党委、机关总支的领导下，离退休支部积极开展创先争优活动，引导离退休干部党组织积极争创“五好”党支部，引导离退休干部党员争当“四好”党员。组织离退休老同志定期开展“三看”（“看改革成果、看经济发展、看社会进步”）主题教育活动。

【工会工作】 5月，市人口计生系统工会对宣教中心工会换届选举进行指导和监督；6月，参与组织全市人口计生系统纪念建党90周年文艺汇演；8月，参加市级机关工会组织的乒乓球选拔及比赛。

【统战工作】 4月，组织人口计生系统统战人士参加“检验检疫杯”市级机关统一战线庆祝中国共产党成立90周年暨纪念辛亥革命100周年主题征文，市人口计生宣教中心张海宁荣获一等奖。

【加强队伍建设】 贯彻落实市人口计生委《关于加强上海市人口和计划生育工作队伍建设的意见》，推动各区县进一步加强人口计生队伍建设。长宁区、奉贤区以区政府转发文件的方式，宝山区、嘉定区、崇明县以与相关部门联合发文的方式，出台关于加强人口计生队伍建设的实施意见。

【提高人口计生队伍职业化水平】 组织动员本市人口计生系统基层干部参加2011年全国社会工作师和生殖健康咨询师的职业水平考试，并分别举办考前培训班，取得良好培训效果。通过组织开展村居委人口计生干部专业知识示范培训班、村居委新任人口计生干部专业知识培训班、与有关业务处室合作开展街镇人口计生干部专题培训班等形式，加强基层人口计生干部的能力建设。

【推动事业单位岗位设置管理工作】 2011年3月，市人口计生委3个直属事业单位岗位设置管理方案得到市人力资源和社会保障局核准。其中，上海人口和计划生育宣传教育中心和上海市人口与发展研究中心确定为以专业技术岗位为主的事业单位，上海市计划生育药具管理中心确定为以管理岗位为主的事业单位。

（吴平 梅琪 余荣）

政 策 法 规

【概述】 2011年，上海市人口计生政策法规工作以完善政策为重点，着力改善民生；以依法行政示范乡镇街道活动为载体，提升规范执法、文明执法水平；以加强人口计生政策法规信访工作为基础，促进社会和谐稳定，取得比较好的工作成效。

【修订落实《上海市计划生育奖励与补助若干规定》】 为了解决独生子女父母奖励标准偏低、政策效果弱化的问题，上海市人口计生委会同市财政局等相关部门，研究起草《上海市计划生育奖励与补助若干规定》修订草案，并做好相关经费测算和政策风险预测预案。在市委、市政府和市人大常委会领导的重视与支持下，2011年3月28日，市政府常务会议对修订草案进行审议并原则通过大幅度提高奖励标准；3月31日，市委常委会审议通过；6月1日，市政府发布修订后的《上海市计划生育奖励与补助若干规定》，规定独生子女父母奖励费由每人每月2.5元提高到每人每月30元；独生子女父母年老退休时一次性计划生育奖励费由每人2300元提高到每人5000元，婚后无子女人员年老退休时一次性计划生育奖励费由每人4600元提高到每人1万元。

【修订《上海市社会抚养费征收管理若干规定》】 为了使社会抚养费征收管理更加符合实际以及未来发展趋势，根据基层干部群众反映的意见和建议，市人口计生委在充分调研论证的基础上，起草《上海市社会抚养费征收管理若干规定》修订草案。2011年7月25日，市长韩正主持召开市政府常务会议，听取并原则同意市人口计生委主任谢玲丽《关于修订〈上海市社会抚养费征收管理若干规定〉若干条款的汇报》。根据市政府常务会议的审议意见，8月10日，谢玲丽向市人大教科文卫委专题汇报有关修订《上海市社会抚养费征收管理若干规定》若干条款的情况，听取市人大教科文卫委部分委员和代表的意见。市人口计生委根据市政府常务会议的审议意见、市人大教科文卫委的意见以及市政府法制办的审核意见，对《上海市社会抚养费征收管理若干规定》修订草案再次修改完善，于9月23日报送市政府。12月22日，市政府印发修订后的《上海市社会抚养费征收管理若干规定》，于2012年1月1日起施行。新修订的《上海市社会抚养费征收管理若干规定》调整的重点内容有两项：一是对生育第一个子女不符合规定的公民，均按征收基数的一半征收社会抚养费。二是对于符合再生育条件但未经批准而生育子女的夫妻，由区县人口计生委责令当事人在3个月内补办再生育手续，补办再生育手续后，不再征收社会抚养费；逾期不补办的，对男女双方当事人各按征收基数的四分之一征收社会抚养费。

【起草《关于将一方为农村居民、一方为城镇居民的夫妇（简称“半边户”）中符合条件的农村居民一方，纳入农村奖励扶助制度的通知》】 根据国家《人口计生委 财政部关于将符合规定的“半边户”农村居民一方纳入农村部分计划生育家庭奖励扶助制度的通知》精神，市人口计生委结合上海实际，会同市财政局起草《关于将符合规定的“半边户”农村居民一方纳入本市农村部分计划生育家庭奖励扶助制度的通知（草案）》，将符合规定的“半边户”农村居民一方纳入本市农村部分计划生育家庭奖励扶助制度。2011年7月，市人口计生委组织各区县人口计生委，开展了“半边户”农村居民一方纳入农村奖励扶助制度的目标人数及经费预算的调查统计工作。年底，该通知（草案）得到市政府同意，由市人口计生委、市财政局联合印发各区县执行。

【深入推进独生子女保险计划工作】 2011年11月23日，市人口计生委会同市计划生育协会，召开全市独生子女保险计划工作总结暨推进会，总结独生子女保险计划3年工作，交流工作经验，部署下阶段的推进工作。据统计，3年来，全市投保22.5万户，保费达1335.1万元，理赔398例。通过政府推动、协会实施、市场运作、计划生育家庭自愿参加的方式，为计划生育家庭提供专项保险保障。

【开展“人户分离”人员居住地办理《独生子女父母光荣证》试点】 根据市政府办公厅转发市人口办制定的《关于开展本市户籍人员居住地服务和管理试点方案》的精神，市人口计生委对有关执法事项进行梳理。按照先易后难的原则，市人口计生委决定先行开展《独生子女父母光荣证》居住地办理试点，于2011年7月18日制定印发《〈独生子女父母光荣证〉居住地办理办法（试行）》。

【开展全国人口计生依法行政示范乡镇街道创建活动】 市人口计生委于2011年6月13日印发《上海市人口计生委关于开展全国人口计生依法行政示范乡镇、街道创建活动的实施意见》，明确创建活动的基本原则、工作要求和申报审核程序。2011年9月，全市共有11个乡镇街道申报全国人口计生依法行政示范乡镇街道。经过评审，市人口计生委推荐上报黄浦区小东门街道、徐汇区龙华街道、嘉定区安亭镇、宝山区大场镇、金山区朱泾镇、青浦区赵巷镇等6个乡镇街道，为第一批全国人口计生依法行政示范乡镇街道候选单位。

【推进诚信计生建设和基层群众自治工作】 在2010年开展诚信计生和人口计生基层群众自治工作的基础上，市人口计生委会同市计划生育协会，于2011年8月2日印发《关于进一步全面推进诚信计生和人口计生基层群众自治工作的实施意见》，并召开“诚信计生暨人口计生基层群众自治工作推进会”，进一步促进全市诚信计生建设和人口计生基层群众自治工作的深入开展。

【加强执法监督指导】 审核确认区县与乡镇两级行政审批事项清理情况，提出修改意见。对基层提出的疑难个案咨询，及时给予指导性的处理意见。组织委机关年轻干部，参加执法培训考试，办理行政执法证。2011年10月，结合第一批全国人口计生依法行政示范乡镇街道评估验收工作，组织开展社会抚养费征收案卷评查活动。

【执法统计分析】 据统计，2011年，全市共办理再生育10783件,同比增长20.89%。其中“一方未生育过、另一方生育过一个或者两个的”夫妻为5540件，占51.38%；“双方均为独生子女的”夫妻为3932件，占36.46%，所占比例增加5.15个百分点。作出征收社会抚养费决定2496件，其中“未婚生育的”有1973件，占征收案件数79.05%，应征收总额3719.58万元，实际征收2486.07万元。审核发放独生子女意外伤残死亡一次性补助718人次、250万元，年老退休时一次计划生育奖励19万人、9.76亿元，农村部分计划生育家庭奖励扶助9.84万人、7426.48万元，计划生育家庭特别扶助3.98万人、6091.06万元。 （周晓梅）

规 划 统 计

【概述】 2011年，上海市人口计生发展规划工作，完成人口计生事业“十二五”规划的研究和制定，推进人口发展战略研究，加大抽样调查工作力度，深化人口计生统计工作，夯实人口计生工作基础，促进人口计生工作转型提升。

【完成《上海市人口和计划生育事业“十二五”规划》编制】 2011年11月15日，市政府印发《上海市人口和计划生育事业“十二五”规划》，这是上海人口计生工作历史上首次由市政府印发的五年规划。《规划》指出，“十二五”期间，在全国城市化加快发展的背景下，上海人口总量依旧面临增长压力，但增速趋缓；上海经济发展方式转变对人口素质快速提升提出了迫切要求；中心城区人口将进一步向郊区疏解，长三角区域内的人口迁移流动更加频繁；老龄化与少子化问题突出，优化人口年龄结构任重道远；人口出生小高峰仍将持续，学龄人口波动性较大，对城市公共服务资源配置提出了新的挑战和要求。《规划》明确未来五年上海人口计生事业的发展方向，提出“稳定低生育水平，常住人口总量年均增长率预期1.5%左右”的人口宏观调控目标，确立加强人口综合调控，全面提升大城市人口管理水平；引导人口合理分布，推进形成与区域功能相匹配、疏密有度的人口分布格局；提高人口素质，加快推进人口大市向人力资源强市转变；优化人口结构，不断增强城市人口活力；加强人口综合服务，促进来沪人员融入城市；坚持依法行政，推进利益导向机制建设创新发展；提高家庭发展能力，推进计划生育优质服务提质提速；发挥宣传教育的先导功能，在全社会广泛树立正确的人口观、婚育观；大力支持社会组织和企事业单位协同开展人口计生工作，促进社会管理更加和谐有序；大力推进人口计生统计与信息化建设，夯实人口管理工作基础等十项主要任务。

【开展来沪人员社会融合与居留意愿状况调查】 市人口计生委于7月对在上海居住1个月及以上、非上海户籍、16～59周岁的流动人口，开展来沪人员社会融合和居留意愿情况专题调查。这次抽样调查2.3万例样本。调查表明，一是4成以上来沪人员希望在沪长期居留。学历越高，长期居留意愿越明显，研究生学历的达到71.0%；在沪居留时间越长，长期居留意愿越明显，在沪居留10年以上的为55.8%。二是近7成来沪人员对在上海长期工作生活有信心。学历越高对在沪长期工作生活的信心越强，居留时间越长对在沪长期工作生活的信心越强。三是9成左右来沪人员表示“我很愿意融入上海”，“上海人愿意接受我成为其中一员”。1/4的来沪人员参加过社会公益活动，表明来沪人员已在很大程度上融入上海的社会管理和社会生活。

【开展常住已婚育龄妇女避孕节育抽样调查】 市人口计生委于6月开展常住已婚育龄妇女避孕节育专题抽样调查。调查对象为常住人口中的15～49周岁已婚育龄妇女2.19万例。主要结果为：(1) 常住人口已婚育龄妇女综合避孕率有所下降，且户籍已婚育龄妇女综合避孕率低于非户籍人口。常住已婚育龄妇女综合避孕率80.7%，较2010年下降2.2个百分点，其中户籍人口已婚育龄妇女综合避孕率77.3%，非上海户籍84.7%，均较上年有所降低。(2) 避孕措施构成进一步发生变化，避孕套使用比例继续呈上升趋势。已婚育龄夫妇各种避孕方法使用比率依次为：放置宫内节育器52.3%，使用安全套33.5%，女性绝育7.6%，口服药2.9%，安全期2.0%，其他1.7%。在采取的避孕措施中，宫内节育器仍是避孕节育措施的主体，但较上年下降6.7个百分点；使用安全套的比例比上年上升3.3个百分点，远远高于全国平均水平（2009年全国8.3%）。(3) 免费获取避孕药具基本公共服务均等化有效落实，避孕节育服务满意度高。93.5%的已婚育龄妇女知道可以领取免费避孕药具，44.6%的对象实际领取过免费避孕药具，户籍人口和非户籍人口实际领取过免费避孕药具的比例分别为45.6%和43.4%，不存在明显差异。(4) 常住人口已婚育龄妇女实际平均生育1.1个子女，平均生育意愿1.43个子女。调查显示，常住已婚育龄妇女平均生育1.1个子女，其中72.9%只生育1个孩子，14.0%生育过2个孩子。户籍妇女平均生育0.9个子女，较外来妇女（1.38个）要低。对于生育意愿，在当前的生育政策条件下，常住已婚育龄妇女平均期望生育1.43个孩子，户籍妇女平均理想子女数（1.30）较外地妇女（1.60）要少。

【开展特大城市养老服务需求与供给现状及趋势研究】 “特大城市养老服务需求与供给现状及趋势研究”是国家人口计生委2011年的重点研究项目，委托上海市人口计生委承担。课题研究的目的是总结上海应对人口老龄问题的主要做法和探索，深入分析面临的问题和挑战，立足加强和创新社会建设，提出应对人口老龄问题的发展战略，为全国应对人口老龄化提供借鉴和参考。研究认为，上海老年人口持续增加，老龄化速度不断加快，高龄老人规模逐步扩大，呈现出独生子女父母老龄化的新趋势，老年家庭“空巢化”现象严重。上海在应对人口老龄话问题方面采取了诸多有效的措施，老年收入保障水平不断提高，老年服务照料体系快速发展，老年医疗保健体系日益健全，老年文化生活丰富多彩。研究总结了上海养老服务需求及面临的主要问题，居家养老是老人首选的养老方式，希望社区为老服务项目能更加完善，希望建立护理保险并改进有关医保政策，独生子女“空巢”老人家庭对社会养老服务需求更高。研究提出了立足加强和创新社会建设，积极应对人口老龄化问题的政策建议：一是加强常住人口服务管理，调整完善人口政策，长期保持城市人口发展活力；二是健全公共政策，突破老龄事业发展瓶颈；三是强化家庭和社区为老服务能力建设，提高老年人生活幸福指数；四是发掘老年人口潜力，倡导发展生产型老龄化，缓解养老保障压力。

【组织开展来沪人员现状和趋势预测专题研究】 为全面推进创新驱动、转型发展，为实现“四个率先”创造良好的人口发展环境，按照市委、市政府“解决‘新二元结构’的途径、前景及举措的调研工作方案”，由市人口计生委牵头负责来沪人员现状及变化趋势预测子专题调研。调研采取面上人口统计分析和点上调研相结合的方式，课题调研组先后赴松江、闵行、青浦、宝山、金山、嘉定、徐汇等区县、街镇，广泛听取基层有关部门和30多位来沪人员代表意见，召开市级层面相关部门和专家座谈会，在充分讨论分析基础上，形成研究报告。研究报告分析了全市来沪人口基本特征，即：外来人口总量规模快速攀升；主要集聚在城郊结合地区；人口平均年龄轻；文化素质高于全国平均水平；呈现就近流动特点；就业率较高；收入水平低于全市职工平均工资水平；呈现家庭式流动特征；租赁住房是主要的居住方式；长期居留意愿较高。研究综合分析了国家在就业、社会保障、户籍管理、教育、计划生育等公共服务方面的政策走向，预测判断了上海未来流动人口变动趋势，为完善实有人口管理服务、创造条件让来沪人员更好地融入上海城市发展提供了相关政策建议。 （崔元起）

宣传教育

【概述】 2011年，人口计生宣教工作贯彻落实胡锦涛总书记重要讲话精神，围绕市人口计生委工作要点，力求聚焦重点工作与扩大宣传效应紧密结合，社会大宣传与为民办实事紧密结合，集中宣传与建立长效宣教工作机制紧密结合，努力为上海人口计生事业转型发展营造良好的社会氛围。

【开展高层倡导】 抓住机遇，做好贯彻落实胡锦涛总书记重要讲话精神的宣传工作。配合新华社刊发国内动态清样2份和内部参考1份；协助中国人口报做好全市学习贯彻情况的采访工作；协调《家庭报》制作全市人口计生系统学习贯彻胡锦涛总书记讲话精神的宣传专版2个。依托上海干部在线学习城，加大远程教育，增加相关培训专题。

【加大政策解读】 以上海增加独生子女奖励费为契机，加大《上海市计划生育奖励与补助若干规定》的政策解读，及时、持续向媒体提供政策宣传口径。协调电视台、电台和报纸专栏，在上海电视台新闻综合频道新闻节目中连续5天进行政策解读，全市主要媒体进行相关报道，《健康人生》广播栏目连续制作3期专题节目，《新民晚报·社区版》制作政策解读宣传专版。此外，做好舆情收集和分析，形成2份专报，并增印1万份专题宣传墙报发放到社区和居民小区。

【开展集中整治“两非”专项行动】 贯彻落实全国集中整治“两非”专项行动电视电话会议精神，按照全国专项行动实施方案要求，完善部门协同机制，全面推进全市专项行动。协调市公安局、市卫生局、市食药监局、上海警备区后勤部、市妇联等部门，召开全市集中整治“两非”专项行动动员大会，成立专项行动领导小组，由市人口计生工作联席会议办公室主任、市人口计生委主任谢玲丽任组长，各相关部门分管领导任副组长。联合下发《上海市集中整治“两非”专项行动实施方案》，明确工作目标和任务，强化相关部门职责。制订下发《上海市人口计生委各处室综合治理出生人口性别比偏高工作职责分工表》。同时，加大对区县目标管理考核力度，对性别比反弹，超出前3年平均水平的，实行“一票否决”制度，不得评为各类先进和示范单位，取消目标管理优秀等次。开展“两非”专题调研，开展系列宣传活动，营造社会舆论氛围。在《健康人生》广播栏目、《新民晚报·社区版》制作专题节目，制作2万份专题宣传墙报发放到社区。协调市卫生局，印制“两非”警示标牌下发到全市医疗保健机构和计划生育技术服务机构；协调市食药监局在3500家零售药店增放终止妊娠药物使用“爱心提示卡”。加大查处力度，2011年，全市共打击“两非”1638次，取缔非法窝点716个，处理非法行医者527人。

【推进婴幼儿早期启蒙工作持续发展】 加强阵地建设，修订完善创建标准，继续推进示范单位创建活动，2011年，新命名18个街镇为市级示范单位；制订《本市社区婴幼儿早期启蒙指导服务规范化流程》和户籍人户分离人员居住地社区早教服务细则；深化入户指导，加大科学育儿知识普及，积极将科学育儿指导纳入市农委的农村卫星远程教育内容；修订《社区0～3岁婴幼儿科学育儿入户指导手册》、《社区0～3岁婴幼儿启蒙服务指南》，方便群众获得相关服务信息。加强社区早教队伍职业化建设，与华东师大合作开展育婴师职业资格培训，全市149人获得市人保局颁发的四级、五级职业资格证书；在社区优生优育指导服务单位中征集婴幼儿早期启蒙优秀教案568篇，并拍摄制作指导课程视频片，加强对基层业务工作的支持和指导。继续开展婴幼儿综合发育能力普测试点项目，完成1500例普测并提供针对性指导服务。开展人口早期发展实证研究，与市人口早期发展协会联合召开人口早期发展研讨会，并指导人口早期发展协会开展《社区科学育儿指导服务机构分级分类标准研究》和对全市所有社区早教服务点的基线调查。

【举行“世界人口日”宣传活动暨上海市人口和家庭计划指导服务中心揭牌仪式】 7月7日，举行2011年“世界人口日”宣传活动暨上海市人口和家庭计划指导服务中心启动揭牌仪式。国家人口计生委副主任陈立、副市长赵雯出席并为中心揭牌。揭牌仪式后，举行人口与家庭计划公共服务报告会，专家和人口计生实际工作者就完善人口与家庭公共政策、创新社区家庭计划服务等，进行交流探讨。

【加强家庭人口文化建设和婚育新风进万家活动】 贯彻落实党的十七届六中全会精神，推进新型家庭人口文化建设。10月25日，召开文化体制改革与家庭文化发展研讨会，就如何学习贯彻落实党的十七届六中全会，发展海派的、科学的、大众的家庭文化，努力提升家庭发展能力进行深入探讨，提出前瞻性、综合性、政策性建议。推进新农村新家庭建设，制定下发《关于全面推进本市新农村新家庭计划的实施意见》。组织开展人口计生宣教创新范例征集活动，推动本市人口计生宣教工作创新发展。继续优化户外宣传环境，全市人口文化小区（公园）达244个。做好中国人口文化奖（舞台艺术类）的参评工作，上海4件作品获奖，市人口计生委获优秀组织奖。

【加大舆论引导力度】 加强新闻舆论和媒体传播的正面引导，完善与媒体的沟通制度，深化工作总结和选题设计，努力增加国家和上海市主流媒体的报道。2011年，媒体报道831篇，其中新华社等中央媒体47篇;《中国人口报》132篇。市人口计生委获《中国人口报》新闻宣传先进单位。召开2011年出生预测预报新闻发布会。做好网络舆情的日常监测和分析工作，及时研判敏感舆情的发展态势。加强新闻宣传队伍建设和业务培训。加强宣传窗口建设,继续办好《健康人生》广播栏目和《新民晚报·社区版》宣传专版。加强新闻宣传队伍建设，开展基层新闻通讯员业务培训和工作评估。（曹　莉）

科　学　技　术

【概述】 2011年，围绕市委、市政府关注的热点和人口计生工作的重点，开展科技服务和研究，市人口计生委将《以社区为基础的更年期性与生殖健康干预研究》等10个课题列为委级科技基金资助项目,《经济发展方式转变、产业结构调整与上海人口发展的互动关系研究》、《上海人口转变与加强人力资本投资战略研究》、《上海国际金融中心建设的人才瓶颈与战略对策研究》等14个课题列为人口发展实证性研究。

在全国人口和计划生育科技工作会议上，国家人口计生委表彰“十一五”期间全国人口和计划生育优秀科技成果，上海共有10个课题成果获奖，其中2项一等奖，4项二等奖，4项三等奖。上海人口计生宣教中心制作的《人类避孕史话》系列片获市科普联席会议办公室2010年度“上海市优秀科普作品(影视)”提名奖。

【优生促进工程】 2月，静安、杨浦、松江3个区被列入国家第二批试点单位。市人口计生委组织18个区县参加国家免费孕前优生健康检查项目第二批试点工作电视电话会议，并召开上海市国家免费孕前优生健康检查项目试点启动会，市人口计生委主任谢玲丽对全市免费孕前优生健康检查项目试点工作进行部署。3月，市人口计生委与市财政局联合成立上海市实施国家免费孕前优生健康检查项目试点工作领导小组及其工作小组，开展实地专题调研。7个区县加入2011年第二批市级试点，免费孕前优生健康检查项目市级试点覆盖到全市18个区县。6月，依托上海市计划生育科研所设立“上海市孕前优生项目临床检验质量监测指导中心”。对2010年参加市级试点的11个区（包括3个国家试点区）进行项目终期评估。制订评估方案、评估表，在自评基础上组织相关专家实地考察、评估、指导。召开终期评估交流会，汇编《上海市2010年免费孕前优生健康检查项目试点区终期评估报告集》。完成国家人口计生委科技司课题，上报《城市开展免费孕前优生健康检查的模式研究报告》。9月，市人口计生委与市财政局联合印发《关于本市开展国家免费孕前优生健康检查项目试点工作的指导意见》，明确上海开展国家免费孕前优生健康检查项目试点工作的主要任务、服务管理、经费管理要求等，采取政府购买服务并覆盖到城市常住人口是上海试点的突破点。10月，与复旦大学出生缺陷研究中心合作进行《孕前优生遗传咨询和特异性检查项目建议方案》的研究。11月，将“为2万对符合条件的计划怀孕夫妇提供免费孕前优生检查服务”申报为市政府2012年实事项目，人口计生公共服务首次被列为市政府实事项目。2011年，全市共为1.7万余对计划怀孕夫妻提供免费孕前优生健康检查，其中3个国家试点区完成4000余对。委托市出生缺陷一级预防指导中心举办免费孕前优生健康检查机构咨询检查医师、检验人员、基层指导员等各类市级培训班13期，培训441人次。

【成立市人口和家庭计划指导服务中心】 5月，市人口计生委印发《关于成立“上海市人口和家庭计划指导服务中心”的通知》，依托上海市计划生育科学研究所成立上海市人口和家庭计划指导服务中心。7月7日，举行上海市人口和家庭计划指导服务中心举行揭牌仪式，国家人口计生委副主任陈立、副市长赵雯出席。市人口计生委下发《关于加强人口和家庭计划指导服务工作的意见》。组织区县人口计生委上报2011年家庭计划指导试点项目18个，并对项目试点情况组织中期推进研讨会和终期评估。与市计生科研所联合开展不孕不育预防指导工作的研究，组织相关专家研讨并撰写《不孕不育预防指导手册》，委托市人口和家庭计划指导服务中心开展“对计划怀孕家庭开展孕前优生宣传倡导效果的研究和社区实践”项目。已有宝山、闵行、普陀、徐汇、奉贤等区挂牌成立区人口和家庭计划指导服务中心。组建专家团队，指导卢湾、嘉定等区继续做好放置宫内节育器妇女随访干预等服务，为卢湾区人口计生干部和生殖健康咨询员进行心理学知识和咨询技巧培训，指导黄浦区加强自然避孕法的推广工作。

【人口计生系统技术服务机构校验和人员培训】 加强人口计生系统技术服务机构人员培训，计划生育技术服务人员上岗培训和继续教育培训共计450人次。开展计划生育技术服务机构执业许可证和人员合格证的综合管理信息系统网上办理，录入《计划生育技术服务人员合格证》339份,《人口计生服务机构执业许可证》18份。开展2011年度的计划生育技术人员合格证和服务机构许可证的校验整理工作，办理新进人员合格证76份，合格证校验86份，清理注销136份，完成8家区县人口计生指导中心的机构校验工作。对崇明、普陀、闸北等区县创建社区综合服务示范站进行评估验收。

【市人口计生系统“十一五”妇女、儿童工作获得多项表彰】 上海市人口计生系统作为全市妇女儿童工作的重要实施单位之一，全面落实妇女儿童“十一五”发展规划，获得多项奖励。市人口计生委获“2006～2010年度上海市妇女权益保障先进集体”。徐汇区人口计划生育指导中心获上海市儿童工作的最高奖项——第八届“儿童工作白玉兰奖”先进集体奖，受到市政府表彰。金山区人口计生委获“上海市实施妇女、儿童发展‘十一五’规划先进集体”称号，闸北区彭浦镇人口计生办杨龙妹获“上海市实施妇女、儿童发展‘十一五’规划先进个人”称号。普陀区人口计生委陈志秀获“2006～2010年度上海市妇女权益保障先进个人”称号。

【2011年全国科技活动周上海科技节活动】 5月15～21日以“携手建设创新型国家”及“科技创造美好生活”为主题的2011年全国科技活动周上海科技节在全市展开，各区县人口计生委结合工作实际和群众需求，开展一系列丰富多彩的人口计生科技宣传普及活动。在这次活动中，黄浦区人口计生委和嘉定区人口计生委获先进集体，普陀区人口计生委的周倩、杨浦区的沈蓉、青浦区的周彩英和金山区的龚丽萍4人获先进个人。

【计划生育技术服务】 2011年，全市免费计划生育技术服务（不含医保对象）近48万人次，财政支出经费1922万元。全市病残儿医学鉴定320人。

【程利南教授荣获英国皇家妇产科学院荣誉院士】 11月25日，上海市计划生育科学研究所程利南教授在伦敦接受英国皇家妇产科学院颁发的荣誉院士证书。英国皇家妇产科学院成立于1929年，是世界上历史最悠久的著名妇产科学术权威机构，100多年来从妇产科的角度改善和保护妇女健康，不断更新知识、制订技术常规、推行完整的考核和质量管理制度，在世界各地培养了大量妇产科专业人才。“荣誉院士”的称号是专门授予英国与世界各地为支持和改善妇女健康事业做出杰出贡献的人士。程利南教授因在科学避孕方法、安全流产技术等保护妇女健康领域中取得的成就，经该院3位资深院士联合推荐，并通过审查后被授予该院荣誉院士的非英国籍专家，也是继已故中国工程院院士、著名妇产科专家宋鸿钊教授后又一位中国大陆获此殊荣的妇产科医生。

【人类精浆microRNA的表达特征研究】 microRNA是重要的基因表达调控因素。在血液等非细胞体液中存在大量稳定的、与癌症等疾病相关的特征microRNA。由于microRNA具有若干适合作为分子标记（biomarker）的特性，可以推测在精浆这样的体液环境中，也存在稳定的细胞外microRNA表达谱，但目前尚无文献报道。如能鉴定和表达正常生育人群与不育患者以及其他有生殖健康问题男性的精浆microRNA，就可能为某些具有生殖健康问题的男性患者（如不育、前列腺疾病、睾丸癌等）的检测诊断提供潜在的生物标志物。为此，上海市计划生育科研所从2009年9月～2011年10月，在收集正常和不育患者样本的基础上，进行了如下研究：(1) 探索精浆microRNA的抽提方法，对精浆microRNA抽提、检测等技术进行验证，得到可供PCR检查以及反转录的精浆microRNA；(2) 对部分microRNA的抽提和反转录条件进行了研究，并对其进行聚合酶链反应（PCR）检测以及克隆测序鉴定，明确人类精浆中确实存在细胞外的let7b以及microRNA 29b等的表达，为精浆microRNA表达谱的克隆鉴定、筛选可能和男性生殖健康相关的microRNA标志物（biomarker）打下技术基础；(3) 对部分PCR扩增后的microRNA进行了克隆测序，发现有的序列正确，有的则出现了较多突变。

由于荧光定量stem loop RT-PCR检测已经成为公认的microRNA检测金标准，而PCR技术也已成为一项常规的检测技术在医疗领域广泛应用，因此该项目的研究者认为，只要在仪器和试剂上加以升级，就能进行精液microRNA的检测。这样的检测属于非创伤性操作，安全性和灵敏度极高，易于被患者接受，在将来生殖健康的科研和临床的应用上具有良好的前景。该课题已于2011年11月22日通过市人口计生委组织的专家验收。

【SPAG11E作为抗精子避孕药物靶点的初步研究】 SPAG11E是我国首个自主发现的启动精子运动的β－防御素，作为控制精子运动的靶分子，具有一定的开发潜力。上海市计划生育科学研究所于2010年6月～2011年11月进行SPAG11E作为抗精子避孕药物靶点的初步研究：制备SPAG11E的多个单克隆抗体；通过STERN BLOT以及免疫组织化学实验验证抗体的识别能力和特异性；应用B细胞表位全扫描技术，鉴定SPAG11E全部的B细胞表位基序；通过免疫荧光和免疫电镜观察，确定SPAG11E在精子上的确切定位。结果显示：大鼠SPAG11E的全部B细胞表位基序为“MQRGHCRL”、“SDPWNRCC”和“RSGERKGD”；SPAG11E单抗在WESTERN BLOT以及免疫组织化学实验中都具有很好的识别能力和特异性；利用单克隆抗体，首次发现SPAG11E在精子鞭毛内致密纤维和精子核具有分布，该现象在国际上还未见报道。该课题已于2011年11月22日上海市人口计生委组织的专家验收。

【新型Anordiol衍生物的设计、合成和抗生育活性研究】 为获得活性更高、副作用更小的抗生育甾体化合物，上海市计划生育科学研究所于2009年4月～2011年11月，通过改造双炔失碳酯的化学结构，采用以化合物A环失碳－17－羰基－5α－雄甾烷－2α乙炔基-2β-羟基为原料，对双炔失碳酯进行化学结构改造，同时结合ADME/T性质预测算法对新结构分子进行药代动力学性质筛选，并对获得的新化合物进行体外黄体细胞抑制活性的生物试验。结果显示：合成7个新型双炔失碳醇类似物，其体外生物活性试验结果显示，6个化合物的体外生物活性相当或优于双炔失碳酯醇(IC50=11.13μg/ml)，最优化合物为Z15(IC50=2.78μg/ml) 和Z18(IC50=3.27μg/ml)。结论：化合物Z15和Z18 显示良好的体外抗生育活性和类药性，具有成药潜力，值得进一步研究。该课题已于2011年11月22日通过市人口计生委组织的专家验收。

【锌-α2糖蛋白（ZAG）在生殖中作用的研究】 为了解临床上某些弱精子症或精子顶体发育障碍的发病机制，上海交通大学医学院组织胚胎学教研室经过3年试验，在男性生殖细胞精子上寻找出与精子运动等受精功能密切相关的关键蛋白分子。该课题运用蛋白双向电泳和质谱技术等蛋白组学、免疫学、细胞化学和免疫组织化学、精子运动、信号传导、精子穿卵透明带及卵膜等功能检测技术，对人精子上ConA结合蛋白——人锌-α2糖蛋白（ZAG）功能进行了深入的研究。结果显示：(1) 运用原核表达体系表达ZAG重组蛋白，并且运用该蛋白免疫动物后获得高效价的兔抗人ZAG重组蛋白的多克隆抗体；(2) 首次对人成熟精子上的ZAG蛋白进行定位，该蛋白主要定位在人精子的顶体前区（包括顶体区)、颈部和尾部的中段；(3) 通过蛋白双向电泳和质谱定性分析，证实人精子ZAG蛋白是一种凝集素ConA结合蛋白，并且是一种和精子顶体反应相关的精子膜蛋白，精子顶体反应后可随即消失；(4) 与正常对照抗体相比，运用计算机辅助精子分析技术发现：相关浓度的兔抗人ZAG多克隆抗体在与纯化的人上游精子共同孵育90分钟或120分钟后，能显著抑制精子的前向运动力($p<0.01$)；如共同孵育20分钟后，可显著降低由诱导剂A23187或人透明带蛋白诱导的人精子顶体反应率（$p<0.01$)，也可显著降低人精子结合人卵细胞透明带的能力、人精子穿越仓鼠卵细胞膜的能力（$p<0.01$）；其机制主要是抗体抑制了精子细胞内的cAMP/PKA信号传导通路。结论：人精子膜蛋白ZAG与人精子的受精能力密切相关，主要涉及精子的运动及顶体反应功能。该课题为男性不育的诊断和治疗奠定了必要的理论基础。该项目于2011年9月通过市人口计生委结题。

【免疫型自发性流产发病机制、诊断和治疗研究获科技成果一等奖】 该项目由上海交通大学医学院附属仁济医院林其德教授等承担，复发性流产（RSA）是临床上难以处理的不育症，发病率约占妊娠总数的1%～5%。从20世纪80年代后期起，该研究组在连续8项国家自然基金和多项上海市级项目资助下，对RSA进行基础与临床应用研究，阐明RSA的发病机理，制定RSA诊断程序和病因筛查复发，进行新的临床分类与分型，建立和逐步完善了个体化、小剂量、短疗程的免疫治疗原则和实施方案，并使治疗成功率达到国际先进水平。该项目共主编专著3部，发表论文72篇，其中SCI收录20篇，SCI影响因子累计达到52.435分，文章被引用562次。相关研究成果获2008年国家科学技术进步奖二等奖，2011年获国家人口计生委“十一五”期间人口和计划生育优秀科技成果一等奖，并在北京、上海、广东、浙江等27家医疗机构推广应用。

【终止10～16周妊娠技术方法的研究】 临床常规开展的“药物流产”——米非司酮配伍米索前列醇，在国内仅用于终止停经49天以内的早期妊娠（简称“早孕”),属于“药物抗早孕”。对于孕8～16周（处于早孕晚期和中孕早期，简称“早中孕”）妇女是否也能使用损伤较小的药物终止妊娠，即“药物抗早中孕”，是国内外计划生育临床科研探索的一个热点。上海市计划生育科研所程利南教授在多年研究的基础上，领衔承担国家“十一五”科技支撑计划课题“终止10～16周妊娠技术方法的研究”，旨在探索米非司酮配伍米索前列醇扩大应用于终止8～16周妊娠的最佳用药方案，为制订我国“药物抗早中孕”临床常规提供科学依据。该课题进行国产米索前列醇的不同给药途径（口服、阴道和舌下）的药代动力学研究，明确米索前列醇阴道放置生物利用度更高的给药方案。与此同时，在全国范围开展米非司酮片配伍米索前列醇片终止 8 ～ 16 周妊娠有效性与安全性的随机、平行、开放、多中心的临床试验，并形成米非司酮片配伍米索前列醇片终止 8 ～ 16 周妊娠药物抗早中孕常规（草案）。整个研究发表论文 6 篇，培养博士研究生 1 名，并于 2011 年 3 月 28 日通过国家人口计生委组织的专家验收。与会专家认为，该项研究符合国家药品食品监督管理局（SFDA）关于“米非司酮配伍米索前列醇终止 8 ～ 16 周妊娠的药品注册所需资料”的规定，为中华医学会计划生育分会制订、颁布新的全国药物流产常规提供了科学的依据。

【紧急避孕药物失败后继续妊娠的长期安全性研究】 该项目由上海交通大学附属国际和平妇幼保健院承担完成，于 2011 年 4 月通过市人口计生委组织的专家验收。左炔诺孕酮（LNG）在中国作为非处方紧急避孕药使用已有 10 余年历史。如能证实紧急避孕药物对妊娠母体和胎儿没有明显的影响，就能减少人工流产的发生。课题组于 2008 年 4 月～ 2009 年 6 月，对 3250 名来院产前检查的孕妇进行问卷调查，调查上海市准备分娩的孕妇中非意愿妊娠的概况和紧急避孕药的使用情况；探索妊娠妇女中左炔诺孕酮紧急避孕对妊娠结局及新生儿的影响；左炔诺孕酮宫内暴露对婴幼儿的体格和智力发育的影响；对胎盘形态和功能的影响。数据采用 SPSS11.5 进行分析和处理。结果显示：(1) 上海市产前检查的孕妇中非意愿妊娠率 7.7%，紧急避孕药的知晓率为 75%，以往使用过紧急避孕药的孕妇为 37.6%，这次妊娠周期内服用紧急避孕药的孕妇 1.6%。(2) 332 名妊娠周期内服用过左炔诺孕酮紧急避孕的孕妇中（暴露组），妊娠 3 个月内有 31 名发生自然流产，而非暴露组有 28 名（10.3% vs 8.6%，$p=0.471$）；在暴露组和非暴露组各有 4 名胎儿或新生儿出生缺陷发生(1.5% vs 1.3%；RR 1.1；$p=1.000$)；暴露组的出生体重大于非暴露组(3416g vs 3345g，$p=0.040$)；性别比也高于非暴露组 (男 / 女，1.14 vs 0.90，p=0.153)；两组之间在自然流产发生率、妊娠并发症、妊娠和新生儿结局上无明显统计学差异。(3) 2 年的跟踪随访发现，暴露组和非暴露组婴幼儿中各有 5 例先天畸形发生，婴幼儿体重、身高、头围等体格发育和智力、行为能力的发育两组无明显统计学差异。(4) 暴露组和非暴露组胎盘形态学检查无显著差异；两组胎盘上性激素受体（ER、PR、AR），增殖指标 Ki67，凋亡指标 Caspase-3、8、9 和细胞因子（TNF-α、IL-1β、TGF-β1、IFN-γ）的表达无显著统计学差异。结论：左炔诺孕酮紧急避孕药不明显增加妊娠不良结局和子代出生缺陷的发生；左炔诺孕酮紧急避孕药不明显影响婴幼儿体格和智力发育，不显著影响妊娠晚期胎盘形态结构及胎盘上性激素受体、增殖因子 Ki67、凋亡因子 Caspase-3，8，9 和主要细胞因子的表达。准备分娩的孕妇如使用紧急避孕失败后可选择继续妊娠。对今后服用过紧急避孕药物失败后妊娠的妇女提供临床指导，为产前咨询提供帮助。该研究部分结果 2010 年 7 月发表于 SCI 杂志 HUMAN REPRODUCTION。

【宫内节育器取器困难的调查研究】 该项目由复旦大学附属妇产科医院等单位完成。于 2011 年 8 月通过市人口计生委结题。课题组将 2003 年 1 月～ 2004 年 12 月在该院计划生育门诊要求取器的妇女，通过对 1960 例取器对象进行分析，了解取器困难的因素。研究结果显示：1960 例对象平均取器年龄 45.7±7.6 岁，中位数 48 岁；其中 353 人绝经，平均绝经时间 3.3±3.4 年；放置 IUD 的平均年限 15.2±6.95 年，中位数 16 年。取器困难 375 例（占 19.13%），其中取器较难 285 例（占 76%）；取器很难 90 例（占 24%），90 例中 61 例在宫腔镜下取器。将取器难度分为容易、较难和很难 3 组，比较她们取器的年龄、绝经的时间及放置 IUD 的年限，3 组之间有统计学意义（$p<0.0001$）。后位子宫取器困难比例比中位及前位子宫高（$p<0.05$）。绝经≤ 1 年取器难度发生率明显低于绝经时间 >1 年（$p<0.0001$）。结论：年龄大，绝经时间长，放置年限长，取器困难的可能性越大。进宫腔困难是绝经后取器困难的主要原因之一。人工

流产次数、放置IUD的类型与取器难度无关。金属环放置年限以16～20年为妥，含铜IUD放置年限应为10～15年。取器容易者只需用环钩取器；取器较难者可选择内膜头或环钳作为取器器械。宫腔镜是取器很难者的主要取器方式。B超检查与节育器尾丝是取器困难的保护因素。

【建立上海市社区人口计生服务站紧急避孕规范化服务】 该项目由上海市计划生育科学研究所程利南教授等承担完成，于2011年4月通过市人口计生委组织的专家验收。紧急避孕是指妇女在无防护措施或防护失败的性交后采取的一种有效防止意外妊娠的紧急措施，可以避免不安全的流产所带来的危害。如何减少意外妊娠和人工流产带来的危害，需要各级医院和社区计生服务站共同推广和实施紧急避孕。为了解和提高上海市社区计划生育综合服务站工作人员紧急避孕意识和服务水平，课题组于2010年1～12月，在上海市徐汇区和闵行区社区卫生中心组织25个街道计划生育服务人员进行了紧急避孕知晓度的横断面调查，并进行紧急避孕专业培训，累计授课15学时。对数据采用SPSS16.0进行分析和处理。结果显示，社区计生服务人员均知道有紧急避孕，但在工作中应用紧急避孕的比例不高，仅占38.5%；73.8%调查对象知道紧急避孕的具体方法；能够正确回答紧急避孕使用常见问题的比例仅有33.87%。社区计生服务人员能够区别紧急避孕与常规的避孕方法，而对紧急避孕的副作用和失败后的处理方法认识还不足。通过紧急避孕专业培训，78.65%的社区计生服务人员能够正确回答紧急避孕常见问题，同时纠正了原有的一些认识误区，如紧急避孕可引起不育、或造成异位妊娠等，提高了紧急避孕的知晓度和服务意识。同时，程利南教授对出版的科普书籍《紧急避孕》进行了修订（第二版），增加近年来群众关心的紧急避孕焦点问题，印刷2000册，免费发放到社区，以此推动社区计生服务人员定期接受紧急避孕知识及技术培训，及时更新知识，提高社区计划生育服务水平。通过课题研究形成了“紧急避孕药服务常规”，在徐汇区和闵行区形成紧急避孕规范服务的示范点，并在上海市各社区计划生育综合服务站进行推广和宣传。

【徐汇区户籍妇女产后避孕服务的干预效果评估】 该研究意在通过健康教育和干预服务降低产后妇女的意外妊娠率，提高生殖健康水平。上海市计划生育科学研究所采用整群抽样的方法，以上海市徐汇区13个街道2008年6月1日～2009年5月31日分娩的妇女为研究对象。由经过培训的计划生育人员对徐汇区1000名户籍妇女产后6个月、9个月、12个月和15个月提供适宜的避孕宣传，并落实避孕措施（安全套、放置宫内节育器等），在产后18个月进行问卷调查，重点调查避孕措施使用情况、意外妊娠及人工流产情况。问卷回收率92.1%，问卷有效率为100.0%。调查表采用EpiData3.01统计软件建立数据库，逻辑检查后，采用SAS6.12软件包对数据进行分析和处理。统计方法采用描述性分析和卡方检验。结果显示：经过4次干预服务的避孕措施落实率95.3%，使用的避孕方法以避孕套（73.5%）、宫内节育器（12.9%）和短效口服避孕药（2.4%）为主。徐汇区户籍妇女产后的意外妊娠率4.13%，与未干预的徐汇区产妇调查结果相比，避孕干预服务显著地降低意外妊娠发生率（$\chi 2=10.429$，$p=0.001$）。发生意外妊娠的原因主要是未避孕（60.53%）和避孕失败（39.47%）。结论：产后6～15个月进行避孕宣教和干预服务可显著地降低产后妇女的意外妊娠率，提高生殖健康水平。该课题已于2011年11月22日通过市人口计生委组织的专家验收。

【含孕二烯酮一根型皮下埋植剂的研制获科技成果一等奖】 该项目是国家“十一五”科技支撑计划课题“含孕二烯酮一根型皮下埋植剂的研制”，由上海市计划生育科学研究所承担，于2010年1月通过国家人口计生委的验收，并于2011年6月，被国家人口计生委评为“十一五”期间人口和计划生育优秀科技成果一等奖。该项目首次将第三代新型口服避孕药——孕二烯酮成功发展成为一根型长效皮下埋植剂，使用期限长达5年，具有药物活性强、埋植根数少、出血副反应低、避孕效率高、不易破损、易于取出等优点，更易于为广大育龄妇女所接受。该新型皮埋剂的综合指标均优于目前国内外已上市或正在研制的所有各类皮下埋植避孕制剂；需用药物及硅橡胶原材料均已成功国产化，制备工艺也已优化，可满足工业化批量生产的要求；已获得中国发明专利，具有自主知识产权，并通过国家食品药品监督管理局的审评，获得进行新药Ⅰ和Ⅱ期临床试验的批件。该产品为广大育龄妇女提供了一种理想的长效避孕措施，既有重大社会效益也有可观的经济效益；除满足国内市场需求外，还可出口发展中国家，国际市场前景极为广阔。

【外用避孕药新药物的研究】 该项目是国家“十一五”科技支撑计划课题“外用避孕药新药物的研究”，由上海市新生源医药研究有限公司和上海市计划生育科学研究所联合承担，于2010年1月通过国家人口计生委的验收。该项目旨在研发安全有效的外用阴道短效避孕新药物，包括热敏型酸缓冲避孕凝胶剂和脱氧胆酰酪氨酸热敏凝胶剂两种，主要用于女性阴道避孕，以代替当前国内广泛使用的壬苯醇醚（N－9）外用杀精剂。项目组完成了热敏型酸缓冲避孕凝胶剂的临床前研究，包括药学研究、临床前药效学和药代动力学研究、临床前安全性研究，目前正在申报临床批文。同时，项目组完成了脱氧胆酰酪氨酸的化学合成、纯化和鉴定；脱氧胆酰酪氨酸酸性热敏凝胶剂的药学研究、临床前药效学研究、部分临床前安全性研究。研究表明，热敏型酸缓冲避孕凝胶剂通过维持阴道的自然酸性状态而发挥避孕作用，与目前广泛使用的壬苯醇醚避孕胶冻剂相比，两者的避孕效果相同，但该凝胶剂对家兔阴道黏膜的刺激性更小，不影响阴道正常菌群特别是乳酸杆菌的生长和繁殖，可望成为能替代N-9的外用避孕新药，为广大育龄妇女提供避孕新选择。

【新型阴道润滑剂 —— 酸缓冲热敏凝胶润滑剂获生产上市许可】 阴道润滑剂主要用于性生活时的润滑，也适用于因内分泌改变、更年期、妇科手术或精神因素等所致的阴道干涩。上海市计划生育科学研究所于2009年10月～2011年11月，研制了新型、安全有效的阴道润滑剂——酸缓冲热敏凝胶润滑剂。该制剂为温度敏感型水溶性无色透明凝胶剂，均匀一致，＜20℃为无色澄明液体，＞29℃为无色澄明半固体，由凝胶基质赋形剂（Poloxamer）、酸缓冲系统、保湿剂、防腐剂组成。通过维持阴道酸性环境来增强阴道的自然防御功能的作用。对该凝胶进行了冰醋酸鉴别试验、pH值、黏度、醋酸含量、装量差异和微生物检测，符合中国药典2010年版附录要求。急性皮肤毒性试验、阴道黏膜刺激性试验、最大耐受量试验和长期毒性试验结果均表明该凝胶具有很好的安全性；并完成质量标准研究和初步临床前安全性评价，按照国家有关规定，已通过企业标准认定，获生产上市许可；同时，获国家发明专利一项——“阴道酸性润滑剂及其制备方法与用途”；发表了论文3篇；培养了研究生和专业技术人员3名。该课题已于2011年11月22日通过市人口计生委组织的专家验收。（周晓波）

信息化建设

【概况】 2011年，市人口计生委信息化工作紧紧围绕国家人口计生委和上海人口计生工作要点中提出的各项任务，认真贯彻落实“智慧城市”建设要求，主动服务大局，服务基层，加强部门协调，努力提升人口计生信息化支撑能力。11月，市人口计生委根据市委、市政府的统一部署，按照《上海市推进智慧城市建设2011～2013年行动计划》相关工作要求，制定《关于推进全市人口计生系统智慧城市建设2011～2013年行动计划》，提出“智慧人口计生”建设任务，切实做好全市人口计生业务的信息化应用保障工作。

【推进人口计生信息化应用】 （1）逐步推进居（村）委边界确认工作，路名地址与行政区划代码匹配模块上线运行。根据全市户籍人员居住地服务管理改革试点的任务要求，解决基层人口计生部门难以准确界定服务管理对象所属管辖区域的难题，市人口计生委对全市4607个居

（村）委进行边界确认、地图标注和代码映射工作，约占全市5500余个居（村）委的80%。在此基础上，市人口计生委开发路名地址与行政区划代码匹配应用模块。3月初，该应用模块上线在全市人口计生系统运行。该模块可共享市测绘院路名地址坐标资源，结合居（村）委边界标注与代码映射关系，充分发挥GIS定位功能，实现快速判断异地管理服务对象所属居（村）委的功能。既可满足基层人口计生部门对管辖区域界定的迫切需求，又可满足全市人口计生统计区域摆脱行政区划的限制，实现多样化统计的需求，也可为人口计生统计GIS提供更加科学的展现方式，提高基层工作效率。（2）大力推进人口计生综合管理信息系统居（村）委应用子系统试点工作。根据国家人口计生委有关居（村）委重点人群电子台账和提高人口计生数据库数据质量的工作部署，结合基层的实际需求、网络条件和安全要求，市人口计生委年初组织13个区（县）、18个街道（镇、乡）共462个村居委开展“居（村）委应用子系统”的试点工作。各试点单位已经通过“离线安全介质”模式成功测试“居（村）委应用子系统”中“电子台账”及“信息核对”功能模块，并完成与“人口计生综合管理信息系统”的无缝对接。建立满足基层需求、符合安全要求的工作模式。

【完善人口计生电子政务平台】 2011年，市人口计生委以业务需求变更作为出发点和着力点，继续加强人口计生系统电子政务建设。根据2011年新颁布的《上海市计划生育奖励与补助若干规定》中，关于2011年1月1日～6月30日按老标准领取过独生子女父母年老一次性计划生育奖励费的对象，需按照新标准进行补发的要求，开发完成独生子女父母年老一次性计划生育奖励费补发模块；根据国家人口计生委行政执法信息化工作的新要求，修改完善计划生育技术服务人员和机构审核模块；根据户籍人员居住地管理服务改革试点的要求，修改完善独生子女父母光荣证办理模块，实现现居住地管理。并根据户籍人员居住地管理服务发展趋势，做好电子政务平台适应性调整的技术方案储备工作；根据国家人口计生委流动人口动态监测抽样调查的要求，开发完成国家人口计生委流动人口抽样调查数据录入模块。7月11日，上述模块同步上线运行，保障工作的有序衔接。

【提升人口计生信息化支撑能力】 （1）建设人口计生舆情监测平台。市人口计生委依托上海科技情报中心“舆情监测平台”，开发完成基于境内外45家平面媒体及5个主要论坛社区的“人口计生舆情监测平台”。平台每日动态更新监测对象产生的与人口、社会、资源及计划生育相关的舆情信息。已收集各类舆情信息2725篇。（2）开展全市法规数据收集和应用需求调研。结合人口计生委管理职能，在上海图书馆的协助下，市人口计生委完成上海地方性法规数据的收集和数字化工作，开展法规数据库结构和应用功能需求调研，为人口宏观管理和研究奠定信息基础。(3)完成上海市统计年鉴数据收集、整理工作。为加强人口发展研究工作，完成1981～2010年的上海地区相关统计年鉴数据的收集整理工作。（4）探索人口信息数据资源开发和利用。市人口计生委与复旦大学经济学院（国家985平台）合作，对全市全员流动人口数据和流动人口抽样调查数据，就职业和行业分布开展探索性的数据挖掘工作。在2011年流动人口动态监测工作期间，开展问卷设计与数据汇总工作，完成《上海市流动人口动态监测调查数据报告》。（5）开展人口计生行政办事公共服务平台信息化需求分析和功能设计课题调研。按照国家人口计生委行政执法信息化工作要求，市人口计生委于7～12月开展《行政办事公共服务平台信息化需求分析和功能设计》课题调研工作。形成了行政事务处理流程一般化矩阵、分类业务流程图及需求说明书、应用框架和服务平台框架需求说明书、统计及监控需求说明书、用户授权体系需求说明书、安全等级保护需求分析等成果。

【编制《全市人口计生系统智慧城市建设2011～2013年行动计划》】 按照《上海市推进智慧城市建设2011～2013年行动计划》相关工作要求，结合《上海市人口和计划生育发展第十二个五年规划纲要》以及全市人口计生部门“十二五”期间信息化发展规划，市人口计生委编制《关于推进全市人口计生系统智慧城市建设2011～2013年行动计划》，明确建设目标和主要任务并与“十二五”规划有效衔接。行动计划目标：到2013年年底，上海人口计生系统通过“智慧人口计生”建设，基本形成信息化工作平台基础设施能级跃升，信息化工作模式在全国人口计生系统示范带动效应突出，人口计生重点工作实现信息化工作手段全覆盖，信息化工作平台网络与信息安全总体可控的良好局面，完成“上海市推进智慧城市建设2011～2013年行动计划”中该部门承担的工作任务，为实现全市人口计生部门“十二五”期间信息化发展规划目标奠定基础。行动计划提出：基本建成覆盖市、区（县）、街道（镇、乡）、居委（村）的多级人口计生工作网络的信息化工作平台；加强人口计生业务工作信息化建设，全面实现各级人口部门重点业务信息化全覆盖；加强信息化对宏观辅助决策的支撑作用，建成实有人口和计划生育动态监测体系信息化平台；加强网络与信息安全建设，建成全市人口计生信息系统集中监控和用户行为审计工作平台；以信息化手段为抓手，实现人口计生宣传教育、公共服务、业务培训工作的数字化、网络化、智能化建设。重点任务有：工作网络的信息化应用全覆盖，深入推进人口计生信息共享，完善政府门户网站的建设与内容保障，推进人口计生科学技术服务信息化建设工作，建设网上党建服务平台和远程培训平台，提供“智慧化”的人口计生宣传教育服务，建立特定服务对象信息化服务体系，完善集群式“12356”综合服务热线体系，建设实有人口计划生育动态监测系统，推进人口计生“云计算”建设，建设人口计生信息系统集中监控和用户行为审计工作平台。

【建设用户行为审计及网络与信息安全综合监管系统】 为保障全市人口计生系统基于统一电子政务平台的行政审批和人口管理的严肃性、规范性和可追溯性，加强全市人口计生系统行政事务处理的过程管理和人口信息安全，根据《国家信息化领导小组关于加强信息安全保障工作的意见》、《信息安全等级保护工作的实施意见》和上海市公安局、上海市国家保密局、上海市密码管理局、上海市经济和信息化委员会关于组织开展重要信息系统等级保护工作的通知等文件精神和要求，对全市人口计生系统用户行为、核心业务应用系统和全市人口计生数据库进行强制审计，加强信息安全手段和措施，市人口计生委立项开展核心业务用户应用行为审计和网络与信息安全综合监管系统建设。系统建成后将主要提供系统应用用户和运维用户应用行为审计、网络与信息安全软硬件的运行状况综合监控、业务系统软硬件资源的运行状况综合监控、系统网络边界防护等功能。

【完成“上海市实有人口计划生育动态监测系统”立项】 根据《上海市流动人口计划生育工作规定》、《上海市人民政府关于印发〈上海市人口和计划生育事业“十二五”规划〉的通知》中提出的“市人口计生部门建立动态监测机制”、“探索建立符合大城市特点的人口发展监测体系”的工作要求，市人口计生委编制“上海市实有人口计划生育动态监测系统”项目建议书，并报市经济和信息化委员会审核。6月，经专家评审，“上海市实有人口计划生育动态监测系统”批准立项。项目建设目标：充分利用现有的信息资源、公共网络资源和硬件平台资源；整合和优化配置动态监测任务，提高人口动态监测工作效能；以实有人口统计和监测数据为基础，加强现有数据资源的开发再利用，将人口统计数据、动态监测数据转化为信息资源，在综合分析的基础上开展科学应用；整合各方研究力量，对监测数据和其他相关数据进行深度挖掘，形成分析研究成果；及时、准确把握人口总量、结构、分布和变动趋势，实现对全市人口与计划生育以及人口生存发展状况的动态监测。最终逐步形成统一管理、资源共享、分层应用的人口动态监测体系和工作机制。项目主要功能点主要有实有人口计划生育抽样监测、实有人口计划生育统计监测、人口动态监测分析等内容。该项目建成后将可定期对流动人口的避孕节育、优生优育、生殖健康、婚育变动等基本情况，以及人口出生、人口总量、人口素质、人口分布、劳动力人口变动、特殊类型人口数量等状况进行监测，并可开展居留意愿、生育意愿、避孕节育和各类人口生产、生活状态等抽样调查，以掌握人口发展变动趋势。同时，探索开展流量人口发展监测，促进人口安全和合理布局。

【做好全市人口计生电子政务平台运行维护】（1）完成“上海市人口与计划生育综合管理信息系统”运行维护。截至2011年年底，全市人口计生行政事务办结量100.85万件；电话热线技术支持服务11546次；邮件支持303次；新增功能14个；业务需求变更25单次；代码修改102处；优化功能4处；运行维护事件36件；故障抢修2次。系统的主要硬件设备已经运行6年，进入故障多发期，由于按照双路冗余设计，在主要设备多次出现故障的情况下，仍保证信息系统对外提供服务，全年系统可用率99.63%。（2）完成“PADIS流动人口交换系统上海子系统”运维工作。根据国家人口计生委流管司要求，完善统计考核功能，加强基层工作考核，高质量通过国家人口计生委流管司考核评估，使上海流动人口计划生育信息化工作始终处于全国较好水平。全年省级交换数据147.98万条。（3）完成全员流动人口计划生育数据信息上报工作。根据国家人口计生委有关规定，市人口计生委完成全员流动人口数据季度上报工作，全年共上报4批流动人口计划生育数据，总计3729.9万人次。上报数据质量始终位于全国前列。（4）推进部门信息共享。据统计，全年共享获取各人口管理相关部门的人口信息数据851.9万条，向实有人口管理信息系统及市人社等部门提供专业信息数据101.18万条。（5）完成“上海人口计生”政府门户网站运维工作。6月14日，独生子女父母奖励标准调整后，网站及时开设专门栏目，主动发布权威信息，开展政策宣传与舆论引导，通过网络媒体的宣传作用有效降低12356热线电话及基层办事窗口的咨询压力。全年网站信息发布3126篇，视频16个，网上咨询3614条。全年网站点击量824.42万次。（6）完成托管机房设备整体搬迁和虚拟化平台构造工作。由于人口计生系统信息化应用规模不断扩大，设备数量逐年增加，托管机器设备的东方有线原有机房已经无法满足实际需求，市人口计生委决定对托管设备进行整体搬迁，制订搬迁方案，确定工作步骤和流程，落实各个环节的责任人，明确意外情况应急处置规则和协调机制，于5月21～24日组织实施机房搬迁工作。业务系统按计划时间对外提供服务，未发生由于系统整体搬迁而影响应用的情况；为了进一步挖掘现有硬件设备的潜力，增强系统硬件资源配置的灵活性，利用机房搬迁的机会，市人口计生委采用虚拟化技术构造应用服务器层的云平台。将外部数据交换系统、人口地理信息系统、数字签章系统、用户行为审计和集中监控系统、档案管理系统等涉及的服务器、存储器纳入资源池统一调配，按应用配置性能适当的虚拟机对外提供服务，提高资源利用率。（7）完成重要信息系统信息安全等级保护年度测评工作。市人口计生委委托专业机构完成“上海市人口与计划生育综合管理信息系统”信息安全三级等保测评和“上海市人口计生政府门户网站”二级等保年度测评工作，符合率分别达到82%、81.2%。（沙卫涛）

流动人口计划生育服务管理

【概述】 2011年，上海市流动人口计划生育工作以国家人口计生委“三年三步走，全国一盘棋”战略部署为目标，贯彻《流动人口计划生育服务管理条例》和《2011年全国流动人口计划生育“一盘棋”工作方案》，突出抓好“一盘棋”工作机制建设、基本公共服务均等化试点、流动人口动态监测、区域协作、户籍人户分离人员现居住地服务管理试点等重点工作，构建上海市流动人口计划生育“统筹管理、服务均等、信息共享、区协协作、双向考核”的“一盘棋”工作新机制。

【健全“一盘棋”工作机制】 2月28日，国家人口计生委在广州召开“加强和创新流动人口服务管理暨全国‘一盘棋’机制建设会议”，市人口计生委主任谢玲丽在会上做交流发言，介绍上海市在“一盘棋”工作中的做法和经验。3月，市人口计生委制订上海市“一盘棋”工作方案，召开上海市2011年流动人口计划生育服务管理

"一盘棋"机制建设交流会。7月、11月，分别组织各区（县）开展"一盘棋"工作半年评估和年度评估，查找存在的问题与不足，进一步健全"一盘棋"工作机制。11月，国家人口计生委流动人口司"一盘棋"工作检查组到上海检查评估"一盘棋"工作开展情况。听取市人口计生委以及宝山区、杨浦区人口计生委关于流动人口计划生育工作的专题汇报，实地查看信息系统应用和档案资料，召开基层工作人员和流动人口座谈会后，认为上海各级政府统筹推进流动人口计生工作取得显著成效，基层服务管理创新模式突出，流动人口基本公共服务均等化试点走在全国前列，人口发展政策研究取得积极进展。

【完成《上海市流动人口计划生育工作规定》起草制定工作】 2011年，《上海市外来流动人口计划生育管理办法》修订工作被列入市政府规章立法计划。市人口计生委加快修订草案的起草工作，多次召开立法研讨会、座谈会，向基层人口计生部门、委机关各相关处室和委属各单位及相关部门征求修改意见，并与市人口办等有关部门召开专题协调会，与市政府法制办召开专题讨论会，就草案中的有关内容进行沟通协商。在总结和提炼近年流动人口计划生育工作新做法和新进展的基础上，起草《上海市流动人口计划生育工作规定（草案）》（以下简称《工作规定（草案）》）。7月14日，经市人口计生委党委会和委务会通过，向市政府法制办报送《工作规定（草案）》。12月22日，市政府正式签发。《工作规定》依据国务院《流动人口计划生育工作条例》及中央国务院有关文件精神，新增群众自律、动态监测、区域协作等多项制度，明确流动人口在现居住地享受的计划生育权利义务，体现以人为本、和谐融入、协作共赢的工作理念。

【开展流动人口计划生育关怀关爱宣传服务专项行动和《流动人口计划生育工作条例》贯彻落实情况检查】 1月，市人口计生委下发《关于2011年春节前后开展"新生代农民工计划生育关怀关爱活动"的通知》，组织全市人口计生系统开展以"关爱新生代农民工，促进社会和谐融入"为主题的流动人口计划生育关怀关爱专项行动。活动期间，通过市建委向建筑工地农民工发放4000份《新上海屋檐下》系列宣传片，制作宣传板报2600多块，发放宣传资料11万多份、计划生育礼包2万份、避孕药具3000多箱，召开座谈会380多场次，为30多万流动人口提供计划生育相关内容的咨询服务；各类演出和服务活动2100多次；走访慰问流动人口计划生育家庭，向流动人口计划生育困难家庭发放慰问金。7月，市人口计生委转发《国家人口计生委办公厅关于印发〈流动人口计划生育工作条例〉贯彻落实情况专项检查工作方案的通知》的通知，组织各区（县）开展《流动人口计划生育工作条例》执行情况检查，进一步加大贯彻落实《条例》、维护流动人口计划生育合法权益的力度。

【推进流动人口计划生育基本公共服务均等化试点工作】 组织指导杨浦、松江、闵行、宝山4个国家级试点区推进流动人口基本公共服务均等化试点工作，多次召开试点工作交流座谈会，为4个试点区搭建平台，交流工作经验，研究推进措施，在加强部门间的政策衔接基础上，初步形成"政府重视、计生搭台、部门配合、社会参与"的基本公共服务均等化试点工作机制。市人口计生委还继续推动其他14个区县人口计生委以项目化运作的方式开展流动人口计划生育基本公共服务均等化试点。10月，组织各区（县）开展流动人口计划生育基本公共服务均等化试点阶段性评估工作，客观分析试点取得的成效和存在的问题，提出进一步深化试点工作的设想。8月底，国家人口计生委副主任王培安来沪调研流动人口基本公共服务均等化工作，认为上海流动人口计划生育基本公共服务均等化站位高、措施实、力度大、覆盖面广。

【深化流动人口统计信息和动态监测工作】 依托上海市人口与计划生育信息系统，做好每季度一次的全员流动人口统计报表上报工作。同时，各级人口计生部门按照各自职责，做好跨省流动人口计划生育信息协查与通报，及时将流动人口计划生育有关信息通过网络通报流动人口户籍地计生部门。组织开展流动人口动态监测调查和新生代流动人口专题调查，在总结近年来流动人口动态监测工作成效的基础上，组织专家学者科学论证，进一步扩大动态监测样本量，共调查2.3万份问卷，并组织各区县人口计生委利用调查数据，开展动态监测分析工作。12月，召开流动人口动态监测分析报告点评会，邀请专家对各区（县）的分析报告进行分析点评。

【深化流动人口计划生育区域协作】 各级人口计生部门主动加强与泛长三角各省以及流动人口主要来源地省（市）的联系，进一步完善区域协作制度，协调解决流动人口服务管理中遇到的各类问题。3月，市人口计生委与安徽省人口计生委共同召开流动人口计划生育工作交流座谈会，两省（市）就建立人口计生系统联系协调长效机制、加强信息化管理、证件办理、利益导向、社会抚养费征收、打击“两非”等7个方面的协作达成初步共识。5月，副市长赵雯率上海市人口计生工作考察团赴广东省学习考察。两省市就进一步加强人口工作，增进沪粤两地交流合作，共同推动流动人口计划生育区域“一盘棋”工作格局形成，引导人口有序迁移和合理分布，稳步推进流动人口基本公共服务均等化试点等方面内容进行了座谈交流，并就进一步加强信息沟通、政策协调，推进泛长三角与珠三角两大区域之间的人口计生工作联动发展，形成长效合作机制。此外，市人口计生委编印“泛长三角流动人口计划生育工作机构通讯录”，收录了泛长三角1.2万个乡（镇）、街道以上的流动人口计划生育工作机构的联系方式，为区域内各级人口计生部门加强日常联系协调提供了便利。

【开展流动人口课题研究】 市人口计生委联合市政府发展研究中心组织开展“上海推进流动人口基本公共服务均等化专题研究”课题，通过对上海流动人口基本公共服务均等化的现状进行梳理和评估，总结近年来流动人口基本公共服务取得的成效，分析存在的问题和困难及其成因，提出进一步推进流动人口基本公共服务均等化的对策措施。课题形成全市层面总报告1份和杨浦、闵行、宝山、松江区级层面的分析报告4份。6月起，受国家人口计生委的委托，市人口计生委组织开展“上海特大型城市人口规模调控课题”研究，深入分析特大型城市人口规模变动与经济社会发展之间的互动关系，对上海特大型城市人口规模调控的政策实施效果进行评估分析，研究提出合理调控特大城市人口规模的重要政策和举措。并承办2011年8月国家人口计生委在上海召开的“特大城市人口规模调控”课题研讨会。

【开展市内人户分离人员计划生育现居住地服务管理试点工作】 根据市政府关于开展户籍人户分离人员现居住地服务管理试点工作的统一要求，市人口计生委推进户籍人户分离人员计划生育现居住地服务管理试点工作。5～8月，市人口计生委先后制定下发《关于开展上海市户籍人员计划生育居住地服务和管理试点的实施方案》、《〈独生子女父母光荣证〉居住地办理办法（试行）》和《关于做好本市居住地向实行计划生育的育龄夫妻提供免费基本项目计划生育技术服务试点的通知》等文件，规定办理了居住登记的本市户籍人户分离人员，可以凭居住登记等材料在现居住地接受0～3岁早教咨询指导、享受免费基本项目计划生育技术服务和申领《独生子女父母光荣证》等多项计划生育现居住地服务事项，并明确各服务事项的工作流程和推进的时间结点。为配合户籍人户分离人员计划生育现居住地服务管理事项的落实，市人口计生委及时完成人口计生电子政务平台调整和改造工作。同时，市人口计生委指导杨浦、宝山和嘉定3个试点区人口计生委做好试点宣传发动工作，利用有线电视、报纸等媒体，宣传与居住登记挂钩的配套政策服务事项；3个区人口计生委分别制定下发试点实施意见，提出推进试点工作的具体要求，并根据各区的实际，在确保落实市人口计生委统一规定的试点服务项目外，增加试点项目。（王　兵）

国际交流与合作

【概述】 2011年，上海人口计生系统不断加强人口计生领域的国际交流与合作，积极借鉴国际先进理念和成功经验，推动人口计生工作改革和创新，探索统筹解决上海特大型城市人口问题的新路子，在全国起到率先、示范和引领作用。

【对外交流与合作】 以外事促内事为原则，紧紧围绕人口计生工作重点，以“走出去，请进来”的发展战略，不断深化人口与发展领域的国际交流与合作。

1.2011 年，共组织办理 7 批 15 人赴英国、美国、瑞士、加拿大、新加坡等国家进行学习考察培训，借鉴国际社会在大城市人口管理和公共服务、少子老龄化下的社会政策、科学育儿等方面的经验。

2.2011 年 10 月 25 日，国家人口计生委在上海召开中国／联合国人口基金第七周期生殖健康／人口与发展项目选点考察座谈会，听取上海市及候选区的申报陈述。经国家人口计生委、联合国人口基金商议决定，选取上海市黄浦区人口计生委、闵行区人口计生委为联合国第七周期生殖健康／人口与发展项目试点单位。

3. 积极参与国际社会在人口发展领域经验交流与合作。5 月 8 ～ 14 日，市人口计生委与上海社会科学院、日本老龄化综合研究中心联合举办第 17 届东亚地区人口老龄化专家会议。市人口计生委主任谢玲丽在会上就积极探索建立“低龄老人”为“高龄老人“服务的体制和机制做专题报告。

4. 加拿大科学育儿国际合作项目基地积极与中外专家通力合作、开展研究，编制了《0 ～ 3 岁婴幼儿科学育儿入户指导体系与标准》、《0 ～ 6 个月婴儿父母指导手册》等资料，并创办了内刊杂志《国际儿童早期发展》。

5.12 月 13 日，市人口计生委与上海人口与发展研究院、上海市人口早期发展协会联合举办了“社区与儿童早期发展国际学术交流会”。加拿大 UBC 大学早教研究所、世界卫生组织的著名儿童早期发展专家奇芭 · 瓦格赫丽博士，新加坡迈杰思早教集团创办人詹富安博士，国际著名作家、教育专家布莱恩 · 卡斯威尔博士参加大会并作了发言。

【对外宣传】 1. 进一步做好对外宣传工作阵地建设，以全市建立的 36 个人口计生对外宣传窗口为基础，围绕全市人口计生工作内容，开展“家庭计划指导”等特色工作对外宣传窗口创建工作。同时，为进一步提高全市人口计生干部对外宣传应对能力，组织开展“2011 年度上海市人口计生系统外宣工作培训班”、“上海市人口计生系统领导干部新闻媒体沟通技巧培训班”和“市人口计生系统对外宣传窗口示范点外事培训”等多层次广覆盖的外宣培训。培训班邀请上海市政府新闻办有关领导与相关专家，采用专题讲座与模拟演练的形式，对全市人口计生系统领导干部就如何做好外宣工作、应对突发事件等内容进行了培训。

2.2011 年，共接待 8 批 42 人次来自德国、瑞士、荷兰、日本、美国、联合国等国家和机构的专家、官员、记者来沪就老龄化问题、流动人口管理、生殖健康服务、科学育儿工作等内容进行参观考察与采访。

3.11 月 15 日，市人口计生委、市政府外办联合召开 2010 年度上海市人口和计划生育情况驻沪领馆通报会，这是连续第 8 年以开放务实的姿态、主动向国际社会宣传上海人口发展情况，加强人口计生领域的国际交流与合作。市人口计生委主任谢玲丽通报有关数据和工作情况，来自美国、法国、德国、乌拉圭、保加利亚、芬兰、新加坡、日本等近 20 个国家的驻沪领馆官员出席会议。驻沪领馆官员在谢玲丽等陪同下，考察徐汇区人口和家庭计划指导服务中心内的宝宝乐教育活动中心、银龄活动室、优韵沙龙、青春驿站、来沪人员宣传培训中心等。官员们对徐汇区以及上海市以家庭为基础，提供人性化的社会公共服务，满足市民和家庭需求，从源头上提高人口素质和增进家庭幸福，给予充分肯定和高度评价。 （宗　敏）

六、市人口和计划生育委员会直属单位

上海人口和计划生育宣传教育中心

【概述】 2011年，上海人口和计划生育宣传教育中心围绕国家和上海市人口计生委工作重点，克服由于办公大楼维修搬迁至临时办公地点的诸多困难，坚持问题导向、需求导向和项目导向，落实“三找三定”，夯实工作基础，完善内部管理制度，切实履行公共服务职能。

【深化事业单位改革】 （1）根据上级文件改革精神和中心实际情况，对中心以往文件进行梳理，及时进行立、改、废，修订《员工手册》。（2）启动上海吉轩广告广播有限公司及上海市现代家庭计划咨询服务中心浦兴街道分部的注销工作，强化中心公益属性。（3）按照上级文件要求制订《宣教中心岗位设置方案》、《宣教中心岗位设置实施方案》、《关于专业技术职务聘任的实施意见（试行）》等文件，坚持公平公正公开的原则，完成首次事业单位岗位设置和聘任工作。（4）按照财政改革要求，做好账目设置、预算资金管理和经营性收支报备，规范财务会计处理、出租出借收入纳入国库账户统一管理、财政统一收据的使用；办理财政零余额账户并开设专用存款账户，合理安排好各账号内资金；以项目为基础，进一步加强预算管理，提高预算执行水平，科学理财，发挥资金的最大效力。（5）强调项目的科学性和可行性，提前2012年财政项目运作周期，加强前期文本的编辑和审查，实现与财政预算编制上报工作的衔接；注重项目启动调研，注重跨部门合作，注重发挥中心自有的作词、作曲、美工、编辑等人才资源的作用，注重强化各级人员预算和合理使用经费的意识、进度和效率意识、跨部门团结协作意识。中心鼓励专业技术人员在财政项目申报时打破部门界限，利用其他部门相关专业人员的力量，整合中心人员和设备力量，促进资源的有效利用和专业技术人员综合素质的整体提高。2011年，共有7个项目涉及跨部门协作合力创作。

【建设学习型中心】 （1）中心党总支、各支部带头把学习与工作实际进行结合，深入开展调查研究和“凝聚力工程”活动，听取各方意见，形成《中层干部任期的调研报告》、《怎样做好项目的预算》、《中心是否要设经济指标》3篇调研报告在党员大会上进行交流，统一认识。（2）落实学分管理，加强专业技术培训。在办公条件简陋、人员分散的情况下，坚持创建学习型中心、学习型部门，有针对性地合理开设业务学习课程，强调授课人备课质量，特别是针对平面设计、文图宣传品制作的相对减少，加强专业技术人员转型再培训。组织中心层面业务学习9次，部门内业务学习38次。组织外派学习8批21人次，并开展学后交流，促进学习消化和共同进步。（3）采取激励措施，鼓励职工加强业务自学。中心投入一定资金，购置读书卡，鼓励职工购买与业务和管理工作相关的书籍业余自学，并采取定期上交学习小结和交流的形式，跟踪了解职工学习情况，促进职工自身业务能力和管理能力的提高。中心职工购买专业和管理书籍80人次。

【重点业务工作】 （1）强化质量意识，完成市人口计生委《0～3岁婴幼儿科学育儿入户指导手册》、《上海市社区0～3婴幼儿启蒙服务指南》等科普图书制作；为市人口计生委门户网站采集、编辑和制作视频信息16条，配合做好人口计生系统新闻摄影摄像工作；完成20小时市党员干部现代远程教育平台在线教学资源选材、整理和制作以及宣传栏、会议背景板、展板的设计、制作和安装。（2）围绕上海市人口计生事业“十二五”规划，宣传有关政策，提供相应业务指导服务，普及科学知识，开展重点培训。制作《家庭全程计划》、《少女私房日记》等图书，《公益海报》、《好孕一起来》挂图配套动漫片，合计免费发放5万本（套）到各区县；制作科普片《优生ing》，纪录片《我们的新相亲时代》、《见证幸福》，电视短剧《夕阳红了的时候》、多媒体光盘《新阳光宝贝》以及公益宣传片《弘扬人口文化 促进家庭幸福》，合计免费发放7500盘到各区县；按期完成区县有线电视栏目、《生殖健康墙报》、《宣传员之友》和《健康人生》广播栏目等固定平台项目的宣传内容制作，开设4期宣教技能培训班、4期“青苹果之家”活动、30场免费科普知识讲座；全市100多台中国人口大观触摸屏全面维护更新2次，并对《中国人口大观》多媒体触摸屏进行了常规的硬件维护，完成中心多媒体网络平台的一期建设。

【为基层服务】 （1）发挥专业技术人才优势，利用高端视听制作设备、设施及现代传媒技术手段，克服制作数量大、时间紧、周期相对集中等困难，加班加点，全年为普陀区、嘉定区、静安区等11个区县制作个性化专题片14部。（2）配合市人口计生委“三下乡”活动，为闵行、宝山、嘉定等9个区县配送光盘、折页、读本等宣传品1800本(套)。中心“参与‘新家庭文化屋建设’宣传品配送”项目，在2011年度上海市文化科技卫生“三下乡”活动中荣获优秀项目奖。

【大楼维修工程】 （1）在2010年正式启动、完成工程设计招标、工程图纸设计的基础上，委托市采购中心组织实施维修工程施工招投标，发挥造价咨询公司和中心法律顾问的作用，做好采购需求表的报送、工程量清单的编制、招标文件的修改发布以及现场勘查、开标评标等各项工作，委托代理施工监理招标，最后选定施工单位和施工监理单位。（2）根据《高层民用建筑设计防火规范》的要求，在取得消防部门对新增安全出口方案的认可后，组织设计单位完成大楼敞开式消防楼梯设计和原设计图纸调整，同时做好与相关单位的协调工作，拆除大楼周边违章建筑，申办规划许可证，为工程施工做好准备。

【党建和精神文明建设】 （1）按照新版《上海市精神文明创建工作标准》的要求，做好文明单位预申报工作，推进社区文明共建。中心党总支获2011年南京西路社区“党建零距离”社区贡献奖。（2）发挥中心党工团组织作用，参加市人口计生委举办的建党90周年“唱党歌”文艺汇演，组织开展《中共党史简明读本》学习，组织“党在我心中”党史知识竞赛和书面答题，参观南西街道书画展，参观上海市委组织的“永远跟党走”大型展览，组织全体党员观看电影《建党伟业》。（3）完成第五届工会委员会换届选举；安排落实职工体检；举行中心羽毛球、保龄球比赛，增进员工之间的友情联络；员工自发为幸福工程捐款，踊跃参与义务献血。（4）春节期间走访慰问中心退休老同志，安排退休员工欢度重阳节、外出游览，看望生病住院的退休同志，并对生病住院的特别困难的退休人员家庭及时给予帮助。中心再次被评为2009～2010年度上海市第十五届文明单位，连续3届获此殊荣；同时还被评为“2010年度上海市平安单位”。

【获奖情况】 中心制作的系列短剧《新上海屋檐下》、电视片《印记—人类避孕史话》、广播节目《上海乡音》获第十四届中国人口文化奖（电视广播类）二等奖，广播节目《爱，没有距离》获第十四届中国人口文化奖（电视广播类）三等奖，《幸福之城》获第十四届中国人口文化奖（舞台艺术类）二等奖。

中心制作的广播节目《唤鸟人》获SMG“传媒人”奖一等奖、上海广播电视奖二等奖；纪录片《印记——人类避孕史话》、广播节目《唤鸟人》获上海市优秀科普作品（影视）提名奖；科普片《生命在延续》、《大朗镇的女儿们》获全国人口计生系统广播电视采风活动三等奖。

中心制作的纪实片《在水一方》中的《他乡故乡》一集经中国人口宣教中心改编成广播剧后在中央人民广播电台播出，另一集《生生不息》在中央党校远程教育教材中播出。（黄应龙）

上海市人口与发展研究中心

【概述】 上海市人口与发展研究中心成立于2003年5月，主要从事人口与发展战略、计划生育公共服务研究、婴幼儿心智教育研究；人口信息收集、分析、服务和政策评估；人口与计划生育干部岗位培训、国际交流合作、编辑出版、挂靠社团管理等业务活动。研究领域和工作业务涉及人口学、社会学、医学、环境经济学、计算机、图书信息等多门学科。

【科研工作】 （1）开展专项课题研究。包括：《上海新二元人口的融合测度与融合策略研究》、《国际视野下的儿童家庭指导体系及上海模式的建立》、《生育政策完善下的上海计生家庭公共服务新体系的构建》与《上海市外来人口分布变动监测及未来发展趋势研究》。4个课题已通过专家评审组审定。（2）承接社会课题。中心承接上海各级政府部门和各区县的科研课题10多项。其中政府部门课题包括上海市政府研究中心决策咨询（人口系列）课题《基于“六普”数据的上海人口发展态势、特征及新趋势研究》、《十二五时期上海流动人口发展特征与变化趋势预测专题研究》；上海市人口办的《上海城乡一体化背景下农业人口的发展与对策研究》；农工上海市委的《外来普通劳动者在沪长期居住趋势与对策研究》；上海市政府战略研究所的《上海市0～3岁流动儿童基本公共服务均等化对策研究》；上海市人口计生委的《上海市人口计生外事数据和名词手册》、《大城市人口调控政策走向分析——国际经验及对上海的启示》。区县课题：虹口区人口计生委的《虹口区新一轮婚育新风进万家活动实施方案》；闵行区人口计生委的《“十二五”闵行区0～3岁婴幼儿早期教育发展研究》；松江区人口计生委的《松江区人口增长与基层计划生育公共服务队伍建设》、《松江第六次人口普查人口计生专项研究》、《松江大型新社区的社会管理与服务问题及应对措施》、《松江区外来人口与产业发展变动研究》；长宁区人口计生委的《长宁区人口规模的发展、构成与趋势研究》、《长宁区2011年流动人口监测报告》、《长宁区人口计生队伍职业化建设的操作与规范》；青浦区人口计生委的《青浦区城乡独生子女父母老龄化现状与应对措施的研究》；奉贤区人口计生委的《奉贤区独生子女家庭养老保障的现状与对策》；奉贤区疾病控制中心的《奉贤区艾滋病防治健康促进评估》；浦东新区人口计生委的《浦东新区2011年流动人口动态监测报告》、《浦东新区计划生育公共服务需求调研》以及浦东新区潍坊街道人口计生办的《创新基层人口计生利益导向措施，服务社区计生家庭的探索》等科研项目和课题。（3）课题申报新突破。中心组织引导青年科研人员参与重点课题的申报和研究，参与申报国家及上海市社科基金课题的立项，王春兰获得国家社科基金资助课题1项。（4）开展课题调研和学术交流。组织研究人员赴嘉定区、虹口区、浦东新区等地进行基层调研，了解上海市基层人口计生工作的现状、问题与发展动向。参加国内学术交流活动：“中国社会学年会”（南昌），“中国老年学学会年会”（重庆），有关文章被评选为“优秀论文”。国家人发中心组织的2011年“全国人口与发展（信息）研究中心主任会议”（西安）。（5）加强青年科研人员培养。组织他们参与中心的业务培训，参加有关的专题讲座、研讨会等科研活动。参加中心组织的“家庭发展能力指标体系研讨会”、“上海计生家庭老龄化态势研讨会”、“上海城市发展新战略研讨会”。部门内部强化学术交流，相互学习。

开展课题研讨，召开课题策划研讨会，让课题组成员发表意见，汲取各家所长，听取专家指导，推动中心课题实施。(6) 配合政府部门做好第六次人口普查工作。中心委派 2 人到上海市第六次人口普查领导小组办公室参与人口普查工作，被上海市统计局和上海市第六次人口普查领导小组办公室授予“上海市第六次人口普查先进个人”荣誉称号。

【教育培训】 (1) 加强师资队伍建设。一是举办师资交流研讨会。年初，中心举办人口计生干部岗位培训师资交流研讨会，邀请外系统专家、市人口计生委有关处室的教师和人发中心科研教学骨干人员在内的所有培训师资，开展教学经验交流，研讨培训方法。二是推出青年师资。在发挥骨干教师丰富经验同时，注重青年教师的培养。每门培训课程，安排 A、B 角，以骨干教师带青年教师的形式，进行培训授课；青年教师通过教学观摩，汲取骨干教师的教学经验，提高教学水平。在“基层新进人员岗位培训班”授课中，加大青年教师的比例。(2) 做好教育培训工作。举办或承办“基层新进人员岗位培训班”、“助理社会工作师考前辅导培训班”、科技处“技术服务人员继续教育培训班”、“浦东新区‘新彩虹计划’启动仪式”、“上海市区（县）人口计生科技工作例会”、“松江区镇级人口计生专职干部培训班”、“上海市人口计生科技工作会议”、“浦东新区人口计生干部业务培训班”、“上海市居（村）委人口计生干部专业知识示范班”、“上海人口计生系统参加全国生殖健康咨询员职业考试考前培训班”，共计 16 批 1200 人次。(3) 加强培训宣传形象。一是规范培训认证记录证书。为规范人口计生干部初任培训和继续教育的培训认证记录，中心制作“上海市人口工作者岗位培训证书”，并在“基层新进人员岗位培训班”和“居（村）委人口计生干部专业知识示范班”中运用。二是树立中心培训宣传形象。制作《上海市人口与发展研究中心培训宣传手册》，以正规、图文并茂的形式展示中心培训课程与培训工作。在相关的培训和会议中，发放宣传手册，让更多相关人士了解中心的培训工作。

【早教服务】 (1)“母婴健康社区行”活动稳步开展。对“母婴健康社区行”活动内容和方式进行测试和调整，为规模化儿童早期发展探索更切实际、更具针对性的方法和手段。《母婴健康社区行专刊》首次融入了出生缺陷预防、自我评测和婴幼儿成长过程中的饮食、睡眠、语言、行为好习惯培养等内容，突出功能性和针对性，强化宝优网宣传。《专刊》发送近 2 万册，受益面扩展至新婚人群。宝优网的 2 期开发已初步完成。上半年在 18 个区县发放 1.2 万多套用于宝优网试运行的母婴健康服务卡。中心采用电话回访、电子邮件问卷等形式，先后对 441 名用户进行意见征询，为完善网站主体营运方向和核心功能、设计合理的网站架构、各栏目内容及可用性感受提出优化解决方案及技术对策。完成网站 3 个多月试运行阶段的《“宝优网”试运营阶段总结报告》。(2) 开展资格培训和婴幼儿养育测评。6 月受市人口计生委委托，面向全市各区县人口计生委，开展上海市育婴师证书五级和四级的培训，学员 180 余人。为贯彻执行市人口计生委关于开展“社区婴幼儿家庭养育测评及发育迟缓婴幼儿家庭干预项目试点”的工作要求，中心通过与至鼎健康咨询公司的合作，消化、吸收美国 ELAP 的先进技术，初步形成一整套适合上海婴幼儿发育的科学养育理论及服务体系。共对全市 18 个区县 1500 例 6 ~ 24 个月婴幼儿家庭，开展养育测评、家庭养育问题干预指导项目的工作。

【编辑出版】 (1) 编辑出版《人口信息》6 期,《性教育与生殖健康》4 期,《人口》4 期。《人口信息》的“本期关注”专栏邀请市人口计生委副主任孙常敏，华东师范大学王大犇、吴瑞君教授，复旦大学任远教授及上海市社科院周海旺研究员等专家学者就人口与计划生育的热点问题主持讨论；有近 20 位专家、学者就“关于上海市实施柔性延迟申领养老金政策引发的讨论”、“以家庭问题为抓手，统筹解决我国人口问题”、“为 2030 年以后国家人口格局的变化做好准备”等专题参与讨论。新开设的“人物访谈”栏目先后采访宝山区人口计生委主任王建、徐汇区人口计生委主任阎宗桂、杨浦区副区长吴乾渝、长宁区人口计生委主任张聆、奉贤区人口计生委主任周晓春和闵行区人口计生委主任李永珍。《性教育与生殖健康》以专题栏目为主打、常规性栏目和知识性栏目为支持的杂志编辑理念和形式，新增每期1篇的“刊首语”，邀请市人口计生委副主任、刊物顾问孙常敏围绕每期专题进行撰写，各位编委分别围绕“性伦理、性教育与性保健”、“今日亚洲的性教育”、“生殖健康咨询师”和“科学避孕，远离人流”等4个专题，组织超过10万字的科学性强、质量高、信息迅速全面、观点鲜明的文稿。知识性栏目“妇科病杂谈”以讲故事的形式将妇科常见病防治知识传播给读者。《人口》在栏目设计、内容及编排上进行改进和创新。《聚焦互联网》和《舆情动态》各出版12期，为市、区（县）人口计生委领导干部及时掌握人口计生重要信息和作出决策提供服务。（2）中心与复旦大学人口所、华东师范大学人口所、上海社会科学院人口所各举办1期“《人口》学术与学子沙龙”。

【党建和精神文明工作】 （1）学习胡锦涛总书记在中共中央政治局第二十八次集体学习时的有关人口计生工作的重要讲话；学习胡锦涛同志关于向杨善洲同志学习的重要指示、党的群众工作的有关路线方针政策以及领导干部廉洁从政的有关制度规定；学习《中国共产党党员领导干部廉洁从政若干准则》、《〈中国共产党党员领导干部廉洁从政若干准则〉实施办法》和《关于党员领导干部报告个人有关事项的规定》等党纪条规；组织党员收看胡锦涛总书记在建党90周年大会上的讲话并学习。参加市人口计生委系统庆祝建党90周年文艺汇演活动。（2）各部门负责人签订党风廉政建设责任书；制定中心创建“2011～2012年度市级机关文明单位”的规划；召开中心领导班子民主生活会。（3）走访慰问退休、生病在家休养和生活困难的职工，并送上补助金。（4）完成市人口计生系统接待任务。全年会场接待系统内外团体324批，人数15088人次（其中市计生系统内部187批，8418人次）。

【获奖情况】 荣获上海市“2009～2010年度市级机关文明单位”称号。（刘瑢源子）

上海市计划生育药具管理中心

【概述】 2011年，上海市计划生育药具管理中心以组织实施上海市计划生育药具优得工程为主线，强化优势、分层推进、突出重点、夯实基础，推动新时期全市计生药具工作机制和方法的转变。

【召开2011年全市计生药具工作会议】 4月20日，市人口计生委召开2011年上海市计划生育药具工作会议。市人口计生委主任谢玲丽出席会议并讲话，对今后工作提出两点意见。一是牢牢把握“十二五”的发展机遇，坚持不懈地推进计生药具事业向前发展。二是以实施计划生育药具优得工程为抓手，推动上海计划生育药具工作实现新的跨越，重点抓好6个方面的工作：（1）进一步理顺和优化药具管理体制，强化公共服务职能；（2）科学编制年度计划生育药具需求计划，优化药具产品需求结构；（3）加强免费药具主渠道建设，优化药具公共服务网络和供应载体；（4）深入推进药具管理和服务的标准化、规范化和信息化建设，优化药具工作机制；（5）不断优化药具宣传、咨询、指导，提升药具服务水平；（6）加强人才保障机制建设，确保药具事业持续健康稳定发展。

【计生药具优得工程纳入《上海市人口和计划生育事业发展“十二五”规划》】 市人口计生委4月下发《关于实施上海市计划生育药具优得工程的意见》，对“十二五”期间上海药具工作实现新一轮的跨越做出了全面规划和部署，把实施药具优得工程纳入全市人口计生工作目标管理责任制考核范围。11月，上海市政府下发《上海市人口和计划生育事业发展“十二五”规划》，明确提出要推进计划生育优质服务提质提速，实施免费避孕药具优得工程。

【完成上海市计划生育药具管理中心岗位设置工作】 3月，上海市计划生育药具管理中心岗位设置方案得到市人力资源和社会保障局核准，同意确定上海市计划生育药具管理中心是以管理岗位为主的事业单位。设置岗位总量33人，其中，管理岗位33人。

**【开展全市计生免费药具发放点规范管理工作检

查】 上海市计划生育药具管理中心下发《关于对全市计生免费药具发放点开展规范管理工作检查的通知》，首次将居（村）委级药具规范管理工作作为重点项目，通过实地检查、听取汇报、查阅相关规章制度文件、查看仓储建设、结果反馈，进一步强化最基层药具服务和管理水平，使全市居（村）委能够做到，药具宣传服务到位，出样规范，品种齐全，有收发存台账、有用药人员跟踪随访记录。

【举办药具工作岗位新上岗人员及师资人员培训班】 为加强全市计生药具职业队伍建设，提高药具工作岗位新上岗人员药具基本理论、基本知识与基本技能水平，强化各区、县药具培训师资人员能力，上海市计划生育药具管理中心举办“2011年药具工作岗位新上岗人员及师资人员培训班”。培训班课程包括药具质量、发放管理和服务，财务管理规范，药具信息系统操作，避孕节育方法知情选择，性与生殖健康综合咨询等内容。全市18个区、县及所属各街道、乡、镇的药具工作者和上海市计划生育药具管理中心近年新进人员，共138人参加培训，并进行书面考核。

【3个区成为全国第一批计划生育药具发放服务监测哨点试点单位】 经国家人口计生委药具管理中心研究确定，上海市宝山区、闵行区、松江区被确定为全国第一批计划生育药具发放服务监测哨点的试点单位，设置监测哨点6个。开展计划生育药具发放服务监测哨点试点工作。各监测哨点试点工作通过架构网络监测系统平台、布点安装自助发放设备，实现对监测哨点领药人员的信息采集、发放设备存货情况的实时监控等功能，不仅能有效地为计生药具管理工作提供准确、及时的数据信息支持，也成为实践计生药具“优得工程”的一项新举措。

【提高药具质量监管】 2011年，上海市计划生育药具管理中心进一步强化药具质量日常的科学监管，采取4项措施切实提高管理水平。一是进一步加强近效期计生免费药品管理；二是规范不合格计生免费药具报损、销毁处理流程；三是加强对流通环节的质量抽检，完成上海市及周边省市近60个批次抽样任务；四是严格规范药具计划编制、执行，强化药具的批号管理，避免造成库存药品的积压浪费。继续开展“计划生育药具安全储存”冷藏柜配备项目，已有15个区（县）的街道（镇乡）提前完成药具阴凉库建设（其余2区将在2012年全面建成），切实改善街道（镇乡）级药品储存条件。

【免费避孕药具订购和发放】 根据国家核定的药具专项经费，共订购口服短效及注射避孕药、外用药、宫内节育器、避孕套等4大类30余种避孕药具。2011年，全市免费发放避孕药具金额1299万元。

【获奖情况】 上海市计划生育药具管理中心被评为上海市市级机关系统第十五届（2009～2010年度）文明单位。上海市计划生育药具管理中心第一党支部被评为上海市人口计生系统先进基层党组织。《上海市计划生育药具优得模式研究》，在国家人口计生委药具管理中心组织的“促进城市药具免费发放服务现代化”主题征文活动中荣获二等奖。唐文娟被授予2009～2010年度上海市三八红旗手荣誉称号。茅伟民被评为上海市人口计划生育委员系统优秀共产党员。王国华被评为2008～2010年度上海市环境保护先进个人。

【成立“上海市计划生育药具技术指导和咨询服务中心”】 2011年7月，上海市计划生育药具管理中心与上海市计划生育科研所共同筹建的“上海市计划生育药具技术指导和咨询服务中心”正式挂牌成立。依托上海市计划生育科研所下属上海计生所医院资源，门诊咨询服务项目包括各类避孕方法选择指导，生殖健康、家庭计划、优生优育等多方位的咨询服务，及避孕药具免费发放与新型药具的推广使用。著名妇产科、计划生育专家程利南教授每周三下午坐诊，同时开通服务热线021-64168866。

【开通“免费计生药具小天使”微博】 2月，上海市计划生育药具管理中心在新浪和网易开通“免费计生药具小天使”微博，通过与群众的网络直接互动，扩大对外宣传的辐射面，多渠道、多角度、以群众容易接受的形式，全面树立和展示出大都市免费药具和药具公共服务品牌和形象。

【上海计划生育药具供应站】 2011年，上海计划生育药具供应站根据国家人口计生委药具管理中心下达的年度免费计生药具计划，收购、调拨、储存上海地区相关生产企业的免费计生药具产品共计275.7万元，发送至全国31个省、市、自治区和5个计划单列市，以及新疆生产建设兵团和全国206个地市级的计划生育药具管理部门。在全面完成国家下达的药具计划管理任务的同时，进一步做好全市人口计生系统公共服务产品的储运管理服务工作：一是继续做好全市免费计生药具储运管理服务工作；二是完成徐汇等9个区中的127个街（镇）计生药具管理部门的免费计生药具集中配送管理服务工作，共计配送76车次，10812箱避孕套及药具，总价值近1000多万余元；三是完成市人口计生委相关处室《婚育证明》、《宣传员之友》、福利彩票等证照、宣传资料及计生用品的保管、分发配送管理服务工作等。2011年，上海计划生育药具供应站进一步加强安全保卫、食品卫生、环境卫生、防火防灾、经费开支等日常管理工作，全年无一例安全事故。被嘉定镇人民政府评为“义务劳动流动红旗单位”称号。

（夏文荣）

七、社会团体

上海市计划生育协会

【概述】 2011年，市计生协以胡锦涛总书记关于“加强和创新社会管理做好新形势下群众工作”的讲话精神和中计协七代会精神为指针，按照《中国计划生育协会章程》提出的任务、要求，围绕生育关怀行动、流动人口计生协建设、人口计生基层群众自治三大主攻方向，加强宣传倡导，力求深化细化，各项工作取得新的进展和成效。

宣传倡导取得重要进展 一是召开区县计生协会长座谈会，学习胡锦涛总书记在中央政治局第二十八次集体学习时的重要讲话精神，贯彻落实全国计划生育协会工作座谈会精神，统一思想，提高认识，为进一步加强各级计生协组织建设、能力建设和文化建设，开创工作新局面，实现工作新发展提供支撑和保证。二是组织区县计生协常务副会长、秘书长进行专题培训，专题学习、贯彻落实中国计生协“七代会”精神和《中国计划生育协会章程》，把思想和行动统一到中国计生协“七代会”提出的目标和任务上来。三是举办“我为国策添光彩、我为事业做贡献、我为协会尽责任”主题摄影展，充分展示全市各级计生协在协助政府统筹解决人口问题、促进人口长期均衡发展中所取得的成绩，生动反映各级计生协在动员和组织广大群众参与人口发展、生殖健康、计划生育和家庭保健中的人物和事件，以及广大会员、志愿者勇于拼搏、爱岗敬业、无私奉献的精神风貌。四是市计生协秘书处人员参公、经费预算、办公用房租赁等工作稳步推进，进展顺利，秘书处人员队伍得到进一步加强。五是按照“服务好中心任务、服务好群众、搞好自身建设”的目标要求，组织开展“新形势下计生协会职能转变与品牌发展模式研究”课题，就市计生协由社会团体转变为群众团体后的职能定位提出对策、建议，被列入“市人口计生政策创新与专项课题”。

惠民工程得到持续发展 一是与市人口计生委联手开展市人口计生系统2011年元旦春节帮困送温暖工作。元旦春节期间，全市人口计生系统走访、慰问独生子女死亡、伤残困难家庭，基层人口计生干部困难家庭，奋战在世博安保第一线的武警、警备区计划生育困难家庭以及计划生育手术后遗症家庭6000多户，赠送慰问品及慰问金约450万元。二是组织各区县协会积极认购“关爱家庭，祝您好‘孕’”扶助独生子女困难家庭人口计生专题福利彩票，为筹集独生子女困难家庭扶助资金提供保证。全年支出市级扶助资金18.32万元，支出区县扶助资金16.88万元，争取市慈善基金会配套资金19.2万元，扶助独生子女死亡、伤残、大病困难家庭126户。三是开展幸福工程救助贫困母亲行动，举行市人口计生系统“幸福工程”捐款仪式，营造全社会关爱贫困母亲的良好氛围，全年募集幸福工程捐款179.88万元。继续开展幸福工程异地援助活动，先后在江西抚州、西藏日喀则、甘肃定西、黑龙江牡丹江援助建立4个幸福工程项目，援助资金130万元，帮扶366位贫困母亲参加项目生产，劳动脱贫，为促进当地的经济建设和社会发展，减少贫困人口，贡献上海绵薄之力，被市委、市政府授予“上海市对口支援都江堰市灾后重建突出贡献集体”称号。四是在2010年6个区开展“独生子女空巢老人关爱项目”基础上，在全市开展“独生子女家庭“空巢”老人生活状况调查”，了解掌握本市独生子女“空巢”老人的基本情况和需求，逐步建立“协会牵头、多方合作、社区服务、群众参与”的独生子女空巢老人长效关怀机制，使之成为全市人口计生系统有影响力的社会公益品牌。五是召开全市独生子女保险计划工作总结暨推进会，对本市独生子女保险计划3年工作进行总结，就下阶段独生子女保险计划推进工作进行动员部署，力争将计划生育保险工作做成一项花小钱、办大事的民心工程、惠民工程。全年，全市投保7.44万户，保费44.65万元。理赔127例，理赔金额67.79万元。

重点工作有序推进　一是召开生育关怀项目推进会，总结回顾5年来全市生育关怀行动，推进生育关怀项目成果转化为日常工作，形成制度化长效机制。同时，围绕人口计生重点工作实施和运作生育关怀项目，继续与区县协会联手，进一步深化关爱独生子女空巢老人、关怀基层人口计生工作者、流动人口协会能力建设项目活动，以项目带动和提升协会服务能力，推进人口计生重点工作。二是抓好全市首批50个国家级人口计生基层群众自治示范点的巩固、完善和提高。认真做好第二批国家级人口计生基层群众自治示范点的培育和推选，会同委政法处对宝山区罗店镇四方村、闵行区七宝镇友谊村、浦东新区康桥镇美林居委、奉贤区柘林镇新塘村和崇明县港西镇北双村5个示范点进行调研评估，提出指导意见。三是与市人口计生委联合出台《关于进一步全面推进诚信计生和人口计生基层群众自治工作的实施意见》，联合召开上海市诚信计生和人口计生基层群众自治工作推进会，提出以依法行政为主线，以依法落实人口计生奖励政策、建立健全监督机制为抓手，广泛发动群众积极参与，切实维护群众合法权益，不断增强工作凝聚力和生命力。四是把“生育关怀——青春健康”列入常规化工作，推进青春健康项目理念可持续发展。《生育关怀——青春健康工作五年规划》实施工作中期评估得到中计协专家充分肯定。市计生协常务副会长谢玲丽在中计协七届二次全国理事会上作“坚持计生协发展战略，推动‘生育关怀－青春健康’蓬勃发展”交流发言；秘书长段锦宏、上海大学青春健康同伴教育骨干史贝裔在中计协“生育关怀—青春健康工作五年规划”中期评估总结暨拓展会上，分别作“推进青春健康教育工作台可持续发展”、“加强青年人——成年人合作，促进青年参与”发言。五是对全市流动人口计生协基础情况进行调查统计，为进一步促进流动人口计生协组织建设和工作覆盖提供依据。以项目为抓手，有计划地对流动人口理事、会员骨干进行业务培训，为流动人口提供青春健康教育和开展计生宣传培训，鼓励和支持流动人口参加现居住地计划生育协会组织，促进流动人口计划生育自我管理、自我服务、自我教育、自我监督。六是参与市文明办、市志愿者协会组织的全市性“关爱农民工志愿服务行动”志愿者服务活动。指导区县计生协依托市志愿者管理系统平台，对1.8万名网上注册计生志愿者进行梳理、确认，为进一步规范计生志愿者队伍提供基础。

【召开五届九次常务理事会】　1月7日，召开市计生协五届九次常务理事会，学习传达中国计生协第七次全国会员代表大会暨先进表彰会精神，听取审议市计生协2011年工作要点及筹备召开市计生协第六次会员代表大会工作情况汇报。全国政协常委、会长左焕琛主持会议，市人口计生委主任、常务副会长谢玲丽，市人口计生委巡视员、副会长夏毅等全体常务理事出席会议。左焕琛指出，多年来，市计生协在市委、市政府领导下，围绕中心，服务大局，各项重点工作取得突破性进展，整体工作水平不断提高，社会影响不断扩大。2011年是“十二五”

时期开局之年，市计生协要坚持科学发展这一主题，围绕“创新驱动、转型发展”，以贯彻落实计划生育基本国策为中心任务，按照李克强副总理提出的“服务中心、服务群众、加强自身建设”要求，积极做好市计生协换届工作，进一步开拓创新，推动重点工作取得新突破，特色活动拓展新空间，各方资源实现新整合，不断开创协会工作新局面。

【考察闵行区计生协工作】 1月10日，全国政协常委、会长左焕琛一行到闵行区计生协考察工作，听取区计生协会长叶焕聪、区计生协常务副会长宋梅立介绍工作情况，参观区计划生育服务中心、指导中心对外服务和咨询室、0～3岁早教点、区计生协与英国儿童救助会合作国际项目点颛桥镇华星小学及马桥镇计生协“学圣贤文化，育忠孝儿郎——让游子的心在马桥安家”项目点。市计生协副会长周剑萍、沈龙英，闵行区副区长杨德妹等陪同考察。左焕琛对闵行区计生协创新工作思路，积极引进、整合社会资源，拓展服务内容，不断提高工作能力和工作水平给予肯定，对下一步深入开展人口计生优质服务，推进“关怀来沪务工人员子女健康促进国际项目”等工作提出指导意见。

【赴厦门市计生协学习考察】 3月21日，全国政协常委、会长左焕琛带队，组织区县计生协常务副会长赴厦门市计生协学习考察。市人口计生委巡视员、副会长夏毅及区县计生协有关人员随同学习考察。厦门市计生协会长蔡景祥、副会长吴再阳向考察团成员介绍厦门市计生协“入序”和“参公”管理、基层组织建设、参与流动人口计生管理服务等工作的思路、做法和体会。双方就健全基层计生协组织、会员小组运作模式，更好发挥计生协在流动人口计生管理服务中的作用等内容进行交流。

【区县常务副会长专题培训】 3月22～24日，组织区县计生协常务副会长专题培训，学习胡锦涛总书记关于“加强和创新社会管理做好新形势下群众工作”的讲话精神，传达和学习国务院副总理李克强、中国计生协会长王刚在中国计生协“七代会”上的讲话和大会精神，部署市计生协2011年重点工作。会长左焕琛出席培训并讲话，市人口计生委巡视员、副会长夏毅主持培训会。左焕琛强调，一要统一思想，按照胡锦涛总书记的“八条意见”、李克强副总理和王刚会长讲话要求，结合上海计生协实际工作，重点在协调社会关系、规范社会行为、化解社会矛盾、维护社会稳定上下功夫；二要加强学习，带动各级计生协对新形势、新知识、新事物的学习，增强做好计生协工作责任感、使命感和工作能力；三要按章办事，按照《章程》做好市、区县计生协的换届工作，进一步促进计生协工作制度化、规范化建设。

【中国计生协来沪调研“生育关怀——青春健康”工作】 4月26～28日，中国计生协国际合作部部长洪苹一行来沪调研“生育关怀——青春健康”工作。在听取市计生协近年来推进青春健康工作常态化汇报，考察杨浦区计生协“阳光同伴俱乐部”、闸北区计生协“青苹果俱乐部”后，洪苹肯定上海市计生协将青春健康工作与服务流动人口、加强基层建设、关爱独生子女群体健康成长相结合的思路与实践，以及因地制宜培育青春健康宣传阵地的成效与经验。希望上海计生协通过完善青年参与机制，积极发挥青年人的热情与智慧，共同推进青春健康工作新发展；通过加强阵地建设，通过建立宣传、培训、咨询、服务、娱乐、转介等环节，增加与青年人的互动渠道；通过增强计生协品牌意识，在与有关部门、机构、企业的合作中提升计生协自身开展青春健康工作的能力。调研期间，市人口计生委主任、常务副会长谢玲丽，市人口计生委巡视员、副会长夏毅就相关工作与洪苹交换意见。

【召开生育关怀项目推进会暨幸福工程捐款仪式】 5月5日，召开生育关怀项目推进会暨幸福工程捐款仪式。全国政协常委、会长左焕琛出席会议并讲话，市人口计生委巡视员、市计生协副会长夏毅主持会议。副会长周剑萍，市人口计生委机关各处室、委属单位负责人及各区县计生协常务副会长、秘书长参加会议。会上，举行市人口计生系统“幸福工程”捐款仪式，秘书长段锦宏就2006年以来全市开展生育关怀项目及幸福工程工作进行汇报，长宁、徐汇、松江、宝山4个区分别从开展生育关怀项目和幸福工程募捐、幸福工程项目等不同侧面作经验交流，副会长沈龙英代表市计生协先后与“独生子女空巢老人关爱”、“促进流动人口计生协会能力建设”、“基层人口计生工作者关爱”3个项目区县代表签约。左焕琛要求全市各级计生协认真贯彻胡锦涛总书记关于人口工作重要讲话精神，进一步统一思想，准确把握协会职能定位和工作重点。以项目化运作为抓手，逐步完善“专项扶助、幸福工程、生育关怀、保险计划”四位一体计划生育困难家庭救助模式，发挥市、区合作项目的典型示范作用，推动生育关怀行动深入开展，着力打造具有上海特色的服务品牌，为促进人口计生工作发展及和谐社会构建做出更大贡献。

【开展“弘扬延安精神 坚定理想信念”主题活动】 5月9～13日，组织区县秘书长一行18人，赴延安开展“弘扬延安精神 坚定理想信念”参观、培训，专题学习胡锦涛总书记关于人口工作的重要讲话精神，讲解《中国计划生育协会章程》，纪念中国共产党建党90周年，落实中国计生协提出的“我为国策添光彩、我为事业做贡献、我为协会尽责任”主题活动要求。

【召开区县计生协会长座谈会】 6月28日，召开区县计划生育协会会长座谈会，贯彻落实全国计划生育协会工作座谈会精神，统一思想，提高认识，进一步加强计生协的组织建设、能力建设和文化建设，开创工作新局面，实现工作新发展。全国政协常委、会长左焕琛，市人口计生委主任、常务副会长谢玲丽出席会议并讲话，市人口计生委巡视员、副会长夏毅主持会议。左焕琛肯定近年来全市各级计生协围绕经济社会和改革发展大局，以落实计划生育基本国策为中心任务，在生育关怀行动、流动人口协会建设、幸福工程、青春健康教育、志愿者服务、对外交流合作等方面形成自身特色，成效显著。对新形势下进一步做好计生协工作提出三点要求：一是深刻领会全国计划生育协会座谈会精神，正确把握计生协工作新的发展战略机遇期，着力推进上海计生协工作实现新的跨越；二是认真总结计生协工作经验与优势，进一步加强对计生协的宣传和倡导，积极争取党政领导的重视支持，不断提升计生协的影响力和带动力；三是全面落实新时期计生协工作重点工作，切实研究解决计生协发展面临的实际问题，切实加强计生协领导班子和理事会、会员和志愿者队伍、团队文化建设，努力把计生协建设成为勇于开拓创新、富有朝气活力、具有社会影响力的群团组织。各区县计生协会长结合本区实际情况，围绕新时期计生协工作面临的新形势新任务，进一步创新计生协工作方法和思路等内容进行座谈。各区县计生协常务副会长，区县人口计生委主任、党组书记，市人口计生委相关处室负责人列席会议。

【召开区县秘书长工作会议】 7月21日，召开全市区县计生协秘书长会议。区县计生协秘书长交流2011年上半年工作情况和下半年工作计划。会议就下半年重点工作进行部署并提出要求：一是要紧抓机遇，乘势而上，认真学习胡锦涛总书记重要讲话精神，贯彻落实全国计生协工作座谈会精神，把握计生协发展的新机遇，推进工作实现新提升；二是要真抓实干，突出成效，进一步巩固与发展基层组织建设，创新群众活动形式，着重做好基层群众自治、流动人口协会建设、生育关怀项目等三项重点工作，不断扩大计生协的影响力；三是要承上启下，开拓创新，确保2011年工作任务完成的同时，规划安排好2012年工作，力争在组织建设、专业培训、对外宣传、合作交流等工作上有新的突破和提高。

【召开上海市诚信计生暨人口计生基层群众自治工作推进会】 7月28日，与市人口计生委联合召开上海市诚信计生暨人口计生基层群众自治工作推进会。会议传达全国诚信计生暨人口计生基层群众自治工作座谈会精神，就市人口计生委、市计生协《关于进一步全面推进诚信计生和人口计生基层群众自治工作的实施意见（讨论稿）》进行解读说明，金山区、虹口区、静安区进行工作经验交流。与会人员围绕上海加快创新人口计生工作体制和手段方法，强化诚信道德、强化服务意识、强化制度建设、强化群众自治进行讨论。会议要求，上海诚信计生和人口计生基层群众自治工作要按照国家有关要求，以依法行政为主线，以依法落实人口计生奖励政策、建立健全监督机制为抓手，广泛发动群众积极参与，切实维护群众合法权益，不断增强工作的凝聚力和生命力。全市各级人口计生部门要统一思想、准确理解、提高认识、增强干劲；要重在理念推广，落脚在群众自治建设，进一步塑造人口计生基层工作新形象；要按照国家精神，结合上海实际，注重区县特点，创造性地开展和推进诚信计生和人口计生基层群众自治工作。各区县人口计生委分管领导、政策法规科科长、计生协秘书长，市人口计生委政法处、市计生协秘书处有关人员60多人参加会议。

【建立江西省资溪县幸福工程援助项目】 8月16日，在江西省资溪县举行上海市计生协援助江西建立幸福工程项目签约仪式。全国政协常委、会长左焕琛，副会长周剑萍、沈龙英，江西省计生协常务副会长朱菊芳，抚州市副市长黄赛荣，资溪县县委书记徐国义等出席会议。上海市计生协、江西省计生协、抚州市计生协、资溪县计生协四方共同签署幸福工程项目协议书。签约仪式后，江西省计生协会长孙用和及抚州市、资溪县有关领导陪同左焕琛一行，考察资溪县嵩市镇白茶基地幸福工程项目点。此次签约的幸福工程项目是上海市计生协自2005年以来，在江西省援助建立的5个幸福工程项目，援助项目资金30万元，以公司+基地+贫困母亲的模式，带动150位贫困母亲参加白茶种植劳动，实现脱贫致富。

【举办“三为”主题摄影展】 8月31日，在宝山区国际民间艺术博览馆举行“我为国策添光彩、我为事业做贡献、我为协会尽责任”主题摄影展开幕式。全国政协常委、会长左焕琛宣布摄影展开幕，市人口计生委主任、常务副会长谢玲丽宣读摄影展获奖名单，市人口计生委巡视员、副会长夏毅主持开幕式，宝山区副区长李原致辞，宝山区计生协会长顾佳德出席开幕式。主题摄影展旨在贯彻落实中国计生协关于加强协会特色文化建设的要求，充分展示全市计生协在协助政府统筹解决人口问题、促进人口长期均衡发展中所取得的成绩，生动反映各级计生协在动员和组织广大群众参与人口发展、生殖健康、计划生育和家庭保健中的人物和事件，以及广大会员、志愿者勇于拼搏、爱岗敬业、无私奉献的精神风貌。宝山区计生协选送的《微笑》荣获一等奖，虹口区计生协选送的《我最牛》、嘉定区计生协选送的《携手一生》荣获二等奖，长宁区计生协选送的《心中的歌》、松江区计生协选送的《人……》、黄浦区计生协选送的《甜蜜的笑》荣获三等奖，黄浦区计生协选送的《与世博同行》等15幅作品荣获优秀奖；长宁区计生协、普陀区计生协、虹口区计生协、嘉定区计生协4个单位荣获组织奖，宝山区计生协荣获突出贡献奖。

【建立日喀则幸福工程援助项目】 9月10日，在西藏日喀则举行上海市计生协援助幸福工程项目签约仪式。西藏自治区人口计生委主任玉拉、市人口计生委副巡视员张梅兴、西藏自治区人口计生委副巡视员央宗、日喀则地区行署副专员欧珠卓玛等出席签约仪式。市计生协向日喀则地区人口计生委援助资金40万元，在江孜县、萨迦县建立两个幸福工程项目，通过开展养殖、种植和运输等项目，扶助38户计划生育贫困母亲家庭发展生产。

【中国计生协专家来沪调研评估】 9月22～23日，中国计生协“生育关怀——青春健康”专家评估组甄宏丽教授一行3人对上海市《生育关怀——青春健康工作五年规划》实施工作进行中期评估。评估组先后到嘉定、宝山区青春健康宣传服务阵地进行实地考察，举行评估座谈会，听取市计生协3年来青春健康工作总体情况汇报和嘉定、宝山、卢湾、金山、杨浦、虹口区计生协项目实施情况介绍，现场观摩青春健康生活技能培训课，与青春健康主持人、大学生志愿者、目标人群进行交谈，了解他们对青春健康教育工作的认识、体会、需求及感受，充分肯定市计生协积极探索青春健康教育新模式，指导区县计生协因地制宜开展工作的做法，认为上海市青春健康项目工作效果与经验为全国实施该项工作提供了发展研究基础。

【召开区县秘书长会议】 10月9～10日，召开全市区县计生协秘书长会议。全国政协常委、会长左焕琛会见区县计生协秘书长。副会长夏毅出席会议并讲话，希望市计生协秘书处与区县计生协认真梳理2012年工作，突出重点，把组织建设工作作为重中之重，通过调研逐步出台加强基层计生协组织建设指导性意见。各区县计生协秘书长就2012年全市计生协工作、市计生协秘书处自身建设工作及区县工作中存在的主要困难和问题进行交流探讨。

【开展人口计生基层自治示范村（居）抽查评估工作】 10月17～19日，与市人口计生委政法处组成评估工作组，先后深入宝山区罗店镇四方村、闵行区七宝镇友谊村、浦东新区康桥镇美林居委、奉贤区柘林镇新塘村和崇明县港西镇北双村，通过“听、问、看”等形式，详细了解创建人口计生基层群众自治示范村（居）活动开展情况，充分肯定区县计生协领导重视开展基层群众自治村（居）示范活动，将自治工作纳入考核责任制，以基层群众自治为主线，整合村居人口计生整体工作，加大投入，专项推进，进一步夯实了村（居）人口计生基础工作的做法。

【谢玲丽到崇明调研指导工作】 10月19日，常务副会长谢玲丽到崇明县进行调研，考察崇明县港西镇北双村人口计生基层群众自治宣传服务阵地和生态人口文化基地，查阅相关档案资料，听取港西镇关于创建工作汇报，肯定北双村在打造独具地区特色的国家级人口计生基层群众自治示范村和生态人口文化村工作中所取得的进步和成效。

【召开独生子女保险计划工作总结暨推进会】 11月23日，与市人口计生委联合召开全市独生子女保险计划工作总结暨推进会。市人口计生委副主任赵勇出席会议并讲话，副会长沈龙英对上海市独生子女保险计划3年工作进行总结。杨浦区人口计生委、闵行区计生协和浦东新区合庆镇计生协进行交流，中国人寿保险公司上海分公司、平安养老保险公司上海分公司和新华人寿保险公司上海分公司的分管副总经理分别发言。

【参加关爱农民工志愿服务行动】 12月3日，组织志愿者赴青浦工业园区外来人口集居地，参加市文明办、市志愿者协会组织的“关爱农民工志愿服务行动”志愿者服务活动，通过拉横幅、竖展板等形式，营造人口计生宣传氛围；发放《新上海人幸福家庭计划》、《流动人口宣传服务手册》等宣传品，宣传人口计生政策、计划生育和优生优育基本知识、预防艾滋病基本理念和方法、青春健康知识等；现场有奖问答，吸引工业园的农民工参与。现场共发放文字、实物宣传品600余份，为300多名流动人口提供宣传咨询服务。（季　卫）

上海市人口学会

【概述】 2011年，上海市人口学会在中国人口学会、上海市人口计生委和上海市社会科学联合会的指导下，开展工作。

【学术活动】 (1) 5月18日，由《人口》杂志等4家主办单位，共同筹划的“《人口》学术与学子沙龙”第一期活动，在上海市人口与发展研究中心举办。来自复旦大学人口研究所、华东师范大学人口研究所、上海社会科学院人口与发展所的青年教师、博士及研究生，中心部分青年科研人员和《人口》编辑部工作人员近20人参加活动；(2) 6月27日，在市人口与发展研究中心举办第十届上海市社会科学普及活动周暨青年专业人才与人口计生事业的发展专题论坛。市人口计生委副主任、市人口学会副会长孙常敏研究员到会讲话，会议邀请张戎舟、苏颂兴专家分别作“青年学者如何在人口计生工作中发挥专业优势、推动工作开展”、“人口计生系统中青年专业人才的个人职业生涯发展”主题辅导报告。来自市、区县、街镇的人口计生系统中的青年人才60余人参加论坛；(3) 10月8～9日，上海市人口学会副会长孙常敏等在北京参加“中国特色的人口转变道路暨纪念中国人口学会成立三十周年——2011年中国人口学会年会”；(4) 11月5日，复旦大学国家建设研究中心和人口研究所组织举办“中国中长期人口变动和国家发展”学术沙龙，这次活动是上海社联第九届（2011）学术年会中的一项主题专场研讨活动，由复旦大学国家建设研究中心执行主任、社会发展与公共政策学院任远教授主持；(5) 11 月 25 日，市人口学会联合上海市社会科学院人口与发展研究所，在市社科院会议室召开“第二期人口学术与学子沙龙”。沙龙主题围绕 2010 年上海“六普”人口数据展开发言与交流。活动由市社科院人口与发展研究所承办，市人口学会《人口》编辑部协办。来自市社科院、市人口与发展研究中心、华师大人口研究所、复旦人口研究所等 25 人参加；(6) 12 月 11 ～ 13 日，参加上海市社联举办的举办学术社团成果发布平台建设工作交流会。

【六普专题研讨】 11 月 22 日，上海市人口学会在上海市社科院会议室，召开 2011 年上海市社联第九届学术年会的政治 · 法律 · 社会学科专场——“上海市人口形势与社会经济发展——基于六普资料分析的研究”专题研讨会。研讨会由市人口学会会长、复旦大学社会发展与公共政策学院院长彭希哲主持，市统计局副局长、上海市第六次人口普查领导小组办公室主任朱章海作六普分析主题报告，复旦大学人口研究所、华东师大人口研究所、市社科院人口与发展所、市人口与发展研究中心、市计划生育科研所、市统计局人口办、市人口计生委等单位近 40 人参加研讨。

【终身荣誉会员】 10 月 8 日，中国人口学会在北京举行终身荣誉会员证书颁发仪式。上海市人口学会前任会长王建民、张开敏被中国学会评为“中国人口学会终身荣誉会员”（全国共 24 名），中青年人口学者代表受中国人口学会委托向终身荣誉会员赠送纪念鼎。

【学会年会】 12 月 16 日，在上海市人口与发展研究中心多功能会议厅举办 2011 年上海市人口学会年会，围绕“城市发展新战略下的人口问题”专题，朱宝树、高尔生等 4 位教授分别作城市化的城乡人口结构差别效应研究、城市发展新战略下的流动人口政策思考等学术报告。各人口学研究机构在年会上分别交流学术活动和研究工作的进展。来自人口学各研究机构、有关政府部门的学者、领导共 100 余人参加会议。

（胡　琪）

上海市生殖健康产业协会

【概述】 2011 年，上海市生殖健康产业协会在市人口计生委、市社团局的指导下，在各区（县）人口计生委和广大会员的支持下，对原有公共服务项目进行研究和评估，探讨项目发展优化的必要性和可行性，理顺关系，改进操作，拓展功能，提高水平。

【创新博览会运作模式】 协会与上海外经贸商务展览有限公司合作，举办“2011（第七届）上海国际优生优育暨孕婴童产品博览会”，并参与中国国际展览中心集团公司主办的“第八届中国国际成人保健及生殖健康展览会”。11 月 11 ～ 13 日，“2011（第七届）上海国际优生优育暨孕婴童产品博览会”在上海光大会展中心举办。该届博览会的参展商除国内的企业外，还有来自意大利、法国、德国、西班牙、葡萄牙、芬兰、韩国、日本、美国、新西兰等国家和地区的企业。国际及本土知名婴童品牌 ORCHESTRA KAZIBAO(法国)，Kiddy（德国），Formul-8（新西兰）、Physiolac（法国）、BrightBabystar（美国）、康贝、好孩子、丽婴房、巴拉巴拉、英氏、妈妈爱、罗莱 KIDS 等亮点纷呈。

【发行《母婴健康》杂志】 《母婴健康》杂志正常运营，宣传优孕、优生、优育、优教的科普知识和推广优质的孕婴童产品。杂志从 2008 年 10 月创刊至 2010 年年底共出版发行 13 期，从 2011 年开始改为月刊，全年共出版发行 12 期。

【协会网站正常运行】 协会的“性健康在线”网站正常运行，向会员、企业和公众提供生殖健康与优生优育的知识和服务。网站信息更新及时、专业性强、信息量大，至 2011 年底已发布、转载信息 20200 多条，成为对外信息发布和交流的重要平台。为了进一步增强协会的公共服务能力，为协会会员、业内企业和公众提供更多更好的生殖健康与优生优育的知识和服务，协会探讨网站升级扩容的必要性和可行性，研究升级扩容的内容。

【加强协会组织发展建设】 为了拓展协会组织

发展的覆盖类别，逐步发展生殖健康产品流通领域的企业为会员，协会与7家生殖健康医疗和产品流通门类的企业、媒体进行沟通，做好发展会员的工作。

【开展生殖健康产品流通领域企业的调查研究】 2011年3月，协会召开“上海市生殖健康产品流通行业发展调研会”，与上海生殖健康产品流通行业的企业建立联系，与他们一起探讨上海市生殖健康产品流通行业面临的挑战、新形势下企业的需求、困难和协会在行业中的作用。

【开展男性健康主题活动】 围绕“男性健康”主题，在2011年10月28日我国第12个“男性健康日”，协会组织会员活动，参观上海诚凯男子性功能康复治疗中心，并探讨在今后的“男性健康日”主题活动中，推出更多符合协会自身专业的公共服务。 （周基玉）

上海市人口早期发展协会

【概述】 2011年，上海市人口早期发展协会在市人口计生委的指导下，围绕全市0～3岁婴幼儿早期发展内容开展工作。

【规范协会规章制度】 协会秘书处起草《协会财务制度》、《协会分会管理办法》、《协会对外合作项目管理办法》等规章制度，并聘请专业律师审核制度文本。制订协会秘书处例会制度，坚持每个月召开两次秘书处例会。

【召开协会成立大会暨第一次会员大会】 2月21日，市人口早期发展协会成立大会暨第一次会员大会于上海市人口与发展研究中心多功能厅举行。市人口计生委主任谢玲丽，市社团局副局长单杰出席并为协会揭牌。市人口计生委副主任孙常敏、副巡视员张梅兴，复旦大学附属妇产科医院院长邬惊雷，上海维赛特网络系统有限公司董事长兼总经理余建国出席会议。与会代表听取了协会筹备小组关于协会筹备的工作报告，审议通过《上海市人口早期发展协会章程》、协会会费收缴办法和大会决议，选举产生第一届理事会理事、会长、副会长和秘书长。

【召开协会首届理事会第一次会议】 协会首届理事会第一次会议于2月21日召开，会议由协会秘书长张戎舟主持，共有30位理事出席。会上经民主选举产生11位常务理事、3位副秘书长，并审议通过《协会会费收缴办法》。

【举办上海市人口早期发展研讨会】 8月22日，市人口计生委、上海市人口早期发展协会联合举办上海市人口早期发展研讨会。市人口计生委主任、协会会长谢玲丽致辞。研讨会由市人口计生委副主任、市人口早期发展协会副会长孙常敏主持。协会秘书长张戎舟介绍协会工作进展情况，华东师范大学学前与特殊教育学院副教授周念丽、上海儿童医学中心发育与行为儿科主任医师金星明分别作儿童心理学、儿童行为学主题报告。市人口计生委、市人口早期发展协会有关负责人，各区县人口计生委主任、分管主任、宣教科长，各区县社区优生优育指导服务机构代表等80余人参加研讨会。

【举办上海市社区与儿童早期发展国际学术交流会】 12月13日，协会联合市人口计生委、上海人口与发展研究院共同举办的“上海市社区与儿童早期发展国际学术交流会”。市人口计生委主任、协会会长谢玲丽出席会议并致辞。会议由协会秘书长张戎舟主持。齐巴·瓦格赫丽、詹富安、邬惊雷、沃乐柳、周念丽、余旬等多位国内外专家，以及徐汇区和杨浦区等社区早期发展机构代表围绕“社区与儿童早期发展”这一主题，从机构运营经验、脑科研究、儿童心理、儿童医疗保健等多个角度深入交流与探讨。

【指导嘉定区成立区级人口早期发展协会】 9月24日，全市首个区级人口早期发展协会在嘉定区成立。市人口早期发展协会在嘉定区人口早期发展协会筹备成立期间，在工作机制、规章制度、工作内容等方面给予指导和帮助。协会会长谢玲丽和嘉定区副区长夏以群为协会揭牌。协会秘书长张戎舟被聘请为嘉定区人口早期发展协会顾问。

【接待国际儿童权益IDE协会外宾】 5月10日，协会接待国际儿童权益IDE协会专家Paola Riva和Daniel Stoecklin，双方就合作事宜进行初步接洽。5月12日，协会举办的“儿童权益国际合作项目讨论会”于市人发中心1402会议室举行。会议由协会副会长、市人口计生委副主任孙常敏主持，市人口计生委、杨浦区人口计生委、上海社会科学院、复旦大学、华东师范大学、市人口早期发展协会和国际儿童权益协会（IDE）等7家单位的专家和学者参加讨论会。

【与新加坡迈杰思集团交流互访】 4月8日，协会会长谢玲丽接待新加坡迈杰思总裁助理兼财务执行长官Teo Wee Jone、新加坡迈杰思幼教部负责人Tan Yi Ren、迈杰思在沪负责人牟善晔、吴逸敏等人到协会进行交流访问。12月12日，协会秘书处全体成员赴新加坡迈杰思集团驻沪机构点进行参观考察，迈杰思创办人、集团董事长兼总裁David Chiem、迈杰思研究与课程发展院长Brian Caswell、迈杰思驻沪机构点负责人等接待并作交流报告。

【开展课题研究】 协会开展"上海市社区科学育儿机构分级分类评估标准"课题研究，华东师范大学学前与特殊教育系副教授周念丽为特聘专家，其78名学生为调查志愿者，对全市人口计生系统160多家科学育儿机构进行基线调查和情况分析，形成调查报告。在此基础上，拟定机构分级分类评估标准，并组织专家对评估标准进行专项讨论。协会承接静安区妇联"0～6岁儿童免费健康体检"项目评估课题。

【举办社区0～3岁婴幼儿早期启蒙指导员培训班】 11月24日，协会举办社区0～3岁婴幼儿早期启蒙指导员培训班，各区县街道、早教机构点等从事儿童早期发展的120多名基层工作者参加培训。协会秘书长张戎舟出席开班仪式并作动员讲话。培训班邀请儿童早期发展专家曾祺、长征医院儿保专家周翊、长海医院原主任医师、人发中心母婴健康工作室特聘专家方凤作主题培训。（刘金华）

上海市性教育协会

【概述】 2011年，上海市性教育协会发挥常务理事和骨干会员作用，开展性与生殖健康教育。

【加强协会骨干交流】 先后召开三届七次、八次常务理事会，组织常务理事、会员骨干结合本职工作，在中学、社区、卫生等系统倡导和开展性与生殖健康工作做法及体会，进一步明确协会要聚焦群众性活动，重点在流动人口、青少年及老年群体中开展性与生殖健康教育，逐步以课题引导协会发展，强化学术力量与氛围。

【举办性与生殖健康信息论坛】 邀请性与生殖健康教育专家介绍"家庭与性教育"、"未婚流动人青少年性与生殖健康教育服务的干预"、"婴幼儿性发育与性教育"、"老年性健康现状及社区健康促进策略"、"性教育与媒体"、"紧急避孕新进展"等领域社会状况、研究进展、挑战与应对策略等。会长孙常敏出席会议并做专题报告。副会长、常务理事、理事和会员骨干100多人出席信息传递会。

【编印《性与生殖健康》】 继续与市人口与发展中心合作，开设《性伦理、性教育与性保健》、《今日亚洲的性教育》、《生殖健康咨询》等专栏，全年编印刊物4期1.5万多册。（季　卫）

上海市计划生育与生殖健康学会

【概述】（1）7月28日，学会组织专家召开"一次性宫腔吸管临床应用研讨会"，近20位专家出席；（2）10月28日，在科学会堂召开市科协第九届学术年会——上海市计划生育生殖健康学术报告会，学会物邀请卫生部和复旦大学妇产科医院的专家对合理用药安全用药及优生优育预防出生缺陷等作专题报告，各医院、各区县计划生育专职干部、相关企业等250余人出席；（3）10月29日，举办"上海科技府坛——尼尔雌醇专家谈"高级专家论坛，会议就更年期女性激素替代问题展开研讨，对上海市人口进入老龄化问题提出有关对策，50位专家出席；（4）8～12月，分别在黄浦、浦东、嘉定、普陀和松江区开展"上海市基层医师培训"，共800余位相关医师参加培训；（5）3～11月，4次高级医疗专家下村镇，组织开展"生育关怀"义诊、咨询和服务，近千位居民和村民参加；（6）2011年，在多所高校开展大学生生殖健康教育科普讲座，数千名学生参加；（7）受市科协委托参加上海市科协学科、产业（行业）技术与社会事业发展研究项目“上海市计划生育与生殖健康技术发展报告”编写。(8)受市教委委托，组织医学专家和教育专家编写《中职校学生生殖健康教育手册》。(9) 男性健康日，在中山医院举办“前列腺病与老年男性健康科普讲座”。

（萧莉蓉）

上海市人口福利基金会

【概述】 2011年，该会坚持以提高人口素质为主要工作方向，充分发挥基金会社会公益组织的作用，参与公共服务；继续关注弱势群体；努力探索资金募集和运作模式，各项工作有序推进。

【完成三年“春伢健康促进行动”】 “春伢健康促进行动”项目是该会与英国儿童救助会合作开展的国际合作项目。第一轮为3年，于2009年启动，2011年9月结束。该项目通过改善学校卫生健康设施，培训相关人员及改进学校健康教育，让农民工子女学校学生获取有关健康、卫生保健方面的基本知识与健康保健服务。闵行、松江两区外来民工子女学校（项目点）共新建或完善学校保健室8个，为16825名小学生和199名民办教师体检并建立健康档案；落实每周20分钟健康教育课程，开展各种健康教育主题活动几十场次，发放小学生健康教育画册1.7万册，发放各种宣传品（含实物）7万余件。该项目实施过程中还取得多项学术成果。如《上海闵行、松江两区外来务工人员子女健康需要及健康促进对策探讨》研究课题论文在2009年9月召开的第七届上海“为了孩子”国际论坛上作交流；《上海市流动儿童免疫状况研究》在2009年10月召开的中华预防医学会第三届学术年会上交流；《上海市流动人口母婴保健和儿童健康状况综述》在2010年5月召开的上海“性教育及性与生殖健康研讨会”上交流。

由于“春伢”项目合作成功，英国儿童救助会希望继续合作。经协商，双方于2011年10月签约，启动新三年“春伢健康与教育促进行动”。双方将共同利用英国儿童救助会的全球资源，争取更多针对弱势儿童的项目，包括资金和专家技术支持。该项目主要在松江区三所农民工子女学校实施。总体目标是在学校形成一个可推广的健康、营养与教育有机结合模式，为推进流动人口基本公共服务均等化起到积极的借鉴作用。现已就儿童常见疾病处理等内容连续利用3个星期六，对3所民工子女学校的班主任进行培训。

在实施“春伢”项目的同时，该会还配合市相关部门推进全市农民工子女学校的卫生保健工作。上半年，理事长柴俊勇根据项目实践情况，向市政协递交“希望政府关心162所民办农民工子女学校卫生工作”的提案，得到市教委高度重视，专门发文要求为这些学校各建一个卫生室和配备一名专职保健老师，同时为所有学生作一次健康检查，并下拨专项经费。该会紧密配合此项工作，出资约30万元，举办全市“民办学校卫生保健教师”培训班。聘请复旦大学公共卫生学院、市疾病控制中心及上海医药高等专科学校的专家、教授授课。从解读卫生工作条例、学校环境卫生监测评估、常见传染病控制及计划免疫、卫生保健资料的登记与统计、学校意外伤害事故预防、院前急救及儿童心理卫生及健康指导等9个方面进行培训。

由于“春伢”项目合作成功，英国儿童救助会还邀请该会工作人员在“社区母婴健康促进项目”中担任顾问，帮助有关单位进行社区卫生服务情况调查和基层医务人员素质培训，建立“母婴之家”活动中心，开展科学育儿知识宣传等活动。先后为50名流动孕妇进行免费产前检查，为500名流动人口儿童进行健康体检，为735名流动人口孕产妇及家属提供孕期保健和母乳喂养等方面知识宣传，受益者2000多人次。

【继续推进“人福阳光”辅助项目和培林特殊教育学校资助项目】 2008年，该会为了探索一条从源头上帮助计划生育困难家庭脱贫的道路，与崇明县计生委合作，在该县实施“人福阳光”滚动项目，捐助扶助资金10万元，村、镇匹配相关资金；扶助时间5年，到2013年到期，然后收回扶助资金，投入崇明县的其他扶助项目。

新河镇三烈村沈祖芳项目户，原来因丈夫患重病，开办的上海地久塑料有限公司时常歇业，导致家庭生活十分困难。该企业现已恢复经营并有所发展，共接纳35位贫困母亲就业，2011年有6万元左右的纯收入，已能基本维持丈夫就医、女儿上大学以及日常生活和经营需要。三星镇海中村袁玉瑛项目户，养母猪一头，山羊140多只，还种了5亩桔树，承包26亩责任田，已脱贫致富。

崇明县培林特殊教育学校集中了全县100多名比较严重的智障和肢残孩子，是该会长期资助单位。2011年初和6月1日，两次资助学习和生活用品，价值6万多元。

【举办第五届以“让每一个孩子健康成长”为主题的提高人口素质论坛】 8月16日，该会会同英国儿童救助会、市疾病控制中心、复旦大学公共卫生学院联合举办“让每一个孩子健康成长”为主题的民办农民工子女学校健康促进论坛。市政协副主席李良园、市教委副主任李骏修、市卫生局副局长肖泽萍、市健康促进委员会副主任李忠阳等出席论坛。论坛由中央人民广播电台评论员、华师大教授、清华大学高级访问学者曹景行主持。华师大教授李晓文、北大教授马迎华、英国儿童救助会官员高翰远等专家以及项目代表胡月明发言。

【创设旭辉公益专项基金”】 3月18日，上海市人口福利基金会“旭辉公益专项基金”成立。旭辉集团股份有限公司捐赠150万元作为该基金的启动资金。由旭辉集团董事长林中任该基金理事长，基金会副理事长徐海峰任该基金副理事长，资金募集部副部长陈瀚波任理事。该基金成立以来，已开展多项捐助活动，其中向福建省建瓯市建瓯一中、二中等学校捐赠26.5万元作为困难学生的助学资金。

设立“旭辉公益专项基金”，是该会资金募集和运作模式的一种新的探索，同时也丰富了组织结构层次。目前基金会已有4种资金募集和运作模式：一是由捐赠人提供资金，双方共同开展项目，如“春伢”项目；二是由捐赠人提供资金并为主开展项目，如“旭辉专项基金”；三是由捐赠人出资，基金会独立承办项目，如崇明“人福阳关”滚动项目；四是捐赠人以基金会名义定向捐赠。

2011年，在理事长柴俊勇牵线搭桥下，共收到200多万元捐赠款以及实物 401套（件）。现金捐款主要有旭辉集团有限公司捐赠150万元、英国儿童救助会募资38.6万元、上海住永投资集团捐赠10万元、上海鑫成企业发展有限公司捐赠2万元。另外，收到市计生协会独生子女保险项目活动经费4.6万元。实物捐赠主要有：上海日本虹桥学校捐赠100套课桌椅，国誉贸易（上海）有限公司捐赠电子白板1个，团市委捐赠300套书籍。（陈月芹）

上海市老龄工作委员会

【概述】 1983年11月，成立上海市老龄问题委员会，1995年7月，更名为上海市老龄委员会，2000年4月，撤销老龄委，新组建上海市老龄工作委员会，下设办公室，内设老龄工作处和老龄事业发展中心，下属单位有上海市老龄科研中心、上海市老年法律服务中心和上海市老年对外交流中心等。

【完成上海市老龄事业发展“十二五”规划编制】 在上年全面启动本市老龄事业发展“十二五”规划课题调研的基础上，由市老龄办抽调精干人员组成编制小组，形成《规划》的初稿。编制小组反复听取各委员单位、区县老龄办和专家学者的意见，并经过专题讨论、专题汇报、专家论证等一系列程序后，正式发文征求各部门意见，最终形成《上海市老龄事业发展“十二五”规划》的正式文本，报请市政府颁布实施。《规划》共分为五大部分，首先分析全市老龄事业的发展现状和面临的形势，对“十一五”规划完成的情况进行总结，在此基础上，制定“十二五”期间老龄事业发展的指导思想、基本原则和总体目标以及主要任务和保障措施。

【开通上海老龄办官方微博“银龄上海”】 2011年4月，市老龄办在新民网上海滩微博平台注册开通“银龄上海”官方微博，作为对外发布信息的一个新兴传媒载体，以政府视角全方位展现涉老法律、科研、活动等多方面动态。“银龄上海”官方微博主要内容有：(1) 公布全市为老服务活动信息；(2) 以老年健康保健知识、防灾减灾知识的宣传与普及为主，发布老年生活常识；(3) 及时反映基层老龄相关工作动态，反映惠老政策、为老服务、基层老年活动等方面的各类信息；(4) 发布最新公布的上海老年人口统计相关的信息数据，与老年人生活相关的生活问题、社会问题和发展动向；(5) 涉老法律知识普及及老年法律接待与咨询等相关信息。至年底，“银龄上海”已拥有“粉丝”3090人，在204家上海滩政务性微博用户中排名第十，发布微博数635条。

【举办老龄产业国际博览会】 2011年中国国际康复护理展览会暨第六届中国国际老年人和残疾人康复护理技术及辅助器具展览于5月会在沪召开。博览会以“理解·关爱·和谐生活”主题，旨在推动社会养老、助残、慈善事业的交流与发展。这次博览会有“两多一大”特点：一是国内国际参展商多，有来自中国、比利时、德国、荷兰、美国、加拿大、英国、丹麦、瑞典、新加坡、日本、韩国、中国香港和中国台湾地区等14个国家和地区的150余家专业厂商参与展览展示；二是参展展品多，涉及到康复辅具、老年生活辅具、日常护理用品、文化通讯等产品；三是展览的规模大，展示面积近1.2万平方米。另外，展会现场提供志愿者帮助服务，互动体验区等活动。同时举办2011年中国养老产业高峰论坛、“2011年中国康复辅具发展”主题研讨会、企业技术交流会、全国第二届养老机构院长交流研讨（上海）峰会、中国无障碍生活研讨会、上海健康生活促进会健康讲座等活动。

【开展《上海市老年人权益保障条例》修订立法调研】 为进一步推进全市老龄事业和老龄工作的发展，4～12月，与市人大内司委、法工委，市政府法制办，市人大立法研究所等部门一起组成立法小组，对修订《上海市老年人权益保障条例》进行课题调研，收集33个涉老工作部门的政策法规，25个省、市、自治区的老年保障法规，召开有关委办局、区县老龄办、街镇老龄干部、市人大代表、专家学者、老年人代表等各种类型座谈会听取意见。《课题报告》和《条例修改建议稿》已通过有关部门专家的最终评审，并正式提交市人大审定。市人大已将修订《上海市老年人权益保障条例》列为2013年立法的备选项目。 （沈　妍）

上海市老年学学会

【概述】 1985年12月，成立上海市老年学学会，为市委宣传部所属的学术性群众团体。1991年以后，陆续设立8个下属专业委员会。目前，学会共有理事74名，团体会员62个，注册会员691人。

【学术活动】 (1) 承办全国首届青年学者老年学和老年医学论坛。论坛由中国老年学学会主办，上海市老年学学会、老年学青年学者论坛承办，上海市老龄办、上海社科院支持。此次论坛分多个专题论坛，包括“和谐社会建设和老龄问题”、“农村养老保障问题”、“高龄照料与长期护理”、“社会保障制度建设”、“老年人权益和以房养老问题”等专项研讨主题。(2) 接受市老龄办的委托，开展“《上海市老龄事业发展‘十一五’规划》终期评估”课题。学会组成评估专家组，通过审阅各委员单位的自评报告、征集评估意见、召开专家评议会议等深入探讨和研究，最后形成《上海市老龄事业发展“十一五”规划终期评估报告》和《上海市老龄事业发展“十一五”规划终期评估工作总结报告》。(3) 受静安区老龄办委托，作为第三方对社区养老设施开展全年全覆盖随机评估。由学会委派评估员，根据《静安区老年人日间服务中心管理办法》和《静安区社区“乐龄家园”助老服务站管理办法》，对区内的相关设施每月进行3次实地评估，每半年进行一次老年人满意度测评，以更客观、真实地反映出各服务机构的运作情况，并作为获得政府补贴的依据。

【为老专项活动】 (1) 组织科技助老志愿者参加2011年上海“12·5”志愿服务活动。(2)和《新闻晚报》联合举办“盛世通杯”寻找寿星伉俪、征集恩爱宝典、展露爱情秘方征文活动。上海有3对双百、14对单百寿星伉俪最终入围。

【承办“2011年上海市十大寿星排行评选活动”】

评出“上海市十大男、女寿星”、“上海市十佳百岁风采寿星”、“上海市百岁夫妻”等奖项。

【开展科技助老之“啄木鸟·导银科普计划”】此计划和上海银行合作，作为2007至2010年“百万老人刷卡无障碍计划”的延伸行动，宗旨是“提升老年人理财理念，增加老年人财产性收入，保护老年人财产安全”。“导银”志愿者和理财讲师在上海银行100家常态化社区金融服务网点开设公益理财科普讲习课堂，帮助老年人树立正确的金融投资及风险防范意识；老年志愿者队伍还通过对上海银行网点不定期的暗访和监督活动，帮助改进和优化养老金业务和窗口金融服务。（沈　妍）

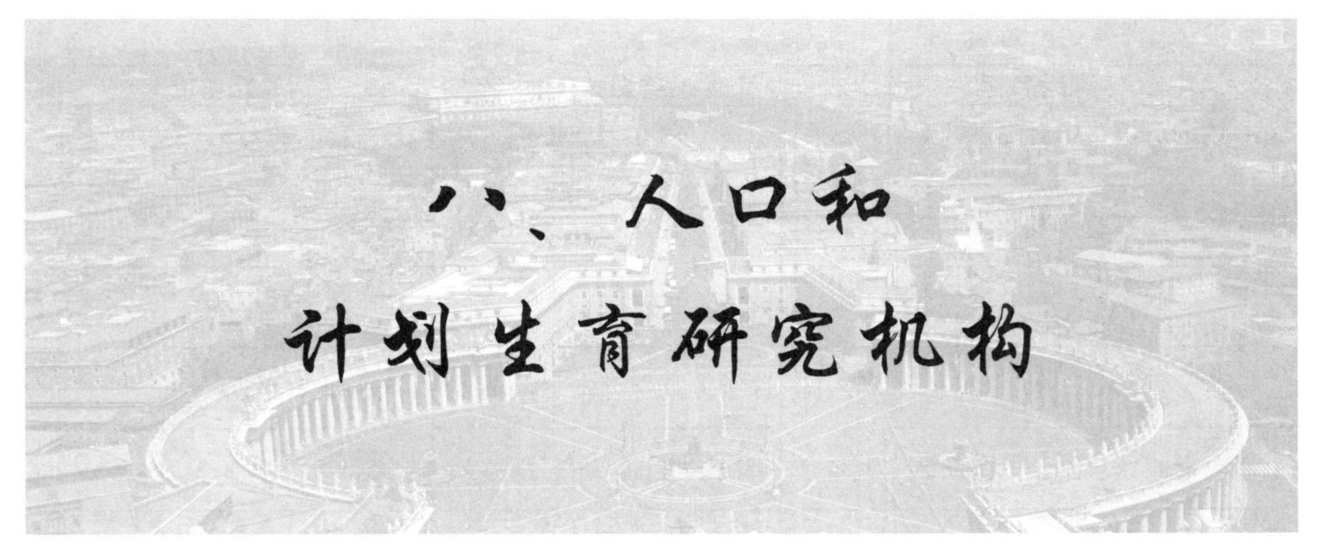

八、人口和计划生育研究机构

上海社会科学院城市与人口发展研究所

【概述】　上海社会科学院人口与发展研究所前身是1979年成立的上海社会科学院部门经济研究所人口研究室，1984年与原社会学所合并成为社会学与人口学研究所，1987年独立现名，是中国社会科学界恢复人口问题研究手，在上海地区成立最早的专门科研部门之一。现设有人口与发展研究室、人口统计与分析研究室、人口流动和就业研究室、社会保障与社会政策研究室、行政办公室和资料室。20多年来，上海社会科学院人口与发展所主要从事人口与社会经济发展的相关研究，先后承担和参与多项国家级和市级的人口方面课题研究，并且许多科研成果获得国家和市级奖励，为国家和上海市政府的人口及其他政策制定提供了许多有益的参考意见和决策依据。近期特别关注流动人口、老龄化对社会经济可持续性发展的影响研究，以及社会保障等方面的研究。此外还设立人口资源与环境硕士点，招收培养硕士生多名，并增设人口学硕士点（2012年开始招生）。人口与发展研究所现有研究员1名，副研究员7名，助理研究员3名。

2012年，共完成论文11篇，其中核心论文2篇。研究报告11篇，专报4篇，专著（章节）10章，共计400万字。　（孙雅玮）

【主要科研项目】

课题名称	课题类型	负责人	委托单位
“十二五”时期上海人口政策前瞻性研究	市哲社课题	周海旺	上海市哲学社会科学规划办
上海经济发展方式转变、产业结构调整与人口发展的互动关系研究	市决策咨询课题	周海旺	上海市政府发展研究中心
东营市人口发展战略研究	横向课题	周海旺	山东省东营市政府人口计生委
上海户籍人户分离人员居住地服务和管理研究	市委办局课题	周海旺	市公安局
上海人户分离状况、原因和对策研究	市委办局课题	周海旺	上海市统计局
总体规划视角下上海城市人口问题研究	横向课题	周海旺	上海市规划设计院

（续表）

课题名称	课题类型	负责人	委托单位
上海社会发展报告书 2012	上海社科院重点课题	周海旺	上海社会科学院
国际人口迁移趋势及其影响研究	国家部委课题	周海旺	外交部
徐汇区第六次人口普查数据开发利用课题：徐汇区外来常住人口研究	区委办局课题	胡苏云	上海市徐汇区发展和改革委员会
浦东十二五养老财政扶持政策思路和对策研究	区委办局课题	胡苏云	浦东新区民政局
上海养老服务思路与对策研究	市决策咨询课题	胡苏云	上海市人民政府
上海养老服务财政扶持思路与对策研究	市委办局定向课题	胡苏云	民盟市委
机关和事业单位人才双向交流机制研究	市委办局定向课题	王红霞	上海市民防办公室
喀什地区城市化研究	院系列课题	王红霞	上海社会科学院
转型期上海女职工职业技能素质发展与女职工周末学校建设研究	市委办局课题	肖黎春	上海市总工会
“十二五”时期上海女职工素质现状、问题与发展对策研究	院其他课题	肖黎春	上海社会科学院
上海女农民工状况研究	市委办局课题	肖黎春	上海市妇女联合会
上海市社会保障体系的作用及评价：基于“六普”数据的分析	市委办局招标课题	杨晓萍	上海市统计局
人口政策调整相关热点问题研究综述	院青年课题	庄渝霞	上海社会科学院

复旦大学人口研究所

【概述】 复旦大学人口研究所是国内最早设立的人口学教学和研究机构之一，也是国内第一批受到联合国人口基金资助的人口研究机构。1979 年人口所前身经济系人口研究室成立，1984 年正式批准为人口研究所，同年批准设立人口学专业硕士点。1998 年批准增加人口、资源与环境经济学专业硕士点和博士点。目前，人口研究所下设人口学，人口、资源与环境经济学和社会保障 3 个硕士点，人口、资源与环境经济学和社会管理与社会政策 2 个博士点。

复旦大学人口研究所注重调查分析和实证研究，经过多年努力，已发展成为一个通过学科渗透和融合，研究人口发展与经济、社会、环境可持续发展等问题为主的科研及教学机构。近年来的科研活动集中在“公共政策最优决策”、“人口老龄化战略和社会保障制度改革”、“城市化与区域经济可持续发展研究”、“资源与环境保护的社会机制”以及“社会性别研究”等领域。在过去 20 年间，人口研究所承担了大量的联合国人口基金、福特基金、亚洲基金等各类国际组织和国家自然科学基金、国家社会科学基金、上海哲学社会科学基金，以及地方各级政府部门委托科研和决策咨询项目，并取得了众多高质量的科研成果，多次获得国家级和省部级科研奖励，在国内外享有较高的学术声誉。

复旦大学人口研究所团队实力雄厚，优势互补。现有专职研究人员6人，其中教授4人，讲师2人。研究人员覆盖经济学、社会学、人口学、地理学、公共管理等多学科领域，致力于培养优秀的青年人才，并积极与国内外知名教育科研机构开展合作。与社会学等其他学科方向合作建立的“中国社会”留学生硕士学位课程，已常态运作4年，每年为来自欧美10多所高校的国际进修生开设多门全英文课程。人口研究所连续5年主持由复旦大学主办、韩国高等教育财团资助的“上海论坛”的两个分论坛。2011年还举办了第四届APRU国际老年学会议、上海市社联第九届（2011）学术年会等会议，拓宽学术交流与合作。（沈　可）

【主要科研项目】

项目名称	负责人	委托单位
我国区（省）际人口迁移及其动力机制与经济效应	王桂新	第六次全国人口普查研究课题
中国未来人口变动趋势及其对经济社会发展的影响与应对策略研究	王桂新	国家自然科学基金委管理学部主任基金2011年第2期应急研究项目
跨越“中等收入陷阱”的城市化研究：基于不完全城市化的分析	张　力	教育部规划项基金目
城市“转型期贫困”的空间性和政策启示研究	张　力	国家社科基金一般项目
城市流动人口的居住状况，住房需求与住房保障研究	任　远	上海哲学社会科学一般项目
城市化过程流动人口的住房需求和住房保障研究	任　远	教育部人文社会科学规划项目
基于人口普查数据的城市管理与安全问题研究	任　远	第六次全国人口普查研究课题
本市居民人口结构变迁对住房供求模式的影响研究	任　远	上海市政府决策咨询研究重点课题
上海市人口变动与加强人力资本投资的战略研究	任　远	上海市决策咨询研究专项项目
人口老龄化与居民消费：基于上海市调查数据的研究	沈　可	上海市哲学社会科学规划青年课题

【主要学术成果】

成果名称	作者	发表出处
China's Demographic History and Future Challenges	Peng Xizhe	Science，2011，333：581-587
公共政策视角下的中国人口老龄化	彭希哲 胡　湛	《中国社会科学》，2011年第3期
上海人口、人力资源与经济发展转型	彭希哲 黄苏萍 姜忠毅 刘惠芬	《科学发展》，2011年第9期
我国大城市病及大城市人口规模控制的治本之道——兼谈北京市的人口规模控制	王桂新	《探索与争鸣》，2011年第7期
城市农民工与本地居民社会距离影响因素分析——以上海为例	王桂新 武俊奎	《社会学研究》，2011年第2期
城市外来人口居住条件对其健康影响之考察——以上海为例	王桂新 苏晓馨 文　鸣	《人口研究》，2011年第2期
对中国人口学未来发展的思考	任　远	《复旦学报》，2011年第6期
重庆发展应定位于内陆开放型大城市	任　远	《人民论坛》，2011年第8期

（续表）

成果名称	作者	发表出处
城市户籍制度改革与流动人口社会融合	李　涛 任　远	《南方人口》，2011 年第 6 期
支付方式改革的两类陷阱	梁　鸿	《中国医疗保险》，2011 年第 10 期
公共政策分析方法在卫生政策研究中的应用	梁　鸿	《中国卫生政策研究》，2011 年第 4 期
社区卫生服务门诊统筹政策的比较分析	梁　鸿 贺小林	《中国卫生政策研究》，2011 年第 5 期
加强医疗保险监管的三大理由	梁　鸿	《中国医疗保险》，2011 年第 5 期
门诊统筹须与社区卫生服务结合	梁　鸿 贺小林	《中国医疗保险》，2011 年第 2 期
遵循医疗规律　完善医疗保障体系	梁　鸿	《中国医疗保险》，2011 年第 1 期
“健康城市”建设街道工作评估的探索	梁　鸿 李　娟 余　兴	《中国初级卫生保健》，2011 年第 6 期
家庭医生式服务应向“首诊制”迈进	梁　鸿	《中国社区医师》，2011 年第 25 期
社区卫生服务发展需避免四大误区	梁　鸿	《中国社区医师》，2011 年第 4 期
政府在社区卫生服务发展中的角色与作用：上海的经验	赵德余 梁　鸿	《复旦学报（社会科学版）》，2011 年第 3 期
政策执行的效果评估模型及其检验——上海市长宁社区医疗卫生综合改革经验	赵德余 梁　鸿	《中国市场》，2011 年第 11 期
工会组织在职工工资决定中的影响与作用：来自上海的经验	赵德余	《社会科学战线》，2011 年第 3 期
民主、公意与政策合法化的逻辑——来自法国《首次雇佣合同法》危机的启示	赵德余	《学习与探索》，2011 年第 1 期
转轨中粮食政策变迁及其市场制度关系的形成——1998 年以来“粮改”的进展	赵德余	《人文杂志》，2011 年第 2 期
从国家统购到合同定购：1985 年粮食市场化改革的初次尝试及其价值	赵德余	《中国市场》，2011 年第 29 期
医疗保险中道德风险的经济学分析	郭有德	《复旦学报（社会科学版）》，2011 年第 1 期
加拿大的卫生政策及其对中国卫生改革的借鉴	郭有德	《北京航空航天大学学报（社会科学版）》，2011 年第 2 期
我国未来人口发展与碳排放变动的模拟分析	朱　勤 彭希哲 傅　雪	《人口与发展》，2011 年第 1 期
中国家庭消费高峰段“碳排放”实证分析（英文）	陈佳瑛 彭希哲	《社会》，2011 年第 3 期
城市落户条件的区域差异——基于全国 46 个样本城市的分析	陈　筱 彭希哲 张　力 吴开亚	《人口与发展》，2011 年第 4 期

（续表）

成果名称	作者	发表出处
农村大龄未婚男性的婚姻困境：基于性别不平等视角的认识	韦　艳 张　力	《人口研究》，2011 年第 5 期

华东师范大学人口研究所

【概述】 1957 年建立人口地理研究室，1976 年开始人口学的教学与研究工作，1981 年恢复设立人口研究室，1983 年经教育部批准扩建为人口研究所，1985 年列入“中国大学人口学研究与培训”项目单位，并获联合国人口基金（UNFPA）的资助。1986 年开始招收人口学专业的硕士生，2000 年经教育部批准被授予人口学博士点，成为全国第四家具有人口学博士点的人口研究所。胡焕庸等老一辈人口学家为我国人口学研究奠定了坚实的基础，经过几代人的努力，目前已在人口地理、人口社会、人口经济及区域人口规划和国际迁移与侨务研究方面积累了系统化的研究成果，并已在人口地理研究领域确立全国第一的优势地位，在老龄化与社会保障、新移民与侨务政策等研究领域居全国领先地位，总体实力居全国高校人口研究所前五位。科研实力雄厚，在多次省部级人口学相关优秀学术成果评奖中获奖，获奖数量和等次均名列同类研究机构前列。

10 月 23 日，华东师范大学人口研究所举行成立 30 周年庆典，中国人口学会、上海市人口学会、市人口计生委、市政府侨办、浙江大学人口研究所、杭州师范大学人口研究所等部门和机构发来贺信，上海市人口学会、复旦大学人口研究所、上海社会科学院人口研究所、南京大学社会政策与社会系、南京师范大学人口研究所、上海市人口和发展研究中心、上海市计划生育研究所等单位的同行及历届毕业的所友共 200 多人出席庆典，校长俞立中到会并致贺词。

2011 年底，人口研究所在职科研人员 8 人、兼职 1 人；新增科研项目 33 项，其中省部级 4 项、其他横向委托项 21 项；到校科研经费近 212 万元；在国内外学术刊物上公开发表论文 20 余篇。桂世勋教授荣获国务院侨办办公室 2007 ~ 2010 年度课题优秀成果第二奖，吴瑞君教授与安徽建筑工程学院丁仁船教授合作的论文《独生子女比例、婚育意愿变动对未来政策生育率的影响》，获安徽省 2007 ~ 2008 年度社会科学文学艺术出版奖（社科类）三等奖。赴境外地区参加国际学术会议 5 人次，参加国内举办的国际及国内学术会议 20 余人次；接待国内外来访、教学、合作研究人员 10 余人次，国内来访学者 10 余人次。当年毕业硕士生 11 人、博士生 3 人、大专班 49 人。截至 2011 年底，目前在读博士研究生 22 人、硕士研究生 30 人、人口学劳动经济与社会保障专业大专班学员 82 人。 （吴瑞君）

【2011 年新增科研项目】（以在学校立项为准）

课题名称	负责人	委托单位
城市无子女老年人“以房养老”研究	陈丽梅	上海市人力资源和社会保障局
上海城市人口总量的持续增长与城市承载能力研究	丁金宏	上海市政府发展研究中心
常州市人口承载量与人口发展对策研究	丁金宏	常州市人口和计划生育委员会
区县发展功能定位与人力资源需求分析	高向东	上海市人口综合服务和管理领导小组办公室
慈溪市人口和计生委“十二五”规划	桂世勋	慈溪市计生委
江阴市人口和计划生育“十二五”发展规划	桂世勋	江阴市人口计生委
闸北区老年人口和养老服务研究	桂世勋	闸北区人口计生委
宝山区现居住地管理的实施状况及对策研究	黄晨熹	宝山区人口计生委

（续表）

课题名称	负责人	委托单位
静安区人口计生公共服务评估体系研究	黄晨熹	静安区人口和计生委
浦东新区福利企业发展研究	黄晨熹	浦东新区民政局
上海市残疾人就业政策研究	黄晨熹	上海市残疾人就业服务中心
侨情调查的方法及数据利用研究	吴瑞君	国务院侨办
上海基本侨情调研	吴瑞君	上海市政府侨办、市侨联
新时期我国侨务工作的实践与总结	吴瑞君	上海市政府侨办
宝山老年人口社区照料研究	吴瑞君	宝山区人口计生委
宝山流动人口公共服务均等化研究	吴瑞君	宝山区人口计生委
宝山区人口增长与社会事业发展的关系研究	吴瑞君	宝山区委政策研究室
宝山外来人口服务需求研究	吴瑞君	宝山区人口计生委
大都市产城一体化中的人口分布与社会管理创新研究	吴瑞君	上海市政府发展研究中心
大连人口与社会公共事业协调发展研究	吴瑞君	大连市人口计生委
静安区伤残死亡独生子女家庭调研	吴瑞君	静安区人口计生委
昆山人口变动对政府公共服务的影响研究	吴瑞君	昆山市人口计生委
昆山人口变动对政府公共服务的影响研究	吴瑞君	昆山市人口计生委
老龄化对区域政府社会管理的影响研究	吴瑞君	闵行区人口计生委
老年独生子女父母的养老问题研究	吴瑞君	静安区人口计生委
普陀区人口与经济协调发展研究	吴瑞君	普陀区人口计生委
气候变化与人口迁移行为的关系研究	吴瑞君	澳大利亚阿德莱德大学
徐汇区人口资源与经济社会发展关系分析	吴瑞君	徐汇区发改委
都市开发与农民工的居住问题研究：以上海为例	赵晔琴	上海市哲学社会科学规划办公室
城乡统筹语域中“土地换保障”的实践反思与权益协调机制研究	郑雄飞	全国哲学社会科学规划办公室
中国侨民社会保障便携性的理论与对策研究	郑雄飞	国务院侨办
多维视角下残疾人发展的空间研究	郑雄飞	中国人民大学

【公开发表的学术成果】

成果名称	姓名	发表刊物／出版社	排名
城市外来人口居留意愿研究	黄晨熹	《西北人口》	独立
我国人口受教育状况的变动	黄晨熹	《人口学刊》	独立
新时期的老龄问题我们应该如何面对	桂世勋	《人口研究》	独立
上海市人口老龄化与养老服务体系建设	桂世勋	《上海金融学院学报》	独立
统筹计划生育补偿机制与导向机制的新思考	桂世勋	《人口与经济》	第二
论城市爆炸与人口调控	丁金宏	前进论坛	独立
世博后上海人口分布新态势	高向东	《中国人口资源环境》	第一
世博后上海人口郊区化发展探讨	高向东	《中国城市经济》	第二
上海市少数民族流动人口生存发展状态探析	高向东	《南京人口管理干部学院学报》	第二

（续表）

成果名称	姓名	发表刊物／出版社	排名
城市流动人口居留意愿研究——基于上海、苏州等地的调查分析	吴瑞君	《人口与发展》2011年第3期	第二
新时期上海侨务工作规律初探	吴瑞君	载《上海侨务理论研究报告集2009～2010》，上海人民出版社	独立
大都市华侨华人创业新特点及其对策研究——以上海为例	吴瑞君	载华侨华人研究报告(2011)，社会科学文献出版社	独立
老龄化对政府社会管理影响的调查与思考	吴瑞君	载：长寿的代价——老龄化对经济的影响研究，社会科学文献出版社	第一
流动人口对居住地社会事业资源的需求及满意度分析——以上海为例	吴瑞君	《南京人口管理干部学院学报》	第二
论我国城镇地区高知女性的择偶困境——以苏州市吴中区为例	吴瑞君	《南阳师范学院学报》	第二
城镇“双独”、“单独”、“双非”家庭生育意愿与生育行为差异的实证分析——以苏州市吴中区为例	吴瑞君	中国现代城市研究中心电子期刊	第二
义乌市就地城镇化的特征与机制探讨	吴瑞君	中国现代城市研究中心电子期刊	第二
国外大都市‘白天人口’研究及其对我国的启示	赵晔琴	《南方人口》	独立
上海城市空间建构与城市改造：城市移民与社会变迁	赵晔琴	上海三联书店出版社	独立
慈善事业的伦理根基和理性建构研究	郑雄飞	学术研究	独立
从全球化视角看社会保障——基于挑战与机遇并存的辩证思考	郑雄飞	社会保障研究	独立
职位晋升中的性别歧视	卿石松	《管理世界》	
工作特征对性别工资差距的作用	卿石松	《经济评论》	独立
劳动合同与中国工会：谁能保护劳动者合法权益？(载《体制改革与转型发展》)	卿石松	《上海市社会科学界第九届学术年会文集》，上海人民出版社	独立
职位隔离对性别工资差距的作用	卿石松	载《体制改革与转型发展》(上海市社会科学界第九届学术年会文集)，上海人民出版社	第一

【获奖科研成果】

奖励类别	项目名称	完成人	获奖时间	获奖等级
国务院侨办办公室2007～2010年度课题优秀成果研究	新华侨华人及华裔新生代研究	桂世勋 吴瑞君等	2011年7月	二等奖
安徽省2007～2008年度社会科学文学艺术出版奖（社科类）	独生子女比例、婚育意愿变动对未来政策生育率的影响	丁仁船 吴瑞君	2011年3月	三等奖

上海市计划生育科学研究所

【概述】 2011年，上海市计划生育科学研究所在研项目共计164项，其中科研项目99项，开发项目65项；国家级项目23项，国际合作项目14项，部委级项目41项。到位经费2741万元,比上年度增长26%。全年共发表论文105篇，其中核心期刊58篇，SCI36篇。年内，作为第一申请人申请发明专利6项、实用新型专利1项；获授权发明专利7项、实用新型专利2项。

研究所现有职工189名，其中科研人员143名，副高及以上职称人员43名。本年度接待外宾9批18人次，出访22批36人次。由研究所科研人员担任第一导师的、在读的复旦大学博士生共17名、硕士生共24名。

研究所在“十一五”期间成果斐然，获“‘十一五’国家科技计划执行优秀团队奖”；陈海林研究员获“‘十一五’国家科技计划执行突出贡献奖”；“含孕二烯酮一根型皮下埋植剂的研制”等8个研究成果分获“十一五”全国人口和计划生育优秀科技成果一、二、三等奖。

研究所积极拓展发展空间，面向国家和上海市人口发展的需要，依托科研优势，“上海市人口和家庭计划指导服务中心”在上海计生所挂牌成立。“上海市计划生育/生殖健康药具工程技术研究中心”经上海市科委批准，已在积极建设中。作为国家人口计生系统唯一的GLP基地，“建立符合国际新药研究规范的临床前安全评价技术平台”项目也获得国家“重大新药创制”科技重大专项“十二五”计划资助，并正在积极为建设国际认证的GLP实验室做准备。同时，研究所积极探索产学研相结合的发展之路，与达华药业公司合作的一批重点产品的研制工作也进展顺利。

此外，为寻求研究所更为广阔的发展空间，梅陇基地改扩建工程项目已取得实质性进展，该工程已通过项目整体规划审批，建筑面积总计超过5000平方米，工程将于2012年正式启动。

下属上海计生所医院迎来发展新阶段，获得了“计划生育技术服务”资质；与同济大学医院合作成立的“同济大学技术协作医院”即将挂牌运作；“上海市计划生育药具技术指导和咨询服务中心”、“上海市免费优生检查质控中心”相继挂牌成立。此外，还获“全国城乡妇女岗位建功先进集体——全国巾帼文明岗”光荣称号。

（王　颖）

上海人口与发展研究院

【概述】 2011年，上海人口与发展研究院坚持高层次、开放式、前瞻性的发展方向，整合国内外研究资源，凝聚上海乃至全国的人口学、社会学和经济学的优秀人才，围绕人口、资源和环境的全局性、综合性、战略性的重大问题开展理论和应用研究、政策咨询、教学、国际交流与合作等活动，努力建设成为一个科学研究、政策咨询、人才培养基地和国际合作与交流基地，成为沟通各派学术思想的桥梁，帮助各级政府决策的智囊，具有国内外重要影响的研究机构。研究院承接大型项目5个，承接市人口计生委和区、县人口计生委科研课题11个，举办国内外学术研讨会3次，培训交流会5次。

【12356阳光计生咨询、研究和综合服务热线平台】 2011年，12356阳光计生服务热线继续以开展阳光计生行动为要领，不断创新工作思路，拓展服务内涵，致力于将12356热线打造成“服务民生的平台、服务计生的窗口”。12356法律法规咨询热线全体工作人员以文明礼貌服务、科学严谨工作为手段，畅通群众的诉求渠道，充分尊重和保障了广大市民对人口和计划生育工作的知情权、参与权、表达权、监督权，提升人口计生部门公共服务水平，切实维护了计划生育家庭的合法权益。12356热线平台系统的统计报表显示，2011年，共接到IVR系统呼入电话232226个。其中法律法规咨询热线共接到人工呼入电话99914个，接通电话55653个。内容涉及生育政策、计划生育奖励与补助、流动人口的服务与管理、计划生育技术服务、独生子女保险计划、投诉和举报等多方面。

【中加科学育儿国际合作项目基地】 2011年，基地继续组织中外专家支持基地实验点建设，定期考察实验点，对实验点人员在课程方面进行现场指导和培训。完成修改《0～3岁婴幼儿科学育儿入户指导体系与标准》。结合上海的特点，编译加拿大BC省0～6个月婴儿父母指导手册《宝贝的最佳开端》，在7个科学育儿国际合作项目基地实验点发放。收集国际上儿童早期发展方面的资料，并进行分类与整理，组织编写《国际儿童早期发展》内刊。协助编写外事宣传片《借鉴国际先进经验，提高出生人口素质——加拿大优生优育工作模式考察巡礼》。

【上海人口早期发展情况监测项目】 2011年，组织项目组专家周念丽教授，项目官员滕文、曹莉、陆美琴，赴加拿大不列颠哥伦比亚大学早教研究所进行为期1周的培训，并从政府项目设计和政策制定角度、科研项目流程及数据分析角度、项目宣传和成果运用等角度，与UBC大学EDI项目组进行交流。在加拿大进行初步培训与交流后，进行上海人口早期发展情况监测项目（SEDI）的试点调查。

【上海市志人口分志】 8月10日，人口分志项目组召开《上海市志·人口分志》专家座谈会。市人口计生委主任谢玲丽出席并讲话。市公安局、上海市志办公室等专家、学者等30余人参加座谈会。2011年，编撰《上海市志(1978～2010)·人口分志资料长篇大纲(草稿)》，收集和整理人口分志资料，组织人口分志工作人员参加上海市志书编撰人员业务培训班。

【儿童权益国际合作项目讨论会】 5月12日，研究院举办“儿童权益国际合作项目讨论会”。会议由市人口计生委副主任孙常敏主持，市人口计生委、杨浦区人口计生委、上海社会科学院、复旦大学、华东师范大学、上海人口与发展研究院、市人口早期发展协会、国际儿童权益协会（IDE）、母婴健康工作室等多家单位的专家和学者参加讨论会。

【文化体制改革与家庭文化发展研讨会】 10月25日，市人口计生委、上海人口与发展研究院联合举办文化体制改革与家庭文化发展研讨会。这次研讨会聚焦当今上海家庭文化发展的新趋势，围绕群众对家庭文化和提升家庭发展能力的新期待，探讨新形势下家庭文化的内涵建设、体制建设和机制建设。市人口计生委主任谢玲丽致辞，市人口计生委副主任孙常敏主持。上海社科院、复旦大学、华东师大、上海大学、上海市老龄科研中心、上海东亚研究所、上海人口与发展研究院的社会学、人口学、民俗文化专家以及实际工作者近百人出席研讨会。

【上海市社区与儿童早期发展国际学术交流会】 12月13日，市人口计生委、上海人口与发展研究院、上海市人口早期发展协会共同举办“上海市社区与儿童早期发展国际学术交流会”。齐巴·瓦格赫丽、詹富安、邬惊雷、沃乐柳、周念丽、余甸等多位国内外专家以及徐汇区和杨浦区等社区早期发展机构代表围绕“社区与儿童早期发展”这一主题，从机构运营经验、脑科研究、儿童心理、儿童医疗保健等多个角度交流与探讨。市人口计生委相关处室，各区县人口计生委主任、分管主任、宣教科长，市家计中心负责人，科学育儿国际合作项目基地实验点负责人，科学育儿国际合作项目基地中方工作组成员等共100余人参加会议。（刘金华）

上海市出生缺陷一级预防指导中心

【概述】 2009年5月12日，市人口计生委依托复旦大学附属妇产科医院成立上海市出生缺陷一级预防指导中心。

【主要职能】 （1）承担对全市及各区县推广出生缺陷一级预防的技术支持，参与建立可复制的一级预防模式，制订规范、流程、技术标准和质量控制标准；（2）承担研究建立出生缺陷一级预防评估体系和评估指标，参与应用科学的方法对一级预防进行全程评估；（3）组织遗传学、妇幼保健、心理学以及公共卫生等多学科专家，根据工作推进情况开发一级预防培训教材，参与对基层咨询指导人员的系统培训；（4）承接出生缺陷自我评估系统、网络信息服务、流行病学调查及适宜技术开发等课题研究；（5）

依托各专业机构为社区转诊人群提供专业咨询指导。根据以上主要职能，上海市出生缺陷一级预防指导中心设立伦理委员会和专家委员会，下设技术支持部、专业培训部、研究开发部和孕前咨询部等 4 个部门。

【研究课题】 2009 年，承担《高危对象规范指导服务机制》的课题研究；2010 年完成《上海市优生促进工程运作机制和政策研究》课题。

【教育培训】 2010 年，指导中心举办出生缺陷一级预防指导工作新进人员培训班 2 期，培训 93 人次;继续教育培训班 3 期，培训 270 人次。2011 年，指导中心举办优生促进工作新进人员培训班 3 期，培训 101 人次；继续教育培训班 7 期，培训 238 人次；医疗、检验人员专题培训班 3 期，培训 109 人次。该中心专家还应国家人口计生委科技司邀请，作为师资为国家免费孕前优生项目试点区县进行业务培训。

【学士交流】 2010 年，指导中心多次组织相关学科专家开展研讨交流活动。2011 年，指导中心参与全市孕前优生健康检查项目的现场评估、试点工作总结和推进会等活动。 （周晓波）

上海市老龄科学研究中心

【概述】 1993 年，成立上海市老龄科学研究中心，中心下设 7 个研究所和 9 个区县分中心。7 个研究所为老年人口学研究所、老年经济学研究所、老年社会学研究所、老年医学研究所、老年心理学研究所、老年中风防治研究所及老年长期照护研究所。10 个分中心为长宁、徐汇、静安、嘉定、浦东新区、虹口、卢湾、闸北、普陀及杨浦分中心。

【开展课题研究和调研活动】 （1）承接中国老龄科学研究中心委托的大型课题项目《我国老年心理疾患预防研究》。联合华东师范大学心理学系的科研力量，对上海、天津、河北、浙江、吉林等地居住在社区及养老院的老年人群进行调查，分析影响他们心理的主要因素，同时分析群体多样化对于老年人心理健康的重要意义。在调研报告的基础上，课题组还制作《老年人心理疾患干预手册》，分为老年人版和子女／社区工作者版，以帮助老年人及其子女或老龄工作者了解老年心理方面的基本知识，更好地避免老年心理疾患的发生或加重。（2）参与编制上海市老年友好城市／宜居社区指南。本次指南的编制结合了上海试点工作经验，充分反映上海特色,并和上海老龄事业发展“十二五”规划实施工作等有机结合起来，以期进一步推动上海“老年友好城区”和“老年宜居社区”的创建工作。指南将在充分征求各方意见的基础上，形成试行稿，并在经过一阶段的实施后再行完善。（3）与区县老龄办合作完成课题。与杨浦区老龄办合作，完成《杨浦区养老机构老年人意外事故情况调查及预防对策研究》；与原卢湾区老龄办合作的《卢湾区养老服务设施空间布局研究——打造社区“十分钟生活服务圈”》、《卢湾区老年配餐中心工作机制建设研究》、《卢湾区老年人宜居社区与老年友好城区标准建设研究》和《加强家庭养老义务系统研究》等 4 项课题，其中第一项和第三项课题报告分获市民政局调研评比一等奖和三等奖。（4）参与市委研究室和市民政局牵头的《上海幸福养老示范基地建设的可行性必要性研究》大型课题，完成《关于在崇明县建设上海“现代全过程基础养老社区”示范基地的建议方案》的分课题初稿。

【完成各项信息统计和发布工作】 （1）积极配合市统计局，完成“老年人口和老龄事业发展监测统计”工作。（2）完成老年人口和老龄事业信息发布有关工作，编印《2010 年上海市老年人口和老龄事业监测统计信息》和《2010 年上海市老龄事业发展报告书》。同时，会同市统计局，汇编成《2010 年上海市老年人口和老龄事业数据手册》。(3)推进完善上海市“纯老家庭”数据统计工作。

截至 2011 年 12 月 31 日，全市户籍总人口 1419.36 万人，其中 60 岁及以上老年人口 347.76 万人，占总人口的 24.5%，比上年增加了 16.73 万人，增长 5.1%。65 岁及以上老年人口 235.22 万人，占总人口的 16.6%。80 岁及以上高龄老年人口 62.92 万人，占 60 岁及以上老年人口的 18.1%，占总人口的 4.4%。（沈 妍）

上海市生殖医学研究培训中心

【概述】 上海市生殖医学研究培训中心成立于1987年。由上海第二医科大学男子计划生育研究一室与二室、女子计划生育研究一室与二室及围产医学研究室共同组建而成。主要任务：承担国家及上海市计划生育与优生优育的科研项目以及培养计划生育研究的专门人才。先后担任国家“六五”、“七五”、“八五”、“九五”攻关科研项目，获得几十项科技进步奖励，并培养了百余名生殖医学与计划生育研究生。1996年，上海市生殖医学研究培训中心被国家计生委评为全国先进集体，并于1998年成立上海市生殖医学重点实验室。该实验室近年来在国内外发表论文30余篇，获得上海市科技进步奖、中华医学科技奖、国家人口和计划生育委员会科技进步奖多项。承担包括973项目子课题、国家自然科学基金面上项目、上海市曙光计划、国家人口和计划生育委员会科研基金等国家和省部级科研课题。申报国家发明专利1项。近6年来，实验室培养博士后1名、博士4名，硕士8名。目前，在读博士生5名，硕士生10名。引进博士后1名，博士、硕士各2名。还选派多名青年教师到澳大利亚墨尔本王子医学院、美国加州大学尔湾分校和美国密歇根大学医学院的实验室进修深造。（金一平）

九、人口要情选编

关于赴广东省学习考察流动人口服务管理的有关情况和思考建议

流动人口服务管理是当前我国和上海人口工作的重点和难点。为了更好地贯彻落实胡锦涛总书记在中央政治局第二十八次集体学习时的重要讲话精神以及国家人口计生委和市委市政府关于加强流动人口服务管理的要求，学习借鉴兄弟省市的先进做法与经验，加强省际的交流与合作，推动形成流动人口计划生育工作区域“一盘棋”格局，2011 年 5 月 20 ～ 22 日，赵雯副市长率领部分区（县）人口计生工作分管区（县）长以及人口计生委主任，赴广东省学习考察流动人口服务管理情况。有关情况如下：

一、学习考察概况

2011 年 5 月 20 日，粤沪两地流动人口服务管理座谈会在广州召开，上海市副市长赵雯、广东省副省长雷于蓝出席座谈会并讲话，上海市人口计生委党委书记、主任谢玲丽，广东省政府副秘书长、省人口计生委主任张枫出席会议并陪同考察。在粤期间，赵雯副市长等考察了广州市、中山市流动人口服务点和市政建设、珠海市城市规划及流动人口管理情况、斗门计生服务机构等地。

上海和广东同处于我国东部沿海发达地区，都是我国人口跨省流动的主要流入地，在全国人口大规模流动迁移格局中占有重要地位。通过本次学习考察和交流探讨，沪粤两地将进一步加强在人口领域的合作与交流，促进新形势下强化流动人口服务管理、改善计划生育民生、加快人口计生部门职能转变、推动人口计生工作转型发展，进一步加强信息沟通、政策协调，推进长三角与珠三角两大区域之间的人口工作联动，形成长效合作机制。

二、广东省人口概况

根据第六次人口普查数据，广东省常住总人口超过 1.04 亿，居全国首位，是全国的第一人口大省。与 2000 年第五次人口普查相比，增加 1788 万，年均增加 179 万，年均增长率为 1.9%。广东常住人口中，居住在城镇的占 66.2%，比全国高 16.5 个百分点；居住在乡村的人口占 33.8%。城镇人口的比重比 2000 年上升 11.2 个百分点。

在人口年龄构成方面，全省劳动年龄人口的比重较高，老年人口的比重较低。全省常住人口中，0 ～ 14 岁少儿人口占 16.9%，接近全国比例，比上海高8.3个百分点；15～64岁劳动年龄人口占76.4%，高于全国6.3个百分点，但比上海低4.9个百分点；65岁以上老年人口比重占6.8%，比全国低2.1个百分点，比上海低3.3个百分点。

广东又是全国第一流动人口大省。根据“六普”数据显示，跨县（市、区）流动人口3128万人，占常住人口的30%。其中，属于省外的2150万人，占流动人口总数的68.7%，省内978万人。与2000年第五次人口普查相比，10年间广东流动人口增加1023万人，增长48.6%。

三、广东省流动人口服务管理的主要做法

（一）推广“大综治”，创建“政府主导，部门联动”新机制

广东省委、省政府高度重视人口计生工作和流动人口服务管理工作，省委书记汪洋、省长黄华华多次做出批示，强调要像重视物质生产那样重视人口生产。坚持党政一把手亲自抓、负总责，落实“一票否决权”制度，实行干部包干责任制，建立层级责任到位、动态管理及时、奖罚分明的奖惩制度。出台了《广东省流动人口服务管理条例》等地方性法规、规章和配套文件。2010年1月1日起对流动人口发放《广东省居住证》，推行以居住登记和居住证制为核心的流动人口服务管理“一证通”制度。构建“以证管人”、“以屋管人”、“以业管人”的立体管控模式。整合部门管理资源，人口计生与公安、建设、教育等部门联手，强化社区流动人口信息登记，建立“统一采集、信息共享、层级问责”的工作制度。大力开展流动人口信息化建设，以受理制发居住证为抓手，全面采集流动人口和出租屋信息，实现“人、屋、业、证”共管。加强与人口流出大省的区域协作，建立起泛珠三角10省区流动人口计划生育区域协作机制。

（二）开展农民工积分制入户城镇工作，推动解决“三农”问题

2010年6月23日，广东省出台了《关于开展农民工积分制入户城镇工作的指导意见》，推行农民工积分制入户城镇工作。农民工积分制入户城镇，是指通过科学设置和确定积分指标体系，对农民工入户城镇的条件进行指标量化，并对每项指标赋予一定分值，当指标累计积分达到规定分值时，农民工即可申请入户城镇。在广东省务工的农业户籍劳动力，凡已办理《广东省居住证》、纳入就业登记、缴纳社会保险的，均可申请纳入积分登记管理，符合积分入户条件的农民工，可选择在就业地镇（街）或产权房屋所在地镇（街）申请入户，其配偶和未成年子女可以随迁。按照总量控制、因地制宜、统筹兼顾、稳妥有序的原则，确定农民工入户城镇的规模。农民工入户城镇计划指标重点向中小城市和县城、中心镇倾斜。每年年初由省发展改革委会同省人力资源社会保障厅、公安厅将农民工积分制入户城镇计划指标下达各市，各市在年底前将办理情况上报省相关主管部门。

（三）实行“三有四同”原则，强化流动人口服务管理保障

为了强化流动人口服务管理保障，广东省坚持流动人口服务管理“有机构、有队伍、有经费”和流动人口与户籍人口“同宣传、同考核、同管理、同服务”的“三有四同”原则。2004年广东省成立流动人口管理工作领导小组，地方各级相应成立由十多个职能部门组成的流动人口综合服务管理机构。同时，在珠三角各镇（街）设立流动人员和出租屋服务管理中心，在流动人口较多的居（村）委会设立流动人员和出租屋综合服务站，建立起省市县镇村五级管理网络体系。珠三角一些城市按照流动人口数量，配备协管员队伍，职责包括社会治安、计划生育、消防和公共卫生等4项内容。此外，广东各地将流动人口纳入本辖区实际人口总数，按照户籍人口标准，把相关服务经费足额纳入各级财政正常预算，并设立流动人口专项管理服务经费。

（四）深化社会保障和公共服务措施，加快流动人口融入本地社会

加快解决农民工社会保障问题，目前，全省流动人口参加养老、失业、医疗、工伤保险人数超过4600万人次，参保人数连续多年居全国第一。各级政府从生育、生活、生产等方面

关怀关爱流动人口。开展了以服务农民工为主题的“南粤春暖行动”，重点解决农民工关心的就业培训、权益维护、返乡创业等问题。强化农民工职业技能培训，政府出资修建“夫妻房”或廉租房，免费提供或低价出租给外来务工夫妇。深化流动人口子女义务教育改革。强化流动人口计划生育基本公共服务，对实行计划生育的流动人口家庭，在招工、子女入学、住房等方面实行优先优惠政策。建立社区生育文化中心、流动人口文娱中心等活动场所，开展青春健康教育，为流动人口提供学习、娱乐空间。把外来务工人员作为普法的重点对象，开展法律宣传、法律服务和法律援助。

四、思考和建议

上海在传统上就是一个移民城市，“海纳百川”是城市发展的重要特征。根据“六普”数据显示，至2010年11月全市外来常住人口达到897.7万人，占常住人口总量的39%。与“五普”相比，10年间上海外来人口增长了1.59倍，年均增加55.1万人，全市外来常住人口已占常住人口总量的39%。在全国城市化加快发展、长三角区域一体化和世博效应的多重影响下，上海对国内外人口的吸引力依然强劲，是全国跨省人口流入的主要目的地。流动人口的大量涌入，既给上海发展带来了人口活力和经济活力，同时对于城市承载能力、环境容量、日常运转、公共安全、社会管理和公共服务等是一个严峻挑战。如何引导人口合理有序流动、防止“城市病”产生，如何积极稳妥地推进基本公共服务均等化、消除“新二元结构”，如何保障流动人口合法权益、促进社会融合和城市安全等等问题，是摆在我们面前迫切需要加以认真思考、研究和解决的重大问题。

（一）引导人口有序迁移和合理分布，防止出现“城市病”，确保上海特大型城市安全

上海在人口总量持续增长不可避免的情况下，要通过引导人口在城乡之间有序迁移和合理分布，来缓解人口规模不断扩大给城市发展带来的压力。要按照中央领导关于特大城市要合理控制人口规模，防止出现“城市病”的指示要求，结合上海实际，积极引导人口有序迁移和合理分布，积极借鉴世博会城市最佳实践区的成功经验，转变城市发展模式，树立世界眼光，统筹考虑和推进人口、土地、产业之间的协调发展，立足于长三角城市群发展和国家战略实施，推动城市体系重构和区域功能调整，认真研究在市域范围内实施人口发展功能区战略，进一步完善人口流动和迁移政策，积极稳妥地推进户籍管理制度改革，不断完善居住证制度，建立健全实有人口动态管理机制，避免上海特大型城市人口过度集聚和膨胀，保持适度人口规模，使城市人口与资源环境承载能力、经济社会发展水平、发展阶段相适应。

（二）逐步推进基本公共服务均等化，着力消除“新二元结构”，促进新老上海人融合发展

据市人口计生委最新统计，在摸底调查的221个街镇中，有67个街镇流动人口数与户籍人口数倒挂，占街镇总数的30.32%；在5511个村居委中，有1560个村居委的流动人口数与户籍人口数倒挂，占村居委总数的28.31%。由于流动人口的大量流入，对城市公共服务的利益诉求越来越强，融入城市的意愿更为迫切，全市公共服务资源的供需矛盾日益尖锐、“新二元结构”问题日益突出。因此，要结合居住证制度的推行和完善，积极稳妥地逐步实现义务教育、社会保障、医疗卫生、计划生育等基本公共服务的均等化，认真对待和消除“新二元结构”，特别是要研究和探索流动人口与户籍人口之间数量倒挂区、街镇和居村委的政治、经济、社会、文化建设问题，致力于推动人口构成多元化背景下的新老上海人融合发展。值得注意的是，无论是打破传统的“二元结构”，还是消除“新二元结构”，都是大势所趋，但又是一个渐进的过程，在具体实施过程中，要注意把握好“节奏”和“度”，要根据经济发展水平、发展阶段和城市可承受的能力，有序稳步推进。如果超越经济发展阶段，急于推行均等化，势必导致大量人口盲目和无序进入大城市，引发城市危机。

（三）切实加强流动人口管理和服务，实现资源整合、信息共享、工作联动

流动人口服务管理是当前上海城市人口管

理的重点和难点。要借鉴广东省“三有四同”的经验，进一步加强市、区县、镇（乡）街道和村（居）委各个层面的流动人口管理和服务力度，做到有机构、有经费、有人员，同宣传、同管理、同服务、同考核。市级层面强化制度设计、政策衔接、统筹协调和考核评估，区县级层面强化综合管理、条块结合、信息共享和协调推进，镇（乡）街道层面强化属地管理、资源整合、联合执法，村（居）委层面强化信息采集、宣传服务、村（居）民自治。各级人口计生部门要充分利用网络优势、宣传优势、研究优势和服务优势，在城市社会管理、公共服务特别是流动人口服务管理中发挥更大作用，进一步加强人口发展战略研究，加快推进人口信息化建设，建立人口与发展综合决策支持系统，完善人口发展动态监测、综合分析、预警预报制度。

国家人口计生委在沪召开
“北、上、广”三大一线城市人口规模调控课题研讨会

2011年8月30日，国家人口计生委在上海召开了特大城市人口规模调控课题研讨会。国家人口计生委副主任王培安出席会议并讲话。今年6月，国家人口计生委组织国家发改委城市和小城镇改革发展中心及北京、上海和广州三市人口计生委开展特大城市人口规模调控课题研究，旨在通过研究提出合理调控特大城市人口规模的政策建议。国家发改委城市和小城镇改革发展中心，北京、上海和广州课题组负责人和主要成员，上海有关部门和专家学者参加了研讨会。各课题组汇报了阶段性研究成果。主要情况如下：

一、国家人口计生委
副主任王培安的讲话精神

（一）关于课题研究的重要意义

1. 特大城市人口规模调控是我国在城镇化快速发展阶段必须面对的现实问题。未来十几年，我国还将处于工业化、城镇化快速发展阶段。我国大城市发展迅速，100万人口以上的特大城市从1997年的34个增长到2007年的63个，成为经济社会发展的重要引擎。其中，1000万人口以上的超大城市达到5个（北京、上海、天津、重庆、广州）。近年来，一些特大城市显现出交通拥堵、资源匮乏、环境污染、住房紧张、公共服务失衡等城市问题，“北、上、广”三大一线城市更是各界关注的焦点。三大城市的人口调控政策具有极强的示范带动作用。我们认真做好这项课题研究，对于解决城市发展本身面临的突出问题和促进全国人口与经济社会、资源环境协调发展均具有重要而深远的意义。

2. 特大城市人口规模调控是贯彻落实胡锦涛总书记讲话精神的重要举措。胡锦涛总书记在今年4月中央政治局第28次集体学习讲话中对于全面做好人口工作提出了加强战略研究、政策统筹、工作协调、任务落实的总体要求，明确了六项重点任务。其中重要的一条就是“引导人口有序迁移和合理分布，切实加强流动人口管理和服务，制定引导人口合理流动、有序迁移的政策，积极稳妥推进城镇化，统筹协调好人口分布和经济布局、国土利用的关系，把流动人口管理和服务纳入流入地经济社会发展总体规划之中，为人口流动迁移创造良好政策和制度环境”。并且明确指出：特大城市要合理控制人口规模，防止出现“城市病”。大家研究

的结果也说明，特大城市人口规模过快增长问题主要是流动迁移人口向特大城市快速集中的问题。人口规模调控的核心政策就是引导人口有序迁移、合理分布的政策。

3. 特大城市人口规模调控是实施主体功能区规划、促进城镇化健康发展的重要内容。 2010年底国务院颁布了《全国主体功能区规划》，这是我国国土空间开发的基础性、战略性规划。《规划》提出要形成“两横三纵”的城镇化格局，大中小城镇协调发展的城镇体系。处于优化开发区的三大特大城市，既要积极吸纳消化现有流动迁移人口，又要避免某一阶段的人口过度聚集，实现有序、可控的人口增长；同时，这也要求大力发展中小城镇，增强其综合承载力，吸纳大量的农村迁移人口，缓解东部特大城市的人口压力，实现国家经济增长重心和市场格局“西进北上”的战略意图。

（二）充分肯定已取得的研究成果

北京、上海、广州分别分析了本市人口发展状况及人口流动迁移状况，现有的人口规模调控政策、效果及存在的问题，并提出了人口规模调控的政策框架和主要政策措施。国家发改委城市与小城镇改革发展中心课题组系统分析了世界特大城市人口增长的规律、人口规模调控的措施以及对中国的启示。与会专家的讨论都扣住了人口规模调控的核心政策问题，对于我们完善研究有极大的帮助。通过大家的讨论，大家基本形成了以下共识：

1. 人口调控应本着以人为本的理念。 政府应对人口规模进行合理调控，但调控绝不是依靠行政手段进行消极限制，堵住人口流入的渠道。调控思路应与“十二五”规划中城镇化战略相符，应注意保障民生、推进基本公共服务均等化，保障流动迁移人口的合法权益。流动人口的迁入有利于优化特大城市的人口结构。简单地管控、限制，尤其是限制低端人口进入，不符合经济社会发展规律，不仅会引起民众的强烈反对，而且对其他大型城市也会起到不好的引导作用。广州的积分制是推进流动人口市民化的一种积极探索。

2. 人口规模的调控要疏堵结合、长短期政策配套。 要跳出特大城市看特大城市的人口规模调控问题，通过以特大城市为中心形成的周边城镇群来缓解特大城市的人口压力。上海市立足于长三角城市群提出构建“1966”城镇体系，北京可以在京津冀地区带动周边城镇的发展。这也是对国家十二五规划提出的“以城镇群、都市圈为推进城镇化的主体形态”的呼应。作为特大城市的发展建议，除了提出短期人口调控措施，还应提出涉及产业调整、城市发展规划、促进城乡区域协调发展等长远措施。如，通过健全社会保障制度，均衡发展全国各地的基础设施，这样老年人在退休后可以离开特大城市养老，建立人口退出机制。

3. 通过提高城市管理水平、优化人口市域内分布来挖掘人口承载力。 这几个特大城市都存在市域内发展不平衡问题。人口过密、交通拥堵等问题主要在市区，可以通过产业向郊区转移，大医院、重点学校等机构向郊区转移，建立卫星城等，减缓中心城区的人口压力，促进城乡一体化发展。生活区和居住区的分离，也使得城市交通压力巨大，综合承载力受到影响，需要合理的城区功能定位，精细化的城市管理。

4. 调整产业结构是调控人口规模的根本措施。 城市产业结构决定着劳动力数量和素质结构。目前几个特大城市仍以劳动密集型产业为主，汽车制造等大型制造业劳动力需求旺盛。各个城市分别提出了新的城市发展目标和产业升级战略，但由于发展路径的依赖，各个城市产业体系的调整还有一个过程，也会遇到相关的阻力。

5. 对迁入人口进行分类调控。 人口调控关键是对增量的调控，避免人口增速过快，超出城市管理能力。户籍人口主要采用行政手段进行调控，短期内特大城市不宜放开户籍。但必须为在本市工作、生活的流动人口提供基本的公共服务，促进基本公共服务均等化。可以依据社会保险缴费记录、纳税记录，为流动人口提供相应的社会福利和基本公共服务。目前的调查结果显示，不少流动人口在特大城市积累了一定经验和财力后愿意返乡创业和生活，并不是所有人都把特大城市当作归宿。

二、国家发改委城市和小城镇改革发展中心的主要研究观点

特大城市因其集聚了大量的人口和经济，是一个国家的增长极，能够对一个国家、地区甚至全球的发展起到重要的影响作用。从世界特大城市发展的经验来看，人口向特大城市的集中是一个必然趋势，并非洪水猛兽，纽约、东京等特大城市正是利用人口集中带来的有利条件加快全球城市建设步伐。当然，人口过度集中也带来一系列的问题，这些问题有的是发展中必然遇到的问题，有的可以通过有效的管理来化解。

（一）我国特大城市发展中要处理好的几个关系

1. 处理好主城区和行政管辖区的关系。与国际上城市不同，我国的城市既包括城市，又包含农村。我国特大城市不光有人口高度集中的城市建成区，也包含大量的农村，以北京为例，对于1.68万平方公里的行政辖区而言，北京人口密度并不高。我国特大城市主城区存在人口过度集中的问题，但是行政辖区并不存在人口过度集中的问题，因此相关政策的制定时要区分主城区和行政辖区的概念。

2. 处理好特大城市和区域发展的关系。国际特大城市成功的经验是特大城市成为带动区域共同发展，而不是将资源过度向特大城市集中。因此，我国特大城市发展要明确和所在区域的关系，要将特大城市的产业、居住、公共服务等功能适当向周边区域扩散，通过特大城市带动区域经济的协调发展，而不是一味着集中各类资源，带来一极独大的现象。

3. 处理好产业升级和低端生活服务业发展的关系。促进产业升级是确立未来我国特大城市国际竞争力的关键，政府要制定和引导产业升级的政策。同时要认识到城市不仅需要高端服务业，如金融、信息等，也需要基本的服务业和物美价廉的服务业。要认识到城市宜居的关键是能够提供更为方便的城市生活，因此城市在产业升级转型过程中，要为方便居民的低端生活服务业发展留足空间。即使像纽约这样的全球城市都鼓励城市小商小贩的发展，我们的城市更不能以产业升级为由来压缩低端生活服务业发展的空间。

4. 处理好新城建设和旧城发展的关系。发展新城是缓解中心城区压力的途径，新城发展成功的经验是将“规划的城市”转为“居民参与经营的城市”。新城发展和人口郊区化可能会带来中心城区的衰落，要保障中心城区的活力，首先要挖掘中心城区存量建设用地的潜力，并且赋予中心城区居民更多地发展自主权，让居民参与经营城市，提高城市的可持续发展能力。

（二）相关建议

特大城市对人口的吸引力和集聚力是毋庸置疑的，在人口调控过程中最重要的是优化人口布局，要将与人口分布高度相关的产业、就业、居住、交通、休闲等要素配置综合考虑。

1. 编制特大城市都市区规划。建立跨行政区域的特大城市都市区协调机制，启动特大城市都市区规划。要统筹规划各城市功能定位和产业定位。重点是遵循市场规律，通过项目建设为核心促进规划落实。打破行政区划界限规划建设城市基础设施和公共服务设施，实现设施区域共享，提高运行效率。消除城市间教育、卫生、养老等公共服务差距，促进公共服务均等化发展，实现特大城市都市区公共服务“同城化”布局。

2. 通过产业和服务引导人口转移。加快将特大城市基础设施向周边重点城镇延伸，综合运用金融信贷、投资税收、建设用地等政策手段，推进特大城市中心城区产业向周边转移；积极推动特大城市中心城区行政、教育、医疗卫生等功能向周边中小城市和小城镇分散，引导特大城市居住和公共服务等功能转移，缓解中心城区人口压力。中小城市和小城镇要做好为大城市产业配套和服务功能，与大城市形成合理的功能分工。

3. 完善外来流动人口的基本公共服务。切实转变将大量外来农民工作为城市负担的管理，要将广大外来人口作为城市发展的重要资源来

看待，要从城市长远发展的角度来认真对待外来人口，特大城市既要敞开欢迎文化素质较高的科技人才，也要吸纳广大外来农民工，以确保城市发展的基本人力资源。特大城市政府要将广大外来人口纳入政府公共财政预算，根据常住人口规模，编制部门和地方预算。逐步使特大城市外来人口在子女教育、公共卫生、社会保障等方面享受与本地城镇居民同等的公共服务水平，当公共服务达到均等化以后，户籍制度改革也就水到渠成了。

4. 健全交通基础设施。特大城市要坚持公交优先发展的理念，加大城市公交基础设施的建设力度，优先保障投资和用地，完善公共交通基础设施，提高公共交通线路密度；在定价、税收、补贴等方面，对公共交通采取优惠和扶持政策；制定和推行各种倡导公交出行的政策。完善都市圈内城际公共交通的发展，建立快捷地城际间公共交通体系。完善外来人口集聚区与主城区之间的交通基础设施建设。新城建设前要事先完善与中心城区的公路、轨道交通等交通基础设施。

5. 提高城市管理水平。综合运用现代信息化技术，增强城市在交通、防灾减灾、应急处理等方面的综合能力，建设数字城市、智慧城市，提高城市决策的科学化程度。充分挖掘城市发展潜力，提高城镇建设用地利用效率。城镇建设要充分挖掘存量建设用地潜力，减少城镇建成区内空闲、废弃、闲置建设用地比例，鼓励城市开发利用地下空间资源。

关于上海特大型城市人口规模调控问题的思考

根据国家人口计生委的统一部署，上海市人口计生委从今年6月起组织开展了上海特大型城市人口规模调控问题研究。主要目的是深入分析特大型城市人口规模变动与经济社会发展之间的互动关系，对上海特大型城市人口规模调控的政策实施效果进行评估分析，研究提出合理调控特大城市人口规模的重要政策和举措。有关情况和建议如下：

一、上海人口发展的基本态势

1. 人口总量持续增长，突破规划目标。1990年代以后，上海常住人口规模快速扩张，1990年“四普”时为1334.19万人,2010年“六普”时已达到2301.91万人，20年间全市常住人口增加了967.73万人，扩大了1.73倍。由于人口规模快速增长，上海“九五”、“十五”、“十一五”确定的常住人口规划目标均被突破，“十一”规划目标（2010年）为1900万人，实际为2302.66万人，超过402.66万人。

2. 来沪流动人口快速增长，是常住人口规模不断扩张的首要因素。上海是我国跨省人口流入的主要目的地之一。1988年全市外来常住流动人口为106万人，1993年为251万人，2000年为306万人，2010年898万人。外来常住流动人口在常住人口中的比重不断提高，2000年为18.65%，2010年已经达到39.01%。

3. 户籍人口迁入大于迁出，是常住人口规模不断扩张的第二因素。随着国家户籍制度改革的推进，每年迁入上海市的人口数量不断增加。2000年全市户籍人口迁入15.16万人，迁出5.32万人，净迁入9.84万人，机械增长率为7.47‰；2010年迁入17.22万人，迁出4.97万人，净迁入12.25万人，机械增长率为8.71‰。由于户籍人口迁入数量远大于迁出数量，全市户籍人口保持稳定增长态势，也是常住人口规模增长的第二大因素。

4. 虽然户籍人口自然变动保持负增长，但是常住人口自然变动呈正增长，是常住人口规

模不断扩张的第三因素。从1993年起，上海市户籍人口自然变动进入负增长阶段，至今已经持续18年，2010年全市户籍人口自然增长率为−0.60‰。但全市外来常住人口出生逐年增加，2010年常住人口出生数17.51万人，其中外来常住人口出生7.49万人，占42.78%。流动人口出生数量的大幅度增加，导致本市常住人口自然增长率不断升高，自2005年起重新进入正增长阶段，2010年全市常住人口自然增长率为2.55‰。

5. 人口密度不断上升，城乡人口分布落差悬殊，人口逐步向城郊结合地区转移。随着上海市人口总量规模的不断扩大，全市人口密度不断升高。"六普"数据显示：上海常住人口密度为3631人／平方公里，是全国人口密度的20余倍。总体上看，上海人口分布呈现中心城区密度过高、郊区人口过于分散的特征。中心城区人口密度为24137人／平方公里，近郊区人口密度为4684人／平方公里，远郊区人口密度为1388人／平方公里。

6. 人口老龄化与少子化并存，结构性问题突出。2010年末，上海户籍60岁及以上老年人口为 331.02万人，占总人口的23.4%。"六普"数据显示，全市常住60岁及以上老年人口为345.6万人，所占比例为15.07%。目前，第一代独生子女父母开始步入老年阶段，据预测，2013年左右全市新增的老年人口中约有80%以上为独生子女父母。同时，青少年人口比重严重偏低。"六普"数据显示，2010年全市常住人口中0～14岁的人口为198.56万人，仅占8.63%；同2000年"五普"相比，下降3.63个百分点。

二、上海人口规模调控中面临的问题

从政策层面来看，现有的人口规模调控政策分为三个方面：一是调控人口出生；二是调控户籍人口迁移；三是调控流动人口。总的来说，上海现有的人口调控政策逐步趋于完善，执行情况良好，对于合理调控全市人口规模、确保城市运行安全起到了重要保障作用。全市低生育水平保持稳定，户籍人口呈较为稳定的缓慢增长态势，但是常住人口增长迅速。当前面临的主要问题是：

1. 人口总量持续增长超过预期，资源、环境、城市建设和日常运行面临巨大压力。上海是一个资源紧缺型城市，城市发展、日常运行和保障所需的资源能源基本上都依赖外部供给。由于全市实有人口、常住人口、户籍人口规模均呈持续增长态势，城市发展既面临着资源、环境"短板"的"硬约束"，也存在基础设施建设进度与人口快速增长难以配套的"软约束"。由于人口规模不断膨胀，导致城市基础设施处于超负荷状态，城市运行风险增大，加大了城市社会管理难度。

2. 以户口为前提的利益分配制度给户籍迁移政策的执行带来巨大压力。长期以来，住房、教育、医疗、劳动用工就业等福利保障制度的设计与实施均以户口为前提，为追求附着在户籍背后的利益，要求将户籍迁入本市的人员逐年增多，主要包括上海在不同历史时期的支内支边人员、两地婚姻家庭的夫妻投靠人员、希望在上海就业落户的高校毕业生和外省市人才等。

3."新二元结构"问题突出，已经成为特大城市发展中面临的一个重点和难点问题。"新二元结构"是指城市内部非户籍人口与户籍人口之间在经济收入、公共服务、社会保障等方面因制度缺失导致的发展差异，是传统"城乡二元结构"跨区域的延伸和表现。当前，外省市来沪流动人口持续快速增长，造成公共服务资源紧张、城市管理压力巨大、社会治安形势严峻以及群体性矛盾风险积聚等问题。新生代农民工更加渴望市民身份认同、待遇平等及融入城市，给上海解决"新二元结构"提出了新的考验和挑战。

三、关于人口规模调控的政策

从世界范围来看，特大型城市人口变动出现了两种情况：一种是人口流入、流出趋于相对平衡，高层次人才集聚，人口规模相对稳定，主要是发达国家的特大城市，如纽约、东京、伦敦等；另一种是人口无序流动、盲目集聚，陷入过度城市化和城市贫困化，最典型的就是拉美地区，还有印度孟买、加尔各答。“拉美陷阱”的根本原因在于人口无序流动，政府缺乏导向性规划和管理政策，缺乏预警机制和干预措施，导致城市人口规模过度膨胀。当认识到问题严重时，已经无法扭转局面。

当前和未来一段时期内，上海人口规模调控要按照中央对上海发展的战略定位，立足于国家人口发展战略和长三角地区一体化发展，坚持调控人口规模与转变经济发展方式、优化产业布局、推进城市建设、保护生态环境、加强社会管理、完善公共服务等相结合；坚持调控人口规模与提升人口素质、改善人口结构、优化人口布局并举，控制人口，广纳人才；坚持政府调控和市场调节相结合，综合运用法律、经济、行政、规划等措施，加强人口综合调控。

1. 加强城市规划调控，充分发挥城市规划在调控特大城市人口规模中的先导作用。坚持规划引导，在编制城市发展总体规划时，统筹考虑人口规模、人口结构和人口分布与资源环境承载能力、基础设施建设和公共服务资源之间的匹配，立足人口增长的高方案来规划未来城市建设与发展。各类专项规划及重大项目规划都要将人口参数，作为资源配置和公共服务的基础依据。

2. 加快转变经济发展方式，充分发挥市场和经济杠杆在人口规模调控中的基础性作用。坚持“以业控人”，以产业调整推动人口总量调控，通过转变经济发展方式和产业结构优化升级来调控劳动力需求。大力发展先进制造业和现代服务业，加快转移劳动密集型产业。充分发挥市场、产业在人力资源的数量和结构配置中的决定性作用，促使人口规模与产业结构相适应，有效控制特大城市人口增长速度和规模。

3. 有计划控制户籍人口机械增长，稳步实施居转户制度。按照国家户籍制度的改革方向，进一步完善本市户籍迁移和管理政策，合理调控户籍人口机械增长。年度户籍人口增量优先满足上海“四个中心”建设紧缺、急需的高端人才和技能型人才落户需求。逐步化解户籍迁移的历史遗留问题。进一步完善引进人才申办本市常住户口的制度。搞好居住证与户籍的衔接，不断完善居住证转办常住户口的制度。

4. 着力解决“新二元结构”问题，引导流动人口合理有序流动。强化流动人口服务和管理，通过政府引导和市场选择，形成人口“有序流入、理性流出”和“以证管人”、“以房管人”、“以业管人”的联动格局。建立以居住证为基础的来沪人员梯度公共服务制度，根据流动人口的来沪年限、参保情况、纳税记录等情况，提供相应水平的公共服务。以质量提升为重点，完善来沪人员计划生育、子女教育、医疗卫生等服务。以提升覆盖面为重点，做好来沪人员社会保障。建立面向来沪人员的公共就业服务体制框架。加大公共租赁房的建设力度，满足来沪就业人员的基本居住需求。推动人口构成多元化背景下的融合发展，使新老上海人在融合中发展，在发展中融合。

5. 合理调节户籍人口出生，重点控制流动人口出生，保持人口自然变动低增长。按照国家统一部署，进一步完善本市生育政策，合理调节户籍人口出生，改善人口年龄结构，促进人口长期均衡发展。重点加强流动人口计划生育服务管理，加强人口计生依法行政，控制和减少违法生育现象，使常住人口自然变动保持低增长或者零增长态势。

6. 完善“1966”城镇体系，实施人口发展功能区战略，优化人口空间分布，化解人口总量持续增长的压力。立足于长三角城市群发展和国家战略实施，构建和完善“1966”城镇体系基本框架，即“1个中心城、9个新城、60个左右新市镇、600个左右中心村”。在市域范围内实施人口发展功能区战略，产业发展、城市改造、社会事业发展、交通建设等要与人口分布优化目标同向同步。调控中心城人口规模，严格控制中心城蔓延。大力推进郊区新城建设，加快连接中心城与郊区的大容量快速交通设施建设，引导人口向新城和新市镇集聚。

7. 优化人口结构，提升人口素质，促进人口规模调控。用好有限的人口增长空间，根据经济社会发展需要，在适度、有序地调控常住人口总量的同时，引入25～35岁劳动黄金年龄段的人口，减缓人口老龄化程度，弥补劳动力不足。完善政策，提升人才吸引能力和高端人才集聚度，大力培养和集聚经济、金融、贸易、航运等领域的高层次科技人才、高层次管理人才和高技能人才，推动上海从人口特大型城市向人力资本强市转变。

8. 适应经济市场化、人口多元化和国际化的新形势，加强和创新社会管理，完善公共服务体系。城市规划、城市建设、社会管理和公共服务要适应人口多元化的发展趋势，不仅要统筹考虑以户籍和居住时间来划分的人口群体，而且要重视以经济和社会功能来划分的人口群体，即白天人口、晚上人口、通勤人口、商务人口、旅游人口。积极借鉴国际先进经验和通行做法，改进和完善城市人口调控、社会管理和公共服务，不断提升国际化水平，不断增强上海在国际上的影响力、吸引力和竞争力。

2011年来沪人员社会融合与居留意愿状况调查主要结果

来沪人员的社会融合和居留意愿与上海人口变动和社会稳定密切相关。上海市人口计生委于今年7月对在上海居住一个月及以上、非上海户籍、16～59周岁的流动人口，开展了来沪人员社会融合和居留意愿情况专题调查，深入了解来沪人员社会融合和居留意愿情况。

本次抽样调查的规模较大，结合流动人口动态监测，共计调查了2.3万例样本，涉及全市17个区县。其中，男性占52.5%，女性占47.5%；已婚的占79.6%，未婚的占20.4%；平均来沪时间为6.3年。主要调查结果汇总如下。

1. 寻求更多的工作机会和更高的报酬是流动人口来沪的主要原因，且来沪后收入方面改善最大

调查显示，来沪人员离开家乡的最主要原因是老家没有合适的工作或工作报酬太低，选择比例分别为72.9%及69.1%。与此同时，上海对来沪人员最大的吸引力是工作机会多和收入比较高，选择比例分别占65.3%和60.4%。此外，分别有44%和34.7%的人认为上海“发展前景广”和“城市治安好”。

与此相对应，来沪人员在沪就业的比例很高，84.6%的调查对象在沪就业，大部分来沪人员认为到上海之后，与其他方面相比，收入改善最大，75.7%的人认为家庭收入有改善。调查对象的平均每月收入为2764元。有8.4%的来沪人员在沪有自购房，其中，研究生学历的来沪人员中有自购房的比例达到46.56%。

2. 来沪人员社会融合情况良好

主要表现在3个方面：

一是来沪人员高度关注上海发展并普遍感到可以被接纳。95.8%的来沪人员表示“我关注上海的变化”；93.4%表示“我很愿意融入上海”；约88%的来沪人员认为“上海人愿意接受我成为其中一员”。

二是来沪人员语言能力整体得到很大提高。调查显示，近七成来沪人员刚来上海时听不懂上海话，“根本听不懂”的占43.5%，“大部分听不懂”的占26.1%。而目前八成来沪人员基本上都能听懂上海话，“能大部分听懂，不会说”的占45.2%，“能完全听懂”的占28.9%，另有5.7%“能流利的说”。

三是来沪人员有一定的社会参与度。有41.4%的来沪人员表示遇到困难会找本地居委会或政府相关部门帮忙；有25.2%的对象参加过社会公益活动。这表明来沪人员已在很大程度上融入当地社会管理和社会生活。

3. 对在沪长期工作生活信心强，幸福感较高

调查显示，69.2%的来沪人员明确表示对在上海长期工作生活有信心，明确表示没有信心的仅占4.7%，另有26%的人表示说不清。学历越高对在沪长期工作生活的信心越强，大学本科及研究生学历中明确表示有信心的达到80%。居留时间越长对在沪长期工作生活的信心越强，在沪居住10年以上的人群中，77.9%明确表示对长期在沪工作生活有信心。

调查显示，来沪人员在沪生活幸福感整体较高。96.3%的来沪人员表示喜欢上海，41.0%的来沪人员表示在沪生活工作比在老家时更幸福；40.4%表示其幸福感和在老家差不多；仅有4.5%的来沪人员认为在沪生活工作不如在老家幸福。值得关注的是，高学历人群的幸福感却相对较低：大学本科及研究生学历的表示不幸福的比例分别为8.0%和10.0%；而小学及以下的仅为3%左右。

4. 四成多来沪人员明确表示希望在沪长期居留

调查显示，来沪人员中打算在沪长期居留的比例为41.8%；50.2%的来沪人员对未来的打算持不确定态度，选择“走一步算一步”；另有8.1%的人打算工作一段时间后或在一年内离开。学历越高长期居留意愿越明显，研究生学历的达到了71.0%；在沪居留时间越长长期居留意愿越明显，在沪居留10年以上的为55.8%。

来沪人员在沪面临的烦恼主要是居住条件差（选择比例为46.8%）和工作强度高（选择比例在35%左右）。来沪人员不打算在沪长期居留的主要原因为家庭和生活原因，包括结婚、生子、照顾老人和回家养老等。

2011年上海市常住已婚育龄妇女避孕节育抽样调查的主要结果

为掌握上海市2011年已婚育龄妇女避孕节育、生育以及避孕药具使用等情况，更好地开展人口计生公共服务，提高人口生殖健康水平，市人口计生委于今年6月开展了专题抽样调查。调查对象为本市常住人口中的15～49周岁已婚育龄妇女2.19万例(其中户籍1.18万人，来沪流动人口1.01万人)，占全市408万常住已婚育龄妇女的5.4‰。主要结果如下：

1. 常住人口已婚育龄妇女综合避孕率有所下降，且户籍已婚育龄妇女综合避孕率低于非户籍人口

调查显示，2.19万常住已婚育龄妇女中，1.76万采取了各种避孕措施，综合避孕率为80.7%，比2010年下降了2.2个百分点。其中，户籍人口已婚育龄妇女综合避孕率为77.3%，非本市户籍为84.7%，均比上年有所降低。主要原因：一是处于生育旺盛期的低龄组人群由于安排生育或哺乳不需避孕的妇女比例有所上升；二是年龄较大妇女离婚丧偶的比例较高，特别是户籍已婚育龄妇女平均年龄较高，离婚、丧偶比例也相对较高。

2. 避孕措施构成进一步发生变化，避孕套使用比例继续呈上升趋势

调查显示，已婚育龄夫妇各种避孕方法使用比率依次为：放置宫内节育器52.3%，使用安全套33.5%，女性绝育为7.6%，口服药为2.9%，安全期为2.0%，其他占1.7%。在采取的避孕措施中，宫内节育器仍是避孕节育措施的主体，但比2010年下降了6.7个百分点；使用安全套的比例比2010年上升3.3个百分点，远远高于全国平均水平(2009年全国为8.3%)。安全套具有预防非意愿性妊娠和预防艾滋病／

性病的双重功效，因此安全套使用比例的上升，从源头上发挥了预防艾滋病和性病传播的重要作用。此外，女性绝育比重较上年增加明显，上升了3.1个百分点，其主要原因是流动人口育龄妇女数量和比例都进一步增加（流动育龄妇女绝育比例为14.4%，明显高于户籍人口女性绝育比例1.2%）。

3. 中心城区综合避孕率低于非中心城区，不同区域避孕药具的使用呈规律性变化

中心城区综合避孕率为73.0%，非中心城区为83.7%，中心城区要低于非中心城区10.7个百分点。从使用避孕药具的种类来看，不同区域避孕药具的使用呈规律性变化，宫内节育器和女性绝育的使用比例从中心城区（45.1%，5.9%）到近郊（51.8%，7.6%），再到远郊（60.0%，9.3%）呈逐渐上升趋势；而避孕套正好与之相反，中心城区（41.3%）的使用比例最高，近郊（34.7%）、远郊（23.7%）逐渐下降。这一分布变动现象与来沪流动人口在城市空间分布密切相关。

4. 不同类型人群采用的避孕方法存在明显差异

调查表明，不同年龄和文化程度妇女，在避孕措施方法使用上存在明显差异。宫内节育器的使用比例随年龄上升而明显升高，25～29岁组为39.2%，45岁及以上组为66.0%；避孕套使用比例则随年龄上升下降，30岁以下妇女使用的比例近52%，而45岁及以上组的比例仅为17%。文化程度较低的妇女倾向于放置宫内节育器，高中及以下文化程度的妇女比例超过了50%，本科及以上仅为20%；文化程度高的妇女更倾向于使用避孕套，本科及以上学历近7成使用避孕套，而初中及以下妇女使用比例低于20%。

5. 免费获取避孕药具基本公共服务均等化得到有效落实，避孕节育服务满意度高

绝大多数（93.5%）的已婚育龄妇女知道可以领取免费避孕药具，44.6%的对象实际领取过免费避孕药具，户籍人口和非户籍人口实际领取过免费避孕药具的比例分别为45.6%和43.4%，并不存在明显差异。对于获得免费避孕药具的理想渠道，2/3已婚育龄妇女认为是社区开架自取，47.3%的对象是到街道人口计生综合服务站和居委会人口和家庭计划指导室领取。调查对象对目前避孕方法满意度较高，满意和基本满意度分别为60.1%和39.0%，合计达99.1%。

6. 常住人口已婚育龄妇女实际平均生育1.1个子女，平均生育意愿为1.43个子女

调查显示，常住已婚育龄妇女平均已生育1.1个子女，其中，72.9%已生育了1个孩子，14.0%生育过2个孩子。户籍妇女平均已生育0.9个子女，比流动人口妇女（1.38个）要低。对于生育意愿，在当前的生育政策条件下，常住已婚育龄妇女平均期望生育1.43个孩子，其中希望生育1孩的比例为56.5%，希望生育2孩为40.0%。户籍妇女平均理想子女数（1.30）较外地妇女（1.60）要少。不同文化程度妇女的生育意愿呈中间低（高中水平妇女低，1.29个孩子）两头高（小学和大学及以上水平妇女高，分别为1.67和1.35个孩子）的趋势，反映了不同人群生育观念和养育能力的差异。

特大型城市低生育水平下 人口老龄化和高龄化的应对策略

谢玲丽

上海是我国最早进入人口老龄化的城市，从1979年至今已有30多年的历程，人口老龄化水平大大高于全国水平，已经接近西方发达国家水平。在经济转轨、社会转型、人口转变特别是超低生育率的大背景下，借鉴国际和国内经验，探索积极的、低成本的、可持续的健康养老模式，是当前加强社会建设的重要内容，是摆在政府、社会和公众面临迫切需要加以认真思考、研究和回答的重大课题。

一、上海人口老龄化呈现出“高龄化”、“空巢化”、“独生子女父母老龄化”的新特征

2010年末，上海户籍60岁及以上老年人口为 331.02万人，占总人口23.4%。第六次全国人口普查表明，常住60岁及以上老年人口为345.6万人，所占比例为15.07%。“十二五”期间，上海人口老龄化将进入快速上升期，预计户籍60岁及以上老年人口平均每年净增20万人左右，“十二五”末老年人口数量将达到430万人左右，占总人口28%左右；若按常住人口预测，则为20%左右。上海人口老龄化具有以下三个特征：

1.“高龄化”：高龄老年人越来越多。随着经济社会快速发展、生活质量和医疗水平的不断提高，上海人口平均预期寿命不断延长，2010年男性为79.82岁，女性为84.44岁，已经接近日本等发达国家水平。全市高龄老年人口越来越多，2010年户籍80岁及以上高龄老人数量为59.83万人，占户籍人口的比重为4.2%。

2.“空巢化”：纯老家庭或单身独居的老年人不断增加。由于家庭小型化、学习工作、居住方式等原因，老年家庭“空巢化”现象日趋严重。2010年末上海市“纯老家庭”老年人总数94.56万人，其中80岁及以上老年人27.46万人，单身独居老年人19.32万人。随着经济社会的发展，人口流动程度进一步加大，空巢老人总量和比例还将继续增加。

3.“独生子女父母老龄化”：大批独生子女父母陆续进入老龄时期。目前，全市户籍人口中的独生子女家庭约有300多万个，独生子女父母600多万人，占户籍人口约四成多。随着

时间推移，独生子女父母正陆续进入退休和老年时期，新增老年人口中约有80%以上为独生子女父母，据预测，在2018年左右，全市每年将有30万左右独生子女父母进入老年阶段。

二、上海老年人口的养老服务需求和面临问题

（一）养老服务需求。

1. 居家养老是老年人首选的养老方式。有关调查表明，老年人大多不希望离开家人和自己熟悉的环境。目前上海老年人中基本生活能自理的比例达到95%，完全不能自理的仅占1%，90%的老年人目前希望最好在家里养老。而在今后自理能力变差时，还是有70%左右的老人希望居住在家中由家人、保姆照料或接受社区居家养老服务。

2. 希望社区为老服务项目能更加完善。老年人对完善社区为老服务项目的呼声很高，大多数老年人希望社区能够提供老年日托照料、医务咨询、法律咨询、应急维修、助餐送餐等生活服务。

3. 希望建立护理保险并改进有关医保政策。老年人大多患有慢性病，有关调查表明，75.6%的老年人担心未来的医疗费用问题；54.7%的老人希望政府为独生子女或无子女老人发放一定的护理经费或者建立护理保险；54.7%的老人希望改进医疗保险政策，改进关于护理医院的医保政策。

4. 独生子女“空巢”老人家庭对社会养老服务的需求更高。据市计生协会对独生子女家庭“空巢”老人生活状况调查显示，愿意机构养老的比例高达14.6%。这些家庭目前生活方面最主要的困难中，“无人照顾”居首位(27.5%)，远高于“家庭拮据”(16.8%)和“患病”(15.6%)。34.8%的家庭提出“需要心理咨询和疏导”。

此外，老年人选择养老机构时的首要考虑因素是亲属看望方便，其次是收费便宜和环境清静。

（二）面临的主要问题

1. 家庭养老保障功能日益弱化，社会养老支持力度不够，养老服务存在缺口。老年人口的不断增加尤其是独生子女父母老龄化的发展，很多家庭出现四个老人、两个年轻人和一个小孩的“4–2–1”人口结构。据测算，目前上海户籍人口中的“4–2–1”家庭数为129万个，占家庭户总数约为1/4。当前全市的社会养老资源还十分有限，中心城区床位紧张，很多地区一床难求，登记入住时间周期长。郊区养老床位虽然不紧张，但配套不足、交通不便、服务水平较低，造成入住率低。

2. 公共财政投入与养老服务事业发展需求之间仍存在一定差距。整体养老服务事业发展尚未纳入公共财政体系制度安排，除养老金和医疗保险以外，各项老年事业经费投入普遍没有明确的政策规定，公共财力供给呈现非确定性、非完整性、非连续性的特点。每年市、区财政投入多少、投入比例等都没有相应明确的制度安排，使得不同区县老年人能够享受的老龄事业服务和补贴水平差异很大。

3. 满足老年人生活需求的产品和服务供给不足，老龄产业发展相对滞后。老年人由于生理、心理的变化，对所需商品和服务有着不同于其他年龄组人口的特殊要求。但是与老年人日益扩大和提高的需求相比仍然有较大差距。老龄产业发展速度迟缓，养老机构、居家养老服务、紧急呼叫装置等涉老行业仍然被单一地定性为公益事业，涉老行业的企业普遍存在规模小、层次低、经营模式单一、经营不规范、缺乏长远发展规划等现象。在人口老龄化不断加剧的情况下，老年服务业、老龄产业具有很大的发展空间。

三、人口老龄化和高龄化的应对策略

1. 要把改善人口结构、应对人口老龄化作为统筹解决人口问题的战略重点。人口老龄化现象的背后实际上是深层次的人口结构性问题。从人口发展角度来看，可以通过调节人口出生和人口流动迁移来改善人口结构，从而缓解人口老龄化压力。上海在推进统筹解决人口问题过程中，要把改善人口结构同转变经济发展方式和调整产业结构紧密结合起来。要顺应全国工业化、城镇化快速发展的新形势，合理

引入国内外年轻劳动力前来就业，吸引国内外优秀人才前来创业和发展，增强人口活力和经济活力。

2. 加强规划引导，合理配置社区养老服务资源。对于各级政府来说，未来面临的公共服务压力将主要来自于老年人口群体，因此要超前谋划，提前应对。在编制经济社会发展规划时，要充分考虑人口老龄化的发展趋势，合理配置社区养老服务资源，以满足老年人实际需求。与传统家庭相比，独生子女家庭的老年护理压力更大，对机构养老的需求会增加，结合今后人口老龄化趋势和政府财政支出能力，上海养老床位数占老年人口的比例在5%左右较为适宜。

3. 积极探索建立"低龄老人"为"高龄老人"的服务机制。现在即使是60～70岁的老年人，其身体状况依然较好，有的精力还很充沛。因此，要充分利用好"老年人口红利"，充分挖掘"低龄老人"的服务能力和资源，形成"低龄老人"为"高龄老人"服务的机制。应探索组建独生子女老年父母志愿者队伍，在社区成立独生子女老年父母志愿者工作室，组织社区低龄老人为高龄老人提供服务，培育和发展更多的低龄老年社工、义工，通过政府购买服务等形式给予其适当的津贴，从而可以使政府不花钱或者花小钱就能产生很积极的社会效果。

4. 强化家庭和社区为老服务能力建设，提高老年人幸福指数。家庭和社区是老年人生活的重要场所，同时也是最基本、最有效的养老资源，在为老服务中具有不可替代的重要作用。在养老问题上，家庭与社区不可截然分开，社区养老服务的发展离不开老年人家庭成员的支持。国外的社区照顾给我们的启示是，社区服务所提供的实质上是面向老年人所在的整个家庭而不仅仅是老年人个人的支持性服务，它的最终目的是要提高家庭照顾的力量，用以满足老人的照顾需求。这也是城市居家养老社区服务事业未来的发展趋势。特别在独生子女父母老龄化和家庭养老能力日趋弱化的情况下，强化家庭和社区为老服务能力建设，是提高老年人生活幸福程度的重要手段。

5. 完善民办社会福利事业发展政策，推动老龄事业健康持续发展。民办社会福利事业是政府养老服务机构的有益补充。国外一般除了政府部门主办的为老服务机构，还有慈善机构主办的非盈利养老机构，以及企业或其他社会组织举办的盈利性养老机构。建议在扶持政策、机制方面，给予民办养老机构以国办养老机构的同等待遇，采取"社会建、政府助"的方式，尽可能降低民办养老机构的成本，保证其基本收益和必要的回报，实现可持续发展，以调动更多的社会力量分担养老压力，可以大大减轻政府办养老机构的财政负担，而且有利于建设适应各层次老年人入住的护理院、福利院、养（敬）老院、老年公寓、老年别墅乃至老年社区和托老所的养老机构体系，满足老年人不同层次的养老需求。

6. 借鉴国际成功经验，研究建立老年护理保险制度。在老年人社会保障制度中，除养老保险和医疗保险外，护理保险也是保障老年人晚年生活最重要和基本的制度之一。随着老年人均寿命的延长，老年人的护理期也随之延长，老年人生活照料问题日显突出，社会化生活照料服务需求也日趋扩大。日本、韩国相继实施了老年护理保险制度，成效明显。目前，我国特别是上海探索建立老年护理保险制度的时机已经成熟。我们要认真研究日韩等国在老年护理保险制度方面的理念、做法和经验、教训，未雨绸缪，抓住"人口红利"和经济发展的大好时期，尽快建立和完善包括护理保险在内的、符合中国国情的老年人社会保障制度。

7. 充分发挥人口计生工作的网络优势，开展形式多样的养老服务。应对人口老龄化是一项社会系统工程，涉及方方面面，需要加强部门配合、资源整合和服务联动。人口计生部门要在应对人口老龄化挑战中发挥更大的作用，要把为老服务作为新时期人口计生公共服务的一个重要组织部分，从育龄人群向"两头"延伸，一头是出生人口，另一头是老年人口。依托多年来形成的人口计生服务网络，立足社区，以社区人口计生综合服务站、家庭计划指导室为纽带，为老年人提供生殖健康保健咨询、社区服务引导、精神慰藉、送温暖和送亲情等服务，特别是要关心、关爱和扶助独生子女伤残死亡家庭等特殊老年群体。

8. 培育和健全“以房养老”市场运作体系，增强个人养老保障能力。“以房养老”可以有两种模式，一种是老人将自己的房屋出租，以租金来支付养老开支，目前很多老人都采取这一模式；另一种是“倒按揭”，即老人将自己的房屋产权抵押给专门运营这项业务的机构，按月从该机构领取现金养老，老人身故后，由该机构收回房屋进行销售、出租或拍卖。目前，上海市已经开展了与“倒按揭”相类似的“以房自助养老”试点，但是运作机制、市场体系等尚未成熟，运行效果并不理想。要进一步培育和健全运作机制和市场体系，放到政策层面上来统筹考虑加以推进，形成市场运作、政府监管的推进体系。

9. 建立健全养老公共服务的财政投入保障机制，促进养老事业可持续发展。积极应对人口老龄化是政府履行公共服务职能的一项重要内容，要建立健全养老公共服务的财政投入保障投机。一是要在政府公共财政预算中形成相对固定比例的养老服务事业支出，保证公共财政必要的直接投入；二是要在下拨基层的管理资金中，设置专项为老服务经费；三是要在开展一次性硬件建设投入的同时，专项列支后续管理和维修经费，形成有效的运作机制。

10. 大力发展老龄产业，满足不同层次和个性化的养老需求。上海老龄产业的发展空间巨大，未来上海老龄化高峰的到来必将促进以有偿供养、生活照料、疾病护理、文体活动、学习教育、旅游观光、老龄用品、老龄住房、社会保险等为主要内容的老龄产业的迅猛发展。要研究制定老年产业发展的指导纲要，明确可由市场介入的内容和介入的程度，并在此基础上同步配套市场监管体系，确保养老需求在得到满足的同时，老年人群正当权益不受市场侵犯。要动态跟踪养老需求研究，全面了解不同层次、不同老年群体的基本养老需求和个性化养老需求，为市场发展提供依据。要积极培养中介组织、专业人才和志愿者队伍，鼓励和吸引专业社会工作者从事老龄产业工作。

（作者：谢玲丽，上海市政协常委，高级经济师）

人口发展与社会蓝图

孙常敏

我们知道，社会发展进程中的主体是人，人口群体及其构成与社会发展相辅相成，互相作用。人类的自身发展和人口变动状况都会十分清晰地勾画出了人类及各个社会发展的路径。人类社会初级发展阶段中，人口数量的多少起了重要作用，经历过人多势众带来的战争辉煌，也承受过人口过多引发的饥荒、瘟疫的苦痛。在历史上，人口数量扮演了双刃剑的角色。在农业社会中，人口数量的压力尤其明显。工业社会的来临造成人口再生产模式的进一步变化，一些国家实现了人口转变，虽然暂时缓解了人口数量对自然资源中土地的压力，但是又带来了对其他资源，如水，空气和矿产资源的压力；人们开始注重人类自身数量的控制，计划生育开始在一些人口转变尚未实现，人口快速增长的发展中国家实施；人口的地域分布发生了重大变化，出现了城市化，人口的产业结构，职业构成和社会阶层构成也发生了很大变化；一些发达国家出现人口零增长和负增长，人口出现老龄化趋势；同时人口素质主要是文化素质的作用日益显示出来。

当今世界是一个人口持续上涨、科学技术飞速发展的时代。在这个时代，由于人口数量的极大增加与质量的相对低下，不仅导致了一系列的社会问题，而且也阻碍了科学技术由外延型向内涵型的发展。自产业革命至今的近两个世纪中，人类的科技进步与生产力发展一直是为应付不断剧增的人口和提高人们某一时期的生活水平而进行的，很少是为了保护我们周围的自然环境，而且也正因如此，在人类社会物质文明不断发达的同时，人类所赖以生存的自然环境越来越“弱不禁风”，地球在不断通过各种方式向人类敲响“警钟”。今后科学技术发展应兼顾经济效益、社会效益与生态效益，在保护资源、保护环境的前提下，去寻求社会管理效益的提高，尽量减少或消除因人口增力而给自然环境带来的负面影响，不断提高社会管理能力，促使人类大系统良性循环与持续发展。

一、当今世界的人口增长态势

进入20世纪90年代后，人们不断呼吁国际社会对世界人口的发展以及人口发展对世界各地区和国家社会经济发展的影响予以高度的重视和关注。1997年底，在我们这个地球上生活的总人口数约为59亿；1999年10月12日，我们经历了世界60亿人口日。2010年7月11日，联合国人口基金提出的口是：面对70亿人口日。1950年当时的世界总人口数为25亿人，自1950年以来，年均增加人数不断上升。1950—1955年，世界人口每年仅增 4700万人；而目前，全球人口的平均增长率每年为1.7%，每年的人口绝对增长数以9500万人的速度达到最高峰。到2025年世界人口将达到约85亿。从中我们还可以看到：人类平均每天大约增长25万人。这些新增人数中，只有700万出生在工业国家。到1983年为止，人类的四分之三人口生活在第三世界不发达国家，只有四分之一的人在其他发达国家。这个比例将会发生持续变化，在21世纪的开头几年中，这一比例很快就可能达到79%比21%，到2020年是83%比17%。

1992年底联合国人口基金制定了《2150年的长期发展规划》。在制定这一规划的过程中，一些专家学者运用许多新的变量得出了新的研究结果：到2150年，全世界人口在增长有所回落的情况下，将达到115亿，随后将稳定在116亿。

二、世界各地不同的人口增长率

目前世界各个地区的人口发展存在着巨大的差异。在未来的30年时间内，即从今年年底起到2030年，世界人口的增长数量，也就是说，大约有85%的增长数量主要发生在第三世界发展中国家。其中非洲人口增长最快，目前非洲人口规模已临近8亿，到2030年将增加到15亿左右。非洲每年的人口增长一直保持在3%以上，大大高于目前世界年平均1.7%的增长率。此外，中国的人口将从目前的12.48亿增至15亿，仍然保持着世界第一；印度人口将从9.8亿增至14亿；美国将从2亿多增加到3.28亿，名列世界第三；印度尼西亚和巴西分别达到2.8亿和2.4亿，成为世界第四、第五人口大国。欧洲人口增长最少，预计在今后的30年里大约增长1%，从现在的7.3亿增至7.4亿。德国、意大利、匈牙利、西班牙、比利时、葡萄牙、希腊以及日本，将成为人口下降最明显的国家。需要强调的是，印度将很快取代中国，成为世界人口第一大国。

三、世界人口的死亡率和人均期望寿命

地球上从出现原始智人到公元元年，人类在地球上大约经历了2500代，一共有550亿人离开了这个世界。而公元后大约2000年，人类在经历了65代以后，一共有300亿人离开了这个世界。如此计算，在整个人类历史上至今已有850亿人离开了我们的世界。所以，英国人把死亡说成是“向大多数人靠拢”是有道理的。长期以来，国际学术界对人口老年化过程所进行的各种科学研究，其唯一的愿望可以说就是延长寿命，以及寻找延长寿命的方法和可能性。另外，问题在于人进入老年期后应当如何尽可能地保持“健康”，怎样尽可能长期保持自己旺盛的体力，特别是寻求如何能使自己年轻化的

可能性，寻求犹如我们在童话和传说中遇到的保持青春活力的长生不老泉。人类每时每刻都在探索延长寿命和长生不老的各种可能性。从世界人口的死亡率平均水平看，在1990期间，每1000人中的死亡人数为9.7个，这表明每年的死亡人数约为4900万，与1950年的19.7相比，死亡率明显下降。工业国家和发展中国家之间的人口死亡率差异有进一步扩大的趋向。当然，我们要考虑到工业国家的人口明显老化，这也说明将来工业国家的死亡率还会不断上升。在过去和现在，世界最贫困地区的死亡率都明显处于最高的位置，但今后随着社会经济和医疗卫生事业的发展，也许还会下降得更快。在1985 ~ 1990年期间，世界人均期望寿命在63岁左右，男性为61岁，女性为65岁。从1950 ~ 1970年，世界人口的平均期望寿命大约提高了10岁，在此后的一段时间内，提高的速度有所减缓。

1950年左右，西方国家和第三世界发展中国家之间的人口期望寿命差异大约是25岁（66岁比41岁）。这种差距到了20世纪90年代初几乎缩小了一半，两者之间只相差13岁，发展中国家是61岁，发达工业国家是74岁。人均期望寿命最低的是世界最贫穷的发展中国家，这些国家从50年代的37岁渐渐上升到20世纪90年代初的50岁。1950年以来，世界各个地区和国家的人均期望寿命有了普遍的提高，但存在的差距也日趋明显。在整个这段时间中，非洲的人均期望寿命始终处于最低；亚洲的人均期望寿命只是在1950年前后的几年中略低于非洲，然后便出现波浪式的曲线上升，到了20世纪60年代有一个大幅度上升。人均期望寿命最高的是北美，紧随其后的是欧洲。我国的人均期望寿命到2010年11月1日的第六次普查，已经上升到78.7岁，其中男性是76.7岁，女性是80.1岁。而上海居民平均预期寿命2010年达82.13岁。百岁老人有928人。

四、世界人口的年龄结构

由于世界各个地区在生育率下降初期存在的显著差异，所以人口的年龄结构也存在着明显的差异。因为在较晚才开始出现生育率下降的那些国家总人口占世界总人口的60%以上，所以这些国家的人口年龄结构决定了整个世界的发展趋向。在1950年和1965年期间，15岁及以下人口占世界人口的比重从35%增加到38%，但到1990年又回跌到32%；65岁及以上的人口占世界人口的比重是持续上升的，从1950年的5.1%上升到1998年的8.7%。

非洲的人口年龄最轻，特别是在东非和西非。在这两个地区，15岁及以下的人口约占总人口的47%，而65岁及以上人口只占3%不到。与这两个地区构成最强烈的比照是北欧和西欧。在北欧和西欧，65岁及以上人口约占总人口的18%，而15岁及以下人口大约为20%不到。在东亚地区，15岁及以下人口只占总人口的26%，这已经接近西方发达国家水平。特别是日本，它已经是一个人口老化相当严重的社会。据联合国预测，如果把60岁当作中年与老年的年龄分界线，那么21世纪就将是全球人口老龄化的世纪。到2000年，世界老龄人口将达到6亿，占全球总人口的9.8%，而到2020年，老龄人口将达10亿多，占总人口的13%左右。值得注意的是，全球人口老龄化速度要快于人口的增长速度。我国从20世纪70年代起，由于人口生育率的迅速下降，使人口老龄化趋势不断加剧。2000年，我国65岁及以上的老年人口已达1.32亿人，占总人口的7.8%左右。上海2010年65岁以上老年人口总量为234万，占总人口的17.34%。

五、世界人口的城市化进程与城市发展

“城市化”概念最常用的含义是城市中某一地区的人口集聚。如果一个城市人口的增长速度超过其总人口的增长速度，人们就称之为“城市化”。1990年，世界人口的43%，即23亿人口生活在城市区域。城市人口的增长要比农村人口增长高出2.5倍。根据联合国的预测，到2010年，世界城市人口将达到50%，到2025年，估计世界人口的3/5将在城市居住 .

对“城市化”概念也可以从更广泛的意义

上来理解：(1) 一个国家在一些城市居住区的人口进一步集聚；(2) 城市居住区的不断增加和扩建。城市化是一个全球性的和历史性的现象，以资源分布以及一个社会所拥有的技术资源的分布为基础。作为一个普遍适用的模式，并按照这一模式来实现人口集聚，它可以被理解为：只要确定以农业为主的生产活动，那么一个国家城市人口占其总人口的比重就比较低，并且能保持稳定；随着工业化的出现，城市人口就会快速增长，并超过原来占总人口的比重。随着向服务性行业发展的转变趋向，形成了人口向城市集聚的居住体系。随后，增长的曲线又重新由高处往下跌落。

到 21 世纪初，全球十分之八的最大城市区域将位于第三世界国家，墨西哥城（2600 万人口）和圣保罗城（2400 万人口）将是全球人口最多的城市。其他许多城市也将以 1000 万以上的人口规模发展成为人口高度集聚的特大城市。“据联合国预测，到 2025 年，全球大约有 93 个城市的人口规模在 500 万人口以上，其中 80 个在世界南部地区”（参见《全球发展趋势》1993 ～ 1994 年，第 113 页）。引起城市大规模增长的主要原因是人口的迁移和流动。大城市的贫民窟对于大多数城市居民，男人、妇女和儿童来说，是一所赖以幸存的苦难学堂，在 1985 ～ 1989 年期间，在南部地区几乎四分之三，即在 100 个新的城市家庭中有 72 个家庭只能寄生于贫民窟和棚户区，在非洲，这部分贫穷家庭为 92%。当年在狄更斯和恩格斯著作中对早期工业化城市伦敦作了深刻描述的贫民窟世界，将首先再现于第三世界国家。

六、世界人口的未来发展趋向

联合国人口基金自 1950 年以来进行了定时的人口发展预测，并因此对人口统计的 3 个主要组成部分，即生育率、死亡率和人口迁移的未来发展作出了各种假定。从观察整个世界范围内的发展出发，其他的要素只是次要作用。预测包括 1950 ～ 2025 年这段时间。因为人口的基本数据，特别是发展中国家，如作为世界人口的第一大国——中国以及其他一些国家的人口数据正在迅速改善，但生育率和死亡率的数据与以前的假定有偏差，所以，对每一次预测都认真做好事先的资料审查工作。这些预测以 3 种变量和各种不同的假定对生育率发展及其达到替代水平的时间进行估算。选择高、中、低 3 个变量也许更有利于认识未来发展的规模，其中中变量被认为可能性最大。预测到 2025 年为止的发展，其可能性相当大，因为 2025 年的育龄妇女包括了 1980 年到 2010 年的生育过程，在这些生育过程中，有一半人数已经出生。除了这些预测外，联合国人口基金以更长的间距对一个较长时间段的发展提出计算模型。1982 年提出了到 2100 年的发展预测；1992 年制订的最新计算模型包括了直到 2150 年的发展趋势。通过这样的长期观察，可以更清楚地看出，在一定的前提下到什么时候人口发展可以稳定下来。这一新的计算模型包括了制约生育率发展趋向的 7 个变量的不同假定：(1) 生育率中值范围；(2) 生育率高值范围；(3) 生育率中高值范围；(4) 生育率低值范围；(5) 生育率中低值范围；(6) 生育率固定值范围；(7) 生育率替代水平值的范围。

生育率中值范围在 2025 年将与预测的中变量相交，这样，生育率发展将稳定在替代水平。从 1950 ～ 1990 年人口急剧增长的阶段后，以平均年增长为 1.9% 的这个变量，可以估计增长的速度将减缓。从 1990 ～ 2050 年，人口将增长 89%，上升到 100 亿；在 2050 和 2100 年之间将增长 12%，人口增加到 112 亿；在 2100 和 2150 年期间，增长率为 3%，人口总量为 115 亿；世界人口最终将会增加到 116 亿时才趋于稳定下来。

其他变量的结果显示了一个较宽的幅度。在平均每个妇女生育 2.17 个孩子的稳定情况下，即高出替代水平（中／高）的 5% 时，世界人口将在 2150 年达到 208 亿人；如果平均每个妇女生育 2.5 个孩子（高），世界人口将为 280 亿人；如保持在替代水平以下，那么世界人口先是上升，然后在 2050 年下降到 78 亿人；如果平均每个妇女生育 1.96 个孩子（中／低），世界人口将为 56 亿人；如果平均每个妇女生育

1.7个孩子（低），那么在2150年的世界人口将为43亿人。

在生育率下降的同时，必然引起人口的老龄化。根据生育率发展的中方案，世界人口期望寿命的中值从1990年的24岁将上升到2150年的42岁。世界15岁以下人口占总人口的比重将从32%下降到18%；65岁以上的老年人口比重将从6%上升到24%；世界80岁以上的高龄老人占总人口的比重将急剧上升，它将从1990年的1%上升到2150年的9%。

七、长寿化与老龄化的影响

人口寿命的不断延长对人类而言是一个好消息，从近数十年看平均寿命的提高基本上以一个稳定的步伐发展，人类寿命的提高是否存在极限？这一阀值是什么？众说纷纭，莫衷一是。其根本原因是对影响寿命的主因认识不同。虽然今天对人类基因已有了相当深入了解，对影响寿命的各种基因作用仍然有许多谜团未解。大多数学者认为人类寿命的上限约在120岁，个别人认为可达千岁；也有认为可以接近200岁。但都未得到学界认同。即使是极限寿命120岁，也将导致人类社会从家庭结构到政治、经济、社会、文化、消费等领域翻天覆地的革命性变化。

从上述各项描述中，我们对当前世界人口发展的基本态势能够产生一个概括性的图像。我们知道，人口的增长过程及其产生的后果和影响完全不同于生物界其他物种的繁衍和消亡。这里我们不妨引用一位德国哲学家的一段讲话，它明显地勾画出世界人口与发展的现状及未来：

“百合花正在快速成长。在一定的条件下，一些容易遮盖面积的物种就会日复一日地在一定面积上成倍增长。在一个池塘里，某一天它只是被百合花遮盖了四分之一面积，但到了第二天也许就被遮盖了一半。即使百合花遮盖了这个池塘的一半面积，但它还是有足够的阳光，使鱼和水世界的其他居民能够继续生存。但如果在一个池塘里，它今天被百合花遮盖了一半，而明天就会被完全遮盖住。即使到了中午时分，所有的阳光还是被抵挡住了，生活变得黯然无色，可以诅咒——所有一切变得死一般的寂静，日复一日……我们在自然和社会的所有领域中也发现了那种成倍的增长……如果我们人类在这个世纪中面对这种危险的增长，这种失去控制而持续的增长，那么人类的生存和其他更高级形式的生命在某一个点上将找到自己的终点。这根本不会令我们感到惊奇：对于这个过程，同样像百合花生长过程一样，可以明确地作出预言——我们宝贵的、维持生命的行星已经被填满了一半。如果这些东西还是像现在那样继续增长的话，那么明天，我们这个地球行星将全面饱和，我们所有的人都将灭亡。但是，如果我们在这个紧要关头能够及时制止这些生物象现在这样的增长速度，那么在紧要关头来临的前夕将会显得喧嚣不断，产生完全出人意料的结果。”

少数基本的统计数据就可以明确显示，那些我们曾为之骄傲的操作方法，在现时代已经不再有承受能力了。人类平均每天大约增长25万人，每年为9500万。这些新增人数中，只有700万出生在工业国家。到1983年为止，人类的四分之三人口生活在第三世界，只有四分之一的人在其他发达国家。这个比例将会发生变化，在2000年是79%比21%，到2020年是83%比17%。一个孩子如果今天出生在像美国这样的国家里，那么在他的一生中可能需要消耗大约2.52亿升水、5000公斤肉，5万公斤钢和大约1000棵树的木材。如果他将这些东西全部消耗掉，那么他为之生产出7万公斤的垃圾。在那些经济欠发达国家的孩子将不会需要消耗那么同样多的资源，同样也生产出更少的垃圾——但他们正在努力致力于那种“现代的”生活方式，这一生活方式是以消费、立时的价值崩溃、快餐食品、迅速见效的药品、以令人眩晕的速度变化无常的情绪和摩登时装为特征的，并因此生产出大量的和多样性的资源和垃圾……如果目前的这些趋向还将持续下去，那么在贫瘠的大陆上最贫困的非洲地区，其人口在1980～2025年的45年时间内，从5亿人口增长到15亿人口。但是，目前已经有3亿多人口因为缺少营养而患有各种慢性病，有1.5亿人忍受着严重的食品短缺，6000万人在饥饿的边缘上挣扎，而且没有人知道究竟有多少人将死于艾滋病。在其他大陆上的那些贫穷国家中，也同时出现了人口的高增长率。孟加拉国的人口在未来的35年中将从1.1 亿增加到2.2亿。这种情况如何发生完全不清楚：在这样一个贫困的国家里，每天清晨开始，人们就在那些可耕的农田里百般地忙碌起来，成千上万的人依靠那些污泥滩在艰难度日，面对随时降临的饥饿与瘟疫。

在我们脑海里也许常常会产生这样一个问题：从未来的角度看，地球究竟能够养活多少人？按照我们目前消耗热量的平均水平，按照我们理智地利用食品生产的所有现成方法，这无疑是个学术性的问题；一些估计表明，地球能够养活大约112亿人口。现存的储备物资从理论上来讲，绝对不会完全耗尽。当然，足够的食物供给，其问题并非在于生产上的问题，而更多的是关系到分配的问题：当人类的很大一部分人（约5亿人，其中大多数是儿童）正在忍受饥饿，或者一部分人（约15亿人）面临食物严重短缺的时候，在世界的另一些地区却正在大规模销毁食品，以消除那里的市场饱和状况，提高食品价格。可是，分配问题一直是社会问题，而最终则是政治问题，因为分配问题同权利关系紧密相连。自然资源正在遭受大规模摧毁。土地资源被毒化并遭荒芜，水资源被污染，生态种类遭到灭绝的危险，现代农业经济生产出现了单一种植趋向，从而使大自然的承载能力不断发生变化。从全球角度看，这种承载能力正在不断减弱，对生态系统的控制可能会导致工业体系超越大自然的界限。

世界人口发展到今天这样的状况，使得国际学术界对此常常引起一个很有争议的问题是：人类距离灾难性的状况是否将愈来愈近。从某种程度上说，特别是社会科学家反复提出了人类面临危机的问题，即使到了今天还在不断地提出各种论据，以告诫人们这种危机确确实实地存在着。当然这一切并非什么坏事，因为人类终究还是能够从那些不尽如人意的状况中成功地找到自己的出路。面对全球的人口与发展问题，今天人类开始并且必须寻找一条人口、经济、社会、环境和资源相互协调，既能满足当代人的需要又不对后代人的发展构成威胁的可持续发展道路。

（作者：孙常敏，上海市计划生育协会副会长，上海市人口学会会长）

生育率下降与计划生育政策的作用
——对我国实行计划生育政策的几点认识与思考

王桂新

近些年来我国人口普查等相关人口数据，显示我国总和生育率迅速下降，少子老龄化快速发展，由此引发了关于我国现行计划生育政策是否需要调整的论争以及对我国计划生育政策本身的深层次反思。现在如果要问新中国成立以来我国哪一项政策贯彻实施的时间最长？哪一项政策涉及人群的范围最广？哪一项政策最受重视并被上升到基本国策的高度？人们一定会毫不犹豫地回答是计划生育政策。的确，从20世纪50年代末期开始在上海等一些大城市宣传计划生育，至今已经半个多世纪；从1971年国务院转批《关于做好计划生育工作的报告》并把控制人口增长纳入国民经济发展计划，已经40多年；即使从1982年把计划生育政策确定为基本国策，也已经30年啦。而且，"十二五"期间也明确提出我国仍将坚持现行计划生育政策，继续维持"低生育率水平"。尽管如此，在经济社会发生重大转型、少子老龄化等人口矛盾日将严峻的新形势下，重新审视和评估这项作为基本国策、实施时间如此之长且事关中华民族生存与发展的计划生育政策仍是非常必要的。这可能涉及一些较为敏感的问题，本人仍不揣冒昧，斗胆谈谈自己对此的几点认识和思考。

1. 经济社会发展与生育率下降：发达国家的事实

生育率下降与人口转变是人口发展过程的一种重要现象。所谓人口转变，乃指人口由传统社会高出生、高死亡、低增长状态，经历高出生、低死亡、高增长状态之后，向现代社会低出生、低死亡、低增长状态的转变过程。人口转变由死亡转变和生育转变组成。其中，生育转变，即生育率的下降是人口转变的核心，在人口转变过程中发挥着主导性作用。

考察和研究发现，人口转变率先发生在发达国家。在第二次世界大战之前，人口转变还只局限于欧洲地区。作为人口转变核心的生育转变，首先发生于西欧的法国，然后依次出现在西北欧、澳州、北美、东南欧等地区。大致到20世纪30年代中期，欧美地区（或文化圈）的大部分发达国家已经基本完成了人口由高出生率向低出生率的转变。此后，人口转变又进一步向日本、韩国、新加坡等东亚国家及我国香港、台湾地区扩散，并先后在这些国家或地区逐次实现。这些国家或地区，在2003年总和生育率都已下降到1.3以下，香港的总和生育率甚至已下降到小于1。发达国家或地区甚至一些发展中国家（如我国）先后实现人口转变，影响世界人口增长速度逐步转缓，显示人口转变乃人口发展的一般规律。

为什么会发生人口转变特别是生育转变？学者们对此进行了深入系统的研究，做出了多角度的分析和解释。如芝加哥学派认为，产业革命带来经济发展和收入水平的提高，使养育子女的相对成本上升，为了保证子女质量只能减少生育子女数，由此带来生育率的下降；新家政学把妇女的生育行为与劳动力市场联系起来，妇女为了参与就业竞争而减少生育。特别是卡尔德研究指出，女性教育和地位的提高，有利于减少生育子女数。而且妇女受教育年数越多，生育子女数越少；诺特斯坦的现代化理论亦认为，是现代化带来了生育水平的下降。因为工业化、城市化、教育水平的提高、家庭变化、价值观的变化等整体的现代化，形成了减少生育的动机，进而带来出生率的下降，促进人口转变的实现。尽管还有其他解释，但主流观点基本上都是认为，以生育转变为核心的人口转变与经济社会发展密切相关，是经济社会的发展促进了生育率的下降和人口转变的实现。欧美和澳大利亚等发达国家生育率的下降和人口转变的实现是如此，日本、韩国、新加坡等东亚国家及我国香港、台湾地区生育率的下降和人口转变的实现也是这样。因此可以说，经济社会发展促进人口转变也是世界各国人口与经济社会发展的共同性规律。

2. 生育率下降与计划生育政策的作用：我国的实践

由于我国还是一个发展中国家，根据发达国家与发展中国家的经验，我国目前经济社会发展水平之下的人口发展还不应该完成人口转变；但事实上我国却早已完成人口转变，目前总和生育率已下降到1.5左右、几乎与日本总和生育率相近的低水平。显然，我国生育率的下降和人口转变的实现，还受其他因素的影响。我国的实践已经说明，人口转变并非仅如欧美、日本等发达国家经验所看到的那样单纯表现为经济高度发展的产物，实施有效的计划生育及人口出生控制政策，即使在低发展水平条件下也可以发生和实现生育率下降和人口转变。

我国从20世纪50年代末期即开始在上海等一些大城市宣传计划生育，20世纪60年代开始提倡计划生育。在这一阶段，我国对计划生育还只是宣传和提倡，尚未作为国家政策实施，所以到1970年我国总和生育率还高达5.8。自此以后开始全面实行“晚（婚）、稀（生育间隔）、少（子女数）”的计划生育政策，加之推广普及避孕节育药具和技术，由此造成总和生育率迅速下降，到1979年已下降到2.75。在这10年期间，经济发展基本上处于停滞不前态势，所以在此期间我国生育率的显著下降主要是由于实行计划生育政策的结果，因为此，这一时期也被称为计划生育政策发挥作用的“黄金十年”。

1980年以来，除少数民族地区，我国开始实行严厉的“一胎化”计划生育政策。1982年9月，党的十二大进一步把实行计划生育确定为基本国策，并在两个月后写入新修改的《宪法》。2000年开始，“一胎化”政策有所缓和，如在上海等一些地区开始实行“双独生二胎”（即两人都是独生子女的男女结婚可以生育二胎）和农村户籍人口结婚后第一胎为女孩的可生第二胎等生育政策。根据2010年人口普查 ，我国总和生育率已下降到1.3左右，考虑到该普查的漏报并综合各种数据测算，目前大概应该在1.5左右。即在此30年间，我国总和生育率由1979年的2.75下降到1.5左右，又几乎实现了一次半减下降。改革开放以来，我国经济实现了快速增长，已发展成为第二大经济体，并跨入中上收入水平国家行列。根据发达国家的经验，此间经济社会的快速发展及其所带来的生育观念的变化，应该对生育率的半减下降具有一定牵引作用。但毫无疑问，此间实行的严厉的“一胎化”政策及目前仍在坚持实施的计划生育政策，对生育率的半减下降也同样具有重要影响。也就是说，1980年以来我国总和生育率的半减下降，是经济社会快速发展与严厉实行计划生育政策共同作用的结果。

3. 两个假设：沉痛的教训和反思

在思考怎样审视和评估我国的计划生育政策时，发达国家生育率下降和人口转变经验的启示，使我突然想起著名学者胡适先生说过的一句话，即做科学研究要“大胆假设、小心求证”。胡适先生的这句话，体现了他提倡的一种假设无禁区、求证无禁区的科学探索精神。我们现在重新审视和评估计划生育这项被作为基本国策、实施时间如此之长且事关中华民族生存与发展的政策，也完全可以根据“大胆假设、小心求证”的科学方法论。基于这一认识，我们不妨先尝试“大胆假设”以下两个问题。

假设1　新中国一成立，我们就像日本、韩国那样坚持以经济建设为中心推动国家发展，那么现在我们也会成为发达国家。日本作为二战的战败国，发展起点和我国差不多，而且他们自然条件还远不如我国，但他们一开始就实行市场经济，坚持以经济建设为中心推动国家发展，其结果只经过20多年经济的高速增长就跨入了发达国家的行列。韩国也基本遵循了日本的发展轨迹实现了经济起飞。但我们却没有走日本、韩国的发展之路。20世纪70年代末改革开放以来，我国开始向市场经济转变，坚持以经济建设为中心，这样经过30多年经济的快速增长，现在已发展成为世界第二大经济体，并跨入中上收入水平国家行列。新中国成立已经60余年，试想如果前30年也和后30年一样实行市场经济，坚持以经济建设为中心，现在我国发展成为发达国家，恐怕无人会怀疑。

假设2　如果新中国一成立，我们就像日本、韩国那样坚持以经济建设为中心推动国家发展，成为发达国家，那么即使不实行计划生育政策，总和生育率也将会和日本、韩国那样自然下降到目前的低水平。日本、韩国与我国“一衣带水”，隔海相望，而且同属儒教文化圈。他们虽然没有像我们这样大力推行计划生育政策，但伴随其经济社会的发展，都已比我国率先实现了人口转变，目前其总和生育已分别下降到1.3和1.2左右的低水平，甚至已成为世界上总和生育率最低的两个国家。我国香港、台湾地区也与日本、韩国一样，没有实施计划生育政策，但其经济的快速发展也同样有效地带动了生育率的下降和人口转变的实现。由于我国与日本、韩国的地理临近性和文化同源性，试想如果新中国一成立，我们也像他们那样坚持以经济建设为中心推动国家发展，成为发达国家，那么不难推知，我国即使不实行计划生育政策，总和生育率也将会和日本、韩国以及我国香港、台湾地区一样自然下降到目前甚至更低的水平。对此，恐怕也无人会怀疑。

本来，这两个假设是不应该存在的，我国经过60余年的建设和发展完全有机会成为发达国家。单靠经济社会的发展，不需实行计划生育政策，也会自然而然地带来生育率的下降和人口转变的实现。但是我们没有把握住这个机会。为了减缓人口相对于经济的过快增长，缓解人口与就业、人口与资源环境的矛盾，我国政府不得不强力推行计划生育政策，控制人口过快增长。可以说，新中国成立以来道路选择的教训是沉痛的，后果是极其严重的。首先，我们无可挽回地失去了发展经济、成为发达国家的机会；其次，不得已情况下强力推行计划生育政策，又付出了本来不需要付出的巨大的人力、物力、财力和高昂的政治成本；第三，强力推行计划生育政策，人为地改变了生育率下降和人口转变的自然过程，加速了少子老龄化的发展，直接造成了“未富先老”及未来劳动力供给不足、社会抚养负担加重等严峻的人口社会经济问题。如此“三重”重大失误和损失，怎不令人捶胸痛惜！

4. 几点结论和讨论

（1）欧美、日本等发达国家的经验显示，经济社会的发展可以带来人们婚育观念的变化，进而促进生育水平的下降和人口转变的实现；我国的实践又说明，人口转变并非单纯表现为经济高度发展的产物，在严厉的计划生育政策及人口控制条件下，即使在低发展水平条件下也同样可以造成生育水平的下降和人口转变的实现。两者虽然可以带来同样或相似的结果，但作用机制和过程则明显不同。经济社会发展带来的生育水平下降及人口转变的实现，是一种自然的人口发展过程，低发展水平下主要通过实施计划生育政策造成的生育水平下降及人口转变的实现，则是一种超越经济发展阶段、在很大程度上违背人们意愿、被人为扭曲的人口发展过程。因此与前者相比后者需要付出足够的成本或代价。

（2）虽然我们可以根据胡适先生所说做出以上“大胆假设”，但这两个大胆假设是否成立，尚需进行严谨的“小心求证”（或科学论证）。这也是我们学术界同仁面临的艰巨任务。如果通过严谨的科学论证，可以证明这两个假设的成立（事实上是无须怀疑的），即新中国一成立，我们就像日本、韩国那样坚持以经济建设为中心推动国家发展，那么现在我们也会成为发达国家，即使不实行计划生育政策，总和生育率也将会和日本、韩国一样自然下降到目前甚至更低的水平。但社会发展的历史不能还原和改变，这样的论证结论，只能说明我国本来也有机会无需付出如此成本、实行计划生育的，但令人遗憾的是我们没有把握好而失去了这一机会。这只能作为以后的经验教训加以借鉴。

（3）计划生育政策的实施，对我国生育水平的下降和人口转变的实现发挥了主要作用。这不仅表现在20世纪70年代总和生育率由5.8下降到2.75的半减变化基本上是由于实施计划生育政策的结果，即使是20世纪80年代以来总和生育率由2.75下降到1.5左右的半减变化，虽然是经济社会发展与实行计划生育政策共同作用的结果，但此间我国经济的快速发展遵循了一条国富民穷的路径，人们的实际收入和生活水平并未能保持与GDP同步的提高，这在一定程度上制约了经济社会发展对生育率下降及人口转变的牵引作用。所以相对来说，“一胎化”等计划生育政策的实施对此间生育水平的半减变化仍然发挥了重要作用。可以说直到现在，现行计划生育政策仍然对我国目前的生育水平及人口出生控制发挥着不可忽视的作用。

（4）人口转变的实现，必然带来少子老龄化的发展。经济社会的发展和计划生育政策的实施，都可以促进生育率下降和以生育转变为核心的人口转变的实现，所以二者作用下的人口发展后果都是要带来少子老龄化的发展。经济社会发展带来的人口转变和少子老龄化是一种自然过程，一般都是在经济社会发展达到高度水平时才迎来老龄化社会以致老龄社会，具体表现为“先富后老”。我国生育率下降和人口转变的实现虽然是经济社会发展与实行计划生育政策共同作用的结果，但主要是受实行计划生育政策的影响，而实施计划生育政策的作用，乃超越经济发展阶段，加速少子老龄化的发展，所以由此造成的后果是“未富先老”，即在经济尚未高度发达时就要迎来老龄化社会以致老龄社会。计划生育政策作用造成的少子老龄化的加速趋势及“未富先老”程度，决定于计划生育政策实施的时间长短和严厉程度。

（5）主要由于计划生育政策的长期实施，使我国人口转变超越经济发展阶段而率先实现，成为最早发生和完成人口转变的发展中国家，为发展中国家实现人口转变提供了新的经验。但与此同时，也超越经济发展阶段，加速了我国少子老龄化发展，造成了严重的“未富先老”等诸多人口社会经济问题。经过 30 多年经济的快速发展，我国已成为世界第二大经济体和中上收入水平国家，经济社会发展对生育率下降的牵引作用必然越来越大。为了延缓少子老龄化的发展速度，为解决“未富先老”等诸多人口经济社会问题争取主动和创造条件，未来即使继续控制人口出生也应该考虑更多地借助经济社会发展的牵引作用。并趁现行计划生育政策仍然对目前的生育水平及人口出生控制具有不可忽视的作用时，尽快对现行计划生育政策进行调整和完善，如尽快实行“单独生二胎”等较为宽松的计划生育政策。一旦等到计划生育政策对生育控制失去影响，即使想“亡羊补牢”恐怕也已晚矣。何况当时提出计划生育政策时就说明它是“一代人”的政策，现在也到了应该兑现这一诺言的时候啦。

（作者：王桂新，复旦大学人口研究所所长，城市与区域发展研究中心教授，博导）

人口老龄化对政府社会管理和公共服务的影响分析——以上海为例

吴瑞君　武永生

一、研究背景

随着人口老龄化发展的加剧，人口老龄化的经济社会影响日益显现，学术界对其影响的研究逐渐增多，但是关于其对政府社会管理影响的研究相对较少。朱彦东（2001）认为，我国在城市建设、交通规划与设计、交通管理等方面缺乏对老龄人群的考虑，将成为今后交通安全的很大隐患。赫然（2007）从政府提供公共服务产品这一社会管理职能出发，认为老龄化问题会使政府提供的以老年人为对象的公共物品范围扩大；夏学銮（2008）主张政府要从常态社会的公共服务政策向老龄社会的公共服务政策转型，把老龄人口当作公共服务政策的主要对象，杨冬梅（2010）也提出了类似的观点；蒋少云（2009）指出，随着老人群体的扩大，作为社会公共管理的层面，应对有关老年人群体的事务也必然增多；在政府职能转变的问题上，张敏杰（2009）认为人口老龄化要求政府在管理范围、管理模式与管理方法上实现三大转变。

可以看出，学者们已经认识到在老龄化背景下政府社会管理职能转变的重要性，一致认为应将老年人作为公共服务产品重点倾斜的对象。然而，关于人口老龄化对政府社会管理影响的研究总体上还存在数量较少、不够具体、缺少实证性等问题。基于此，本文拟从政府社会管理的职能入手，依据“基本公共服务均衡化理论”与“公共产品供需理论”，以全国老龄化程度最严重的上海市为实例，用实例具体阐述人口老龄化对政府社会管理方方面面的影响，并提出转变政府社会管理职能的内容与对策建议。

二、人口老龄化背景下政府社会管理职能转型的理论依据

社会管理是政府的一项主要工作，政府社会管理的主要职能是提供公共产品和公共服务，增进公共利益；保护社会弱势群体，维护社会的公平公正，促进社会稳定（曲静 2009）。根据基本公共服务均衡化理论，社会公共产品供给具有均等化、差异性和补偿性原则。均等化原则是指政府在提供公共资源时要做到机会平等、过程公平及结果合理；差异性原则是指公共产品的供给要充分考虑到受众群体的不同需求，政府应尊重公民个人的选择，提供多样和丰富的资源品种，以便公民选择；补偿性原则体现在公共资源的配置应对弱势群体予以适当倾斜，以保证均等化的实现（陈钟翰 2010）。公共产品供需理论认为，公共需求的结构会随着社会不同发展阶段而出现相应变化，这种变化决定了政府主导的公共供给必须随之发生变化，以能够不断满足公共需求（唐碧 2009）。

人口老龄化是老年人口在整个人口中的比例不断上升的过程。人口老龄化最直接的结果表现为老年人口数量增加，人口年龄结构趋于老化。在人口老龄化背景下，地方政府社会管理的重心将有所倾斜：一是改善公共服务产品的供给结构，提供更多的面向老年群体的公共服务产品；二是提供更多的适合老年群体不同需求的公共服务产品；三是保护老年人的基本权益，让老年人更好地分享社会经济发展的成果。

三、人口老龄化对政府社会管理影响的现实表现

上海是我国最早进入老年型人口的城市。1979 年末上海市 65 岁及以上户籍老人占总人口的 7.2%，进入了老年型人口地区，比全国约早 21 年。《2009 年上海市老年人口和老龄事业监测统计信息》显示，2009 年末上海市 60 岁及以上户籍老人为 315.7 万人，占总人口的 22.5%；65 岁及以上老年人口 221.0 万人，占总人口的 15.8%；80 岁及以上高龄老年人口 56.65 万人，占 60 岁及以上老年人口的 17.9%，占总人口的 4.0%。人口老龄化作为一种社会现象，对社会经济的影响既有正面效应，也有负面效应（吴瑞君 2003）。就人口老龄化对政府的社会管理影响而言，既是一种挑战，也是提升管理水平，提高服务效能的机遇。根据上海的实地调查结果，人口老龄化对政府社会管理的影响主要表现在以下几个方面：

1. 人口老龄化引发政府公共服务产品供需矛盾

（1）老年公共服务投入不足，难以满足老年群体的需求。依据区域性和差异性原则，政府提供的公共服务产品应该充分考虑属地居民的构成及需求。但现行的公共服务设施的配置大多以户籍人口为依据，以总人口为标准，房地产开发中的公建配套也以总人口作为配置的标准。人口老龄化背景下，这种配置方式造成供给结构中老年服务类产品偏少。房地产商品化后的同类居民聚类的倾向，使得原有的结构性矛盾表现得更为明显。不仅养老床位的供需存在矛盾，而且面向老年群体的文化教育娱乐健身等设施也普遍存在供不应求的情况。根据《2009 年上海市老年人口和老龄事业监测统计信息》数据，以老年活动室为例，全市 2009 年末共有 5824 家，60 岁及以上老年人口 315.7 万人，按照 90% 的比例，家庭养老的老人与老年活动室的比例是 488 ：1。

（2）老年公共服务资源的配置与老年群体的空间分布存在不匹配的情况。上海市政府实行的是“9073”养老模式（90% 由家庭自我照顾、7% 享受社区居家养老服务、3% 享受机构养老服务），2009 年底全市共有养老床位 89900 张，占 60 岁及以上老年人口的 2.85%，已接近 3% 的预期目标，但分区域看，中心城区由于土地资源紧张难以完成规定的养老床位目标，“一床难求”的现象较为严重，很多老人排队等候，郊区养老院却普遍存在闲置现象，如嘉定区 2008 年养老机构的入住率只有 65%。这种情况不仅影响已有的公共服务设施资源的有效利用，而且也对未来的发展带来了较大的不确定

性（吴瑞君等 2010）。不仅在全市范围，在区县范围内也存在着上述的现象，如闵行区老龄化程度较高的龙柏街道和虹桥镇等地区养老机构数量并不多，而颛桥镇和江川街道人口老龄化程度相对较低，但养老机构数量较多（吴瑞君等 2009）。

(3) 老年公共服务资源的供给类型与层次与老年群体的需求存在一定的差异。一是养老机构高、中、低不同档次的比例，与老年人的需求不相适应。公立的养老机构，由政府主办，价格比较适中，硬件和服务也基本符合老年人的需求，因而“一床难求”的现象比较普遍。但同时部分民营养老机构由于价格过高，加上地处郊区、交通不便等原因，入住率不高。根据 2006 年上海市郊区养老机构资源充分利用研究课题调查数据显示，高档养老机构平均入住率仅为 48.9%，中档养老机构的平均入住率为 76.1%，低档养老机构的平均入住率为 79.7%，且 20 家高档养老机构中有一半处于亏损状况（焦亚波 2009）。 二是现行养老机构中能够提供“失智老人”照料和临终关怀服务的特殊养老机构比较缺少，供不应求。一般养老机构看病拿药报销难，民办的养老机构请医生难，护理人员专业水平不高，使得具有不同照料需求的失能老人不能完全满足。

2. 人口老龄化及高龄化使得政府在老年人权益保护上的工作压力增大

(1) 对户籍老年独生子女父母和空巢老人的关怀和照顾不足。第一代独生子女的父母已经陆续步入老年，根据预测，上海市从 2015 年开始进入 60 岁的女性人口中，有 80% 以上的人只有 1 个子女（桂世勋 2009）。这一群体积极响应国家计划生育政策，为有效控制人口数量做出了一定贡献，但由于年龄的增长以及身边缺少子女的关爱，由此产生的一系列问题使空巢老人逐渐成为社区卫生服务对象中人群数量最大，服务项目最多，且难度较大的一个群体。社区服务中比较典型的是缺少对空巢老人的应急机构，缺乏精神慰藉等。

(2) 人户分离的增加使得现行的以户籍地为主的养老服务体系难以覆盖。一是信息采集难，社区老龄工作部门难以及时掌握人户分离的老年人的信息，容易导致服务盲区及老年人口数据信息失真；二是服务配套难，现行为老服务设施和项目大多按照户籍人口来配置资源，面对大量非户籍老人时有捉襟见肘之虞；三是政策享受难，由于现行多数老年服务补贴政策均按户籍划拨经费，尚难以实现区县间的转移，使得非户籍老人难以就地享受服务。2005 年 1% 人口抽样调查的结果表明，静安区人户分离的总数为 16.5 万，其中“户在人不在”12.7 万，占户籍人口的 41%（吴瑞君 2008）。

3. 人口老龄化对政府老龄事业管理体制和机制提出了挑战

由于人口老龄化发展的较为迅速，政府的部分社会管理工作仍来不及适应。一是老龄工作的体制、机制尚不完善。上海市各级政府都设置的老龄工作委员会，也设有办公室，但老龄委（办）基本无相应职权，老龄工作的职能几乎都分散在老龄委各成员单位管理，老龄工作体制、机制未能形成上下贯通、管理有序的格局，与人口老龄化快速增长的实际情况不相适应，严重制约着老龄事业的发展；二是政府缺少对老龄事业稳健的财政投入。除长宁区按照每位老人每年 10 元的工作经费及浦东新区采取每年按大项申请财政预算、统筹使用之外，其他区县并没有有效解决老龄事业经费来源的问题；三是在老年服务的相关部门之间尚未建立资源共享的机制。受长期以来形成的传统体制和观念束缚，许多单位对共享的社会价值认识不足，分散化的管理体制直接影响了公共服务资源的使用效率；四是公建配套的养老设施难以落实。政府的社会管理中缺乏一个公建配套设施的协调机制，养老设施公建配套难以落地的现象普遍存在。

4. 人口老龄化有助于促进政府培育社会管理的多元主体

“治理理论”认为，随着社会发展越来越走向更高阶段，公共管理将越来越依赖以多元主体间合作方式实现的良好治理（唐碧 2009）。面对人口老龄化的压力，地方政府自己不仅要加大投入增加老年公共服务的供给，也需要动员社会资源来满足日益增长的公共服务产品需求，这使得政府不得不寻找其他形式的主体来一起承担养老的职责。因而以社区、非营利组织和公民等为代表的多元主体会蓬勃发展起来，与政府一起承担社会管理的职责。根据《2009 年上海市老年人口和老龄事业监测统计信息》数据，全市养老机构共计 615 家，其中政府办 294 家，社会办 321 家，社会办养老机构的床位数占总床位数的 53.4%。同时也有利于促使政府进一步健全社会管理体制。人口老龄化带动越来越多的社区照料机构和养老机构的兴起，为了规范这些养老机构的运行，政府要形成一套行之有效的制度，需要进一步的规范。

四、相关思考及对策建议

人口老龄化对政府社会管理带来了一定的影响，同时也折射出了我国社会管理事业中的不足，更反映出了我国养老事业中存在的问题。随着人口老龄化、高龄化和家庭小型化进程的日益推进，老年群体的需求也日益增长，政府社会管理将接受进一步的挑战。面对这一系列问题，应该如何改革并且完善政府社会管理成为了摆在政府面前的一项重要任务。

一是我国正处在社会转型期，居民对公共服务的需求呈现出多样化、个性化的发展态势，如何创新公共服务产品的供给模式，在供给时体现差异性和补偿性原则，更好地落实“以人为本”的科学发展观？

二是我国社会事业发展一直滞后于经济发展已是不争的事实，人口老龄化使得这一矛盾又深刻凸显出来。究其根本原因，除了国家的投入有限外，政府在社会事业管理体制机制上的落后也是一个重要原因，为了促进经济与社会的协调发展，政府社会管理的体制与机制应该如何加以创新？

三是老年人是社会公共服务产品的主要享用者，作为社会中的弱势群体，政府理应保障其权益。但由于法律和政策的不健全所带来的问题，在实际操作中，很多环节被省略掉，服务质量被大打折扣，导致老年人生活质量的下降。为此，应该如何更好地保护老年人权益，尤其是老年人中的弱势群体？

四是在户籍制度改革与人口流动迁移加速的预期下，流动人口家庭化、常住化、本地化已经成为一种发展趋势，如何构建基于常住人口的公共服务供给模式，实现基本社会服务的均等化？

基于以上思考，笔者提出如下建议，以改革和完善我国的政府社会管理职能：

1. 改善供给结构，努力构建居民需求导向型的公共服务供给模式

党的十七届五中全会指出，要将保障和改善民生作为加快转变经济发展方式的根本出发点和落脚点，将老龄工作纳入民生建设的范畴，让经济发展的成果更多地更好地惠及老年群体已经成为新时期各级政府的一项重要工程。公共产品供需理论认为，公共需求的结构会随着社会不同发展阶段而出现相应变化，这种变化决定了政府主导的公共供给必须随之发生变化，以能够不断满足公共需求。因而笔者建议政府应该改善供给结构，努力构建居民需求导向型的公共服务供给模式。如在上海等经济发展基础较好、政府管理水平较高的地区，应积极建立居民需求民意问询机制，依据不同人群的需要改善供给结构。养老机构要根据老年人的护理需求不同建成分层、分类的结构体系，居家养老服务也要根据老年人的需要调整服务项目。降低私营养老机构的收费标准，适度提高公办养老机构的收费标准，满足经济困难老人的入住需求。在具体策略上可借鉴香港经验，由民间团体发起老人评议会，定期针对一些老年人关心的问题进行探讨，从交通、医疗、退休金、虐老、老人自杀到立法养老等，涉及老人生活的方方面面。（丁华 2004）

2. 发动及整合社会力量，构建区域内养老服务资源共享及部门协调的机制

一是要完善养老资源的规划、供给机制。应该根据国内外经验，针对不同的社会事业项目，确定不同的服务半径范围，并根据确定的服务半径来设置服务区域和人群。在养老设施资源供给总体不足的情况下，建议入住养老院的老人实行公共轮候制度；二是构建（区）内外之间、区内部门和地域之间的养老服务资源共享机制。中心城区等土地资源紧缺的地区可与近郊区县合作，通过补贴的方式引导一部分生活自理或大部分能自理的老年人进入邻近地区养老机构养老，以释放部分机构养老的需求。积极推广“居家养老服务券”，通过区际结算等方式，让居住在外区的户籍老年人口享受同等的服务，真正实现户籍老人区里区外养老一个样。也可以通过与长三角周边城市合作，鼓励本区的老年人异地养老。入住养老院的费用可以通过现有房屋出租的租金收入来补贴，实现以房养老。

3. 创造宽松环境，推动多元化养老服务体系的发展

一是充分挖掘已有养老设施的潜力。建立养老机构与社区照料的衔接机制，提高现有养老设施及相关资源的使用效率。推动医疗保险进养老院，提高社区卫生服务中心和老年护理院的周转率，通过加大对机构重复入院的查处，对病情缓解、愿意离开老年护理机构居家照顾的老年人予以适当的补贴等等举措，动员部分长期占用上述资源的老年人到家庭养老。二是构建多元化的养老事业投入机制。制定一定的激励机制，鼓励企业、社会团体、个人和国内外慈善机构捐助支持养老事业发展；对获得有关部门资格认证的为老年人提供服务的单位和个人给予补偿，多渠道、多形式地筹集社会资金发展养老福利事业；三是增加财政投入，同时鼓励社会力量参与，依据老年人口特别是高龄老年人口数量变化、空间分布及其对护理服务的需求，兴建或通过社区服务中心等设施加层等方式，增加老年护理机构或床位数量。将市场机制引入老年护理服务行业，以提供种类多样的高质量的护理服务。上海现已涌现出大量家政公司，可以通过进一步的引导和规范，使这些市场资源参与到老年护理服务行业中来，改善当前护理质量普遍较低的现状。

4. 确定老龄工作的重要地位，改革和完善养老工作的社会管理体制和机制

一是要改革老龄工作的体制和机制。通过完善法律法规，明确赋予老龄工作部门行政执法权和行政监督权，理顺老龄办与老龄委各成员单位之间的关系，并进一步理顺老龄办与民政部门的关系；二是构建老龄工作投入稳定增长的机制，老龄工作的投入不仅要做到与一地的财政收入同步增长，让老年群体分享社会发展的成果，还要做到与老年人口的比例同步增长，让新增老年人口不影响原有老年人口的社会福利水平；三是要进一步完善均衡化、多样化、多层次的养老服务体系。如养老服务资源的配置要与充分考虑属地内老年群体的需求；构建综合性的服务平台，整合社会各方资源和力量，集中社区的养老服务资源，主动作为、开拓创新，对家庭抚养照顾有困难的老人以及独居老人实行集中统一的管理服务，减轻家庭老年照料的压力，满足大多数老人社区养老的愿望。构建户籍老年独生子女父母和空巢老人的关怀和照顾机制。政府有关部门应该结合社区老年服务体系建设，及早制订针对户籍老年独生子女父母和空巢老人的居家服务规划和实施方案，为居家的高龄、需要照料的户籍老年独生子女父母和空巢老人提供包括生活照料、长期护理、心理慰藉等在内的全方位服务，并应该在养老问题上给予独生子女父母一定的补偿，确保他们可以享受到“先行先惠”的待遇；四是构建基于常住老年人口的基本公共服务供给模式。做好人口基础数据与信息的登记工作，对人口预测进行滚动预测，掌握人口变化的动态，为社会事业资源及公共服务规划与配置打好基础；按照基本公共服务均等化的理念，构建以稳定居住和稳定就业为基础的常住人口基本公共服务供给模式，确保均等化。

（吴瑞君，华东师范大学现代城市研究中心研究员，人口研究所所长、教授，博导；武永生，硕士研究生）

上海的人口发展趋势与人口政策研究

周海旺 乐 菡

上海正处在社会经济发展中的重要转折时期，产业结构要实现转型升级，必须有良好的人口发展环境，而要形成良好的人口发展环境，必须调整和完善人口发展政策。要实现人口与城市社会经济发展相协调，需遵循经济社会和人口发展规律，使提升城市功能与提高人口发展水平形成良性互动。

一、近30年来上海人口发展回顾

（一）常住人口总量增长快，户籍人口增长慢。

在过去30年中，上海常住人口规模急速膨胀。2010年第六次全国人口普查时上海常住人口已达到2301.92万人，比1982年增加了0.94倍。其中，户籍常住人口增长比较慢。1982年上海户籍常住人口为1177.89万人，到2010年达到1404.22万人，只增长19%，远远低于常住人口的增长幅度。而外来常住人口却保持高速增长态势。20世纪80年代初期，上海常住人口数量和户籍常住人口数量几乎一样，1982年第三次人口普查，外来常住人口仅为8.08万人。到1990年“四普”时，外来常住人口为56.91万人，2000年“五普”时达到345.66万人，到2010年，增长到897.70万人，最近10年上海外来常住人口增长速度非常快。

（二）人口年龄结构逐渐老化，户籍人口老化快

1982年第三次人口普查数据显示，上海常住人口主要集中在16～35岁之间的青年人中，属单高峰型。第六次人口普查数据表明，上海2301.92万常住人口的年龄分布极不均匀，人口主要集中在20～49岁之间的青年人中，其中峰值人口处于20～24岁之间，但年龄中位数也在不断提高至37.94岁。

户籍人口年龄结构老龄化趋势很快。2010年上海市户籍老年人口有331.02万人，比1990年增加了141.94万人，65岁以上的户籍老年人口达到了226.49万人，比1990年增加了101.35万人。从相对比重来看，60岁及以上的户籍老年人口占总人口的比重呈现不断上升的趋势，从1990年的14.17%上升至2010年的23.44%，80岁及以上的老年人口占60岁及以上人口的比例也在不断攀升，从1990年的1.29%上升至2010年的4.26%。在老龄化程度不断加深的同时，人口高龄化程度也愈加显著。2010年第六次人口普查时，上海户籍总人口中80岁及以上的老年人有59.83万人，百岁老人已经有997人。

（三）人口分布格局发生重大变化，中心城不断蔓延而新城人口增长缓慢

中心城区范围持续扩张，人口分布向心化特征明显。 1982年，上海中心城区人口总量为607.93万人。到1990年中心城区人口总量增加了131.75万人，达到739.67万人，中心城区人口快速增长。接下来的20年里，中心城区人口缓慢减少，2000年人口总量为693.04万人，2010年尽管人口数量略微增加，达到698.64万人，但中心城区人口比重从42.24%下降至30.35%。

事实上，最近20年来，上海近郊的浦东新区、闵行区、宝山区、嘉定区外环线以内各有一部分已经发展成为中心城区的一部分，在空间上已经连为一体，因此造成了中心城区范围持续扩张，人口也在持续增加。5个区县组成的远郊区人口数量自1982年以来缓慢增长；1982年上海远郊区人口总量为267.25万人，占总人口比重的22.53%；1990年远郊区人口为279.01万人，占总人口比重的20.91%；2000年远郊区人口为309.15万人，占总人口比重下降至18.84%；

2010年,远郊区人口比重又回升至1982年水平,比重为22.52%,数量为518.3万人。

新城人口集聚缓慢。最近20年来,上海中心城区的人口密度在缓慢下降,郊区人口密度在持续上升。"五普"数据显示人口密度超过40000人/平方公里的黄浦区、卢湾区、静安区,2010年人口密度分别比2000年下降了11655人/平方公里、9952人/平方公里和7681人/平方公里,下降幅度依次为25.2%、24.4%和19.2%。同时,郊区人口密度显著上升。"六普"资料显示,近郊区与远郊区的人口密度分别为每平方公里4684人和1388人,与"五普"的2600人和860人相比,增幅分别为80.2%和61.4%。

(四)户籍人口长期持续负增长,人口迁移比较稳定

上海户籍人口自1993年以来一直保持自然变动负增长状况,至今已经持续了19年。2010年,户籍人口自然增长率为-0.6‰,户籍人口负增长人数为0.84万人。如果没有户籍人口的持续迁入,上海户籍人口总数将逐渐减少。

上海户籍迁移人口保持持续增长的态势。1990年上海市迁入人口有12.18万人,2010年为17.22万人。1990年上海市户籍人口净迁入率为1.14‰,1995年上升至5.11‰,2000年增至7.47‰。2000年至2010年上海市户籍人口净迁入率一直在7‰左右波动,2010年上海市户籍人口净迁移增长12.25万人。

(五)人口文化素质不断提高,但与发达国家仍有差距

从历年人口普查结果来看,上海的人口文化素质在不断提高。2010年第六次人口普查中,具有大专以上文化程度的人口有505.31万人,占总人口比重的22.8%;而2000年该比例仅为2010年的一半,即11.4%;1982年该文化程度的人口比重更低,占总人口比重的3.8%。

2010年上海市6岁及以上人口平均受教育年限为10.55岁,比2000年提高1.25年。年龄在15~59岁之间的主要劳动年龄人口平均受教育年限达到11.22年,比2000年提高0.98年,但与美国、日本等国家相比,仍有一定的差距。2005年美国主要劳动年龄人口平均受教育年限已达到13.63年,日本达到12.9年。

二、上海中长期人口发展前景分析与预测

为了深入分析上海人口发展中可能出现的新情况和新问题,为完善人口发展政策提供依据,本文对上海户籍人口的发展趋势进行多方案预测,并在经济发展前景预期的基础上,对上海常住人口数量发展前景进行分析预测。

(一)上海户籍人口发展预测

1.上海户籍人口预测的基础数据

本次预测采用的基础数据都是当前能够获得的反映上海户籍人口发展的最权威最准确的数据,具体为:(1)2009年预测基准年份的人口数据为上海市公安局提供的分性别和年龄的上海户籍人口数;(2)2009年分性别分年龄的死亡人数利用上海市疾病预防控制中心提供的数据,并根据上海市公安局提供的分年龄和性别的人口数,计算分性别分年龄的死亡率、生存概率;(3)分年龄的育龄妇女的生育率为2009年上海市人口计生委提供的上海户籍育龄妇女的数据,总和生育率为2000~2010年上海市历年总和生育率的平均数0.84;(4)出生性别比为2009年上海0岁组的户籍人口的性别比105.6。

2.未来上海户籍人口发展预测的有关参数假设

(1)总体预测参数假设

①假设上海未来的户籍人口期望寿命保持持续增长,从预测基础年份2009年的男79.42岁和女84.06岁,均匀增长到预测期末2030年的男81.51岁和女86.32岁;②假设户籍人口的新出生人口性别比均保持2009年的105.6不变;③假设2010~2020年上海户籍人口每年净迁移增长11万人,略高于过去5年的平均水平,从2021年开始一直到2030年每年净迁移增长10万人;各年份迁移增长的人口的年龄结构按照本项研究中计算的2008年上海市户籍净迁移增长人口的年龄结构保持不变。④预测期末2030年的分性别分年龄的生存概率,参照日本国立社会保障·人口问题研究所做的日本未

来达到该年龄的生命表中的数字。⑤参考最近10年来的实际情况，假定外来媳妇以后每年平均生育1.0万人，出生性别比按照上海户籍人口的水平。

（2）不同生育方案的参数假设

（见表1）

表1 上海市户籍育龄妇女总和生育率参数假设

<table>
<tr><td rowspan="2">类别
年份</td><td>方案1</td><td>方案2</td><td>方案3</td><td>方案4</td><td>方案5</td><td>方案6</td></tr>
<tr><td>超低</td><td>低</td><td>中低</td><td>中</td><td>中高</td><td>高</td></tr>
<tr><td>2009</td><td>0.84</td><td>0.84</td><td>0.84</td><td>0.84</td><td>0.84</td><td>0.84</td></tr>
<tr><td>2010</td><td rowspan="12">0.84</td><td>0.85</td><td>0.85</td><td>0.85</td><td>0.85</td><td>0.90</td></tr>
<tr><td>2011</td><td>0.90</td><td>0.90</td><td>0.90</td><td>0.90</td><td>1.00</td></tr>
<tr><td>2012</td><td>1.00</td><td>0.95</td><td>0.95</td><td>1.00</td><td>1.10</td></tr>
<tr><td>2013</td><td>1.1</td><td>1.05</td><td>1.05</td><td>1.10</td><td>1.20</td></tr>
<tr><td>2014</td><td rowspan="8">1.1</td><td>1.15</td><td>1.15</td><td>1.20</td><td>1.30</td></tr>
<tr><td>2015</td><td>1.25</td><td>1.25</td><td>1.30</td><td>1.40</td></tr>
<tr><td>2016</td><td rowspan="6">1.30</td><td>1.30</td><td>1.40</td><td>1.50</td></tr>
<tr><td>2017</td><td>1.35</td><td>1.50</td><td>1.60</td></tr>
<tr><td>2018</td><td>1.40</td><td>1.60</td><td>1.70</td></tr>
<tr><td>2019</td><td>1.45</td><td rowspan="3">1.70</td><td>1.80</td></tr>
<tr><td>2020</td><td rowspan="2">1.50</td><td>1.90</td></tr>
<tr><td>2021～2030</td><td>2.0</td></tr>
</table>

3. 不同方案的上海户籍人口发展预测结果

（1）上海户籍人口总量发展趋势

不同的生育前景下，上海未来户籍人口的总量变化差异很大，近期差异还比较小，越到后来差异越大。到2015年，TFR0.84的人口总量是1447万人，TFR2.0的人口总量是1460万人，相差只有13万人，但是到预测期末的2030年，分别是1442万人和1547万人，差距扩大到105万人。从总体趋势上看，从现在起到2021～2020年，各方案的户籍人口都将达到最高值，然后逐步回落（见表2）。

表2 上海市户籍人口总量发展预测 万人

	TFR0.84	TFR 1.1	TFR 1.3	TFR 1.5	TFR 1.7	TFR 2.0
2009	1400.5	1400.5	1400.5	1400.5	1400.5	1400.5
2010	1409.4	1409.4	1409.4	1409.4	1409.4	1409.4
2015	1446.9	1454.1	1453.6	1453.6	1455.1	1459.5
2020	1467.3	1485.1	1492.2	1494.5	1501.7	1510.2
2025	1462.9	1488.2	1501.1	1509.2	1522.2	1539.4
2030	1442.6	1474.2	1491.9	1504.8	1522.7	1547.1

（2）上海户籍0～14岁少儿人口数量发展趋势

不同生育水平下，上海户籍0～14岁少年儿童数量都将从目前开始逐渐增加，在TFR为1.3的方案中，“十二五”期间少年儿童数量将增加20万人左右。在2020～2025年左右各方案都先后达到一个近期的高峰，然后开始回落（见表3）。

（3）上海户籍15～59岁劳动年龄人口数量发展趋势

所有的6个预测方案的结果都极度相似，未来上海的劳动年龄人口数量将长期持续大幅度减少。“十二五”期间，上海户籍劳动年龄人口将减少约80万人。TFR0.84的劳动年龄人

表3 上海户籍0 ～ 14岁少儿人口数量发展预测 万人

年份	TFR0.84	TFR 1.1	TFR 1.3	TFR 1.5	TFR 1.7	TFR 2.0
2009	116.8	116.8	116.8	116.8	116.8	116.8
2010	118.6	118.6	118.6	118.6	118.6	118.6
2015	130.4	137.6	137.1	137.1	138.6	143.0
2020	135.5	153.2	160.3	162.6	169.8	178.3
2025	119.6	144.9	157.8	165.8	178.9	196.1
2030	96.0	120.4	138.6	151.5	167.9	188.0

口数量将从2009年的968万人减少到2030年的713万人，TFR 2.0的劳动年龄人口数量将从2009年的968万人减少到2030年的725万人，分别减少255万人和243万人，降幅差别不是很大，但下降幅度都很大（见表4）。

表4 上海户籍15 ～ 59岁劳动年龄人口数量 万人

年份	TFR0.84	TFR 1.1	TFR 1.3	TFR 1.5	TFR 1.7	TFR 2.0
2009	967.9	967.9	967.9	967.9	967.9	967.9
2010	959.5	959.5	959.5	959.5	959.5	959.5
2015	879.1	879.1	879.1	879.1	879.1	879.1
2020	789.6	789.6	789.6	789.6	789.6	789.6
2025	736.1	736.1	736.1	736.1	736.1	736.1
2030	712.5	719.7	719.2	719.2	720.6	725

（4）上海户籍老年人口数量发展趋势

因为老年人口数量是从60岁开始，而我们这次的预测期限短，因此本次预测的6个生育方案的老年人口发展结果是一样的。从老年人口发展趋势来看，“十二五”期间60岁以上老年人口将净增加超过100万人。从现在起到2024年都处于高速增长阶段，到2024年达到600万人，比2009年增长284万人。从2025年开始增速减慢，但是总数还是处于增长过程中，一直持续到预测期末的2030年，达到634万人的规模。65岁以上的老年人口变化趋势和60岁以上的很接近。80岁以上高龄老人数量在2030年以前保持低速增长，从2009年的57万人，缓慢增长到2030年的127万人，增量是70万人，平均每年增加3.3万人（见表5）。

表5 上海户籍老年人口数量 万人

年份	60岁及以上	65岁及以上	80岁及以上
2009	315.8	221.0	56.7
2010	331.3	227.4	60.1
2015	437.4	287.2	79.3
2020	542.3	382.9	83.1
2025	607.2	476.4	92.3
2030	634.1	530.1	127.0

（5）上海户籍老年人口占总人口的比重变化趋势

从上海60岁以上老年人口占总人口的比重也就是人口老龄化水平发展趋势来看，所有6个生育方案都是大幅度提高，只是提高的幅度有一定差异，到“十二五”末，提高将近7个百分点，达到30%；到2030年，TFR0.84方案的预测结果是44%，TFR2.0的预测结果是41%，其他几个方案介于这两个结果之间，各方案之间差别不大（见表6）。

表 6 上海户籍老年人口比重发展预测 60+／总人口，%

年份	TFR0.84	TFR 1.1	TFR 1.3	TFR 1.5	TFR 1.7	TFR 2.0
2009	22.55	22.55	22.55	22.55	22.55	22.55
2010	23.51	23.51	23.51	23.51	23.51	23.51
2015	30.23	30.08	30.09	30.09	30.06	29.97
2020	36.96	36.52	36.34	36.29	36.11	35.91
2025	41.51	40.8	40.45	40.23	39.89	39.44
2030	43.96	43.02	42.5	42.14	41.64	40.99

（6）上海总抚养系数发展趋势

从上海人口总抚养系数变化趋势来看，未来 20 年都在持续上升。2009 年为 44.7%，到 2012 年就超过了 50%，表示着户籍人口的红利期已经结束，其后继续大幅度提高。到 2030 年 6 个方案预测结果介于 102% 和 113% 之间，是 2009 年的 1 倍以上（见表 7）。

表 7 上海户籍总抚养系数 （0–14 岁 +60+）/15–59 岁，%

	TFR0.84	TFR 1.1	TFR 1.3	TFR 1.5	TFR 1.7	TFR 2.0
2009	44.7	44.7	44.7	44.7	44.7	44.7
2010	46.89	46.89	46.89	46.89	46.89	46.89
2015	64.59	65.42	65.36	65.36	65.52	66.02
2020	85.83	88.08	88.99	89.27	90.19	91.25
2025	98.73	102.17	103.92	105.02	106.79	109.12
2030	102.48	104.83	107.45	109.24	111.3	113.39

（二）上海常住人口发展预测

经济发展与就业之间有密切的联系，经济发展直接决定对劳动力的需求，而劳动力的供给状况又对经济发展有制约作用。一般来说，经济发展速度快，对劳动力的需求增长就多，经济结构要调整，也需要劳动力供给结构做出相应的调整。当前，上海正处在加快建设“四个中心”，实现“四个率先”，促进经济发展方式转变的关键时期，需要与之相匹配的劳动力资源。

我们假定未来 20 年上海的 GDP 增长速度分别按高中低 3 个预设的方案增长，在这 3 种增长速度下，可以推算出到 2015 ～ 2030 年的各年度 GDP 总量。根据上海市经济结构调整和经济总量的发展前景，测算上海市未来不同年份对劳动力的需求数量，进而推算常住人口的规模。

上海未来 GDP 增长的高方案我们假设 2011 ～ 2015 年间，上海 GDP 增长率为 10%，2016 ～ 2020 年间，增长率为 9%，2021 ～ 2025 年间，增长率为 8%，2026–2030 年间，增长率为 7%。上海 GDP 中方案发展预测中，假设上海在“十二五”期间 GDP 增长率略微下降，达 9% 的水平，其后逐渐降低，2016 ～ 2020 年减速至 8%，2021 ～ 2030 年 10 年间为 7%。上海 GDP 低方案发展预测中假设“十二五”期间按上海制定的 8% 最低目标的增长速率，“十三五”期间速率降至 7.5%，2021 ～ 2030 年 10 年间，按 6.5% 的增长速率假设。在高、中、低 3 种增长速度下，可以推算出到未来各年上海 GDP 的总量。

我们假定上海 2011 ～ 2020 年的劳动生产率增长速度保持 8.5%，2021 ～ 2030 年保持在 7.5%。2010 年上海市常住人口的劳动参与率为 72.86%。未来上海的工资和福利政策以及社会保障等社会环境的改善将使得劳动参与率逐渐降低，因此假定上海“十二五”劳动参与率由 73% 逐年下降 1 个百分点至 69%，“十三五”至“十四五”期间，即 2016 ～ 2030 年间保持 68% 的劳动参与率不变。

第六次人口普查显示，上海劳动年龄人口

总量为1756.66万人，占总人口的76.31%。随着户籍老龄化程度的加深以及外来人口的年龄的推移，劳动年龄人口占总人口的规模将越来越小，所以假设从2011年开始上海劳动年龄人口占总人口比重从76%逐年下降1个百分点，至2027年劳动年龄人口占总人口比重逐渐稳定在60%的水平，2027～2030年间保持该水平不变，以此来预测出未来20年上海人口总量。

根据以上的有关参数假设可以推算出上海未来20年常住总人口的变化情况。高方案中，上海常住人口2011至2020年间增速较快，2021～2027年间增速减缓，在2027年达到顶峰，为3484.26万人，2028年以后缓慢减少。中方案中，上海常住人口规模于2027年达到顶峰，为3034.35万人。低方案中，上海常住人口在2027年达到2739.91万人的峰值，接下来开始逐渐减少（见表8）。

表8 上海常住人口总量发展预测 万人

	高	中	低
2010	2300.78	2300.78	2300.78
2015	2757.90	2634.80	2516.13
2020	3077.23	2807.47	2619.54
2025	3403.45	2963.98	2701.56
2030	3435.87	2992.21	2664.16

三、完善上海宏观人口政策的建议

（一）合理调控常住人口总量增长速度，加快提升人口素质

受我国宏观的人口城市化进程的影响，以及上海自身经济社会发展以及调整人口结构，提高人口素质，缓解人口老龄化的需要，在未来一段较长时期内，上海的常住人口总量仍将保持增长趋势，但常住人口增长的速度将明显慢于过去10年。由于在中长期内，上海户籍人口自然变动都可能保持负增长的态势，因此，上海常住人口的增长主要来源是户籍人口的迁入和外来常住人口的增加。综合各种因素考虑，我们认为前文我们对上海未来常住人口发展的中方案预测比较符合上海的需要，是一种比较可行的人口发展方案。按照中方案的人口发展目标，到2015年，上海常住人口总量将增长到2634.80万人，2020年达到2807.47万人，2025年达到2963.98万人，2030年控制在2992.21万人。

为了实现预期的人口发展目标，上海需要对宏观的人口发展政策进行调整和完善，既要合理控制人口增长的速度，又要能解决好不断增长的人口的教育、就业、社保、医疗卫生等公共服务，保持城市的发展活力和社会和谐。我们认为，在调控常住人口增长方面，关键是要调整上海的产业结构，适当限制一般的制造业的发展，大力发展现代服务业和高新技术产业，从而实现对文化程度较低的外来劳动力的限制；同时要完善人才引进政策，加快国内外人才的引进力度，尽快提升人口素质。

（二）加快郊区基础设施建设和社会事业发展，促进新城镇人口集聚

安排财政支出时优先安排人口公共事业类支出，在制定土地、城市等各类规划时优先预留人口公共事业发展的空间。根据城市化进程的需要，统筹城乡公共服务设施布局；根据实有人口数量配置公共服务类社会事业资源；按照各区域人口变动及时调整公共服务类社会资源的空间布局；加强公建配套设施实施验收环境的统筹协调，确保社会事业配置设施的落实；增加公共服务类社会事业人才总量，提升公共服务事业人员水平，不断提升服务水平。

加快郊区基础设施建设，推进郊区新城社会事业发展。要切实将全市基础设施建设重心转向郊区，优先实施轨道交通、骨干道路等新城内外交通工程，提高新城内部市政配套水平，营造出行便捷、生活便利、生态宜居的环境。

考虑到人口由中心城区向郊区的流动趋势需要一定的过程，郊区由于其公共社会资源较为稀缺，对人口的吸引力不足，市级财政要加大对卫生和教育等社会事业的支持力度，加强对薄弱医院、学校的市财政倾斜，改善它们的条件，提高它们的质量；给予这些医院的医生和这些学校的教师特别津贴，吸引或留住优秀人才。

（三）促进郊区产业发展，以充足的就业机会吸引人口迁往郊区

要推进郊区制造业集聚发展，进一步提升能级。支持符合条件的新城工业园区内项目落地。市节能减排专项资金、市自主创新和高新技术产业发展重大项目专项资金优先支持新城内符合条件的工业项目。研究支持产业园区和新城建设联动发展的有关政策措施。市、区县优先安排动迁企业的用地指标，推动工业企业向园区集中。

给予各项优惠政策，加快做大郊区服务业规模。由于当前郊区新城人口规模还比较少，郊区新城的商业、服务业等第三产业的发展受到了一定限制，而商业、服务业发展滞后，也影响了人口向新城的迁移。因此，政府部门要给予优惠的税收政策，对一些在郊区新城经营的个体户、小企业，税收上给予优惠，鼓励他们开业经营，营造良好的服务环境，凝聚人气，等若干年后新城人口逐步导入后再恢复正常的税收政策。

（四）积极应对人口老龄化挑战，加快养老设施结构调整和布局优化

继续增加养老机构床位数，提高养老服务质量。2011 年上海养老机构床位数 10.2 万张，养老床位占 60 周岁及以上老年人口比例为 3%。随着老年人口高龄化的发展，需要入住养老院的老年人口比例会不断提高。更重要的是，要对已有的调整养老机构进行整顿，提升硬件标准和服务质量。

在新的养老设施建设中，要探索全市统筹的办法。市老龄部门要出台有关政策，统筹协调全市的养老机构发展。中心城区没条件建设的，应该拿钱出来，全市统筹，通过公益创投的形式，在别的区建设。并且养老机构的运营费用也应该全市统筹。各中心城区应制定老年人入住郊区养老机构的补贴政策，对符合一定条件的本区域老年人入住郊区养老机构实施补贴。补贴标准应逐年根据实际情况进行调整，吸引市中心老人到郊区居住，这样可以解决很多问题。

（五）调整和完善生育政策，改变人口结构发展失衡问题

要尽快调整舆论宣传导向，合理引导人们实施生育行为，适当提高上海的生育水平。要对现行的一些不合理的生育政策进行适当调整，完善生育政策，使上海的人口增长与上海的社会经济发展需要相适应。上海户籍人口中处于 20 ～ 34 岁的生育高峰期的育龄妇女人数在 2015 年以后将迅速减少，势必将减少出生人口的数量。因此，要调整生育政策，并且能见到明显效果。“十二五”时期是最关键的时期，错过了这一时期，调整生育政策的效果将大打折扣。在后“十二五”时期，上海面临的人口问题可能更为复杂，老龄化将逐渐向高龄化发展，出生人口数量越过高峰后将开始逆转，劳动年龄人口数量将开始减少比重也将持续下降。因此，我们要高瞻远瞩，在“十二五”期间要尽早通过人口政策的调整，防范未来可能出现的严重人口危机。

（作者：周海旺，上海社会科学院城市与人口发展研究所副所长，副研究员；乐 菡，硕士研究生）

上海转型发展中劳动力资源需求趋势研究

高向东 黄丽鹏

上海正处在转型发展的关键时期，第三产业加速发展，第二产业逐步向郊区迁移，中心城区服务功能大大增强，对外围发展的影响和辐射也迅速提高。新形势下的上海劳动力资源持续增长，就业人口市场规模不断扩大，就业人口比重提高，就业人口的产业结构、职业结构逐步优化，这对合理开发、充分利用劳动力资源，促进上海经济社会发展具有十分重要的意义。

一、上海劳动力资源主要特征分析

1. 劳动力资源丰富，但劳动力年龄结构不断老化

劳动适龄人口是劳动力资源中的主要部分。“六普”资料显示，2010 年上海劳动适龄人口（本文劳动适龄人口是指男性 15 ～ 59 岁，女性 15 ～ 54 岁的人口）为 1671.62 万人，占总人口的比重为 72.6%，与 10 年前的第五次全国人口普查（以下简称“五普”）时相比，劳动力资源总量增加了 510.02 万人，占总人口的比重上升了 1.8 个百分点（见表 1）。

表 1　上海主要年份总人口和劳动适龄人口变化

年份	总人口／万人	劳动适龄人口／万人	比上次普查增长／%	占总人口比重／%
1990	1334.19	863.61	7.59	64.7
2000	1640.77	1161.60	34.51	70.8
2010	2301.92	1671.62	43.91	72.6

资料来源：根据上海市第六次人口普查资料整理

外来劳动适龄人口的大量增加是上海劳动力资源丰富的重要原因。在上海劳动适龄人口中，户籍劳动适龄人口数为 884.11 万人，所占比重为 52.9%，外来劳动适龄人口数为 787.51 万人，所占比重为 47.1%。但在 15 ～ 44 岁年龄段的劳动适龄人口中，外来人口已经超过户籍人口，说明外来劳动适龄人口相对于户籍劳动适龄人口更为年轻。从平均年龄看，上海户籍劳动适龄人口的平均年龄为 38.42 岁，外来劳动适龄人口的平均年龄为 32.09 岁。外来劳动适龄人口的平均年龄拉低上海劳动适龄人口的平均年龄至 35.46 岁。显然，外来劳动适龄人口减缓了上海整体劳动力年龄老化速度。外来人口以劳动年龄为主的年龄结构与其迁移原因是相符的，外来人口迁往上海以经济因素为主，辅之以家庭等因素。外来劳动力资源的丰富同时也反映出上海对劳动力资源强大的吸引能力，这与上海的经济发展水平是分不开的。

外来劳动适龄人口的大量增加减缓了上海劳动力老化程度，但是，目前劳动力年龄结构仍然是略显老化，上海劳动适龄人口中大年龄组比重呈上升趋势。“六普”资料显示，劳动适龄人口中，15 ～ 24 岁的比重为 22.4%，25 ～ 44 岁的比重为 50.8%，45 ～ 59 岁（其中女性 45 ～ 54 岁）的比重为 26.8%。15 ～ 24 岁和 25 ～ 44 岁的劳动适龄人口的比重比 10 年前分别下降 0.4 个和 0.5 个百分点，45 ～ 59 岁组的比重增加 0.9 个百分点。

2. 青壮年在业人口比重上升，外来在业人口超过户籍在业人口

上海的在业率不断上升。“六普”统计显示，上海在业率为 55.6%，比 10 年前的“五普”时上升 4.3 个百分点。统计显示，全部在业人口从 2000 年的 841.56 万人增加至 2010 年的

1279.22万人，增幅为52.0%，年均增长4.8%。表明上海就业人口规模继续扩大，在业率稳步提高。

青壮年在业人口比重上升显著。在上海在业人口中，20～39岁组在业人口占全部在业人口比重为59.1%,较2000年提高7个百分点（见表2）。青壮年在业人口比重上升，主要是由于外来人口中青壮年比重较高所致。

表2 上海主要年份在业人口年龄结构变化 %

年份	15～19岁	20～24岁	25～39岁	40～54岁	55～64岁	65岁以上	总计
1990	3.5	10.0	52.4	25.0	7.7	1.4	100.0
2000	3.6	11.0	41.1	38.0	5.0	1.3	100.0
2010	3.4	14.2	44.9	31.0	6.0	0.5	100.0

资料来源：根据上海市第六次人口普查资料整理

外来在业人口超过户籍在业人口，户籍在业人口年龄偏大。上海在业人口中，本市户籍在业人口仅为47.4%，外来在业人口占全部在业人口的比重为52.6%，这给上海的就业、社保、社会管理等方面带来新的课题。上海户籍在业人口中，40岁以上在业人口所占比重高达50.4%，而40岁以上的外来在业人口所占比重仅为25.9%，显示户籍在业人口年龄大于外来在业人口。

3. 经济结构调整转型，使第三产业成为吸纳就业人口最多的产业

近10年来，上海加快经济结构调整转型，实施三二一产业发展战略，取得显著成就。“六普”数据表明，上海在业人口快速向第三产业转移，第三产业人口占在业人口的比重超过了一半。按三次产业划分，2010年第一产业在业人口占在业人口总数的比重为2.9%，第二产业占42.6%,第三产业占54.5%。与10年前的“五普”时相比，第一产业下降8.6个百分点，第二产业下降3.3个百分点，第三产业则上升了11.9个百分点。可见，10年中，上海的第一产业下降较快，第三产业上升十分显著。

4. 在业人口主要分布在劳动密集型和高新技术行业，且与地域分布联系紧密

“六普”数据统计显示，上海在业人数最多的是制造业，制造业在业人口数占全部在业人口的36.9%，其次是批发零售业，占全部在业人口的14.1%。

各行业按照在业人口数从高到低的排序为：制造业；批发和零售业；建筑业；租赁和商务服务业；交通运输、仓储和邮政业；房地产业；住宿和餐饮业；教育；科学研究、技术服务和地质勘查业；信息传输、计算机服务和软件业；公共管理和社会组织；金融业；卫生、社会保障和社会福利业；居民服务和其他服务业；水利、环境和公共设施管理业；文化、体育和娱乐业；电力、燃气及水的生产和供应业；采矿业。在业人口数最多的前7个行业基本都是劳动相对密集型的行业，可以认为是人口就业结构的第一个层次。

教育、科研和技术服务、信息和软件业、金融业等行业是技术密集型行业，理论上来说在业人口数要少于劳动密集型行业，可以认为是第二个层次。其中教育行业的在业人口数最多，占全部在业人口的3.2%；其次是科研技术行业、信息行业、公共管理和社会服务业、金融业。

在业人数较少的卫生、社会保障和社会福利业，居民服务和其他服务业，水利、环境和公共设施管理业，文化、体育和娱乐业，电力、燃气及水的生产和供应业多为市政基础事业，对于上海这样一个发展阶段相对较高的城市来说，这些行业的在业人口在全部在业人口中的比例应该是相对较低的，是第三个层次。

采矿业的在业人口数是最少的，只在静安区有分布，与其他行业相比，几乎可以忽略。这很明显是因为上海少矿，并且不符合上海的产业发展，是第四个层次。

各行业在业人口的区域分布是产业分布的体现。从区县各行业的在业人口分布上可以看出，浦东新区各行业在业人口都相对较多，劳动密集型产业和技术密集型产业在浦东新区分布几乎都是最多的，尤其是制造业，批发和零售业，建筑业，租赁和商务服务业，交通运输、仓储和邮政业，教育，科学研究、技术服务和地质勘查业，公共管理和社会组织。制造业在业人口分布最多的区县除了浦东新区外，还在松江区、嘉定区、闵行区分布也较多，在黄埔区、静安区、闸北区等位于中心市区的区县少有分布。金融业主要分布在浦东新区，其次是黄浦区和静安区。

5. 户籍在业人口文化素质高于外来在业人口，高学历人口呈现出两个“集中”的特点

在上海在业人口中，大专及以上文化程度占在业总人数比重为28.3%，高中占21.5%，初中40.2%，小学占9%，文盲半文盲占1%。与“五普”时相比较，大专以上文化程度比重大幅提高了14.5个百分点。

户籍在业人口文化素质高于外来在业人口。户籍高中以上学历在业人口多于外来在业人口，而外来在业人口在初中以下文化程度中的人数多于户籍在业人口（见表3）。

表3　2010年上海户籍和外来在业人口文化构成　　%

类别	研究生	大学本科	大学专科	高中	初中	小学	文盲半文盲	合计
户籍在业人口	2.1	9.4	8.9	12.3	12.0	2.5	0.2	47.4
外来在业人口	0.5	3.7	3.7	9.2	28.2	6.5	0.8	52.6
合计	2.6	13.1	12.6	21.5	40.2	9.0	1.0	100.0

资料来源：根据上海市第六次人口普查资料整理

随着经济发展和“四个中心”建设的深入，上海正以其独特的区位条件、较强的经济技术基础和人才优势，向国际经济中心城市方向迈进，上海的人才集聚力大大加强。城市发展战略、区域功能定位和产业结构调整等因素决定着上海人才的流向和分布。“六普”资料显示，上海高学历文化程度人口分布，呈现出两个“集中”的特点：

一是区域分布集中。503.96万大专及以上文化程度人口中，近一半集中在浦东新区、闵行区、杨浦区和徐汇区，其中浦东新区有110.45万大专及以上文化程度人口，而徐汇区大专及以上文化程度人口比例最高，达到38.5%。上海市高学历文化程度人口区域分布主要受高校科研院所分布、商务区分布、区域功能定位、区域人口总量等因素影响，例如：浦东新区人口总量占上海1/5强，金融、航运等产业发达；杨浦区、徐汇区、长宁区高校比较集中；静安区、卢湾区、长宁区、徐汇区等具有商务区优势，导致这些地区大专及以上文化程度人口比例集中。

二是行业分布集中。随着上海市“四个中心”建设的不断推进，金融、航运、贸易等相关行业吸引了大批人才。国民经济行业门类中，大专及以上文化程度在业人数前六位的行业依次是：制造业、批发和零售业、教育、租赁和商务服务业、交通运输仓储和邮政业、金融业，这6个行业中大专及以上文化程度在业人数占上海总数的2/3。从各行业门类在业人口文化程度人数比重来看，金融业（80.0%）、信息传输、计算机服务和软件业（79.1%）、科学研究、技术服务和地质勘查业（75.4%）、教育业（73.6%）的在业人口中具有大专及以上文化程度的比重明显高于其他行业。经过10年的发展，上海市人口文化素质有了很大提高，但受老龄人口文化素质偏低、外来人口大量流入等因素影响，上海市人口整体文化素质仍与国际化大都市的要求尚有差距。随着新增劳动力受教育年限的不断增长，劳动年龄人口文化素质将进一步提高。

二、上海产业结构调整对劳动力资源需求影响

1. 产业结构“三二一”调整促使劳动力就业结构相应转变

上海在建设国际经济、金融、贸易、航运中心的同时，也明确了产业“三二一”的发展方向，产业结构发展将转向以第三产业为重心。目前上海已经形成产业“三二一”发展结构，

并将持续这种产业发展趋势，形成以国际金融、经济、贸易和航运为重心的服务性城市。

与产业结构的发展趋势相同，劳动力的就业结构也出现相应的变化。从表 4 中可以看出，第一产业就业比例从 1990 年的 11.8% 降到 2010 年的 3.4%；第二产业就业比例从 1990 年的 59.3% 下降到 2010 年的 40.68%，由半数以上下降到半数以下；标志着第二产业已经不再是就业的主要产业，而就业的主要产业转向第三产业，第三产业就业比重由 1990 年的 29.63% 上升到 2010 年的 55.92%（见表 4）。

表 4　上海主要年份三次产业就业人口比例变化情况　　%

类　别	1990 年	1995 年	2000 年	2005 年	2010 年
第一产业	11.08	9.85	10.77	7.07	3.40
第二产业	59.30	54.47	44.31	37.34	40.68
第三产业	29.63	35.68	44.92	55.60	55.92

数据来源：根据《2001 ～ 2011 年上海统计年鉴》整理，中国统计出版社，2000 ～ 2012 年

2. 产业结构调整导致第一、二产业就业弹性下降，第三产业就业弹性上升

上海经济的快速增长和产业结构的调整，以高新技术为主的第三产业开始成为经济发展和劳动力就业的主要产业。这一经济增长的产业特征导致了劳动密集型产业的减少和技术、资本密集型产业比重的增加，导致就业弹性的下降。

从统计数据中可以看出，上海 GDP 自 1992 年开始高速增加，表示上海从 1992 年经济开始高速增长，但是第一产业和第二产业的就业弹性与产业发展并不相符，尤其是第二产业的就业弹性连续几年都是负值。从总体来看，第一产业 GDP 增长率一直较小，就业弹性在近十年间全部是负值，就业弹性系数也几乎全是负值，就业弹性从 1990 年的 −0.11 到 2010 年为 −1.67；第二产业的 GDP 增长率处于较高水平，但是其就业增长率较低，多数年份是负值，在近几年由于多种有效地就业促进措施的实施，如企业用工动态分析机制、创业带动就业、关注农民工就业等，在一定程度上促进了第二产业的就业，导致其就业弹性系数有所增加，就业弹性系数在 2000 年至 2010 年由 −0.24 增长到 0.24，而在 2005 年前则多处于负值，就业弹性系数从 1990 年的 0.08 到 2000 年降低为 −0.24，到 2010 年增长为 0.24；第三产业的 GDP 增长率一直处于最高水平，从 1990 年的 0.41% 增长到 2010 年的 10.05%。其就业增长率和就业弹性系数也几乎都是正值，就业弹性系数从 1990 年的 0.02 增长到 2010 年的 0.29，表明第三产业的增长对就业的贡献明显（见表 5）。

表 5　上海主要年份 GDP 增长率、就业增长率和就业弹性系数变化情况

年份	第一产业			第二产业			第三产业		
	GDP 增长率 %	就业增长率 %	就业弹性系数	GDP 增长率 %	就业增长率 %	就业弹性系数	GDP 增长率 %	就业增长率 %	就业弹性系数
1990	14.83	−1.65	−0.11	8.53	0.71	0.08	20.40	0.41	0.02
2000	1.25	−3.73	−2.99	11.26	−2.71	−0.24	16.82	8.76	0.52
2010	14.09	−23.57	−1.67	20.09	4.90	0.24	10.05	2.88	0.29

数据来源：根据《2001 ～ 2011 年上海统计年鉴》整理，中国统计出版社，2000 ～ 2012 年

3. 产业结构调整要求劳动力的高素质化，失业人数有所增加

上海产业结构的战略性调整对上海的未来人才提出了新的要求，这就使得处于二元劳动力市场中第一劳动力市场受到较好教育、具有专业技能的人才能够获得较高的收入水平及较好的工作条件，正是由于这方面人才的相对短缺，致使现阶段具有特殊专业技能及属于紧缺型的高素质外来劳动力对本地劳动力的就业替代效应并不是特别明显，而对于一般专

业技能的技术人口则具有较强的替代效应或挤出效应。

上海产业结构的调整导致了就业弹性的下降，失业人数有所增加，失业率上升。从历年来统计数据可以看出，从1990年至2010年，城镇登记失业人数从7.7万人持续增加到27.73万人，城镇登记失业率从1.5%增加到4.2%（见表6）。

表6 上海主要年份城镇失业登记人数和失业率的变化

项 目	1990年	1995年	2000年	2005年	2010年
城镇登记失业人数（万人）	7.70	14.36	20.08	27.50	27.73
城镇登记失业率（%）	1.5	2.7	3.5	4.4	4.2

数据来源：根据《2001～2011年上海统计年鉴》整理，中国统计出版社，2000～2012年

目前上海面临的失业率上升问题主要表现在两个方面：产业结构调整与经济增长阶段转换所导致的结构性失业与摩擦性失业问题；外来劳动力大量进入及相应的就业替代效应与自愿失业问题。随着上海经济发展进入后工业化阶段，上海产业结构已经形成以高新技术型为主的产业发展“三二一”结构，由劳动密集型产业为主转向技术、资本密集型，这种产业结构调整对劳动力资源需求的数量减少、对劳动力的素质要求提高，因此在这个过程中必然导致结构性失业的问题。

三、上海产业结构调整趋势与劳动力资源需求预测

上海今后的产业结构调整方向是形成以服务经济为主的产业结构，构建服务经济时代的产业体系，把结构调整作为主攻方向，加快发展服务业、战略性新兴产业。上海市规划产业发展坚持了“三二一”的结构方针，以技术创新为主要动力，全面推进产业结构优化、升级，重点发展以金融保险业为代表的高层服务业和以信息产业为代表的高科技产业；基本形成与现代化国际大都市相适应的经济规模、综合实力与服务功能。

1. 产业结构调整趋势分析

目前上海市对产业结构调整的规划方向也是形成服务型经济为主的产业结构，产业结构发展明确“三二一”的发展方向。《上海市国民经济和社会发展第十二个五年规划》中指出，到2020年，上海要基本建成与我国经济实力和国际地位相适应、具有全球资源配置能力的国际经济、金融、贸易、航运中心，基本建成经济繁荣、社会和谐、环境优美的社会主义现代化国际大都市，转变经济发展方式取得率先突破，人民生活水平和质量得到明显提高，为建设具有较强国际竞争力的长三角世界级城市群做出贡献。上海经济发展和产业结构调整的具体指标要求主要包括两点：一是经济保持平稳增长，上海生产总值年均增长率预期为8%左右；二是服务经济为主的产业结构基本形成，第三产业增加值占上海生产总值比重达到65%左右。

研究表明，上海产业结构发展趋势主要体现在三个方面：第一方面是生产性服务业迅速成长，推进服务经济的快速发展，使得服务业在产业体系中的主导性地位快速形成。第二方面是资本、技术密集型产业的比重越来越大，资本密集型产业替代劳动密集型产业成为支柱产业，目前上海与全国相比，其能源、资源、土地和劳动力等初级要素的比较优势已经减弱，因此，上海在低端产品环节的比较优势已经减弱，而创新实力、科技实力等高级要素的比较优势则凸显，并且仍在持续发展中，技术和资本密集产业发展的空间还很大。第三方面是上海处于国际大都市城市功能的形成阶段，这一阶段的产业结构发展就是通过产业分工格局调整，形成对经济腹地以及更广范围产业体系的控制力和影响力，确立在产业分工格局中的主导性地位，并最终形成与国际大都市的城市功能相适应的产业结构。

2. 劳动力资源需求预测

劳动力资源需求预测步骤和方法。本文利用经济增长的指标来预测对劳动力的需求，用

于反映经济增长和就业增长关系的指标当中，广泛采用的是就业弹性（就业弹性是指劳动力就业的增长率与经济增长率之间的比率）和万元产值就业比（万元产值就业比是指 GDP 每变化 1 万元能够带来的吸纳新增就业人数的变化数量）。

本文中采用的预测方法是用就业弹性来衡量经济增长和就业量的关系。首先，测算 2011 ～ 2020 年上海的就业弹性和三次产业分别的就业弹性，在经济增长总量和就业量之间建立关系；第二步，运用一定方法模型预测未来经济增长总量和三次产业分别的增长总量（用 GDP 来衡量）；第三步，计算就业量。由于这样计算出的就业量是经济增长新吸纳的就业人数，是 GDP 增长到某个程度所需要的劳动力，所以运用这种方法可预测出劳动力的需求量。

运用差分法计算就业弹性。计算就业弹性的步骤如下：设 L 为就业数量，△ L 为就业增加量，Y 为 GDP，△ Y 为 GDP 增加量，GL 为就业的增长速度，GY 为经济增长速度，则就业弹性用差分公式表示为：E=(△ L/ △ Y)(Y/L) – GL/GY。

经济增长总量的预测以 GDP 为衡量指标，在历年 GDP 增长趋势分析的基础上，根据未来经济发展环境和趋势，预测 GDP 的增长变化趋势。

根据统计数据整理计算可以得出上海 GDP 的变化趋势。运用 SPSS11.5 软件通过对 GDP 变化趋势的拟合，最终发现：上海的整体经济、第一产业和第二产业的三次拟合度最高，其显著性检验在 0.05 以下。因此，对 1978 ～ 2010 年 GDP 时间数据的拟合方程如下：（不符合显著性检验的拟合结果略）

整体经济：

$y=0.876x^3-18.19x^2+163.1x-58.17$

第一产业：

$y=3.524x-6.491$

第二产业：

$y=0.261x^3-3.043x^2+26.40x+167.4$

第三产业：

$y=0.617x^3-15.36x^2+137.1x-235.5$

根据以上拟合方程，可以计算出未来上海的 GDP 增长。

本文通过预测 2011 ～ 2020 年上海的就业弹性和经济增长总量和增长速度，并在 2010 年劳动力就业量的基础，计算出了 2011 ～ 2020 年间上海劳动力资源需求各产业预测结果，其预测结果见表 7。

表 7　2011 ～ 2020 年上海劳动力资源需求各产业预测　　万人

年份	第一产业	第二产业	第三产业	合计
2011	40.42	451.88	628.26	1120.56
2012	38.55	459.68	648.06	1146.29
2013	36.92	467.15	669.49	1173.56
2014	35.48	474.29	692.72	1202.49
2015	34.22	481.12	717.93	1233.27
2016	33.10	487.64	742.60	1263.34
2017	32.11	493.07	769.37	1294.55
2018	31.23	498.25	798.47	1327.95
2019	30.44	503.17	830.16	1363.77
2020	29.73	507.85	864.72	1402.30

上海 2011 ～ 2020 年劳动力产业别预测的结果显示：未来 10 年上海需要大量的第三产业劳动力和较少的第二产业劳动力，第一产业的劳动力资源需求数将减少，到 2020 年，上海第一产业需求劳动力数量为 29.73 万人，第二产业需求劳动力数量为 507.85 万人；第三产业需求劳动力 864.72 万人。

总体来说，上海未来劳动力的需求是增加的，其中第三产业增加趋势最为明显，第二产业和第一产业劳动力的增加趋势相对平缓。

从增长趋势上来看，未来10年上海劳动力资源需求的增长率在小范围内稍有波动，2011年劳动力增长率为1.42%，2011年至2015年劳动力增长率在稍有增长之后回落到1.57%，至2020年为1.56%。第一产业劳动力增长率从2012年起一直处于负值，2012年第一产业劳动力增长率为–0.05%，至2015年第一产业劳动力增长率增加为–0.04%，到2020年第一产业劳动力增长率增加到–0.02%。第二产业劳动力增长率则由2011年的0.02%稳步下降至2020年的0.01%。第三产业劳动力增长率则呈现与第二产业相反的稳步增长的趋势，2011年第三产业劳动力增长率为0.03%，至2015年第三产业劳动力增长率增长为0.04%，至2020年第三产业劳动力增长率仍为0.04%。

四、对策建议

1. 加快产业结构优化升级，相应调整人才需求结构

加快发展现代服务业、优化产业结构、形成以服务业为主的产业结构；同时加快发展先进制造业、高新产业，提高自主创新能力、加快高新技术的产业化、加快推进产业结构的战略调整。

上海产业结构调整升级，人才需求结构也相应发生了变化，主要变化趋势是高级化。为此，上海需要加强人才建设，建成具有国际意义的人才交流、聚集与疏散中心。另外，加强上海与国际和国内的人才交流，促进劳动力的自由流动，才能吸引各方面的人才，尤其是高素质人才，适应上海产业结构的调整，解决上海产业结构调整中出现的劳动力供需矛盾问题。

另外，在注意吸引各方面的高素质人才的同时，要针对较低素质的劳动力和失业人口进行专门性的、阶段性的、有方向性的职业培训，让他们可以逐步适应上海产业结构发展的需要，同时也可以缓解就业问题。

2. 推进多层次产业结构体系建设，调整产业结构与就业间矛盾

根据上海产业结构调整战略和“四个中心”的功能定位，上海产业结构的调整应坚持贯彻“三二一”的发展方向，在加强发展高附加值产业、创新产业等高新技术产业的同时，也应该加快发展传统产业的高度加工和高附加值作为解决就业问题的手段。

根据历年来上海三次产业的发展趋势，目前上海的第一产业比重已经很小，第二产业的比重也降低到较低的水平，如果在较短时间内加剧这种发展趋势，势必会导致大量一、二产业劳动力的失业，这些劳动力在没有经过培训的情况下，无法进入相对需求劳动力的第三产业。因此，在一定时间内，在可调控的范围内保持一、二产业层次的多样性，对降低失业率、维持社会稳定、给劳动力提供适当的时间以适应就业岗位都是很重要的。

3. 重视郊区产业园区的发展，促进郊区工业化发展

上海经济的增长不仅包括城市中心地区的经济增长，同时也包括郊区的经济增长。上海应当加强郊区工业的发展，尤其是郊区产业园区的发展，以郊区工业化和加强郊区产业园区发展作为调节上海产业结构调整、产业转移及劳动力充分就业矛盾的方法。

积极推进均衡城郊发展战略。由于上海经济增长的重心一直以来都是放在中心市区，是同心圆式的城市发展，而郊区的发展水平一直落后于中心地区，所以上海经济发展和城市发展始终面临着一个问题，就是中心–边缘的发展平衡的结构问题。上海城市发展规划的4个次中心和7个新城建设改变了原有的同心圆式的发展模式，这样的发展模式更加适合上海的经济发展，并且可以均衡城郊发展水平，并最终达到较均衡的多经济中心点的城市发展状态；同时，郊区工业化的快速发展，可以吸引市区部分失业人口与外来劳动力向郊区转移，从而可以达到在调整产业结构的同时，降低失业率和促进郊区发展。

4. 加快户籍制度改革，破除劳动力流动的制度性隔离

目前中国的劳动力市场都处于多重分隔状态，中国的劳动力市场的分隔既有古典意义上的分隔，即传统部门与现代部门之间的分隔，

也有制度性分隔，而后者是导致中国劳动力市场多重分割的主要因素。目前，上海为了吸引外来人口尤其是大学生来沪就业，已经逐渐放松户籍准入。笔者认为上海可以继续放宽户籍制度，将户籍准入制度从“选择型制度”过渡到“普惠型制度”，并最终实现完全依居住地进行人口登记和管理，使得户籍不再成为来沪就业的障碍。

在对外来人口的管理模式上，上海应该使福利和权利的分配更多地基于贡献，而不是户籍，外来人口对上海经济社会发展做出了贡献，同时也就应当享受同等的公共服务和福利，外来人口当中的很大部分已经成为了上海的常住人口，而不再是流动人口了，因此笔者认为上海市在户籍准入的调控上可以放宽，对于在上海已经有稳定收入和固定住所的人口部分的准入条件。

（作者：高向东，华东师范大学公共管理学院中国现代城市研究中心／人口研究所，教授，博导；黄丽鹏，硕士研究生）

上海郊区“新城”人口集聚现状分析

查　波　王春兰　梁爱玉　张宪英

20世纪90年代后期以来，上海积极探索城市区域功能新定位，提出了“多核、多轴”空间布局结构，新城建设成为城市分散化发展趋势的内在要求。近年来，上海在相关城市发展规划中确立了建设嘉定、松江、青浦、南桥、临港 、崇明等6个新城的目标。除崇明外，其他5个郊区新城的发展规划进一步明朗，其地域范围逐渐明晰：嘉定新城包括嘉定镇街道、新成路街道、菊园新区、嘉定工业园（南区）、马陆镇；松江新城包括方松街道、中山街道、岳阳街道、永丰街道；青浦新城包括盈浦街道、夏阳街道、香花桥街道；南桥新城为扩展了的南桥镇；临港新城包括申港街道、芦潮港镇、老港镇、泥城镇、万祥镇、书院镇等。5个新城面积分别为98.35平方公里、95.04平方公里、114.61平方公里、114.66平方公里、240.97平方公里。

人口是新城发展最重要的要素，人口集聚对新城乃至上海的人口发展有着举足轻重的影响。然而，迄今为止，有关分析研究从不同角度出发，对上海郊区新城的人口集聚状况各持己见，对其人口集聚是否增强得出不同的结论。为此，我们利用“六普”及相关统计调查的数据对上述新城的人口集聚态势进行分析，提出自己的观点。

一、郊区新城的人口集聚与人口构成

1. 郊区新城常住人口大幅增长但未成为人口集聚的高地

从人口规模看，“五普”以来，上海郊区新城常住人口大幅增长，但尚未成为郊区人口集聚的高地。据2010年“六普”的数据，嘉定、松江、青浦、南桥及临江新城的常住人口分别为44.38万人、46.63万人、36.29万人、36.12万人与23.10万人。在2000～2010年间，除临港外，嘉定等4个新城常住人口增长迅速，其增幅都远高于同期上海全市37.5%的增长水平。其中，松江新城增长最快，增幅111.2%；临港与嘉定2个新城常住人口的增幅分别为37.3%与80.1%。但是，这3个新城的常住人口增幅分别较其所在区的低了25.6、21与15.4个百分点。青浦与南桥两个新城常住人口的增幅较其所在区的分别高3.6与11.2个百分点，在一定程度讲，这与其地域范围的变动有关。总的看，目前郊区新城的常住人口集聚只是在一定程度顺应了整个郊区人口增长的“大流”，并未成为郊区人口集聚的引擎。临港新城则属较特殊的情况，因受上海产业结构调整、“国际金融海啸”及现代制造业发展的影响，其常住人口增长较缓慢，不仅低于其所在区浦东新区的增长水平，而且也稍低于上海全市常住人口的37.5%增长水平。

2. 郊区新城人口密度上升，但远低于市区的水平

从人口空间分布及变动来看，郊区新城人口的密度远比中心城稀疏，但高于其所在区水平。2010年，松江、嘉定两个新城人口密度分布为4907人／平方公里、4512人／平方公里，高于3631人／平方公里的上海全市平均水平和2650人／平方公里的郊区平均水平，但其余3个新城均低于上海全市的平均水平，临港新城的仅959人／平方公里。与中心城区每平方公里2万人以上的密度相比，郊区新城人口仍十分稀疏。但与其所在区比较，除临港新城外，新城人口的密度日益稠密。在2000～2010年期间，除临港新城外，其余4个新城人口密度均明显增高，嘉定、松江、青浦、南桥4个新城每平方公里的人口分别增加了2007人，2584人，1454人，1446人，较上海全市与郊区的人口密度增加量分别高了1043人与1083人。目前，南桥新城人口密度是其所在区的2倍左右。

总体上看，目前摊大饼式蔓延扩散仍是上海人口分布变动的主导模式，单中心扩张城市化发展的态势仍未被打破。在人口郊区化的大背景下，靠近中心城区的部分郊区镇的人口增长或明显高于郊区新城，或与新城相当。

3. 郊区新城新增人口主要为外来人口

郊区新城常住人口总体呈现“一分为三”的构成态势，即常住人口主要由常住外来人口、户籍“人在户在”人口与“人在户不在”的“人户分离”人口组成，不过，不同组成部分所呈现的发展态势有所不同。

在2000～2010年间，5个郊区新城的新增人口相当部分为外来常住人口，外来人口的增长快于20世纪90年代。2010年嘉定、松江、青浦、南桥、临港等5个新城常住外来人口分别为20.90万人、16.31万人、17.61万人、15.08万人及6.29万人，在其常住人口中的占比分别为47.1%、35.0%、48.5%、41.7%及27.2%。新城的新增外来常住人口占各新城全部新增人口的比重在52.3%～80.2%之间。然而，与其所在区的人口构成变动比较，5个新城人口中的外来常住人口占比普遍低于其所在区的水平，如松江新城的就比松江全区的低24.2个百分点。从这可以看出，虽然郊区新城对外来人口有着较强的吸引力，但还是弱于城郊结合部地区或近郊地区。另外，除临江新城外，其他4个新城的“户在人不在”人口中户籍人口均低于40%，其占比最高的松江新城也只有39.4%。

4. 郊区新城在集聚本区户籍的“人户分离”人口

2000～2010年间，郊区新城的本市户籍的“人在户不在”人口有所集聚。据2010年“六普”的数据，嘉定、松江、青浦、南桥及临港5个新城的本市户籍“人在户不在”人口分别为7.39万人、11.58万人、8.17万人、9.52万人与0.93万人。除临港新城的“人在户不在”人口较低，仅占4%外，嘉定新城等4个新城的这类户籍“人户分离”人口占其常住人口的比例在16.6%～26.4%之间，其所占比例均明显高于其所在区域，如青浦新城、松江新城、南桥新城的较其所在区的分别高了13.1、12.5和12.1个百分点。不过，郊区新城集聚的本市户籍“人在户不在”人口主要是本区户籍人口，跨区的“人在户不在”人口所占各新城全部“人在户不在”人口的比重均不超过20%，本市跨区居住的户籍“人户分离”人口大都未流入郊区新城，如2010年流入嘉定区的跨区“人在户不在”人口已占嘉定全部“人在户不在”的54.0%，而嘉定新城中的同类人口占比仅11.6%，远低于嘉定区的水平，绝大部分跨区流入嘉定的“人在户不在”人口都集聚在了紧靠中心城区边缘的近郊镇里。由此可见，郊区新城在集聚本区户籍人口中发挥了一定的作用，但对疏解市中心城区过高的人口密度、吸纳其他区户籍人口的作用非常有限，与期望目标有着较大的差距。

二、郊区新城人口结构的基本状况

1. 新城的农业户籍人口比重较高

2010年"六普"时，嘉定、松江、青浦、南桥与临港5个郊区新城常住人口中的农业户籍人口分别为21.3万人、14.6万人、19.5万人、17.7万人与11.7万人，其农业户口人口占比较高，如青浦新城和临港新城分别为53.9%和50.6%；松江新城相对较低，为31.4%。总体来看，郊区新城常住人口中农业户口人口占比明显高于上海市的平均水平（38.0%），但低于其所在区的水平，例如，松江新城农业户籍人口的占比较松江全区低了27.1个百分点。不过，上海郊区新城的农业户籍人口主要是来自外省市的农业人口，这表明，上海郊区新城通过吸纳大量外省市及本区的农业人口，对农业人口的城镇化起了较为重要的推进作用。这里也应指出，在城乡二元结构下，新城吸纳的农业人口大都还处于"半城市化"或"浅城市化"的状态，其社会保障、就业管理服务等没有根本性的转变。这种情况给新城的人口综合管理与服务带来了新的挑战。

2. 各新城常住人口的性别比与已婚者比重有高有低

从常住人口性别比看，嘉定等5个新城都低于其所在区的常住人口性别比，在100.8～112.7之间，男性多于女性。除临港新城外，其他4个新城的常住人口性别比都低于其所在区，各新城外来常住人口的性别比高于全区常住人口的水平。其中，临港新城的最高，其性别比达152.8。

5个新城15岁及以上常住人口中的已婚者比重较高，未婚者的比重较低。如南桥新城未婚人口的比重为17.8%；与之相比，松江新城未婚者的比重为26.6%，这可能与松江大学城人口中有大量未婚的大学生有关。与"五普"的相关数据比较，郊区新城15岁及以上常住人口中的未婚人口比重有所变化。其中，嘉定、青浦、南桥3个新城的未婚人口比重有不同程度的下降，而松江与临港新城则有所上升。

3. 新城人口"少子化"特征明显，总体为成年型年龄结构

新城常住人口呈现"超少子化"人口结构。嘉定新城与临港新城常住人口中，0～14岁少儿人口比重仅9.1%与8.4%，南桥新城相对较高，但也仅12.6%。与"五普"数据比较，过去10年间，各新城0～14岁少儿人口的比重都出现了下降，如临港新城0～14岁人口占比从15.7%下降到8.4%，嘉定新城和南桥新城也分别下降3.5和4.1个百分点。不过，这种"超少子化"仅是从其区域人口的年龄结构而言，并非生育意义上的"超少子化"，因有部分外来人口的子女可能没有随迁上海。

另一方面，新城常住人口的老龄化水平较低。青浦与南桥两个新城尚未进入老龄化社会，其60岁及以上的常住老年人口分别为9.0%与9.4%，松江与嘉定两个新城也刚跨入老龄化社会的门槛。在2000～2010年间，郊区新城60岁及以上常住老年人口的占比均略有下降，而15～59岁劳动力人口比重有所上升。增量外来常住人口是影响过去10年间各新城常住人口年龄构成变动的重要因素。各新城外来常住人口中超低比重的少儿人口与老年人口、高比重的劳动力人口直接影响了各新城常住人口的年龄构成。

4. 新城人口的文化程度上升，但无集聚人才的优势

上海郊区新城常住人口文化程度有较大幅度提升。目前，新城常住人口呈明显的"两头小中间大"形态，以初中、高中文化程度为主。在嘉定、青浦、南桥与临港等4个新城的6岁及以上常住人口中，初中文化程度者占比在42.4%～43.6%之间。与"五普"比较，新城常住人口当中的小学及以下文化程度者比重有了较大幅度下降，而大专及以上的比重则有了明显上升。如临港新城大专及以上者的占比从2000年时的0.9%增至2010年的14.4%，松江新城更是从8.5%大幅增值28.5%，增加了20个百分点，超过上海市常住人口平均水平5.7个百分点，在5个新城中"一花独放"——当然，这可能与松江新城的大学城集聚了众多大学生有关。

不过，总的讲，郊区新城并没有集聚人才的明显优势。新城常住人口中的大专文化程度人口的比重均高于其所在区的水平（临港新城除外），但其差异不大。嘉定、南桥、青浦等3个新城较所在区的高4～6个百分点不等，松江新城因有大学城的关系，其常住人口中大专文化程度者的占比较松江全区的水平高10余个百分点。总的看，郊区新城尚未成为郊区的人才高地。事实上，除松江新城外，其他4个新城大专及以上文化程度人口的比重较上海全市的平均水平都还有一定差距。新城的产业，特别是第二产业未能发挥吸引科技人才的作用。

三、郊区新城人口就业特征

1. 郊区新城人口的在业率相对较低，对外来从业者的吸引力较弱

新城人口在业率 在郊区地带处于较低水平。2010年，各新城人口在业率在52.9%～63.8%之间，其中嘉定新城最高，临港新城最低，另外松江新城也仅54.1%。与所在区比较，新城人口在业率略低，但松江新城的人口在业率低于松江区10.8个百分点。

从在业人口的构成看，郊区新城对外来从业人员的吸引力相对较弱。在各新城总在业人口中，临港新城的外来在业人口占比最低，为25.6%；嘉定新城最高，为37.1%。与上海市平均34.5%的在业率水平比较，5个新城常住人口的在业率有高有低；但是与新城所在区比较，各新城外来在业人口占总在业人口的比重均低于所在区域，如松江新城的较松江区低了10.7个百分点。在郊区成上海外来劳动力从业的蓄水池，对外来从业人员有着较强吸引力的同时，郊区新城对外来从业人员的吸引力相对较弱，不及新城规划范围以外的部分区域。

2. 郊区新城从业人员集中于制造业及与生活相关的服务业

新城从业人口的行业构成变动与产业结构优化升级趋势相一致。“五普”以来，各新城第一产业从业人口的比重均明显下降，其中临港新城的降幅最大，为37.4个百分点；另外4个新城的二产从业人员比重均有所上升；这与工业郊迁的产业发展战略布局相一致。

新城从业人员较为集中地分布在制造业以及与生活服务相关的产业，如制造业、批发零售业、建筑业、交通运输／仓储和邮政业、住宿和餐饮业等几类行业。嘉定、松江、青浦、南桥等新城从业人口在上述五类行业的合计比重分别达到80.2%、70.3%、73.9%、76.2%，均高于上海水平（69.7%）。在5个新城中，临港新城从业人口的行业与众不同，在农林牧渔业从业的人员比重较大，在建筑业、交通运输仓储邮政业的比重也相对较高，这可能是临港新城自身产业发展定位以及建设发展的阶段所致。此外，新城内部从业人口行业职业结构的空间差异显著。如在嘉定新城的马陆镇从业人口中有70.7%集中在制造业，而老城区的嘉定镇街道从业人口则分散于各行业间。

从职业看，新城对普通白领和商业、服务业从业人员吸引力较大。“五普”以来，上海郊区人口职业构成变动特点表现为普通白领阶层和一般服务业从业人员比重明显上升。而上海人口职业构成也呈现白领阶层和一般服务业从业人员比重上升的“两升”态势。郊区新城人口的职业构成显示出新城对普通白领阶层和一般服务业从业人员的吸引力较大的趋势。如松江新城的白领从业人员比例就大幅上升了9.7个百分点，商业、服务业人员的比重也有较明显的上升。

四、结论与建议

1. 结论

“六普”数据表明，近年来郊区新城人口确实在增长、集聚，发挥了集聚部分外来人口与本区户籍人口的功能，大量本区户籍“人户分离”人口已成为各新城增量常住人口的重要部分，在努力推进郊区农村“人口向中心城镇集中”方面发挥了建设性的作用；但是，郊区新城吸纳中心城区人口的期望目标远未实现。过去若干年中，市中心城区动拆迁涉及的户籍人口数以百万计，但移居新城的人口寥寥无几。目前，郊区新城的产业结构、空间距离、交通运行及社会管理服务都尚无集聚中心城区流出户籍人

口的吸引力，而市核心城区疏解出的人口继续以“摊大饼”方式从中心城区到边缘城区、再往近郊区拓展是主导的趋势。

目前，郊区新城的老龄化水平低且劳动力资源相对充沛，但有劳动力后继不足且人才优势不强之忧。大量本区与外省市农村人口的流入，满足了新城产业发展对低端劳动力的需求。随着“刘易斯转点”的到来，“人口红利”的下降，各新城人口变化或许会给第二产业的发展带来新的挑战。这不仅表现在从业人员数量方面，更表现在人才短板方面。在目前新城从业人口中占主要部分的制造业从业者主要是生产线操作人员，而非专业技术人才，远未形成集聚第二产业发展、创新、升级所需的专业技术人才的优势。

2. 建议

针对新城人口集聚的新态势，提出几点建议：一是完善公共服务资源的合理配置，做好新增人口的社会管理与服务，为新城的户籍“人户分离”人口和外来人口提供均等化的基本公共服务；二是从人口集聚过程、方式与产业发展的内在联系等方面强化对新城的人口集聚模式与人口构成的研究；三是提升产业能级，增强对劳动力的技能培训，应对劳动力供求关系的新变化；四是利用好现行的吸引人才政策措施，提供更加宽松的人才流动环境和更加宽容的科技研发氛围，构建良好的人才集聚环境，打造郊区的人才高地，在新城形成产业集聚人才、人才推动产业发展的良性循环。

（作者：查　波，上海市人口与发展研究中心副研究员；王春兰、梁爱玉、张宪英，上海市人口与发展研究中心）

关于上海特大型城市人口规模调控的研究报告

上海市人口计生委课题组

根据国家人口计生委的统一部署，上海市人口计生委从2011年6月起组织开展了“上海特大型城市人口规模调控研究”。主要目的是把握特大城市人口规模变动的规律和特征，深入分析特大城市人口规模变动与经济社会发展之间的互动关系，对上海特大城市人口规模调控的政策实施效果进行评估分析，研究提出合理调控特大城市人口规模的重要政策和举措，为国家层面协调和指导特大城市控制人口规模提出建议。

一、上海市人口发展的基本态势

（一）人口总量持续增长，突破规划目标

1.上海“九五”、“十五”、“十一五”确定的常住人口规划目标均被突破。历次人口普查和1%人口抽样调查数据显示，20世纪60年代至80年代，上海常住人口增长平缓，常住人口中基本都是户籍常住人口。1990年代以后，上海常住人口规模快速扩张，1990年“四普”时1334.19万人，2000年“五普”时为1640.77万人，2010年“六普”时已达到2301.91万人，20年间全市常住人口增加967.73万人，扩大1.73倍。2005～2010年间，常住人口年平均增长率达到4.12%。户籍常住人口增幅较小，从1990年的1277.28万人增加到“六普”时的1404.22万人，仅增加126.94万人，2005～2010年间户籍常住人口年平均增长率仅为0.8%。由于人口规模快速增长，上海“九五”、“十五”、“十一五”确定的常住人口规划目标均被突破，“九五”规划目标（2000年）1500万人，实际1608.6万人，超过108.6万人；“十五”规划目标（2005年）1600万人，实际1890.26万人，超过290.26万人；“十一”规划目标（2010年）1900万人，实际2302.66万人，超过402.66万人。总体上呈逐步扩大趋势。

2.上海人口占全国总人口中的比重近五十年来达到最高水平。根据全国历次人口普查数据，上海市人口数量在全国和长三角都市圈中的比重，在20世纪的50、60年代处于较高的水准，而到1982年处于最低水平。1982年，上海人口仅占全国人口的1.2%，占长三角都市圈的17.8%。之后，上海人口的比重逐渐回升，至第六次人口普查，达到近50年来的最高水平。2010年，上海人口占全国人口比重1.7%，占长三角都市圈的22.6%，均超过1964年的水平。

从上海都市圈占全国总人口比重看，1990年最低水平6.4%。此后，上海都市圈总人口占全国总人口比重同样开始回升，至2010年上升了7.6%，同样为近50年来的最高水平。

总之，改革开放之前以及初期，上海和上海都市圈的人口相对规模是缩减的。进入20世纪90年代以后，不论上海都市圈占全国总人口比重，还是上海占全国总人口和上海都市圈总人口的比重，都表现为上升。这实际上是长三角地区经济社会发展历程的写照，而在长三角地区20世纪90年代以来的发展中，上海的龙头地位无疑得到了强化。

3. 上海人口规模在国内外城市中的地位提高。首先，从国内特大城市看，19世纪后叶起，上海就成为中国人口规模最大的城市。近10年来，国内其他特大城市与上海人口数量比较，差距在扩大。2000～2010的10年间，虽然上海人口的增长速度不及北京和深圳，但远远超过天津和广州，而且由于上海原有人口规模大，实际10年来人口增长的绝对数，上海仍然超过北京和深圳。因此，国内其他特大城市和上海比较，人口绝对规模差距事实上是拉大了。

其次，从国际大都市看，近年来上海的人口增长也使其在世界大城市的人口位序中不断靠前。根据联合国经济和社会事务部人口司2009年的世界人口城市化展望的资料，2005年，日本东京以3562万人排列世界人口最多的大城市，印度新德里1949万人口位居第二，再次是墨西哥的墨西哥城、美国纽约、巴西圣保罗、印度孟买，上海排在世界第七位。按照该展望，2010年人口预计排位，上海实际以常住人口2302万人超过新德里的2216万人，仅次于东京的3667万人，由此推断，上海已经成为世界上人口规模第二大城市。

（二）来沪流动人口快速增长，是常住人口规模不断扩张的首要因素

1. 上海是我国跨省人口流入的主要目的地之一。根据上海有关部门组织的历次流动人口抽样调查资料显示，1988年，全市外来常住流动人口106万人，1993年251万人，2000年306万人，2003年428万人，2005年540万人，2010年897.7万人，与“五普”相比，全市流动人口增加551万人，年均增加55.1万人，高于北京（44.8万人）、天津（21.1万人）的水平。

20世纪90年代以来，外来常住人口不仅绝对数迅猛增长，而且在全市常住人口中的比重也节节攀高。1990年，外来常住人口57万人，占全市人口只有4.27%；到2000年分别上升到346.49万人和21.07%；到2010年则上升到了897.70万人和39.00%，接近四成。

2. 流动人口平均年龄轻。“六普”显示，2010年外来常住人口平均年龄31.6岁（年龄中位数27.9岁），15～59岁劳动年龄人口占88.5%，0～14岁少年儿童占8.9%，60岁及以上老年人口占2.6%。其中，20～34岁青年人达到422万人，占所有外来常住人口的将近一半（47%）。

3. 流动人口文化素质高于全国平均水平。“六普”显示，本市外来人口中，大专及以上文化程度占14.1%，比全国（10.1%）总人口平均水平高4个百分点；高中文化程度占16.2%，比全国（15.8%）高0.4个百分点；初中文化程度占52.7%,比全国（43.8%）高约9个百分点；小学及以下文化程度占17.0%,比全国（30.2%）低近13个百分点。根据公安部门统计，目前持有人才居住证的外来人口已经超过30万人。

4. 流动人口的来源地遍布全国各省（市、自治区），但主要集中在华东地区。来自安徽的占29.0%，江苏的占16.7%，河南的占8.7%，四川的占7.0%，江西的占5.4%，浙江的占5.0%。来沪流动人口主要聚居在城郊结合部和郊区集镇，“六普”数据显示，近郊区（闵行、宝山、嘉定和浦东新区）承载的流动人口占全市总量的53.7%，远郊区（金山、松江、奉贤、青浦和崇明）占27.0%。闵行、奉贤、松江、嘉定、青浦5个区的来沪人员已经接近甚至超过户籍人口，其中来沪人员超过户籍人口的街道、镇（乡）已经超过50个。

5. 流动人口主要分布在城郊结合地区。“六普”显示，近郊区（闵行、宝山、嘉定和浦东新区）外来人口占全市总量的53.7%,远郊区（金山、松江、奉贤、青浦和崇明）占27.0%。其中，松江、嘉定、青浦3个区外来人口超过常住人口的50%以上，闵行、奉贤2个区外来人口接近常住人口的50%。根据实有人口信息系统统计，外来常住人口超过户籍实有人口的街道、镇（乡）超过50个。

6.流动人口的来沪原因主要是经济型。在20世纪80年代前期到后期发生了以社会型（探亲访友、婚嫁随迁、寄养借读等）为主向经济型原因（务工经商、工作调动等）为主的重大转变。1984～1988年，上海流入人口中社会型原因比重由82.72%陡降至22.9%，而经济型原因比重则由6.6%迅增至61.4%。1993年，经济型原因的比重又上升到75.6%，此后，基本稳定在接近75%的水平。2000年，来沪流动人口经济型原因占比重73.44%，至2010年升至79.99%。

7.外来劳动力已成为上海劳动力队伍的重要组成部分。2000～2010年，10年间，全市常住就业人口中外来人口所占比重由26.7%上升到68.60%。2010年，在全市外来就业人口中，以制造业、建筑业、批发和零售业、住宿和餐饮业、居民服务及其他服务业为主，分别占常住就业人口61.29%、74.44%、61.95%、73.46%和76.51%；而金融业、教育、卫生社会保障和社会福利、公共管理和社会组织、国际组织等行业中，外来常住人口参与较少，只有部分学历较高的从事这些行业，仅占常住就业人口20.58%、15.52%、21.72%、3.53%和14.58%。

8.流动人口就业率较高，白领比例上升。根据“六普”长表数据，15岁以上外来人口中87.4%在业。外来从业人口就业的产业结构为“二、三、一”模式，第二产业就业人口的比例50.4%，第三产业47.4%，第一产业2.2%。据外来人口就业管理中心统计，目前参加外来从业人员综合保险的人员为404.8万人。

流动人口的职业构成当中白领人群的比例有所上升，而蓝领工人的比重有所下降。流动人口中专业技术人员、办事人员和有关人员所占比重明显提升，专业技术人员从2000年的3.8%上升到2010年的8.3%。同时，城市中外来人口从事商业服务业的比重也有较大提升。

农业、制造加工、建筑施工、运输设备操作等对体力和体能要求较高的职业类别的从业人员比重呈现一定幅度的下降，尤其农林牧渔业人员的比重显著下降，下降5.1个百分点。传统上外来人口比较集中的生产、运输和有关职业类别从业人员的比重也减少3.6个百分点。

9.租赁住房是流动人口的主要居住方式。市人口计生委来沪常住流动人口专项调查发现，75.7%的外来人口租赁房屋居住；居住集体宿舍的比例为11.0%；7.5%的对象已经购买或自建了住房；少数外来人口住在工棚或寄宿亲戚朋友处。

10.呈现家庭式流动特征。有相当比例的外来人口将家庭成员带到了上海，或者在沪组建家庭。市人口计生委来沪常住人口现状抽样调查发现，至少和一位亲属一起来沪的外来人口所占比例为63.7%，在和亲属一起来沪的流动人口中84.4%与配偶一起来沪，43.6%带来子女。普查也发现，0～5岁来沪幼儿超过38万人。根据市教委统计，2010年有47万来沪适龄儿童在上海接受义务教育，占中小学在校生总量的37%左右。另据市民政局统计，2000年以来两地婚姻累计超过43万对。

11.流动人口在沪居留时间趋于延长。根据第五次人口普查和第六次人口普查数据计算所得，2000～2010年流动人口总量中按在沪居住时间分类，在沪居留时间半年至一年比重由27.29%下降14.64%，下降12.65个百分点；1～4年比重由49.76%上升至51.90%，提高2.14个百分点；5年及以上比重由22.95%增至33.46%，增加10.51个百分点。由此可以看出，在沪居留半年至1年的短期人口比重越来越低，而5年及以上长期居留人口比重越来越高，流动人口在居留时间明显趋于延长。

（三）户籍人口迁入大于迁出，是常住人口规模不断扩张的第二因素

随着国家户籍制度改革的推进，每年从外省市迁入上海市的户籍人口数量不断增加。1990年，全市户籍人口迁入12.18万人，迁出10.72万人，净迁入1.46万人，机械增长率

1.14‰；2000年，迁入15.16万人，迁出5.32万人，净迁入9.84万人，机械增长率7.47‰；2010年，迁入17.22万人，迁出4.97万人，净迁入12.25万人，机械增长率8.71‰。由于户籍人口迁入数量远大于迁出数量，全市户籍人口保持稳定增长态势，也是常住人口规模增长的第二大因素。

（四）虽然户籍人口自然变动保持负增长，但是常住人口自然变动呈正增长，是常住人口规模不断扩张的第三因素

从1993年起，上海市户籍人口自然变动进入负增长阶段，至今已经连续18年，2010年全市户籍人口出生率7.13‰,死亡率7.73‰，自然增长率-0.60‰。由于流动人口大量涌入，全市外来常住人口出生逐年增加，所占比例越来越高，导致常住人口出生人数逐年增加。2004年，常住人口出生数10.29万人，其中外来常住人口出生2.22万人，占21.57%，；2010年，常住人口出生数17.51万人，其中外来常住人口出生7.49万人，占42.78%，超过四成。流动人口出生数量的大幅度增加，导致本市常住人口自然增长率不断升高，1994～2004年期间为负增长，2005年起又重新进入正增长阶段，2010年，全市常住人口出生率7.76‰，死亡率5.21‰，自然增长率为2.55‰，这是造成本市常住人口规模不断扩大的一个重要因素。

（五）城市化进程稳步推进，城市化率持续提高

上海的城市化水平在全国历来处于领先水平。20世纪90年代以来，随着上海城市建设步伐的加快以及“四个中心”功能的逐渐发挥，上海市在人口分布格局上最大的变化就是城市化区域的扩大，调整了城乡分布的格局，扩大了市区的空间范围，改善了城市发展环境。1991～2000年的10年间，本市原上海县、嘉定县、川沙县、松江县、金山县、和青浦县相继撤并改建成闵行区、嘉定区、浦东新区、松江区、金山区和青浦区。2001年，又撤销南汇县和奉贤县，建制成南汇区和奉贤区。目前，上海市只剩下崇明一个行政县建制。与此同时，全市乡镇建制也由1990年的193个乡、46个镇和29个街道办事处调整至2000年的3个乡、153个镇和99个街道办事处，到2010年上海全市有2个乡、109个镇、99个街道，3661个居委、1704个村委。

上海市户籍农业人口趋于减少，而外来农业户口人数大量增加。按户口属性计算的农业人口和非农业人口比重，是传统考察人口城市化的重要指标。首先从上海本市的户籍人口看，根据上海市统计年鉴，上海户籍农业人口的绝对数和相对数逐年减少，占全市户籍人口的比重从1990的32.64%下降到2010年的11.14%，绝对数从1990年的418.89万人减少到2010年的157.37万人。

从历次人口普查常住人口分农业人口和非农业人口看，并未如户籍人口那样出现农业人口比重减少的情况，相反近20年来，常住人口中的农业人口比重还有所上升，从1990年的34.47%，上升到2000年的36.93%、2010年的37.86%。20年来，上海常住人口中无论是农业人口还是非农业人口的绝对数都呈现快速增长的态势，只是农业人口的增长速度比非农业人口增长更快点。

（六）人口密度不断上升，城乡人口分布落差悬殊，人口逐步向城郊结合地区转移

1. 上海是我国人口最密集的城市，随着人口总量规模的不断扩大，全市人口密度不断升高。2000～2010年，上海市的平均人口密度由每平方公里2588人增加到3631人，增加1043人。在全国大陆30个省、直辖市中，上海市的人口密度仍居首位。以区为单位，由于黄浦、静安、卢湾区人口密度的大量减少，至2010年，虹口区已经跃居为目前本市人口密度最大的区域，每平方公里36307人，而2000年时的黄浦区、静安区、卢湾区，人口密度都在4万人以上。

以区县为单位，10年间常住人口总量和人口密度变化大体分以下几种类型：一是人口总量大幅度增长的区，有松江、闵行、嘉定、青浦、奉贤区；二是人口总量增长幅度居次的区，有浦东、宝山、普陀、金山区；三是人口总量变化不大的区县，有徐汇、闸北、杨浦、长宁、虹口、崇明县；四是人口总量和人口密度降幅较大的区，有黄浦、卢湾和静安区。

20世纪90年代前，上海市中心区因人口分布过密所引发的城市病，长期困扰着上海城市功能的发挥和人民生活质量的提高。90年代以来，以浦东新区的开发开放为标志，上海加快了城市建设步伐，为重塑中心城的功能，实现人口的合理再分布提供了契机。尤其是近几年，随着中心城区功能的置换和城市边缘地区住宅的大规模建设，中心城区过密的人口迅速向边缘城区扩散，其数量、规模和速度前所未有。浦东新区、松江和宝山等区在先进制造业和房地产业双重拉动下，人口集聚能力上升，人口密度增加。随着城市轨道交通体系的日臻完善和大型住宅小区建设的推进，人口居住沿轨道交通扩散和向郊区新城集聚，呈现出人口城市化和郊区化并进的发展态势。

2. 核心区人口绝对数持续减少，近郊区和远郊区人口大幅度增加。按照地理方位的不同，我们在区（县）一级的层面上，把整个上海市从中心到外围依次划分为：核心区、核心区以外的中心区、近郊区、远郊区4个层次。核心区，包括黄浦、静安、卢湾、虹口4个区，各区全部或大部分位于内环线以内的地区；核心区以外的中心区，包括徐汇、长宁、普陀、闸北、杨浦5个区，各区全部或大部分位于内外环线之间的地区；近郊区，包括原浦东、闵行、宝山、嘉定4个区；远郊区，包括松江、金山、青浦、原南汇区、奉贤区和崇明县5个区县。

上海市中心区人口在20世纪80代已出现明显的下降趋势，在1980～1990年的10年里，中心区人口约减少56万人，年均减少5.6万人。进入90年代上海中心区人口明显减少，即由1990年的278.02万人，下降到2000年的206.94万人，至2010年进一步下降到177.80万人，比1990减少100余万人，核心区的人口占全市人口的比重也从20.84%下降到仅7.72%。核心区外的中心区2000年以后，人口增长越来越缓慢，趋于饱和，总人口占全市人口的比重2010年比2000年有明显下降。

核心区人口减少的同时，近郊区区和远郊区人口大量增加。尤其是近郊区，1990～2000年，人口增加253.06万人，2000～2010年增速加快，增加401.96万人，致使近郊区人口占全市人口的比重从23.01%上升41.79%。目前近郊四区已经成为上海人口最多的区。

远郊区在2000年之前人口增长的步伐很慢，但是2000年以后人口增长明显加快，其速度甚至接近近郊区。2010年，远郊区的人口比2000年增长253.59万人，增长65.41%。在全市人口中的比重，也从2000年的23.63%上升到2010年27.86%。

3. 郊区新城建设极大改变了郊区人口的集聚状态。长期以来，上海郊区城镇规模小、人口分散，20世纪90年代以来，郊区普遍撤乡建镇和“三个集中”（工业向园区集中、耕地向规模经营集中、农民居住向城镇集中）。作为全市发展战略提出的郊区新城建设的始于“十五”期间的“一城九镇”试点。“一城九镇”中的“一城”，是指松江新城；“九镇”是指嘉定区安亭镇、宝山区罗店镇、浦东新区高桥镇、青浦区朱家角镇、金山区枫泾镇、南汇区芦潮港镇、奉贤区奉城镇、闵行区浦江镇、崇明县陈家镇。这些镇都不是区级行政中心所在地，其发展定位就是建成特色居住社区。“十一五”期间，上海市又提出“1966城乡规划体系”。其中的“1”是指 1个中心城，也就是外环线内的主城区，其中的“9”是指9个新城。2009～2010年，上海市委、市政府提出了重点推进嘉定、南桥、青浦三个新城的总体规划优化和修编工作。考虑到全面和既往的新城建设成就，及至2011年初，本市明确提出了建设郊区“七大新城”的概念，宝山和闵行新城已在市区范围，不再作为新城建设提出。

从过去的10年看，根据人口普查数据，郊区“七大新城”在各自行政区域范围内聚集的人口已经有了明显的增长，所在比重有了明显的上升。根据最新有关规划，到2020年，“七大新城”中的嘉定新城、松江新城初步确立长三角地区综合性节点城市地位，聚集100万左右人口；浦东临港新城、青浦新城、奉献南桥新城具备较高能级的城市综合集聚辐射功能，聚集 60 ~ 80 万人口；金山新城、崇明城桥新城对周边地区发展的服务带动作用明显增强，聚集 20 ~ 40 万左右人口。

（七）人口老龄化与少子化并存，结构性问题突出

2010 年末，上海户籍 60 岁及以上老年人口 331.02 万人，占总人口的 23.4%。“六普”数据显示，全市常住 60 岁及以上老年人口为 345.6 万人，所占比例为 15.07%。目前，第一代独生子女父母开始步入老年阶段，据预测，2013 年左右，全市新增的老年人口中约有 80% 以上为独生子女父母。同时，青少年人口比重严重偏低。“六普”数据显示，2010 年全市常住人口中 0 ~ 14 岁的人口 198.56 万人，仅占 8.63%；同 2000 年“五普”相比，下降 3.63 个百分点。

二、现有的人口规模调控政策、效果及问题

（一）调控政策

从政策层面来看，现有的人口规模调控政策分为三个方面：一是调控人口出生；二是调控户籍人口迁移；三是调控流动人口。

1. 调控人口出生。实际上就是现行的生育政策。根据《人口与计划生育法》和《上海市人口与计划生育条例》的规定，上海市现行的生育政策是：鼓励公民晚婚、晚育；提倡一对夫妻生育一个子女；符合法律和本市规定条件的，可以要求安排再生育一个子女。目前，本市非农业户口的夫妻再生育条件有 9 种（如：双方均为独生子女的；一方婚前未生育过子女，另一方婚前生育过一个或者两个子女的；等等）。农业户口的夫妻再生育条件比非农业户口的夫妻多 3 种（如：一方为本市农业户口且有一方为独生子女的；女方为本市农业户口，无兄弟，其姐妹均只生育一个子女，男方到女方家庭落户赡养老人的；等等）。

2. 调控户籍人口迁移。目前，本市户籍迁移政策主要包括领养户口；军人及其家属户口；倒流户口；投亲户口；出国人员及其家属的户口；大专院校、中专学校学生户口；干部、工人调动户口；等等。2009 年，市政府出台《持有〈上海市居住证〉人员申办本市常住户口试行办法》。2010 年，市政府出台《上海市引进人才申办本市常住户口试行办法》。目前，归口市人保局审核落户的对象主要是高端人才引进、居转户以及少量上海干部、专业技术人员配偶随迁调沪等；归口市民政局审核落户的对象主要是沪籍义务兵退伍回沪落户、军转干部进沪；归口市教委审核落户的对象主要是外地生源应届大学生新生迁户入高校集体户口，其余为在沪就业的外地生源应届毕业生进沪；归口市公安局审核落户的对象主要是支内支边退休回沪人员及其家属、刑满解教人员、两地户口婚姻迁户以及少量领养落户等。

3. 调控流动人口。1996 年，市人大出台《上海市外来流动人员管理条例》。2002 年以来，市政府相继出台了《上海市外来从业人员综合保险暂行办法》、《上海市居住证暂行规定》、《上海市居住房屋租赁管理实施办法》、《上海市流动人员计划生育管理办法》、《上海市实有人口服务和管理若干规定（暂行）》、《关于外来从业人员参加本市城镇职工基本养老保险若干问题的通知》等法规、规章和规范性文件。按照目前本市规定，来沪人员子女可以接受义务教育；来沪人员育龄夫妻享受免费基本项目计划生育技术服务，免费获得避孕药具以及各项人口计生宣传服务；来沪孕产妇可在指定医疗机构接受实行限价收费的产前检查、住院分娩服务，同住的未成年子女可以接受儿童预防接种、计划免疫等传染病防治服务；来沪从业人员可以参加本市城镇职工基本养老保险；把在本市单位稳定就业满 6 个月的来沪从业人员纳入本市失业登记范围。

（二）实施效果

总的来看，本市现有的人口调控政策逐步趋于完善，执行情况良好，对于合理调控全市人口规模、确保城市运行安全起到了重要保障作用。全市低生育水平保持稳定，户籍人口呈较为稳定的缓慢增长态势，但是常住人口增长迅速。

1. 生育政策执行情况。上海是全国最早推

行计划生育政策的特大型城市，全市坚持计划生育基本国策不动摇，大力推进人口计生依法行政，建立人口计生利益导向机制，不断完善融计划生育、优生优育和生殖健康于一体人口计生公共服务体系。全市计划生育率一直处于较高水平，近十年来户籍人口计划生育率保持在99%以上，外来常住人口计划生育率保持在85%以上。从1993年起，全市户籍人口自然变动进入负增长阶段，至今已连续18年。“十五”和“十一五”期间，户籍人口育龄妇女总和生育率都在1以下，2010年为0.89。据测算，推行计划生育以来，全市约少出生700万人口，为控制上海人口过快增长起到了重要作用，也为上海服务全国、吸纳全国人口留出了空间。需要指出的是，对于来沪流动人口的计划生育管理难度很大，其生育是执行户籍所在地的生育政策。与本市户籍人口相比，流动人口违法生育现象仍较突出，2010年全市违法生育10427例，其中外来常住人口违法生育9621例，占92.3%。

2. 户籍迁移政策执行情况。全市根据“政策加指标”的原则处理户口迁移，按照公正、公开和公平的要求，实行定量评估、循序排队、有计划逐步迁入的审批机制，全市户籍人口呈较为稳定的缓慢增长态势，年增长基本控制在10万人左右。全市各归口部门审核迁入2008年为17.30万人，2009年为15.74万人，2010年为17.24万人。从分类情况看，高端人才引进每年1.5万人左右；外地生源应届大学生新生迁户入高校集体户口每年在5～6万人左右；支内支边退休回沪人员及其家属每年4～5万人；在沪就业的外地生源应届毕业生进沪每年在1.8～2.0万人；两地户口婚姻迁户每年3万人左右；沪籍义务兵退伍回沪落户每年约0.4万人；刑满解教人员每年1万人左右；军转干部进沪每年不到0.1万人；居转户3年来累计不超过0.3万人；还有少量的领养落户以及上海干部、专业技术人员配偶随迁调沪等。全市迁出人员2008年为4.29万人，2009年为4.77万人，2010年为4.97万人，主要是外地生源大学生毕业离沪，另有少量工作调动、移居国外等对象。

3. 流动人口服务管理政策执行情况。进入21世纪以来，全市积极构建“市级综合协调、区级综合管理、社区具体实施”的来沪人员服务和管理体制机制，稳步推进流动人口基本公共服务均等化，促进新老上海人融合发展。2010年，上海外来农民工子女享受免费义务教育比例基本达到100%。强化流动人口计划生育服务管理，免费基本项目的计划生育技术服务已经全部覆盖到在沪居住的流动人口育龄夫妻。加大对来沪人员基本医疗服务的供给，同住的未成年子女都接受儿童预防接种、计划免疫服务。2007年和2009年，上海分别把“对50万农民工开展安全生产培训”和“完成外来农民工职业技能培训10万人”列入市政府实事项目。2010年，上海开始实施“农民工技能提升三年行动计划（2010～2012）”。加强对来沪人员集中居住的规划与建设，已建成一批为来沪人员提供的单位租赁房与集中居住公寓，有效缓解了来沪务工人员的居住困难。积极促进来沪人员参与基层社区管理，在集中工作与生活区进行自我管理。以人为本的流动人口服务管理政策，进一步促进了人口流动，增加了对流动人口的吸引力，这是近年来上海流动人口快速增长的一个重要原因。值得指出的是，在市场经济条件下，跨地区的人口流动已经成为一种常态和趋势，政府对流动人口的直接调控手段越来越少，作用力日益减弱。

三、影响上海未来人口总量变动的因素分析

上海作为一个国际化的特大型城市和全国重要的经济中心，人口发展具有很强的开放性，影响人口总量变动的因素有很多。首先，是外部影响因素，包括经济全球化、国际人口流动迁移，全国人口发展趋势以及人口宏观调控政策，长三角区域一体化发展。其次，内部影响因素，包括经济发展、资源环境承载力、城市建设发展以及人口自身再生产因素。以上这些因素相互影响、相互作用，决定了未来上海人口总量变动的方向。

（一）外部影响因素

1. 在经济全球化和世界经济竞争日益激烈的大背景下，上海人口构成的国际化特征越来越明显。作为一个正在建设和崛起的国际大都市，进入新世纪以来，上海的国际化步伐不断加快，在国际上的影响力越来越大，开放型经济水平不断提高，对外经济贸易发展迅速，在沪的外商投资企业、外资金融机构、跨国公司地区总部等数量不断增长，上海的国际竞争力和国际化程度日益增强。与此同时，来沪经商、工作、留学、参加各类国际交流与合作、居住和旅游等的外国人和港澳台地区人员不断增多，据有关部门统计，在沪的外国常住人口2005年为10.00万人、2007年为13.33万人、2008年为15.21万人。第六次人口普查时点，上海有境外人口20.83万人，其中外籍人员14.32万人，占68.73%，中国港澳籍人2.02万人，占9.70%，中国台湾籍人4.49万人，占21.57%。14.32万的外籍人士中依照来源国家的人数，前5位分别是日本（20.7%）、美国（16.5%）、韩国（13.8%）、法国（5.2%）和德国（4.8%）。此外，第六次人口普查常住人口中包括半年以上的出境人员，全市共计11.66万人。

国际移民是21世纪的一种全球性趋势，跨国移民数量增长，迁移规模大型化，成为世界各地区社会转型的一个重大影响因素。根据联合国相关统计，至2010年，全世界大约有2.14亿国际移民，约占全世界总人口的3.1%，1960年这一数字仅为7500万，占世界人口的2.5%。随着全球化、工业化、城市化、市场化过程的推进，人口迁移行为进入高度活跃期，发达国家和地区以及各大城市密集区成为主要目的地。上海世博会的成功举办极大地改变了上海城市面貌，提升了国际综合竞争力。从发展趋势来看，当前和未来，上海城市发展与世界经济发展之间的关联性越来越强，开放水平和国际化程度将日益提高，同时，在沪工作、留学、交流、居住和旅游的各类境外人口将进一步增加，国际人口的比例将不断上升。

2. 基于中央对上海“四个中心”的战略定位以及全国城市化快速发展的大趋势，可以判断上海仍是我国人口的一个重要导入区。中央对上海建成国际经济、金融、贸易、航运“四个中心”的战略定位以及实现“四个率先”的发展要求，对于上海来说，是难得的重大历史机遇，将会推动上海城市经济社会的大发展和人口的进一步集聚。

从全国人口发展态势来看，全国人口总量还将进一步增长，根据国家人口发展战略，到2033年前后，全国人口达到峰值15亿人左右。与此同时，流动迁移人口规模庞大，目前流动人口数量已经超过了全国人口总数的10%，接近1.5亿人。按照人口城镇化水平年均增长1个百分点测算，今后20年将有3亿农村人口陆续转化为城镇人口。农村人口向大城市流动、中西部地区人口向东部沿海发达地区流动成为一种不可阻挡的趋势，合理吸纳人口，是上海未来10～20年在全国城镇化进程中的重要战略任务。

国家主体功能区规划将上海列为优化功能开发区。优化功能开发区是带动全国经济社会发展、提升国家竞争力的龙头区域，也是全国重要的人口和经济密集区。根据主体功能定位，优化功能开发区要利用合理的政策导向，引导人口有序流动，促进人口年龄结构和素质结构优化，逐步形成人口与资金等生产要素同向流动机制，对有稳定就业和住所的流动人口逐步实现本地化，形成符合优化功能开发需求的大人口环境。作为优化功能开发区，上海将继续承担人口集聚的重要任务。

3. 国家宏观政策的走向，将有利于上海合理调控人口总量规模。国家“十二五”规划纲要明确：要“积极稳妥推进城镇化”、“特大城市要合理控制人口规模”、“预防和治理‘城市病’”，为上海人口特大型城市加强调控提供了依据。同时，随着国家区域发展总体战略的深入实施和中西部城市的崛起，农村人口就近转移的态势将得到进一步加强。

2011年7月1日《社会保险法》将正式实施，外来人员综合保险将与城镇保险接轨，企业用工成本将上升（初步测算，企业因此将为每名外来从业人员缴纳保金增加200元左右），部分劳动密集型企业将会向外转移，将在一定程度上影响外来人口的总量和素质。

4. 未来的上海仍将是长三角区域的人口特大型城市和经济中心，但人口发展将可能呈现出集聚和分散并重的局面。长三角作为世界第六大都市圈，是中国经济发展最具活力、最具潜力的经济增长极，未来仍将是全国的人口导入区，并将在国家人口合理分布和城市化战略中发挥重要作用。目前沪苏浙人口为1.56亿，约占全国人口总量的11.6%，国民生产总值约占全国的20%以上。国家人口计生委组织开展的《长三角人口发展功能区规划研究》表明，长三角地区人口总量发展远景将达到2亿左右。随着区域经济一体化步伐的不断加快和城市化进程的加速发展，长三角区域内的人口流动性、互动性与共融性日益强化，跨城市的通勤人口数量将不断增加。上海作为长三角区域的经济核心和人口特大型城市，未来无论是经济社会发展，还是人口发展，都将与整个长三角的发展紧密联系，而且关联度越来越大。因此，要从长三角区域整体发展的角度来审视和看待上海的人口发展问题。

目前上海在长三角区域内属于强人口集聚地区，整个长三角地区的人口呈现向上海中心集聚的态势。主要是由于长三角地区各城市之间发展的不平衡性，导致城市之间吸纳人口的能力有着很大差异。但是从长远来看，这种局面将会逐步改变。随着长三角都市圈的进一步形成，特别是周边中小城市的迅速发展，区域内各城市之间经济发展水平差距将逐步缩小，净流出人口的城市将会消失，人口弱强度聚集的城市将会成为中强度聚集的城市，人口中强度聚集的城市将会成为高强度聚集的城市。区域内周边城市对人口的吸纳速度将快于上海，虽然相对数量没有上海高，但绝对量的增长速度要快于上海。随着区域内周边城市的人口吸纳量增大，未来上海人口发展将处于人口集聚与分散并重的一种格局。值得指出的是，上海在长三角区域一体化发展进程中，要发挥带动长三角地区整体优化发展的龙头作用，必须进一步提升国际影响力和综合竞争力，就要保持相应的人口首位度，保持较大的人口规模。

（二）内部影响因素

1. 上海经济社会持续发展对劳动力存在刚性需求，但随着经济发展方式转变和产业结构调整，对劳动力的素质需求大于数量需求。发展经验表明，经济的持续发展与劳动力数量的变动一般呈正相关关系。上海经济平稳较快增长需要稳定的劳动力供给支撑。如果现行户籍政策和生育政策没有较大变动，据初步测算，上海户籍劳动适龄人口在今后较长一段时期内，将以每10年约减少100万人的速度下降，2012年为800万人，2018年为770万人，2028年为650万人。保持人口适度规模和较高质量的人口集聚，是上海未来发展的一个重要前提，特别是在建设“四个中心”、加快发展先进制造业和现代服务业的过程中，需要引入大量具有较高素质的各类人才和从业人员。因此，

同时，也要看到，经济发展方式转变和产业结构升级将产生人口增速趋缓和人口素质结构优化的双重效应。上海“十二五”规划纲要提出:全市生产总值年均增长率预期为8%左右，第三产业增加值占全市生产总值比重达到65%左右。上海正处于工业化后期向后工业化时期过渡发展阶段，将加快发展高新技术产业和高端服务业，着力调整和减少传统的劳动密集型产业，形成以第三产业为主的产业格局。在劳动密集型企业转移过程中，本市外来人口的数量将随着就业岗位的减少而下降。同时，在高新技术产业和高端服务业发展的过程中，必将引入具有较高素质的从业人员，从而有利于人口整体素质的提高。

2. 城市建设对人口规模的扩张具有一定的约束作用和引导作用。城市建设包括交通、邮电、供水供电、商业服务、文化教育、卫生事业、房地产开发等市政公用工程设施和公共生活服务设施等，是城市赖以生存发展的一般物质条件。城市建设是人口变动的结果，随着人口规模的不断扩张，城市建设步伐也不断加快，各项基础设施逐步完善。

城市建设对人口规模的扩张具有一定的约束作用。如果人口总量超越了城市基础设

施所能承受的极限，就会导致城市安全隐患，冲击正常的生产和生活，产生“城市病”。上海城市建设大规模改造之前，曾一度以“住房紧张、交通拥挤”而著称，限制了人口的持续导入和人口规模的扩大。而随着城市建设规划的实施尤其是交通网络体系、房地产建设的发展，基础设施的服务能力增强，人口规模得以大幅提升。

纵观上海近年来城市建设和人口规模发展，2000 ~ 2010 年间，上海道路长度和居住房屋面积不断增长，常住人口总量也不断上升。可见，上海城市建设和人口规模还处于正相关关系时期。但是也要看到，上海大规模城市建设已经基本完成，城市建设领域对于外来流动人口的需求将逐步减少，随着上海经济的发展，居民的住房需求不断增强，人均居住面积快速提高，在住房建设总量一定的情况下，住房建设对人口承载能力的约束性作用将越来越突出。

城市建设对人口规模的扩张还有一定的引导作用。如果中心城区的轨道交通、房地产建设等不断完善和便利，却并未向外发展，城区的人口规模就会不断膨胀；如果城市建设突破中心城区，向郊区拓展和延伸，就会引导人口向外扩张，从而降低中心城区的人口规模，提高郊区的人口密集度。

3. 优质公共服务资源对外来流动人口的吸引作用不断增强，同时，在少子化和老龄化的双重作用下，城市生活服务业和社区对流动人口的需求日益增加。调研表明，上海良好的社会治安、公平的就业环境以及较好的公共服务，都是吸引外来人口来沪居留的重要原因。在流动人口大量聚居的城郊社区，流动人口及其子女已经成为基层卫生公共服务机构和幼教资源的主要服务对象。流动人口表示，为了孩子有机会接受良好的义务教育也要留在上海。可以预计，随着本市特别是郊区公共服务服务资源配置的不断加强，必将带来“福利拉动型”的人口流入。

上海是全国第一个进入人口老龄化的城市，目前的人口老龄化程度已经接近西方发达国家水平，高于全国一倍。在少子化、老龄化和家庭小型化的背景下，本地年轻劳动力不断减少，家庭传统的养老和服务功能减弱，城市日常运行、社会服务行业、家政服务业和社区等对外来流动人口的依赖性越来越强，刚性需求不断增加。

4. 未来一段时期内，上海人口的生育水平仍将远远低于全国水平，人口出生对于人口总量增长的影响作用并不大。国际上一般认为，一个国家和地区的总和生育率保持在 2.1 的更替水平，最有利于经济社会可持续发展以及家庭的和谐稳定。目前全球的总和生育率为 2.6，西方发达国家平均为 1.7，美国为 2.1，英国为 1.9，日本为 1.4，中国为 1.6 ~ 1.8，上海目前的生育水平在世界上处于超低水平，2009 年为 0.83，远远低于国际平均水平，仅相当于全国水平的一半不到。

在目前生育政策保持不变的前提下，随着独生子女群体陆续进入结婚和生育时期，符合政策生育第二个孩子的数量将越来越多，户籍人口总和生育率将有所回升，但幅度不大。有关抽样调查表明，上海独生子女群体的生育意愿平均为 1.35 个。1987 年，上海就已经在全市农村实施“单独”政策，如果允许城镇“单独”夫妻生育第二个孩子，在短期内有可能出现人口出生上升的情况，但不会出现大量反弹，上海有总和生育率在全国仍处于最低水平。

据测算，今后较长一段时期内，户籍人口死亡数量仍将大于户籍人口出生数量，户籍人口自然增长率仍将保持负增长态势。但是，由于流动人口出生数量的不断增加，将使全市常住人口自然增长率继续保持正增长态势，相对于户籍人口迁入数量和跨省人口流入数量来说，人口自然增长对于全市人口总量增长的影响作用有限，仍处于第三位。

四、关于上海未来人口总量的预测和判断

（一）按常规人口预测方法判断人口总量

人口预测是根据一个国家或者地区现有人口状况和以往人口发展规律，在一定的假设条件（如生育、死亡、迁移水平及其随时间的变化）

下，对未来人口发展状况进行的推算。主要包括人口再生产、户籍人口迁移、非户籍人口流动三个方面。从上海情况看，由于计划生育基本国策的长期有效执行，自1993年起户籍人口自然增长转入负增长，常住人口自然增长也长期稳定在较低水平，人口再生产对人口总量扩张影响不大，户籍人口迁移、非户籍人口流动对上海人口总量影响较大。

1. 按照人口绝对增长量进行推算。假定人口增长是线性的，每年的增长量为k（即人口自然增长＋户籍人口净迁入＋非户籍人口净流入），则$P_n=P_0+k\cdot n$（P_n为n年后的人口，P_0为基年人口，k为年增长人口数，n为预测期年数）。适用于年人口增长数基本恒定情况下的短期人口预测。

（1）高方案。2000年以来，上海常住人口年平均增长69.4万。假设2020年前上海常住人口年平均增长为50万人（其中户籍人口15万人），2021～2030年平均增长30万人（其中户籍人口10万人），则2020年、2030年常住人口分别为2800万人（户籍人口1560万，流动人口1240万人）和3100万人左右（户籍人口1660万人，流动人口为1440万人）

（2）中方案。假设2020年前上海常住人口年平均增长为30万人（其中户籍人口10万人），2021～2030年平均增长20万人（其中户籍人口5万人）则2020年、2030年常住人口分别为2600万人（户籍人口1510万人，流动人口1090万人）和2800万人左右（户籍人口1560万人，流动人口1240万人）。

（3）低方案。假设2020年前上海常住人口年平均增长为25万人（其中户籍人口5万人），2021～2030年平均增长15万人（其中户籍人口5万人），则2020年、2030年常住人口分别为2550万人（户籍人口1460万人，流动人口1090万人）和2700万人左右（户籍人口1510万人，流动人口1190万人）。

2. 按照人口增长速度进行推算。假定未来人口以一定增长率r（综合考虑人口再生产、人口迁移和流动等因素）变动，则$P_n=P_0(1+r)n$。适用年人口增长率一定的短期人口预测。

（1）高方案：2000年以来，上海常住人口年平均增长速度为3.24%(户籍人口为0.67%)。假设2020年前上海常住人口年平均增长2.0%（户籍人口为0.8%），2021～2030年增长速度为1.5%（户籍人口为0.7%），2020年常住人口为2800万人（户籍人口1530万人，流动人口1270万人），2030年常住人口为3250万人左右（户籍人口1640万人，流动人口1610万人）。

（2）中方案：假设2020年前上海常住人口年平均增长1.5%（户籍人口为0.6%），2021～2030年增长速度为0.8%（户籍人口为0.5%）。按照这一增长速度，2020年上海常住人口为2670万人（户籍人口1500万人，流动人口1170万人），2030年常住人口为2890万人（户籍人口1570万人，流动人口1320万人）。

（3）低方案：假设2020年前上海常住人口年平均增长1%（户籍人口为0.5%），2021～2030年增长速度为0.5%（户籍人口为0.4%）。按照这一增长速度，2020年上海常住人口为2540万人（户籍人口1480万人，流动人口1060万人），2030年常住人口为2670万人（户籍人口1540万人，流动人口1130万人）。

3. 按照“分要素法”推算。先分别预测影响人口总量变动的各项要素，包括出生数、死亡数、迁移数、外来流动人口数，然后再合起来推算未来人口总数。对于户籍人口出生，预测按照4种不同生育率方案进行。对于户籍人口机械变动，今后一段时期内，全市每年的户籍人口迁入数仍将大于迁出数，2030年前，平均每年净迁入户籍人口估计为8万人。对于来沪流动人口的增加，估计2030年以前，全市每年外来常住流动人口的增长数量为25万左右。根据预测，到2020年上海常住人口总数平均为2620万人（户籍人口为1510万人），2030年上海常住人口总数平均2820万人（户籍人口为1560万人）。

（二）按照经济活动人口进行推算

一般而言，一个国家或地区的经济增长会带动对劳动力需求的增加和就业机会的扩张，带动强度可以用基于GDP的就业弹性系数来反映。就业弹性系数是指就业人口的增长率与经济增长率之间的比，反映经济增长每变化一个百分点所对应的就业人口增长变化的百分比。一般情况下，用GDP增长率来表示经济增长率。其计算公式是：就业弹性系数＝就业人口增长率/GDP增长率。本预测对未来一段时期内的GDP增长速度、就业弹性系数作出假设，通过就业弹性系数公式来计算未来一段时期内每年的从业人口数，再根据从业人口数占总人口的比重来推算未来每年的总人口数量。这种预测方法不考虑人口年龄结构变动和生育水平变化等因素，主要考虑经济增长对人口总量的影响，因此推算的时间跨度不宜太长。

1. 参数确定。

（1）GDP增速，经济结构发展到一定阶段以后，经济增长速度也将逐渐由高位增长趋向平稳增长。预测假设："十二五"期间上海的GDP平均增长速度为9%，2016～2020年GDP平均增长速度为8%，2021～2025年GDP平均增长速度为6%，2026～2030年为5%。

（2）就业弹性系数，2000年以来，上海市就业弹性系数平均为0.23。随着产业结构调整提升，上海就业弹性系数有逐渐下降的趋势。预测假设："十二五"期间就业弹性系数为0.18，2016～2020年就业弹性系数为0.15，2021～2025年为0.12,2025～2030年为0.10。

（3）就业人口数量，根据普查数据，2010年全市就业人口约为1280万人左右。

（4）就业人口比重，2000年以来就业人口占常住人口比重为55%左右，假定保持不变。

2. 测算结果。据此推算，2020年上海市常住人口总量为2646万人（其中户籍人口为1476万人，流动人口为1170万人），到2030年为2810万人（其中户籍人口为1560万人，流动人口为1250万人）。

（三）国内外同类城市人口规模比较与判断

从具有国际影响的大城市发展来看，虽然人口规模不是判定国际大城市的唯一指标，但拥有巨大的人口规模则几乎是所有国际大城市的共同特征。人口规模大是一个城市能否成为国际大城市的基本条件。对一个国家来说，对国家发展至关重要的城市（即中心城市），其人口规模在这个国家的城市中一定位居前列。如日本东京市区人口为1254.4万（截至2005年10月1日），约占日本总人口的10%，人口密度为5736人/平方公里；大巴黎人口为1184万人（小巴黎指巴黎大环城公路以内部分，面积105平方公里，人口为217万人），几乎占全国人口的五分之一；墨西哥城人口多达1800多万，占全国人口的17%。这些大都市人口规模在本国绝对领先，这些城市的经济发展水平不仅位居所在国家前列，甚至是世界性中心城市，如伦敦、纽约、东京等，或是区域性中心城市，如巴黎、墨西哥城、圣保罗等。

由于各国发达水平及各城市的城市化发展阶段的不同，所以各大城市人口规模的增长变动也表现出不同的模式。一是人口持续增加，如孟买、东京。作为日本首都的东京，发展已经达到相当高的水平，人口规模表现为平稳、缓慢的增长趋势。印度则是一个迅速发展的发展中国家，作为印度中心城市的孟买市，更是率先发展，人口规模几乎呈直线增长趋势。二是人口先增后减，如墨西哥城和圣保罗市。这些市场化的拉美发展中国家，在经济迅速发展阶段，城市化也迅速发展，大城市的人口呈迅速增长态势。由于城市建设及经济的发展跟不上人口的集中和增长，就形成了拉美国家十分明显的"过度城市化"。1980年之后，这种过度城市化导致城市人口减少，同时伴随经济长期难以振兴。三是人口先减后增，如伦敦、纽约。欧洲老牌发达国家，在郊区化、逆城市化和再城市化推动下，大城市人口经历了过度集中到分散又到集中的过程。

从城市首位度来看，具有国际影响的大城市基本都是所在国的首位城市。各城市首位度从20世纪80年代以来近20年变化中，总体上发展中国家首位城市的首位度几乎都呈明显上升势头，发达国家首位城市的首位度也都基本稳定或呈微升态势。

从美国沿海城市群发展经验看，长三角城市群未来占中国1/10的人口总量是可能的，即未来集聚1.5亿人口左右。上海在长三角城市群占1/5的人口总量也是可能的，即未来集聚

3000万人口左右。

五、关于上海城市人口最大承载量的判断和未来人口增长空间

（一）人口最大承载量

人口最大承载量是指既顺应全国城镇化加速发展的趋势，又满足自身发展需求，与城市资源环境、基础设施和公共服务等的承载能力相匹配和平衡的人口最大容量，核心是一个城市受资源环境约束到底能够吸纳多少人口。城市人口承载量与诸因素相关，涉及城市经济水平、社会生活、资源水平、生态环境和实力需求等诸多方面。其中，有些因素无法定量描述，或无法预计；有些因素对人口承载量的影响是通过其他因素间接产生，缺乏独立性；还有些因素如燃气、天然气的供应量等在目前情况下对上海人口增长的制约性不大。考虑测算指标的可描述性和上海人口发展的现实状况，从土地资源、淡水资源、生态环境、基础设施建设、住房建设和城市规划等6个方面来分析上海未来人口总量极限。

在测算过程中，首先采用单因素分析法，确定各项指标在目前规划和未来发展等不同条件下的“可能值”，并以纽约、伦敦、东京、巴黎等主要发达国家大都市和中国香港、新加坡、首尔等亚洲新兴工业化国家及地区等大都市作为参照，确定“满意值”（即承载标准），依据“可能—满意度”法分别测算各项指标对应的人口总量极限。最后综合各单项测算结果，根据“木桶”原理，判断受内部因素制约的上海未来人口总量极限。

1．土地资源的不变性和可变性对人口总量支撑。如果根据上海国土规划，2020年建成区面积扩展到2924平方公里左右，按照目前集约化用地的要求，以同类国际大城市的人均占有量为参照标准，以人均建城区面积125～134平方米作为承载标准，根据公式“人口容量＝总建筑面积／人均建筑面积”可得，上海人口容量的极限约为2200～2300万人。如果能够改变发展模式，调整上海陆域面积的用地结构，参照东京、纽约等城市建成区占整个市域面积的标准，则建成区面积可达到市域面积50%～60%，即3200～3800平方公里，按照同样的参照标准，人口容量的极限可达到2500～2800万人。

2．淡水资源的不变性和可变性对人口总量的支撑。近年上海实际用水量每年约110亿立方米，根据城市总体规划，2020年全市规划需水量146亿立方米。其中，由公共供水企业供给的居民生活用水和非工业用水为22亿立方米；工业用水总量为88.5亿立方米（包括直接从江河取水部分）；农业用水为11.4亿立方米。实际上，水资源规划供应量是按照规划人口规模来确定的，目标是满足2000万人口的用水需求。

上海是河口型城市，有丰富的过境水资源，淡水资源供水主要受制于水质处理能力。如果今后能通过与长江流域管理机构协调，加大长江新水源的开发力度，加强黄浦江上游水源地保护，有效治理水污染，减少人均生活用水量，那么未来上海淡水资源支撑2800～3000万人口是可能的。

3．生态环境的不变性和可变性对人口总量支撑。上海环境污染主要包括大气、噪声、气候、水、固体废弃物污染5个方面。其中，可描述性较强且与人口总量关系较密切的是固体废弃物中生活垃圾的数量，随着城市建设的发展和生活水平的提高，生活垃圾问题将日益突出。课题主要分析上海垃圾处理能力与人均垃圾产出之间的关系，以确定生态环境所能承载的最大人口容量。根据规划，到2010年，上海垃圾处理能力要达到2000万公斤／日，按照每年3%的增长率，2020年可以达到2700万公斤／日，参照纽约、东京、香港等国际大都市的人均垃圾产出量，并考虑上海经济发展水平和消费习惯，以每人每天产生1.2～1.5公斤为承载标准，根据公式“人口容量＝日垃圾处理能力／日垃圾产生量”可得，上海人口承载能力约为1800～2300万人。如果能够有效实现生活垃圾处置“减量化、资源化、无害化”，到2020年垃圾处理能力提高到3000万公斤／日（以东京中心城区垃圾处理能力2.1万吨／天为参照标

准，结合上海建成区面积估算），同时人均垃圾产量减少到1.0～1.2公斤／日，人口承载能力可以达到2500～3000万人。

4. 基础设施建设的不变性和可变性对人口总量支撑。交通是反映城市发展水平的一个重要指标，也是基础设施建设中的一项基本要素，在大城市中交通对人口总量的制约性日益突出。根据上海市综合交通规划，到2020年建成21条左右有轨交通，总长超过1000公里，中心城区日客运量达到1200～1300万人次，郊区日客运量达到800万人次。全市地面交通客运量达到1400万人次（包括出租车）。根据上海居民人均出行次数和采用公交方式出行比重情况，比照纽约等国际化都市，取每日人均出行次数为2.6～2.8次，采取公交方式出行的比率为45%～55%，根据公式"全市公交日客运量＝市区轨道交通日客运量＋郊区轨道交通日客运量＋地面交通日客运量"、"人口容量＝全市公交日客运量／（人均出行次数＊采取公交出行比率）"可得，上海人口承载能力约为2200～2800万人。如果能进一步加快交通体系尤其是轨道系统建设，使公交客运总量达到4000万人次／日，在承载标准不变的情况下，上海人口容量可达到2500～3400万人。

5. 住房建设的不变性和可变性对人口总量支撑。上海居住用地比例较高，约占建成区面积的45%，根据城市住宅规划标准，城市住宅用地占建成区面积的20%～32%，考虑600平方公里中心城区住宅密度高，参照纽约等国际大都市标准，按占地30%计算，其他地区（建成区面积按2900平方公里计算，则除中心城区外为2300平方公里）住宅面积按建成区面积20%计算；中心区住宅容积率取2.0，其他地区取1.0。根据公式"城区居住面积＝城区建设用地＊住宅用地比例＊容积率"、"总居住面积＝中心城区居住面积＋其他建成区居住面积"可得，总居住面积为82000万平方米。参照纽约、伦敦、东京、香港等城市人均住房面积情况，考虑上海实际，如果上海人均住房面积达到35～40平方米，则人口承载量为2000～2300万人；如果将人均住房面积控制在25～30平方米，则可达到2700～3200万人；如果建成区面积突破2900平方公里规划，即使人均住房面积达到35～40平方米，人口承载量也可达到3000万人以上。

6. 城市规划的不变性和可变性对人口总量支撑。按照"1966"的城镇规划体系，即建设"1个中心城区、9个新城、60个新市镇和600个中心村"，中心城区的规划人口约为850～900万人，每个新城的规划人口为30～50万人，每个新市镇的规划人口为10～15万人，每个中心村的规划人口为1000～3000人，那么上海总人口承载量约为1800～2400万人。如果能够突破目前规划，进一步调整人口分布格局，考虑将中心村人口增加到3000～5000人，新市镇人口增加到15～20万人，其他按照目前规划上限，则人口承载量可以达到2500～2800万人。

综上所述，如果按照现有规划、当前标准和现实情况来计算，制约上海人口承载量的短边因素主要为生态环境，上海人口承载量为1800～2300万人；如果能够突破现有规划和某些政策条件，同时改善生态环境和居民生活方式，则制约上海人口承载量的短边因素为土地资源即城市建设用地规模，上海人口承载量可达到2500～2800万人。

根据对影响上海城市人口总量的内外各要素综合考虑，对未来人口总量极限大致可以得出两种预期判断，较为保守的预期是：上海人口总量规模极限分别为2300万人（低方案）、2500万人（中方案）、2800万人（高方案）；较为开放的预期是：上海人口总量规模极限分别为2500万人（低方案）、3000万人（中方案）、3500万人（高方案）。

（二）未来人口增长空间

2010年"六普"时上海常住人口规模已经达到2301.91万人，根据上海人口最大承载量2300～2800万人的方案，对照现有人口规模，上海未来人口增长空间：低方案为－2万人左右，中方案为198万人，高方案为498万人。也就是说，未来上海人口增长空间最大为498万人。

六、上海人口规模调控面临的突出问题

（一）人口总量持续增长超过预期，资源、环境、城市建设和日常运行面临巨大压力

上海是一个资源紧缺型城市，城市发展、日常运行和保障所需的资源能源基本上都依赖外部供给。由于跨省流入人口和户籍迁移人口的不断增加，全市实有人口、常住人口、户籍人口规模均呈持续增长态势，城市发展既面临着资源、环境“短板”的“硬约束”，也存在基础设施建设进度与人口快速增长难以配套的“软约束”。上海城市发展和人口规模主要受制于土地资源的硬约束，按建设部《城市用地分类与规划建设用地标准》，本市土地资源的人口承载力上限为2300万人。参照纽约、伦敦、东京、香港等城市人均住房面积情况，按照上海住宅建设用地建设规划，如按建设部提出的人均住房面积40平方米的标准，则上海居住人口的承载量仅为1750万～2200万人。从生态环境来看：按照规划，到2020年，中心城区公共绿地建设面积将达到52平方公里，森林覆盖率30%左右，如满足人均公共绿地15平方米的发展水平，仅可为2100万人提供较为舒适的生态环境。由于人口规模不断膨胀，导致城市基础设施处于超负荷状态，城市运行风险增大，加大了城市社会管理难度，人流高度集聚点的安全问题凸现。

（二）以户口为前提的利益分配制度给户籍迁移政策的执行带来巨大压力

长期以来，住房、教育、医疗、劳动用工就业等福利保障的设计与实施均以户口为前提。为了追求社会的认可度及附着在户籍制度背后的利益，大量因各种原因要求将户籍迁入本市的人员逐年增多，造成近年来户籍迁移工作压力巨大，因此而产生的各种社会舆论和纠纷诉讼不断。据统计，由于历史原因，上海在不同历史时期均有大量人员支援全国建设，到目前为止，这些外支人员中要求回沪落户的还有约60万人；因上海市户籍人员与外省市户籍人员结婚而要求夫妻投靠迁入户口的也在逐步增加，2003年，上海市登记的异地婚姻为30895对，至2010年达到46481对，占当年婚姻登记总数的36.8%；此外，每年希望在上海就业落户的高校毕业生、外省市人才与进沪就业落户的指标逐年减少情况形成突出矛盾，一定程度上也影响了城市对高素质、急需人才的引进。

（三）“新二元结构”问题突出，已经成为特大城市发展中面临的一个重点和难点问题

“新二元结构”是指城市内部非户籍人口与户籍人口之间在经济收入、公共服务、社会保障等方面因制度缺失导致的发展差异，是传统“城乡二元结构”跨区域的延伸和表现。来沪人员已经成为上海城市建设和经济社会发展中一支不可缺少的重要力量，本市户籍与非本市户籍人员之间在教育、医疗卫生、社会保障、就业、居住等方面依然存在着一定差距。新生代农民工更加渴望市民身份认同、待遇平等及融入城市，给上海解决“新二元结构”提出了新的考验和挑战。

（四）中心城区人口密度过高、郊区密度过低，落差悬殊的格局没有得到根本性扭转

人口密集是上海城市的一个显著特征，但是，这种密集主要表现在中心城区人口过度集中，从而引发了许多问题。由于中心城区人口过于密集，导致住房、交通、就业日益紧张，教育、卫生等公共服务供不应求，制约了城乡协调发展和市民生活质量的提高。中心城区人口总量过大、与郊外人口分布落差过于悬殊这种严重不合理的分布结构，已经造成中心城区人口拥挤和人口总量规模的恐惧症。人口向郊区转移的动力不足，主要原因是城乡二元结构导致中心城区与郊区农村间发展差距过于悬殊；城镇建设和新建住宅区的综合服务功能还欠成熟；过远的交通路程和通勤成本制约了户籍人口向郊区转移。工作跟着产业走，居住跟着房屋走，如何协调好人口布局、产业布局、住宅布局三者之间的关系，是上海“十二五”城市规划和新一轮建设发展必须考虑和谋划的重大问题。

（五）老龄化与少子化问题进一步突出，优化人口年龄结构任重道远

“十二五”时期，上海人口老龄化将进入快速上升期，预计户籍60岁及以上老年人口平均每年净增20万人左右，“十二五”末老年人口数量将达到430万人左右，占总人口的28%左右；若按常住人口预测，则为20%左右。从2013年起，新增老年人口中80%以上将为独生子女父母。与此同时，0～14岁人口占户籍总人口比例从90年代起持续下降，“十一五”期末，已降至8%左右，少子化现象进一步凸现。“十二五”时期户籍劳动年龄人口（16～59岁）数量开始步入下降期，城市发展将更加依赖流动人口的导入。人口老龄化与少子化的同时并存，将给上海经济社会的可持续发展带来深刻的影响，主要表现为：本地劳动力短缺现象加剧，人口抚养比上升，养老、医疗等社会保障压力加大，独生子女家庭的养老功能弱化，社区养老服务需求和压力增加，人口活力和经济活力下降。

七、人口规模调控的政策框架和主要政策建议

（一）政策框架

从世界范围来看，特大型城市人口变动出现了两种情况：一种是人口流入、流出趋于相对平衡，高层次人才集聚，人口规模相对稳定，主要是发达国家的特大城市，如纽约、东京、伦敦等；另一种是人口无序流动、盲目集聚，陷入过度城市化和城市贫困化，最典型的就是拉美地区，还有印度孟买、加尔各答。“拉美陷阱”的根本原因在于人口无序流动，政府无为而治，缺乏导向性规划和管理政策，缺乏预警机制和干预措施，导致城市人口规模过度膨胀。当认识到问题严重时，已经无法扭转局面。

“三个坚持”：当前和未来一段时期内，上海人口规模调控要按照中央对上海发展的战略定位，立足于国家人口发展战略和长三角一体化发展，坚持调控人口规模与转变经济发展方式、优化产业布局、推进城市建设、保护生态环境、加强社会管理、完善公共服务等相结合；坚持调控人口规模与提升人口素质、改善人口结构、优化人口布局并举，控制人口，广纳人才；坚持政府调控和市场调节相结合，综合运用法律、经济、行政、规划等措施，加强人口综合调控。

“三个转变”：一是从城市规划、城市基础设施建设被动应付人口增加，向主动预期人口增长态势和规模、实施前瞻性的规划思路转变；二是从单纯依靠行政行为控制人口向行政手段和市场调节相结合的思路转变；三是推动上海从人口特大型城市向人力资本强市转变。

“三个目标”：一是人口规模得到合理控制。远近结合、合理规划、稳妥推进，使上海特大城市人口规模与经济发展阶段、城市建设和服务管理、资源环境承载能力相适应。二是人口布局得到调整优化。中心城区人口密度进一步降低，人口在城乡之间和区域之间合理分布，人口布局与城市形态、城镇体系、区域功能和资源环境协调发展。三是人口结构得到不断改善。合理吸纳上海发展所需要的年轻人才和人力资源，改善人口年龄结构，降低人口老龄化程度，弥补劳动力短缺，增强人口活力和经济活力。

基于以上“三个坚持”、“三个转变”和“三个目标”，上海人口规模调控的政策框架由“三个方面”组成：

1. 人口总量调控政策。一是生育政策。调节总和生育率、人口出生、人口自然增长。二是户籍迁移政策。调节户籍人口迁移、户籍人口机械增长。三是流动人口政策。调节来沪流动人口。

2. 与人口总量调控相关的人口政策。一是人口分布调整优化政策；二是人口结构改善政策；三是人口素质提升政策。

3. 与人口总量调控相关的发展规划和经济社会政策。一是城市发展总体规划以及土地利用总体规划、郊区新城和新市镇规划等各类专项规划；二是产业政策；三是就业、社会保障、教育、医疗卫生、住房保障等政策。

（二）主要政策建议

1. 加强城市规划调控，充分发挥城市规划在调控特大城市人口规模中的先导作用。坚持规划引导，在编制城市发展总体规划时，统筹考虑人口规模、人口结构和人口分布与资源环境承载能力、基础设施建设和公共服务资源之

间的匹配，立足人口增长的高方案来规划未来城市建设与发展。中心城规划、郊区新城和新市镇规划、产业园区规划、土地利用总体规划、各类专项规划及重点地区、重大项目规划都要以人口为基本参数，作为资源配置和公共服务的基础依据。

2. 加快转变经济发展方式，充分发挥市场和经济杠杆在人口规模调控中的基础性作用。坚持“以业控人”，以产业调整推动人口总量调控，通过转变经济发展方式和产业结构优化升级来调控劳动力需求。大力发展先进制造业和现代服务业，加快转移低端劳动密集型产业，减少对低端产业劳动力的依赖。充分发挥市场、产业在人力资源的数量和结构配置中的决定性作用，进而使人口规模与以服务经济为主的产业结构相适应，形成产业、就业、居住与人口管理良性互动机制，有效控制特大城市人口增长速度和规模。

3. 有计划控制户籍人口机械增长，稳步实施居转户制度。按照国家户籍制度的改革方向，进一步完善本市户籍迁移和管理政策，按照“政策加指标”的原则，不断完善定量评估、循序排队、有计划逐步迁入的审批机制，合理调控户籍人口机械增长。年度户籍人口增量优先满足上海“四个中心”建设紧缺、急需的高端人才和技能型人才落户需求。逐步化解户籍迁移的历史遗留问题（支内支边退休回沪、两地户口婚姻及其子女落户）。进一步完善引进人才申办本市常住户口的制度。搞好居住证与户籍的衔接，不断完善居住证转办常住户口的制度。

4. 加快研究推进居住证积分化管理，进一步完善来沪人员居住证制度。将现行的人才类、就业类和临时类等居住证整合为一个综合体系，并由过去按条件分类向按积分分类转变，建立按积分段划分居住证类别的规则。居住证积分，是根据来沪人员综合素质和实际贡献情况，科学设定评分指标体系，将个人素质、参保情况、技术创新、担任职务、荣誉称号、社会公益等条件进行指标量化，并对每项指标赋予一定的权重分值。积分累积到一定分值后，即给予其申请上海户籍的资格。积分管理，可以灵活地根据上海城市经济社会发展的需求，动态调整对应积分指标的权重，从而达到政策引导的效果。

5. 着力解决“新二元结构”问题，引导流动人口合理有序流动。强化流动人口服务和管理，通过政府引导和市场选择，形成人口“有序流入、理性流出”和“以证管人”、“以房管人”、“以业管人”的联动格局。建立以居住证为基础的分层、分类、有梯度的来沪人员公共服务制度，根据流动人口的来沪年限、参保情况、纳税记录等情况，提供相应类别和水平的公共服务。以质量提升为重点，完善来沪人员计划生育、子女教育、医疗卫生等服务。以提升覆盖面为重点，做好来沪人员社会保障。建立面向来沪人员的公共就业服务体制框架。加大公共租赁房的建设力度，满足来沪就业人员的基本居住需求。强化居住房屋租赁管理，加强联合执法，集中整治违法建筑、“群租”等突出问题。加快改造“城中村”，并规范农村租赁住房，引导流动人口“大杂居、小聚居”。致力于推动人口构成多元化背景下的融合发展，使新老上海人在融合中发展，在发展中融合。

6. 合理调节户籍人口出生，重点控制流动人口出生，保持人口自然变动低增长。重点加强流动人口计划生育服务管理，加强人口计生依法行政，控制和减少违法生育现象，使常住人口自然变动保持低增长或者零增长态势，避免因常住人口出生反弹而影响城市人口规模调控目标的实现。

7. 构建“1966”城镇体系，实施人口发展功能区战略，优化人口空间分布，化解人口总量持续增长的压力。借鉴国际大都市发展经验，立足于长三角城市群发展和国家战略实施，构建“1966”城镇体系基本框架，即：“1 个中心城、9 个新城、60 个左右新市镇、600 个左右中心村”。在市域范围内实施人口发展功能区战略，产业发展、城市改造、社会事业发展、交通建设等要与人口分布优化目标同向同步。调控中心城人口规模，实行“双增双减”方针，合理确定住宅开发容积率，严格控制中心城蔓延。推动中心城与郊区的联动发展，大力推进郊区新城建设，加快连接中心城与郊区的大容量快速交通设施建设，建立引导城乡人口合理分布的利益调节机制，引导人口向新城和新市镇集聚。

8. 优化人口结构，提升人口素质，促进人口规模调控。用好有限的人口增长空间，根据经济社会发展需要，在适度、有序地调控常住人口总量的同时，引入 25 ～ 35 岁劳动黄金年龄段的人口，填谷平峰，减缓人口老龄化程度，弥补劳动力不足，增强发展后劲。完善政策，提升人才吸引能力和高端人才集聚度。按照建设“四个中心”的目标，鼓励企业和社会力量共同参与，改进现行的教育、培养机制和结构，大力培养和集聚经济、金融、贸易、航运等领域的高层次科技人才、高层次管理人才和高技能人才，推动上海从人口特大型城市向人力资本强市转变。

9. 适应经济市场化、人口多元化和国际化的新形势，加强和创新社会管理，完善公共服务体系。城市规划、城市建设、社会管理和公共服务要适应人口多元化的发展趋势，不仅要统筹考虑以户籍和居住时间来划分的人口群体，即：户籍人口、常住人口、实有人口；而且要重视以经济和社会功能来划分的人口群体，即：白天人口、晚上人口、通勤人口、商务人口、旅游人口。积极借鉴国际先进经验和通行做法，改进和完善城市人口调控、社会管理和公共服务，不断提升国际化水平，不断增强上海在国际上的影响力、吸引力和竞争力。

10. 加强城市建设、运行安全及生产安全，确保特大城市健康发展。公共安全是城市的命脉。要着力构建“政府、市场、社会和公众”四位一体、互联互动的城市安全体制、机制和管理。重点聚焦人流高度集聚点的安全问题、易造成重大社会影响的安全问题。大力培育公共安全文化，提高全社会对城市公共安全的认识、意识和知识。理顺各级各业的应急管理体制。健全党委领导、政府负责、社会协同、公众参与的应急救援机制。完善城市运行安全的法律体系，强化执行力和执法监督检查。强化各类保障措施，全面提升上海抵御突发风险的能力。

2011年上海市流动人口动态监测分析报告

上海市人口计生委研究室

人口流动和迁移是现阶段我国经济、社会转型过程中的突出特征，上海是我国跨省人口流入的主要目的地之一。2011 年 6 月至 8 月，上海市人口计生委根据国家人口计生委员统一部署，组织开展了“2011 年流动人口动态监测”上海地区的抽样调查工作。为更细致地掌握来沪流动人口的基本信息，兼顾上海市辖各区县的需求，上海市人口计生委在完成国家人口计生委 4000 份问卷的同时，发放 19520 份上海市流动人口动态监测问卷。此次调查采用多阶段、分层、概率与规模成比例抽样（PPS 抽样）的抽样方法，调查对象为 16 ～ 59 周岁、在上海市居住一个月以上、非上海市户籍的外省市来沪人员，覆盖了市辖 18 个区县的、98 个街道／乡镇的、392 个居委会／村委会的 19520 名调查对象。

一、上海市流动人口发展的基本情况

根据上海有关部门组织的历次流动人口抽样调查和普查资料显示，目前全市流动人口总量达到897.7万人，外来常住人口占常住人口的比重从2000年的18.65%提高到2010年的39.01%（见图1）。流动人口已成为上海人口的重要组成部分，流动人口的变动与发展正对上海人口、经济、社会发展产生越来越重要的影响。

图1　历次流动人口抽样调查和普查外来常住人口规模

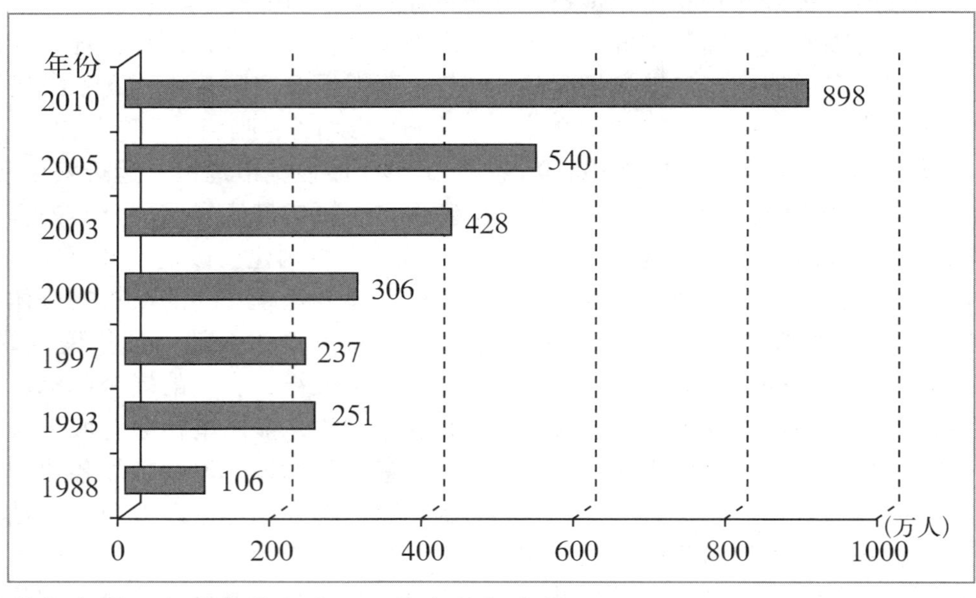

数据来源：上海市第六次人口普查数据手册

1. 总体特征

(1) 整体年龄结构较轻，青壮年劳动力成为流动主体

本次上海市流动人口动态监测抽样调查中，涉及的19517个在沪流动人口家庭中的47846名在沪同住家庭成员，平均年龄为29.7岁，年龄中位数为29.83岁；其中男性24998名，占52.25%，女性22848名，占47.75%，性别比为109.41。这些家庭成员的年龄分布，基本上呈现“中间大、两头下”的格局（见图2）。其中0～14

图2　流动人口家庭成员人口金字塔

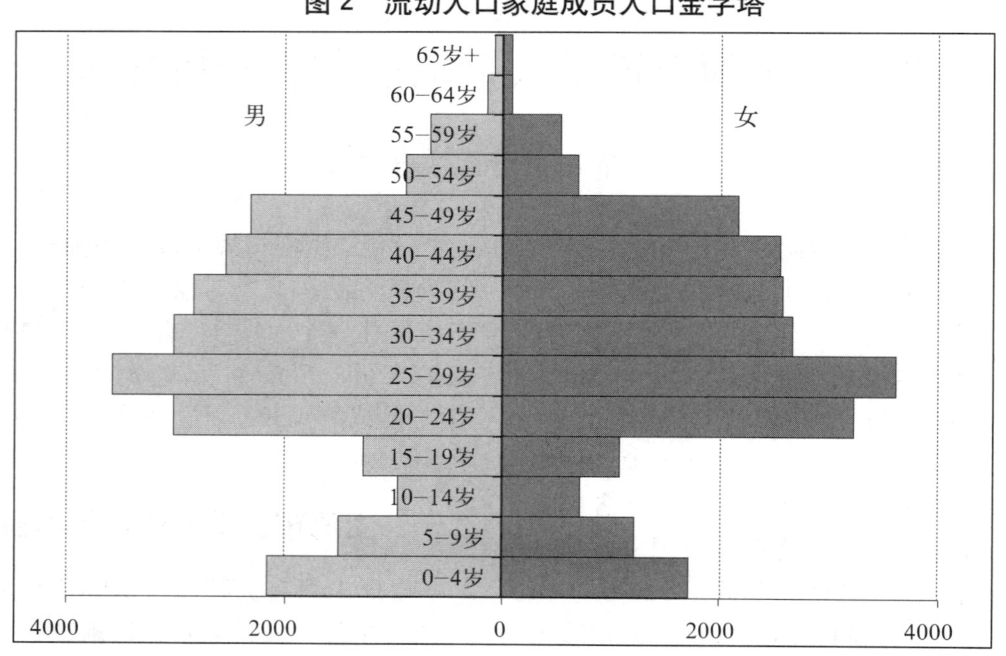

岁少年儿童占总人口比重远远高于60岁及以上老人的比重，0～14岁少年儿童8274人，占17.29%;60岁及以上老年人口仅395人,占0.83%。

从劳动力结构分析来看，15～59岁劳动年龄人口39177人，占81.88%；20～44岁青壮年劳动力是劳动力的主体，占15～49岁劳动年龄人口的75.51%，占流动人口总体的61.83%，20～44岁中每一个5岁年龄组占流动人口总体的比重都在10%以上（见图2）。青壮年劳动力的大量流入稀释了上海人口的老龄化比例，缓解了劳动力供给短缺的压力，给上海经济社会发展带来了人口红利。

（2）来源地覆盖全国各地，相对集中于华东地区

调查数据显示，上海市流动人口的来源地十分广泛，遍及全国大陆30个省、直辖市和自治区。受到空间距离上的邻近性、迁出地社会经济发展状况及其历史人口迁移传统等多种因素的影响，上海流动人口主要来自于华东各省以及人口流出大省。在沪流动人口最多的10个省市的流动人口占上海市流动人口的91.13%（见表1），其中又以距离上海比较近的省份迁入上海人口居多，如上海邻近的江苏、浙江、安徽、江西等省入迁人口规模都比较大，其中以距离较近、经济发展水平与上海差距较大的安徽省最多，达到34.35%。

表1　在沪外省市流动人口来源地分布

排序	来源地	人数（人）	比例（%）
1	安徽	16434	34.35
2	江苏	8633	18.04
3	河南	3564	7.45
4	浙江	3034	6.34
5	江西	2871	6.00
6	四川	2300	4.81
7	福建	2158	4.51
8	山东	2099	4.39
9	湖北	1574	3.29
10	重庆	931	1.95
	其他省市	4248	8.87
	合计	47846	100

（3）受教育程度普遍较低，初中及以下学历超七成

本次调查显示，流动人口中初中学历人数最多，占45.79%；初中及以下学历占比高达76.25%；23.75%的流动人口接受了高中及以上教育，高于2010年下半年国家流动人口监测的21.9%。大学专科及以上学历的流动人口不足10%，且往高学历方向呈递减趋势，研究生及以上学历仅为0.4%（见表2）。其中，女性受教育程度低于男性。

表2　流动人口家庭成员受教育状况

受教育程度	男（人）	女（人）	合计（人）	百分比（%）	累计百分比（%）
未上学	3070	3207	6277	13.12	13.12
小学	3750	4547	8297	17.34	30.46
初中	11742	10166	21908	45.79	76.25
高中	3282	2163	5445	11.38	87.63
中专	925	939	1864	3.90	91.52
大学专科	1202	1041	2243	4.69	96.21
大学本科	912	708	1620	3.39	99.60
研究生	115	77	192	0.40	100.00
合计	24998	22848	47846	100.00	—

（4）户均家庭规模较小，但人口流动家庭化趋势明显

调查数据显示，在上海同住的平均家庭规模为2.45人，其中2人户最多，占30.37%，3人户（29.26%）次之，再次是1人户，有4581户，占总户数的23.47%(见表3)。从婚姻状况来看，未婚流动人口中有3015人（74.2%）是单独居住；在婚未育流动人口中有107人是单独居住；

在婚且已育流动人口中有1260人单独居住；离婚和丧偶的流动人口中有199人是单独居住（见表4）。可以看出，外省市流动人口独自在沪居住的比例已较低，尤其是已婚流动人口，人口流动的家庭化趋势凸显。

表3　调查对象在上海同住家庭规模分布

	人数（人）	百分比(%)
1人户	4581	23.47
2人户	5928	30.37
3人户	5711	29.26
4人户	2456	12.58
5人户	654	3.35
6人户	145	0.74
7人户	24	0.12
8人户	18	0.09
合计	19517	100.0

表4　流动人口分婚姻、生育状况的居住安排

	人数（人）	单独居住人数（人）	单独居住比例（%）
未婚	4061	3015	74.24
已婚未育	1109	107	9.65
已婚已育	13977	1260	9.01
离婚和丧偶	369	199	53.93
合计	19516	4581	23.47

（5）经济状况介于本市城乡家庭之间，生活基本小康

从家庭收入来看，本次监测数据中的流动人口同住家庭（有效值为19461户家庭）收支情况介于上海市城市居民家庭和农村居民家庭之间。流动人口人均月收入约2513元，比2010年市城市居民家庭人均可支配收入（2653元）低140元，但比2010年市农村居民家庭人均可支配收入（1145.5元）高出1367.5元，远远高于2009年全国城镇居民家庭（1431元）和农村居民家庭（429元）人均可支配收入。其中，同住家庭中家庭人均收入1500～2000元之间的比例最高，为23.98%，次之是1000～1500元之间，达到20.6%；高于3000元的比例为16.35.%。12405名(63.5%)曾给老家寄钱(物)的调查对象共寄去大约有8262万元，平均每个家庭寄回老家6661元，有效提升了流动人口留守家属的生活水平。

从消费支出来看，流动人口同住家庭人均消费支出1054元，比2010年市城市居民家庭人均消费支出（1933.33元）低879元，比2010年市农民居民家庭人均生活消费支出（852.08元）高出202元，高于2009年全国城镇居民家庭（1022元）和农村居民家庭（333元）人均消费支出（见表5）。根据调查数据计算，上海流动人口同住家庭的恩格尔系数为46.4%，而2010年上海城市居民恩格尔系数为33.5%，后者远低于前者。联合国根据恩格尔系数的大小，对世界各国的生活水平有一个划分标准，即一个国家平均家庭恩格尔系数大于60%为贫穷；50%～60%为温饱；40%～50%为小康；30%～40%属于富裕；20%～30%为相对富裕；20%以下为极其富裕。据此标准，此次监测的流动人口家庭的生活水平已达到小康水平。

表5　流动人口同住家庭经济状况及纵向／横向比较　　元

	本次调查	2010年上海市		2009年全国	
		城市	农村	城镇	农村
人均月收入	2513	2653	1146	1431	429
人均月支出	1054	1933	852	1022	333
食品	489	648	317	373	136
恩格尔系数	46.4%	33.5%	37.2%	36.5%	41.0%

（6）来沪人员以汉族、农业户口为主，在婚比例较高

目前，上海市流动人口中乡—城流动人口比例略低于全国，城—城流动人口比例略高于全国。此次调查的47846名流动人口家庭成员中，农业流动人口（户口性质为农业）数量上占绝对优势，共计40354人，占83.34%，非农业流动人口（户口性质为非农业）7364人，占比为15.39%。而2010年全国流动人口监测显示，流动人口中86.7%为农业户口，13.3%为非农业户口。此外，流动人口中汉族占98.64%，少数民族仅占1.36%。16周岁及以上流动人口共39314人，其中在婚比例最高，为80.95%，未婚比例次之，为17.65%（见表6）。

表6 16周岁及以上流动人口家庭成员的婚姻状况

婚姻状况	人数（人）	百分比（%）
未婚	6,938	17.65
在婚	31,825	80.95
离婚	297	0.76
丧偶	254	0.65
合计	39,314	100

2. 就业状况

（1）劳动年龄人口大多处于就业状态，男性比例高于女性

本次调查显示，本市流动人口就业比例较高，16周岁及以上劳动年龄人口处于就业状态的人数达到82.50%，其中男性为93.34%，女性71.01%，男性高出女性20多个百分点。16周岁及以上流动人口中操持家务的为4033人，占10.26%，其中女性远多于男性，女性3802人，男性231人（见表7）。这反映了相当数量的女性走出家庭走向社会，但与男性相比，传统的性别分工仍有所体现。流动人口接受政府、单位或专门机构组织的工作技能培训比例有所上升（为21.2%），同比上升了5.2个百分点。接受过技能培训的流动人口，其就业率达到98.2%，失业／无业比重只有1.8%；而未接受培训的就业率为93.8%，失业／无业比重则高出4.5个百分点。

表7 16周岁及以上流动人口分性别的就业状况 %

	就业	失业	无业	操持家务	在学	离退休	其他	合计
男	93.34	1.12	1.58	1.14	2.09	0.64	0.09	100
女	71.01	1.98	4.35	19.92	1.79	0.90	0.04	100
合计	82.50	1.54	2.93	10.26	1.94	0.77	0.07	100

（2）就业行业相对集中，且就业稳定性强

本次调查显示，流动人口的就业行业相对集中，80%以上的流动人口从业于对职业技能要求相对较低、就业门槛总体不高的行业，如制造、批发零售、社会服务、住宿餐饮、建筑以及交通运输、仓储通信业等行业。其中，制造业就业比重从2010年的45.9%下降到23.9%，而批发零售业、社会服务业、住宿餐饮业占比均有所上升；仅有不到两成的流动人口就业于农林牧渔、采掘，或者金融、保险、房

图3 就业流动人口行业构成 %

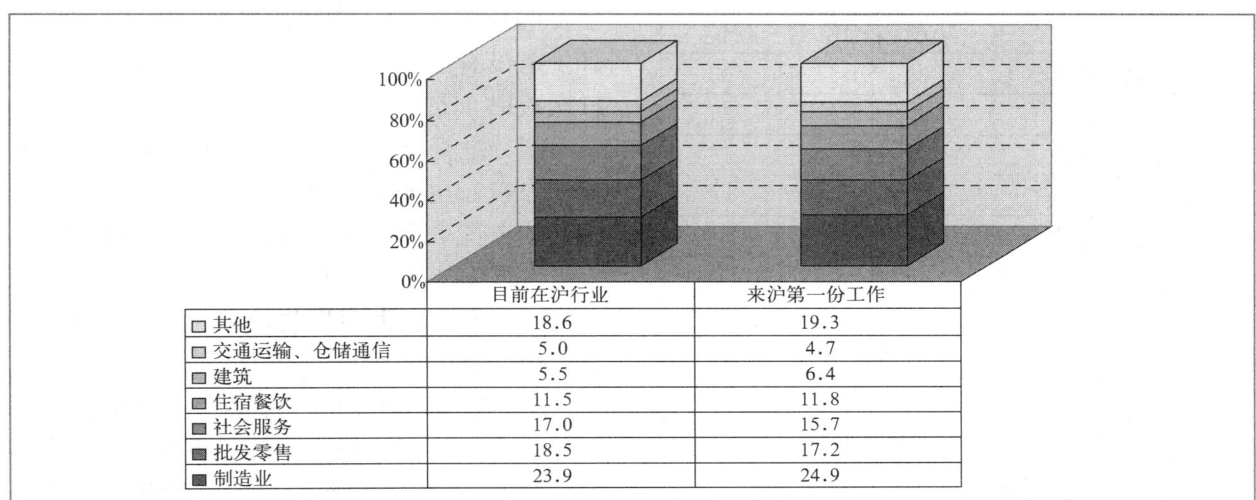

	目前在沪行业	来沪第一份工作
其他	18.6	19.3
交通运输、仓储通信	5.0	4.7
建筑	5.5	6.4
住宿餐饮	11.5	11.8
社会服务	17.0	15.7
批发零售	18.5	17.2
制造业	23.9	24.9

地产、科研技术服务等生产性服务行业，以及电煤水生产供应业和党政机关等公共性行业。中心城区流动人口就业主要集中于批发零售、社会服务和住宿餐饮业，而近郊区和远郊区流动人口主要从事的行业为制造业，其次才是批发零售、社会服务、住宿餐饮等行业。

目前，流动人口就业稳定性较强。上海流动人口从事现在工作的平均时间为66.31个月，约5年半时间。仅有18.5%的就业流动人口从事当前工作不满1年，有56.9%超过3年，更有18.5%的超过10年。55.3%的就业流动人口在沪从没换过工作，17.3%换过1次，15.9%换过2次，7.5%换过3次，仅有4.0%换过3次及以上次工作。

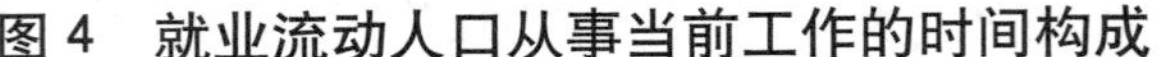
图4　就业流动人口从事当前工作的时间构成　　%

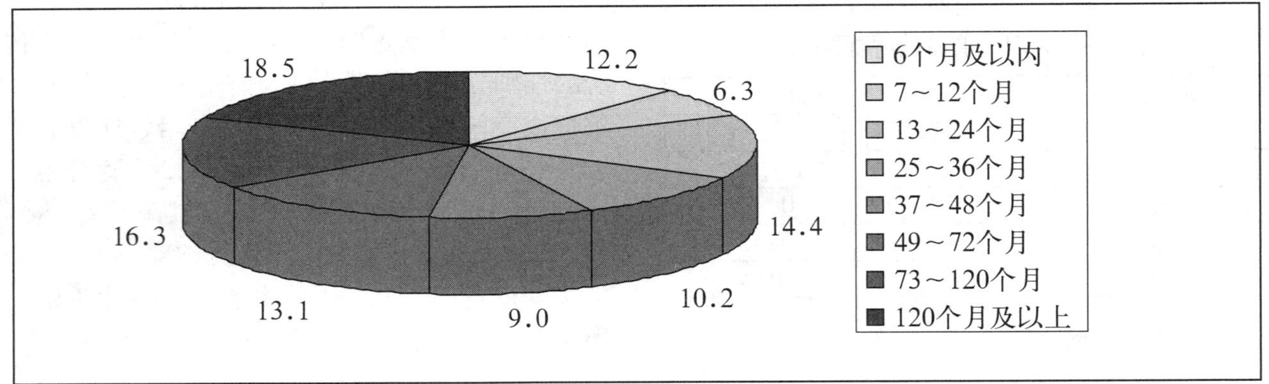

（3）私营企业、个体工商户是吸纳流动人口的主要途径

在被调查的16564名就业流动人口中，当前从事的工作单位39.6%为私营企业，33.9%为个体工商户，两者加总超过就业流动人口的七成，私营企业和个体工商户成为吸纳外来从业人员的两大主要途径。此外，中外合资企业、集体企业和港澳台企业等也吸引了一定数量的外来从业者（见表8）。

表8　上海市就业流动人口工作单位性质构成　　%

企业性质	所占比例	顺位
私营企业	39.6	1
个体工商户	33.9	2
三资企业	8.7	3
国有及国有控股企业	5.0	4
集体企业	3.7	5
土地承办者	1.5	6
机关、事业单位	1.4	7
无单位	4.5	8
其他	1.7	—
合计	100.0	—

3、子女与计划生育

（1）初婚年龄较轻，独生子女家庭过半

根据对15449名已婚流动人口的调查，流动人口平均初婚为23.26岁。其中20～24周岁结婚（初婚）的流动人口占比63.5%，25～29周岁的占20.8%，两者合计占比84.3%，占流动人口的绝大部分；另有11.9%的流动人口初婚年龄为19周岁及以下，也就是说，有超过一成的流动人口结婚时尚不到法定结婚年龄（见图5）。

已婚育龄流动人口中，绝大部分目前生育了1～2个孩子，占比86.6%；仅生育了一个子女的比重为56.6%，有7.4%的已婚流动人口目前没有生育子女。而此次调查中的流动人口八成以上是农业户口，生育了1～2个子女中大部分是符合计生政策范围内的生育。因此，流动人口超生的现象并不十分普遍。生育3个子女的占比5.2%；仅有0.7%的已婚育龄流动人口生育4个及以上子女。

（2）子女在上海出生比例上升，绝大部分在医院分娩

近年来呈现流动人口在沪生育的比例逐步上升的趋势，在本市出生的比例随着年龄组别的降低而增加，在老家出生的比例则刚好相反（见图6）。0～5周岁组流动人口子女中，37.9%在本市出生；而在老家出生的比例从16周岁及以上年龄组的95.8%下降到0～5周岁组的60.5%。近年来，新生代流动人口开始步入婚育年龄，可以预判，将有越来越多的流动人口子女将在上海出生。

图5　上海市已婚流动人口初婚年龄构成　%

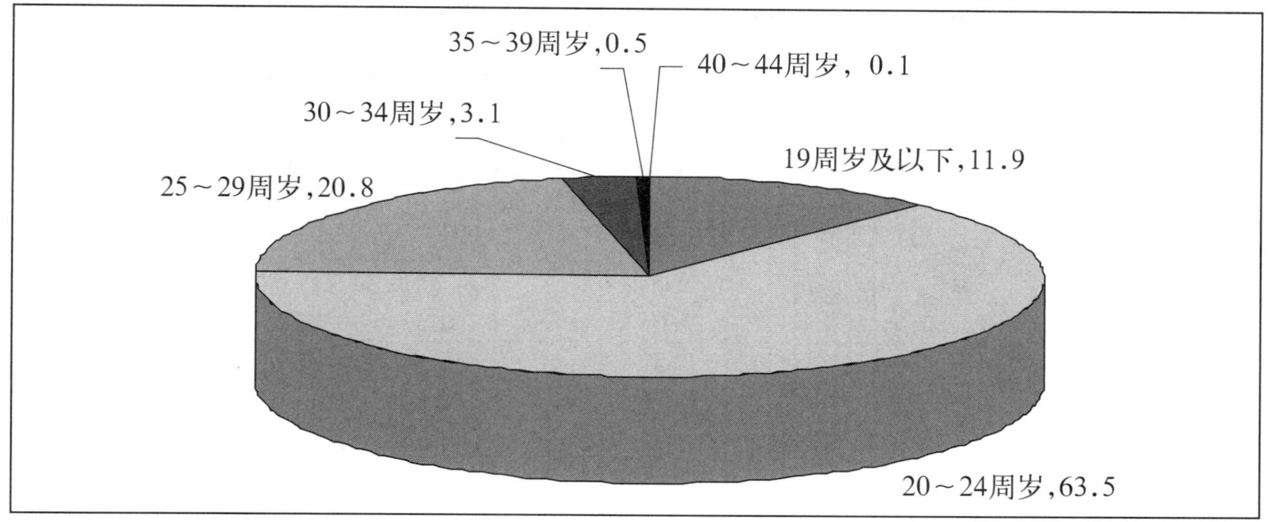

图6　分年龄组流动人口子女出生地构成　%

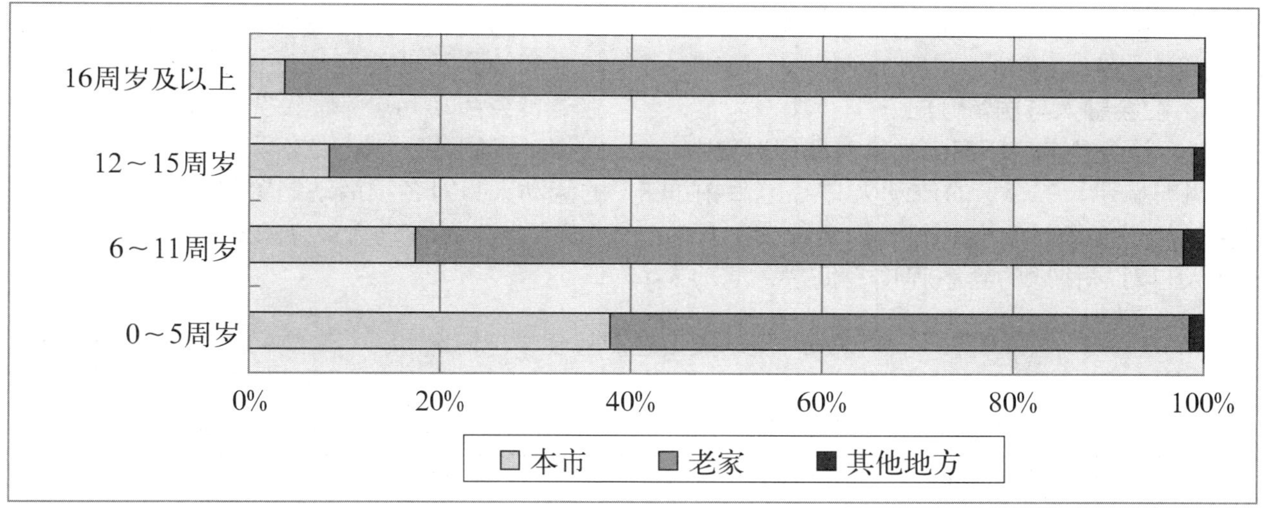

同时，流动人口子女八成在医院分娩，且近年来在医院分娩的比例越来越高。16周岁及以上年龄组的流动人口子女，只有65.2%在医院分娩，而12～15周岁组和6～11周岁分别为79.6%和89.1%，而0～5周岁组在医院分娩的比例达到94.7%。另外，在沪生育的流动人口子女中，94.5%在医院分娩。

（3）同住子女比例较高，入托／园／学以公立类学校为主

流动人口子女半数以上（57.9%）居住在上海。分年龄组看，0～5岁组在上海居住的比例最大，为70.3%，12～15岁组在沪居住的比例最小，为46.1%，如图7。12～15周岁组在沪居住比例之所以最小，可能是流动人口子女回户籍地上初中的原因，而到16周岁以后，流动人口子女进入劳动年龄，部分已经走出校园来沪就业。

目前，绝大部分适龄儿童入托／园／学以公立类学校为主。在21491名流动人口子女中，入托／园适龄儿童5311人，其中在上海入读的

图 7　分年龄组流动人口子女现居住地构成

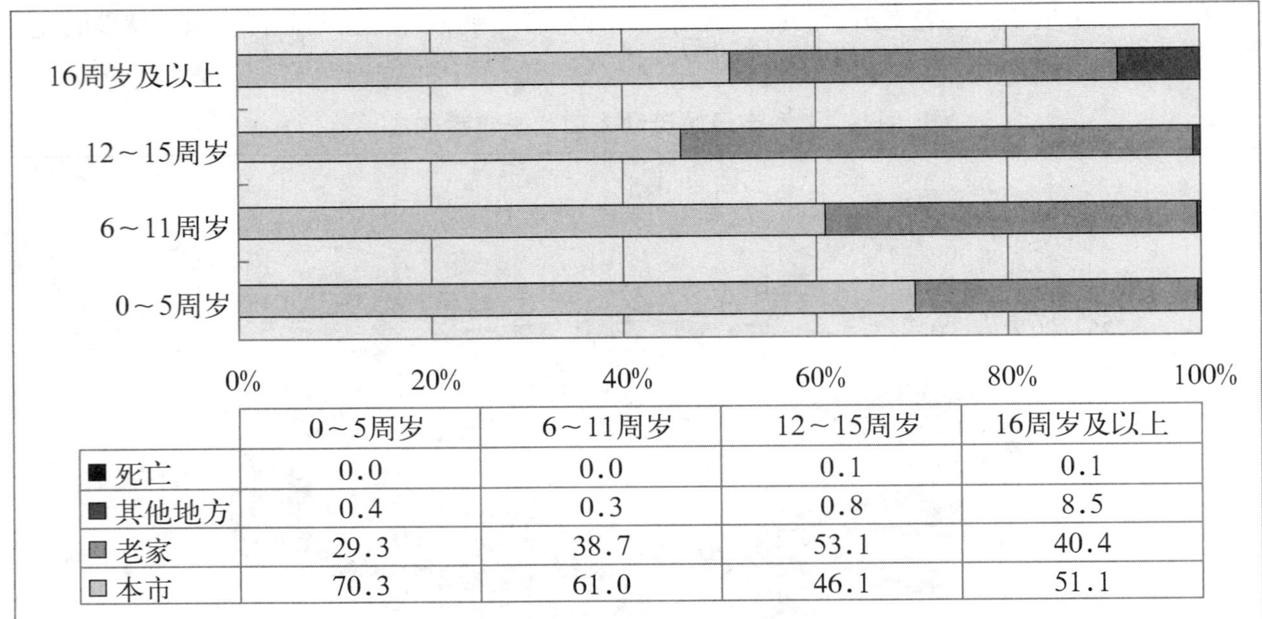

	0～5周岁	6～11周岁	12～15周岁	16周岁及以上
■ 死亡	0.0	0.0	0.1	0.1
■ 其他地方	0.4	0.3	0.8	8.5
■ 老家	29.3	38.7	53.1	40.4
□ 本市	70.3	61.0	46.1	51.1

3284 人，占比 61.8%，入托／园适龄儿童七成（71.1%）在公立托儿所／幼儿园入读。入学适龄儿童 9487 人，其中在沪入读的 4909 人，占比 51.7%，在公立学校的占比 86.9%。

4、社会融入与居留倾向

（1）社会参与度不高，交往对象相对集中

调查显示，93.3% 的流动人口知道目前的居住地属于哪个居委会管辖，一定程度上反映流动人口对居住地的熟悉程度。但是，流动人口对社区或居住地组织的一些活动的参与率并不高。社区公益活动和社区文体活动的参与率是最高的两项，分别达到 25.7% 和 14.3%，计划生育协会活动的参与率亦达到 12.2%。而业主委员会活动和选举、评先进等活动的参与率则相对较低。分年龄段来看，出生于 1980 年前的流动人口对各项活动的参与程度都高于 1980 年以后出生的流动人口（见表 9）。

表 9　流动人口在沪社会参与情况　%

	全部调查对象	按年龄分组	
		1980 年前出生	1980 年后出生
社区文体活动	14.3	15.3	13.3
社区公益活动	25.7	28.3	22.8
计划生育协会活动	12.2	13.4	10.8
业主委员会活动	2.8	3.3	2.2
选举、评先进等活动	4.1	4.7	3.3

流动人口在沪生活（主要是业余时间）与谁交往、交往的频度、交往的模式等亦可以反映其社会融入状况。从表 10 可以看出，流动人口在沪业余生活中的最主要的交往对象是“流动人口同乡”（55.6%），且 1980 年前、后出生的人均是如此。

当流动人口在上海遇到困难或麻烦时，首选求助对象为老乡和亲戚。在所有的求助对象中，老乡和亲戚被选择的比例分别达到 28.7% 和 24.8%；从被访者回答该多选题的次数来看，分别有 69% 和 59.7% 的流动人口选择向老乡和亲戚求助。亦有一定比例的流动人口选择向同事或村居委会求助，而向认识的上海人、邻居、政府部门求助的不多（见表 11）。

表 10 流动人口在沪的人际交往对象 %

	全部调查对象	按年龄分组	
		80 前出生	80 后出生
上海户籍老乡	5.8	6.2	5.4
流动人口同乡	55.6	55.1	56.1
其他上海人	10.3	11.6	8.8
其他外地人	15.1	12.7	17.9
很少与人来往	13.2	14.4	11.8
合计	100.0	100.0	100.0

表 11 流动人口在沪遇到困难时的求助对象

求助对象	被选次数（次）	占所有求助对象之比（%）	占所有回答次数之比（%）
同事	6,187	13.2	31.7
老乡	13,464	28.7	69.0
亲戚	11,650	24.8	59.7
居委会	6,120	13.0	31.4
认识的上海人	3,277	7.0	16.8
邻居	2,798	6.0	14.3
政府相关部门	2,149	4.6	11.0
其他	1,321	2.8	6.8
合计	46,966	100.0	240.7

（2）经济因素是流动人口离开老家的最主要原因

流动人口离开老家的最主要还是基于经济方面的考虑。数据显示，老家没有合适工作和老家工作报酬太低是选择比例最高的两个原因。这两个原因，在所有原因中的比例分别达到了 33% 和 31.1%，在所有回答中的比例分别占 72.5% 和 68.45（见表 12）。显而易见，老家社会经济发展程度相对落后，是流动人口背井离乡，来动其他城市生活和工作的主要推力。

表 12 流动人口离开老家原因

	被选次数（次）	占所有选项百分比（%）	占回答次数百分比（%）
土地被征用	746	1.7%	3.8%
本家庭有多余劳动力	4,023	9.4%	20.6%
老家没有合适工作	14,154	33.0%	72.5%
老家工作报酬太低	13,350	31.1%	68.4%
外出学习技能	6,523	15.2%	33.4%
其他	4,117	9.6%	21.1%
合计	42,913	100.0%	219.9%

另外,在“上海最大的吸引力”这一问题上，排名前三的选择分别是:工作机会多、收入较高、发展前景好（见表 13）。这也反映了经济因素对于流动人口选择上海作为流入地的推动作用。

（3）多数人对在沪生活有信心，超四成有在沪居留意向

数据显示，在 19514 名流动人口中，69% 表示对在沪长期生活有信心，接近七成，4.6% 没有信心，其余的 26.3% 觉得说不清。35% 的流动人口打算在沪永久居留，打算在沪工作直到退休后离开的比例达到 7.5%，近五成流动人口表示走一步看一步，不确定未来的打算。（见表 14）。

表 13 上海最大的吸引力

	被选次数（次）	占所有选项百分比（%）	占回答者百分比（%）
工作机会多	12,653	25.1	65.0
收入比较高	11,682	23.2	60.0
发展前景广	8,573	17.0	44.0
城市治安好	6,650	13.2	34.2
生活比较便利	5,160	10.2	26.5
教育条件好	3,249	6.5	16.7
上海有认识的朋友或亲戚	1,867	3.7	9.6
海派文化氛围	526	1.0	2.7
合计	50,360	100.0	258.7

表 14 流动人口在沪长期居留

	人数（%）	百分比（%）
永久居留	6822	35.0
一直留到退休后离开	1466	7.5
工作一段时间后离开	1329	6.8
打算一年内离开	191	1.0
不确定，走一步算一步	9706	49.7
合计	19514	100.0

二、上海流动人口生存发展需要关注的情况和问题

1. 流动人口房租负担较重，住房状况有待改善

据计算，此次监测的流动人口平均每月租房支出 758.93 元，房租中位数为 500 元。每月租房支出在 500 元以下的流动人口人／户数最多，占到 54.6%；次之是房租在 500 元至 1000 元之间，占到 24.8%；每月房租支出在 1000 元以上的流动人口达到 20.6%（见表 15）。租房支出约占家庭在沪总收入的 14.5%，占家庭在沪总支出的 32.7%，总体负担较重。

表 15 流动人口租房支出状况

房租支出分组	人数（人）	百分比（%）
500 元及以下	7,716	54.6
501 ～ 1000 元	3,497	24.8
1001 ～ 1500 元	1,302	9.2
1501 ～ 2000 元	861	6.1
2001 元及以上	743	5.3
合计	14,119	100.0

调查显示，流动人口在沪最主要的住房形式是租住私房，占比 67.1%；10.7% 的流动人口居住由雇主提供的免费住房，自购房或者自建房也占有一定比例（7.5%），流动人口居住于政府提供的廉租房的比例非常低，仅有 0.4%（详见表 16）。国家和上海市相关部门针对流动人口住房问题采取了包括政府建设面向农民工的低租金住房、将进城务工人员纳入城镇住房保障体系等等对策，但推进效果有限，实际获得廉租房服务的流动人口仍屈指可数。

表 16　调查对象在沪的住房类型

住房性质	人数（人）	百分比（%）
租住私房	13,097	67.1
单位／雇主提供免费住房	2,083	10.7
自购房／自建房	1,458	7.5
租住单位／雇主房	1,007	5.2
借住房	992	5.1
就业场所	626	3.2
其他非正规居所	175	0.9
政府提供廉租房	79	0.4
合计	19,517	100.0

2. 接受职业技能培训比例较低，就业途径有待拓展

调查显示，在 17493 名就业、失业或无业的流动人口中有 78.9% 的人没有接受过任何培训，缺少技能培训仍然是制约流动人口就业的重要瓶颈。加上面向流动人口的就业中介服务体系和信息发布的不完善，流动人口的就业途径比较狭窄，主要是依靠自己、家人／亲戚、同乡／同乡以及本地朋友这些亲缘或地缘关系网络，86.4% 的来沪第一份工作和 85.7% 的当前工作是通过这几种途径获得，而经过在上海一段时间的工作和生活后，求职途径虽然向本地朋友、社会中介和互联网有所转移，但其桥梁作用仍不够明显（见表 17）。

表 17　上海市就业流动人口就业途径构成　　%

	目前的工作	来沪第一份工作
自己找到	32.0	30.7
家人／亲戚	30.3	31.1
同乡／同学	12.8	16.7
本地朋友	10.6	7.9
社会中介	6.3	5.8
互联网	3.3	2.7
企业招聘会	3.0	3.2
政府相关部门	0.6	0.6
传媒广告	0.4	0.4
其他	0.8	1.0
合计	100.0	100.0

3. 流动人口子女性别比偏高，选择性生育现象明显

目前，流动人口子女性别比偏高（参见表 18），为 126.8。其中，0 岁组性别比 132.8，0 ～ 4 岁组性别比 119.1，0 ～ 14 岁组性别比 124.1。分孩次的子女性别比差异显著，多孩的性别比显著偏高，一孩的性别比为 122.4，二孩为 129.1，而三孩则高达 188.5。性别比的失衡反映了流动人口在生育子女方面，重男轻女观念仍存在，在生育三孩及以上孩次的子女时，选择性生育现象甚为明显。消除性别歧视，倡导男女平等、弘扬科学、文明、进步的婚育观念，综合治理出生人口性别比偏高的任务仍任重道远。

4. 育龄妇女对计生服务知晓率偏低，接受程度不高

目前，上海推进流动人口计划生育公共服务均等化取得了显著成效，免费计生药具发放、

表 18 流动人口子女的性别比情况分析

分组	全部子女		现居住在本市的子女	
	人数（人）	性别比	人数（人）	性别比
所有子女	21491	126.8	12443	130.8
0 岁	831	132.8	677	145.3
0 ～ 4 岁	5018	119.1	3575	122.6
0 ～ 14 岁	11659	124.1	7573	125.3
一孩	14301	122.4	—	—
二孩	6163	129.1	—	—
三孩及以上	1027	188.5	—	—

孕／环情检查、人流手术、上环取环手术、孕前优生咨询指导及相关咨询等服务项目都对外来育龄群众开放。但调查显示，流动育龄妇女对计生服务的接受程度不高。这主要有三方面的原因：一是服务宣传不到位，相关服务知晓率不高。例如，流动育龄妇女对于晚婚晚育、计生手术后休假、平价分娩及结扎 3 项服务的知晓率分别只有 46.8%、47.5%、50.4%。二是服务便捷度不高。在享受一些免费计生服务时，必须要求流动育龄妇女出示或办理相关证件，提交相关申请，工作的手续或流程较为繁杂。三是出于对个人隐私的顾虑，一些流动育龄妇女宁可放弃接受某些免费服务。

5. 流动人口社会保障参与程度不高，关注度不够

2011 年 7 月 1 日，国家《社会保险法》出台，明确规定“进城务工的农村居民依照本法规定参加社会保险”。据此，上海市政府于 2011 年 6 月下发 9 个文件，分别对外来从业人员参加本市城镇养老保险、医疗保险、工伤保险，郊区用人单位及从业人员参加本市城镇社会保险作出了具体规定。凡与本市用人单位建立劳动关系的外来从业人员，都应当参加本市城镇职工养老、医疗、工伤、生育、失业等社会保险。其中，非城镇户籍人员目前按规定参加养老、医疗、工伤三项社会保险。但从调查的结果来看，政策的推进执行情况并不理想，流动人口在沪各项社会保障的参与程度均处于较低水平，其中参与程度最高的医疗保险参保率也仅为 27.1%，不到三成，其次是养老保险（24.6%）及工伤保险（22.1%）（见表 19）。同时，流动人口对于社会保障的关注意识还不强。在参加养老保险的流动人口中，有 32.1% 的人并不清楚自己是哪一年开始缴纳养老保险。

表 19 流动人口在沪社会保障享有情况 %

社会保险类型	全部被访者				就业被访者
	有	无	不清楚	合计	
养老保险	24.6	72.7	2.8	100.0	28.3
医疗保险	27.1	70.4	2.4	100.0	31.0
工伤保险	22.1	74.3	3.6	100.0	25.6
失业保险	6.8	89.8	3.4	100.0	7.7
生育保险	4.2	92.2	3.6	100.0	4.6
住房公积金	3.4	93.2	3.4	100.0	3.9

三、优化流动人口管理服务的若干对策建议

大规模的人口流动成为影响上海“十二五”及未来较长时期城市发展的重要问题。针对本次监测调查所反映出来的诸多问题，需要立足于基本公共服务有效供给和劳动力资源长足发展，改善流动人口管理与服务水平。建议近期

要加强以下方面的工作：

1. 通过远近结合，进一步加强流动人口的居住管理服务

居住管理是流动人口管理的主要环节，针对本次监测反映出的突出问题，可以从远近两个层面加以推进解决。从解决近期矛盾而言，应重点抓好三项工作：一是加强联合执法，集中整治违法建筑、“群租”等突出问题。二是加快改造“城中村”，规范农村租赁住房，引导流动人口“大杂居、小聚居”。三是在流动人口集中居住地，尤其是一些居住条件较差的村庄，完善居住必需的基本设施，比如公共厕所等，改善流动人口居住环境。从建立远期长效机制而言，要结合上海市人才引进和产业转型战略，合理设计流动人口住房保障体系，根据流动人口在沪居留时间的长短、受教育程度、就业合同类型和稳定性情况、社会保障金和税收的交纳情况等，加大租赁主房供应量，分层次、递进地使其逐步整合进入到城市体系中，为其提供渐进性的保障性住房政策，实现“居安、居廉”。“居安”，是指租赁房的环境、品质、安全要等同于一般的商品房，要完善水电煤、通讯网络等配套设施。“居廉”，是指能用低廉的价格租到住房。

2. 坚持多管齐下，构建流动人口职业培训和权益保障体系

一是要积极构建外来劳动力职业技能培训体系，深入推进农民工技能提升行动计划等相关规定，政府扮演好掌舵人的角色，大力发展中介机构与第三方组织在外来劳动力技能培训中的作用，深入构建以中介为主、单位为辅的流动人口职业技能培训体系，努力实现行业培训标准化。二是要积极开展劳动力源头培训，将劳务技术培训重点放在不能继续升学的初、高中新毕业生这个新增劳动力源头上。三是要规范用工制度，重点加强流动人口在个体工商户、私营企业就业的合同管理，保障外来劳动力的基本权益，为就业流动人口解决劳动争议与纠纷提供多元援助渠道。四是要大力推进就业服务和工资保障制度，及时发布劳动力需求信息，引导劳动力培训和有序流动。探索窗口、网络、手机短信相结合的就业服务方式，使外来务工人员就近、及时享有便利的就业服务等，并严格执行最低工资制，确保来沪人员在最低工资标准上与本地城镇职工同工同酬。

3. 倡导两性平等，加大流动人口计划生育服务的宣传力度

要加强家庭文化建设，弘扬性别平等理念，从根本上淡化男孩偏好的思想根源。完善政策制度环境，采取有效措施改善有利于女性生存和发展的环境。严格按照国家要求，打、防结合，对“两非”（非医学需要的胎儿性别鉴定和选择性别的人工终止妊娠）行为严加惩处。同时，加大对流动人口服务与管理方面的宣传教育，提高流动人口对相关政策的知晓率，吸引流动人口主动接受服务。

4. 优化资源配置，扩大流动人口子女基本教育服务供给

针对流动人口家庭同住、家庭迁移、长期居留增加的局面，重点要加强市级统筹力度，进一步优化配置基础教育资源，缩小近郊和远郊中小学教学资源与城市中心区中小学教学资源的差距，对接纳流动儿童较多的中小学给予硬件和软件上的支持。提高现有民办农民工子女学校的教学水平，提高办学质量；着力解决教材适应性问题，加强课程与教学管理；健全民办学校资产与财务管理，完善对学校的常规管理；加强师资队伍建设，加强师资培训，稳定民办农民工子女学校的教师队伍。重视流动人口随迁子女的学前教育，采取公办幼儿园扩容、举办民办三级幼儿园等形式，增加流动人口集聚区的学前教育资源，加强师资队伍建设，进一步提高学前教育质量。

5. 加强执法力度，拓展流动人口的社会保障的覆盖面

着力提升流动人口的社会保障水平。一方面，要督促用人单位贯彻落实《社会保险法》和上海市相关政策的规定，依法为外来从业人员缴纳社会保险，切实提高流动人口社会保险享有率。另一方面，应加大《社会保险法》和上海市相关政策的宣传力度，让流动人口对自身参加社会保险有更好的认知，提高其保护自身权益的能力。

十二、区县人口计生委研究成果选编

长宁区人口规模的发展、构成与趋势研究
——长宁区“六普”数据分析

长宁区人口和计划生育委员会 张 聆

长宁区是上海的中心城区之一，地处上海市西部。近年来，长宁人口总量得到有效控制、人口素质大幅度提高、人口结构日趋合理、人口分布日益完善，人口发展有效地推动了经济社会的发展。本文重点根据2000年第五次全国人口普查到2010年第六次全国人口普查，分析、研究长宁人口的发展及其构成，对人口发展态势和特征进行深入、系统地研究，在此基础上，立足于促进人口长期均衡发展和未来长宁总体发展战略的需求对长宁人口作科学全面的预测。

一、人口数量的发展态势

1. 常住人口的变动

（1）常住人口规模略有下降，占全市常住人口的比重下降明显

第六次人口普查显示，全区常住人口为690571人，同第五次全国人口普查（2000年11月1日零时）的702239人相比，10年间共减少了11668人，减少1.66%。平均每年减少1167人，年平均减少率为0.17%。与上一个10年相比，年平均增长率由正转负，下降了1.93个百分点。

同期，全市常住人口则呈现增长趋势，从16737734人增长到23019148人，年平均增长率为3.24%。两相比较，长宁人口在全市人口中的比重下降明显，从2000年的4.2%，下降到2010年的3.0%，降幅惊人。

（2）居住与户籍地的分离普遍，常住人口的来源呈现多元化态势

第六次人口普查与第五次人口普查相比，长宁区常住人口的按户籍来源的构成也发生了很大的变化，居住与户籍地的分离越来越普遍，人口来源呈现多元化的态势：其中本区户籍人口常住在本区的人口减少最多，本区人户一致的人口比重占常住人口的67.76%减少到2010年的53.3%；而外区户籍常住长宁的人增加最多，从8.60%增长到19.21%。外省市来沪人员也有一定的增长，从23.16%增长到25.40%。户籍在本区现住港澳台地区或外国的人口也由0.47%增长到2.09%。详见表1。

从外来人口来说，2010年外来人口总数175385人，其中人数最多的前十位省份分别：安徽、江苏、浙江、河南、江西、湖北、山东、

四川、福建、湖南省。见表2.

2. 户籍人口规模的变动

(1) 户籍人口规模从增长到稳定

建国以来长宁区户籍人口历经了高速增长，徘徊回落，然后又高速增长，1993年起，长宁户籍人口的增速减缓、总量基本稳定。虽然由于育龄妇女生育率的下降，从1992年起，长宁区出现了户籍人口自然变动负增长。好在由于迁移增长，弥补了户籍人口自然变动的负增长。进入2000年以来，长宁区户籍人口规模基本保持稳定的态势，61万人左右波动，最高621685人（2004年），最低604874人（2000年）。

表1 长宁区常住人口按户籍来源构成的变化

常住人口分类	2000年		2010年	
	数量(人)	百分比(%)	数量(人)	百分比(%)
户籍在本区常住本区人数（含户口待定）	475846	67.76	368101	53.30
户籍在本区现住港澳台地区或外国人数	3316	0.47	14457	2.09
户籍在外区现住长宁	60425	8.60	132628	19.21
户籍在外省市现住长宁	162652	23.16	175385	25.40
合计	702239	100.0	690571	100.0

数据来源：长宁区第五次、第六次全国人口普查。

表2 长宁区2010年外来常住人口来源地前10位省份

来源地	外来常住人口（人）	比例（%）
总　计	175385	100.00
安徽省	40872	23.30
江苏省	32452	18.50
浙江省	12572	7.17
河南省	10435	5.95
江西省	9273	5.29
湖北省	8362	4.77
山东省	7640	4.36
四川省	6673	3.80
福建省	6590	3.76
湖南省	5141	2.93
其他省市	35375	20.17

数据来源：长宁区第六次全国人口普查。

长宁人口户籍人口增长的停滞和同期上海全市户籍人口仍在持续增长，因此长宁区的户籍人口占全上海的比重正逐渐下降：2000年长宁户籍人口60.49万，上海全市户籍人口1321.63万，长宁区占全市的4.58%；至2010年，长宁户籍人口61.62万，上海全市户籍人口1404.22万，长宁区占全市的比重下降到4.39%。

(2) 户籍人口的增长有赖于人口迁入

从表3可以看出：2001～2010年的10年间，全区户籍人口自然减少了12435人，人口迁入净增共23748人，十年总净增人口11313人。可见人口迁移增长是过去十年间长宁人口增长的主要因素。

(3) 本区户籍人口的流出剧增

从两次普查看，10年来户口在本区、人不住本区的人口数量剧增。2000年“五普”资料显示，长宁区户籍人口外出半年以上人口数：125029人，外出半年以上人口所占比例20.91%，2010年“六普”资料显示，长宁区户籍人口外出半年以上人口数：277814人，外出半年以上人口所占比例44.59%。

3. 外来流动人口规模的变动

(1) 数量增速减缓

20世纪80年代开始，随着改革开放不断

深入，长宁流入人口猛增。常住外来流动人口1982年“三普”时仅11039人，1990年“四普”29256人。20世纪90年代以后，长宁区外来流动人口增长迅速，2000年第五次全国人口普查时常住外来人口达到162652人。1990～2000年的10年间，长宁外来人口平均年增长速度高达18.71%。2000年以后，长宁流动人口的增长速度明显放缓，2010年第六次人口普查显示，全区常住人口中，外省市来沪常住人口为175385人，占总人口25.39%。同“五普”相比，十年共增加了12733人，平均每年增加1273人，年平均增长率仅为0.76%。

表3　2000～2010年长宁区户籍人口的增长　　单位：人

年份	总人口	出生数	死亡数	自然增长	迁移增长	总增长
2000	604874	–	–	–	–	–
2001	606855	2226	3961	−1735	3716	1981
2002	610893	2252	4036	−1784	5822	4038
2003	617114	1767	4283	−2517	8738	6221
2004	621685	2803	3994	−1191	6562	4571
2005	618365	2916	4251	−1335	−1985	−3320
2006	614219	2833	3851	−1018	−3128	−4146
2007	611341	3747	4304	−557	−2319	−2878
2008	613709	3758	4425	−667	3035	2368
2009	613895	3762	4405	−643	829	186
2010	616187	4265	4451	−186	2478	2292
合计	–	30327	41962	−12435	23748	11313

资料来源：长宁区人口和计划生育委员会网站。其中迁移增长数＝总增长数－自然增长数

表4　2010年长宁区户籍人口离开户口登记地时间

项目	户籍人口	
	人数（人）	百分比（%）
总　计	623041	100.00
未填	897	0.14
没有离开户口登记地	339171	54.44
半年以下	5159	0.83
半年至一年	27597	4.43
一年至二年	33108	5.31
二年至三年	35301	5.67
三年至四年	37245	5.98
四年至五年	21330	3.42
五年至六年	16945	2.72
六年以上	106288	17.06

数据来源：长宁区第六次人口普查。

（2）增长速度远低于全市平均水平

“十一五”期间，由于长宁实施了产业、形态、功能同步发展战略，本区常住流动人口数量虽逐年增加，但增长的速度放缓。比较全市同期高速增长的外来人口，长宁的外来流动人口年平均增长率为0.76%，远远低于全市外来人口的年平均增长率9.99%。

4．境外人口在全市最为集中

长宁区是上海市涉外资源最丰富的区域之一，区域内共有23家领事馆和200多栋外交官

邸，占全市领事馆总数的37%。第六次人口普查显示2011年11月1日普查时日居住长宁区的境外人员共42152人。

长宁区境外人口在全市明显比较集中，占全市的20%左右。见表5。虽然按绝对人数浦东45439人排在长宁之前。但是考虑到浦东的总人口是长宁区的7倍、总面积是长宁区32倍，长宁区的依然是全市境外人口最为集聚的区。每平方公里有1101个境外人口、每16个常住人口就有一个是境外人士。

表5　2010年上海市及长宁区境外人口情况

	上海全市(人)	长宁区（人）	长宁区占全市比重（%）
合计	208284	42152	20.24
外籍人员	143156	30908	21.59
香港	19290	3609	18.71
澳门	910	116	12.75
台湾	44928	7519	16.74

数据来源：上海市和长宁区第六次人口普查。

5. 生育水平和生育率

生育是反映人口增长的主要方面，故需要专门对人口生育水平和生育率进行分析。

（1）人口的自然变动——户籍人口长期负增长、常住人口已转正增长

从自然增长来看，新中国成立以来，长宁区的人口发生了历史性的转变，领先于全国完成了人口再生产类型历史性转变，实现了由“高出生率、低死亡率、高自然增长率”，向“低出生率、低死亡率、低自然增长率”的现代人口再生产类型，再向是人口自然负增长的转变。长宁区于1992年步入了户籍人口自然负增长期，自然负增长即为−0.38‰，到2003年负增高达−4.1‰，2009年仍为−1.05‰。进入“十一五”以来，主要是从2007年起，长宁区迎来了第三次生育小高峰，2007～2009年，3年户籍人口已累计出生了1.13万人，年平均出生率为6.13‰。此次出生小高峰的人口出生率和自然增长率与前两次相比已是非常低的水平。其中，常住人口出生率保持在低于7‰的低水平，也呈现较低的自然增长率，户籍人口自然负增长的趋势则得以延续，总体而言，“十一五”以来人口自然变动仍相对平稳（见表6）。

表6　2000～2010年长宁区户籍人口和常住人口自然变动

年份	出生人数（人）		出生率（‰）		自然增长率（‰）	
	常住	户籍	常住	户籍	常住	户籍
2000	–	2670	–	4.39	–	−2.33
2001	–	2226	–	3.69	–	−2.86
2002	–	2252	–	3.70	–	−2.93
2003	2263	1767	3.06	2.88	−2.73	−4.01
2004	3303	2803	4.55	4.53	−0.95	−1.92
2005	3596	2916	5.05	4.70	−0.92	−2.16
2006	3745	2833	5.18	4.60	−0.15	−1.65
2007	4950	3747	6.79	6.11	0.88	−0.91
2008	4881	3758	6.62	6.14	0.62	−1.08
2009	5115	3762	6.96	6.13	0.96	−1.05
2010	5722	4265	7.75	6.93	1.72	−0.31

资料来源：长宁区人口和计划生育委员会

（2）育龄妇女人数和一般生育率有所增长

第六次普查显示全区常住人口的育龄（15～49岁）妇女197522人，占常住人口总数的28.60%。常住育龄妇女中户籍育龄妇女146958人，占74.40%，外来常住育龄妇女79518人，占25.60%。

一般生育率，即一年中每千名育龄妇女所拥有的活产婴儿数，反映育龄妇女总体生育水平。由于受近几年生育小高峰的影响，2010年比2000年，育龄妇女的生育数量明显上升，因此一般生育率也有一定幅度的上升。见表7。

表7　15～49岁育龄妇女数与生育数

年份	常住育龄妇女	常住生育数	一般生育率
2000	206079	3268	15.86‰
2010	197522	3509	17.77‰

数据来源：根据“五普”和“六普”数据计算。

（3）育龄妇女的年龄组生育率和总和生育率保持低水平

根据“五普”和“六普”，我们分别得到15～49岁分5岁组的生育率情况，见表8。

表8　长宁区常住育龄妇女分年龄组生育率

年龄组（岁）	2000年			2010年		
	妇女人数	生育数	生育率(‰)	妇女人数	生育数	生育率(‰)
15～19	3030	0	0.00	1222	0	0.00
20～24	2635	78	29.60	3788	44	11.62
25～29	2315	131	56.59	4179	202	48.34
30～34	2092	65	31.06	2804	132	47.08
35～39	2882	13	4.51	2259	36	15.94
40～44	3979	9	2.26	2146	4	1.86
45～49	3112	0	0.00	2568	6	2.34

数据来源：长宁区第五、第六次人口普查长表数据。

从上述数据可以计算得出：长宁区的总和生育率：“五普”0.620，“六普”0.636。

生育峰值年龄为25～29岁组，但2010年明显比2000年有往后推迟的趋势，并且高龄组育龄妇女的生育率有所上升。

二、人口构成的变化

1．人口年龄结构和性别结构

人口的年龄和性别结构是人口变动（即出生、死亡、迁移）过程形成的结果，反之也会影响人口变动趋势。当前，长宁区人口老龄化加速、流动人口出生性别比偏高备受社会各界的关注。

（1）人口的性别结构——出生人口性别比

表9　长宁区2010年人口性别比

	男性人口(人)		女性人口(人)		性别比（以女性为100）	
	常住人口	户籍人口	常住人口	户籍人口	常住人口	户籍人口
总人口	334570	313073	356001	309968	93.98	101
出生人口	1885	2085	1624	1816	116	115
20～29岁	72583	63287	83356	59523	87.08	106.32
≥65岁	47718	44913	55099	52641	86.60	85.32

数据来源：长宁区第六次人口普查。

偏高、婚育人口性别比偏低

总人口性别结构，出生人口性别结构，婚育期性别结构，老年人口性别结构等是反映人口性别结构的常用指标，其中出生人口性别结构在我国尤为受到关注。

根据表9我们看出：长宁常住人口的总性别比93.98，女人多于男人，但是户籍人口相反，总性别比101，男多于女。

从出生人口的性别比看，无论常住人口还是户籍人口，均明显偏高，达到116和115。

从婚育人口（20～29岁）的性别比看，常住人口87.08，明显女多于男，户籍人口106.32男多于女。

65岁老年人口无论常住人口还是户籍人口明显女多于男，性别比为86.60和85.32。

（2）主要年龄组构成的变化——老少比急剧上升

从历次人口普查看长宁人口的年龄结构变化特征（表10），年龄构成的变化主要特征是：一是少年儿童人口的大幅度减少，0～14周岁人口，1982年和1999年分别达到13.59%和16.81%，2000年减少到11.19%，2010年减少到6.94%。二是老年人口比重的上升，65岁以上人口占总人口的比重从1982年的7.39%上升到2000年的12.74%和2010年的14.13%。从2000年开始，老年人口已经超过了少年儿童人口，使得老少比指标超过了100%，到2010年更达到了203.6%。

表10 长宁区历次人口普查主要年龄组构成的变化

年份	普查	0～14岁	15～64岁	65岁以上	老少比	年龄中位数
1982	三普	13.59%	79.02%	7.39%	54.41%	30.45岁
1990	四普	16.81%	74.02%	9.17%	54.54%	34.38岁
2000	五普	11.19%	76.07%	12.74%	113.85%	38.57岁
2010	六普	6.94%	78.93%	14.13%	203.6%	42.00岁

数据来源：长宁区历次人口普查长表数据。

虽然长宁人口的老龄化程度在提升，人口的年龄中位数从1982年的30.45岁开始一路上升，到2010年已经提高到42岁，但由于少年儿童人口剧减，常住人口的劳动年龄人口15～64岁的比重，保持在相当高的水准，近20年来还保持着增长的态势。15～64岁年龄人口从1990年的低谷74.02%，上升到了2000年的76.07%、2010年的78.93%。劳动年龄人口比重处于高位，说明近阶段长宁人口老龄化还不至于给社会发展带来很大的障碍。

（3）人口年龄结构金字塔图——户籍和常住人口呈现驼峰结构

从“六普”常住人口年龄结构看，驼峰结构非常明显，也就是说年龄结构有两个大小峰段，分别是25～29岁年龄组，和50～54岁年龄组。25～29岁年龄组人口共82829人，占总人口11.99%，是所有5岁组人口的最高峰组。50～54岁是第二个人口年龄的高峰组，共67445人，占总人口的9.77%。相间两个高峰年龄组，长宁人口年龄结构有三个低谷段，分别是40～44岁组和5～9岁组，其中40～44岁组人口43240人，占总人口的6.26 %，5～9岁组人口14546人，占总人口的2.11%。

户籍人口的年龄结构和常住人口类似，只是两个峰值和两个低谷年龄段更为突出和明显，25～29岁年龄组人口共76172人，占总人口12.23%，;50～54岁是第二个人口年龄的高峰组，共71344人，占总人口的11.45%。此外，户籍人口高年龄段人口占总人口比重都较常住人口同比高，显示户籍人口较常住人口更为老化。

从外来常住人口看，人口年龄结构和户籍人口相比就有很大的不同，明显是单峰结构，集中在青壮年劳动力年龄，20～44岁青壮年人口共126533人，占外来常住人口72.15%。值得一提的是外来常住的人口峰值年龄组25～29岁，和户籍人口的峰值年龄组完全一致。说明长宁区的发展对年轻人的吸引力很大。

（4）户籍人口老龄化加剧中需要关注老年家庭

上海作为最早进入老龄化的城市，逐渐面临着人口老龄化和高龄化的双重挑战，长宁区作为上海的中心城区，人口老龄化问题更加严重。2000年，长宁区60岁及以上户籍人口占户籍总人口的比重达到19.74%，80岁及以上户籍人口占60岁及以上户籍人口的比重达到11.69%，2010年二者的比重分别较2000年提高了大约3.31个百分点和7.9个百分点。

人口老龄化进程中，我们尤其需要关心老年家庭的情况，从表11我们可以看出，户籍人口中近一半家庭都有老年人。其中最值得关注的单身老人户、只有一对老夫妇的户、一个老年人与未成年的户、一对老夫妇与未成年的户分别占全部家庭户的4.36%、4.59%、4.47%、4.63%。

表11　长宁区2010年有60岁及以上老年人口的家庭户户数

项目	户籍人口		常住人口	
	户数(户)	比例(%)	户数(户)	比例(%)
总　计	201578	100.00	266004	100.00
无60岁及以上老人	104998	52.09	169563	63.74
单身老人户	8786	4.36	7121	2.68
只有一对老夫妇的户	9250	4.59	11763	4.42
一个老年人与未成年的户	9016	4.47	9167	3.45
一对老夫妇与未成年的户	9337	4.63	9773	3.67
其他有老年人的家庭	60191	29.86	58617	22.04

数据来源：长宁区第六次人口普查。

(5) 学龄人口变动——婴幼儿人口增长明显、其余大幅度减少

“六普”与“五普”对比，各学龄段人口也有较大的变化。为便于研究，我们把0～3岁作为早期启蒙人口，4～6岁作为幼儿园学龄人口，7～11岁作为小学学龄人口，12～15岁作为初中学龄人口，16～18岁作为高中学龄人口。各年龄段的人口变化见表12。

表12　长宁区各年龄段的人口的变化

分组	年龄段(岁)	2000年		2010年		人数增减(人)
		人口数(人)	占总比重(%)	人口数(人)	占总比重(%)	
0～3早教期	0～3	13440	1.91	14944	2.16	1504
幼儿园学龄	4～6	10998	1.57	9276	1.34	−1722
小学学龄	7～11	28625	4.08	14457	2.09	−14168
初中学龄	12～15	34163	4.86	12472	1.81	−21691
高中学龄	16～18	36723	5.23	15805	2.29	−20918
合计	0～18	123949	17.65	66594	9.70	−57355

数据来源：长宁区第六次人口普查。

从表12可以看出，10年间，除了0～3岁早教人口，从幼儿园到小学、到高中的各学龄段人口均呈现下降态势，越是高年级的学龄段，人口下降越多，高中人口占总人口的比重从2000年的5.23%直降到2010年的2.29%，跌幅一半以上。各学龄段人口合计从2000年的123949人，下降到2010年的66594人，下降了46.3%。

在各学龄段中，唯一例外的是0～3岁早期教育的人口，从2000年的13440人增长到2010年的14944人，从占总人口的比重1.91%增长到占总人口的2.16%。

2. 人口文化素质有了长足的提高

根据第五次、第六次人口普查，长宁区的人口文化程度有了长足的提高。全区常住人口中，具有大学（指大专以上）程度的257294人；

具有高中（含中专）程度的182446人；具有初中程度的161954人；具有小学程度的55127人(以上各种受教育程度的人包括各类学校的毕业生、肄业生和在校生)。

同2000年第五次全国人口普查相比，每10万人中具有大学程度的由19214人上升为37258人;具有高中程度的由29423人下降为26420人;具有初中程度的由31773人下降为23452人；具有小学程度的由12520人下降为7983人。

从文盲人口，2010年文盲人口（15岁及以上不识字的人）为10810人，同2000年第五次全国人口普查相比，文盲人口减少11421人，文盲率（15岁及以上不识字的人占15岁及以上人口的比重)由3.17%下降为1.57%,下降了1.6个百分点。

从高学历人口看，根据第六次人口普查，长宁区每10万人中大学及以上的人口有37163人，仅略低于徐汇区的37282人，大大高于上海全市21892人的平均水平，也明显高于9个中心城区的平均水平。见表13。

表13 上海市中心城区每10万人中的各种文化程度人口 单位：人

	小学	初中	高中	大学及以上
全市	13561	36519	20953	21892
黄浦	10186	34521	27842	22531
卢湾	8746	27404	27806	31751
徐汇	8560	24378	25040	37282
长宁	8002	23505	26411	37163
静安	8155	25011	27492	35193
普陀	9112	29197	27103	29422
闸北	8979	31326	28420	26237
虹口	8815	27888	27722	30758
杨浦	8223	29201	26159	31750

数据来源：上海市第六次人口普查。

3. 人口分布

长宁区现辖华阳路、江苏路、新华路、周家桥、天山路、仙霞新村、虹桥、程家桥、北新泾9个街道及新泾镇，区域面积37.19平方公里；区域面积扩大的同时，长宁的人口经过集聚、稳定，目前人口分布态势已经基本稳定。

(1) 人口密度随距离市中心的远近和区域功能的不同，东密西疏。

由于距离市中心的距离和区域功能不同，长宁区东西部人口密度差异显著，如果将长宁区分成东、中、西三个区域来看，东密西疏的特征非常明显。

如表14所示，东片区域：华阳、江苏、新华街道。全部在上海内环高架之内，面积5.75平方公里；2010年常住人口约19.78万，人口密度排名第一，为34407人/平方公里。 中片区域:周桥、天山、仙霞、虹桥街道，为紧贴内环、中环之内的传统居住区。面积10.15平方公里；常住人口约27.46万，人口密度居中，为27054人/平方公里。西片区域：程桥、北新泾、新泾镇，有虹桥机场、上海动物园、虹桥临空经济园区，居住功能弱，面积21.29平方公里；常住人口约21.81万，人口密度最低，为10246人/平方公里。

(2) 局部街道人口过于密集的状态有了很大的改善

随着长宁区域范围内城市建设的全面发展，积极建设新区，逐步改造旧区，特别是近年来区委区政府提出“宜居城区”的目标后，长宁区传统的人口高密集街道10年来人口密度有了极大的改善。如表15所示，2000年人口密度最高的是天山街道45304人/平方公里，2010年虽然仍然是全区密度最高，但已经下降到了38616人/平方公里，下降了14.76%。人口密度次高的华阳路街道也从40286人/平方公里，下降到了35478人/平方公里。

表 14　长宁区分区域人口分布变化状况

项目	面积（平方公里）	2000年		2010年		每平方公里增加人数
		常住人口（人）	人口密度（人/平方公里）	常住人口（人）	人口密度（人/平方公里）	
东片区域小计	5.75	201232	34997	197843	34407	−589
华阳路街道	2.05	82587	40286	72730	35478	−4808
江苏路街道	1.50	53498	35665	51883	34589	−1077
新华路街道	2.20	65147	29612	73230	33286	3674
中片区域小计	10.15	293889	28955	274600	27054	−1900
周家桥街道	1.92	53370	27797	56628	29494	1697
天山路街道	1.91	86530	45304	73757	38616	−6687
仙霞新村街道	2.27	86829	38251	84664	37297	−954
虹桥街道	4.05	67160	16583	59551	14704	−1879
西片区域小计	21.29	207118	9728	218128	10246	517
程家桥街道	7.79	24809	3185	24487	3143	−41
北新泾街道	1.41	52817	37459	46865	33238	−4221
新泾镇	12.09	129492	10711	146776	12140	1430
全区合计	37.19	702239	18882	690571	18569	−314

数据来源：人口数按长宁区第五、第六次人口普查；面积数按长宁区统计局。

表 15　长宁区 2010 年外来人口和常住人口的区域分布

项目	面积（平方公里）	常住人口（人）	外来常住人口（人）	外来人口占常住人口（%）	每平方公里的外来人口数
东片区域小计	5.75	197843	48817	24.67	8490
华阳路街道	2.05	72730	19095	26.25	9315
江苏路街道	1.50	51883	12136	23.39	8091
新华路街道	2.20	73230	17586	24.01	7994
中片区域小计	10.15	274600	72763	26.50	7169
周家桥街道	1.92	56628	11319	19.99	5895
天山路街道	1.91	73757	20900	28.34	10942
仙霞新村街道	2.27	84664	23566	27.83	10381
虹桥街道	4.05	59551	16978	28.51	4192
西片区域小计	21.29	218128	53805	24.67	2527
程家桥街道	7.79	24487	8919	36.42	1145
北新泾街道	1.41	46865	10051	21.45	7128
新泾镇	12.09	146776	34835	23.73	2881
全区合计	37.19	690571	175385	25.40	4716

数据来源：人口数按长宁区第五、第六次人口普查；面积数按长宁区统计局。

（3）各街镇外来人口和常住人口的比例相对比较均匀

首先从外来人口占各街镇总人口的比重看，全区平均 25.40%，最高的是程家桥街道 36.42%，最低是周家桥街道的 19.99%。总体看，长宁各街道和常住人口的比例基本较均匀。从单位面积分布的外来人口数量看，天山路街道和仙霞新村街道都超过 1 万。

4. 在业人口的行业与职业构成

（1）在业人口的行业构成繁多，以批发和

零售业最多。

根据第六次人口普查中的10%长表抽样调查，长宁在业人口32386人中，按所在的行业分，涉及20个行业大类，批发和零售业独占鳌头，占全部在业人口的19.06%。在业人口排位前十位行业的见表16。

表16　长宁区2010年在业人口按数量排序前十位行业

排序	行业	在业人口（人）	构成（%）	大专以上就业人数（人）	大专以上就业人数比重（%）
1	批发和零售业	6173	19.06	2812	45.55
2	制造业	4603	14.21	2741	59.55
3	住宿和餐饮业	2620	8.09	448	17.10
4	租赁和商务服务业	2543	7.85	1804	70.94
5	交通运输、仓储和邮政业	2466	7.61	1198	48.58
6	房地产业	1861	5.75	744	39.98
7	居民服务和其他服务业	1820	5.62	176	9.67
8	信息传输、计算机服务和软件业	1427	4.41	1251	87.67
9	金融业	1393	4.30	1211	86.93
10	建筑业	1350	4.17	484	35.85
其他行业		6130	18.93	4099	66.87
总　计		32386	100.00	16968	52.39

数据来源：长宁区人口普查长表汇总数据。

（2）在业人口的职业构成

根据第六次人口普查中的10%长表抽样调查，长宁在业人口32386人中，按从事的职业分，如表17所示，7个大类中，商业、服务业人员最多，占总数超过1/3强（34.85%），其次是专业技术人员，占25.21%。

表17　长宁区2010年在业人口的职业构成

项　目	就业人口（人）	比重（%）	大专以上人数(人)	大专以上学历比重(%)
国家机关、党群组织、企业、事业单位负责人	4100	12.66	2878	70.20
专业技术人员	8165	25.21	6860	84.02
办事人员和有关人员	5537	17.10	3295	59.51
商业、服务业人员	11288	34.85	3302	29.25
农、林、牧、渔、水利业生产人员	58	0.18	7	12.07
生产、运输设备操作人员及有关人员	3228	9.97	623	19.30
不便分类的其他从业人员	10	0.03	3	30.00
总　计	32386	100.00	16968	52.39

数据来源：长宁区人口普查长表汇总数据。

（3）在业人口的文化程度较高

从“六普”10%抽样调查资料看，长宁区的在业人口的文化程度是比较高的，全部在业人口32386人，有大专及以上文化程度的16968人，占52.39%。从行业看，信息传输、计算机服务和软件业、金融业、教育卫生大专及以上文化程度都达到了80%以上的水准。从职业来看；从职业看，专业技术人员、国家机关、党群组织、企业、事业单位负责人都是学历明显高于其他职业。

（4）适龄未工作人口比重较高

从“六普”10%抽样调查资料看，全区就业人口32386人，从工作活力最强的25～49岁年龄组看，就业人口22086人，未工作人口的比重较高，合计占16.45%，其中45～49岁年龄组的不工作人口达到了26.45%，超过1/4。

从未工作人口的原因看，因本人原因失去工作的人最多，达到38.02%，其次为料理家务，达到27.66%。

宝山区“六普”人口数据分析

宝山区人口和计划生育委员会

《宝山区“六普”人口数据分析》总报告共分为四个部分：宝山区人口状况分析、宝山区人口发展趋势预测、宝山区人口与社会经济协调发展的问题分析、促进宝山区人口与社会经济协调发展的对策建议。为便于阅读，对宝山区“六普”数据主要分析结果及基本观点加以概括，形成报告摘要如下：

一、宝山区人口状况分析

（一）宝山区常住人口状况分析

1. 常住人口增长较快，增长速度高于全市水平

根据第六次人口普查数据，宝山区常住人口为1904886人，与第五次全国人口普查相比，十年共增加了743463人，增长64.01%，年平均增长率为5.07%。可以看出，近年来宝山区常住人口增长较快，其增长速度高于全市水平。

2. 常住人口地区分布不均衡，人口密度大致呈由南到北递减的趋势

宝山区常住人口密度大体上呈由南向北递减的趋势，地区分布不均衡，街镇间常住人口密度差异最高达26倍多。宝山区南部地区人口比较稠密，其中张庙街道人口最为密集，常住人口密度高达33195人／平方公里；北部地区常住人口密度相对较小，其中罗泾镇、罗店镇、月浦镇等地区，常住人口密度都少于3000人／平方公里。

3. 常住人口中男性人口所占比例较大，主要受外来常住人口高性别比的影响

第六次全国人口普查数据显示，宝山区常住人口中男性人口占53.35%，女性人口占46.65%，男性人口比重比女性人口高6.7个百分点。外来常住人口中较高比例的男性人口加大了宝山区常住人口中男性的比例。

4. 常住人口类型已为老年型，总抚养比下降

宝山区常住人口中0～14岁人口的比重为8.88%；15～64岁的人口的比重为82.62%；65岁及以上的人口的比重为8.50%；老少比（65岁及以上／0～14岁）为95.72%，年龄中位数为37.86。根据静态人口划分标准可以得出，宝山区常住人口已完全进入老年型。

5. 常住人口中婚龄人口男性高于女性，婚姻状况以有配偶为主

2010年宝山婚龄人口中男性占53.32%，女性占46.68%，男性婚龄人口比重高于女性6.64个百分点。按普查中10%人口的调查资料显示，宝山区常住人口的婚姻状况以有配偶人口为主，占75.70%。

6. 常住人口受教育程度以初中为主，高学历人口比重明显上升

宝山区6岁及以上常住人口的受教育程度以初中为主。在6岁及以上常住人口中，大专及以上文化程度的人口占19.9%；高中文化程度人口占22.2%；初中、小学文化程度及未上过学的人口分别占43.1%、12.5%、2.3%。与“五普"相比，宝山区高学历人口所占比重明显上升。

7. 在业人口逐步向第三产业转移，各行业之间文化程度差异突出

宝山区在业人口的行业结构发生了变化。第一产业从业人员所占比重比"五普"时下降3.0个百分点，第二产业下降14.9个百分点，第三产业上升17.9个百分点。宝山区在业人口文化素质普遍提高，但各行业在业人口文化程度差异较大。第一产业在业人口文化程度以小学和初中为主，初中及以下人口所占比例达到86.8%；第二、三产业在业人口文化程度大多数为初中和高中。不同行业在业人口文化程度也有明显差异。

8. 商业、服务业人员比重提高，生产及运输设备操作人员比重下降

宝山区在业人口中大多数从事生产运输设备操作和商业服务业，尽管生产运输设备操作人员占全部在业人口的36.2%，但所占比重比"五普"时下降了10.8个百分点；商业服务人员和专业技术人员所占比重上升较快，分别提高了7.3和3.8个百分点。

（二）宝山区户籍人口状况分析

1. 户籍人口增长缓慢，地区分布不均衡

第六次全国人口普查数据显示，宝山区常住人口中的本区户籍人口84.41万人，比十年前增加了14.8万人，增长21.26%，相对于常住人口来说，户籍人口的增长速度十分缓慢。从户籍人口的分布来看，街镇间户籍人口的密度差异较大，总体上看，宝山区户籍人口密度大致呈由南到北逐渐递减的趋势。

2. 户籍人口老龄化严重，劳动年龄人口存在老化问题

户籍人口中0～14岁人口占总人口的8.92%；15～64岁人口占总人口的76.47%；65岁及以上的人口占总人口的14.60%，可以看出，宝山区户籍人口的老龄化问题已相当严重。45～65岁人口堆积较为严重，这说明户籍人口中劳动年龄人口老化较为严重，下一个人口老龄化高潮即将到来。

（三）外来流动人口状况分析

1. 外来流动人口增长迅速，且各街道间分布不均衡

从总体规模来看，宝山区外来流动人口增长迅速，外来流动人口数量"五普"时为36.45万人，"六普"时增加到80.09万人，十年间增加了43.64万人，增幅达到119.73%，与常住人口、户籍人口相比增长十分迅速。从外来流动人口密度的地区分布来看，大致呈由南到北逐渐降低的趋势。

2. 外来流动人口以劳动年龄人口为主，劳动适龄人口比重上升

"六普"数据显示：外来流动人口中，0～14岁的少年儿童占外来流动人口的8.9%，比"五普"时下降5.1个百分点；15～64岁人口占89.6%，比"五普"时上升5.0个百分点；65岁及以上的老年人口占1.5%，比"五普"时上升0.1个百分点。劳动适龄人口占外来流动人口的比重为86.5%，比"五普"时提高4.3个百分点。

3. 外来流动人口来源地广泛且相对集中，主要来源于临近省份

宝山区外来流动人口的来源地相对集中，超过五万人的有安徽（20.52万）、江苏（17.03万）、河南（8.23万）、四川（7.40万），四省占总的外来流动人口的比重为66.4%。来自安徽的外来流动人口最多，超过宝山区外来流动人口总数的1/4；其次是江苏，约占宝山区外来流动人口总量的1/5。

4. 外来流动人口的婚姻状况以有配偶为主，存在较严重的违法生育现象

在15岁及以上的外来流动人口中，有配偶人口的比重为77.5%，未婚人口所占的比重为20.9%，尤其是15～29岁年龄段未婚人口占未婚人口的92.6%，这与外来流动人口中年轻人比重较高有关。在外来流动人口育龄妇女中，生育一胎的占42.0%；生育二胎的占26.0%；生育三胎及以上的比重为5.5%，比全区平均高2.9个百分点。同时，外来流动人口育龄妇女早婚、早育问题比较突出

5. 外来流动人口的迁入主要是基于经济目的，且有长期化居住的趋势

从外来流动人口离开户口登记地的原因分

析，有 76.0% 的外来流动人口从事经济活动，即从事某一职业，可以看出，宝山区外来流动人口迁入流入地主要是出于经济目的；有 7.8% 是随迁家属，在外来流动人口离开户口登记地的原因中位居第二位，这说明外来人口的迁移日益呈现出家庭化趋势。从离开户口登记地时间来看，28.89% 的外来流动人口离开户口登记地达到六年以上，所占比重最大，由此可以看出，宝山区外来流动人口有在流入地长期居住的趋势。

6. 外来流动人口中高学历人口比重上升，主要从事经济活动

在 6 岁及以上外来流动人口中，有各种文化程度的人口为 75.08 万人，其中：大专及以上文化程度人口占 10.5%，比 2000 年提高 8.2 个百分点；高中（含中专）文化程度人口占 14.0%，比 2000 年提高 3.9 个百分点；初中文化程度人口占 59.5%，比 2000 年提高 3.9 个百分点；小学文化程度人口占 14.4%，比 2000 年下降 12 个百分点。在从事经济活动的人口中，外来流动人口的行业主要分布在工业、批发零售业、储运邮政业、服务业、建筑业；从职业分布来看，生产、运输设备操作人员，商业服务业人员占的比重最高。

（四）少数民族人口状况分析

1. 少数民族人口数增长较快，分布较为集中

全区少数民族人口数为 17515 人，比“五普”增加 9905 人。少数民族人口主要分布在大场镇、顾村镇、杨行镇，分别占 22.82%、11.13%、10.36%，3 街镇共占 44.31%。

2. 少数民族民族类别较多，回族、满族、土家族人口数最多

根据第六次人口普查数据显示，宝山区共有 49 个少数民族，其中人数超过 1000 人的少数民族有回族、苗族、满族、土家族，4 个少数民族占了全区少数民族数量的 68.93%，其中，回族人口数最多，占宝山区少数民族数的 34.36%。

3. 少数民族人口中男性人口略多，户口性质以非农业为主

宝山区少数民族人口中男性人口占 51.61%，女性人口占 48.39%，男性人口比女性人口多 3.22 个百分点。从户口性质来看，宝山区少数民族人口中 59.1% 为非农业户口，40.9% 为农业户口。

4. 少数民族人口中少年儿童所占比例较高，老年人口所占比例较少

普查资料显示，宝山区少数民族人口中，0 ~ 14 岁人口占总人口的 12.14%；15 ~ 64 岁人口占总人口的 83.55%；65 岁及以上人口占总人口的 4.32%。可以看出，宝山区少数民族人口结构相对较年轻。

5. 少数民族人口中高学历人口所占比重高，主要从事制造业

宝山区 6 岁及以上少数民族人口受教育程度以初中为主，占 34.91%，大专及以上受教育程度的人口占 26.42%，高于常住人口 19.9% 的水平。宝山区少数民族人口在流入地所从事的行业主要为制造业、批发和零售业、交通运输仓储和邮政业，三者所占比重达到 57.22%。少数民族人口主要从事的职业为生产、运输设备操作人员及有关人员，占 34.98%，其次为商业、服务业人员，占 32.46%，两者共占了 67.44%。

（五）境外人口状况分析

1. 境外人员人口较多，主要集中在大场镇

第六次全国人口普查数据显示，宝山区实有境外人员 1826 人，其中港澳台地区人员 646 人，外籍人员 1180 人。大场镇境外人员最多，为 1124 人，占境外人员总量的 61.56%。

2. 港澳台地区人员来大陆目的主要是为了定居和商务，外籍人员主要是学习

宝山区港澳台地区人员来大陆目的主要是定居，所占比例最大，为 26.16%，其次是商务、学习、探亲、就业，分别占 20.28%、19.35%、13.47%、11.76%。外籍人员来华目的主要是学习，占到外籍人员的一半以上，为 54.83%，其次为商务、定居、就业、探亲，分别占 12.63%、10.42%、8.39%、8.05%。

3. 港澳台地区人员居住 5 年以上的人员较多，而外籍人员 3 个月以下较多

从居住时间来看，宝山区 30.80% 的港澳台地区人员已在大陆居住5年以上，所占比重最大，其次为2～5年，占23.37%，根据普查资料统计，26.16%的港澳台地区人员来大陆的目的是定居，因此可以看出，港澳台地区人员在大陆具有长期居住的趋势。外籍人员在华居住时间以3个月以下为主，占30.25%。

4. 境外人员受教育程度较高，行业分布相对集中在制造业、批发零售业及信息传输、计算机服务和软件业

境外人员的受教育程度主要是大学本科，占了50.77%，其次为研究生及以上学历，占13.47%，两者共占64.24%，可以看出境外人员以高学历人员为主。港澳台地区人员受教育程度为大学本科及以上的占40.86%，外籍人员大学本科及以上占77.03%，可以看出外籍人员与港澳台地区人员相比，高学历人员所占比例较高。

（六）“人户分离”人口状况分析

1. “人在户不在”状况分析

此处宝山区“人在户不在”人口是指：人居住在宝山区，但户口登记地为上海其他区县。根据普查数据统计，宝山区“人在户不在”人口共有291307人，其中大场镇为上海其他区县户籍人口的最大迁入地，占宝山区“人在户不在”人口的28.41%。从“人户分离”的来源地来看，宝山区“人户分离”人口主要来自崇明县、闸北区、虹口区、杨浦区、普陀区，分别占20.97%、19.80%、14.92%、10.03%、9.61%，五区县共占75.33%，并且这五个区县都是与宝山区相邻接的区县，这表明，宝山区“人在户不在”人口的迁移距离较短，并且多来自上海市的中心城区。

2. “户在人不在”状况分析

此处宝山区“户在人不在”人口是指：户口登记地在宝山区，但居住在上海其他区县（此处仅统计的是离开宝山区半年以下的人口）。宝山区户籍人口的迁出人数呈由南到北递减的趋势。宝山区“户在人不在”人口（离开宝山区半年以下）的主要迁入地为闸北区、杨浦区、浦东新区、普陀区、虹口区、崇明县，分别占“户在人不在”人口的17.84%、15.86%、13.42%、11.26%、11.26%、6.22%，6区县共占75.86%，这6区县都与宝山区相邻，说明离开宝山区半年以下的“户在人不在”人口主要是迁入邻接区县，迁移距离较短。

3. 街镇间的“人户分离”状况分析

宝山区街镇间的“人户分离”人口是指：宝山区内户籍人口的户口登记地和居住地在宝山区内不同的街镇。

从宝山区“人户分离”人员离开户口登记地的原因来看，街镇间“人户分离”、“人在户不在”人员离开户口登记地的最主要原因是拆迁搬家，分别占总人数的32.74%、28.38%；“户在人不在”人员统计的是离开户口登记地半年以下的人员，主要原因为投亲靠友、拆迁搬家和寄挂户口，分别占总人数的19.28%、14.95%、13.51%。

从宝山区“人户分离”的年龄段人口数来看，“人在户不在”、“户在人不在”、街镇间“人户分离”人员中25～59岁各年龄段人口所占比重较大，尤其是25～34岁之间；0～14岁少年儿童、65岁及以上老年人口在3种“人户分离”类型中也占有一定比例，这是因为在宝山区“人户分离”的原因中拆迁搬家、投亲靠友、随迁家属占有很大比例。

从受教育程度来看，宝山区3种“人户分离”类型（“人在户不在”、“户在人不在”、街镇间“人户分离”）人口都主要以初高中文化程度为主，分别占到各类型“人户分离”人口的55.55%、50%、52.12%。从大专及以上文化受教育程度来看，“人在户不在”、“户在人不在”、街镇间“人户分离”人口分别占32.6%、29.28%、31.67%。

（七）老年人口状况分析

1. 人口老化程度较高，但各街道人口老龄化程度不同

宝山区常住人口中60岁及以上的老年人口占总人口的13.32%，80岁及以上的高龄老人占总人口的2.09%；户籍人口中60岁及以上的老年人口占总人口的22.50%，80岁及以上的高龄老人占总人口的3.80%。可以看出无论从户籍人口还是常住人口来看宝山区已进入老龄化社会，而户籍人口老化程度更高。宝山区各街道的人口老化程度是不同的。就常住人口中60岁及以上老年人口所占的比重来看，杨行镇、宝山城市工业园区都小于10%，友谊路街道、吴淞街道、张庙街道、高境镇、淞南镇都高于15%。就常住人口中80岁及以上的高龄老人所占的比重来看，吴淞街道、张庙街道、淞南镇的常住人口中高龄老人所占比重较高，都超过3%，分别为3.20%、3.70%、3.14%。

2. 老年人口与户主的关系多为户主、配偶，即老年人口多拥有自己的住房

常住人口中60岁及以上老年人口与户主的关系主要为户主、配偶、父母，分别占总人口的47.87%、27.08%、17.33%，户籍人口中60岁及以上的老年人口与户主的关系也主要是户主（53.69%）、配偶（25.99%）、父母（14.25%）这三种关系。这表明宝山区老年人口多拥有自己的住房，与其子女同住者也占有较大比例。

3. 老年人口受教育程度以小学和初中为主

宝山区60岁及以上老年人口的受教育程度从常住人口和户籍人口来看，都主要是以小学和初中为主，高学历人口所占比例较小。常住人口中60岁及以上小学和初中文化程度的老年人口占61.24%，户籍人口中60岁及以上小学和初中文化程度的老年人口占63.05%。

4. 老年人口以离退休养老金为主要生活来源

常住人口60岁及以上老年人口中，87.90%以离退休金养老金为主要生活来源；户籍人口60岁及以上老年人口中，91.97%以离退休金养老金为主要生活来源。可以看出，与常住人口相比，户籍人口中60岁及以上老年人口的主要生活来源更多依赖于离退休金养老金。从80岁及以上高龄老人的主要生活来源看，常住人口、户籍人口也都是以离退休金养老金为主，但相对于60岁及以上的老年人口依赖于家庭其他成员供养的比例上升。

5. 老年人口婚姻状况以有配偶为主，高龄老人中丧偶者所占比重较大

宝山区常住人口中60岁及以上的老年人口的婚姻状况以有配偶为主，占77.22%，其次为丧偶，占20.47%；户籍人口中60岁及以上的老年人口也是以有配偶为主，占了76.13%，其次为丧偶，占21.24%。80岁及以上的高龄老人中丧偶者比重上升，常住人口中56.26%为丧偶，户籍人口中55.64%为丧偶。

6. 老年人口中多数身体状况较好，高龄老人中生活不能自理者所占比重较大

无论是常住人口还是户籍人口，60岁及以上老年人口绝大多数人认为自己健康或基本健康，生活不能自理者所占比重较小。宝山区80岁及以上的高龄老人身体不健康的比重较高。常住人口中31.83%的高龄老人身体不健康，其中生活能自理的占17.99%，不能自理的占13.84%；户籍人口中30.72%的高龄老人身体不健康，其中生活能自理的占20.25%，不能自理的占10.47%。

二、宝山区人口发展趋势预测

根据各种预测方法的特点、适用范围，以及我们问题的实际情况，结合预测的要求，我们利用分要素人口预测法、灰色理论GM（1,1）模型以及Logistic回归模型预测法对宝山区外来常住人口数、户籍人口数和常住人口数进行预测。预测结果如下（见表1、2、3）：

利用灰色理论分别对宝山区2015年、2020年各街道的常住人口数进行预测，结果如下：

从对宝山区2011～2030年外来常住人口、户籍人口和常住人口的三种预测结果来看，未来20年宝山区人口发展呈现出以下新变化和特点：一是，常住人口仍将保持快速增长的态势。将从2010年的190.49万人增至2030年的350万人左右，20年间将增长约150万人；二是，未来20年外来常住人口数将逐渐超过宝山区户籍人口数，继续成为宝山区常住人口数增长的主要来源之一；三是，由于未来宝山区保障性住房等一些建设项目，全区户籍人口将呈增长态势，也将成为未来宝山区人口增长的重心之一；四是，“人户分离”现象将更趋严重，尤其是由上海市其他区县迁来的“人在户不在”人口将有较大幅度增长，据分要素人口预测方法预测，到2020年宝山区“人在户不在”人口将达到45万人左右。

表 1　宝山区分要素人口预测结果　　单位：万人

年份	高方案			中方案			低方案		
	外来常住人口	户籍人口	常住人口	外来常住人口	户籍人口	常住人口	外来常住人口	户籍人口	常住人口
2011	81.11	90.03	199.83	80.81	90.69	198.99	80.51	88.60	195.54
2012	85.61	92.24	208.60	85.11	92.85	206.86	84.62	90.66	201.88
2013	90.11	94.59	217.40	89.52	95.03	214.59	88.93	92.80	208.41
2014	94.61	97.07	226.34	94.03	97.21	222.51	93.46	95.02	215.23
2015	99.11	99.70	235.43	98.66	99.40	230.45	98.22	97.34	222.38
2016	103.61	102.50	244.69	102.13	102.10	238.39	100.66	99.74	227.30
2017	108.11	105.45	254.11	105.63	104.80	246.21	103.15	102.24	232.38
2018	112.61	108.59	263.72	109.16	107.50	254.10	105.72	104.85	237.64
2019	117.11	111.91	273.52	112.72	110.18	261.95	108.34	107.55	243.05
2020	121.61	115.44	283.52	116.32	112.83	269.88	111.03	110.37	248.65
2025	173.84	136.49	333.18	145.11	132.11	329.62	110.77	128.15	319.35
2030	205.91	164.67	357.48	167.61	155.62	340.61	124.71	147.73	332.97

表 2　宝山区灰色理论人口预测、Logistic 回归模型人口预测结果　　单位：万人

年份	灰色理论GM（1,1）模型预测			Logistic回归模型人口预测		
	外来常住人口	户籍人口	常住人口	外来常住人口	户籍人口	常住人口
2011	86.88	89.27	200.51	84.95	89.35	194.24
2012	97.50	90.75	215.37	92.75	90.86	204.10
2013	110.68	92.25	228.04	101.27	92.39	214.40
2014	123.64	93.78	237.95	110.57	93.95	225.26
2015	132.63	95.33	244.90	120.73	95.53	236.67
2016	141.92	96.92	250.51	131.82	97.14	248.65
2017	150.82	98.52	258.33	143.93	98.77	261.24
2018	162.67	100.15	264.93	157.14	100.43	274.46
2019	171.89	101.81	271.29	171.57	102.13	288.36
2020	188.92	103.50	276.83	189.45	103.85	302.96
2025	233.37	118.92	317.39	215.71	114.39	337.23
2030	278.21	131.41	339.83	230.52	123.46	350.41

表 3　宝山区 2015 年、2020 年各街道常住人口数　　单位：人

常住人口	2015年	2020年	常住人口	2015年	2020年
吴淞街道	110243	130128	杨行镇	317052	350290
张庙街道	171623	195589	罗泾镇	82157	110342
友谊街道	168404	197591	顾村镇	323383	386661
罗店镇	132161	156393	高境镇	154947	180607
大场镇	508615	548900	庙行镇	135531	157275
月浦镇	186187	221412	淞南镇	150447	164792
			总计	2440751	2799981

三、宝山区人口与社会经济协调发展的问题分析

（一）人口规模快速扩张对社会管理和社会资源形成了很大压力

主要表现为：(1) 外来流动人口数量快速增长，常住化、家庭化及本地化的趋势明显，加大了流入地社会管理和公共服务资源的压力。首先，外来流动人口由于规模较大，且流动性较强，加大了流入地对其管理的难度。其次，随着外来流动人口的持续增加，其对子女教育、医疗卫生、文化娱乐等方面的需求不断加大。(2) 大规模“人户分离”人员加大了人口管理和基础设施的压力。首先，大规模的“人户分离”人员将会加大宝山区内部各项管理的难度。其次，人户分离现象的加剧将可能造成宝山区人口资源布局规划的失真现象。(3) 少数民族人口及境外人员的较快增长对公共服务提出了新要求。

（二）人口分布重构致使公共服务资源配置不均衡、不协调的矛盾日益突显

主要表现为：(1) 外来流动人口分布的重构加大了与原有公共服务资源配置的矛盾。从2000 ~ 2010年外来流动人口增加的幅度来看，宝山区外来流动人口的空间分布有逐渐向北集中的趋势。然而宝山区北部地区的公共服务资源显得略有不足，尤其是像一些外来流动人口聚集的郊区，公共基础设施尚不完备，公共服务资源也出现短缺现象，并不能满足日益增加人口的需求。(2)“人户分离”人员的集中分布加大了当地公共服务资源的压力。各类“人户分离”人员的集中分布对流入地的社会管理及公共服务提出了相应的要求。

（三）人口结构变化引发社会事业资源供需的结构性矛盾

主要表现为：(1) 大量人口农转非，对社会资源的供给和合理配置提出了新要求；(2) 育龄妇女人数增加，计划生育管理工作任重道远；(3) 外来流动人口中随迁子女规模的增大使流入地教育资源日益趋紧；(4) 宝山区人口年龄结构的老化增加了相应的养老压力。(5) 高素质人才的增加将使本区优质社会资源不足的矛盾进一步突显。

（四）现有人口整体素质与社会经济发展目标不相适应

(1) 宝山区外来流动人口以较低文化素质为主，一方面满足了产业发展对劳动力的需求，另一方面也加大了产业转型升级的压力。

(2) 劳动者的整体素质偏低，高层次创新人才不足，一定程度上制约了产业升级。

(3) 宝山区在业人口文化素质普遍提高，但部分行业在业人口存在文化素质偏低情况。

四、促进宝山区人口与社会经济协调发展的对策建议

（一）控制人口规模，合理调整人口分布

(1) 努力稳定低生育水平，控制人口自然增长。

(2) 加强跨部门间的协作，构建人口综合调控的合作机制。

(3) 推进“以业控人”的步伐，坚持产业结构调整，减缓外来流动人口导入的速度。

(4) 综合应用行政调控手段，充分发挥规划对协调区域人口分布的导向性、科学性、前瞻性的作用。

（二）加大对人口导入区的财政投入，加强基础设施和公共服务建设

(1) 对外来流动人口提供“市民化”服务，将外来流动人口管理服务纳入地方经济社会发展规划，促进外来流动人口融入城市生活。

(2) 加快人口导入区的社区建设。首先，要积极推进社区管理体制改革，实现社区由传统“街道制”向新型“社区制”的转变。其次，要完善功能配套，营造社区氛围。另一方面，加大对少数民族人口和境外人员聚集区的财政投入，尽力为少数民族人口和境外人员提供符合自身生活习惯的环境，尊重差异性，促进其与当地居民的社会融合。

（三）实施以居住地为立足点的属地化管理，着力解决人户分离问题

(1) 建立以居民现住地为管理立足点的属地化管理模式。

①应建立统筹协调管理人户分离的工作机制。

②加大社区基层管理力量的投入和组织建设。

（2）把握人户分离的发展趋势，做好战略规划和相关政策研究。

（四）加大养老资源投入，走家庭养老和社会养老相结合的养老道路

宝山区应根据国家的要求，结合自己的实际，将养老问题纳入到当地的经济和社会发展规划中，坚持以人为本的理念，加快老龄事业系统化、规范化、社会化运作机制建设，全面提升为老服务水平，大力营造“敬老、爱老、助老”的社会氛围。

（1）加大对养老资源的投入。

（2）改善居家养老的环境。

（3）进一步完善社区养老服务体系。

（4）丰富老年人的文体生活。

（五）提高人口素质，优化人才发展环境

宝山区“十二五”规划中提出，贯彻落实国家和上海市中长期人才发展规划纲要，推进人才队伍整体开发，使宝山成为具有相当影响力、集聚力和辐射力的特色产业人才集聚之地、创新创业之地。

（1）大力提高出生人口素质。

（2）充分发挥市场、产业在人力资源的数量和结构配置中的决定性作用，坚持以产业升级优化人口结构。

（3）创造有利于人才落户和发展的环境。加快形成育才、引才、聚才、用才的良好环境。

闵行区推进流动人口基本公共服务均等化研究

闵行区人口和计划生育委员会

本课题研究将流动人口基本公共服务的范围确定为狭义的基本公共服务，并综合考虑上海经济社会发展水平，以及流动人口对公共服务的现实需求，将流动人口基本公共服务确定为五项内容：一是人口计生服务。具体包括计划生育、优生优育、生殖健康、奖励优待、生育关怀等基本人口计生服务。二是教育公共服务。现阶段，基本教育公共服务为义务教育服务（小学、初中）。同时，适当向流动人口子女提供学前教育、中职教育、部分高等教育等教育服务。三是医疗卫生服务。主要包括健康宣教、传染病防治、职业病防治、孕产妇保健、婴幼儿保健、艾滋病免费咨询检测服务等基本公共卫生服务，并适当向流动人口提供基本医疗服务。四是社会保障服务。主要包括城镇职工养老保险、医疗保险、工伤保险在内的基本社会保障服务，失业保险、生育保险相关政策正在研究中。五是就业服务。具体包括公共就业服务、职业技能培训、安全生产知识培训、劳动权益保护等基本就业服务。对于居住服务，可暂不列入基本公共服务的范畴，但要针对产业工人和人才引进提供单位和公共租赁房服务。

一、闵行区流动人口的发展现状

（一）流动人口总量规模不断攀升

根据“六普”数据分析，闵行区人口总量规模呈现快速增长态势。全区常住人口已突破242.9万，与2000年第五次人口普查相比，常住人口共增加121.2万人，增长100%；与2008年相比增加62.4万人，增长34.6%。其中，流动人口成为闵行人口总量增长的主要动力，2010年流动人口为120.37万人，10年增长250%，与2008年相比增加33.23万人，增长38%。

（二）流动人口年龄结构“偏轻”

闵行区流动人口中的劳动年龄段人口比重较高，年龄结构“偏轻”。根据第六次人口普查的数据计算，流动人口中15～59岁的人口比重达到88.86%，其中又以20～45岁年龄段的青壮年为主力(占比73.09 %)，常住人口中的来沪青少年与本地户籍青少年的数量比例高达2.45∶1。在非劳动年龄段的人口中，少年儿童数比老人多，其中14岁以下的少年儿童占流动人口比重为8.26%，而60岁以上的老人的比重仅为2.89%。目前，闵行区60岁以上的户籍人口比重达到21.85%，而大量劳动年龄流动人口的流入有效缓解了闵行区人口老龄化的加速趋势。

（三）流动人口性别比例失衡

闵行区的流动人口中外来男性劳动力比重偏高。截至2010年，闵行区常住人口的性别比为1.08，户籍人口性别比为1.03，基本处于相对平衡状态。但与之相对，区内流动人口的性别比达到1.15，男女结构比例失衡。

（四）流动人口文化程度偏低

闵行区流动人口文化程度整体偏低。根据第六次人口普查的抽样调查数据，闵行区20～59岁劳动年龄阶段的流动人口文化程度主要集中在“初中”及以下学历，共计占比达到66.55%，其中初中学历人群占总流动人口的比重达到54.97%，超过半数；高中及以上学历仅占33.45%，研究生及以上人群不足1%。在技术等级上，没有技术的和初级工占到50%，高级以上的不到15%，还有约40%的农民工没有接受过岗位培训。

（五）流动人口就业领域相对集中

目前，闵行区来沪人员就业领域较为集中，多为制造业和服务业领域中的低层次、低收入、高强度工种。其中，制造加工、商业、建筑、餐饮行业的流动人口占比高达77%，而制造加工业的流动人口占到总人数的52.08%。

（六）流动人口空间分布呈“6+7”格局

闵行区流动人口在空间分布上特色鲜明。根据“六普”统计数据，流动人口主要聚集于梅陇、浦江、七宝、莘庄、华漕、颛桥等六个镇，上述地区集中了区内69.32%的流动人口，而其余七个镇流动人口仅占30.68%。流动人口集中居住地多为闵行制造业和商贸服务发达地区，以及人口导入区。

（七）“农二代”现象开始逐步显现

根据“六普”调查数据，在闵行出生的流动人口占到总量的1.83%，在上海出生的占到2.73%，但绝对数量不小，成为出生、成长在上海的“农二代”。这类人群虽然在户籍上属于农民，但思想观念、生活习惯和行为方式已日趋城市化，因而更加渴望市民身份认同、待遇平等及融入城市。这给闵行区解决流动人口公共服务及管理问题提出了新的考验和挑战。

二、闵行区推进流动人口基本公共服务均等化的主要措施及经验

近年来，闵行区抓住国家流动人口基本公共服务均等化试点机遇，积极探索和推进流动人口基本公共服务均等化各项工作，取得了明显的成效，基本实现了流动人口基本公共服务均等化的制度全覆盖，形成了具有闵行特点的成功模式和做法。

（一）具体措施

1．人口计生服务

作为全国流动人口计划生育基本公共服务均等化试点地区，闵行区改革创新、先试先行，有针对性地采取了一系列举措全面推进流动人口基本公共服务均等化工作，已形成“一盘棋”式服务管理模式，基本实现计划生育基本公共服务均等化。

（1）深化推进计划生育服务。2010年6月，闵行区被确定为第一批市级“国家免费孕前优生健康检查项目”试点区，依托闵行区定点医疗卫生服务机构，免费为流动人口提供国家规定的计划生育基本项目服务；区人口和计划生育宣传服务中心根据流动人口需求，提供免费的孕情环情检查，提供免费技术服务、免费妇科检查、免费计划生育培训等；大力推进流动人口计划生育药具“优得性工程”，健全药具发放点，提供知情选择服务。

（2）全面开展优生优育服务。为流动人口

开展0～3岁早教工作，并将符合政策条件和服务需求的流动人口纳入到出生缺陷一级预防、免费孕前优生健康检查等项目。依托联合卫生局疾病预防控制中心、社区卫生服务中心，开展流动人口0～7岁儿童实行计划免疫。在流动人口用工点、居住点、分娩点开展宣传服务，提倡婚前医学检查和正规医院分娩生产，进一步完善浦江来沪孕产妇分娩定点医院的服务功能。

(3) 加强生殖健康服务供给。加强避孕节育、知情选择、生殖健康、男性健康、预防性病、艾滋病等咨询指导服务，建立健全流动育龄妇女生殖健康管理档案，加强部门配合联动，每年为流动育龄妇女提供免费生殖健康检查。结合“流动人口计划生育关怀关爱活动”、“新农村新家庭计划”、“生育关怀行动”等，面向流动育龄群众，开展生殖健康及家庭保健服务。

(4) 提供系统奖励优待服务。对实行计划生育的流动人口家庭、符合政策条件的流动育龄群众，提供免费孕前优生健康检测、免费建孕卡服务、免费产前检查服务、免费社区早教服务等；对自觉落实长效节育措施的流动育龄夫妻，给予一定的奖励；对晚婚晚育或在现居住地施行计划生育手术的流动人口，保障其享有与户籍人口同等的休假等待遇。

(5) 开展温馨港湾系列服务。以温馨港湾系列服务为载体，通过整合人口计生、卫生、民政、人保、司法、教育、体育、工会、团委、妇联等多部门资源和信息，广泛开展心理解惑、扶贫帮困、技能培训、就业指导、子女教育、法律维权等工作。2011年闵行区被确定为全国创建幸福家庭活动试点地区。

2. 基本教育服务

近年来，闵行区以义务教育为重点，加强统筹规划，不断增加对流动人口随迁子女的教育资源供给，努力提升教育质量，努力保障农民工子女接受较好的义务教育服务。截止2011年2月，闵行区义务教育阶段就读的外来务工人员随迁子女高达5万多人，其中60%在公办学校就读，40%在民办小学就读。总体而言，闵行区为流动人口随迁子女提供的义务教育服务已与户籍人口几乎无差别，基本实现了义务教育服务的均等化。

(1) 加强外来务工人员随迁子女的统筹规划。目前，闵行区将外来务工人员随迁子女教育纳入教育事业整体规划，将以招收外来务工人员随迁子女为主的民办小学纳入到区教育统一管理范畴，并对所有学校进行了抗震等校舍安全工程检测，关闭了30多所简易农民工子女小学。积极贯彻落实《上海市民办中小学校财务会计管理办法〈试行〉》和《上海市民办中小学校会计核算办法〈试行〉》，所有学校的财务均纳入区教育局财务核算中心进行管理，校舍等固定资产通过政府委托的举办者与教育局或镇政府的资产管理中心签约，每年通过审计后免费使用。

(2) 多形式扩大教育资源供给。一方面，闵行区充分挖掘公办学校潜力，通过扩大班额等方式提高外来务工人员随迁子女的就读比例。另一方面，通过开办以招收农民工同住子女为主的民办小学，扩大教育资源供给。目前，闵行区政府委托社会力量，开办了16所非营利性的民办农民工同住子女小学。

(3) 加大义务教育经费投入。2008年以来，区政府将以招收农民工同住子女为主的民办小学的办学经费纳入义务教育经费保障范围，按市、区1：1的比例予以投入，并追加投入50万元／所的开办费，10万元的设备添置费，主要用于这些学校办学成本的补贴以及校舍、设施设备的改造。3年来共投入1.85亿元，16所学校生均建筑面积均达到了市规定的办学标准。同时，通过区、镇两级财政途径，对16所民办农民工同住子女小学予以教育经费的补贴，免除学生学杂费和书簿费。

(4) 着力提升学校办学质量。一是通过规范办学行为，促进学校内涵发展。区教育局出台了保障类、标准类、操作类共3类15项工作制度，通过《区域进城务工人员随迁子女学校教学管理监控及实践研究》课题引领，全方位加强对学校规范办学的过程性管理和指导，落实了3年行动计划中制度创新、育师强校、质量监控等6大工作项目。16所学校均建立了党组织和工会；区政府教育督导室完成对所有学校专项督查。二是加强16所外来务工人员随迁子女小学与公办学校结对，从学校管理、德育、教育教学和教师培训等方面开展合作学习和指导，加强教师实践能力的培养，加快提升学校的办学水平。截至2010年，各校共有30位教师被清华大学及华师大的教育发展基金会评为全国优秀教师。

3．医疗卫生服务

闵行区以公共卫生服务为重点，在预防保健经费按项目拨付和契约化管理的基础上，相继出台了包括结核病免费治疗、流动人口医疗费用减免、流动孕产妇保健系统管理等在内的一系列流动人口公共卫生政策，切实保障了流动人口的健康权。

（1）及时开放村卫生室服务。为提高医疗卫生服务可及性，闵行区自2008年起向流动人口开放所有村卫生室，采取了多项措施吸引流动人口到村卫生室就诊。一是加大流动人口村卫生室就诊政府补贴力度；二是实施流动人口村卫生室就诊挂号费减免、基本药品零差率等优惠政策；三是各社区卫生服务中心通过与辖区人口办合作开展居住人口健康卡发放、村卫生室周围张贴流动人口就医提示牌、发放《告全体来沪人员书》等方式开展流动人口村卫生室就诊宣传工作。截至2010年底，村卫生室共开展流动人口诊疗48490人次，减免流动人口挂号费96980元。

（2）项目化推进结核病防治工作。闵行区从2003年起，将流动人口肺结核防治纳入常规工作，流动人口肺结核患者享受与本市户籍人口享受同等的管理和政府减免优惠政策。2003年本区在上海市率先出台结核病政府减免治疗政策，2005年出台肺结核病住院减免政策，2008年出台疑似肺结核患者免费筛查和流动车免费摄片检查，特别是流动人口结核病控制。2006年，闵行区成功申请到第五轮全球基金流动人口结核病项目，并于同年10月1日起正式实施，为所有流动人口提供额外的6～8月饮食和交通补助，补助费从初期的每月190元／人调整到230元／人，不仅减轻了患者因患病治疗初期停止工作而受到的经济收入影响，而且让患者体会到政府的人文关怀。目前，闵行区的流动人口结核病防治效果初见成效，流动人口的发现率提高，网络报告流动人口肺结核病人转诊追踪总体到位率目前已达到90%以上，登记病人的丢失率由2005年的21.3%降至目前的6.54%。流动人口的新涂阳病人治愈率和成功治疗率分别由项目2005年的74.67%、77.01%提高到目前的88.60%和88.81%。

（3）全面加强孕产妇保健工作。一是健全孕产妇保健三级服务网络，制定《闵行区社区卫生服务团队妇女保健服务工作手册》，规范社区卫生服务团队孕产妇保健管理，利用区卫生信息网络平台，发动村、居委协助发现流动孕产妇，做到早发现、早宣教，为流动孕妇早孕免费检查，建立档案，督促其定期进行产前检查，动员入院分娩，实现孕产妇全覆盖管理，2010年外来孕产妇保健覆盖率达到99.07%，为降低孕产妇死亡率打下扎实基础。二是改善流动人口孕产妇入院分娩条件。针对流动人口收入低、经济条件差的特点，闵行区自流动人口贫困孕产妇特约分娩点设立以来，充分给流动孕产妇让利，使入院分娩费用控制在600～800元左右，保障流动人口孕产妇这一弱势群体享受到优质、低价的卫生保健服务。三是加大对“两非”窝点的打击力度。通过多部门协助配合、发挥合力，保持打非工作高压态势，取缔了区内多处从事“两非”的窝点，对受到2次行政处罚的无证行医者移送司法追究刑事责任，切实保障了流动人口孕产妇及新生儿的身体健康及生命安全，促进公共卫生服务均等化。

4．社会保障服务

根据上海在社会保障方面的总体制度安排，闵行区积极提升流动人口的社会保障水平。“十一五”期间，闵行区基本建立了覆盖全区的社会保障体系，形成了城保、镇保、农保、征地养老和综合保险等各种社会保险并存的社会保障框架，社会保障制度日趋完善。2009年，上海市颁布《关于外来从业人员参加本市城镇职工基本养老保险若干问题的通知》，规定来沪从业人员可以参加本市城镇职工基本养老保险的同时，应参加医疗保险、失业保险、工伤及生育保险，这一重大制度衔接举措大幅提高了流动人口的社会保障水平。在此背景下，目前闵行区基本建立了以社会保险为核心的流动人口社会保障服务体系，大部分流动人员都被纳入到社会保险制度的覆盖范围。伴随着国家《社会保险法》的全面实施，区内流动人口与户籍人口的社会保障服务水平差距将逐步减少。截至2010年，闵行区共有3.1万户用人单位为45.5万名外来务工人员缴纳综合保险。

5. 劳动就业服务

闵行区结合区域流动人口的结构特征和产业发展需求，进一步加强了公共就业服务、职业培训和权益保障等工作，劳动结业服务的整体水平得到进一步提升。

（1）提供多元化的公共就业服务。2006年3月，闵行在全市率先建立公益性的区来沪人员就业服务中心，对来沪人员实行免费就业服务。2007年，区来沪人员就业服务中心被原劳动和社会保障部评为“全国劳动保障系统2006～2007年度优质服务窗口”。2008年各镇、街道、莘庄工业区均建立来沪人员就业服务工作站，实现来沪人员就近享受公益性就业服务。同时，依托市场力量，建成浦江、华漕、颛桥人力资源中介园区，初步形成“一个中心、三个人力资源中介园区、13个就业服务工作站”辐射型、多层次的来沪人员就业服务网络。“十一五”期间，全区来沪人员就业服务机构共接待求职登记19.7万人，推荐录用上岗7.5万人。外来人口就业服务取得显著成绩。

（2）提供高效的职业培训服务。闵行区结合全区产业发展与城市化进程，以青年劳动力、新增劳动力、农村富余劳动力、外来劳动力为主体目标群，建立了符合全区所需基本劳动力的培训基地。培训机构的管理和服务得到进一步加强，诚信规范有序的职业培训市场基本建成。5年来，职业培训机构和培训人数逐年递增，截至2009年底，全区拥有43家职业培训机构，2006至2010年，外来农民工参加培训人数累计9.9万人。劳动力素质结构不断提升，职业技能培训推进就业收到显著成果。

（3）切实加强权益维护服务。通过建立网格化和网络化联动监管体系，闵行区初步形成以主动预防型为主的监管模式，劳动市场监管维稳力度不断加强。2006～2010年，劳动保障监察大队共对12481户用人单位实施了劳动监察。其中对有劳动保障违法行为的3569户单位予以了立案并责令限期整改；对633户单位作出了处理处罚决定，共计罚款人民币64.6万元。共追缴综合保险费2465万元，涉及外来务工人员38631名，还为150592名员工追回被拖欠工资、加班工资1亿1473万元。

6. 居住服务

从闵行区流动人口居住状况来看，流动人员居住方式主要有租住公房、租住私房、单位宿舍工棚、自购房屋、集中居住区等形式，其中租住私房的比例达到75.87%。为打造宜居闵行、平安闵行，全区采取了一系列有效的对策措施。

（1）制定专项发展规划。为解决流动人口就业群体居住问题，2007年闵行区制定了《闵行区来沪人员集中居住点规划》（2008～2020年），提出2015年前完成共200万平方米来沪人员居住点（现称单位租赁房），解决约25万人的居住安置问题。同时，根据各个镇和莘庄工业区产业引进、企业用工和土地存量的实际状况，进行了任务分解，签订目标责任书。到2010年底，全区已竣工交付50万平方米，另外落实项目选址63万平方米，其中15.5万平方米开工在建。2011年有5个项目约30万平方米建设手续正在正常办理中，预计2011年底可以开工。

（2）落实优惠配套政策。闵行区研究出台了《关于推进单位租赁房建设和管理工作试行意见》（闵府办发[2010]31号），明确了扶持政策，扶持科目包括开办费补贴、银行贷款贴息、运营费用补贴以及建设和运营企业税收减免四个方面。工业用地上的单位租赁房水、电、煤气民用化标准收费，其中七宝联明雅苑、虹桥万源新城、梅陇时达资产立事公寓已获市局单位租赁房认定批文，逐步向市政公益部门办理民用转性。

（3）规范住房交付管理。由闵行区人口办牵头，对单位租赁房交付使用情况进行检查、指导和服务。对单位租赁房的出租、使用、物业管理等行为以及生活秩序实施跟踪监管，禁止单位租赁房转租、变相包租、改变使用性质等行为。如七宝联明雅苑由镇政府牵头，征询具有一定税收规模企业的意见，落实承租单位，受到了良好的效果，成为集体经济组织参与建设管理的良好模式。浦江东方公寓则由镇牵头联系大企业—尚德公司全部承租。尚德公司则委派公司人员参与公寓管理，实效明显。

（4）完善配套服务体系。一是健全集中居住点流动人口基本公共服务管理体制。实行“区级综合管理，街镇具体实施”的属地化管理，坚持“谁主管、谁负责”，“谁出租、谁负责”，“谁经营，谁负责”的管理服务原则。区人口综合管理领导小组负责研究、决定涉及本区集中居住点管理的重大事宜，区人口综合办组织协调与集中居住点管理服务相关事宜，研究制定全区规范统一的管理制度。各镇街道负责对辖区店内集中居住点的日常管理，并探索建立市场化运作、社会化管理的长效机制。二是完善集中居住点流动人口基本公共服务网络体系。按照闵行区《关于加强本区来沪人员集中居住点管理服务的实施意见》，加强集中居住点管理和服务，基本形成了以“全方位、全过程、全覆盖”为原则的网格化、规范化、精细化，为流动人口在闵行就业、就医、生活、社保等提供“一门式”服务、“一站式”管理，引导来沪人员主动融入地区的经济建设和社会管理。例如，莘庄工业区“鑫泽阳光公寓”是全区来沪人员集中居住点管理服务“示范点”，试点推行管理制度和服务项目。根据试点经验，对已建成入住的浦江镇英华达来沪人员“蓝领”公寓、莘庄镇东吴村“金湾小区”和马桥镇的元峰苑等集中居住点进行推广。

（二）主要经验

1. 以组织网络为先导，确立顶层支撑

长期以来，闵行区高度重视流动人口的管理和服务工作，将其纳入全区经济社会的发展全局进行统筹规划。闵行区先后成立三个领导小组，区人口计生工作领导小组、区人口综合管理领导小组、区农民工联席会议，由区政府主要领导任组长，区公安、房地、人口计生、教育、卫生等29个成员单位主要领导为成员，下设办公室。各镇街道、莘庄工业区成立由行政一把手任组长的相应机构，负责本地区来沪人员综合管理的具体实施，为流动人口各项工作开展提供组织保障。村、居委设立了374个来沪人员管理服务站，组建了一支2000余人的社区综合协管队伍，形成了“一站到底”的网格化、规范化管理，初步建立了“二级政府，三级管理，四级网络”的来沪人员管理服务体制架构，做到任务明确、责任到人，形成了全方位、全过程、全覆盖的管理模式。在健全网络化组织工作体系的同时，建立考核评价机制、规范运作机制、落实经费保障机制，不断完善来沪人员管理服务工作机制，推进流动人口公共服务均等化工作。目前，闵行区形成了具有地区特点的工作模式，如探索形成了具有农村特点的“旅馆式管理”；适合来沪人员集中居住区的“鑫泽阳光公寓”管理模式；以“小税源征收”为抓手的“以税管房”模式。

2. 以统筹规划为核心，注入长效动力

闵行区高度重视流动人口服务管理工作，将流动人口基本公共服务纳入“四个统筹”即：纳入国民经济和社会发展统筹规划，纳入公共服务体系统筹建设，纳入人力资源与社会保障统筹安排，纳入平安建设统筹管理。区“十二五”规划已对区内流动人口的基本公共服务相关内容作了明确安排，流动人口就医看病、就学入托、就业务工、社会保障、计划生育等基本公共服务已纳入相关部门经常性工作范围。区委、区府出台了《闵行区来沪人员服务管理三年行动计划（2008 ~ 2010年）》、《关于加强本区来沪人员集中居住点管理服务的实施意见》等规划，提出了总体目标、具体目标和工作措施，以项目化方式推进各项工作。区政府及有关部门相继出台了《关于加强本区来沪人员集中居住小区建设》等政策文件，建立跨部门、跨系统的流动人口综合服务体系，形成了流动人口基本公共服务均等化工作的长效机制。

3. 以部门联动为核心，扩大政策效应

闵行区注重发挥各职能部门的资源优势，积极探索并逐步实现人口计生与综合治理、公安、教育、民政、财政、人力资源社会保障、卫生等相关部门的政策衔接和工作联动，实现部门之间工作互通、服务互补、信息互享，取得了显著成效。一是会同教育部门建立“关爱女孩”助学资金，为流动人口困难家庭的女孩每人每年助学资金，切实关爱外来流动人口困难女孩。“十一五”期间累计发放助学金25万余元。二是会同妇联、妇儿办、总工会，每年联合为近5万名困难育龄妇女开展免费计划生育咨询和服务。三是会同卫生部门按照“政府出一点、医院让一点、慈善助一点”的原则，率先在浦江镇建立流动人口贫困孕产妇特约分娩点，坚持限价收费800元，并指派专人把计划生育生殖健康服务送到产床边，做到产前、产中、产后一条龙服务，为流动人口孕妇提供价廉、质优的医疗服务。特约分娩点从开设流动人口贫困孕产妇以来，已接产流动人口出生5万余名新生儿。

4. 以信息数据为支撑，提供决策依据

流动性大、流动规律难把握是政府为流动人口有效提供基本公共服务的一大难点。闵行区从2006年起启动了实有人口综合信息资源库的建设工作，对来沪人员的信息进行及时采集、即时录入和动态维护，将全区设立的128个信息录入点与区实有人口综合信息资源库和居住证信息系统实施联网。依托区信息交换平台、政务网和信息系统的数据分析统计功能，加强第六次人口普查数据进行科学开发及利用，逐步建立人口信息资源共享机制，提高人口管理的工作效能。同时，在全市率先将“上海市房屋租赁登记备案信息系统”引入各居住证受理点，通过“以证管人”，积极推进实施居住证制度；通过“以房管人”，切实加强居住房屋租赁管理工作，实现了网络化的综合管理。目前，闵行区以科技为支撑，加强实有人口综合信息资源库的建设管理、升级改造和功能拓展，进一步完善区、街镇、居村委人口服务管理三级信息网络，增强基层应用功能，为全区人口决策提供依据。

5. 以多元投入为关键，鼓励社会参与

近年来，闵行区十分注重管理和服务模式创新，在加大政府财政投入的同时，根据实际情况和现实需求，积极引进社会和市场力量，拓宽公共服务多元化供给渠道，有效提高基本公共服务均等化水平。一是在公共教育服务方面，闵行八镇一街道由政府委托社会力量举办16所非营利性的以招收流动人口子女为主的民办小学，并纳入到区教育统一管理范畴。二是在就业服务方面，实现公共就业服务和市场化就业服务“两条腿走路”。为满足流动人口就业服务需求，闵行探索以人力资源中介园区为载体，为流动人口提供市场化收费就业服务，已在浦江镇、华漕镇和颛桥镇建立了人力资源中介园区，将持有工商营业执照的职业中介机构引入园区。三是在医疗卫生服务方面，闵行区计划依托现有第三方医疗保险平台，构建闵行区外来从业人员统筹医疗健康保险机制，实行社会第三方管理（TPA），建立全程电子健康档案（eHR），形成“基本医疗＋健康管理”的管理型保险体系。四是在居住服务方面，闵行区与企业联手推进集中居住点建设，充分征求承租企业意见，委托专业化公司对集中居住点进行管理。如浦江东方公寓则由镇牵头联系大企业—尚德公司全部承租，尚德公司则委派公司人员参与公寓管理，取得了明显的成效。

三、闵行区推进流动人口基本公共服务均等化过程中面临的主要问题

尽管闵行区在推进流动人口基本服务均等化方面成效显著，但由于近年来区内人口总量急剧增加、人口结构显著变动以及城乡社会事业资源配置不均衡、上层制度改革设计等多方面因素影响，流动人口基本公共服务均等化依然面临较大挑战，服务需求与供给之间还存在较大差距。具体体现为“六个不”：

（一）体制设计不健全

近年来外来流动人口的无序、快速涌入，对闵行区人口综合服务管理体制提出新的挑战。同时，社区综合协管员工作队伍人员不配足、素质不齐整、待遇不到位，按照原定每个社区

综合协管员管理500名流动人口，应配2400名协管员，而实有1928名协管员，部分队员个体素质较低，加上整体沿用了最低工资标准，导致协管员队伍的积极性、主动性不高，出现“漏登失管”的现象。

（二）财政支撑要匹配

在推进流动人口基本公共服务均等化的过程中，要结合本区的实际财力状况，建立与闵行区财力相匹配的投入机制，并在项目推进过程中要参考上海的总体水平，并于周边区域相衔接，避免在本区形成流动人口洼地效应，以形成可持续的、合理的经费投入规模，逐步扩大公共服务项目范围及种类、逐步提高服务标准。

（三）资源配置不充分

在现有以招收外来务工人员随迁子女的民办小学中，教师专业学历素养参差不齐，此外年轻教师较多，教学经验相对不足，对二期课改理念的理解和实践有待加强。同时，外来务工人员随迁子女在语言、生活和学习习惯上与本地学生有着诸多的差异，存在着一个适应和融合的问题，加上随迁子女在家庭教育方面某种程度上存在着缺失，亟需加强学生学习及生活上的关心和引导。

（四）供给结构不协调

外来务工人员文化相对较低，所从事的工种所需的技能相对较低，岗位的流动性大，所以只能参加些简单的培训，导致就业培训层次较低。这就导致了闵行区“招工难”和“找工难”结构性矛盾依然突出，特别是第三产业人员和高技能人才数量难以满足企业需求，同时外来人员找工期望值与自身条件不相匹配呈“高不成低不就”态势。

（五）制度覆盖不均衡

闵行区《来沪人员集中居住点建设规划》按照产业布局和发展规模来进行控制，对各镇的建设任务做了统筹安排，但从实施情况看，各镇的实施量距分解的指标任务还有很大差距，建设不平衡问题明显；社会保障服务领域中的社会救助服务是以具有本地常住户口为前提条件的，区内流动人口的社会救助还缺少制度化、常态化的机制安排，失业保险和生育保险仍然存在制度缺失。

（六）政策执行不到位

从制度安排上，闵行多数基本公共服务已做到与户籍人口与流动人口的同待遇。但由于政策、企业、个人等多重因素制约，导致部分公共服务政策执行难度大。一是居住服务方面，集中居住区建设突破规划控制的难度增大。二是劳动者权益保护方面，影响到社会的稳定和团结。

（七）服务配套不完善

由于外来流动人口增长迅速、流动性大，建立相应的基本公共服务配套体系显得尤为重要。但由于多种因素，在流动人口的信息统计以及人员配置、部门联动上仍存在一定缺陷，不利于均等化工作的进一步深化推进。首先，流动人口的统计口径不一致，统计、公安、民政、人力资源和社会保障、人口计生对流动人口在统计时间、空间及统计对象的年龄、流动状态等方面设定的口径标准并不统一，加上义务教育阶段适龄人口统计制度不健全，从而影响政府对教育、卫生等服务的经费投入和资源配置。第二，信息资源共享程度不够。目前各部门拥有各自独立、层级健全的统计系统、信息网络和机构队伍，但由于缺乏统一规划、信息共享机制不完善，相关服务系统、网络、机构、队伍等不能充分共享，数据对接和比较存在较大困难。第三，政策宣传教育工作有待改进。部分公共服务政策缺乏宣传推广，导致流动人口对相关服务的知晓率偏低；部分公共服务政策的宣传方法单一、内容单调，影响到宣传推广的实际效果。

四、闵行区推进流动人口基本公共服务均等化的对策建议

（一）加强统筹力度，构建均等化一盘棋

1. 建议加强市级统筹，加大财政转移支付。 建议市有关部门，根据不同区域的流动人口总量和结构，在教育、医疗等重点领域加大市级统筹力度。例如，近期可对全市各个区的教育投入经费的一半，按照各区流动人口随迁子女入学数量进行生均经费的规划统筹，加大流动人口集中区的财政转移支付力度。

2. 逐步提高基本公共服务的财政统筹层次。一是合理布局财政支出结构，切实加大对流动人口基本公共服务的支持力度。根据闵行“十二五”期间“全面调结构，深度城市化”的要求，按照“保基本、保法定增长、保民生、促发展”的顺序全面安排各项财政支出，不断调整和优化公共财政支出结构，将财力适当向民生和公共服务领域倾斜，逐步提高对基本公共服务的保障能力。二是明晰事权的划分，明确区、镇流动人口基本公共服务职能。按照“一级政府、一级事权”的原则，镇级政府要按照属地化管理原则，切实承担起各项职责，使流动人口享有的基本公共服务，并在经费上予以充分保障；区级政府加以引导并适当给予资金补贴，积极开展相关宣传教育工作，广泛宣传涉及流动人口的相关政策法规知识，切实维护流动人口的知情权、参与权。对涉及流动人口金额较大的公共服务项目，要积极探索和完善区、镇两级按比例分担的办法，使相关经费得到落实。

3. 进一步加强公共服务设施资源统筹力度。将流动人口纳入城市总体规划体系，优化公共服务设施资源配置，在土地指标、城市规划控制等方面加强对基本公共服务的倾斜力度，促进设施项目、资金向流动人口集聚区域倾斜，增强基本公共服务的供给能力。结合流动人口空间分布情况和未来增长趋势，在重点区域、重点领域、重点部门优先配置人员资源，提高待遇标准，确保流动人口基本公共服务均等化工作的高效有序开展。

（二）加强制度设计，形成统筹推进的工作格局

按照顶层设计的总体要求，从涉及流动人口基本公共服务均等化的范围标准、政策体系、组织领导、工作机制、规划计划、考核评价等方面通盘考虑。一是范围标准方面，建立以流动人口为服务对象的基本公共服务指导目录，作为流动人口享受基本公共服务的基本菜单和衡量评价基本公共服务均等化水平的重要标杆。二是政策体系方面，统一出台针对流动人口基本公共服务的综合政策安排，并根据各个专业部门特点，制定相应专项政策体系。三是规划计划方面，滚动制定《闵行区来沪人员服务和管理三年行动计划》，在规划基础上，分部门制定年度工作计划，以有序推进均等化工作。四是考核评价方面，要制定流动人口基本公共服务均等化的科学评价、检查督导和考核奖惩“三制一体”评价监督考核机制，细化、量化工作任务，落实工作职责，由专门机构和第三方机构来组织评价监督考核工作。

（三）实施积分化管理，建立分层分类的公共服务制度

针对目前临时居住证“含金量”过低、三年期居住证批准权限过高等问题，建议全市进一步完善居住证制度，将现行的人才类、就业类、临时类等居住证整合为一个综合体系，并由按条件分类向积分分类转变。为了提高公共服务供给的针对性和有效性，考虑上海实际公共服务资源供给能力，建立以居住证为基础的分层分类的流动人口公共服务供给制度。具体是：以“稳定就业、稳定居住”为前提，以居住证为基础，根据权利义务对等原则，综合考虑流动人口的来沪年限、工作履历、参保情况、纳税记录、诚信记录、履行法定义务情况等，在对公共服务进行分类分级设置的基础上，向持不同等级居住证的流动人口提供相应类别和水平的公共服务，形成“1+X”公共服务架构。

（1）对于满足“稳定就业、稳定居住”条件的流动人口，提供在沪生存所需的基本公共服务，即“1”，包括公共就业服务、计划生育服务、公共卫生服务、子女义务教育服务等。

（2）根据流动人口贡献度情况，拓展其“X”。按照权利与义务对等原则，对于积分不同的居住证，制定相应的基本公共服务详细目录。在“1”的基础上，横向上扩展服务领域，纵向上增加服务深度，体现公共服务内容和水平的梯次上升，即“X”。待居住证积分达到转为本地户籍的分数段后，即可享受与本地户籍居民完全一致的公共服务。

（四）坚持多管齐下，扩大重点领域服务供给

1. 深入推进计划生育基本公共服务均等化

试点工作。作为全国试点地区之一，闵行区重点要按照四部委联合下发的《试点工作指导意见》，认真部署，精心编制《闵行区推进流动人口基本公共服务均等化实施方案》，深入推进流动人口公共服务均等化。一是进一步加强服务管理力度。转变工作方式和服务理念，逐步建立有利于提高和改善流动人口生存环境的利益导向机制和权益保障机制，在出台相关政策和制定区域发展规划时，要统筹考虑流动人口的需求，既要体现“和谐社会”的公平公正原则，又要有利于引导流动人口自觉遵守基本国策。二是进一步发挥部门协作力度。居住和工作是构成流动人口生活的两大要素，要协同公安、民政、卫生、人保局、人口办、房管局等相关部门，建立长效协作机的协作机制，探索“以证管人、以房管人、以业管人”的流动人口管理新路径。三是进一步加大区域协作力度。闵行区人口计生委先后与全国18个省167个县市签订区域协作协议，要充分发挥好区域协作的良好态势，密切配合、精诚协作、源头互动、互惠共赢，加强与户籍地信息交换，重要孕情即时反馈，实现两地人口计生工作无缝衔接。四是进一步完善群众自治力度。积极探索计划生育协会新型的运作模式，实现社会团体社会化管理、市场化运作的新机制，提升社会团体在公共服务中的效益，在两新组织党建工作基础上成立流动人口协会，充分发挥自我教育、自我管理、自我监督，自我服务作用。

2. 提升义务教育的质量和水平。创建3～4所市级优秀（特色）学校，8～10所区级优良（特色）学校。加强和改进对外来务工人员随迁子女的教育，以法制、健康、环保、科普意识教育为重点，开展丰富多彩的兴趣活动和校园读书活动，积极引导学生进行自我设计、自我教育和自主管理，积极开展同伴教育，促进学生个性健康发展。各校在区“家庭教育指导中心”的指导下，办好家长学校，提升家长的综合素养和育人能力。

3. 增强医疗卫生服务的可及性。要通过构建管理网络、落实经费保障、创新工作机制和完善防治策略等措施，切实保障流动人口的健康权益和城市公共卫生安全。根据国家、上海市以及闵行区的基本公共卫生服务项目要求，以传染病疫情处理、结核病人防治、艾滋病和性病防治、流动孕产妇孕期保健等方面为重，全面、深入推进流动人口基本公共卫生的服务工作。

4. 提高流动人口社会保障水平。按照建立和完善“广覆盖、保基本、多层次、可持续”的社会保障体系要求，严格执行《社会保险法》，扩大各类人群社会保险覆盖面。一是平稳实施“综保”转“城保”过渡，将在企事业单位就业的流动人口全部纳入城保体系，督促用人单位依法为职工办理社会保险参保手续，做好参保者跨省市转移衔接工作。二是设计并开放合理的参保通道，将外省市来沪灵活就业人员纳入本市城镇养老和医疗保险。在当前的经济社会发展水平和企业承受能力水平下，灵活设定就业流动人口参加城保的险种和待遇水平。截至2015年，本区常住人口享受各类基本社会保险覆盖面达到98%以上。

5. 完善流动人口劳动就业环境。建立面向来沪人员的公共就业服务体制框架，将流动人口全部纳入全区公共就业服务体系。一是构建统一规范的人力资源市场。二是探索建立跨区域就业协调机制。三是健全创建和谐劳动关系的新机制。

6. 完善和改进流动人口居住服务。一是加快集中居住点的建设速度。二是鼓励园区投资兴建。三是规划配建大企业、大项目的单位租赁房。

（五）强化信息共享，夯实决策服务的配套基础

目前，闵行区已经建立了实有人口综合信息资源库。建议通过人口信息数据库的升级改造，将流动人口计生服务、随迁子女、住房情况、就业状况等信息补充入库，进一步整合公安、计生、民政、教育、社保、税务、卫生、工商、房管等部门的现有信息管理系统，实现与PADIS流动人口子系统信息数据的有效对接，形成跨部门、跨系统、跨地区的流动人口信息统计共享平台，为全区教育、就业、医疗、社会保障的统筹规划提供参考依据。探索统计、公安、民政、人力资源和社会保障、人口计生等重点部门对流动人口设定的口径标准，完善基础数据的对接和互补，加强年龄结构、出生性别、区域分布、就业状况、教育需求的分析研究，发挥公共服务决策的信息支持功能。

浦东新区人口发展新时期的计生公共服务需求调查

浦东新区人口和计划生育委员会

浦东新区是上海人口发展最具活力、增长最快、变动最迅速的地区之一，特别是原南汇区并入浦东新区后，浦东新区的人口总量、结构及构成等都发生了跳跃式的变化，新区的人口计生事业发展处在了机遇与挑战并存的关键时刻，提升新区的人口计生公共服务水平已是形势对新区人口计生工作者的新要求。为更好满足成千上万的不同计生家庭的服务需求，新区人口计生委于2011年立项对新区不同类型计生家庭的服务状况与需求进行了调查，以下是对主要调查内容的分析及增进计生服务的相关建议。

一、调查对象获得人口计生服务的情况

计生服务是一个不断认识，不断发展、拓展的工作领域。多年来浦东新区人口计生工作者围绕全面贯彻落实基本国策，开拓创新人口计生服务，努力促进新区广大计生对象的全面发展，不断拓展其计生服务的内容，提高其计生服务的质量。为此，我们对新区人口计生服务的一些主要方面进行了调查。

1. 免费计生避孕药具与手术服务的情况

调查结果显示，免费计生药具服务的受众面较广泛。获得过免费的计生药具服务的对象为57.4%，未获得的19.1%，其余的则是“暂不需要”。交叉分析显示，对象的免费计生药具获得率有着较明显的差异，男女对象报告的免费计生药具获得率分别41.3%与59.2%，女性对象较男性对象高约18个百分点，有着较明显的女性为主的服务特点。

表1　不同年龄组对象获得免费计生药具服务的情况　　单位：%

年龄（岁）	获得过	未获得	不需要	合计
20 ~ 24	37.1	21.0	41.9	100
25 ~ 29	59.0	17.4	23.6	100
30 ~ 34	59.9	21.3	18.8	100
35 ~ 39	71.3	18.2	10.5	100
40 ~ 44	60.4	16.5	23.0	100
45 ~ 49	53.3	17.8	29.0	100
50 ~ 54	50.8	23.1	26.1	100
55 ~ 59	44.1	23.5	32.4	100
≥ 60	48.4	22.6	29.0	100
合计	57.7	19.2	23.1	100

表1的统计分析显示，不同年龄组的计生对象获得过计生药具免费服务的比例也有着相当的差异，25 ~ 44岁间4个年龄组对象的服务获得率明显高于总体水平，尤其是35 ~ 39岁

年龄组对象的服务获得率达 71.3%。20 ～ 24 岁年龄组及育龄晚期及育龄期后的对象获得率则较低，这可能与该年龄组的部分对象尚未生育或未婚有关（见表 1）。这些结果提示，当前新区免费计生药具服务的重点人群应当是生育旺盛期的已婚育龄女性。

对免费计生基本技术服务获得情况的调查显示，获得免费“放取宫内节育器”服务的对象比例最高，有 38.3% 的人获得过该项服务；其次是“查环查孕”，有 29.1% 的获得过该项目服务。包括部分未生育的对象在内，获得过各种免费计生手术服务的对象累计达 1389 人次。这些项目的免费服务对象主要是 1269 名已生育子女者，其累计获得免费服务的对象总数达 1281 人次（见表 2）。

表 2　获得免费计生技术服务的对象人数及其比重

服务项目	全部对象（人 /%）	已生育子女对象（人 /%）
避孕药具	756/57.4	746/66.6
查环查孕	383/29.1	343/27.0
放取宫内节育器	504/38.3	475/37.4
人工终止妊娠	108/8.2	99/7.8
输卵管输精管结扎	34/2.6	34/2.7
计生手术并发症诊治	12/0.9	12/0.9
计生手术后接受随访	348/26.4	318/25.1
合　计	1316	1269

多年来，新区人口计生部门不断创新计生药具服务方式，采取计生药具社会化配送的方式，通过“居住小区计生服务站点”、“计生人员送药上门”、“药房超市购买”及“单位领取”等多种渠道，努力将让广大计生群众更方便、迅捷地获得计生药具的服务。调查表明，“居住小区计生服务站点”、“计生人员送药上门”及“社区人口计生综合服务站”等是计生群众获得免费计生药具服务的主要渠道，特别是“居住小区计生服务站点”在为城乡计生群众提供免费药具服务方面，发挥了十分重要的作用，有 66.6% 的对象说自己从该渠道获得过药具，而“单位领取”等免费计生药具提供渠道的作用已大幅下降（见表 3）

表 3　调查对象获得计生避孕药具服务的渠道

服务渠道	人数（人）	百分比（%）
居住小区计生服务站点	877	66.6
社区计生综合服务站	272	20.7
区计生技术服务指导中心	50	3.8
计生人员送药上门	299	22.7
单位领取	122	9.3
药房超市购买	262	19.9
其他*	9	0.7
合　计	1316	1269

注：其他包括“药具自动售货机”、“亲朋好友代领”

进一步比较分析表明，从“居住小区计生服务站点”和“计生人员送药上门”等服务渠道获得免费药具的对象情况看，非农业与农业户口对象获得药具免费服务的比例有着相当的差异，非农业户口的对象从“居住小区计生服务站点”获得过服务的人数比例较农业户口的对象高 7.5 个百分点，而获得“计生人员送药上门”服务的人数比例则较后者低 4.5 个百分点。造成这种差异的原因可能与城镇对象居住集中、农村对象居住相对分散有关。

2. 对象接受计生宣传教育等服务的情况

计生宣传教育是推进人口计生工作的最有力抓手之一。通过宣传教育、指导咨询等手段，开展生育政策、避孕节育知识、生殖健康知识、优生优育知识、出生缺陷预防知识等宣传教育，有力推动了广大计生群众树立新的婚育观念，落实国家的人口计生政策。调查表明，新区的广大计生群众确实从不同的服务渠道获得了人口计生部门提供的有关人口计生生殖健康等知识信息的宣传教育、指导及咨询服务。其中，他们获得这类服务最主要的途径是“社区计生工作者”，有 61.6% 的对象从这个途径得到过有关的服务，其次是“书报杂志电视网络”渠道，曾一度在计生宣传教育信息知识传播服务中起了重要作用的“单位计生人员”似乎已“风光不再”，仅 11.4% 的对象从该途径获得过服务。

如表 4 分析所示，出生不同年代的对象选择的宣传教育服务途径有着一定的差异，例如，“70 后”与“80 后”对象从“书报杂志电视网络”这宣传途径得到服务的比例明显高于 1969 年及以前出生的对象，如“80 后”的对象从这渠道获得相关服务的人数比例较 50 ～ 60 年代出生的高了 16.8 个百分点。同样，70 ～ 80 年代出生的对象从“医院社区卫生中心”等专业人员处获得知识信息服务的比例也较高于 50 ～ 60 年代的人（见表 4）。

表 4 出生不同年代的调查对象获得计生知识宣传教育等服务的渠道 单位：%

	全部对象	50 ～ 60 年代	70 年代	80 年代
社区计生工作者	61.6	67.7	68.8	59.0
书报杂志电视网络等	53.3	45.4	58.0	62.2
住宅小区的专栏	41.8	42.4	43.1	40.3
单位计生人员	12.5	12.7	13.4	11.5
亲朋好友	8.9	7.5	8.9	12.4
医院及卫生中心	7.8	6.6	9.6	9.5
其他	0.8	1.2	——	1.1

调查结果还表明，新区的人口计生宣传教育工作取得良好的效果。有 39.9% 的对象表示，当前的计生宣传教育服务的内容能满足他们的需要，51.0% 的表示“基本能满足”其需要，明确说“不能满足”自己需要的对象占 2.2%，其他对象表示“不了解”。总的讲，调查对象对新区人口计生部门提供的计生宣传教育服务的内容较认可。

新区人口计生工作者不仅重视做好计生工作的基本技术服务，而且强化了转变计生群众的婚育观念、促进提高人口质素的服务。为适应人口计生工作的要求，新区人口计生者试点开展了免费孕前优生健康检查，实施了 0 ～ 3 岁婴幼儿早教活动等新的服务项目。调查表明，接受过“免费孕前优生检查”的对象已达 343 人，占全部对象的 26.1%；参加过 0 ～ 3 岁婴幼儿早教活动的对象 394 人，占比达 29.9%。进一步分析显示，子女年龄 6 岁及以下的对象基本都参与过新区各级人口计生部门提供的不同形式的早教服务活动。

通过广泛的宣传告之，在调查时已知晓上海人口计生部门有“12356 计生服务热线”的对象达 55.4%，而且有 2.1% 的对象通过这热线电话，进行了人口计生问题的咨询。

3. 对象的计生奖励扶助获得情况

全面贯彻落实计划生育利益导向的政策措施，认真落实计生奖励扶助措施的是这些年来浦东人口计生服务的重要工作内容。为此，我们对部分主要的计生奖励扶助措施的执行情况进行了调查。

调查结果显示，在 919 名是独生子女父母的对象中，74.5% 的曾领取过或正在领取“独生子女父母奖励费”，有 13.4% 的对象报告说因“单位不给而未领取到”奖励费，另有 11.6% 的说因该奖励费“太少”或“领取太麻烦”而未领取。从这可以看到，由于独生子女父母奖励费资金来源的政策设计原因及其他原因，导致了部分应享受该奖励费的人未能领取或不领取。

调查表明，近年来新推出的一些计生利益导向措施已开始落到实处，受惠于计生群众。例如，自“生育保险”政策实施以来，在生育子女的对象中，已有537人享受了“生育保险”的生育津贴与医疗待遇，占独生子女父母的比例58.4%（537/919）。同时，其他计生利益导向的措施也得到了较好的落实，特别是这些年来直接给予计生群众的奖励扶助费都得到了较好的落实。如，在我们调查时，对象中已有136人获得了“独生子女父母老年一次性计划生育奖励费”。在农业户籍的对象中，已有30人获得了“农村部分计生家庭奖励扶助”的补助（见表5）。

表5　调查对象享受有关计生奖励扶助及补助的情况

	人数（人）	百分比（%）
晚婚晚育奖励	237	18.0
子女伤残补助	7	0.5
年老时一次性计生奖励	136	10.3
实行计生手术奖励（带薪休假）	169	12.8
农村部分计生家庭奖励扶助	30	2.3

二、调查对象的计生公共服务需求分析

在计生对象结构不断变化、计生公共服务不断拓展、服务方式不断创新的情况，计生群众对服务的需求内容与期望获得服务的方法途径也呈多元化、个性化的趋势。本次调查研究显示，群众的计生公共服务需求已有了新的变化。

1. 对计生服务内容的需求情况

我们首先对当前新区各级人口计生部门已广泛的开展计生公共服务需求进行了调查。调查结果显示几个较明显的特点：

（1）计生公共服务的基本项目仍有需求，但需要各单项服务的对象比例均不高。调查显示，计生群众对已开展多年的“提供免费避孕药具”、“免费查环查孕”、“免费放／取宫内节育器”、“免费终止意外妊娠”、“免费治疗计生手术并发症”等“传统”计生公共服务项目仍有一定的需求，但有“需求”的对象比例都相对不高，不到调查对象的50%。

（2）对象的计生公共服务“需求”明显受其年龄的影响。如表6所示，20世纪80年代出生的调查对象因正处于生育旺盛期，对“提供免费避孕药具”、“免费孕前优生健康检查”、“开展0～3岁早教指导”等公共服务项目有着较强的服务需求，例如，在该年龄组的对象中，表示期望“提供免费避孕药具”的对象占比达47.9%。20世纪50～60年代出生的对象因其逐渐进入育龄晚期或老年，对“老年照料服务”、“免费放／取宫内节育器”等服务项目则有相对较强的需求，如多达44.5%的对象希望提供“免费放／取宫内节育器”的服务，较20世纪80年代出生的对象高11.5个百分点。当然，这也是这两个年龄组的对象过去主要采取安放宫内节育器避孕的必然结果。但总的讲，处于生育旺盛期的对象对“传统”计生公共服务项目的需求强于20世纪50～60年代的人。

（3）某些“拓展性”服务项目的“需求”较强。如新区人口计生部门给部分妇女提供的免费“常规妇科检查”服务，但因涉及各年龄段妇女的健康，结果，在1203名对象中，有61%的对象都希望人口计生部门能免费提供该项服务。但从工作领域讲，这项服务并非基本的计生技术服务范畴，而主要是卫生等相关部门职责内的妇女健康保健工作。又如，提供“0～3岁早教指导”服务主要是涉及教育工作，但因各种原因，在各年龄组中都有一定比例的对象期望人口计生部门能提供该项服务，特别是在20世纪80年代出生的调查对象中，有47.9%的希望人

口计生部门提供这项服务。

出生不同年代的调查对象对人口计生部门提供人口计生信息、咨询及指导服务都有需求，但其需求的强弱有较明显的差异。服务项目的内容与对象的年龄均对计生对象的服务需求有着决定性的影响。例如，对提供“更年期保健知识”及“预防性病艾滋病知识”的服务，对象年龄越大，期望人口计生部门提供这两方面知识的人数比例越高，对前一项知识，50 ～ 60年代出生对象的人数比例达到 53.1%,较“80 后”的对象高了 42.5 个百分点。反过来，对“优生优育优教知识”、“新婚孕期产后保健知识”等，对象的年龄越小,表示“需要”的对象比例越高，如“80 后”对象对“优生优育优教知识”有需求的人数比例达 57.0%，较 20 世纪 5060 年代出生的对象高了 23.7 个百分点。值得注意的是随着上海生育政策进入可能调整的敏感期，不同年龄组的对象对“计生政策信息”的服务需求都较强烈,如近 70% 的“80 后”对象都表示“需要”计生政策信息的服务（见表 6）。

表 6　出生不同年代的对象对人口计生信息咨询指导服务的需求情况　　单位：%

	50 ～ 60 年代	70 年代	80 年代
计生政策信息	62.1	59.7	69.9
避孕节育知识及避孕	27.8	34.7	33.2
措施更换选用指导			
新婚孕期产后保健知识	21.1	22.8	39.6
家庭计生的专业咨询指导	18.0	23.5	27.7
优生优育优教知识	33.3	36.9	57.0
男女两性生殖保健知识	20.6	22.6	24.3
预防性病艾滋病知识	18.1	16.7	14.0
更年期保健知识	53.1	24.2	10.6

对处于生育旺盛期的“70 ～ 80 后”对象服务需求的进一步分析显示，这些对象的计生公共服务需求有着很明显的城乡差异。除了“0 ～ 3 岁早教指导”、“ 优生优育优教知识”及“新婚孕期产后保健知识”等外，农业户口的对象表示需要其他各项计生公共服务及知识信息服务的比例都高于非农业户口的。如，表示需要“免费放／取宫内节育器”服务的农业户口对象占比达 56.6%，较非农业户口对象的高了 25.2 个百分点。对象服务需求存在着较显著城乡差异的原因是多样的，如农业户口的对象对“免费放／取宫内节育器”服务有较强的需求，就在于该人群选择安放宫内节育器避孕的比例相对较高。而非农业户口对象期望获得婴幼儿早教指导、优生优育优教服务的比例相对较高。这似乎源于经济条件更好的城镇户籍人口对其婴幼儿子女的健康成长发展更加重视（见表 7、表 8）。

表 7　“70 ～ 80 后”的非农与农业户口的调查对象对计生公共服务的需求比较　　单位：%

	非农业户口	农业户口
提供免费避孕药具	44.2	52.7
免费孕前优生健康检查	34.6	38.0
免费查环查孕	35.1	46.0
免费放／取宫内节育器	31.4	56.6
免费人工终止意外妊娠	15.3	26.5
免费治疗计生手术并发症	11.7	19.5
开展 0 ～ 3 岁早教指导	39.2	35.8
生育政策的指导咨询	37.2	45.6
常规妇科检查	56.8	58.4

表 8 “7080 后”非农与农业户口的对象对人口计生信息咨询指导服务的需求比较 单位：%

	非农业户口	农业户口
计生政策信息	60.9	77.5
避孕节育知识及避孕	31.1	40.8
措施更换选用指导	31.4	56.6
新婚孕期产后保健知识	33.2	30.7
家庭计划相关的专业咨询指导	25.7	26.5
优生优育优教知识	44.8	28.0
男女两性生殖保健知识	19.5	33.6
预防性病艾滋病知识	12.9	20.8
更年期保健知识	16.3	17.3

2. 对当前计生老年家庭工作服务的看法

上海第一代独生子女的父母开始大量进入老年时期。在“十二五”规划期间，进入 60 岁的本市户籍人口主要以独生子女父母为主。为此，根据我区人口计生工作的发展形势与计生群众的年龄结构情况，我们对目前应重点给计生家庭的老人提供哪些关爱与服务进行了调查。

调查表明，对目前已开展或正考虑开展的计生家庭老人的服务项目与工作，不同年龄段调查对象都高度认同的是“帮助经济困难的”、“帮助有残疾子女的”、“帮助患重病的” 独生子女老年父母。认为应帮助这 3 类独生子女老年父母的调查对象比例分别为 82.5%、68.4% 及 48.5%，位居所列举的各项帮助老年计生家庭服务工作的前 3 位。总的讲，老年的调查对象或即将进入老年的对象较 70 ～ 80 年代出生的对象更关注服务于老年计生家庭的服务工作。

分析还显示，除了“建立关爱空巢计生高龄老人的工作机制”、“建立社区独生子女老年父母的服务档案”这 2 项工作外，对其他各项服务计生家庭老人的工作，赞同开展服务的农业户口对象比例都高于非农业户口的，如对“关心患计生手术后遗症的老年计生群众”与“帮助患重病的独生子女老年父母”，表示应提供服务的农业户口对象比例较非农业户口的分别高了 16.7 与 15 个百分点。这种情况提示，农业户口的老年计生群众在实际生活可能面临更多的具体困难需要解决。例如，当前患计生手术后遗症的计生群众大都是农村地区的。

3. 希望获得的人口计生知识信息与服务渠道

在浦东新区人口结构与构成发生了巨大变化的背景下，不仅广大计生群众的计生服务需求呈现了多元化，而且群众对计生服务的方法途径等提出了新要求。调查结果显示，在提供人口计生知识信息的各种渠道中，对象愿意选用比例最高的 3 个渠道是“看阅报刊书籍等”、“电视网络媒体”、“居委或村计生室”，希望从这 3 个途径获得知识的对象比例分别为 63.1%、54.2% 与 43.9%。不过，有 23.8% 的对象选择了“电话热线咨询”来获得有关知识信息。总的看，新区人口计生部门提供人口计生知识信息的途径大都为计生群众所接受，人们获得计生服务与计生知识信息的渠道呈现出了明显的多元化及个性化趋势，他们根据自身情况而选择不同的服务方法及渠道。但计生群众选择“计生人员登门宣传”、“面对面个别咨询”等方式来获得计生信息知识的比例较低，分别只有 18.7% 与 14.8%。

进一步交叉分析显示，除了通过“社区人口计生人员发放宣传资料”这个途径外，希望从各渠道获得计生知识信息的“70 ～ 80 后”农村对象的比例都高于非农村的，如 60.2% 的农业户口对象期望能从“居委或村计生室人员”那里获得计生知识信息，较非农业户口的高了 27.7 个百分点。

三、讨论与建议

（一）讨论

1. 新区现行计生服务内容与渠道架构总体运行良好

从广义讲，新区的计生服务内容包括了“传统”的免费计生基本项目技术服务、普及性开展的人口计生与生殖健康知识信息宣传教育服务、落实各项计生政策与奖励扶助政策措施的服务、0～3岁早教服务及计生热线服务等。从服务内容讲，91.2%的调查对象认为，新区人口计生部门提供的计生技术服务与宣传教育服务“能满足”或“基本能满足”其服务需求。从人口计生工作者的服务态度讲，97.4%的群众对其服务态度表示“满意”或“基本满意”。从服务效果讲，94.8%的对其服务质量表示“满意”或“基本满意”。本次调查的结果表明，虽然新区计生群众的构成发生了极大的变化，计生服务内容拓展，群众的服务要求提高，但新区现行的计生服务内容总体还是较好地涵盖了不同计生群众的服务需求，其服务渠道也能让群众的计生服务需求基本得以现实，并且其服务的质量也较令群众满意。

2. 计生群众的服务需求分散化多样化是新区计生服务的新特点

新区群众的计生服务需求呈现出较明显的分散化与多样化趋势。在以控制出生人口数量为主要目标的时期，计生技术服务的主要目标是提供免费避孕药具、免费安放宫内节育器等满足群众的避孕节育需求。而现在，新区计生群众不仅需要避孕药具的服务，还需要生殖保健、优生优育优教、人口计生政策信息等的服务，而不同的计生服务内容分散于不同年龄段的计生群众。

在服务渠道与方法方面，亦呈现出多样化的趋势。随着计生服务渠道与方法的增多，过去社区人口计生工作者上门服务，已不被许多群众接受，企业的服务功能已明显弱化。总的基本趋势是群众更倾向于选择适合自己的人口计生服务途径，特别是生育旺盛期的“70～80后”育龄群众更倾向于在知情基础上，个人选择适合的免费基本项目计生技术服务以及自己通过便捷的方法去获取所需的人口计生知识信息。

我们认为，新区户籍计生群众的服务需求与渠道方法的分散化、多样化有着其必然性，而且将长期持续下去。在上海全面推行独生子女政策30多年后，人口计生工作服务的对象人群已从过去的已婚育龄妇女扩大不同年龄段的计生群众，包括老年计生群众，服务对象的年龄跨度大大延长。服务对象的整体受教育水平也从过去以初中高中为主上升至高中大学为主。服务对象人群构成的多样化决定了人们的服务需求差别。另一方面，开展计生服务的渠道和方法也从过去单位、企业及计生药具机构为主转向了社区服务站点、市场及新的信息传播媒体等。在稳定低生育水平，促进人的全面发展大背景下，新区计生群众服务需求的变化推动了计生公共服务走向一个的新阶段。

3. 新区群众的新计生服务需求日渐凸显

随着计生群众构成的变化，一些新的服务项目逐渐纳入了基层人口计生部门的常规工作。在知识信息方面，由于计生利益导向政策措施的调整修改与新政策措施的出台，以及符合不同生育政策条件的人口构成变化，新区户籍计生群众对人口计生政策信息服务的需求大幅上升，有2/3左右的群众都期望人口计生部门提供这方面的服务。在计生技术服务方面，群众对人口计生部门提供“常规妇科检查”、“0～3岁早教指导”、“免费孕前优生健康检查”等新服务的期望明显增强。然而，从某种意义讲，这些项目都属“边缘性”的跨部门的工作，如“常规妇科检查”是卫生部门的妇女保健服务工作，“0～3岁早教指导”则涉及教育、卫生等多部门的服务工作。“免费孕前优生健康检查”虽然已列入2012年上海市人口计生领域的政府实事项目之一，但健康检查的具体实施则由医疗卫生部门承担。这些服务都需要大量的经费投入且涉及不同部门的工作。对这些跨部门的服务工作，人口计生部门应着重解决好以下问题：一是服务的部门定位问题，应根据人口计生部门的法定职责，决定应该由人口计生部门承担的工作，怎样开展协作；二是服务的可持续问题，这包括资金投入与人员队伍能力的可持续性；三是服务的市场定位，哪些应该由市场提供的有偿，哪些由政府免费提供的问题。

（二）建议

1. 加强对“70～80后”人群的计生服务

20世纪70～80年代出生的人口已进入了婚育的高峰期，他们是新区落实生育政策，稳定低生育水平的主要人群，也是新区人口计生服务的重要对象。根据该人群的计生服务需求特点，我们建议：

（1）以社区为依托，强化社区计生服务渠道的信息告知服务。努力利用社区的计生服务网络与服务渠道，加强对“70～80后”计生群众的社区计生服务信息的告之，并通过广泛发放社区计生服务联系卡、发送手机短信等方式，让“70～80后”计生群众，特别是新婚、孕前、孕期及产后的群众充分知晓社区提供计生服务的内容与途径，以便于他们自己与计生服务站点的工作人员联系，决定自己所需的计生服务内容与方式。

（2）抓好书籍资料及小区互动网络的人口计生知识宣传。根据“70～80后”计生群众的服务需求特点，主要以书籍资料及通过互联网络及小区电子互动网络的方式对该人群进行人口计生知识的宣传服务。发挥居住区计生工作网络的优势，利用居住小区或楼组人口计生干部密切联系社区居住的工作渠道，及时将优生优育、孕产期保健避孕节育等的教育资料及相关书籍杂志发送到“70～80后”的目标人群手中。

（3）发挥多渠道的优势，保证“70～80后”计生群众能方便获取计生避孕药具。可通过社区组织有关优生优育与孕产期保健等讲座培训、亲子活动等给避孕药具服务的主要需求群体——“70～80后”计生群众发放免费计生避孕药具，以减少其意外妊娠，增进其生殖健康。

2、做好落实人口计生政策措施的服务

当前，新区计生群众对人口计生政策措施的服务需求主要是两方面：一是把各项政策措施落到实处，二是对新的人口计生政策措施信息的宣传告之服务。对此，建议：

（1）努力落实好独生子女父母奖励费。配合今年市人口计生奖励扶助政策工作的重点，努力解决部分独生子女父母领取其30元奖励费遇到的问题。首先，加大对企业的人口计生奖励扶助政策的宣传；其次，将企业落实独生子女父母奖励费与其评选精神文明单位挂钩；再次，对少数困难或亏损企业，可要求它们先给其职工发放奖励费，然后再由其所在街道镇给予年终专项计生补贴，推动其职工的奖励费发放落实到位。

（2）加强对年轻计生群众的生育政策宣传。给一方独生子女一方非独生子女的夫妻与双方独生子女的夫妻发放宣传小册子，告之现行的生育政策，利用社区的专栏墙报等及时传播本市人口计生的新政策措施，满足群众对政策信息的需求，鼓励群众按政策生育。

（3）加强各项计生奖励扶助政策宣传。积极利用广播电视、网络电子屏、报纸杂志等大众传媒，对中老计生群众宣传现行的计生奖励政策，尤其是在奖励扶助政策进行调整时，应及时向群众宣传，解释其政策规定与条件。同时，还应利用社区的人口计生宣传栏目、电子屏幕等宣传告之，让计生群众知晓有关生育保险、晚婚晚育假期、独生子女病残死亡的补助、独生子女意外伤残保险以及免费孕前健康检查等的规定与政策条件。

3. 积极推进“免费孕前优生健康检查”工作

降低出生缺陷率是中央提出战略性任务，是人口计生部门的重要本职工作。借着“孕前优生健康检查”被列入上海市政府2012年为民服务事实项目的东风，加大推进新区已开展几年的免费孕前优生健康检查的工作力度：

（1）健全项目的资金投入保障机制。增加区、镇（街道）财政对免费孕前优生健康检查项目的经费投入，形成常规性的财政专项经费投入机制，使开展孕前优生健康检查工作在资金上有保证，为扩大受益计生群众的数量提供经费基础。

（2）完善孕前优生健康检查的工作机制。在定点检查医院方面，适当增加定点医院数量，以方便居住新区不同地域的计生群众。逐渐建立起检查前宣传、手续办理、检查前咨询、检查项目告之、检测流程安排、检查结果通知、个人隐私保密、受检对象档案、高危人群筛选及其后续工作的规范操作程序。

（3）做好孕前优生健康检查的评估工作。对新区免费孕前优生健康检查试点工作的实施情况，如群众的接受性、检查项目内容的针对性、检查投入与产出的效果、针对高危人群的后续工作等开展评估。

4. 增进对特定老年计生家庭的帮扶服务

紧扣“计生”职责，努力加强对经济困难、有残疾独生子女、独生子女老年父母患重病等特定老年计生家庭的服务，在计生奖励政策“普惠制”的基础上进一步推进“优惠制”，推动社会公平，构建社会和谐。建议：

（1）尽快建立起新区特定老年计生家庭的信息数据库。在进一步明确、完善的“特定老年计生家庭”定义的基础上，对不同类型的特定老年计生家庭进行登记统计，以掌握较完整的信息数据，并以此为根据制定有关的服务计划方案。

（2）给家庭经济困难的低龄老年计生群众提供辅助性的社区服务岗位。加强与相关部门的协调合作，给家庭经济困难但有工作劳动能力的低龄老年计生群众提供如社区保洁服务、助老服务、物业管理等岗位等，推动他们体面地自己解决的经济困难。

（3）加强对身患重大疾病的老年计生群众的家政服务与补贴。加强与民政部门沟通协调，将部分身患重病但仍属低龄老人的独生子女老年父母纳入家政服务的对象，定期给他们提供家庭保洁服务。同时，借鉴有关区的做法，以可持续运行为原则，在严格筛选的基础上，给重病住院的独生子女老年父母提供住院护理补贴。此外，积极探索建立浦东新区独生子女老年父母的临终关怀工作机制。

（4）完善对有残疾独生子女的老年计生群众的补助。独生子女的残疾是导致部分老年计生家庭陷入贫困的重要原因。对其独生子女患重度残疾、失去劳动与生活自理能力的老年计生家庭，新区财政可通过财政专项经费，积极探索建立专项扶助制度，给予年满60周岁及以上的独生子女老年父母特殊补助，帮助解决或缓解他们生活中遭遇的困难。

5. 免费基本项目计生技术服务向农村地区的计生群众倾斜

生活在新区农村地区及“半城镇化”的计生群众对计生服务的需求明显强于城镇地区的计生群众，而且有着较明显农村地区的特点。为此，建议：

（1）免费基本项目计生技术服务的信息传播向农村计生群众倾斜。利用婚姻健康检查、孕前孕期保健检查等及农村地区的生殖健康培训等服务平台，加强对农村的“7080后”计生群众宣传免费基本计生技术服务的内容，并通过发放宣传资料、农村有线广播以及手机短信等途径，让他们知晓施行计生手术的定点医疗机构，了解报销其医疗费用的手续与程序等。

（2）注意解决好农村中未就业或尚未参加医保的职工的计生手术费用支付问题。对农村中部分或个别计生群众未在定点医疗机构施行计生手术、或留存医疗费收据不全、或计生手术医疗证明缺失等特殊情况，基层人口计生部门可根据实际情况，对这些群众的计生手术费用给予合情合理的解决。

（3）做好农村计生群众“免费放取宫内节育器”的服务工作。对农村计生群众选择使用率高的“安放宫内节育器”，应着重做好农村群众采取该措施的知情选择工作，并告之其手术费用支付报销等手续程序。基层人口计生人员在获得相关信息时，应主动与当事人联系，加强后续随访等的跟踪服务，做到优质服务。

静安区独生子女意外伤残和死亡家庭调研报告

静安区人口和计划生育委员会

一对夫妇只生育一个孩子的政策在我国已实行了30多年，目前三口之家的独生子女家庭已成为城镇社会家庭结构的主体。人口学界认为独生子女家庭是高风险家庭，一旦子女意外伤残或死亡，独生子女父母比多子女父母受到的打击更大、更持久，后续的困难更突出。因此，如何对独生子女伤残、死亡家庭实施社会援助与补偿，帮助他们走出困境、重新鼓起生活的勇气，是政府应该履行的义务和职责。在新的历史条件下，“以人为本”和“构建和谐社会”已成为党的主要执政目标和我国社会发展的主导方向，“幸福家庭计划”也已成为人口计生公共服务的一个新方向。因此，多层次构建独生子女意外伤残、死亡家庭的社会支持体系，对于完善社会政策、促进社会的稳定与和谐发展，具有十分重要的现实意义。

本研究在收集、梳理相关研究文献的基础上，通过问卷调查与访谈、座谈相结合的调研方式，对静安区独生子女意外伤残、死亡家庭的基本现状、服务需求、社会救助现状等方面进行了深入的分析。同时，依据调研结果，结合本区独生子女伤残、死亡人数上升、独生子女伤亡父母老龄化等特点和趋势，提出了构建“政府主导、社会参与、家庭增能”社会支持体系等建议，供政府相关部门决策参考。

一、静安区意外伤残、死亡独生子女的基本情况

本研究对静安区所有登记在册的936户独生子女伤残、死亡家庭进行了问卷调查。此次调查共回收有效问卷880份，其中，子女伤残家庭624户、子女死亡家庭256户。从调查对象的性别分布看，男性和女性所占比例相差不大，所以本次问卷调查所反映的内容基本可以消除性别原因所产生的偏差。在问卷调查的同时，课题组还通过座谈会等形式对部分独生子女伤残、死亡家庭进行了深度访谈。

1. 伤残、死亡独生子女的人口学特征

通过对伤残、死亡独生子女的人口学特征的分析，可以进一步认识本区伤残、死亡独生子女人口的内部结构、地域分布、主要特征，从而为构建伤残、死亡独生子女家庭的社会支持体系提供一个清晰的人口背景。

(1) 独生子女伤残、死亡家庭数量逐年上升。调查显示，独生子女意外死亡时间最长的已超过20年，占11.2%，10～20年的占29%，10年及以下的占58.8%。由此可以推断意外死亡的独生子女绝对数在逐年增加。截至2010年底，本区独生子女伤残人数625人，占全区户籍残疾人口登记总量的10%强。从伤残时间推算，伤残时间在20年及以上的占28.1%，10～20年的占31.5%，10年及以下的占40.4%，同样呈逐年上升的态势。这种态势与独生子女总人数逐年增加有关。

独生子女家庭为我国的计划生育事业做出了重大的贡献，承担了公共政策执行的社会成本和风险。从国家补偿和社会公平的角度应该将这些家庭区别于其他子女伤残、死亡家庭，发展和完善一套适合特殊群体的政策和服务体系，这套体系并且能够和普遍意义上的残疾人、老年人政策和社会公共服务体系等相衔接。

(2) 意外伤残、死亡的独生子女中男性略多于女性，死亡事件大部分发生在16周岁及以上子女中，伤残子女大部分已经成年。在死亡的独生子女中，男性占55.3%，女性占44.7%。独生子女死亡事件发生在16周岁及以上的，占65.7%，发生在16周岁以下的占34.3%。独生子女去世前未婚的占87.8%，初

婚的占 11.8%，再婚的占 0.4%。在伤残的独生子女中，男性占 54.9%，女性占 45.1%。截至 2010 年底，这些伤残的独生子女，只有 4.5% 在 16 岁以下，95.5% 已经处于 16 岁及以上年龄。伤残子女的伤残事件发生在学龄前及 6 岁以前的占 33%，发生在 6 ～ 15 岁的占 17.2%，发生在 16 岁及以上的占 49.8%。

意外伤残与死亡独生子女的性别差异符合人口发展的一般规律，年龄组的差异主要与独生子女的年龄构成相关。第一代独生子女基本还在 35 岁以下，年龄分布以低年龄段为主，从而也导致伤残、死亡的年龄差异。从全区残疾人口的年龄结构分析，45 岁以下的残疾人口数量较少；而且，45 岁以下残疾人口在各年龄段的分布相对较为稳定。随着年龄的上升，遭遇残疾的概率加大，尤其是进入中老年以后因疾病或工伤导致的残疾比例上升。由此可以推断，随着时间的推移，尤其当第一代独生子女步入中年之后，其意外伤残和死亡的人数将进一步上升。

表 1　静安区独生子女残疾人口的年龄构成

年龄分组（岁）	独生子女残疾人口		全区残疾人口	
	数量(人)	比重（%）	数量(人)	比重（%）
0～14	28	4.7	65	1.7
15～19	24	4.0	35	0.9
20～24	173	28.8	93	2.4
25～29	215	35.8	144	3.8
30～39	148	24.7	209	5.5
40～49	39	6.5	420	11.0
50～59	0	0	1358	35.6
60岁及以上	0	0	1487	39.0
合计	600	100.0	3811	100.0

注：全区残疾人口源自区残联 2009 年统计数据。

（3）意外伤残独生子女总体文化程度不高，以初、高中文化水平为主。在标注文化程度的 593 名伤残独生子女中，文化程度以初中和高中为主，分别占 26.9% 和 26.7%；有 3.4% 上过或者正在读残疾人特殊学校，但也有 9.5% 的人从未正常入学。分年龄可以看出，19 ～ 35 岁的 476 名伤残子女中，10.7% 的人从未正常入学,也有 15.5% 的人受过或正在接受高等教育。残疾人口总体受教育水平不高，一方面是由于肢体残疾对其正常的学习带来了影响，同时也与残疾人口的年龄结构有关。2009 年全区户籍残疾人口教育程度比重较高的前 3 位分别是：初中（包括肄业、相当于初中毕业，下同）占 51.52%；高中（中专、中技）占 37.42%。可见，独生子女残疾人口的文化水平较全区平均水平高，但低于总体人口。

（4）独生子女意外伤残、死亡的地区分布与全区残疾人分布基本一致，总量以江宁路街道最多。从全区伤残独生子女的地域分布分析，江宁路街道的残疾人口数量较多，占 28.34%，石门二路街道与南京西路街道分列第 2 和第 3 位，分别占 20.39% 和 19.47%。伤残独生子女的地区分布构成与全区残疾人口的分布基本一致。

2. 独生子女伤残、死亡的原因及其残疾特征

（1）独生子女死亡者中因患病居多，先天残疾的比重超过半数。本次调查结果表明，子女死亡的原因中，58.4% 是因为重大疾病，12.4% 是因为溺水／着火等意外，交通事故致较多人死亡，达到 5.6%。15.5% 的死亡独生子女是因为其他原因，但是父母没有提及，其中有提及的是抑郁症自杀和煤气中毒。

独生子女致残的原因中出生就发现是残疾的占 47.5%。其中，遗传因素的占 28.5%，孕产期自我保健不当占 20.9%，环境因素占 18.2%，围产期监护不当占 10.9%，其他原因占

21.5%，提及的原因有唐氏综合征、染色体等原因。另外，有些独生子女是在成长过程中才发现是先天原因致残的，这部分伤残人口加上生下就残疾人口达到了独生子女伤残总人口的57.5%。这说明在独生子女伤残人口中，致残因素最大的是遗传基因和孕期护理等大部分可以发现和避免的因素，说明计划生育部门近年来推动婚前体检、免费孕前体检是非常有必要、有意义的工作；同时，也说明孕前和孕中对父母的知识教育和宣传需要持续进行，对产前检查需要进一步规范和扩展检查内容。另外，结合伤残人口现在的年龄以及发生残疾时的年龄可以发现，近10几年来先天原因致残的人比之前大量减少，这说明上海普及产检和推广孕期知识取得了明显的成就。

在出生以后残疾的子女中，原因最多的是重大疾病，占29.8%。也有22.8%选择了其他，其中主要是因为工作或者生活中遭受重大挫折致残、手术后遗症以及不明原因；第三大原因是未及时看病或自家用药不当，占17%。在后天伤残的独生子女中，0岁组时伤残的占13.1%，1～6岁时残疾的占22.1%，7～18岁时残疾的占30%，19岁及以上占34.7%。结合致残原因和死亡原因，说明对青少年的心理辅导和家长的教育仍然是长期而艰巨的任务，应当尽量减少家长的疏忽、自行用药不当等人为因素，加强对青少年的心理辅导和教育以减少青少年心理因素造成的残疾。

表2　静安区独生子女成长过程中残疾的主要原因

残疾原因	遗传因素	传染疾病	重大疾病	未及时看病或自家用药不当	医疗事故	交通事故	溺水等意外	工伤事故	其他	合计
人数(人)	28	7	79	45	20	9	21	1	62	272
比例(%)	10.3	2.6	29.0	16.5	7.4	3.3	7.7	0.4	22.8	100.0

（2）独生子女残疾类型以智力残疾居多，精神与肢体残疾分列第2和第3位。调查数据显示，静安区独生子女伤残的类型最多的为智力残疾，占44.5%；精神残疾其次，占19.3%；肢体残疾为第3，占18%。独生子女中伤残类型的特征与静安区所有残疾人的特征及上海市残疾人的特征有很大不同，区和市残疾人中比例居前两位的类型是肢体和视力残疾。这与独生子女大部分尚处于45岁以下有关，按照一般规律，随着独生子女步入中年、老年，肢体残疾的数量会增加。另外，值得注意的是，在静安区的智力残疾和精神残疾人口中，独生子女占了大部分。这种残疾类型的分布特征提示，静安区在制定有关智力和精神残疾的扶助政策以及提供相关服务中，需要充分考虑到独生子女特殊的家庭背景。同时，智力与精神残疾人口与视力、听力、言语、肢体等类型残疾人口的不同之处在于他们无法正确判断自己的情况，因此需要寻找针对性的解决问题的方法。所以，在独生子女父母年老或者去世之后，由于家中没有兄弟姐妹等平辈能够接力承担照顾责任，因此智力和精神残疾独生子女的照顾问题必然会成为社会问题。

（3）独生子女残疾类型以二级和三级为主，整体情况比较严重。伤残等级中，39%为中度残疾，30.4%为重度，也有16.6%为最重度，累计起来，中度以上残疾占86%，整体情况比较严重。从静安区残疾人口的等级分布和全市残疾人口情况比较来看，静安区的残疾人中重度和最重度的比例明显高于全市水平。静安区独生子女残疾人口中的重度和最重度比例低于区平均水平，但是高于市平均水平。区残联可能因为本区非独生子女残疾人口的重度和最重度严峻形势而不能给予独生子女中重度残疾人口特别关注，这就需要人口计生部门来补足工作，考虑如何为独生子女家庭克服人单力薄的困难，为独生子女伤残家庭提供更多的扶助服务。

3. 伤残独生子女的自理能力与就业状况

（1）残疾独生子女大多没有婚姻关系，不能自理者以父母照料为主。值得注意的是，在被调查的550名19岁以上独生子女伤残人口中，87.1%的人未婚，2.4%的人离婚，其余的人处于初婚或再婚的婚姻状态中。也就是说，至少在目前，大部分成年独生子女残疾人口没有婚姻关系。另外，包括未成年独生子女伤残人口在内，89.8%的被调查伤残子女与父母同住，6.5%与配偶住在一起，2%住在医院、精神中心、康复中心等机构，1.2%独立居住或在外就学。在日常生活方面，34.8%的被访独生子女可以大部分自理，30.0%完全能自理。但也有9.7%大部分不能自理。41.2%的子女不需要照顾，基本可以自理；54.8%子女由父母照顾。所以，在伤残独生子女的非正式支持体系中，父母发挥了最主要的作用。与独生子女残疾人口的残疾类型有关，因为肢体、听力等残疾类型少于智力和精神残疾类型，所以对辅助器械的依赖程度较低。70.5%的子女不需要任何辅助器具，7.8%需要轮椅，7.8%需要助听器，5.5%需要拐杖。

表3　静安区独生子女残疾人口的自理能力及主要照料者情况

自理情况	人数(人)	比例(%)	照顾者	人数(人)	比例(%)
完全能自理	182	30.0	不需要，基本自理	251	41.2
大部分能自理	211	34.8	父　母	334	54.8
一半左右能自理	110	18.1	配　偶	6	1.0
大部分不能自理	59	9.7	保姆或钟点工	2	0.3
完全不能自理	45	7.4	机　构	10	1.6
合　计	607	100.0	其　他	6	1.0
			合　计	609	100.0

（2）成年伤残独生子女失业者居多。在15～59岁劳动年龄人口中，50.5%的被调查伤残独生子女现在失业，24.7%的伤残子女在职，15.8%选择了其他，主要是重残无业或者挂靠。在已经工作的伤残独生子女中，男女都是在18～35岁这个年龄段，女性的比例稍多于男性。伤残等级中度和轻度最多，分别占36.8%和28%。智力残疾最多占30.8%，其次是肢体残疾占27.7%。这说明，残疾人口的就业仍然是大问题。

（3）主要收入来源为家人供养，月收入多在1000元左右。从伤残独生子女的收入来源中，依靠家人供养的占33%；其次是享受政府的低保，占30.9%；工作或生意所得占22.9%。成年伤残独生子女的月收入最多是在1000元及以下，占39.1%；无收入的其次，占28.3%；1000～2000元的占26.8%。由于本次调查的时间在2011年3月，2011年4月上海的最低工资由原来的1120元调整至1280元，因此，享受低保及在职的伤残独生子女的收入也将相应增加。

二、静安区意外伤残死亡独生子女父母的基本情况

1. 伤残、死亡独生子女父母呈现老龄化，文化程度中等偏低

本次调查的具体调查对象只涉及意外伤残、死亡独生子女的父或者母。256个独生子女死亡家庭样本中，男性占46.1%，女性占53.9%。58.6%的被访者户籍与居住地都在本区，41.4%的被访者人户分离，户口在本区，住在别区或外省市。被访者年龄在40～49岁的占2.4%，50～59岁之间的占48.4%，60～69岁占36.5%，70岁及以上的占12.7%。82.5%的被访者已经离退休，10.4%的被访者在职，4.4%的被访者失业，其余的为自由职业或其他。被访者的死亡独生子女的父母文化程度为高中的占38.2%，初中的占36.2%，大专的占11%，本科及以上占10.2%，小学及以下的占4.4%。

在被调查的624个伤残独生子女父母样本中，男性占47.6%，女性占52.4%；年龄分布从最小的24岁到最大的83岁，但主要集中在50～59岁，60～69岁，分别占57.6%和29.8%，其次是70～79岁占7.4%，40～49岁占3.4%，39岁以下的6人，不足1%。65.6%的被调查伤残独生子女父母的户籍与居住地都在本区，34.4%的家庭人户分离，户口在静安区，常住在本市其他区或者外省市。被

访问的伤残独生子女的父母文化程度以初中文化程度者最多，占 41.8%；高中 / 技校 / 中专其次，占 40.7%；大专文化程度占 7.8%，大学本科和小学及以下文化程度者分别占 5.0% 和 4.7%。72.5% 的被访伤残独生子女的父母已经离退休，15.8% 在职，6.5% 失业，只有 1.3% 未退休，主动选择在家照顾家庭，其余的为自由职业或其他。

本文第一部分提到，静安区独生子女死亡事件大部分发生在 16 周岁及以上，伤残独生子女大部分已经 16 岁及以上；对应的，静安区伤残、死亡独生子女的父母年龄也较大，50 ～ 70 岁的人口占了绝大部分，意味着伤残、死亡独生子女的父母们大部分已经退休或即将退休，自己也面临养老问题。就目前来看，独生子女伤残或死亡与其父母的退休重合度高，伤残、死亡独生子女的父母老龄化是静安区伤残、死亡独生子女家庭的典型特征。根据中年以后伤残、死亡率增高的规律，累积的伤残、死亡独生子女的父母在 10 ～ 20 年之后将呈现出高龄化的特征。同时，50 ～ 70 岁的伤残、死亡独生子女父母青少年时期在 20 世纪 60 年代左右，普遍文化程度不高。因人制宜、搞清政策的受众对象是科学合理地设计政策的前提和保证，伤残、死亡独生子女父母老龄化、文化程度不高的特征提示出在设计和完善扶助政策时需要注意的问题。

2. 独生子女死亡父母以空巢、独居为主，伤残独生子女家庭多为核心家庭

独生子女死亡的父母中，75% 的被访者初婚有配偶，12.3% 离婚后单身，8.7% 的被访者丧偶后单身，1.2% 的人和配偶分居，2.8% 的人再婚。也就是说没有婚姻生活的人达到 22.2%。同时，独生子女死亡的父母中有 12.4% 的人处于独居状态，63.3% 的人生活在 2 人家庭结构中，且绝大部分是与配偶，所以，空巢是独生子女死亡的父母主要的家庭模式；24.3% 的人生活在 3 人及以上的家庭模式中。

独生子女死亡之前有婚姻关系的占少数，初婚的占 11.8%，再婚的占 0.4%。在子女死亡之后，与子女的配偶来往很少和几乎不来往的人占一半。在子女去世之前，已经有孙辈或外孙辈的 19 名被访问者中，有 15 人与孙辈或外孙来往很多或居住在一起。在所有的调查者中，只有 2 人表示他们在子女去世的 5 年以后再生育了子女，其余的人因为自身或配偶超过生育年龄或主动选择不生育等都没有再拥有子女。

在独生子女伤残的父母中，80.7% 的人初婚，有配偶，9.6% 的人离婚后单身，7.4% 的被访者丧偶后单身，分居和再婚的分别占 0.8% 和 1.5%。也就是说，有正常婚姻关系的占 82.2%，处于单身生活状态的人占 17.8%。独生子女伤残的父母中有 67.1% 的人生活在 3 个人的家庭规模中，12.6% 的人生活在 4 人及以上的家庭中，另外有 17.6% 的人生活在 2 人家庭中，2.7% 的人独居。与配偶、子女共同居住的比例分别达到 82.5% 和 89.2%，结合第一部分中提及伤残独生子女大部分 16 岁以上、未婚的状况，可以推断，中老年夫妻加上 16 周岁及以上独生子女的核心家庭是伤残独生子女父母的典型家庭结构，4 人以上的家庭主要是与父母辈共同居住的家庭。

以上数据说明独生子女父母在失去子女之后再拥有其他子女的可能性较小，独居和与配偶一起的空巢家庭模式较为典型，核心家庭是独生子女伤残的父母典型的家庭结构，独生子女死亡伤残的父母都有较高的比例失去婚姻关系。

在访谈座谈中，有多位独生子女伤残家属谈到，现在他们最担心的是，自己老了以后怎么办？伤残子女的照顾问题及父母自身的养老问题都是他们担忧和后怕不已的问题。因此，从政府致力于解决残疾人家庭的具体困难而言，对于非独生子女伤残家庭与独生子女伤残家庭的帮助应该分而治之，尽量满足两者各自不同的需求。

2010 年的调查结果显示，82.5% 是 15 岁以后死亡的，死亡原因构成中，患病占 72.5%。失去子女的家庭在遭遇重大疾病、失能、失智风险时不仅只能靠年老配偶的知识来做决策，在生活照料上也只能依赖配偶；此外，心灵孤独、心理创伤是一个需要社会关注的问题。因此，对于失去子女的独生子女父母，在制定老年服务政策时不仅要关注这一群体的生活照料问题，也应构建其在遭遇失能失智风险时的社会扶助机制，同时也不能忽视他们对心理慰藉的需求。

3. 独生子女死亡父母经济状况中等，伤残子女家庭经济条件较差，住房设施较多不适合伤残、老年人口居住

独生子女死亡的父母经济状况中等，2010年家庭月收入达到5000元及以上的只有9.2%，33.7%的人家庭月收入在2000元以下。在被访问者对自己的经济状况评估中，55.6%的人认为目前经济状况一般，25.1%的人认为家庭比较困难，10.7%认为很困难，其余的人认为经济状况比较宽裕或很宽裕。这种自评状况与月收入的分布较为一致。

伤残独生子女家庭的经济状况比独生子女死亡家庭的经济状况略差，有22.6%的家庭以最低生活保障金为生，这与第一部分提及的伤残独生子女较大比例以低保为生相符。值得注意的是，伤残独生子女家庭中，有13%的家庭中有老人是没有退休金的，以城镇无保障老人纳保补贴为生，这说明在残疾独生子女家庭中，可能有相当部分的双重经济困难家庭，即以低保为生的独生子女和以纳保补贴为生的老年人在同一家庭中；另外，伤残独生子女的父母大部分退休，以退休金为生，综合来看，残疾独生子女家庭的经济收入偏低。调查数据显示，2010年全家月收入在3000～5000元的家庭占36.5%，2000～3000元的占29.4%，1000～2000元的占24.2%，1000元以下和5000元以上的分别占3.3%和6.7%。从3人核心家庭来看，较高比例的家庭人均月收入在2000元以下。被访问者自评中也反映出伤残独生子女家庭经济状况较差的问题，36.9%的人反映自家经济比较困难，15.9%的人反映自家经济很困难，其余为一般或宽裕。所以，伤残独生子女家庭的经济困难是个突出问题。

独生子女死亡的父母中，36.2%住在多层无电梯公房或售后公房，32.1%住在石库门等里弄房子，8.9%住在多层带电梯商品房，7.7%住在中高层带电梯公房或售后公房，其余的人住其他类型住房。12.9%的被访者家庭人均住房面积在7平方米以下，27.6%的被访者家庭人均住房面积在7～15平方米的住房中，34.58%的被访者家庭人均住房面积在16～30平方米，人均居住面积大于30平方米的家庭占25%，有1人已经住在敬老院。独生子女死亡的父母中有10.7%的人有其他住宅。结合收入与住房财产的状况来看，独生子女死亡的父母经济状况好的占少数，大部分人以退休金为主要收入来源，住房以里弄和老公房为主。里弄和一些建造年代早的老公房在设施方面不够完善，13.1%的被访问者认为最大的问题是共用煤卫，不方便，23.5%的人抱怨没有卫生和淋浴设施，36.2%的人认为最大的问题是没有电梯，其余的27.2%的人提出了小区环境差、产权纠纷、缺乏绿化等问题或者认为基本没有问题。结合独生子女死亡的父母的老龄化特征，居住设施问题将会是他们以后生活中的较大问题。

与静安区住房建设的历史有关，伤残独生子女家庭与死亡独生子女家庭的居住状况类似。伤残独生子女父母中，44.2%的人住在多层无电梯公房或售后公房，31.4%居住在石库门或其他里弄住房中，居住在带电梯的住房中的人仅有11.7%，其余人住在花园住宅、简易私房等住房中。被调查的伤残子女家庭中，25.3%的被访者家庭人均住房面积在7平方米以下，32.5%的被访者家庭人均住房面积在7～15平方米的住房中，33.0%的被访者家庭人均住房面积在16～30平方米，人均居住面积大于30平方米的家庭占9.2%，有11.5%的人表示除了本住处还有其他住宅。从3人核心家庭的典型家庭结构看，伤残独生子女家庭的住房面积普遍偏小，以老公房和里弄为主要住房类型，设施普遍较差。伤残独生子女家庭在住房方面反映的问题与死亡独生子女家庭类似，电梯、没有卫生淋浴设施、煤卫合用是最主要的3大问题。

4. "一户两病（残）"家庭、父母的养老问题、父母心理严重忧郁孤独是3大难题

独生子女死亡的父母中，51%的被访者评估自己健康状况一般，36%的人认为不太好，

9.7% 认为很不好，只有 3.3% 的人认为自己身体状况较好或很好。虽然独生子女死亡的父母目前健康和自理能力基本良好，但是患病问题比较突出，60.8% 的人反应自己患有高血压、心脏病、心肌梗塞等循环系统疾病，这个比例比普通人群高出很多。

同时，52.6% 的被访独生子女死亡的父母评估自己的家庭生活氛围基本平稳或和睦，34.4% 的人认为气氛比较抑郁，其余的人处于独居状态或其他。另外，被访问者个人的心理状态欠佳的比例较高。51.4% 的被访者最近半年的心情基本开心或平静，33.7% 的人有时候烦恼或忧郁，14.9% 的人经常烦恼、忧郁或非常烦恼忧郁。

伤残独生子女父母中认为自己健康状况不好的占 30.4%，很不好的占 5.2%，59.4% 的人认为自己健康状况一般，其余的人认为自己健康较好。伤残独生子女父母所患疾病与死亡独生子女的父母类似，循环系统疾病、肌肉骨骼结缔组织疾病、消化系统疾病是患病比例最高的 3 大类疾病，其中又以循环系统疾病最多。综合来看，有较高比例的伤残独生子女父母身体状况不佳，但是同时又与需要照顾的伤残子女生活在一起，这种一户家庭中有 2 个或 2 个以上身体有残疾或身体状况不好的家庭值得关注，这种家庭可以简称为“一户两病”。

伤残独生子女父母评估自己家庭氛围基本平稳或和睦的占 63.9%，气氛比较抑郁和家里有重大矛盾的一共占 33.1%，其余的人属于独居或其他情况。在反映自己心理状态时，45.2% 的人表示最近半年心情基本平静的，36.4% 有时候烦恼、忧郁，经常和非常烦恼、忧郁或孤独的一共占 11.1%。

在心理健康方面，伤残和死亡独生子女父母中都有超过 10% 的人有比较严重的忧郁、孤独感受。

5. 人户分离现象较多

伤残、死亡独生子女的父母人户分离现象比较严重。从静安区五个街道看，静安寺街道人户分离现象最严重，占 56.4%，其次是石门二路街道，占 40.9%，再次是江宁路街道，占 35.1%，南京西路街道 31.9%，曹家渡街道有 18.4% 的伤残死亡独生子女父母人户分离。人户分离在按照户籍实施扶助政策的体制下形成了区行政部门和街道实际工作的困难，所以，在伤残死亡独生子女父母扶助政策的设计中要突破人户分离的难题，形成“政策随人走”的人性化实施体制。

三、独生子女
伤残死亡给父母带来的困境

独生子女是父母的精神和养老支柱，父母在孩子身上倾注了毕生的心血。独生子女伤残或死亡，给其家庭、特别是父母带来的伤害是巨大的，也是难以弥补的。在课题组对静安区独生子女父母的访谈中，所有被访者都认为独生子女的意外伤残或死亡对他们的打击是致命的。独生子女意外伤残或死亡表面上是一个个孤立的家庭事件，但实际上反映了我国以“独生子女”为核心内容的计划生育政策本身所包含的高风险。独生子女的意外伤残或死亡，会使独生子女家庭面临经济成本零回收、养老、情感和精神等多重压力与困境。本次问卷调查数据及深度访谈材料显示，独生子女伤残或死亡的家庭通常会面临以下困境：

1. 独生子女家庭“因残致贫”风险大

在伤残独生子女家庭中，44.3% 的被访者认为子女伤残导致生活水平明显下降，34.6% 认为生活水平严重下降，只有其余 21.1% 的人有轻微影响或者总体没有影响。也就是说，大部分的伤残独生子女父母因为子女的伤残经济水平明显降低；结合前面部分提及的伤残独生子女父母目前的经济状况偏差的普遍状况，独生子女伤残给其父母带来的经济风险不是从较高水准到小康生活水平的普遍下降，而是具有拖到贫困线边缘或贫困线以下的“致贫”作用。这种“致贫”主要源于医疗费或康复费的直接花费以及使父母一方放弃工作来照顾伤残子女两种作用机制。在反映家庭生活水平在子女伤残后下降的被访者中，47.7% 的人反映是因为子女的医疗、康复花费巨大，46.3% 的人反映是夫妻双方中的一方必须放弃工作来照顾子女，

选择其他的6.0%的人反映是综合了以上两大因素。

52.1%的伤残独生子女父母反映其子女享受城镇居民医疗保险，35%享受城镇职工基本医疗保险，仅有1.1%参加了商业保险，其余11.1%的人提及享受重残失业医疗保险或者没有医疗保险。这说明伤残子女基本只有国家提供的基本医疗保险，而公共医疗保险不能包含的自费部分和康复费用花费了很多家庭大量经济资源。据伤残独生子女父母提供的数据，治疗总花费在2～5万元的占26.9%，1万元以下的占32.5%，5～10万元的占15.2%，13.1%的家庭花费了10万以上。从患残疾年限看，残疾独生子女身患残疾10年以上的占65.7%，5～10年的占21.4%，其余的为5年以下。研究发现，残疾年限与治疗花费有正相关关系，残疾年限越久，治疗和康复已花费越高。所以，对于独生子女伤残家庭来说，如何解决长久稳定的医疗和康复费用来源是个关系这些家庭基本生活的重大问题。

伤残独生子女家庭“因残致贫”的另外一项原因是由于伤残子女照顾主要依赖其父母，这使得大量父母中的一方不得不放弃原有的工作。在独生子女伤残时，被访者的就业状况为在职的占78%。子女伤残对被访问者工作有明显影响的占45.9%，有严重影响的占27.4%，21.1%和4.6%分别是有不明显的影响和没有影响。本次研究数据没有发现被访问者在工作上受到影响的程度与其子女的残疾类型和残疾等级有强关系。这种“因残致贫”的机制说明如何为伤残独生子女家庭提供更多的照顾辅助资源，是关系这些家庭基本生活的另外一个重大问题。

2. 独生子女死亡的父母忧郁致病，“因病致贫”

独生子女的死亡对其父母的精神打击非常巨大，一般的人经常想起孩子、想起往事，感到失落悲观，严重者失去生活的信心，整日忧郁。这种精神打击不仅对他们的身体健康有很大负面影响，也带来生活水平的降低。

在评估经济影响的问题上226位死亡独生子女的父母表达了意见，30.5%的人认为在经济上基本没有影响，其余的大部分人都反映在经济上面受到了严重影响或明显影响。26.1%的人反映子女去世之前医疗费花费巨大；因此花去了很多积蓄或者欠了债；22.6%的人反映自己或者配偶在子女去世之后长期生病，医药费支出高；一共有17.7%的人反映自己和配偶中有一方在子女去世之后的很长一段时间里不能继续工作，所以家庭收入水平降低；3.1%的人选择了“其他”。这组数据，结合之前提及的独生子女死亡以重大疾病为主的事实，反映出死亡独生子女的父母同样具有“因病致贫”的问题，而且“因病致贫”来自两个方面，一个方面是独生子女死亡之前的医药费支出，另外一个方面是自己或配偶因为子女去世受到了沉重打击而长期生病，医药费支出高。“因病致贫”的问题与医疗体制有关，不是独生子女扶助政策能够单一解决的问题，有待于整体医疗体制的改革和完善。对于独生子女家庭遭遇子女伤残、死亡的在医疗问题上的大风险，为独生子女家庭整体投保或者建立互助基金是个可以考虑的方向。从本研究数据看，独生子女家庭自身在过去对于子女伤残、死亡的经济风险认识是不够的，伤残独生子女家庭中只有1.1%的人为子女购买过商业保险。在独生子女死亡的父母中有11.8%的人为子女购买过商业医疗保险，13.1%的人为子女购买过人寿险。由此可以看出，计划生育部门对于独生子女家庭的经济风险知识宣传也是需要的服务方向。

在独生子女去世时，其父母有61.5%在职。孩子离世对其父母工作影响很大：42.4%认为是有明显影响，无法专注工作；35.3%认为有严重影响，无法正常工作。从被调查对象间接反映的对其配偶在工作上的影响与调查对象的意见分布类似，配偶中分别有39.7%和46.1%的人在工作上受到了严重影响和明显影响。独生子女死亡的父母与独生子女伤残的父母情况不同，工作受影响的原因不在于精力的牵扯，而在于心理受严重打击。

本研究发现，独生子女伤残死亡家庭在工作上都会受到很大影响，伤残家庭更多的是因为照顾需要不得不放弃工作，独生子女死亡的家庭是因为伤心过度不能工作，这两种情形的失业一般会超出劳动部门所规定的能够申领失业救济金的年限范围。对于子女伤残家庭的失业风险可以从预防和补救两个方面着手，为伤残人员建立更完备的服务体系和设施可以防止其父母的被动失业，对独生子女父母因为子女伤残的照顾问题而引致的失业给予一定补贴也符合补偿独生子女父母承担的高风险的原则。对于独生子女死亡的父母因为伤心或生病不能继续工作而造成的失业也同样适用补偿原则。

3. 独生子女伤残、死亡导致父母心理健康受损，婚姻关系也受影响

问卷调查数据及访谈材料表明，在独生子女伤残或死亡后，由于精神痛苦和对养老的忧虑，父母患病或死亡的比例明显增大，在被访独生子女家庭中，有6位父母在孩子出事后，由于过度痛苦、劳累和忧虑提前离开了人世。独生子女去世，其父母因忧郁致病，除了以上提到的经济问题，更大的问题在于其父母受到的身体损害。另外，除了上述提到的忧郁致病到医药费花费大、无法继续工作的严重情况，独生子女的死亡还在其他不同程度上对其父母的身体和心理健康有负面影响。50.4%的人表示子女的去世对他本身心理健康影响较大，48.8%的人表示对其配偶的心理健康影响较大。

独生子女伤残家庭在身心健康方面受到影响的状况与独生子女死亡家庭分布相似，被访者本人和配偶中都是心理健康影响受影响较大者比例最高，分别有42.6%和39%的人认为自身和配偶在心理健康方面影响较大，自身和配偶在身体健康方面受到直接影响较大的分别占13.7%和11.7%，其余的人认为影响不大或者没有影响。以上数据说明，独生子女伤残和死亡对其父母的健康影响最大的问题在于心理方面。

子女的伤残、死亡还会影响到婚姻关系。55.3%的独生子女死亡的父母认为子女离世后和配偶更加珍惜对方；22.1%认为夫妻关系没有受到大影响。但也有8.9%的被访者认为子女离世后，配偶互有怨言，矛盾增多，6.8%认为子女离世后，夫妻互相埋怨，最后离婚了。在独生子女伤残的父母中，39.4%的被访者认为子女伤残后夫妻更加珍惜对方；35.5%认为夫妻关系没有受到很大影响。分别有14.3%和5.9%的人表示子女残疾之后配偶互有怨言、矛盾增多和导致离婚。以上分析表明，对于独生子女发生意外伤残死亡的事件之后，不仅对于父母的安慰和心理疏导是非常必要的，而且婚姻关系咨询和关系调节也是必要的。

独生子女死亡的父母在遇到心理烦恼时，50.8%的人一般聊天对象是配偶，14.9%的人一般找朋友聊天，10.3%的人一般找亲戚，3.7%的人找邻居聊天，找居委会干部和专业心理咨询人员的分别达到5.4%和1.2%，找同事的也达到5%，其余的人选择了其他社会关系。对于未来是否接受专业心理咨询师或社工帮助的问题，34.2%的人表示完全能接受，39.8%的人认为能接受，但是有顾虑，26%认为不能接受，其中男性比女性有更多的人可以接受心理辅导，文化程度较高的人也比较容易接受心理辅导。在心理倾诉对象上的分布和对待专业心理咨询人员的接受程度上，独生子女伤残的父母与独生子女死亡父母分布非常相似。这说明除了对于发生不幸的独生子女家庭，个人关系中配偶、亲戚、朋友对独生子女父母的心理支持度最高，正式关系如居委会干部和心理咨询人员已经发挥了一定作用；同时，还有更多的人需要居委会干部和心理咨询人员的服务。

心理关怀在不幸事件发生时和发生之后的不同阶段所起的作用不尽相同。48.5%的独生子女死亡的父母认为子女离世后，需要长期的关心和不时的咨询；21.5%的人认为子女去世后的1个月到1年时间，在转变想法调整心情方面最需要专业人员的帮助；14.7%的人在子女刚刚去世的时候，没心情安排子女的后事，最需要专门的人帮忙，9.8%的人表示在子女去世后的一个月内非常需要专业心理咨询人员的帮助，其余的人选择了其他。

4. 伤残、死亡与老龄化共生，家庭照顾关系脆弱

前文已经提及，伤残独生子女大部分未

婚、与父母共同生活；同时，父母又是退休人员居多。面对这种状况，伤残独生子女的父母已经意识到了这种照顾依存关系的脆弱。56.9%的伤残独生子女父母对其子女担心的最主要问题是以后父母体弱将面临无人照料；16.2%的人最担心子女的问题是基本生活开支不够；9.6%的人最担心子女的是医疗费用自费部分难以负担。

在权衡自身和子女的综合问题以后，对伤残独生子女的担忧仍然占了最高比例。42.1%的被访者最担心伤残子女未来生活缺乏保障，26.9%的人担心自己或配偶体弱后子女缺乏人照料，25.6%的人担心最担心或配偶年老后缺乏人照料。

2010年的调查结果同样显示，子女伤残及重病的老年独生子女父母最担心的是自身的养老和伤残子女的照料问题。独生子女死亡的老人身患疾病者比重高，统计结果表明，由于过度伤心，独生子女死亡的父母其患有心脏病的比重高达25%，高出样本总体的同一比例(14.4%）10个多百分点；患有两种以上疾病的比重为33.7%,高出样本总体同一比例（26.8%）7个百分点。看病问题及担忧以后的照料问题是其目前面临的最大生活困难，各占29.7%。面对患病率高和前文提及的心理忧郁问题以及空巢、独居的现实，死亡独生子女父母的养老状况不容乐观。

四、独生子女意外伤亡家庭享受政府政策的情况及需求

1. 独生子女意外死亡家庭亟需老年照料资金与服务，意外保险和心理咨询应该成为独生子女家庭的两大固定风险防范和处理机制

与独生子女死亡家庭相关的政策可以分为就业、养老、心灵关怀、经济援助、法律服务等几类。在就业服务方面，72.7%的人知道有该项服务，但是没有享受过，这种状况与较大部分独生子女死亡的父母退休有关，也与死亡独生子女的父母在就业上的特殊性有关。死亡独生子女父母的失业一般是心理打击太大不能工作或心理打击引致生病而不能工作。但是政府部门在这方面还是做过一些工作的，9.8%的人表示享受过就业服务。

在独生子女政策方面，80.4%的人表示享受过意外伤残死亡计划生育家庭特别扶助金；76.8%的人在退休时，一次性领取了独生子女父母年老时一次性计划生育奖励费。本研究前文表明，死亡独生子女的父母在心理忧郁、婚姻关系、因心理致病等方面问题比较严重，这对计划生育部门可以提示的工作方面是在心理关怀方面需要更加专业化、团队化、制度化，心理问题解决得好，可以预防和减少身体健康问题、婚姻关系破裂、失业等问题的发生或者把负面影响的程度降低。另外，目前的经济机制以补偿为主，本次研究提示出预防机制的重要性，保险类、互助基金类的经济机制在经济方面能够起到更大的作用。在经济方面，街道居委会目前在疾病救助上已经发挥了较大作用，42.7%的人表示享受过居委会、街道提供的疾病经济援助。

在心理关怀方面，78.1%的人表示居委会或街道每年定时有问候，16.3%的人享受过政府的聊天或者结对关爱服务。这表明基层政府组织在死亡独生子女父母的扶助体系中发挥了重要作用，但是，本研究表明死亡独生子女父母的心理问题需要更加专业的心理咨询人员的服务。

在养老服务方面，已经有一部分人享受了政策。3.3%的人住进了养老机构，7.8%的人享受老年食堂服务，得到居家养老服务人员上门服务的人比例最高，占10.7%。随着死亡独生子女父母的老龄化、高龄化，对养老服务的需求将进一步增加。在未来的养老打算上，53.3%的人希望居家养老，与配偶互相照顾；31%的人希望居家养老，享受政府提供的居家养老服务；12%的人希望住社区中或其他养老机构，3.5%的人选择其他养老方式。无论死亡独生子女的父母希望在家与配偶相互照顾养老还是希望居家养老，基于空巢、独居、老龄化的现实以及独生子女政策补偿原则，养老服务方面都需要对独生子女死亡家庭给予更多的优惠。

虽然，政府目前已经提供了多方位服务，但是在政策落实上面还存在不少问题：44.8%的死亡独生子女父母认为手续太繁琐，38.5%的人认为政策覆盖面小；13%的人认为审批时间太长，其余的人认为基本没有问题。

与前文提及的独生子女死亡家庭老龄化、子女死亡之后的生活水平下降问题相对应，独生子女死亡家庭希望政府建立和完善的制度，反映人数最多的前三项都与养老特别护理有关。在对政府提供优惠居家养老服务或是每月发放护理金或者是为其投护理保险这几种护理方式的选择和经费来源问题上，独生子女死亡的父母并没有明显的偏好，他们最需要解决的是年老体弱后的护理问题，至于如何解决，有待政府因地制宜、因人而异的政策设计和发展。另外，独生子女父母提出的呼声和请求中，也特别关注独生子女家庭意外险，这一点也提示计划生育部门，在今后的独生子女家庭工作中需要加强独生子女家庭风险防御机制的建设问题。入住养老院和心理关怀和心理咨询服务的呼声排在养老问题和经济风险之后。另外，还有人提出希望解决人户分离造成的政策享受困难问题。

2. 独生子女意外伤残家庭亟需残疾人和老年人照料资金与服务

与独生子女伤残家庭相关的政策主要分为残疾人优惠政策、独生子女政策、养老服务、就业服务和法律援助等其他服务。

在残疾人政策方面，享受最低生活保障的人比例最高，占54.5%，超过三成的人享受过医疗补助和入学、工作、就医等服务。这说明残疾人工作还是比较有效的。计划生育部门提供的独生子女父母年老时一次性计划生育奖励费和独生子女意外伤残一次性补助接受度也比较高。

相对于较高的老龄化程度，养老服务的接受率却较低。这是因为政府居家养老服务的提供一般按照老年人的自理程度，大部分伤残独生子女的父母要肩负照顾子女的责任，自己不能享受居家养老服务。但是，实际上，前文提及很多子女残疾时间长，其父母中的一方必须放弃工作来照顾她／他，目前，父母中很多人已经进入老年，将来走向高龄，对于老年人与残疾人共生的家庭，各政府部门应该综合提供服务，为老年人照顾他人的任务减轻负担，也让老年人自身更加健康。

对于目前政策落实存在的不足，伤残独生子女家庭的评估与死亡独生子女家庭类似。46.2%的人认为政策覆盖面太小，33.6%的人认为手续太繁琐，认为审批时间太长的占17.7%。由此看来，扩大覆盖面和简化程序确实是政府部门工作需要改进的方面。

对于独生子女伤残家庭来说，子女的残疾问题在今后仍然是大问题，35.3%的人表示目前就需要康复机构的照料，35.2%的人表示需要康复训练指导，社工27.2%的人需要社工上门服务，需要就业介绍和就业培训的分别占23.9%和 15.9%，14.2%的家庭需要特殊学校教育，14.8%的家庭需要家庭无障碍化服务，15.1%的家庭需要维权服务。由此可以看出，残疾人的照料和康复服务仍然是伤残独生子女家庭急需的服务，就业、教育、无障碍化建设、维权等多方面都有相当比例的家庭表达这些需求，这说明残疾人问题涉及面广，问题复杂，残疾人扶助工作任重而道远。对于遗嘱托管制度，20%的人表示非常需要，37.4%的人表示需要但是还不迫切，认为没有必要的占16.6%，这说明静安区试点的遗嘱托管制度方向是正确的，今后会有较多人需要这项服务。

伤残独生子女父母对于自身的养老问题也有所考虑。33.1%的人希望居家养老，和配偶互相照顾；30.8%的人希望居家养老，享受政府提供的居家养老服务；19.1%希望与伤残子女进入同一个照料机构，其余的人选择自己进养老院，子女由政府照顾或其他安排。由此可以看出，居家养老结合伤残照顾仍然是针对独生子女伤残家庭的主流方向，养老和伤残照顾的综合机构服务也是非常重要的发展方向。

在对政府需要建立和改善的制度问题上，50%认为建立护理或照顾保险，解决独生子女伤残的父母体弱后自身的照顾资金问题；40.4%对伤残独生子女靠父母日常照顾的情况，每月额外发放一定的照顾补贴；32.9%独生子女伤残的父母体弱后可以在社区优惠享受居家养老服务；为独生子女伤残家庭提供一些生活补助占28.6%。政府派专业人员对独生子女伤残家庭进行专人管理，帮助应急处理占23.6%；有综合的养老和伤残病人收治机构，让父母和伤残子女可以入住同一机构占23.6%。

在需要政府建立或改善的制度和政策问题的选择上反映出了静安区伤残独生子女家庭重点关注的两大共生问题：伤残人员的照顾和父母养老问题。在残疾人政策中，更多的涉及生活费、就医康复、就业、学习等内容，对于残疾人的照顾问题较少涉及，或者说是需要填补的空白。本研究反映出40.4%的人呼吁需要政府针对残疾子女靠父母照顾的情况每月发放一定的照顾补贴，50.0%的人呼吁自身年老体弱之后需要照顾资金。针对残疾人生活方面正式照顾体系的缺乏，加上伤残独生子女父母老龄化的特征，需要以居家养老服务体系为基础，建立为所有自理能力差的人的服务体系。

另外，伤残家庭花费大，而且伤残时间越长，越有致贫的风险；所以，28.6%的人呼吁为伤残独生子女家庭提供一些生活补助。就业、医疗救助、居住环境的无障碍化都是伤残家庭关注的问题。

五、完善独生子女意外伤亡家庭救助和保障机制的对策建议

2006年下半年，《上海市计划生育奖励与补助若干规定》出台，“独生子女在未满16周岁之前死亡或意外伤残，自愿不再生育和收养子女的，符合独生子女意外伤残一次性补助申领条件的公民，由其户籍所在地的区、县人民政府给予不少于3000元的一次性补助；符合独生子女死亡一次性补助申领条件的公民，由其户籍所在地的区、县人民政府给予不少于5000元的一次性补助”。2008年8月11日，上海市政府办公厅转发了市人口计生委、市财政局、市残联三部门联合制订的《上海市计划生育家庭特别扶助制度实施办法》，扶助标准在国家规定的基础上分别提高50%，即对符合条件的独生子女伤残死亡家庭（女方年满49周岁的夫妻双方或者本人年满49周岁），独生子女伤残的扶助每人每月120元，独生子女死亡的扶助每人每月150元。此外，静安区通过民政的综合帮扶工程加大了对伤残、死亡独生子女家庭的资助力度。逐步建立融个人捐助、企业赞助、政府扶助、社会救助为一体的计划生育困难家庭多层次保障体系，不断健全计划生育利益导向机制。全市率先为16周岁以上伤残、死亡的独生子女特殊困难家庭提供扶助，基本实现全区覆盖。本次调查结果也表明，在经济方面，街道居委会目前在疾病救助上已经发挥了较大作用，42.7%的人表示享受过居委会、街道提供的疾病经济援助；在心理关怀方面，基层政府组织在死亡独生子女父母的扶助体系中发挥了重要作用。

但总体而言，目前政府扶助的力度还比较有限，覆盖面还不够广，已有的救助机制需要进一步完善，对意外伤残独生子女父母的心理干预机制尚未形成，需要尽快构建，以提升独生子女伤残、死亡家庭的生活质量。从调查对象对政府的需求分析，独生子女意外死亡的父母为希望政府在年老后按月发放护理金、提供优惠居家养老服务以及投养老的护理或照顾保险，分别占61.5%、59.3%和56.1%。伤残独生子女父母呼声较高的有：要求建立护理或照顾保险，解决父母体弱后自身的照顾资金问题占50%；希望增加独生子女伤残扶助金的占40.4%；希望父母年老体弱后在社区优惠享受居家养老服务的占32.9%；希望政府派专业人员对伤残独生子女进行专人管理，帮助应急处理的占23.6%，希望政府建设综合的养老和伤残病人收治机构，让父母和伤残子女可以入住同一机构占23.6%。上述各个方面的需求提出了今后政府及社区应该努力发展的方向。课题组相应的建议包括：

1. 定位责职，确立政府、社会及家庭共同分担的原则

综上所述，子女的伤残或死亡使父母陷入经济负担加重和精神忧郁甚至崩溃的双重困境，随着独生子女大规模进入成年期，意外伤亡的

数量及比例将进一步上升，仅靠政府扶助难以从根本上解决这些家庭的困境，因此建立一个政府扶助、社会协助及家庭自助的社会支持体系十分必要。为此，必须首先确定各方主体在其中的职责及定位。就政府而言，在对意外伤亡的独生子女父母进行补偿和关爱时要遵循如下的原则：

（1）权利和义务相统一的原则。独生子女伤残、死亡家庭是我国实行计划生育政策以来形成的一个特殊的群体。制定独生子女政策的主体是政府，为国家做出牺牲的是独生子女家庭，所以政府理应对这部分为国家做出贡献的家庭负起责任，在伤残、死亡独生子女家庭的社会救助中起到主导的作用。对不幸伤残独生子女的关爱扶助不能仅依靠计生部门的力量，还应进一步协同区残联、人力资源和社保局、民政局、教育局及这些家庭所在社区，共同承担政府的救助和补偿职责。

（2）救助与补偿相结合的原则。一方面，作为经济困难家庭，政府要根据相关的政策实施积极的救助，另一方面，基于这一群体为我国计划生育的贡献，政府应该给予一定的经济补偿，应根据地方的财力以及其他方面的承受能力制订相应的补偿和关爱政策，最终达到这样一个目标——意外伤亡独生子女的家庭生活水准介于最低生活保障线与当地居民的平均生活水准之间。

（3）经济补偿和情感关爱并重的原则。经济补偿能够解决生活上的困难，但是失去子女的独生子女家庭处于“空巢”状态，满足情感上的需求也是非常重要的，政府应组织各种形式的活动消除意外伤亡独生子女父母的失落感和孤独感。

（4）政府扶助、社会协助和家庭自强相结合的原则。当政府的经济补偿和情感关爱到位后，还要发动社会各界为伤残、死亡独生子女家庭献爱心，同时还要鼓励意外伤亡独生子女的父母应当增强自身的“造血”功能，尽量通过自己的努力再造美好的幸福生活。

2. 保障基本，完善伤残死亡独生子女家庭的社会救助和就业援助机制

独生子女伤残死亡家庭普遍存在经济来源有限，生活保障不足，医疗与康复费用巨大，社会生活的参与度较低，精神慰藉缺乏等问题。独生子女家庭为我国的计划生育事业作出了特殊的贡献，伤残独生子女家庭更需要政府的关心和帮助，需要给予适当的经济补偿和就业援助。

（1）向市有关部门呼吁，适当降低伤残、死亡独生子女家庭领取低保的门槛，建立独生子女伤残家庭扶助金标准的调整机制。一是对领取“独生子女光荣证”的家庭，独生子女不幸夭折而其父母又不再生育和收养子女的，在计算该家庭的人均收入是否符合“低保”标准时，按家庭总收入除以多加一个人计算；二是在独生子女伤残扶助制度中应将中度残疾和重度残疾加以区分，提高重度残疾家庭扶助金标准。在他们享受“低保”待遇的同时，由人口与计划生育公益基金再补贴给他们比“低保”标准高20%或40%的补助。补助到城市居民平均收入的50%以上。此外，调查对象普遍反映，独生子女伤残家庭的扶助金标准太低，希望能够构建一个调整机制，根据物价和经济发展水平的变化，提高扶助金的标准。

（2）本区16岁及以下独生子女伤残家庭平均收入超过低保线但生活依然困难的家庭，纳入民政综合帮扶进万家项目。部分独生子女伤残家庭由于平均收入超过低保线，领取不到最低生活保障金，但是由于伤残对象的医疗等费用数额较大，家庭收不抵支，给家庭带来了沉重的经济负担。从长期来看，政府应该建立护理或照料保险，解决伤残独生子女及其父母体弱后自身的照顾资金问题；就短期而言，政府应该积极扶助。区民政局的“综合帮扶进万家”项目是专门用来帮扶家庭生活贫困但又达不到低保条件的困难家庭，因此建议适当扩大该项目的覆盖人群，借助此项目帮助独生子女伤残家庭获取一定的资金支持，并在条件允许的情况下，尝试将16岁以下的独生子女伤残家庭全部纳入民政府帮扶的对象范围。在救助时，应该将“一户两病(残)”的家庭作为重点救助对象。

（3）部门联合，构建独生子女伤残、死亡

家庭的就业援助优先优惠机制。2007年上海市新出台的福利企业新税收优惠政策，规定在福利企业就业的残疾人工资水平不得低于上海市最低工资水平，并且企业要为残疾人缴纳社会保险，虽然这一政策有利于残疾人收入水平的提高和就业的稳定，但也因此导致福利企业招收残疾人就业的积极性下降，残疾人就业难度加大。调查中也发现，虽然部分伤残独生子女在区残联的帮助下，通过挂靠形式解决了就业和社会保险的问题，但普遍收入较低，难以养活自己，同时由于挂靠协议是一年一签，因此就业稳定性较差，部分家长为此而忧心。建议区人口计生委联合残联，与人社部门协商，对意外伤残独生子女的教育培训、安排就业等方面给予多方面优先照顾，并建立制度化的帮扶机制。调查结果显示，伤残有一定就业能力的独生子女希望就业介绍的占23.9%，职业培训占15.9%。因此，搭建更多的就业平台、调整相关就业政策和税收政策，最大限度地接纳和满足伤残后尚有劳动能力的独生子女的就业愿望，对独生子女伤残家庭子女创业给予一定的资助和业务帮助。此外，在提供就业岗位时，同时要充分考虑到独生子女智力和精神残疾较多的特点。

3. 重在预防，着力构建人口出生素质提升和独生子女伤残预防的机制

调查结果显示，本区伤残独生子女以先天伤残者居多，同时后天伤残的比例在逐年提高。因此，要减少伤残和死亡的比例，必须着力构建先天致残和后天致残及死亡的预防机制。

（1）加大出生缺陷干预，提升出生人口素质。近年来，本区人口计生系统大力开展在全市率先开展免费孕前检测服务。结合区域实际，逐步探索建立“六全”孕前检测工作模式和“四多”运行机制，孕前检测工作模式得到了普遍的认可，人民群众的孕前保健意识也有所提高。“十二五”期间，区人口计生委将加强与社会专业机构的合作，加强项目整合，加大人口出生缺陷社会化干预力度，着力构建提高出生人口素质的长效机制。针对独生子女先天残疾比例高、精神残疾比重大这两个特点，课题组建议，在现有的免费婚前医学检查和人口出生缺陷社会化干预检查项目中重点排查遗传性智力障碍和精神疾病，加强孕期保健和围产期监护知识普及宣传教育等。，

（2）加强独生子女家庭风险防御机制的建设。针对独生子女精神伤残高的特征，需要针对青春期独生子女人格、情绪管理等心理特点，以及独生子女家庭人际关系特点，开展独生子女心理健康及社会适应专项研究，并提供针对独生子女及其父母的心理健康辅导。特别是在独生子女的升学、就业、婚恋等关键期，依托独生子女就读学校或工作单位、家庭、社区等，提供较为集中的心理健康辅导。

（3）将独生子女死亡的“空巢家庭”作为生育关怀行动关注的重点，动员和帮助有条件的夫妇再生育或收养一个孩子。2006年11月，中宣部联合十部委下发了《关于广泛开展“生育关怀行动”的通知》，提出从“五个方面”关怀生育对象，向其提供紧急救助、经济帮扶、志愿者服务、亲情牵手等服务。2007年以来，全国各地以探索“政府牵头，社会参与，协会运作，家庭受益”模式，推展生育关怀。独生子女死亡的“空巢家庭”是生育关怀行动关注的重点。虽然本次调查结果显示，意外死亡的独生子女以16周岁及以上的大龄青年为主，但父母处于生育年龄的仍占一定的比例，对于其中符合优生条件，有可能再生育的育龄夫妇，应说服助他们再生育一个健康聪明的小宝宝。当这部分已婚育龄妇女怀孕后，人口和计划生育部门和卫生部门可作为孕产期优质服务的重点对象，给予跟踪式关心、指导和帮助。对于不宜再生育而希望收养孩子的夫妻，在符合《收养法》的规定内，人口和计划生育部门应和民政部门密切配合，主动关心和帮助他们收养孩子，使这些孩子德智体美全面发展。

4. 各方参与，构建伤残死亡独生子女家庭心理干预和精神关爱体系

（1）专业人士介入，对伤残死亡独生子女家庭进行精神干预。近年来，面对空前的社会变革，上海逐步引入国际上发展成熟的社会工作理念和方法，在综合运用传统的行政、经济、

法律手段之外，寻求一种更加强调人性、个性和柔性的管理和服务方式，积极探求现代化国际大都市社会建设的新路，已经初步建立了一支具有一定职业化、专业化水平的社会工作人才队伍。课题组认为，在伤残、死亡独生子女家庭的精神支持方面，静安区应该引入社会工作的理念，率先探索形成"政府主导，部门合作、社工服务、义工辅助、各方参与、社会运作"的工作体系。鉴于意外伤残、死亡等事件发生时和发生之后的不同阶段，父母对专业人员介入的需求程度不一，专业咨询所起的作用也不尽相同，因此应该依据需求在不同阶段加以心理干预和提供相关服务，重点对独生子女意外死亡后的一年内进行跟踪服务。对专业、复杂的心理创伤服务，可以建立起专业的民间非营利机构，不断探索，开创出如身心互动健康模式等更行之有效的综合方法，帮助更多的子女死亡和伤残的父母早日摆脱痛苦，恢复正常社会功能，适应新的生活。

（2）政府统筹，加快遗嘱托管机制的试点步伐，解除更多独生子女伤残家庭的后顾之忧。独生子女伤残家庭面临的一个重要的困境就是父母百年后伤残子女的照料问题，这也是牵挂父母的一块隐痛。希望政府派专业人员对独生子女伤残家庭进行房产等财产管理成为伤残独生子女家庭的普遍心声，因此建立有效的遗嘱托管机制不仅必要而且十分迫切。自 2008 年开始，区残联在静安寺街道试点，探索独生子女伤残家庭的遗嘱托管机制，通过明确托管人与被托管人之间权利与义务，让政府帮助家长继续完成家长尚未完成的任务，帮助其解决后顾之忧，参与遗嘱托管的伤残独生子女家庭反响良好。本次调查结果显示，接受调查的伤残独生子女父母，需要建立遗嘱托管的占 57.4%，超过半数，其中 20% 非常迫切；为此，建议相关部门在前期试点成功的基础上，总结经验尽快在全区各街道加以推广，让更多的独生子女伤残家庭消除后顾之忧。

5. 立足社区，构建独生子女伤残、死亡家庭养老养残一体化的社会支持体系

除了阳光工场外，目前本区尚缺乏专门的残疾人托养服务机构，残疾人尤其是智力、精神和重度残疾人只能靠父母或者家里人照顾，成为家里人的"心病"。家里有重度残疾人的家庭往往都背上了沉重的负担，很多家长在自己一年一年变老的时候，都有这样的担心：将来，谁来替他们照顾有残疾的孩子呢？如何才能为智力、精神和重度的残疾独生子女提供一个较好的生存环境，给他们一个安养的保障？接受调查的伤残独生子女父母绝大部分希望居家养老，也有一些希望将来年老体弱时能够与伤残子女一同进入养老机构。因此，在全市范围内，有关部门应该考虑建设能够接收伤残子女的父母与伤残子女养老养残的公益性专业机构，满足其养老养残一体化的需求。但考虑到静安区为中心城区，土地资源较为紧缺，要集中发展养老养残的服务场所受到土地瓶颈的约束。因此面对残疾人日益增长的托养服务需求和父母老龄化的趋势，积极探索适合区域特色的养老养残服务体系，是未来静安区在完善公共服务体系中的一项重要任务。

（1）成立"居家养残"服务队，为重度残疾独生子女家庭提供家政、康复及其他方面的综合性服务。访谈对象普遍反映，助残员专业知识不足，服务能力有限。建议在现在的助残员服务的基础上，将一对一的助残员服务调整为小组式的服务，为伤残独生子女家庭提供更为便捷、更为专业的服务。组建服务队伍，有利于助残员相互交流，提高服务能力，同时也可以让伤残对象同时接受不同助残员的服务，提高服务的覆盖面和服务的能力。在条件成熟时，建议设立残疾人社工，为缺乏专人照料的伤残独生子女家庭提供专业的照料。

（2）以补偿为原则，为伤残、死亡独生子女父母年老后提供相应的优先优惠服务。养老防老是中国传统的养老观念。独生子女伤残和死亡，让父母失去了老年的依靠。应从补偿的原则出发，对于志愿进入养老机构的，政府应当对生活自理出现障碍者，如半自理、不能自理者，家庭经济条件好的，给予入住老年公寓、养老院、护理院等优先权；家庭经济条件不好的，给予费用减免等照顾。对于居家养老者，政府则应适当提高伤残、死亡独生子女父母年老后居家养老服务的优惠补贴标准。对子女意外死亡后不再生育或领养的独生子女父母，应在原来享有的养老保障水平基础上，在其年老失去生活自理能力后，给予一定的养老服务补贴。补偿额的低限，父母一方基本失去自理能力后，应将其纳入养家养老服务的范围，免费享受社区提供的家政、老年护理等居家养老服务。考虑到独生子女伤残家庭的特殊性，课题组建议扩大现有老年服务项目的覆盖面，将独生子女伤残父母纳入到部分老年服务项目的照顾范围。一是适当提高独生子女伤残父母年老后的服务津贴；二是尝试将重残独生子女父母年老后纳入孤老的照顾政策范畴，按照现行的政策，孤老可以每月享受200元的津贴，课题组建议将独生子女重残父母纳入到这一照顾政策范围，在帮助父母缓解经济压力的同时，为重残独生子女父母年老增加一份老年保障。

（3）政府购买与志愿服务结合，构建养老养残一体的居家养老养残服务新机制。建议静安区在全市先行先试，在社区构建养老养残一体化的社会支持体系。一是以现有的居家养老服务中心为基础，对居家养老服务功能加以拓展，通过政府购买服务等方式，力争打造一个全方位一体化的社区居家养老养残服务体系，为他们实施生活料理、护理、送餐、送水、送煤气、陪医、家政清洗、洗衣、理发等各项服务，解决伤残死亡独生子女家庭的后顾之忧。设置家庭病床，菜单式服务，政府根据残疾人家庭需求设计，提供多种服务模式，供不同经济条件的家庭选择，提供个性化的服务。二是建立志愿者服务机制、专门组织帮助机制、互助机制等，帮助伤残死亡独生子女家庭。由于独生子女伤残或死亡，这类家庭面临的一个重要问题是缺乏劳力支持，特别是当父母年龄增大后，他们日常生活会遭遇更多困难。在他们日常生活困难、生病缺乏陪护、死亡无人办理后事等情况出现时，及时帮助他们渡过难关。

6. 因地制宜，努力构建与服务对象需求相适应的社区伤残资源和服务网络

社区是落实各类政策及提供居家服务的主要场所，伤残死亡独生子女父母对政府的服务需求也大多需要社区来贯彻实施。由调查结果可知，由于伤残死亡独生子女的数量不同，伤残的等级也存在差异，因此，各街道有关伤残死亡独生子女家庭的救助政策及服务也存在显著的差异。为此，一是有必要对各街道有特色的经验进行总结，在全区范围内加以推广；二是在全区出台统一政策，鼓励各街道的伤残资源及服务共享，提高资源的使用效率；三是各社区要因地制宜努力构建与服务对象需求相适应的伤残资源和服务网络。

（1）总结经验，推广各街道在伤残、死亡独生子女对象服务中的特色做法。现阶段政府及其下属组织或者居委会为残疾的子女提供的服务有：医疗或辅助工具的医疗补助；残疾子女的最低生活保障；提供入学／找工作／就医的帮助；关于残疾人的社区低偿或无偿服务等，同时各街道还出台了不少救助和扶持伤残独死亡独生子女家庭的政策，调查数据显示，全区各街道中，静安寺街道为伤残子女服务比较到位，体现在一是伤残独生子女相关政策的宣传工作到位，服务对象对政策的知晓率比较高；二是对伤残子女提供的各类服务比较多，享受到低偿和无偿服务的比重较高，同时部分服务率先于全区实施，如自2008年开始开展独生子女家庭遗嘱托管试点工作受到了伤残独生子女家庭的普遍欢迎，应该对静安寺街道的经验及时加以总结，在其他街道推广，满足其他伤残独生子女家庭的需求。

（2）出台统一政策，鼓励各街道伤残资源及服务共享，提高资源的使用效率。建立区际间、区内各部门和区域板块间的资源共享机制，在互利共享的基础上实行资源整合，提升资源的使用效率。伤残独生子女出行不便，本区部分残疾人资源的配置在区域内不均衡，给残疾人的使用带来了较大的不便。为此课题组建议，区残联应该利用各个残疾人设施的服务辐射范围，制定适宜的服务半径，实现单个或多个街道的统筹，率先让伤残独生子女就近享受各街道配置的残疾人资源和服务，提高资源的使用效率，提高服务的覆盖面。

（3）因地制宜，努力构建与服务对象需求相适应的社区伤残资源和服务网络。目前各级政府有关残疾人的政策及服务较多，各街道在具体实施时，应该根据本辖区内伤残死亡独生子女及其家庭的基本特征，结合他们的需求，因地制宜，发展自身的服务特色。静安寺街道伤残独生子女以后天伤残为主，自理能力相对较强，父母的婚姻状况较稳定，健康自评较好，但人户分离现象最严重，伤残独生子女希望就业的比重较高，在加强儿童期心理身体健康的教育的同时，未来工作的重点应该放在如何为人户分离的意外伤残死亡家庭建立服务和精神关爱的渠道，如何为伤残独生子女争取更多的就业机会；江宁路街道 0 ~ 14 岁低年龄的独生子女伤残比例相对较高，以后天伤残为主，父母的婚姻稳定性相对较低，单身的比例较高，在加强儿童期心理身体健康教育的同时，工作的重点应该放在为单亲的伤残独生子女提供更多的居家服务和精神关爱，为低年龄伤残独生子女的就学及生活照料提供更多的帮助；南京西路街道父母高年龄者相对较多，健康自评最不乐观，伤残子女以后天伤残为主，失业率较高，家庭收不抵支的比重高，工作的重点则应该是加强儿童期心理身体健康的教育，为年老体弱的父母提供更多的居家养老服务，为伤残有就业能力的独生子女创造更多的就业机会，加大对伤残死亡独生子女家庭的社会救助力度等；石门二路街道子女以先天残疾为主，父母单身的比例较高，文化程度相对较低，人户分离现象较严重，退休的比例最高，居住条件比较差，在加强出生缺陷干预的同时，工作的重点还应该放在加大对廉租房补贴，加强对人户分离独生子女伤残家庭包括子女和父母的服务等方面；曹家渡街道伤残子女以先天残疾为主，未婚比例最高，说明在较大程度都要依赖父母照料，未来工作的重点除了加强出生缺陷干预外，还应该考虑如何减轻父母的照料负担，为其提供相关的服务和精神支持。

奉贤区独生子女父母养老保障与为老服务的调查

奉贤区人口和计划生育委员会

人口老龄化是我国、上海市人口发展面临的最严峻问题之一，同样也是奉贤区人口发展面临的最严峻挑战之一。通过较大规模的抽样调查与专题调研座谈，并结合“第六次人口普查”的我区有关数据，我们对全区独生子女父母的老龄化态势、养老保障及为老服务现状等问题进行了深入的分析，并提出以下看法与观点，供区领导及相关部门决策参考。

一、2000 年以来，奉贤区人口老龄化基本态势与独生子女老年父母的基本特征

1. 全区人口老龄化的基本态势

“六普”数据表明，我区农业户籍人口 18.71 万人，占明确户口性质的户籍人口的 35.92%。在全区农业户籍人口中，60 岁及以上的农业户籍老年人口 4.31 万人，占全区户籍老年人口的比例 37.45%，高于农业人口在户籍人口中的比例，其老龄化系数亦达到 23.01%，高于非农业户籍老年人口的 21.53%。呈现：

（1）户籍人口老龄化持续发展；（2）老年人口高龄化进程加速；（3）农村老年人口比例与老龄化水平高于城镇人口。

2. 独生子女父母老龄化的基本特征

（1）我区独生子女老年父母以本区户籍为

主；(2) 独生子女老年父母主要为低龄老人；(3) 农村独生子女老年父母的比重较高；(4) 独生子女老年父母健康情况总体良好；(5) 独生子女老年父母的工作劳动情况。

二、奉贤区独生子女老年父母的养老保障状况

1. 独生子女老年父母的社会保障呈广覆盖低水平状况

本次调研显示，无论是独生子女老年父母，还是非独生子女的老年父母几乎都进入了上海的养老保障体系。报告自己无社会保险的独生子女老年父母与非独生子女老年父母的比重分别为 0.8% 与 1.1%。从社会保障的类型看，我区独生子女老年父母与非独生子女老年父母在不同水平的社保类型中的比重非常接近，无论是进入“城保”、“镇保”还是“农保”，两者的比重差别最多也不到 2.5 个百分点。

据调查对象自己报告，我区老年人口的社会保险主要为保障水平较低的“镇保”与“农保”，例如，参加低水平“农保”的独生子女老年父母比重超过了 1/3,属于“镇保”者的比例最高，而参加保障水平相对较高的“城保”的老人比重仅略多于 15%。这表明，我区大量老年人口的社会保障为广覆盖低水平。

2. 独生子女老年父母的收入总体较低

调研结果显示，调查对象报告的养老金收入总体较低。报告个人月收入在 1500 元以上的独生子女老年父母仅为 10% 左右，而月收入在 400 元及以下的近 30%，相当部分独生子女老年父母的月收入在 401 ～ 950 元这个区间。这与被调查老人报告的自己社会保障类型相符合。其特征是基本生活有保障，但水平较低。

我们进一步比较分析显示，独生子女与非独生子女老年父母的个人养老金收入无实质性的差异。两类人群在各个不同养老金月收入组的比重差异均不到 1 个百分点。这说明，从社会保障角度讲，因奉贤过去主要为农村地区，其居民的户口性质决定了老年人的参保类型，而“少生快富”似乎没有在独生子女老年父母身上体现出来。对独生子女家庭来讲，或许由于其子女抚养费用少于多子女的家庭，其家庭的总体经济状况应好于非独生子女家庭，但这种假设还需要进一步的实证调查。

进一步分析显示，独生子女老年父母的月养老金收入的差异取决于城乡的养老金类型，非农业户口的独生子女老年父母月养老金收入明显高于农业户口的。在 2010 年，农业户口的绝大多数独生子女老年养老金月收入在 950 元以下，超过“镇保”养老金月收入水平的还不足 30%。这说明，城乡二元结构是独生子女老年父母养老收入差异的最主要影响因素。

三、老年独生子女父母的居住状况

如前面的分析指出，我区独生子女老年父母已有相当数量，而且其身体相对较健康，因此其生活与居住状况也显现出自身的特点。

1. 独生子女老年父母的住房情况

我们调查的结果显示，奉贤区的绝大部分独生子女老年父母不存在住房问题，人们常说的“老来有窝”是客观现实。94.7% 的被调查者报告说，居住自己的住房，居住子女住房的 3.9%，租住公房、私房的比例很低。事实上，居住子女住房的老人也不一定没有自己的住房，只是在调查时段里，他们居住在子女处。在课题的专题调研座谈中，也没有一位独生子女老年父母抱怨自己的住房困难。我区独生子女老年父母乃至整个老年群体的住房得以相对较好的解决，这主要源于奉贤属上海远郊区，若干年来，其房价都处于上海的“低谷地带”，特别是我区的农村老年人口都有宅基地上的自建房或在失地时得到了相应补偿的动迁安置房等。

2. 独生子女老年父母的空巢比例高

调查结果表明，目前绝大部分老人的身体仍健康，而且 86.5% 的独生子女老年父母都有配偶，丧偶或离异的仅 13.5%。这样，在他们有自己住房且夫妻能够相互照顾的情况下，绝大部分独生子女老年父母都是夫妻同住，或独自一人居住，而不与其成年子女同住。在报告其居住方式的 849 名老人中，“夫妻俩居住”与“一人独居”的老人分别为 633 人与 64 人，分别占调查老人的 74.6% 与 7.5%，此外，还

有少数老人与高龄老人同住的。“与子女同住”的老人135人，仅占15.9%。这说明，我区的独生子女老年父母家庭绝大部分是纯老家庭或“空巢老年家庭”。

据有关统计，全区60岁及以上老人中，60.9%的人生活在“纯老家庭”中。本次调查的独生子女老年父母生活在“纯老家庭”的人数比例较整个老人群体中这类人的比例高了22.2个百分。这似乎提示，在子女数量减少的情况下，无论愿意与否，独生子女老年父母生活在“纯老家庭”或“空巢老年家庭”中的比例远大于过去的多子女父母。而且进一步的交叉分析表明，农业户口的独生子女老年父母“空巢家庭”的比例达85.7%，较非农业户口的高5.3个百分点。

四、独生子女老年父母的家庭生活、社会老年服务及其担忧的问题

子女对老年的关心照顾、家庭的关爱对老人的晚年极为重要。在调查中，我们对独生子女关心其父母的情况、社会的老年服务以及老人对生活满意的自我感受进行了调查。

1. 绝大多数独生子女都很关心其老年父母

由于绝大部分独生子女老年父母生活于“纯老家庭”，消除或减轻老人孤独感是爱老、敬老的一个重要方面，精神上关心与慰藉对老人生活的幸福不可或缺。调查结果显示，独生子女“经常”打电话问候其老年父母。在回答“子女是否经常打电话问候您”一问的659名老人中，至少有85.3%的老人说，子女“经常”打电话问候他们。由于不能确定未与父母同住子女的居住距离远近，无法评价子女看望其老年父母的频繁情况，但至少有85%以上被调查对象的子女经常或较经常回家看望老年的父母。

本次调查中我们特地调查了独生子女老年父母在日常生活中的孤独感情况。有850名被调查老人回答此问。说其生活“完全不孤独”与“不孤独”的老人分别为545人与183人，分别占64.1%与21.5%，合计85.6%。这也从一个侧面反映出独生子女经常问候、看望老年父母，对消除或缓解他们的孤独感有着十分重要的作用。不过，农业户口的独生子女老年父母感到“很孤独”与“孤独”的合计比例较非农业的高了6.9个百分点，与其“空巢家庭”的比例成为正比。在座谈调研中，我们发现，由于目前绝大多数独生子女老年父母都是低龄老人，其社交活动相对较多，从事工作劳动者较多，而且即使在户口“农转非”、动拆迁后，仍生活在熟悉的邻居或朋友中，其生活环境、积极参加社会活动及工作劳动也减少了他们生活中的孤独感。

2. 独生子女老年父母解决困难的渠道（见图1）

图1 独生子女老年父母在生活遇到困难与问题时可从不同渠道得到帮助的占比 单位：%

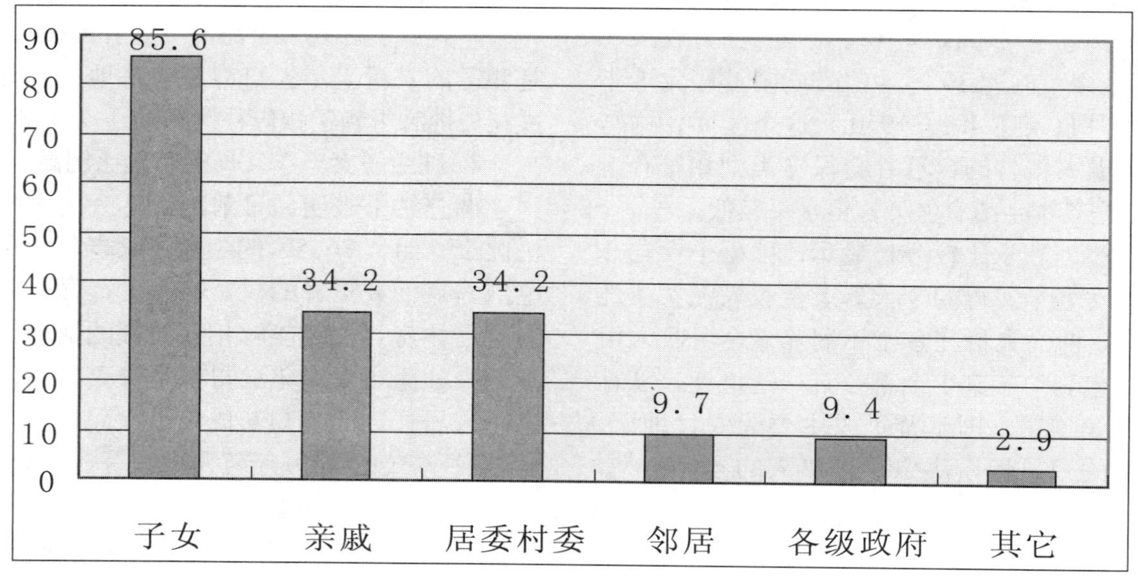

在老年生活中，必然会遇到各种各样的困难与问题。调查显示，我区独生子女老年父母在生活中遇到问题与困难时，可以从不同的渠道得到帮助，有的对象可同时从多渠道得到帮助，但其中绝大多数人能得到的帮助还来自于子女。有730名被调查老人说，生活中遇到问题与困难可从子女得到帮助，占其被调查老人的85.6%。亲戚、居委村委等在帮助老人解决问题与困难时也发挥了十分重要的作用，有34.2%的老人说，可从这两处获得帮助。

3. 社区老年活动设施建设相对较好与老年志愿者队伍已开始组建

调查表明，目前奉贤社区的一些常见老年活动设施已经建设起来。90.7%的被调查独生子女老年父母说，自己居住小区已有了老年人的健身设施，只有5.2%的老人明确说，自己居住小区无健身设施，其他的老人或是对小区有无健身设施“不清楚”或未回答。在座谈中，一些独生子女老年父母说，他们经常地利用小区或村里的健身器材，在早晨或下午从事一些轻松的体育锻炼。

此外，绝大多数独生子女老年父母居住的小区已有了老年活动室，便于老人室内休闲活动。93.5%的被调查老人说，自己居住的小区已开设了老年人活动室，4.6%的明确说自己居住小区无老人活动室，其他人或是未答或是“不清楚”。在老年活动室里，老人们的活动主要是下棋打牌、或看书看报等。在个别经济条件较好的村，也组织了低龄老年去上海市市区或外出短途旅游等活动。

在被调查者中，对居住小区或村养老服务设施建设表示“很满意”、“满意”和“基本满意”的独生子女老年父母分别占7.6%、31.4%与49.2%，合计达88.2%；明确对小区或村的养老服务设施建设表示“不满意”和“很不满意”的，合计只占9.7%，其余少数人未回答。

总的讲，奉贤区经过这些年来的努力，社区里已建立起了一些老年人活动、休闲与健身的基础设施，而且也取得了较好的效果，在相当程度上满足了老人一般的活动需求，独生子女老年父母对社区的老人健身等设施也总体满意。

此外，50.5%（431人）的被调查独生子女老年父母说，小区或村里已有老龄志愿者服务队伍。无论目前这些志愿者服务活动开展怎样，但至少已有一个良好的开端，为开展老龄志愿者活动奠定了初步的基础。值得注意的是在被调查的独生子女老年父母中，有60.6%（513人）的人表示愿意参加小区或村里的助老志愿者服务活动，明确表示“不愿意”参加的仅91人，其比例为10.6%。

4. 独生子女老年父母的忧虑（见图2）

图2　独生子女老年父母担忧的问题　单位：人

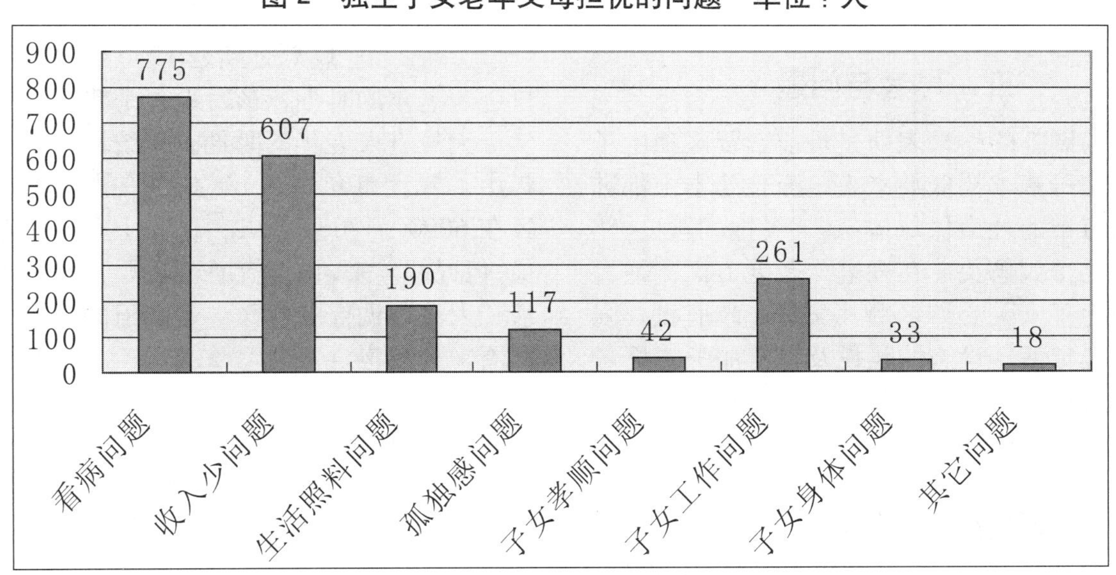

前面已述，目前独生子女老年父母对其生活较满意，但在生活中，他们仍对一些问题感到忧虑、担心。由于各独生子女老年父母的家庭情况与生活处境不同，因此忧虑与担心的问题也有不同。调查显示，目前独生子女老年父母最感忧虑或担心前三个问题分别是“看病问题”、“收入低问题”及“子女工作问题”，其比例分别达全部被调查老人的90.9%、71.2%、30.6%。此外，老年生活自理照料等其他一些问题也令独生子女老年父母感到忧虑、担心。

进一步的交叉分析显示，在独生子女老年父母担忧的问题方面，非农业与农业户口的调查对象之间有着较明显的差异。除了“子女身体问题”外，农业户口的独生子女老年父母对上述各项问题感到担忧的人数比例都高于非农业户口的，尤其在“收入少”、“生活照料”及“子女工作”等问题上，前者的比例分别较后者高24.7、10.8与8.8个百分点（见图3）。该差异也印证了前面所述的收入低、空巢家庭等问题对农村独生子女老年父母的影响较大。

图3　非农业与农业户口的独生子女老年父母所担忧问题的比较　单位：%

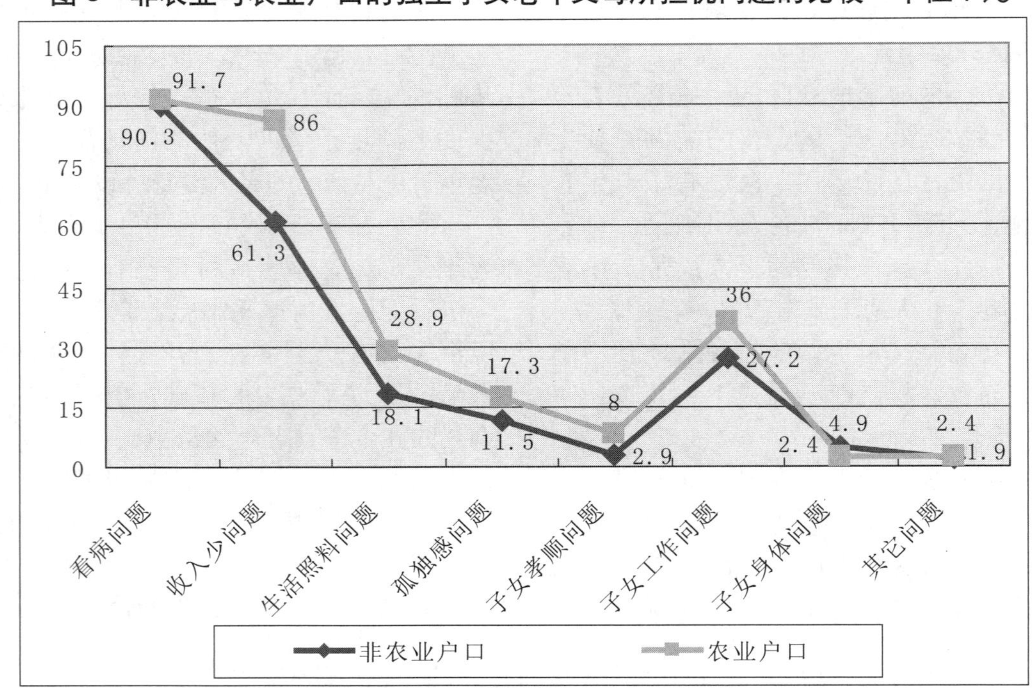

五、思考与问题

我们调查的结果表明，目前奉贤区独生子女老年父母基本为低龄老人，而且基本上都进入了上海市的社会保障体系，“温饱问题”、住房问题已得到解决。在爱老，敬老方面，绝大多数独生子女关心、孝顺其父母，政府也加强了社区老年活动设施的建设及老年服务志愿者队伍的建设。总体讲，独生子女老年父母的生活良好，对生活满意度较高。但调查也揭示出我区独生子女老年父母的养老保障与服务仍然面临着一些新挑战与前瞻性问题。

1. 独生子女父母老龄化进入快速发展时期

“十二五”规划时期是1950年以后出生人口进入老年的时期，该时期也是我区独生子女父母大量进入老年的时期。据统计，过去若干年中，我区每年进入60岁的户籍老年人口大致在6000～7000多人，稳步上升，相对较平稳，但近两年来，每年新增老人增至9000多人。从“六普”调查的我区各年龄组的户籍人口数据看，今后若干年中，每年进入60岁的户籍老年人口将上升到10000人。这势必会大幅提高我区户籍人口的老龄化水平。在“独生子女生育政策”推行30多年后的今天，这些新跨入老年的户籍人口中，估计至少80%以上的都是独生子女父母。

2. 少数无子女与子女健康不良的独生子女老年父母问题

调查发现，独生子女老年父母现已无子女的28人，占被调查老人的3.3%左右。无子女的原因可能是其独生子女因病或遭遇意外死去，还有可能是夫妻离异后，配偶带走了子女。除1人外，这些老年独生子女父母目前都是70岁以下的低龄老人，但该特定群体直接面临着的是无论未来他们是家庭养老，还是居家养老，谁来照料他们的日常生活问题，特别是遭遇困难时，谁来给予他们必要的帮助和精神慰藉等的问题。

调查还发现，在被调查的独生子女老年父母中，有21人的子女身体"不健康"，或"很不健康"，或有"残疾"，占全部被调查独生子女老年父母的2.5%。这些独生子女老年父母面临的生活压力非常大，首先是自己的社会保障水平低，收入较少，其次，在供养病残子女生活的同时，还须花钱给子女看病。由于有部分老人自己也是低水平的"农保",因此,供养子女、给子女看病或照料子女往往把他们推向了贫困。

目前，这些特殊的计生老年群众的问题还未得到充分关注，除民政的低保、计生的特别奖扶或子女伤残死亡的补助金等外，他们并未有其他优惠照顾。这些家庭不仅面临着养老收入低的问题，还面临的更加严重的家庭养老劳动力短缺的问题，部分人不仅需要照顾好自己或配偶，还需要照顾生病或有残疾的子女。由于不能满足民政部门的免费老年家政服务的年龄条件，他们在生活中无法得到现行的助老家政服务的帮助。

3. 非农业与农业户口的独生子女老年父母养老保障差异的问题

我国现行的城乡发展二元结构使农村老年人口的养老保障与服务问题更加突出。我们的调查也发现，奉贤区农村独生子女老年父母的养老保障水平明显低于城镇的，而且由于其子女进入奉贤城区或上海市区就业生活，大量农村独生子女老年父母生活于"空巢家庭"中，使他们对未来自己生活照料更感忧虑。反过来，农村人口在进城就业方面的劣势，又使这些老人对离开农村进城生活子女的就业问题牵挂不已。在专题调研座谈中，还有部分刚"农转非"或"一城一农"户口的独生子女老年父母讲述到他们在城镇中处于低收入人群，而政府给农村老人的奖扶、补助等又与他们"擦肩而过"。加大农村独生子女老年父母面临的现实与潜在问题的关注，制订缩小城乡养老保障差异的积极对策措施已势在必行。

4. 提供老年助餐服务与社区老年日间照料服务的问题

目前，上海的静安、闵行等区都已采取街道或镇提供补贴资金的方式，给本社区的老人提供助餐服务或老年日间照料服务。这两项服务解决了许多老人、特别是一些独居老人的午餐问题与日间生活照料问题，受到了老人与其子女的欢迎与称赞。对我区独生子女老年父母调查则显示，这两项助老服务在奉贤的发展还较缓慢。只有32名被调查老人说，社区或村里提供了老年助餐服务，占被调查老人的3.8%。在14个居委与村的专题调研中，只有一个经济条件好的村里有老年助餐服务，并从村收入中给予了一定补贴。明确报告说社区或村里有老年日间照料中心或托老所的被调查老人89人，仅占被调查总人数的10.4%。

老年助餐服务与日间照料服务在奉贤并不是没有需求。如我们进一步的调查所显示，有502名独生子女老年父母表示，提供老年助餐服务是"有必要"的，占比58.9%，而明确说"不需要"的，仅104人，占比12.2%。然而，我们专题调研发现，我区这两项服务发展缓慢有着几方面的原因：一是两项服务的资金补贴应由谁提供的问题；二是提供服务的有关优惠政策措施不明朗，如在静安某街道，街道办事处就优惠或免费给开办老年日间照料服务中心的企业提供服务中心的场地；三是社区的老人，特别是农村的老人居住较分散，不利于提供相对集约化的助餐等服务，例如，提供老人的日间照料服务，就直接面临着谁负责接送老人去日托中心的问题，特别是那些身边无子女老人的接送问题；四是我区老人的社会保障较低，收入较少，其购买社会助老服务的能力较弱，而且在服务观念上，不少人期望"政府能买单"，调查也显示，在愿意接受含午餐的日间照料服务的571名中，有282人（50.3%）的老人希望能"全免费"，愿意为含午餐的日间照料服务每日付费10元的仅68人，占12.1%。这些因素也阻碍了我区老年助餐服务与日间照料服务的发展。

5. 老年家庭的应急服务有需求却难开展问题

高比例的独生子女老年父母生活在"纯老家庭"或"空巢老年家庭"中，子女都不在身边，特别是农村地区的独生子女几乎都离开了父母进入城镇或上海市区工作生活居住，因此，提供老人应对突发疾病或意外事件的应急公共服务十分必要。然而，调查显示，97%的独生子女老年父母家里无应急呼叫装置，许多农村老人也没有手机等通讯工具。一遇到紧急情况或意外事件，老人们即手足无措，无法应对。

进一步调查还发现，为应对老年突发疾病或意外，我区相关政府部门曾牵线搭桥，推动有关企业给区里的城乡老人家里提供了免费使用一年的应急呼叫装置，以后按年度收取几十元的使用费。结果，在一年后开始收取使用费时，老人们却认为该应急呼叫装置"没有用处，还要收费"，纷纷退还了应急呼叫器。应急呼叫装置无疑是帮助农村老人应对突发疾病、意外事件最方便的工具，却因为其功能单一，平时"无用处"且还需支付使用费而不被农村及城镇的许多老人接受。事实上，应急公共服务对挽救老人的生命及提高其生活质量有着积极的作用。

6、老人机构养老的需求与现实的冲突

社会机构养老是我国老人养老的辅助方式，但发展多少养老机构，社会机构养老的规模应多大，却是仁者见者，智者见知。据有关规划，2010年我区机构养老床位应达老年人口数的3%以上，但事实上该年我区机构养老床位已达4319张，约为老年人口数的3.8%，已经超过有关规划的要求。

对独生子女老年父母去机构养老的态度调查显示，表示愿意去养老院、敬老院及护理院等养老的独生子女老年父母占11.6%，还有7%的表示愿意在"专门的老年公寓"养老。我们认为，随着独生子女老年父母的年龄不断上升，特别是高龄老人的增多，愿去机构养老的独生子女父母人数还会大大增加。在专题调研座谈会，不少独生子女老年父母表示，将来因家里无人照顾，可能不得不去机构养老。这说明，我区机构养老的床位是有一定需求的。

而现实是我区当前既存在机构养老需求大与床位不足的矛盾，又存在现有养老床位需求不足的问题。

从老年人口愿去机构养老的意愿讲，目前我区养老机构的床位数量是大大不够的，特别带有护理性质的老年人养老床位数量不足。与此同时，却有相当部分养老床位空置，需求不足。据有关报告，2010年奉贤区养老机构开放的床位3839张，实际入住老人2215名，机构养老床位的空置率高达42.3%。机构养老的需求不足是不可否认的客观事实。

进一步调查表明，这种需求不足的直接原因不是因为我区的养老床位多了，而是机构养老走向市场化后其养老收费远超出了许多城乡老人的经济承受力，导致了许多愿意在机构养老的老人因经济能力不够而进不了养老机构。在奉贤区，普通的社会养老机构每月最基本的床位费、护理费、伙食费在1500元左右，如果需要专门护理的老人，其费用每月至少在2000元以上。当然，我区政府相关部门管理的部分养老机构收费较低，但进入这些福利性质的养老机构是有"门槛"的。我们调查显示，只有3.7%的老人表示可接受每月1000元及以上的机构养老费用。显然，目前养老机构的收费对我区的老人，尤其是农村老人来讲，是难以承受的。此外，我区机构养老床位需求不足还受到传统养老观念、养老机构的服务质量等其他因素的影响。

武警上海市总队

【总队长、政委与各单位军政主官签订《人口与计划生育责任书》】 为明确领导责任，全面落实国家、军队和武警部队关于“十二五”期间人口和计划生育工作任务、要求，确保总队人口与计划生育工作继续走在武警部队和全社会前列，1 月 15 日下午，在总队召开的三届三次全会期间，魏佑江总队长、胡汉武政委与总队各支队军政主官签订了 2012 年度《人口与计划生育责任书》，明确了全总队各级计划生育工作的责任指标和任务要求。

各支队计划生育领导小组也按照《2012 年总队人口和计划生育工作计划》的要求和标准，坚持军、政主要官员亲自抓、负总责，逐级落实目标管理责任制，与各基层主管签订《人口与计划生育责任书》并按时检查，及时掌握官兵思想、孕情、节育情况。坚持做到计划生育工作与各单位评比奖励挂钩，与入党、晋（职）级、入学等个人的荣誉进步挂钩，确实使计划生育“一票否决权”发挥积极的作用。

【上海市人口和计划生育委员会走访慰问总队计划生育困难家庭】 1 月 17 日上午，上海市人口计生委领导一行 5 人，在总队计划生育领导小组副组长徐卫星副部长的陪同下，对总队计划生育困难家庭进行了走访慰问。慰问中，徐副部长代表总队对市计生委长期以来对总队计生工作的关心支持表示诚挚的感谢。

【总队召开计划生育领导小组会议】 为认真抓好新年度总队计划生育工作，2 月 27 日，总队组织计划生育领导小组会议。会上，传达学习了武警部队《“十二五”人口和计划生育工作规划》和《2012 年度计划生育工作要点》；总结了 2011 年总队计划生育工作，并提交了《2012 年度总队计划生育工作要点》及年度大项工作供会议审议。

最后，总队计划生育领导小组副组长陈启昌副政委强调了三点意见：一是坚持用胡主席重要指示统一思想，切实增强抓好新形势下部队人口计生工作的责任感紧迫感；二是抓住关键环节，下大力提高部队人口计生工作的质量效益；三是加强组织领导，确保各项工作落到实处。

【总队组织干部家属和女干部免费体检】 为深入贯彻落实总队计划生育领导小组会议精神，在“三八国际妇女节”来临之际，3 月 3 日上午，总队组织干部家属及女干部到总队医院进行了免费健康体检。

后勤部首长对此次活动高度重视，要求承办部门严密组织，切实把总队党委对干部的关爱落到实处。根据首长指示要求，卫生处积极做好前期各项协调、准备工作；总队医院结合参加体检人群的特点，精心设置体检项目，合理安排医务人员，开设体检绿色通道；在各单位的通力配合下，此次活动组织圆满成功，受到了干部及家属们的一致好评。

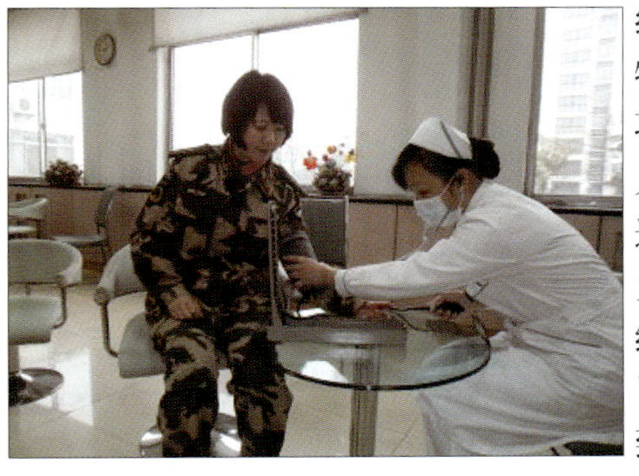

全市计生药具工作会议

计生免费药具发放点开展规范管理工作检查

免费计生药具进工地

程利南教授在“上海市计划生育药具技术指导和咨询服务中心”为育龄群众指导

计划生育药具自助发放机

卢湾区人口和计划生育工作会议

黄浦区人口计生工作会议暨人口计生联席会议

黄浦区高档商务楼内青年商务人群生殖健康需求调查课题结题会

国家人口计生委"强基提质"工程情况调研座谈会

为科技京城白领青年提供咨询服务及免费妇科检查

卢湾区社区流动青少年青春健康同伴教育现场交流暨专家点评指导会

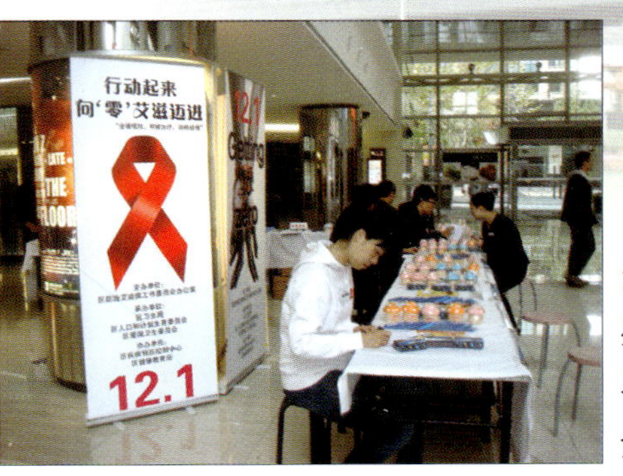

多部门联手举办"12.1"世界艾滋病日纪念活动

区政协主席李俊民调研徐汇区外来流动人口工作

《以社区为基础的家庭生育健康促进工程及公共服务模式研究》项目启动会

徐汇区家庭计划指导中心揭牌

区委常委宣传部长章卫民慰问独生子女困难家庭

徐汇区聪明宝宝评选现场

男性健康日宣传活动现场，为工地外来人员发放宣传用品

副区长夏以群（中）、区人口计生委主任张愉（右一）为社区宝宝派送元宵礼物。

静安区人口计生委代表队参加上海市人口计生委举办的“永远跟党走——市人口计生系统纪念建党90周年文艺汇演”，表演现代舞蹈《中国红》，荣获优胜奖

静安科学育儿工作交流

“乐活重阳、健康相伴——独生子女空巢家庭重阳联谊会”现场，为走过金婚、红宝石婚的社区群众送上婚纱纪念照

副区长张连城等出席“11·10人口文化”活动

新泾家园开展关爱农民工主题宣传活动

市人口计生委副主任孙常敏、长宁区副区长陈志奇在区人口计生联席会议上讲话

为全区困难家庭外来嫂免费提供妇女“两病”筛查

上海市生育关怀项目推进会暨幸福工程捐款仪式在长宁举行

副区长张连城走访基层患大病人口计生工作者家庭和独生子女死亡家庭

计生协会换届选举大会

社区（街道）党工委书记走访计生困难家庭

新华街道位于长宁区的东南部，东起江苏路、兴国路，西至凯旋路，南临淮海西路，北接延安西路，占地面积2.2平方公里，设17个居委会。辖区内有户籍人口9.6万人，其中大学生集体户口3.9万人，实有人口7.09万人。新华的居住小区主要由老洋房、商品房和老城区构成，共有洋房别墅210幢、商品房小区69个、售后公房小区127个、待建基地3块、商务楼27幢及各类园区4个，实有单位2400余家。

新华社区历史文化底蕴深厚、人文荟萃，文化资源丰富，为市级历史风貌保护区。公元970年即建有法华禅寺，比上海县早321年，故有“先有法华，后有上海”之说。自宋至清，法华镇香火鼎盛，有“小洛阳”之称。辖区内的新华路、泰安路、兴国路被列为市历史文化风貌保护区，拥有著名的外国弄堂和万国建筑别墅群，人文景观甚多。严复、黄佐临、秦瘦鸥、俞振飞等一大批社会知名人士曾在此居住。辖区内还有上海民族乐团、上海轻音乐团、上海影城、上海市城雕馆、少儿出版社等多家文化单位，拥有交大安泰学院、复旦中学、华政附中等8所院校及海贝、新华、安顺等3所幼儿园。

近年来，新华街道根据市、区对社区建设、管理和服务的具体要求，结合实际，创新社会管理形式，不断完善社区文化中心、青年中心、体育中心的功能，深化社区人口发展工作内涵。在市、区人口计生委的指导下，以“人文新华”为主题，以丰厚的社区人文资源为载体，围绕基层人口发展工作，开展了形式多样、内容丰富的科学育儿、特扶关爱等人口计生特色服务活动，得到了各级领导和社区群众的广泛认可，街道的计生特扶关爱特色项目还向国家人口计生委进行了汇报，得到了高度肯定。先后获得“全国街道之星”、“全国文明社区示范点”、“全国精神文明建设工作先进单位”、“上海市文明社区”、“上海市先进街道办事处”等多项荣誉称号。

优生优育——鹅妈妈早教基地毕业典礼

区人口计生工作会议

市、区领导为普陀区人口家庭计划指导中心揭幕剪彩

开展独生子女家庭空巢老人助餐服务

"0～3岁"家庭养育指导引入国际先进育儿理念

签订异地流动人口双向管理协议书

举办"弘扬婚育新风、共筑幸福家庭"主题活动

区人口和计划生育工作会议

副区长鲍英菁在“7.11”世界人口日宣传活动暨“心扶工程”项目启动仪式上讲话

家庭“三育”能力现状分析及对策研究课题研讨会

区人口计生委党组书记谈惠兰为学前教育教学实践基地揭牌

孕前检查项目工作推进会

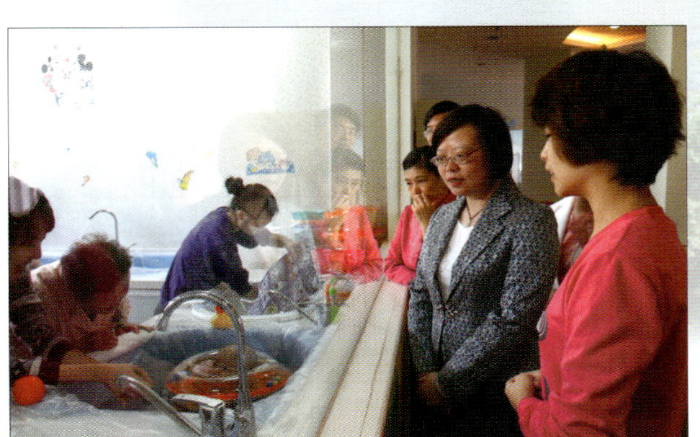

区人口计生委主任应妹视察小海豚成长乐园

国家人口计生委副主任江帆一行到虹口区考察

召开全区人口和计划生育工作会议

召开人口计生工作联席会议

举行“四海情缘结虹口，春风化雨女儿红”虹口女儿节暨“玫瑰心语”网页开通仪式

副区长李国华调研区基层人口计生工作

区人大副主任宋美红走访慰问独生子女困难家庭

开展“青春扬帆展前程、扶雁助学指航向”扶雁行动

副区长吴乾渝慰问流动人口困难女孩家庭

开展流动人口关怀关爱活动

成立杨浦人口创新发展社区实践基地

为计生特殊家庭提供住院保险

举办世界人口日纪念活动

全国政协常委左焕琛到闵行考察

国家人口计生委“强基提质”工程调研

打击“两非”电视电话会议

纪念“7·11”世界人口日暨创建幸福家庭活动启动仪式

召开宝山人口发展研讨会

纪念9.25《公开信》发表31周年

推进全国流动人口计生基本公共服务均等化试点工作

“幸福佳园”开展分群分类服务

开展“均等服务一家亲”活动

“好孕俱乐部”开展优生优育讲座

生育关怀“金拐杖”项目展示活动

流动人口关怀关爱活动暨“幸福365”工程启动仪式

工地来沪人员人口计生宣传

为来沪务工人员免费发放计生药具

流动人口关怀关爱活动

区人口和计划生育工作会议

《母婴健康社区行》启动仪式暨高桥镇优生优育科学育儿指导服务中心揭牌

新区分管领导会

军民共建“男性健康宣传与咨询服务”活动

“新彩虹计划”启动仪式

为返乡农民工发放避孕药具

区委书记杨建荣调研指导人口计生工作

人口计生工作会上表彰“宜居金山，和谐人口，计划生育‘五佳’新村居”

区长赵福禧春节走访慰问计生特殊家庭

出生缺陷一级预防项目签约仪式

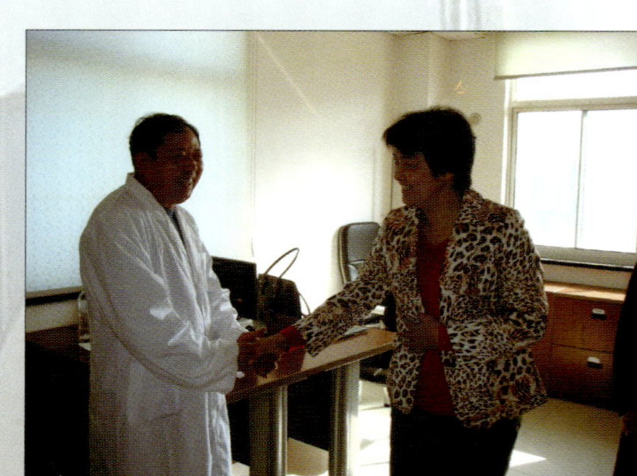

区人口计生委主任张琼慰问“生育关怀社区行”专家诊疗团

亭林镇志愿者与消防官兵共享军民鱼水情

国家人口计生委副主任王培安到松江区调研，区委书记盛亚飞陪同

纪念7·11世界人口日活动

区长俞太尉调研区人口计生工作

车墩镇计生协与镇团委联合举办白领青年交友活动

区人大代表视察来沪人员免费孕检点

开展新生代农民工计划生育关怀关爱活动

2011年人口和计划生育工作会议

走访慰问独生子女困难家庭

副区长蔡忠调研人口计生工作

幸福工程捐款

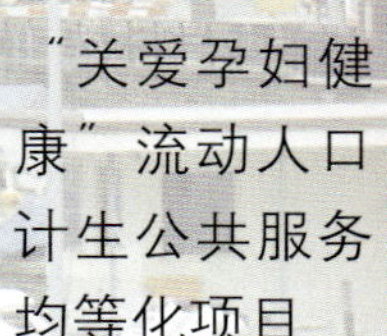

"关爱孕妇健康"流动人口计生公共服务均等化项目

与安徽霍邱县开展流动人口计划生育双向合作交流座谈会

进行计划生育知识竞赛颁奖活动

人口综合服务管理和计划生育工作会议

纪念《公开信》发表暨人口计生宅基课堂推进会

志愿者在南桥镇开展人口计生宣传

免费孕前优生健康检查项目启动仪式

人口计生工作领导小组暨综合改革会议

奉贤区和安徽寿县双向管理会议

县委书记彭沉雷调研指导人口计生工作

县长赵奇研究人口计生工作

县政协主席施建华调研指导人口计生工作

副县长王菁调研人口计生工作

崇明县与安徽省全椒县在长兴共同成立计生协会

县计划生育均等化公共服务项目启动仪式

十三、各区县人口和计划生育工作

黄浦区

【概述】 2011年5月，经国务院批准，原黄浦区和卢湾区“撤二建一”，建立新的黄浦区。2011年8月5日，设立黄浦区人口计生委联合党组。黄浦区人口计生工作围绕加快“两区融合、一体发展”的总体要求，坚持一手抓工作对接融合，一手抓全年目标任务推进，确保各项工作不断不乱。

依法行政 ⑴“撤二建一”后，根据区法制办要求，及时清理规范性文件，对原《卢湾区关于未参加本市城镇职工养老保险人员年老退休时一次性计划生育奖励费的标准》、《卢湾区享受低保的部分独生子女家庭扶助办法》提出废止建议。⑵结合新出台的《上海市计划生育奖励与补助若干规定》，及时做好业务培训、政策咨询、操作流程制定、信访维稳等配套实施工作，信访维稳工作得到上海市人口计生委的肯定，相关做法在全市人口计生系统信访工作会议上交流。⑶接受区人大、区法制办对《行政处罚法》实施情况的专项检查。小东门街道被评为全国人口和计划生育依法行政示范街道。⑷依法做好行政事务办理。全年办理再生育手续605例，出具无子女证明11例，审核发放《独生子女父母光荣证》17134例，审核发放地区待业人员独生子女父母奖励费2964197.5元。

信息统计 组织开展市已婚育龄妇女避孕节育抽样调查和区已婚育龄妇女计划生育服务需求情况调查、流动人口动态监测、家庭动态、全国城乡人口和家庭发展状况抽样调查、联合国人口基金第七周期项目基线调查等6项人口计生专题调查工作，完成调查问卷5200余份。

流动人口服务管理 ⑴增设流动人口管理科，进一步增强流动人口管理与服务职能。⑵加强流动人口计划生育工作协调。召开由区人口计生委、地区办、公安分局人口办和各街道参加的工作座谈会，完善情况互通、信息共享的社区流动人口计划生育服务管理机制。⑶推进区域联动，与4个地区的区（县、市）人口计生部门新签《流动人口计划生育服务管理双向互动协议》，与该区实现双向管理的地区增加到84家。⑷制定流动人口计划生育“一盘棋”工作方案，完成“一盘棋”工作各项指标要求。⑸继续实施“郁金香——流动人口均等化服务项目”和“科技京城外来白领女性零距离活动”，分层分类开展健康检查、健康咨询和心理疏导等服务。⑹2011年春节前后，组织街道开展以“关爱新生代农民工，促进社会和谐融入”为主题的新生代农民工计划生育关怀关爱活动。共组织座谈会和讲座20余次；为4260人次的流动人口提供人口计生政策法规和生殖健康知识咨询；发放宣传资料6121份、避孕药具7810盒。

公共服务与宣传教育 ⑴在人口计生公共服务机构标准化率达到100%的基础上，市级人口计生公共服务机构标准化建设示范单位达到

80%；完成居委会家庭计划指导室硬件建设配置，标准化率 60%。⑵推进优生促进工作。以政府购买服务形式，提供免费孕前优生健康检测服务。2011 年内，共有 618 对夫妇接受免费孕前检查。⑶深化生育关怀“甘露工程”。总结社区使用宫内节育器围绝经期妇女随访服务工作，进一步推进 40 ~ 49 岁放器妇女跟踪随访干预项目化运作，完善计划生育相关服务工作。开展“60 周岁以上独生子女空巢老人状况调查”695 份，并进行数据汇总分析。依托社区阵地，打造“一街一品”特色。⑷区文明办、区教育局、区人口计生委、区妇联 4 部门联合组建区未成年人心理健康辅导中心暨区未成年人家庭教育指导中心。⑸深入开展 0 ~ 3 岁婴幼儿早期教育。引导各街道开展上海市社区优生优育指导示范点创建工作，全区 10 个街道中已有 7 个被评为市级示范点。⑹构建人口计生公益宣传“大宣传”、“大联动”格局。在巩固完善“五上”格局的基础上，又与巴士公司协调，在区主干道西藏南路、中山东一路、外滩等五个公交站点设置人口计生宣传专栏。

协会工作 ⑴推进流动人口协会建设。全区共建立流动人口协会 16 个，扩大协会在流动人口集聚地的组织建立和服务覆盖，分别成立外来务工、菜场摊主 4 个流动人口协会会员小组；启动“老乡帮老乡生育关怀扶助金”，对 5 户外来人员困难家庭慰问扶助 1200 元。⑵开展生育关怀行动。组织开展幸福工程募捐，共募集到捐款 13 万余元。母亲节期间，向 40 位贫困母亲赠送女性健康保险、健康体检单和慰问品。⑶扶助独生子女困难家庭 65 户，合计扶助 6.7 万元。做好 2011 年扶助独生子女困难家庭专题福利彩票宣传发行工作，完成 38.4 万元的彩票宣传发放工作。⑷开展人口计生基层群众自治示范活动。指导南京东路街道定兴居委、小东门街道天灯居委、打浦桥街道锦海居委和五里桥街道紫荆居委等四个示范点开展示范创建活动。第一批示范点通过国家和市计生协会评审并授牌。⑸拓展青春健康项目工作。2 月 22 日，邀请项目专家对 2010 年卢湾青年网络所开展的“守候花季之蒲公英在飞翔”项目进行评估。2 月 25 日，召开卢湾青年网络 2010 年工作总结会。瑞金街道青春健康教育模式向全区推广，年内，共为外来务工青年、消防官兵和在校学生开展同伴教育 31 场，参与青少年 1300 余人次。区计生协会坚持在淮海中路繁华地段进餐饮企业开展青春健康教育的工作经验以及与上海市阳光社区青少年事务中心卢湾工作站合作的经验分别在中国计生协／福特基金会青春健康项目启动会、中计协《生育关怀－青春健康工作五年规划》终期评估专家座谈交流会上发言。

药具工作 ⑴全年发放免费药具 100.5 万元，同比增长 8%。⑵制定下发《黄浦区关于开展计划生育药具优得工程实施意见》，并纳入全年目标考核。⑶做好药具仓库转并，调整优化网点布局，开展药具进医院、进商务楼宇等公共场所。全区有各类药具发放网点 976 个，其中开架式自取柜 438 个，经评估验收全部达标。区、街道两级药具仓库全部落实“阴凉库”。⑷开展居委标准化达标活动，实现“五个一”（一人管理服务、一柜药具出样、一本收发记录、一个制度规范、一个栏目宣传）。区药具工作获上海市药具规范化管理优秀单位。⑸加强网点规范化管理与服务。年内新增、调整开架式发放点 103 个，新制作 150 个药具专柜。⑹与卫生部门共同做好一年两次计生手术质量质控活动。与机关党工委共同制定对机关妇女关爱活动计划，做好街道综合服务站群众需求信息的收集、汇总和分析。⑺组织全区药具系统培训 30 余次，参加者 800 余人次。持证上岗受训率 100%。

【人口计生数据】 2011 年末，户籍人口 90.56 万人，比上年减少 0.07 万人，育龄妇女 19.29 万人，占全区户籍人口总数的 21.30%，比上年减少 0.54 万人。其中，已婚育龄妇女 11.62 万人，比上年减少 0.14 万人。2011 年，户籍人口出生 6786 人，出生率 7.49‰，其中一孩率 93.90%，二孩率 6.04%，多孩率 0.06%，自然增长率 −1.40‰，总和生育率 0.92，平均初育年龄 29.64 岁，计划生育率 99.48%。抽样调查显示，户籍人口已婚育龄妇女综合避孕率 64.33%，节育措施构成：避孕药（针）3.21%，宫内节育器 41.44%，男扎 0.27%，女扎 0.53%，避孕套 50.18%,外用药 1.16%,皮下埋植 0.09%，其他 3.12%。根据区统计局公布的市统计局评估数，2011 年末，常住人口总数 68.04 万人，其中外来常住人口总数 17.76 万人。流动人口出生 963 人，计划生育率 91.17%。

【成功申报联合国人口基金第七周期项目】 10 月 25 日，由区委常委、区委宣传部部长李崟带队，接受由国家人口计生委、联合国人口基金联合考察组的选点考察，陈丽琴代表黄浦区团队向国家人口计生委选点考察组专家作陈述和答辩。经专家组综合评定，国家人口计生委研究决定，黄浦区作为中国／联合国人口基金第七周期生殖健康／人口与发展项目试点地区。该区将重点承担“完善人口社会政策”、“深化管理评估改革”、“促进生殖健康权利保护”和“加强人口计生公共服务网络的拓展与深化” 4 个重点领域的探索，同时继续深化青少年性与生殖健康服务工作。通过项目实施，推动建立健全人口和计划生育工作新机制。第七周期项目为期 5 年（2011 ～ 2015 年）。

【召开 2011 年黄浦区人口计生工作会议暨人口计生工作联席会议】 4 月 29 日，召开 2011 年区人口计生工作会议暨人口计生工作联席会议，市人口计生委主任谢玲丽、副区长张辰出席会议并讲话，区委常委、区委宣传部部长孙甘霖主持会议。会议指出，一是要进一步加大区域人口问题研究，为高端金融人才引进、外籍人士提供贴切服务。关注人口与教育、就业的关系，区各职能部门要把人口放在首位，共同承担政府公共服务职能。二是积极探索，应对人口老龄化，创新养老服务保障措施。建立完善的社区养老服务体系，创建让老人生活有安全感的养老工程。区人口计生工作联席会议成员单位，区各委、办、局、集团公司的负责人，以及各街道的主要负责人和分管负责人等近 90 人出席会议。

【张辰调研指导区人口计生工作】 3 月 9 日，副区长张辰到区人口计生委调研，听取人口计生委主任刘树昇工作汇报，了解 2011 年主要工作安排情况。张辰对区人口计生委立足区情、关注民生、以项目推动新一年度人口计生工作给予充分肯定。指出，一是阵地建设要突出实效，居委会人口和家庭计划指导室标准化建成后要切实发挥作用，为育龄群众持续提供优质的计划生育、生殖保健、优生优育服务；二是在大人口调研方面进一步加大力度，加强实证性、战略性研究，为区域社会资源配置提供科学依据；三是人口计生、卫生、民政部门要共商，落实场地，共同推进婚育咨询、婚前检查和婚姻登记的“一门式”服务。

【召开贯彻新《上海市计划生育奖励与补助若干规定》专题会议】 6 月 22 日，区人口计生委召开贯彻新修订的《上海市计划生育奖励与补助若干规定》专题会议，副区长张辰出席会议并讲话。张辰指出:一要认真解读,贯彻好《规定》。二要及时了解情况，区和街道互相沟通，研究应对措施。三要按《规定》要求做好计生奖励费受理、核发工作，公共财政经费落实到位。四要加强对本辖区内企事业单位的宣传，对计生奖励费发放实施有效监管。区人口计生委主任刘树昇对《规定》作政策解读，部署各街道掌握辖区内未参保人员、失业人员情况，保证经费到位，兑现计生奖励。各街道分管主任、计生科长，区人口计生委各科室负责人等 20 人参加会议。

【召开 2011 年黄浦区药具工作会议】 5 月 24 日，区人口计生委召开 2011 年药具工作会议，各街道计生科长，计生药具干部等参加。会议就贯彻落实《黄浦区关于开展计划生育药具“优得”工程项目的实施意见》进行学习动员，强化落实。外滩街道、小东门街道分别交流药具工作经验。

【《黄浦区外来流动人口分类分层服务管理探索》课题通过验收】 1 月，区人口计生委开展《黄浦区外来流动人口分类分层服务管理探索》课题通过科委组织的专家组验收。课题根据在黄浦区居住、就业的外来流动人口的基本特征，重点从职业、收入、文化等情况进行分类分层调查分析，了解他们在社会保障、子女教育、经济收入、房价问题、户籍制度以及人口计生公共服务的现状与需求，使分类分层服务管理更有针对性。

【《黄浦区围绝经期妇女宫内节育器取出情况调查》课题开题】 6月7日，《黄浦区围绝经期妇女宫内节育器取出情况调查》课题开题并通过专家论证。该课题阐述了宫内节育器长期滞留子宫内对生殖健康的影响以及目前的研究现状，在此基础上提出围绝经期妇女宫内节育器使用及取出情况的研究目标，旨在有针对性地为围绝经期妇女开展生殖保健服务提供参考依据。

【召开0～3岁婴幼儿综合能力发育普测工作推进会】 2月，黄浦区人口计生委组织区人口计生指导中心、街道人口计生干部召开0～3岁婴幼儿综合能力发育普测工作推进会。会议总结2010年0～3岁婴幼儿综合能力发育普测工作的经验，共为211位0～3岁婴幼儿开展综合能力发育普测，其中0～1岁76名，1～2岁78名，2～3岁57名。汇总分析显示：80%左右的测评对象发育月龄与实际月龄相符，15%左右的测评对象发育月龄高于实际月龄，5%左右的测评对象发育月龄低于实际月龄。测试能更好地帮助家长了解婴幼儿综合发育情况，有针对性地为孩子提供0～3科学育儿指导提供了依据。会议同时就2011年工作进行了具体部署，要求以0～3岁家庭需求为导向，以百姓受益为基点，形成“孕前——产前——0～3早教”跟踪随访服务链，为打造家庭计划指导新品牌奠定了坚实基础。

【卢湾区召开2011年人口计生工作会议】 5月18日，召开2011年人口和计划生育工作会议。区委常委、区委宣传部部长李崟主持会议。副区长程霄玉等出席。程霄玉提出3点意见：一是认真学习胡锦涛总书记在中央政治局第二十八次集体学习时的重要讲话精神，进一步增强全面做好人口计生工作的责任感和使命感。二是深化人口和计划生育综合改革示范区建设，要进一步完善统筹协调工作机制，进一步完善人口计生公共服务体系，进一步推进人口计生工作信息化建设，进一步发挥国际合作项目的示范效应。三是以“强基提质”为核心，大力推进人口计生工作队伍建设。会议传达了胡锦涛总书记重要讲话精神和市人口计生工作会议精神，总结了2010年工作，部署2011年主要任务。区各部委办局、街道办事处、群众团体、有关企业集团主要负责人，区人大、政协相关委员会主任，区人口计生综合改革试点工作领导小组、区人口计生工作联席会议成员单位分管领导和联络员，街道人口计生分管领导，有关企事业单位主要负责人，区计生协会负责人，部分卫生、人口计生干部及青少年代表等130人出席会议。

【程霄玉到区人口计生委调研工作】 2月23日，副区长程霄玉到卢湾区人口计生委调研工作。程霄玉要求，以深化全国人口计生综合改革示范区建设为引领，加大统筹管理人口计生工作的力度，进一步建立工作平台和载体，不断提升人口计生工作水平。一要着力推进人口计生工作的均衡化，充分整合社会资源，健全计划生育公共服务网络，不断扩大服务覆盖面，拓展服务功能和内涵，坚持以需求引导服务，切实满足不同人群的人口计生服务需求。二要着力推进人口计生工作的信息化。立足高起点、高层次，着重在信息化应用上下功夫，建立人口基础信息的共享应用和服务机制，提高数据的有效性和利用率，为政府决策提供依据。三要着力推进人口计生工作的国际化。以联合国人口基金项目为引领，进一步加强人口计生领域的国际交流，学习借鉴国际先进的人口管理理念，切实提高人口计生管理水平。区人口计生委党组书记陈丽琴、主任左轶梅等陪同调研。

【卢湾区人口计生多项工作被纳入区政府重点工作或民生工作重点项目】 一是大力推进人口计生信息化建设。2011年，卢湾区将在完成区实有人口计划生育信息管理Ⅰ期、Ⅱ期系统建设的基础上，做好系统的优化和运用工作，推动部门的联动和共享，建立人口基础信息共享应用和服务机制，进一步提升人口计生服务管理水平。二是深化人口计生综合改革示范区建设。2011年卢湾区政府重点工作安排提出，要加快发展社会事业，提升公共服务水平和质量。进一步深化人口计生综合改革示范区建设，加强计划生育公共服务。加大统筹管理人口计生的工作力度，建立健全人口计生工作的领导、协调、监督机制，深化人口计生综合服务与管理。以区人口计生联席会议为平台，建立若干个专项工作小组，推动部门联动机制的完善。三是深入推进优生促进工程和婴幼儿早期启蒙工程。2011年卢湾区民生工作重点项目安排提出，要促进优生优育，大力宣传和普及优生优育知识，组织实施优生促进工作，切实做好出生缺陷一级预防工作。加大实有人口0～3岁婴幼儿早期教育，建立相关机制。加强婚育咨询和指导，提高生殖健康服务水平。

【卢湾区人口计生综合改革成果汇编成册】 2003年原卢湾区被确定为全国人口和计划生育综合改革试点区，2009年作为上海唯一的一个区被国家人口计生委确定为第一批全国人口和计划生育综合改革示范区。为进一步总结经验、推进工作，区人口计生委对近年来在人口计生综合改革试点工作方面取得的成绩和积累的经验进行总结，形成系列汇编。其中综合改革成果汇编包括综合改革工作配套文件及报告，联合国人口基金第五、第六周期生殖健康／计划生育项目文本、项目终期评估报告，人口发展专项规划及人口问题研究，各级领导对卢湾人口计生工作的关心、指导和评价，人口计生领域国际交流大事记等；人口计生咨询服务需求分析汇编收录了自2001年以来区人口计生部门坚持开展基层群众需求分析的情况等。

【国家人口计生委到卢湾区开展“强基提质”工程调研】 5月7日，国家人口计生委国际合作司巡视员、副司长、“强基提质”工程调研组组长汝小美一行到该区调研“强基提质”工程实施情况。市人口计生委副主任赵勇、副区长程霄玉、区人口计生委党组书记陈丽琴、主任左轶梅陪同调研。调研组听取区人口计生委主任左轶梅关于区人口计生“强基提质”工程实施情况的汇报，与区人口计生委干部、各街道人口计生办主任及居委会人口计生社工代表就居委会人口计生社工队伍基本情况、人口计生队伍职业化建设、儿童早教和老龄关怀工作等问题进行了座谈。同时，还考察了打浦桥街道人口计生综合服务站、打浦桥街道家庭儿童服务指导中心、瑞金二路街道人口计生综合服务站和瑞金二路街道老年人日托站等。

【福特基金会项目官员考察同伴教育】 4月28日，福特基金会项目官员苏茜女士到卢湾区实地考察了由阳光社区青少年事务中心社工在“仕格威波尔曼”酒店所做的青春健康同伴教育。苏茜女士对同伴教育主持人的培训内容、培训技巧、时间控制、互动性以及对培训者的尊重，给予充分肯定。

【区实有人口计生管理信息系统二期建设通过验收】 该系统于2009年由卢湾区人口计生委会同区科委（信息委）、区人口办开发建设，作为上海市社区信息化综合试点项目内容之一，被列入区信息化工作重点推进项目。该系统涵盖了实有人口管理、人口短期和中长期预测功能、人口计生服务功能以及服务与管理信息对接功能、社会抚养费征收管理、部分行政事务网上办事功能以及办公管理等功能。2011年组织开发区实有人口计生信息管理二期人口预测系统，并对系统（一期）中有关社会抚养费登记、查询功能进行优化。10月份通过区信息委组织的专家验收。

【卢湾区召开“社区流动青年青春健康教育现场交流暨专家点评指导会”】 6月10日，区人口计生委、区计生协会同区教育局、瑞金二路街道召开“社区流动青年青春健康教育现场交流暨专家点评指导会”。市人口计生委科技处、市计生协会、市教科院职成教所以及团区委、区教育局等相关部门的负责人和专家出席会议。区人口计生委左轶梅主任主持会议，党组书记陈丽琴作项目背景介绍。瑞金街道、打浦街道计生协会先后交流了在开展联合国人口基金第五、第六周期项目青少年性与生殖健康子项目的基础上，实施2009～2010年市教委上海市社区教育实验重点项目《社区流动青少年青春健康教育的实验》的情况，并现场观看了卢湾区在学校学生、部队官兵和社区餐饮流动青年中开展青春健康项目活动的剪影。会议专题听取了与会专家、相关部门负责人对卢湾区申报2011～2012年市教委“上海市社区教育实验项目”的《深化社区流动青年青春健康教育的实验》项目方案的指导性意见。与会人员一致认为，卢湾区青春健康教育项目能够不断深化，值得总结，其经验主要有三个方面：一是始终坚持以优质服务为抓手，扎扎实实开展青春健康教育；二是始终坚持用项目来推进工作，通过项目引领工作的规范化建设；三是始终坚持真正意义上的多部门资源整合和联手。

【卢湾区积极推进生育关怀品牌项目】 2月22日，区人口计生委、区计生协召开“放置宫内节育器妇女跟踪随访干预”项目专家指导会。“放置宫内节育器妇女跟踪随访干预”项目是卢湾区生育关怀品牌项目，早于2003年在打浦桥街道先行试点，7年来共有2735名放置宫内节育器妇女受益，宣传指导率100%。2010年，该项服务又拓展到打浦街道综合服务站日常服务和泰康、蒙西菜场协会及巴士公司等团体会员单位的流动人口会员和外来务工人员，并提供免费查器、取器及赠送女性安康保险等服务，113名放器妇女受益。

【各项计划生育奖励扶助规定依法落实到位】 6月1日，《上海市计划生育奖励与补助若干规定》出台后，集中补发无业人员独生子女父母奖励费7538人次，金额137.8万元；发放无业人员年老一次性计划生育奖励费50.91万元。并为3114个计划生育家庭发放特别扶助482.8万元。为62个享受低保的部分独生子女家庭发放一次性扶助22.3万元；为26个低收入家庭发放孕妇产前检查和生育扶助2.6万元；为123个困难孕妇提供免费产前检查。

【多部门联手举办“12·1世界艾滋病日”纪念活动】 11月29日，黄浦区“12·1世界艾滋病日”纪念活动在上海时尚地标新天地南广场中厅举行。此次活动由区防治艾滋病工作委员会主办，区卫生局、区人口计生委、区爱卫办承办，区疾控中心、区健康教育所协办。新天地南广场中厅醒目处悬挂了“第24个‘世界艾滋病日’——行动起来，向‘零’艾滋迈进”主题宣传海报。现场还设置咨询服务点，特邀上海交通大学医学院附属瑞金医院专家提供面对面咨询。活动还通过展示宣传版面，发放小册子、安全套等宣传品，开展预防知识健康教育，提高人们的防病意识。“12·1”期间，区人口计生部门还与区疾控中心联手，利用社区卫生服务网络，对社区服务业场所从业人员实施健康教育行为干预等活动，发放安全套1.4万余只。

【打浦街道与上海市儿童医院联手打造“0～3岁儿童养护及医疗服务进社区”计划】 打浦街道以家庭儿童服务指导中心作为科学育儿基地，较早建立了一支儿童保健、优育优教专家服务团队。为了吸纳更多的社会优质医疗服务资源进社区，提供多元化的公共服务，6月，打浦桥街道与上海市儿童医院联手启动“0～3岁儿童养护及医疗服务进社区”计划，定期由儿童医院专家下社区开设各类公益咨询及讲座活动：一是“传播理念”：为宝宝的父母、祖父母传授科学育儿理念与方法，避免出现家庭育儿误区；二是“开辟通道”：针对进一步需要医疗干预的儿童家庭开设绿色通道；三是“加强研究”：围绕儿童发育出现的新问题，组织开展相关课题研究，提升社区儿童早期发展服务能级，满足现代家庭服务需求。

【淮海街道“星期四加油站”搭建基层人口计生工作交流培训平台】 近年来，越来越多的年轻大学生走上基层人口计生工作岗位。为了使“新手”尽快熟悉业务、胜任工作，提升工作队伍的业务水平和服务能力，淮海街道人口计生办组织开展了“星期四加油站”活动，将街道辖区内20个居委就近分为4个块，每周四安排一个块在站点组织开展人口计生工作业务交流培训。“星期四加油站”的形式得到了大家的欢迎。在学习期间，一些经验丰富的“老计生”结合自己工作心得与新上岗人员进行业务切磋，及时给予指导和帮助。“星期四加油站”激发了社区人口计生工作者学习交流业务的自觉性和主动性，在基层人口计生工作队伍中形成了“学政策、学业务、比创新、比服务”的良好风气。

（潘　洁　李　婷　陈茜梅）

徐　汇　区

【概述】 2011年，区人口计生工作围绕“创新驱动、转型发展”的中心任务，以统筹解决人口问题为主线，着力深化人口发展战略研究，加强统筹协调机制建设，推进人口计生公共服务转型发展，提升流动人口服务管理水平，为区域人口与经济、社会、资源、环境的全面协调和可持续发展作出努力，区人口计生工作全面加强，确保“十二五”人口计生事业发展开好局、起好步。2011 年，徐汇区人口计生工作获得“全国计划生育优质服务示范站”、《人口与计划生育》杂志全国宣传工作先进奖、上海市法制教育宣传工作先进集体、上海市档案法制宣传教育优秀单位等荣誉。

人口研究　(1) 与市人口发展研究院、华师大人口研究所等单位分别完成《徐汇区域发展定位与人口协调发展研究—基本“六普”数据分析》和《徐汇区人才聚集高地建设研究》。徐汇区人大常委会第 157 次主任会议专题听取区人口计生委关于第六次人口普查数据运用情况汇报，会议认为：计划生育是我国的基本国策，人口问题是科学决策、民主决策的基数，也是“十二五”规划的重要参数。区人口计生委积极作为，加强人口普查信息中的人才数据研究分析，为区域经济社会发展服务。(2) 印发《关于开展人口和计划生育课题研究评比的通知》。各街道、镇、区人口计生委各科室结合辖区的“六普”数据和人口计生工作实际，完成课题研究报告 18 篇。(3) 区人口计生指导中心获征文优秀奖。12 月，徐汇区人口计生指导中心《上海市徐汇区多措并举做好流动人口药具服务促进城区药具免费发放全覆盖》，获 2011 年全国城市药具免费发放服务现代化主题征文活动优秀奖。

流动人口　(1) 探索流动人口计划生育服务管理的新模式。一是为全区 300 多名居村委计生干部开展《流动人口计划生育服务电子台账》专场操作培训，推进电子信息化应用于流动人口计划生育服务，为社区流动人口计划生育服务管理纳入实有人口管理提供条件。二是推进社区综合协管员的管理计划生育工作。依据《上海市实有人口服务和管理若干规定（暂行)》，与区人口办、各街道镇人口办联合举办社区综合协管员培训班，落实社区综合协管员计划生育相关职责。三是对社区流动人口计生信息采集和录入情况进行检查和评估。随机抽取《流动人口计划生育服务电子台账》520 人，实际核查 475 人，核查率 91.35%，随机抽查流动人口 19 人，符合率 100%。(2) 与 8 个省市地区人口计生部门签订《流动人口计划生育双向管理服务协议书》。建立人口流出地、流入地计划生育双向管理服务机制。(3) 落实流动人口计划生育免费孕检服务，依法出具《上海市流动人口避孕节育情况报告单》。(4) 在建筑工地、菜市场等来沪人员集聚地建立 26 个“关怀驿站”、“温馨港湾”计生协会会员之家，将人口计生宣传知识，张贴在工地的食堂、工人的休闲区域，提供计划生育政策咨询、生殖健康知识折页、手册各类宣传品 1 万余份，免费发放计划生育药具。(5) 开展社区流动人口计划生育综合执法，加强外来流动人口计生管理。全年共开展集中执法检查 4 次，查验流动人口婚育证明 48117 人次，检查房屋出租 9352 间次，检查用人单位 1246 个。

宣传教育　(1) 开展主题宣传。1 月，在新开元大酒店举办“关爱新生代农民工、促进社会和谐融入”宣传服务活动。2 月，在上海南站开展“春风行动”，宣传人口计生政策、生殖健康知识等。4 月，在龙华地铁工地举行“徐汇区建筑工地人口计生板面宣传巡展活动”启动仪式。宣传版面突出维护农民工人口计生合法权益、保障农民工身心健康等问题。宣传版面在全区 45 个建筑工地巡展，历时 1 个月。(2) 突出优生优育宣传。“六一”节前，在社区开展“第六届徐汇区社区教育学习节——聪明宝宝评选大赛”；“八一”节前，与田林街道共同举办“庆祝‘八一’建军节——智力拥军、亲子同乐”活动；9 月底，举办徐汇区第六届学习节“喜迎国庆我是快乐宝宝”聪明宝宝评选活动。10 月中旬，区宝宝乐活动中心 3 名老师负责，开展社区 0 ~ 3 岁婴幼儿综合能力测评试点工作，200 余名婴幼儿参加测评。0 ~ 3 岁婴幼儿家庭科学育儿指导率 100%。(3) 尝试网上微博宣传。开通徐汇新婚家庭健康宣传微博，利用新型传媒工具，进行沟通交流。(4) 借助“窗口”、媒体宣传。依托“徐汇区外来人口服务培训中心窗口”、“西南文化中心计划生育宣传角”、“光大会展中心婚姻登记处”、“社区男性健康、准爸爸准妈妈沙龙”等场所，在社区开展面对面宣传。借助《徐汇报》、徐汇有线台、“五进社区五到家”等平台开展专业宣传。(5)重视宣传日宣传。“2011年科技活动周”、“7·11”世界人口日、“10·28”男性健康宣传日、“12·1”艾滋病宣传日等，认真组织，精心准备，分别设立专场活动。

公共服务　(1) 建立“公共服务一卡通”。2011年徐汇区政府以“市民终身学习卡”为主体拓展“公共服务一卡通工程”民生实事项目。区人口计生委将社区0～3岁婴幼儿科学育儿指导服务事项纳入“公共服务一卡通”项目，在区宝宝乐教育活动中心和13家社区科学育儿指导中心安装“一卡通”读卡机，向社区0～3岁婴幼儿家庭发放“公共服务卡”，提高科学育儿指导率。(2) 开展免费孕前健康检查。区人口计生委、区卫生局印发《关于进一步做好徐汇区免费孕前优生健康检查工作的通知》，在全区范围内全面开展免费孕前优生健康检查。年内，免费孕前优生健康检查600对，筛查出的高危对象全部落实专业医生优生咨询指导和跟踪随访。(3) 继续开展国家的“计划生育药具不良反应监测”项目工作。

政策法规　2011年内，办理人口与计划生育行政事务40285件，其中：办理《再生育子女告知书》608件、办理独生子父母光荣证17607件(新领《光荣证》15261件、出具《再生育子女补办证明》14件、出具《无子女证明》12件、签订《计划生育协议书(收养)》12件，办理征收社会抚养费59件，征收社会抚养费123万元。审核符合计划生育家庭特别扶助2843件，独生子女意外伤残或死亡一次性补助34件，政府投入440余万元。审核年老退休时计划生育一次性奖励1.35万余件，生育保险事后监督5596件。没有发生行政差错。计划生育民生政策落实到位。年度政务公开评议满意率100%。

药具管理　(1) 全区设置1505个计生药具免费发放点，发放药具87万元。聘用2名工作人员，每天对社区自取柜、社会营销售套机巡回检查维护，加大流动人口集聚地的药具服务。(2) 改建区级计生药具仓库，分为常温库和阴凉库。采用电脑传感器自动控温湿度，药具库房管理工作更加科学化、精确化、高效化。13个街道、镇人口计生综合服务站全部配备药具阴凉库或冷藏柜。(3) 做好“世游赛”期间的10个宾馆接待点和游泳馆训练点的安全套配备，提供安全套16箱。(4) 为居委、企事业单位计生药具工作岗位新上岗70名人员培训。

计生协会　(1) 开展生育关怀行动。完成27万元幸福工程捐款、25万元计划生育福利彩票发行和兑奖工作。投入30万元，落实“独生子女保险计划”，以政府买单形式为全区5000名低保、低收入独生子女困难家庭购买保险；投入15万元，为独生子女困难家庭母亲送女性健康保险7500份。对计划生育困难家庭开展各种形式的帮扶活动，慰问经费10万元。(2) 开展流动人口健康服务。与市疾控中心签订《中国全球基金结核病项目(一期)流动人口结核病防治领域——徐汇区民间组织参与流动人口结核病防治活动申请书》。发挥社区计生协会平台作用，在菜场、建筑工地等流动人口聚集区开展防结核病宣传教育。(3) 开展“5·29”会员宣传活动。5月28日，区人口计生委、区计生协会、枫林街道办事处，在双峰路向标准化菜场计生协会的会员赠送健康知识大礼包，组织会员免费体检，以及在双峰路菜场举办男性健康知识讲座。(4) 3月31日，徐汇区召开“标准化菜场均等化服务项目试点工作启动仪式暨标准化菜场计生协会‘温馨港湾’宣传服务行动推进会”，实施《2011年徐汇区标准化菜场计生协会建设暨流动人口均等化服务项目》。由社区计生协会秘书长分别与区域内标准化菜场负责人签约共建。在区域40家标准化菜场开展均等化服务试点，推进流动人口服务工作，为广大外来育龄群众谋利，使外来流动人员切实享受到计划生育均等化服务。

【人口与计划生育数据】　2011年年末，区常住人口总数1091683人，比上年增加28713

人，增幅 2.70%；其中，户籍人口 914621 人，比上年增加 3770 人，增幅 0.41%。户籍人口计划生育率 99.61%，外来流动人口计划生育率 89.15%。常住人口出生数 8362 人，比上年 8126 人增加 236 人，出生率 7.76‰，比上年上升 0.26 个千分点；常住人口自然增长率 1.36‰，比上年上升 0.02 个千分点。户籍人口出生数 6131 人，与上年 6099 人相比，增加 32 人，出生率 6.72‰，同比上升 0.01 个千分点。户籍人口死亡数 6892 人，死亡率 7.55‰ ，同比上升 0.20 个千分点，户籍人口自然增长率为 -0.83‰，比上年上升 0.19 个千分点。户籍育龄妇女 203664 人，总和生育率 0.91。户籍人口独生子女父母光荣证领证率 26.07%。户籍人口出生 1 孩率 91.93%；2 孩率 8.01%；多孩率 0.07%。户籍人口出生性别比 103，外来流动人口出生性别比 101。

【领导考察人口计生工作】 (1) 2 月 9 日，区委副书记、区政法委书记陈高宏来到区人口计生委机关向大家拜年，并座谈人口计生工作。区人口计生委党组书记周国良、主任阎宗桂就区域人口概况特征以及人口计生工作情况作汇报。陈高宏指出：区人口计生队伍是一支有战斗力的团队：一是服务协作能力强；二是社会工作能力强；三是群众工作能力强。强调，区人口计生工作：一是人口计生部门要甘当绿叶，积极整合资源，善于破解难题；二是要做好流动人口计划生育管理与服务工作；三是要深化人口发展研究，人口和计划生育是个大概念；人口数量、人口结构、人口分布等人口研究的成果，对促进区域产业经济社会发展发挥更大作用。(2) 3 月 9 日，山西省人大副主任安焕晓率队一行 9 人，来到徐汇区宝宝乐教育活动中心，参观考察社区 0 ~ 3 岁科学育儿指导工作，区人口计生委主任阎宗桂介绍徐汇工作情况。安焕晓等就徐汇宝宝乐教育活动中心的运作模式、运作经费、师资培训、课程设置等具体事宜进行沟通，并参观长桥街道宝宝乐教育活动分中心。(3) 5 月 4 日，区人大常委会副主任汪其才率人大教科文卫委员会部分委员，到区人口计生委专题调研“六普”人口数据开发利用工作。区人口计生委主任阎宗桂汇报部门联手，凝聚社会智力，开发“六普”人口数据情况。汪其才指出：徐汇“六普”人口数据是研究区域经济、社会、人口工作的基础，区人口计生委以及相关部门应抓紧开发利用。人口数据研究既要发挥专家的作用，更要结合行政管理的实践加以完善。人口与产业发展的不确定性以及人口管理的动态性会给课题研究带来挑战，需要做更多的细致工作，增强人口工作服务区域经济社会发展能力。(4) 5 月 5 日，区委常委、区政协主席李俊民率政协委员一行 20 人，视察区人口计生工作，调研双峰路菜场和轨道交通 11 号线龙华站工地流动人口管理服务工作，区人口计生委主任阎宗桂汇报区人口计生工作情况。李俊民强调：一是人口工作非常重要，人口问题始终是影响经济社会可持续发展的关键因素。4 月 26 日，中共中央政治局集体学习，胡锦涛总书记作了重要讲话，就全面做好新形势下我国人口工作提出了明确要求。计划生育是基本国策，一定要按照区委、区政府的工作部署落实好。二是“六普”显示，10 年人口增长缓慢，工作成效明显。区流动人口管理服务已经形成很好的工作机制，相关部门按照职责分工落实工作责任。三是希望政协委员继续关心人口计生工作，对工作中的困难给予积极呼吁，形成工作合力，推动区人口计生工作再上新台阶。(5) 10 月 10 日，解放军总装备部人口计生委主任温东方和总装备部后勤部华东办事处政治部主任姜文寅一行参观徐汇区人口和计划生育指导中心。区人口计生委党组书记周国良、区人口计生委主任阎宗桂等陪同。(6) 12 月 9 日，国家人口计生委药具管理中心主任李凤岐、副主任吕凌到区人口计生指导中心，调研免费计生药具管理工作。区人口计生委主任阎宗桂汇报药具工作情况。李凤岐希望徐汇区以科技引领，运用现代物联网技术，做好计生药具仓库科学化管理，将计生药具工作纳入民生工作之中，实现免费计生药具发放服务全覆盖；加大免费计生药具政策宣传，扩大避孕节育知识知晓面；多措并举，做好流动人口计生药具公共服务均等化；扎实基层基础工作，及时做好计生药具工作调研和评估，提升管理水平。市人口计生委副主任孙常敏、徐汇区副区长王珏、区人口计生委党组书记周国良陪同调研。

【人口计生干部队伍建设】 6月9日，区政府专题听取和研究落实“加强徐汇区人口和计划生育队伍建设”工作事宜，并印发《会议纪要》，要求：“十二五”期间，徐汇区有计划地逐步实现每万人配备4名专职人口计生工作人员的目标。街道、镇人口计生办、综合服务站专职工作人员不少于3人。居委会人口计生专兼职干部要配备到位，保证工作力量。7月7日，分管区长周秀芬组织召开全区人口计生队伍建设推进会，进一步贯彻落实。组织全区56名社区相关人员参加国家社工资格考试。参加市人口计生委组织的技术服务人员上岗和继续教育、优生促进服务人员上岗等各项培训181人次。区人口计生委制定并落实2011年区人口计生培训计划。

【启动家庭生育健康服务模式研究项目】 11月11日，徐汇区启动《以社区为基础的家庭生育健康促进工程及公共服务模式研究》项目。该项目由区科委立项，历时3年，经费180万元，由区科协承担，具体由市计生科研所、区人口计生委、区计生协会、区科协共同负责实施。主要服务对象为0～3岁婴幼儿、已婚育龄流动人口、更年期等3类人群。通过调查、了解社区人群的健康需求和存在的问题，制定并采取社区生殖健康促进综合干预，满足不同人群的健康需求。市人口计生委主任谢玲丽、市计划生育科研所所长李元春、市科协副主席俞涛、区计生协会长黄霄鹰、区人口计生委主任阎宗桂、区科委副主任叶惠良等领导出席。街道镇分管领导，计生办主任、相关委办局同志约100人参加。

【承办上海市人口计生情况通报会】 11月15日，市人口计生委、市政府外办在徐汇区人口和家庭计划指导服务中心，向驻沪领馆通报上海市人口和计划生育情况。美国、法国、俄罗斯、瑞典、芬兰、日本、乌拉圭、保加利亚、新加坡等18个国家驻沪领馆官员出席。市人口计生委主任谢玲丽通报2011年上海市人口计生工作情况，徐汇区副区长周秀芬介绍徐汇区公共服务开展情况。会后，领馆官员们考察区人口和家庭计划指导服务中心，区人口计生委主任阎宗桂讲解。来宾们对徐汇区以及上海市面向社区、服务家庭，努力提供群众需求等促进家庭幸福的项目给予肯定。

【徐汇区人口和家庭计划指导服务中心成立】 11月11日，举行区人口和家庭计划指导服务中心揭牌仪式。 徐汇区人口和家庭计划指导服务中心的主要任务是为社区提供人口计生公共服务搭建平台。中心立足社区、面向家庭，以生命的不同阶段为服务目标，在坚持开展“宝宝乐”、“青春驿站”、“知心挚友家园”等优势项目的同时，聚焦社区家庭的服务需求，拓展“优韵沙龙”、“金秋俱乐部”、“银龄活动室”等服务项目。市人口计生委主任谢玲丽、副主任孙常敏，副区长周秀芬出席，区人口计生委、街道镇分管领导、计生办主任、居委干部代表等约100人参加。

【荣获“儿童工作白玉兰奖”】 6月1日，上海市第八届“儿童工作白玉兰奖”颁奖大会，徐汇区人口和计划生育指导中心荣获第八届“儿童工作白玉兰奖”。该奖项是上海市儿童工作最高奖项，每5年评选一次。近年来，徐汇区顺应政府职能转变，开展《新概念家庭计划》大力推进计划生育优质服务，提高人口素质工作，积极探索城市计划生育家庭独生子女儿童教育的工作思路和工作方法，取得成效。

【召开人口计生工作会议】 4月12日，徐汇区召开2011年度人口计生工作会议。会上，区人口计生委主任阎宗桂作题为《加强协作，注重统筹，努力提升徐汇区人口计生工作水平》的工作报告，回顾过去一年徐汇区人口计生工作情况，部署2011年人口计生重点工作。区商务委、枫林街道、龙华街道等单位作交流发言。区委常委、宣传部长章卫民出席会议并讲话。会议由区人口计生委党组书记周国良主持。市人口计生委副巡视员张梅兴、区计划生育协会会长黄霄鹰等出席。区人口和计划生育联席会议成员单位分管负责人、联络员，街道镇分管领导、人口计生办主任，社区计划生育协会会长、秘书长等约120人参加。

【开展人口计生法律文书评比】 3月2日，在区人口计生指导中心，举行2011年区人口计生法律文书评比活动启动仪式，13个街道、镇人口计生干部共40多人参加。年内，区人口计生委以案例分析讨论、问卷测试等形式就人口计生法律文书开展多次培训。编印《徐汇区人口计生行政事务办理操作流程和文本规范》，对人口计生法律文书开展自查自纠等办法，不断提升徐汇区人口计生法律文书质量。评比结果：一等奖长桥街道，二等奖天平街道、龙华街道，三等奖徐家汇街道、斜土街道、华泾镇。

【召开计划生育协会五届二次理事会】 4月2日，区计划生育协会在徐家汇社区文化中心，召开第五届二次理事会。传达中国计生协七代会会议精神，部署2011年工作。区计划生育协会常务副会长阎宗桂主持会议，区计划生育协会会长黄霄鹰等出席并讲话。区计生协会常务理事、理事、区社团局相关领导、街道、镇计生协会会长、秘书长等60余人参加会议。

【表彰社区综合协管员】 12月16日，区人口计生委与区人口办在区人口计生指导中心，召开2011年度社区综合协管队人口计生工作推进会。表彰社区综合协管队先进集体3个、先进个人42名，优秀组织者11名。年内，社区综合协管队员为所在地居（村）委会，提供3万余条人员流动和服务信息，协助开展对流动人口计划生育相关法律、法规、各项政策的宣传。区人口计生委主任阎宗桂主持会议，区人口办副主任程建民提工作要求。街道镇人口计生办主任、社区综合协管员代表约60人参加。

【军民共建活动】 11月22日，在武警三支队一中队举行“徐汇区人口计生委与武警三支队共建签约暨退伍老兵欢送会”。区人口计生委党组书记周国良和武警三支队政治处副主任范传华共同签订共建协议书。区人口计生委为武警三支队一、二中队退伍老兵赠送纪念品。为官兵提供避孕节育、优生优育、婴幼儿早期启蒙指导、生殖健康促进、免费避孕药具等服务。区人口计生委主任阎宗桂、上海武警总队政治部干部处主任翟国强，武警三支队政委刘刚出席，区人口计生委各科室，武警三支队政治处，一、二中队负责人以及2011年全部退伍老兵约120人参加。

【助老服务项目工作】 9月1日，召开为独生子女困难家庭提供助老关怀服务交流会。为独生子女困难家庭提供助老关怀服务是区政府2011年保障和改善民生实事项目。街道、镇计生协会、民政社区居家养老服务中心共同为独生子女困难家庭父母提供免费家政服务和爱心结对服务。会上交流服务对象的反响和需求，提出助老服务工作意见和建议以及下步工作要求，区计生协常务副会长阎宗桂主持会议，13个街道镇人口计生办主任、协会秘书长等参加。

【“人口文化杯”大怪路子比赛】 10月20日、11月17日，分别在华泾镇政府大礼堂、斯波特大酒店举办徐汇区第十一届“人口文化杯”社区场和委办局大怪路子比赛。社区场有26支队参赛队参加，委办局48支参赛队参加。出席对象为委办局、街道镇人口计生工作分管领导以及人口计生工作联络员。

【计划生育手术无事故表彰】 9月13日，区人口计生委、区卫生局联合召开2010年度区计划生育手术千例万例无事故表彰会。为获得千例优质奖的10名个人、万例优质奖的3名个人以及获得集体优质奖的中福会国际和平妇幼保健院分别颁发荣誉证书。徐汇区妇幼保健所总结2010年计划生育技术服务工作情况，对计划生育手术构成及各类手术质量进行分析。会议由区人口计生委主任阎宗桂主持。区人口计生委党组书记周国良、区卫生局副局长王克利出席。区相关医疗机构妇产科主任、医生等30余人参加。

【为女法官宣传优生优育】 8月30日，徐汇区法院年轻女法官40余人到区人口计生指导中心参观宝宝乐早教中心，聆听区人口计生讲师团专家李天琼讲授优生优育知识。针对年轻女法官新婚多、刚生小孩多的特点，区人口计生委安排专家讲授孕前保健及预防出生缺陷和婴幼儿早期教育等优生优育知识。女法官在早期育儿方面存在的误区，进行课堂互动，当场解惑答疑。

【外事接待】 7月8日，越南人口和计划生育总局副局长陈花梅女士率领越南人口和计划生育代表团一行15人，访问徐家汇社区人口和计划生育综合服务站和宝宝乐教育活动分中心。区人口计生委宣技科、徐家汇街道办事处副主任朱莺和人口计生办等接待。

【制定区病残儿医学鉴定专家组工作职责】 6月2日，徐汇区人口计生委召开病残儿医学鉴定专家组会议。总结徐汇区病残儿鉴定工作，向新聘任医学专家颁发病残儿医学鉴定聘书，通报《徐汇区病残儿医学鉴定专家组工作职责》。徐汇区病残儿医学鉴定专家组是由所在医疗机构推荐，由技术水平高、临床经验丰富、热爱计划生育事业、具有副高级以上医学技术职称的专业人员组成。

【举办社区家庭运动会】 4月16日，徐汇区“人口文化杯”社区家庭运动会在康健街道羽毛球馆举行。来自13个街道、镇的广播操代表队、中小学家庭、残疾人家庭组成的参赛队，约400人参加。康健街道社区舞蹈队健身大秧歌《开门红》、区残疾人联合会舞蹈团《轮椅柔力球操》序幕表演。分别进行了乒乓球、“喜从天降趣味篮球”、3V3羽毛球赛、“团团圆圆贴对联”、“幸福追追追轮椅运球”、“轮椅飞镖”等比赛项目的角逐。区计划生育协会会长黄霄鹰和市计生协、区人口计生委、区体育局、区残联、13个街道（镇）等领导出席运动会开幕式。

【荣获“2010年度上海市学习型机关创建工作先进单位”】 经市级机关工作委员会和市学习型社会建设与终身教育促进委员会办公室考评，区人口计生委荣获“2010年度上海市学习型机关创建工作先进单位”荣誉称号。区人口计生委认真贯彻上级有关推进学习型机关建设的意见和要求，围绕区人口计生工作“稳定低生育水平、统筹解决人口问题”的主线，结合工作实际，着重在“有载体、有特色、见成效、抓落实”上下功夫，做到“学习认识到位、组织领导有力、创建机制完善、学习载体多元、学习成效明显”，营造了人人皆学的浓厚学习氛围。

【女用安全套试验活动】 按照市人口计生委要求，徐汇区承担I Solution国际组织UAFC女用安全套项目随机交叉试验研究评估工作。在全区13个街道镇展开，区人口计生委宣技科、区人口计生指导中心、街道镇人口计生办共同组织，300名女性及其伴侣参与试验工作。该研究是第一次在国内开展女用安全套的随机交叉研究。（周本成）

长宁区

【概述】 2011年，长宁区人口计生工作围绕创建全国文明城区和社会管理创新综合试点工作，以统筹解决人口问题、推进人口计生综合改革、创新体制机制为主线，进一步提高人口计生社会管理水平，推动人口计生公共服务转型升级。完成人口计生全年工作目标。年末，区人口计生委被评为区“十二五”规划编制先进单位。在市人口计生工作目标考核中获优秀等级。

加强统筹协调机制 （1）把人口计生工作纳入全区创建全国文明城区和社会管理创新综合试点工作指标体系及区机关年度绩效考核指标体系。（2）区政府发文增补副区长张连城为区人口综合服务和管理领导小组副组长，成立区人口和计划生育工作联席会议，制定联席会议成员单位主要职责。先后召开2011年区人口和计划生育工作会议暨人口计生工作联席会议、社区人口计生工作专题会议。（3）贯彻市人口计生委等4部门联合下发的《关于加强上海市人口和计划生育工作队伍建设的意见》精神，结合区社会管理创新综合试点工作的开展，区长李耀新主持召开第191次区长办公会议上，讨论通过并由区政府下发《长宁区贯彻〈关于加强上海市人口和计划生育工作队伍建设的意见〉的实施意见》。经区编委同意，新增加2个区人口计生指导中心事业编制。（4）建立区、街镇、居委的三级人口计生干部信息数据库，用信息化手段来管理队伍，实现全区人口计生工作人员基本信息的动态管理。

开展区域人口问题的前瞻性、实证性课题研究 （1）运用“六普”基础信息资料，开展区域人口问题研究。组织开展《长宁区人口规模的发展、构成与趋势分析》、《计生家庭幸福养老机制的思考与探索》、《长宁区人口计生队伍职业化建设的操作与规范研究》及《社区妇幼卫生人员与计划生育干部联合干预产后避孕措施》等课题调研。(2) 参与区人大关于“完善区域惠民措施、提升公共服务水平”的课题研究；对市计生协会在区开展的《60 周岁以上独生子女“空巢”老人家庭状况调查》结果进行分析和深度调查，以相关数据为依据，与民政、卫生、妇联等部门，联手形成关怀计生特殊家庭 10 项措施。

依法行政 (1) 严格执行政策法规，规范办理各项行政事务。全年办理独生子女父母光荣证领证、换证、补证、注销 10999 例。再生育审批 520 人。办理独生子女父母退休一次性奖励费 8874 人，其中社保发放 8810 人，政府发放 64 人，金额 21.97 万元。独生子女伤残死亡一次性补助 34 人，金额 11.2 万元；受理、审核计生特别扶助对象 1916 人，发放特扶金 285.1350 万元。征收社会抚养费 45 人，金额 115.40 万元。(2) 完善利益导向机制，推进生育关怀行动。春节期间走访计划生育特殊情况家庭 475 户，发送慰问金 23.75 万元。向全区 1384 户低保独生子女家庭赠送“独生子女保险计划”。(3) 全面实行政务公开和政府信息公开，处置来信 6 封，来访 172 人次，电话访 1825 人次，网上访 54 人。

流动人口计生管理服务 (1) 基本形成区流动人口计划生育“一盘棋”格局。制订 2011 年区流动人口“一盘棋”工作方案和具体措施，将市出生性别比综合治理工作要求和流动人口基本公共服务均等化工作纳入其中。与卫生、公安等部门联手开展打击“两非”的专项整治和宣传活动，外来人口出生性别比明显下降至 106 的正常范围。开展基层工作绩效考核，将育龄妇女信息入库率等各项绩效进行指标量化，定期评估，反馈通报。(2) 拓展双向管理和均等化服务。区人口计生委领导率街镇人口计生办主任赴湖南省开展流动人口双向服务管理工作。年内签订双向服务管理协议 12 份。(3) 开展“新生代农民工计划生育关怀关爱系列活动”。全区来沪育龄人员免费孕检总数 3363 人次，来沪育龄妇女免费孕检人员信息掌握入库准确率为 100%。免费技术服务 268 人次，支出经费 13.5 元。为 871 名计生困难家庭外来嫂提供免费妇科“两病”筛查服务。

公共服务 (1) 全面推进优生促进工程。免费孕前优生健康检查服务项目作为区政府 17 项民生与社会保障重点工作项目之一得到全面推进。全区共 937 对符合条件的夫妇享受此项惠民政策。(2) 在《长宁时报》刊登专版和新闻，制作、发放各种宣传品等 10 余种近 5 万余份。区人口计生委联手区残联、区妇保院等面向残疾人家庭开展遗传与优生健康宣传，为特殊人群提供个性化服务。(3) 深化社区科学育儿指导服务。与华阳街道联手改扩建科学育儿指导站“向阳花”益智乐园。全区开展 10 个主题，近 50 次科学育儿活动，近 2000 人（户）参加活动。(4) 加强人口计生公共服务机构建设。继街镇人口计生综合服务站 100% 达标和创市级示范单位达 80% 的目标完成后，制定《长宁区人口和家庭计划指导室建设达标和创示范活动的通知》。首批评出 10 个居委示范家庭计划指导室和 182 个标准化家庭计划指导室。(5) 提升药具管理服务质量。截至 2011 年底，全区各类发放网点 1284 个。居民小区药具发放点布点率 100%。全年发放免费药具 64 万元。“药具直送”网上服务项目获得市“计生药具规范化管理创新奖”，在市政务网站评比中获得“网上办事类精品”奖。

基层特色工作 继续深化区人口计生人性关怀、人文关怀、人情关怀的“三关怀”特色品牌，“一街一品”将“三关怀”在广度上覆盖全人口、在深度上体现新内涵、在力度上彰显新亮点。华阳街道新建的《向阳花益智乐园》，加强《科学育儿暨独生子女早期教育及培养》项目的硬件和软件建设；江苏街道《青春健康校园行》项目，将青少年青春期健康知识融入中学生的感恩教育和毕业典礼；新华街道《让生活充满阳光——关怀计划生育家庭》项目，组织社区特扶家庭代表共计 120 人前往中国馆、世纪公园，开展“兄弟姐妹情”红色之旅活动；

周桥街道《人口文化进会所》项目，开展“社区让生活更美好——第二届周家桥街道人口文化节”，共吸引300余名社区群众参加；天山街道《人口计生进商务楼宇》项目，将人口计生政策、生殖健康、优生促进知识、科学育儿理念、计生药具服务融入“健康进楼宇”系列活动，得到楼宇青年和商家欢迎；仙霞街道《仙霞路商业街流动人口计生服务管理》项目，通过“走访调研、整合资源、优质服务”等方式，使目标人群感受到社区的关怀，消除了心理和文化隔阂；虹桥街道开展“人口文化进社区，中外联谊展风采”活动，首次邀请外籍家庭参与，体现了国际化城区的特色；程桥街道深化《生育关怀，幸福养老》项目的内涵，开展“家庭医生责任签约”主题活动，吸引社区300多名独生子女家庭老年人参加；北新泾街道把《综合集贸市场流动人口计生宣传服务》项目，注入人口文化内涵，每年举办的人口文化节已形成系列和特色，2011年更在集贸市场流动人口中举行“人口文化引领幸福人生”征文演讲比赛；新泾镇坚持以“关爱女孩”项目为特色，开展《女孩青春期健康知识讲座》，组织外来流动人员的女孩参加社区卫生劳动，举办关爱女孩项目“春风行动”招聘会，特力屋、临空物业等20多家单位为刚毕业的外来女孩们提供400多个就业岗位，并现场进行劳动维权等政策咨询。

【人口计生数据】 2011年，长宁区常住总人口73.39万人，同比减少2.38%，其中户籍人口62.05万人，增幅0.70%；流动人口12.43万人，同比减少10.93%。全年常住人口出生6391人，同比增加11.69%；出生率8.60‰，其中户籍人口出生5006人，出生率8.10‰；户籍人口死亡4577人，死亡率7.40‰，自然增长率0.70‰，全区户籍人口自然增长率连续19年负增长以来，2011年第一次出现正增长。全区户籍人口计划生育率99.68%，外来人口计划生育率92.13%。总和生育率0.80，一般生育率33.28‰，生育峰值年龄28岁，晚婚率97.37%。户籍人口平均预期寿命84.15岁。

【上海市生育关怀项目推进会暨幸福工程捐款仪式在长宁举行】 5月5日，由市计生协会主办，长宁区计生协会协办的“上海市生育关怀项目推进会暨幸福工程捐款仪式”在长宁举行，全国政协常委、市计生协会会长左焕琛出席捐款仪式并讲话。市人口计生委巡视员、市计生协会副会长夏毅主持。副会长周剑萍、沈龙英、长宁区副区长张连城等出席。1995～2011年，长宁区将“幸福工程”公益募捐活动视为“情暖人心的工程，造福母亲的行动”，累计上交爱心捐款391万余元。先后两次被“幸福工程”全国组委会授予“爱心奉献单位”称号，被上海市组委会授予“特殊贡献奖”。

【全面启动计生困难家庭“新春送暖”活动】 1月18日，区人口计生委、区计生协会召开“长宁区人口计生系统2011年‘新春送暖’活动启动大会”，来自全区各街镇、各委办局的130余名人口计生干部参加启动仪式。为了做好计划生育困难家庭关心关怀工作，区人口计生委在全区范围内开展调研，摸清计生困难家庭情况，制定工作方案，在春节前夕组织发动区级、街道（镇）级和居村级三级人口计生干部，走访慰问全区460余户计划生育困难家庭。

【孙荣初调研区人口计生工作】 2月23日，区人大常委会副主任孙荣初率人大教工委调研区人口计生工作。区人口计生委汇报“十二五”开局之年区人口计生工作计划，就“推进统筹协调机制建设，加强区域人口问题研究、完善人口计生利益导向机制、构建人口计生公共服务体系、深化流动人口服务管理机制建设、打造人口计生宣传品牌、保障人财物投入”等方面的重点工作内容和计生民生项目进行介绍，对流动人口计划生育服务管理、计划生育特殊家庭关怀、独生子女家庭养老、人口计生干部队伍建设等难点和热点问题进行分析和研究。

【为独生子女困难家庭“送保险”】 由区人口计生委出资，区计生协具体承办，共投入8万余元人口计生事业经费，为全区1384户符合投保条件的低保计生家庭送上“独生子女保险计划”，帮助他们提高家庭发展能力和抗风险能力。

【开展“关爱新生代农民工”大型宣传咨询服务主题活动】 3月5日，区人口计生委会同区卫监所、妇幼所、新泾镇等相关部门，在来沪人员集聚地新泾镇新泾居委（新泾家园）社区组织开展“关爱新生代农民工，促进社会和谐融入”大型宣传咨询服务主题活动。活动现场为来沪人员办理《流动人口婚育证明》的查证、验证，受理流动人口计划生育投诉。接待来沪人员咨询数百人，解答来沪人员关于计生政策、生殖健康、优生优育等问题，向新生代农民工家庭免费发放人口计生大礼包200余份，致《来沪人员一封信》1000余封，避孕套2000余盒。

【召开2011年区人口和计划生育工作联席会议】 4月15日，长宁区召开2011年人口和计划生育工作联席会议。会议传达市人口计生工作会议精神，回顾总结2010年全区人口计生工作，部署2011年区人口计生工作。并向第4批人口计生社会监督员颁发聘书。新华、天山、周桥街道、新泾镇及区残联、区卫生局等街镇、部门分别作交流发言。副区长张连城在会上要求全区各级人口计生部门围绕“贯彻市人口计生工作会议精神，深化人口计生工作综合改革，推进人口计生科学发展”的主题，做到管理上水平，服务上水平，保障上水平。区人口计生联席会议成员单位，各相关部门、各街道（镇）社会监督员、部分企事业单位的分管领导和人口计生干部等130余人参加会议。

【为全区困难家庭外来嫂免费提供妇女“两病”筛查】 6月9日～7月6日，区人口计生委将“生育关怀行动”落到实处，对全区1000余名符合困难条件的计生家庭外来嫂进行两年一次的“妇科病、乳腺病”筛查，实际参检人数803人，其中有272人次患有妇科、乳腺各小类不同程度的疾病，区妇保院将依托新建数据库，对外来嫂患者进行自愿前提下的医疗跟踪指导服务，以维护和关心好困难家庭外来嫂的计划生育、生殖健康权益。

【开展“7·11”系列活动】 为纪念“7·11”世界人口日，贯彻落实胡锦涛总书记关于全面做好人口工作的重要指示精神，长宁区人口计生委结合新出台的计划生育奖励补助若干规定，根据该区实际情况，因地制宜开展主题突出、形式多样的系列活动。一是专门下发工作通知，要求各街镇深入社区、楼宇、流动人口集聚地等重点宣传场所开展宣传。二是开展“人口与和谐”人口文化作品征集活动，活动共征集130余件摄影、书法、美术作品，反映长宁人口、经济、社会、资源、环境协调可持续发展，和谐家庭、和谐社区、和谐社会建设的主题。三是组织全区计生干部进行政策业务培训，并在区级媒体做好宣传工作。各街镇结合社区实际，相继开展各种活动。

【举办以“人口与和谐”为主题的长宁区人口文化系列活动】 11月10日，在长宁民俗文化中心举办以“人口与和谐”为主题的长宁区人口文化系列活动。市人口计生委主任谢玲丽、副主任孙常敏，长宁区副区长张连城等出席，并为《人口与和谐》长宁区人口文化作品展揭幕，为优秀作品获奖者颁奖。这次活动，有以“人口与和谐”为主题的摄影作品、书法作品、美术作品展示；以上海西郊农民画、地方戏曲、民间手工艺品、古镇老街商业风貌等为代表的老上海城乡民间通俗文化作品展示；以“生育关怀行动——健康心理与睿智人生”为主题的面对基层计生干部、社区群众的《现代人心理压力与心理调适》知识讲座等。

【加强人口计生机构队伍建设】 为了贯彻落实《关于加强上海市人口和计划生育工作队伍建设的意见》精神，经区编委同意，新增加2个区人口计生指导中心事业编制。完成区每万常住人口配备专职人口计生工作人员3名的指标要求。与市人口与发展研究中心合作，5月组织街镇、居委新进计生干部34人参加上岗培训，获得上岗证。另组织街道人口计生综合服务站27人参加市级技术服务上岗培训。组织街道、镇、居委人口计生干部28人参加2011年全国生殖健康咨询培训和考试。4个街道、镇参加2011年市居委人口计生干部专业知识示范培训班等。

【召开2012年区人口计生工作部署会】 12月28～29日，召开2012年区人口计生工作部署会，区人口计生委科级以上干部、10个街镇分管领导和人口计生办主任近30人参加会议。会议传达上海市人口计生委工作会议精神。各街道、镇分别对2012年人口计生工作思路进行汇报、交流。副区长陈志奇在会上提出要求，一要加强对新形势下人口计生工作的进一步认识，找准定位，为中心工作保驾护航；二要与时俱进，不断拓展人口计生工作的内涵和外延，在精品精细上动脑筋；三要在工作方法上体现人性化、规范化和科学化，要奋勇争先，创国际化城区的人口计生工作特色。 （徐国良）

静 安 区

【概述】 2011年，区人口和计划生育工作推进人口计生综合改革，健全人口问题综合治理机制，深化依法行政与科学管理，提升民生建设和公共服务水平，加大社会建设参与力度，打造和谐的人口环境。

依法行政 （1）规范行政行为，加强行政事务受理工作流程规范建设，全年未发生群体上访和重复上访事件，结案率100%。（2）执行各项计划生育奖励政策，维护群众实行计划生育合法权益。年内，全区共受理《独生子女父母光荣证》领证4580人，换证223人，补证221人；审核年老退休时一次性独生子女奖励费4781人，其中独生子女4582人，婚后无子女199人；受理独生子女父母奖励费申请1645人；办理流出人口《流动人口婚育证明》72人；办理生育联系卡519人；办理计划生育家庭特别扶助1011人，其中伤残701人，死亡310人；扶助金额157.55万元，其中伤残99.71万元，死亡57.84万元；办理再生育子女审批235人，补办再生育子女证明52人。全年违法生育立案7例，发出征收社会抚养费决定书7份，实际征收社会抚养费21.40万元。（3）提供免费基本项目计划生育技术服务1821人，经费7.89万元。

人口研究 加大“大人口”问题研究力度，不断完善“关注人口安全、把握区域热点、部门资源共享、学术机构参与”的人口发展战略研究机制。发掘“六普”数据，结合区域特点和人口特征，开展2项课题研究：结合“十二五”规划区域人口发展趋势预判，基于“六普”人口调查数据分析，完成“静安区人口发展变动的特点分析调研报告”；探究全区独生子女特殊家庭相关情况，开展“静安区独生子女意外伤残和死亡家庭调研报告”课题，对辖区内独生子女意外伤残、死亡家庭的各方面进行深入分析，提出构建“政府主导、社会参与、家庭增能”的社会支持体系等建议。

流动人口服务管理 融入国家流动人口“一盘棋”格局建设，构建流动人口服务管理网络。（1）探索开展“孕之初体验——静安区外来媳妇围产期产前检查补助项目”，为全区家庭条件较为困难外来媳妇在怀孕期间提供1000元产前检查补助费用。全年共有89位外来媳妇提出预审申请，其中70位外来媳妇获得补助金。（2）以餐饮企业流动人口等为对象，开展全区范围内流动人口计划生育执法检查和宣传服务活动，加强对《流动人口婚育证明》持证检查、享受免费技术服务等相关内容直接指导。（3）5～9月，在全区13个居委会（14个调查点）开展流动人口动态监测，共入户调查652人；与上海市社科院合作开发流动人口动态监测数据，完成“静安区2011年流动人口动态监测分析报告”。

早期启蒙指导 关注人口早期发展阶段，开展早期启蒙指导工作。（1）加强4个市级优生优育示范点建设，及时同步更新各类信息，为居民依需选择服务提供便利。全区0～3岁婴幼儿家庭的一年4次科学育儿指导率达到98.6%；组织开展“一访五关心”活动，共访问2010年度出生的婴幼儿家庭1847户，其中包括429户流动人口家庭。（2）统筹协调区域优质教育资源，与区早教中心进行合作，为0～3岁散居婴幼儿家庭提供指导服务。共开展10场活动，约340余户家庭参加。（3）开展0～3岁婴幼儿早期启蒙指导教案评选活动，共征集教案46篇，选送20篇至市人口计生委，其中5篇被评为市级优秀教案，编入教案集。

所获荣誉 2011年11月，国家人口计生委、中国计生协会授予江宁路社区（街道）海防村居委和曹家渡社区（街道）三和居委“人口和计划生育基层群众自治示范村居”荣誉称号。

经费投入 全年人口和计划生育财政投入1161.17万元，增长率13.5%，增长幅度高于经常性财政收入增长幅度。

【人口和计划生育数据】 截至12月底，静安区户籍人口30.23万人，流动人口5.23万人；户籍人口计划生育率99.49%，流动人口计划生育率88.48 %；户籍人口出生性别比109，流动人口出生性别比113。全年户籍人口出生2161人，流动人口出生269人，出生率7.12‰，死亡人口2726人，人口自然增长1565人，人口自然增长率−1.86‰。自1991年以来连续21年人口自然变动负增长。育龄妇女6.48万人，已婚育龄妇女3.82万人，已婚育龄妇女综合避孕率70.65%，总和生育率0.91。

【促进免费孕前优生项目长效运作】 完善免费孕前检测服务长效运作机制。在检测项目完善、信息化建设等方面进行探索，在严格完成国家规定动作的前提下，创出静安特色。(1)充实检测项目，在国家规定项目基础上，继续保留静安区原有的、国家标准未列入的3个项目（如精液分析等），确保检测数据延续性。每对夫妇的检测费用由原来746元提高到1096元。(2)由政府购买服务，搭建“服务＋管理”的2个信息化平台，提升孕前检测公共服务水平。与市人口计生委合作开发全市统一申请、受理、审核等管理系统；委托相关机构，自主开发面向定点检测机构的服务应用系统，实现监测数据电子化收集和管理。截至12月底，准备生育的夫妇中，共有945位女性、903位男性参与孕前检测。

【加强人口计生专业队伍建设】 实施区人口计生队伍专业化、职业化中长期规划，架构纵贯区级——社区——居民区三级、横跨全区52家成员单位的队伍网络。(1)利用市级和区级资源，分级、分层、分阶段开展面向基层人员的业务培训，确保各级工作者的业务水平和工作能力不断提升。(2)健全专业社工队伍，组织新进社工参加市级新上岗人员培训、区级岗前实习和轮岗培训，提高实际操作业务水平。(3)增加区人口计生工作目标管理成员单位，由原有的35家增至52家。分别组织开展不同层面的政策培训，加强成员单位执行计划生育政策的能力。(4)推动52家成员单位的联动效能，实现相关部门间的互动与合作。

【健全公共服务机构建设】 强化区级人口计生指导中心、5个社区人口计生综合服务站及72个居民区家庭计划指导室的功能建设。(1)对指导中心的服务内容、人员设置、工作调度等方面进行整合，发挥区级人口计生对外服务窗口公共职能，提升服务品质。(2)加强对基层公共服务机构建设指导，制定例会制度，定期与社区综合服务站进行工作交流和业务指导，完善“一站一品”工作格局。(3)强化居民区家庭计划指导室的一线服务窗口基础功能建设，注重人员配置到位、业务掌握到位、专业服务到位，在条件相对成熟的居民区探索打造“一居一景”。全年，区级层面组织开展科学育儿培训讲座42场次，参加485人次；孕妈妈讲座38场次，服务396人次；婴幼儿免费眼、牙发育健康检查170人次；流动人口避孕节育检查1669人次；为2573对新婚夫妇提供知情选择指导和孕前检测宣传咨询服务。

【加大宣传服务力度】 发展“三点”宣传网络。(1)“定点展示”：结合“7.11”、“9.25”等重要节点，开展政策宣传、婚前检查、咨询服务、亲子活动等宣传活动，集中展示人口计生相关工作。(2)“多点同步”：注重利用有效的宣传平台，与市人口计生宣教中心、静安区有线电视中心、《静安时报》等单位，以编辑电视宣传片、知识宣传片，刊登工作专版等方式，加大平面宣传力度和广度。(3)“重点突出”：及时总结区域宣传教育工作经验，总结出“静安区服务新生儿家庭的一访五关心活动”等3个宣传教育范例，其中《家源》电子杂志作为上海市的宣传创新范例，被推荐至国家人口计生委。

【建设人口计生公共服务科学评估机制】 区人口计生委在全市率先启动人口计生公共服务科学评估机制建设。依托专业机构，开展针对人口计生公共服务评估机制课题研究，根据人口计生公共服务内容，分阶段、分层次构建评估指标体系，并以此为依据，实现年终对服务载体、服务项目等方面的实施成效加以科学评估，将评估结果作为三级网络建设成效和公共服务完成情况考核的重要指标。按计划完成课题报告。第三方评估机构围绕静安区2011年人口计生公共服务推进情况，通过问卷调查、群众座谈、调查分析等形式开展评估，并提交评估报告。

【完善人口计生利益导向机制】 （1）区计生协会分别与5个社区（街道）计生协会签订2011年生育关怀项目：石门二路社区（街道）开展《独生子女特殊家庭关怀》项目、曹家渡社区（街道）为来沪育龄妇女送知识、送体检、送服务；静安寺社区（街道）主打“午餐一刻”品牌，为楼宇白领提供优质服务；南京西路社区（街道）将触角延伸至独生子女空巢家庭的老人们；江宁路社区（街道）着重关心计生干部工作和生活状况。在区级层面重点开展结对帮扶与走访慰问工作。（2）区人口计生委党支部结合“创先争优”活动，号召每一名党员志愿者分别与2户独生子女特殊家庭结对，采用发放联系卡并上门走访慰问形式，了解他们生活状况，给以精神慰藉，帮助他们走出困境。（3）区、社区（街道）两级计生协会上门走访慰问全区220户独生子女死亡家庭，制定后续计划，予以定期关注。

【实施免费避孕药具“优得工程”】 区人口计生委推进药具“优得工程”，以三级发放网络为依托，全面梳理、实地查看全区531个免费药具发放网点，以发放性质为标准，梳理出298个公众免费药具自取点，分类编号，编制完成免费药具地理信息系统。按照市里要求，统一制作300套免费药具自助箱贴膜，更换破损、陈旧自助箱。加强区级药具仓储管理，健全各项规章制度，加大对社区综合服务站、居民区药具工作管理力度，制订社区（街道）、居民区两级药具工作手册，方便基层计生干部使用；有针对性地设计、制作含6大类、10余种免费药具的出样展示柜，发放至基层及4家计划生育免费技术服务定点医院计生门诊和社区卫生中心，规范基层药具出样展示；开展药具工作安全检查，对基层库存药具和发放网点进行系统检查，确保药具安全。

【谢玲丽慰问计划生育特殊家庭】 市人口计生委主任谢玲丽分别于1月6日和12月23日，看望慰问静安区独生子女特殊家庭对象汤先生。

【国家人口计生委科研所考察孕前检测工作】 3月24日，国家人口计生委科研所4位专家，实地考察静安区孕前检测服务模式、服务流程和人口计生信息化建设等工作，对静安区的孕前检测工作给予肯定，并就国家免费孕前优生检查信息系统与静安服务模式、信息系统衔接可行性等问题展开探讨。

【召开2011年区人口计生工作会议】 3月30日，2011年区人口和计划生育工作会议在区会议中心二楼举行。市人口计生委副主任孙常敏，区人口计生工作领导小组副组长、副区长朱成钢，区政协副主席、区计生协会会长刘桂香等出席。区人口计生委副主任曹燕主持会议。52家成员单位领取《2011年人口和计划生育工作目标管理任务书》。区人口计生委主任季军总结2010年全区人口计生工作，部署2011年工作。区人口计生工作领导小组成员、成员单位法定代表人、人口计生工作分管领导、计生干部和人口计生政风行风监督员代表等100余人参加。

【区政府常务会议专题听取人口计生工作汇报】 4月12日，区人口计生委主任季军在区政府第127次常务会议上，作关于贯彻落实2011年市人口计生工作会议精神专题汇报。区长张仁良作出指示，要求再接再厉，加强基础管理工作，完善基础数据库、基础衔接环节等方面，加大财政保障力度，全面开展各项工作。

【召开区计生协会六届二次常务理事会】 4月14日，区计划生育协会六届二次常务理事会在曹家渡社区（街道）五楼会议室召开。区计生协会会长、区政协副主席刘桂香出席并讲话。区计生协会常务副会长季军主持。会议总结区计划生育协会2010年工作，审议通过2011年协会工作要点。

【联合国官员考察科学育儿工作】 5月9日，联合国儿童权益协会项目官员Stoecklin Daniel与Riva Gapany Paola来到静安区，实地考察区域婴幼儿启蒙指导，以及流动人口、贫困家庭等群体的儿童关爱、帮扶工作，并就开展相关联合项目的可能性进行探讨。

【组织区计生协会“5.29会员活动日”】 5月27日，区计划生育协会在区人口计生指导中心，举办“感恩母亲——生育关怀项目推进会暨幸福工程救助贫困母亲活动”，庆祝第13个“5.29

会员活动日”。区政协副主席、区计生协会会长刘桂香，市计生协会秘书长出席活动。10多家协会会员单位,为“幸福工程”和“救助贫困母亲”等活动进行现场募捐。区计生协会分别与5个社区（街道）计生协会就2011年生育关怀项目进行签约。

【召开药具“优得工程”推进会】 8月15日，区人口计生委在区会议中心召开计划生育药具优得工程推进会。市人口计生委副主任孙常敏，区人口计生工作领导小组副组长、副区长朱成钢，市药具管理中心副主任蒋薇等出席，区相关委办局、街道办事处分管领导和计生干部参加会议。区人口计生委主任季军主持会议。

【举办空巢家庭重阳联谊会】 9月29日，市计划生育协会、区计划生育协会和南京西路社区（街道）计划生育协会联合举办“乐活重阳、健康相伴”——独生子女空巢家庭重阳联谊会。为走过金婚、红宝石婚、珍珠婚的夫妇发放婚纱纪念照；由社区志愿者与空巢家庭进行结对帮扶签约仪式；在场领导为计生协会“三我”摄影展静安巡展揭幕。

【夏以群调研人口计生工作】 11月30日，副区长夏以群来到区人口计生委，考察调研当前及今后一段时期的人口计生重点工作。区人口计生委主任张愉做工作汇报。

【开展“国际志愿者日”宣传服务活动】 12月期间，区计生协会结合第26个“国际志愿者日”，发动全区6个专业志愿服务组织的280余位志愿者，集中开展“‘国际志愿者日’——静安区计生协志愿者在行动”大型活动,提供优生优育、科学育儿、生殖健康、预防艾滋病、药具发放等咨询服务。（李东霖）

普陀区

【概述】 2011年，区人口计生工作积极应对快速流动的人口变化、日趋复杂的利益结构和多元化的群众需求，紧紧围绕“社会管理和公共服务”主题，在创新中谋取新发展，在转型中再造新优势，为“十二五”开好局、为区域社会经济全面、协调、可持续发展提供有力的支撑与保障。

战略研究 2011年内，由副区长景莹牵头，区人口计生委、区发改委、区政策研究室共同组建课题领导小组，并邀请华东师范大学人口研究所共同参与，完成《普陀区人口与经济协调发展研究》。此项研究以第六次人口普查数据为基础，注重人口的经济学特征分析，特别是对常住人口的增量进行了解构成分分析，对人口与经济协调发展的程度进行了评价，对产业结构与人口就业结构的协调、人口规模与经济承载力的相互影响进行了深入分析，进一步明确人口与经济的内在辩证关系。同时，完成《普陀区楼宇经济发展与人口结构优化的专题研究》分报告，将楼宇经济和人口发展统筹思考，提出要逐步构建面向商务人口的服务模式和管理机制,围绕区域发展热点,提升了研究的实证性。

依法行政 （1）2011年，全区办理再生育审批537例，独生子女父母光荣证15162份，征收到社会抚养费400余万元。严格兑现政府承诺，发放独生子女父母年老一次性奖励43人，12.43万元，发放独生子女意外伤残、死亡一次性补助28人，11万元；发放计划生育家庭特别扶助金3202人次，482.8万元。（2）认真做好各类计划生育信访工作，对矛盾突出案件，实行领导包案、跟踪结案，全年处理各类信访案件21件。（3）有序应对关于独生子女奖励费用提标的新政策出台。做到“三重”，重预案，针对政策出台可能引发的问题，逐一细化、制订方案。重宣传，着力强化三级政务公开，增强政策执行透明度。重培训，及时开展街道镇人口计生事务受理人员及居村委一线计生干部的业务培训，印制统一宣传、操作工作折页，做到口径统一、流程统一。

宣传教育 与区委宣传部合作，在区有线台开设《人口与生育》专栏24期。组织新闻报道32次。街道、镇社区人口学校全年开课224次，听课2.5万人次。全年，区“婚姻家庭健康咨询室”为6500对新婚夫妇提供专业指导服务。至年底,全区已建立家庭计划指导室250个，共建立家庭计划指导个案近1万册，为5810对新婚夫妇、6921名孕妇开展面对面及入户指导服务，全区的家庭计划指导覆盖率均达到98%以上。全年完成免费基本项目计划生育技术服务378例。

协会建设 截至2011年底，全区共有基层计划生育协会371个，其中区级1个，街道镇9个，居（村）委264个，国有企业24个，三资企业15个，私营企业26个，事业单位4个，流动人口计划生育协会72个；协会会员3.3万人，其中流动人口会员8079人；会员联系户11.82万户，志愿者4520人，完成网上注册2900人。年内,区各级计划生育协会共募集“幸福工程——救助贫困母亲”捐款14.1万元；销售独生子女困难家庭专题福利彩票24万元，完成彩票兑奖16.4万元。销售独生子女保险1.7万份，其中政府出资为低保困难家庭购买2720份。长征镇计划生育协会金沙雅苑居委分会、桃浦镇计划生育协会新杨园区分会获“全国人口和计划生育基层群众自治示范村居”称号。

信息化工作 做好人口计生综合管理信息系统的人口数据采集、维护、使用和交换，与外省市实现网上信息交流。全年，全区共上传信息校验补充26296条,信息核实确认42939条，个案信息实时查询2687条，外省（市）实时查询8757条，个案信息省际协查18026条。

经费投入 2011年，全区人口与计划生育事业经费4025.41万元，比上年增加465.37万元，增幅13.07%，完成市政府下达的指标。

【人口和计划生育数据】 截至2011年底，全区常住人口114.17万人，出生人口9318人，出生率8.19‰，自然增长率1.55‰，计划生育率97.56%，独生子女父母光荣证领证率28.01%，晚婚率93.32.3%，常住出生人口性别比105：100。其中：全区户籍人口88.11万人，出生人口6187人,出生率7.03‰,自然增长率−1.56‰，总和生育率0.93。计划生育率99.3%，一孩率93.86%，两孩率6.09%，多孩率0.05%，独生子女父母光荣证领证率34.02%，晚婚率94.92%，户籍出生人口性别比107：100。全区流动人口26.85万人，育龄妇女6.79万人，其中已婚育龄妇女3.91万人；出生3131人，计划生育率94.03%。流动人口出生性别比102：100。

【推进上海市人口计生综合改革示范区建设】 10月14日，区政府下发《普陀区关于深入推进人口和计划生育综合改革示范区建设的实施意见》，成立34家单位组成的综合改革领导小组，区委副书记顾顺祥任组长，副区长景莹任副组长。同时，配套出台《任务分解表》，围绕健全统筹协调、科学管理、优质服务、利益导向、群众自治、人财物保障六大机制，分解26项具体任务，落实牵头部门、明确时间进度和评估考核标准，规范各相关部门责任，层层抓落实，确保综合改革工作取得实效。

【全面启动“全国婚育新风进万家示范区（2011～2015年）”建设】 年内，着力在发展理念、环境营造、创新载体等方面加强实践，重影响、重覆盖、重实效，推动人口文化大繁荣大发展。(1)构建多部门推进体系。3月29日，区委宣传部、人口计生委、文化局、商务委等15家单位联合下发《“十二五”期间普陀区全面推进婚育新风进万家活动实施方案》，整合资源，形成合力。7月16日，以“弘扬婚育新风，共筑幸福家庭”为主题，举办本区婚育新风进万家示范区启动仪式，现场推出“育儿达人”、“自强不息”、“精彩夕阳”、“新上海人”、“幸福和谐”五类人口计生家庭展示。市人口计生委副主任孙常敏和区人大副主任张雄伟出席启动仪式。(2)形成多层次宣传格局。5月31日，区人口计生委和中国移动通信集团上海有限公司开通“中国移动通信集团上海有限公司婚育新风进万家信息平台”，利用手机短信定期向全区的居民发送优生优育、家庭幸福等方面的短信。年内，开展“婚育新风进校园、进楼宇、进企业、进流动人口集聚地”系列活动，全年共进行主题宣传17次，累计受益人群1.6万人次。(3)丰富多元化载体建设。强化环境建设，推出“一带一圈一公园”人口文化品牌概念，聚焦“苏州河沿岸生育文化带”、“长风商务区生命文化圈”和“长寿绿地养育文化园”建设。启动“人口文化创意大赛”，向社会征集人口文化雕塑、摄影、绘画等作品，提升活动的社会效应和示范效应。

【完成区政府实事项目“为计划怀孕的育龄妇女开展免费孕前测试”】 全年投入160万元，检测1800对，并实现“三扩”：(1)“对象扩量”，由户籍人口向常住人口全覆盖，实现流动人口适龄人群均等享有；(2)“时间扩容”，将定向测试点由区妇幼保健院拓展到区内唯一的三级甲等医院同济医院，并将服务时间由原先的两天拓展到每周一至周五；(3)“内容扩展”，强化社区人口计生服务机构的对接，为项目人群提供全程解惑、按需导医、建档跟踪。

【加快推进婴幼儿早期启蒙工程内涵式发展】 (1)注重跟踪，继续加大与美国益乐宝公司合作力度，将公司引进到区人口家庭计划指导中心，以政府购买服务形式为社区婴幼儿开展免费综合发育能力测评，并做好长期的跟踪研究，全年完成检测100例；(2)注重专业，加深与教育的合作，成立全区早期教育“共同体”，进一步巩固“四个统一”，年内，两家部门共同制作完成全区精品课程视频集和书面教材，并联合开展“阳光娃娃”公益活动420场，其中养育人培训140场；(3)注重科学，6月22日，区人口计生委和区教育局联合成立“普陀区特殊婴幼儿早期干预与教育指导服务基地”，为脑瘫、肢体残疾等特殊婴幼儿提供早期的干预与指导。

【深化第一代独生子女父母关心关爱项目】 针对独生子女死亡家庭、空巢家庭推出“三式关怀”。(1)分类式关怀，对辖区内第一代独生子女父母的重点人群进行排摸梳理，形成人群信息库，涵盖家庭基本信息、需求信息、志愿者结对信息、帮扶信息等多项内容。截至年底，信息库中已有3600多人家庭信息。(2)承诺式关怀，为全区602户独生子女死亡家庭制作《生育关怀行动项目服务关爱卡》，承诺开展定期扶助金、住院关爱补贴、“银发无忧”保险、女性安康保险、三大节日关心、社区关爱六大关怀项目，运作统一、全程透明。年内，共慰问1456户家庭，金额41万元，共为1019户独生子女死亡家庭办理保险，发放爱心券10.2万元。(3)优先式关怀，社区通过成立项目人群助餐点、项目人群就医“绿色通道”及为项目人群提供免费家政服务、社区学校课程等形式，实现社区资源向计划生育特殊家庭的倾斜。

【开展围绝经期妇女健康状况调查】 年内，区人口计生委联合上海市中山医院完成《关注妇女围绝经期健康，促进家庭和谐健康发展——基于长风社区围绝经期妇女健康状况调查的研究报告》，该报告就帮助围绝经期女性减少或减弱更年期症状提出三项建议：一是结合以人的生命过程为主题的人口计生公共服务模式，重点以理念宣传为主，创新生命周期“串联式”过程服务模式；二是围绕女性在家庭发展中的地位和作用，注重家庭发展理念，创新家庭成员参与的“家庭式”组团服务模式；三是围绕女性生理特征的个性化特点，注重以“医疗保健”为主，创新个性选择的“菜单式”选择服务模式。

【推进流动人口均等化优质服务】 (1)开展《普陀区新生代农民工公共服务需求调查》课题研究，通过2000份问卷调查，深入了解新生代农民工的计划生育需求、心理健康需求、工作生活需求等。(2)元旦、春节期间，举办流动人口关爱月活动，为流动人口送上温暖和关怀，帮助他们解决实际困难。全年共捐助178174元，帮助655名流动人口解决生活上的困难。(3)为外来媳解决就业问题，举办家政服务、餐饮服务，母婴护理等的技能培训课程，全年培训4673人，增强在沪生存能力。(4)全年为流动人口提供免费孕检8675人次。

【召开2011年人口计生工作暨人口计生工作领导小组会议】 3月31日，区政府召开2011年区人口计生工作暨人口计生工作领导小组会议，区委副书记、区长孙荣乾出席会议并讲话，区委副书记顾顺祥宣读表彰决定，副区长景莹主持会议。会议回顾总结2010年全区人口计生工作，部署2011年人口计生重点工作，发布了《2011年普陀区人口情况预报》，并对“十一五”期间荣获国家及市级荣誉的先进集体和个人进行表彰。会上，区政府、13个委办局、9个街道镇签订目标责任书。区长孙荣乾提出4项要求：(1)进一步建立健全人口战略研究综合决策体系。(2)进一步推进人口计生综合改革工作。(3)全面启动全国婚育新风进万家活动示范区项目。(4) 深入推进人口计生依法行政工作。

【探索“三员”队伍派遣制用工】 年内，区人口计生委、区人社局、区财政局三家联手，委托普陀瀚民劳动保障服务中心对社区人口计生技术服务人员、人口信息管理员、流动人口管理员“三员”队伍推行派遣制用工。“三员”队伍实行区人口计生委、街道镇人口计生办和劳动服务公司“三级管理”。区人口计生委对派遣人员进行统一派遣，并根据工作需要在街道镇之间进行调动，对每个人实行定岗、定职，同时，对口开展业务培训；街道镇人口计生办负责日常的考勤和业务指导；劳动服务公司做好工资发放和档案管理。6月30日，举行“普陀区人口计生队伍职业化建设项目签约仪式”，对首批新招录的29名人员进行统一签约。

【与成都市人口计生委签订流动人口双向管理协议书】 8月15日，区人口计生委主任蒋莺带领街道、镇人口计生办主任赴四川成都市考察学习流动人口服务管理工作经验。双方就流动人口计划生育双向管理和服务签订协议，明确双方在流动人口婚育信息传递、联合打击“两非”违法行为、流动人口同享服务等方面职责，进一步实现信息共享、管理互动、服务均等，并参观成都市成华区社区流动人口“生命绿岛”服务点。

【许伟国调研人口计生工作】 9月14日上午，区政协主席许伟国到区人口计生委调研。区人口计生委主任蒋莺作工作汇报。许伟国要求区人口计生委要进一步结合区情、结合民情、结合商情，牵头做好人口综合性研究、人口战略性研究和人口实证性研究。同时，要不断加强人口数据的基础分析、结构分析、对比分析和趋势分析，统筹人口数据，确立人口数据综合地位。

【开展“两非”行为集中整治】 9月，区人口计生委、区综治办、区公安分局、区卫生局、区食药监局、区妇联、区城管大队联合出台《普陀区集中整治“两非”专项行动实施方案》(“两非”：非医学需要的胎儿性别鉴定和选择性别的人工终止妊娠行为)，于2011年9月～2012年2月，开展全区“两非”行为专项整治。《实施方案》要求：(1) 强化宣传引导，营造男女平等的舆论氛围；(2) 强化管理措施，加强B超检查、孕情检测和孕产过程的全面监管；(3) 强化服务理念，关注女孩切身利益；(4) 强化专项治理，形成打击合力；(5) 强化调查研究，实现信息共享。

【推进社区综合协管队员协助开展计划生育服务和管理工作】 9月2日，区人口计生委和区人口综合服务和管理领导小组联合下发《普陀区社区综合协管队员协助开展计划生育服务和管理工作细则》，明确工作职责、培训制度、组织管理、考核奖励四个方面内容。《细则》要求社区综合协管队员协助做好计划生育法规宣传、计划生育信息采集和更新、计划生育计划外排查等工作，并实行流动人口变动信息采集奖励制度和流动人口计划外怀孕举报奖励制度。

【“普陀区人口家庭计划指导中心”揭牌】 11月3日，“普陀区人口家庭计划指导中心”挂牌成立，全国政协常委、市计生协会会长左焕琛，市人口计生委主任谢玲丽，区长孙荣乾共同为中心揭幕。新建成的普陀区人口家庭计划指导中心建筑面积1000平方米，位于全区繁华地段。中心以家庭能力发展为核心，突出事务办理“一条龙”、公共服务“全过程”、运行模式“管办分离”和平台建设“网络化”四大特色，为全区人民提供更便捷、更优质、更新型的人口计生公共服务。

【景莹调研人口计生工作】 11月25日，副区长景莹带领区府办、区政策研究室、区发改委有关负责人调研区人口计生工作。区人口计生委主任蒋莺作2012年人口计生整体工作思路汇报。景莹对2012年人口计生工作提出3点要求：(1) 进一步聚焦“商贸科技”和“文化发展”两大主题，着力开展人口工作和人口文化工作；(2) 进一步在实证研究成果转化上求突破，推进人口战略研究在经济社会发展、创新社会管理方面的深入应用；(3) 进一步强化区域资源整合，争取工作效益最大化。

【学习贯彻胡锦涛总书记4月26日关于人口工作的重要讲话精神】 (1)5月4日和5月13日，分别召开区人口计生委党组中心组扩大学习会和街道镇人口计生办主任学习会，围绕胡锦涛总书记讲话精神开展“头脑风暴”式讨论，确保思想、行动统一。(2) 7月26日，区府常务会议举办人口专题学习讲座，由复旦大学人口所任远教授作《我国未来人口变动的挑战和人口发展战略的定位》报告。区长孙荣乾在讲座后指出：人口是经济社会发展的重要影响因素，人口趋势关系着区域发展的整体定位和思考，要以战略的眼光和思维综合考量。(3)9月1日，举行区人口计生系统专题学习会，区人口计生委主任蒋莺作《贯彻落实胡总书记讲话精神，加强人口计生干部作风建设,努力实现“十二五”时期普陀人口跨越发展》报告。　（李倍勤）

闸北区

【概述】　闸北区常住人口887143人，户籍人口688940人，户籍人口计划生育率99.76%，流动人口计划生育率86.79%，户籍人口出生性别比106.7，流动人口出生性别比114.5。连续21年保持人口自然负增长，低生育水平保持稳定。完成每万常住人口配备3名人口计生专职工作人员的目标，达到3.2名。完成2011年市政府下达的各项指标任务。

完善科学管理机制　(1)建立健全合理有效的考核评价体系，人口计生工作作为区政府重点工作目标考核项目，推进建立40个部门、街镇和企事业单位综合治理出生人口性别比偏高工作责任制、人口信息共享机制、流动人口服务管理机制和队伍建设机制等统筹协调机制。(2)加强区域合作，与江苏省常熟市、浙江省台州市人口计生委签订友好结对协议，推进工作交流合作。(3)开展人口与发展课题研究。围绕“六普”成果转化利用，重视人口计生工作课题与全区总体发展规划的衔接和服务，启动《闸北区人口老龄化和养老服务对策研究》和《闸北区家庭“生育、养育、培育”能力现状分析和对策研究》。

完善利益导向机制　(1) 落实计划生育奖励扶助政策，办理独生子女伤残死亡补助对象51人，发放补助金17.5万元。办理未参保人员年老计划生育一次性奖励对象59人，发放奖励20.35万元。(2) 利用元旦春节、端午、中秋等节庆，开展独生子女死亡、伤残、大病困难家庭帮困送温暖；完成人口计生专题福利彩票的认购工作。(3) 完成2011年计划生育家庭特别扶助年审工作2491人,发放特扶金389.5万元。

完善群众自治机制　发挥区计生协会作用，召开区四届八次理事会，表彰一批获全国先进集体、个人和优秀会员。开展基层群众自治示范村（居）评估工作，建立健全会员之家等服务活动阵地。与市计生协签订促进流动人口能力建设项目协议书。举办纪念建党90周年、庆祝5.29会员活动日、母亲节等主题活动，开展学习交流、宣传倡导、关怀关爱等服务。青苹果俱乐部以同伴教育方式对社区女孩开展青春健康教育。

完善人财保障机制　实施“强基提质”工程，开展我区基层人口计生队伍建设调研，联合区民政局、财政局、人保局下发《闸北区加强基层人口和计划生育工作队伍建设的实施意见》，将人口计生队伍建设纳入区人口计生目标管理责任制。

推进公共服务均等化　(1)“促进流动人口孕产妇健康服务”列入区政府实事项目，为1311名孕妇开展计生政策、孕期保健、产前准备等知识宣传培训，为859名产后家庭进行2次上门随访，为新生儿免费基本体检，指导产妇围产保健、母乳喂养等，为801名产妇免费送上女性健康保险、避孕药具、科学育儿指导手册和体验卡等。(2) 在全区范围内启动实施孕前优生健康检查项目，建立跟踪随访服务制度，做到“两必访”，已基本建立以居（村）社区为基础的“获取待孕夫妇信息、健康人群教育、孕前健康检查、优生优育指导、早孕妊娠结局跟踪随访”的出生缺陷一级预防模式。

开展社区科学育儿指导服务　参加社区优生优育科学育儿行为启蒙“四个一”服务的家庭已达3599户，开展孕妇知识培训370人次，社区0～3岁婴幼儿家庭科学育儿指导服务586人次，亲子系列活动198课时，参与人数2100人次。开展泳疗、沐浴、抚触3251人次，婴幼儿心智测评 78 人。

实施“心扶”工程 借助政协提案办理工作契机，向区政府专题申请立项，并联手区财政、民政、红十字会等部门、社会组织和企业，投入近 100 万元，通过政府购买服务形式，推出“心扶工程”免费 6 项爱心服务项目，为全区约 600 户、近 1000 名独生子女死亡家庭父母赠送爱心服务卡、提供住院护工费补贴、“阳光养老”家政服务、志愿者服务、心理咨询服务、重大节庆日慰问等。2011 年 7 月至年底，发放爱心卡 708 张、发放住院护工费补贴 9 人、家政服务 34 户、志愿者服务 262 人、重大节庆日慰问 104 户，心理咨询和干预 38 人次，初步形成“政府主导、部门配合、社会参与、统筹协调”的机制和格局。

【举办“小海豚成长乐园未来三年发展思路”专家研讨会】 1 月 26 日，区人口计生委、彭浦镇政府举办“小海豚成长乐园未来三年发展思路”专家研讨会，彭浦镇副镇长谭洁群对“小海豚”三年工作做总结报告，与会专家围绕小海豚未来三年发展思路进行专题研讨，提出许多建设性意见和建议，对“小海豚”未来发展方向和工作重点提出前瞻性设想。市人口计生委副主任孙常敏提出社区科学育儿指导服务是促进人口发展的奠基工程，统抓人口质量、提高人口素质，“小海豚”要成为切入点，探索和思考素质教育，提升“小海豚”品牌，要从家庭发展的角度，提升全区家庭的育儿能力，设立一个“闸北区家庭能力提升”的研究课题，要保证社区科学育儿指导服务活动的质量，提高师资水平、规范教具、合理设置课程。

【与常熟市人口计生委结为友好共建单位】 2 月 25 日，闸北区和江苏省常熟市本着“优势互补、协作互助、改革创新、共同发展”的原则，签订流动人口流入流出地结对共建协议，双方就开展互动研讨交流、加强重点难点工作的探讨协作、推进基层和机关层面交流合作等方面达成共识。市人口计生委副主任孙常敏、江苏省人口计生委副主任于洪军出席签约仪式并讲话。

【召开区计生协会四届八次理事会议】 3 月 15 日，闸北区计生协会召开四届八次理事会议，区人口计生委主任、区计生协会常务副会长谈惠兰总结计生协会 2010 年工作情况，汇报 2011 年工作要点及关于调整、增补区计生协会四届理事会理事的提议。宣读《关于表彰全国计划生育协会先进单位和先进个人的决定》，副区长、区计生协会会长鲍英菁为荣获全国协会先进单位、先进工作者和先进会员、全国协会基层示范点颁了奖并要求，各级理事和会员增强做好计生协工作的责任感和使命感，紧密联系群众，深入基层，着力推动特色活动，充分利用已有优势，提高计生协人口计生工作的软实力。与会理事一致审议通过了工作总结、工作要点及提议。

【召开 2011 年闸北区政府实事项目——“促进流动人口孕产妇健康服务”推进会议】 2 月 28 日，区人口计生委召开 2011 年闸北区政府实事项目——“促进流动人口孕产妇健康服务”推进会议，会议布置“促进流动人口孕产妇健康服务”项目的各项工作，天目西路街道人口计生办和社区卫生服务中心介绍近年来开展“来沪人员幸孕妈咪爱心服务”项目的经验。区人口计生委主任谈惠兰强调：充分认识做好“促进流动人口孕产妇健康服务”工作的现实意义，着力推动此项工作稳步有效发展。发挥人口计生组织网络、宣传阵地等优势，也要发挥卫生系统医疗技术、妇婴保健等优势，有效整合社区各方力量，做好政策、信息、工作等有效衔接，实现“促进流动人口孕产妇健康服务”全覆盖。

【对各街镇进行基层人口计生队伍建设调研】 2011 年 3 ~ 5 月，区人口计生委科以上干部陆续到各街镇人口计生办开展调研，各街镇人口计生工作分管领导和人口计生办负责人汇报了本街镇的基层人口计生队伍现状、存在问题、意见对策和年初工作启动情况。在与基层人口计生干部座谈后，区人口计生委主任谈惠兰表示：区人口计生委将对基层反映的各类问题和好的意见建议进行梳理分类，进一步提出队伍建设的实施方案。

【召开 2011 年人口和计划生育工作会议】 3 月 29 日，召开 2011 年闸北区人口和计划生育工作会议，会议以宣传短片的形式，简要回顾

"十一五"人口计生工作和2010年工作。区人口计生委主任谈惠兰部署2011年工作。区委副书记、区长周平与各街镇主要负责人签订目标管理责任书并提出要立足"一个根本",做到"两个完善",实现"五个加强"。北站街道和民政局作了交流发言，副区长鲍英菁主持会议。

【举行上海行健职业学院学前教育教学实践基地揭牌仪式】 4月21日，彭浦镇举行上海行健职业学院和小海豚成长乐园合作建立"学前教育教学实践基地"的揭牌仪式，市人口计生委副主任孙常敏、区人口计生委主任谈惠兰以及上海行健职业学院领导、各街镇人口计生工作分管领导等出席活动。

【召开2011年人口和计划生育工作联席会议】 4月28日，区人口和计划生育工作联席会议办公室牵头召开2011年闸北区人口和计划生育工作联席会议，会议介绍区第六次人口普查情况，总结2010年区人口计生工作并研讨布置联席会议2011年重点任务，副区长鲍英菁要求增强大局意识、民生意识、统筹意识，发挥部门优势，结合实际工作，创造性地开展工作，提升全区人口计生整体工作水平。区府办副主任孙丽娟主持会议。

【洪苹视察青苹果俱乐部】 4月28日，中国计生协国际部部长洪苹等到闸北区青苹果俱乐部视察该区青春健康项目后续工作，听取区人口计生委主任、区计生协常务副会长谈惠兰介绍工作情况，参观青苹果俱乐部功能设施。

【举行"面对70亿人的世界——闸北区纪念7.11世界人口日宣传活动暨'心扶工程'项目启动仪式"】 7月11日，区人口计生委组织开展纪念7.11世界人口日大型宣传活动，并正式启动"心扶工程"项目。仪式上，区人口计生委副主任王立南介绍"心扶工程"基本情况。该项目是通过政府购买服务的形式，为独生子女死亡家庭提供服务，主要包括社区爱心卡服务、住院护工费补贴服务、家政服务、心理咨询服务、志愿者服务、重大节庆日慰问等6大特色免费服务项目，由闸北区人民政府主办，区人口计生委、区财政局、区民政局、区计生协会、中国人民人寿保险有限公司共同承办完成。区人大副主任江天熙、副区长鲍英菁、区政协副主席张广仁、市人口计生委副主任孙常敏、区人大教科文卫工委主任徐国忠及区人口计生联席会议成员单位领导，街镇人口计生工作分管领导及部分项目合作方负责人等200余人参加活动。仪式结束后，市、区领导走访慰问独生子女死亡家庭。

【召开免费孕前优生健康检查项目工作推进会】 5月27日，区人口计生委召开免费孕前优生健康检查项目工作推进会，对《闸北区免费孕前优生健康检查项目实施方案》进行部署，并与定点服务机构签订合作协议。区人口计生委要求各相关部门、各街道镇要进一步增强责任意识、机遇意识和民生意识，切实抓紧抓好免费孕前优生健康检查试点工作。

【鲍英菁调研区人口计生工作情况】 8月9日，副区长鲍英菁到区人口计生委就2011年上半年工作情况和下半年工作打算进行调研。鲍英菁指出：一要坚持做好流动人口管理和服务。与街道、镇联手共同做好在地的流动人口管理和服务，体现人性化和均等化服务；二要继续深化新老品牌项目。保持和挖掘青苹果俱乐部、小海豚成长乐园等特色品牌项目的同时，不断探索独生子女死亡家庭关心关爱项目内涵，探索流动人口双向管理新经验，培育和提高流入地人口自我管理的能力。11月8日，鲍英菁再次到区人口计生委调研，区人口计生委主任应妹汇报各项重点任务完成情况以及明年工作思路。鲍英菁提出要强化政府工作职能，建立覆盖全人口，满足不同生命阶段多层次需求的公共服务体系。要强化流动人口服务、管理，全面提升区域人口素质。要强化品牌工作，完善工作机制和方法。

【召开加强人口计生队伍建设研讨会】 10月28日，区人口计生委召开2011年闸北区加强人口计生队伍建设研讨会，区人口计生委主任应妹强调：加强队伍建设，要广开言路，创造主动思考的氛围，增强科学创新的意识，提高决策、管理等履职能力，健全街镇例会制度。

【举办"开启幸福之门"培训会】 10月31日，区计生协会拓展和深化"促进流动人口计生协能力建设项目”举办“开启幸福之门”的培训会。特邀心理咨询师曹丽君利用PLA的先进教学方法主讲。各街镇计生协会秘书长、11个项目点的协会会长和秘书长、社工参加。

【开展家庭“三育”能力现状分析及对策研究】 12月31日，区人口计生委召开闸北区家庭“生育、养育、培育”能力现状进行分析及对策研究的课题研讨会。市人口计生委副主任孙常敏等专家顾问参加研讨会。研讨会上，项目组对该课题的进展情况进行汇报，特别是对家庭“三育”能力发展的整个思路框架进行详细介绍，对该课题在研究过程中遇到的问题进行了协调解决，并对下一步开展问卷调查内容的设计进行研讨。（张　茜）

虹　口　区

【概述】 2011年，虹口区人口计生工作深化综合改革、推进“六个机制”建设，围绕创新驱动、转型发展的中心任务，以全国婚育新风进万家活动示范区工作为抓手，关注民生需求，注重强基提质，统筹推进各项工作，实现“十二五”人口计生工作良好开局。

领导高度重视 （1）“十二五”开局伊始，国家人口计生委副主任江帆和市人口计生委主任谢玲丽等莅临虹口考察指导工作。（2）区委书记孙建平，区委副书记、副区长施小琳，副区长高香等到新落成的区人口计生指导中心检查指导工作，提出从每一个细节出发，真正做到以人为本、人性化服务。（3）区政府第122次常务会议听取2011年区人口计生总体安排和主要工作情况汇报，专题研究全区人口计生工作。4月14日，区委、区政府以“推进婚育新风进万家，建设和谐文明新虹口”为主题，召开虹口区人口和计划生育工作会议暨婚育新风进万家活动示范区工作推进会，区长吴清为获奖单位颁奖，区13个部门单位印发《虹口区“十二五”婚育新风进万家活动实施意见》。（4）1月7日，区委常委、宣传部长宋妍主持召开人口早期教育与发展研讨会，要求就加强人口早期教育工作向两会作专题提案；5月24日，区人大常委会副主任宋美红等到区人口计生委调研0～3岁早期教育工作，推动人口早期教育工作开展。（5）7月11日，副区长华东平主持召开全区人口计生工作联席会议，学习贯彻胡锦涛总书记“4·26”重要讲话，并就新修订的《上海市计划生育奖励与补助若干规定》调整问题作解读培训。

坚持依法行政 （1）全区办理人口计生行政事项4.4万余件，无一例行政不当的上访上诉。结合《市计划生育奖励与补助若干规定》的调整，及时组织各层面的培训、宣传，按时向8235名公民兑现独生子女费，审核特别扶助申请2538份、发放特别扶助金388.03万元，审核年老一次性计生奖励13481人、独生子女父母（无业）年老退休一次性奖励85件、独生子女伤残死亡一次性补助38件，审批再生育申请450件，出具符合再生育流产证明115件、避孕节育报告单5104份，办理独生子女父母光荣证12847本、流动人口婚育证明201本、生育联系卡1798份，作出《社会抚养费征收决定》35例、应征收社会抚养费119.2万余元。（2）推进诚信计生建设。结合区委巡视督查人口计生工作和区审计局的经济责任审计，制发《关于加强人口和计划生育依法行政工作的意见》和《关于进一步加强社会抚养费征收工作及返还经费使用情况监督管理的意见》，查找人口计生工作风险点，制定廉政风险防控措施，明确区人口计生委与街道的责任，加强对行政执法行为的监督检查，不断规范依法行政行为。

加强宣传教育 （1）启动以“人口文化公园”为代表的宣传阵地建设。召开设计方案招标会，征集与公园环境深度契合的人口文化创意，有3个专业单位参与方案设计竞标，完成“人口文化公园”二期规划方案；发挥区委党校作用，为处级干部培训班作“人口问题与社会管理”的报告，增强广大干部的“大人口”意识；开展“流动书屋”、标准化市场图书室及社区图书馆等配书，为流动人口和社区群众提供精神食粮，该区创作的人口文化小品《回家过年》荣获第14届中国人口文化奖曲艺类三等奖。（2）立足家庭发展。围绕“健全康宁、计生优育、长慈幼孝、好学敬业、勤俭礼让”五个方面，大力宣传倡导，推动“五福家庭”创建；依托区人口家庭计划指导服务中心和社区人口计生综合服务站、室平台，实施“家庭教育、家庭健康、家庭发展”3项促进工程，推进家庭计划指导，促进家庭和谐幸福。(3) 注重人文关怀。举办“歌唱祖国话感恩，辞旧迎新助成长”为主题的第三届“扶雁”行动，组织“青春扬帆展前程、扶雁助学指航向”暑期夏令营，推进区“生育关怀行动”深入开展；组织以“四海情缘结虹口，春风化雨女儿红”为主题的第三届“虹口女儿节”，营造全社会关心女孩成长、关爱女孩发展的氛围，并开通适应女孩心理、生理咨询的“玫瑰心语”咨询网页，为女孩们提供咨询服务。

深化公共服务 (1) 大力推进孕前优生健康检查区政府实事项目。区人口计生委制发《免费孕前优生健康》宣传折页3万份、自评手册1000份，印制告知书在全区3000多个居民区张贴，使实事项目惠及更多老百姓；与北京九喜健康研究所联手推出面向计划怀孕夫妇的孕前风险自我评估系统，使计划怀孕的夫妇通过孕前风险自测提高孕前优生健康检查认识，增强孕前风险防范意识，2011年度有729人通过网络参与孕前优生健康检查网上自测；各社区组织相关知识教育6175人次参与、咨询5451人次，全区有688对夫妇办理免费孕前优生健康检查通知单，有612对夫妇1223人接受免费孕前优生健康检查，发现高危人群415人，占检查总人数的33.93%，及时对高危对象提出医学建议和随访服务。(2) 完善“七彩人生”服务体系。围绕公众日益多样化的需求，适应人口计生工作职能从育龄人群向全人口、全人生拓展要求，根据婴幼儿、青春、婚前、新婚、孕产、产后、中老年等人生7个阶段，从各阶段不同生命周期的服务需求出发，整合资源、理顺关系、明确责任，开展针对性、系统性、规范化的服务，已形成16个服务项目、15项工作内容、25项宣传资料的服务体系。

流动人口管理 (1) 推进流动人口公共服务均等化试点工作。在免费孕检、各类计划生育技术服务、宣传培训、健康检查等方面逐步实现流动人口与户籍人口同等化；在4个街道探索孕检过程规范化管理试点，实现登记、验证、信息录入与服务管理相配套的孕检新模式；实行外来已婚育龄妇女免费初次孕检和信息登记服务，形成人口计生委、街道、社区卫生服务中心“三个一点”投入机制，年度有1981人受益。(2) 加强区域“一盘棋”工作。区人口计生委与15个地区签订流动人口服务管理双向协作协议，实施流动人口计生服务管理“五渗透”，继续实行有奖举报制度和巡回检查制度；完成国家流动人口动态监测点工作，按时提交监测数据和分析报告。(3) 联合开展“两非”专项整治行动。成立专项整治工作小组，制定《虹口区打击“两非”行动实施方案》，组织打击“两非”专项行动，促进年度流动人口出生性别比的下降。

人口问题研究 组成由分管区长牵头、相关部门和专业机构参与的《早期教育工作模式研究》课题组，着眼于加强和规范人口早期启蒙与发展工作，推动建立相关机构的分工、协同工作机制，经深入调研、专家论证，完成《全面促进0～3岁儿童启蒙和早期发展工作模式》研究报告。

推进队伍建设 (1) 增强队伍活力。结合事业单位改革，实行委属事业干部全员竞聘上岗；面向社会公开招聘、交流事业干部。(2) 提升干部综合素质。围绕基层工作难点和重点，结合《计划生育奖励与补助若干规定》的调整等，实行分层分类方式，采取区、街道组织培训和选送市有关培训，多渠道、多形式地开展人口计生依法行政、社会管理、公共服务和人口计生统计、信息化等专项培训。(3) 强化政府信息公开和政务公开。区人口计生委及所属事业单位加强信息公开梳理，进一步畅通公开渠道，全年共主动公开政府信息11件，受理主动公开、依法申请公开各1件。(4) 加强信访处置和咨询解答。年度全区受理人口计生来信37件，各类咨询1.46万余件。(5) 推进信息化建设与应用。参与“市人口与计划生育综合管理信息系统居委级应用子系统”试点工作，大力推进基层人口计生信息系统的应用；研发避孕药具管理与服务系统，将原有的三级管理延伸到居委，建立“避孕药具四级管理服务平台”；建立“避孕药具自取点信息远程管理服务平台”，实现在第一时间掌握避孕药具自取箱内的存量变化，第一时间将存量不足信息以短信方式告知管理员，第一时间提示自取点需求异常变化等功能。

计生协会工作 （1）完善计生利益导向。发动社会力量，整合资源、多元运作，扶助计划生育困难家庭，完成24万元《扶助独生子女困难家庭专题彩票》销售、11万余元幸福工程募捐，为5户独生子女死亡及重大病家庭发放救助金3.8万元；结合元旦、春节走访慰问129户贫困独生子女家庭，发放扶助金和实物共12万余元；组织发动企事业单位、社区群众购买“女性安康保险”7541份，独生子女意外保险1882份；发动各社区开展独生子女死亡家庭基本情况排摸，结合“夏送凉”活动为384户空巢家庭送上防暑降温用品。（2）扩大群众自治成果。根据《上海市人口和计划生育基层群众自治活动实施方案》和关于“组织建设好、制度规范好、居务公开好、宣传服务好、计生诚信好、文明建设好”的基本要求，搭建基层群众自治平台，组织和引导社区群众行使民主权利，拓展自治示范点覆盖面和创建成果，突出群众自治在监督政府和维护群众利益的作用发挥，至2011年末，全区已有8个居委荣获全国人口计生基层群众自治示范村居称号。（3）发挥社会组织和志愿者的作用。培育和扶持人口计生事务所等社会组织、民非组织承担人口计生服务项目；组织网上志愿者招募工作，27名社会人员自愿报名参加志愿服务，协同做好人口计生工作。（4）丰富计生协活动内涵。组织参与市计生协开展的“我为国策添光彩、我为协会尽责任”主题摄影活动，该区选送150余幅作品为全市计生协最多；举办“新虹口人80分比赛”，调动流动人口计生协工作积极性；组织基层计生协秘书长和协作组成员参加协会业务培训、学习考察，促进协会工作开展。

计生药具工作 （1）完成区级免费药具“优得工程”发展方案并组织实施，推进落实街道级“优得工程”项目方案制定和实施。（2）全面自查清理药具自取箱，对600余只自取箱更换了贴面。（3）分8批次对街道、居委和企事业单位发药员集中进行药具新知识培训，提高基层发药员的服务能力。（4）2011年度全区发放各类免费避孕药具82万余元。

事业经费投入 全区人口和计划生育事业财政投入3222.41万余元，比上年增加406.41万元，增幅14.43%。

【人口与计划生育数据】 2011年末，常住人口总数906234人，全年常住人口出生6573人，出生性别比106、比上年下降5，出生率7.18‰，常住人口死亡6820人、死亡率7.45‰，全区常住育龄妇女231628人，占常住总人口25.56%，其中已婚育龄妇女144885人，已婚育龄妇女综合避孕节育率71.79%。年末，户籍人口总数790492人，户籍人口出生5237人，户籍人口计划生育率99.26%，户籍人口自然增长率−1.9‰、人口自然变动持续21年负增长，户籍人口出生性别比104、比上年下降5，出生率6.62‰，人口死亡6737人、死亡率8.52‰，人口自然增长−1500人。全区户籍育龄妇女166341人，占户籍总人口21.04%，其中已婚育龄妇女101507人；户籍出生人口中一孩率93.78%，二孩率6.13%；户籍人口总和生育率0.85比上年下降0.03，一般生育率29.63‰，平均初育年龄29.74周岁，比上年上升0.25岁，初婚女性晚婚率97.44%，独生子女领证率30.82%。年末，外来流动人口总数125894人、比上年减少13108人，流动人口出生1336人、比上年增加92人，流动人口计划生育率88.92%，出生性别比113、比上年下降3，出生率10.09‰、比上年上升0.01个千分点。

【召开区人口早期教育与发展研讨会】 1月7日，区委常委、宣传部长宋妍主持召开区人口早期教育与发展研讨会并提出4点要求：一是虹口的早期教育应该从区情出发，在年龄段上进行分阶段探索与实践；二是早教机构的监管问题，应在源头上把握准入要求；三是整个系统的工作模式，进一步探讨该项工作的推动方和主导方；四是早教工作应成为“十二五”期间政府决策的一部分，由区人口计生部门在两会上进行详实提案，推动进一步研究和早教工作开展。区人口计生委主任孙敏介绍《虹口区人口早期教育情况调研课题》开展情况，华师大学前教育系周念丽教授介绍当前世界和中国的早期教育现状。与会部门、街道有关负责人结合部门和街道工作实际，从政策法规、标准制定、早教模式及联动工作等方面提出意见建议。

【宋美红走访慰问患病独生子女家庭】 1月26日，区人大副主任、区计生协会长宋美红在区计生协常务副会长孙敏陪同下，走访慰问患病的独生子女家庭，详细询问患病独生子女情况，送上慰问金，并鼓励他振作精神，配合医院治疗，早日康复。

【举行扶雁行动温馨年夜饭】 1月26日，区人口计生委、区计生协、区未保办举行"歌唱祖国话感恩 辞旧迎新助成长——虹口区第三届扶雁行动温馨年夜饭"活动。区委常委、宣传部长宋妍，副区长华东平等来到孩子们中间，与22名失去父母的孩子欢聚一堂，共同高歌，并向参加活动的孤儿发了压岁钱和慰问品。举办部门单位的有关负责人和受助孤儿的结对志愿者参加活动。

【江帆到虹口区考察】 2月21日，国家人口计生委副主任江帆一行5人，在市人口计生委主任谢玲丽、副主任赵勇等陪同下到虹口区考察。虹口区区委书记孙卫国、副区长华东平、区政协副主席杜善金和区人口计生委主任孙敏等参加。江帆一行首先到北外滩航运服务集聚区建设指挥部考察，听取北外滩航运服务集聚区建设情况汇报，观看北外滩航运服务集聚区建设视频，俯瞰北外滩景观，参观上海港国际客运中心。中国人口与发展研究中心主任姜卫平、国家人口计生委科技司副巡视员张黎明等陪同考察。

【区委巡视组督查人口计生委】 3月4日，区委巡视督查一组进驻人口计生委并召开见面会。巡视督查组经过2个月3个阶段，通过调阅各类文件资料、开展个别访谈、座谈会、走访上级机关和分管领导、听取委党组主要负责人的述职、述廉等，对人口计生委班子和全面工作进行了巡视督查。5月25日，区委巡视办、巡视督查组召开巡视督查反馈会。区人口计生委根据区委常委会和巡视督查组的反馈意见及查找出的问题，认真制订整改落实方案，扎实推进和全面落实各项整改工作。8月26日，召开整改回头看会议，区巡视一组组织区特邀政风行风监督员、监察员代表，委机关和委属单位全体干部，对人口计生委党组整改工作落实情况进行调查问卷测评。

【区计生协召开五届四次理事会】 3月10日，虹口区计划生育协会召开五届四次理事会议，总结2010年区计生协工作，部署2011年计生协任务，表彰荣获中国计生协先进集体和个人，审议通过2010年工作报告，2011年工作要点和关于调整、增补区计生协第五届理事会理事的提议。副区长华东平对新一年理事会工作提出3点希望：一要贯彻落实好中计协"七代会"精神，协助政府促进人口长期均衡发展；二要扎实推进基层群众自治，积极参与社会建设与管理；三要坚持聚焦生育行为，推动协会服务成效不断扩大。区人口计生委主任、区生协常务副会长孙敏出席，区计生协专职副会长李信芳主持，56名区理事出席。

【举行女儿节主题活动】 4月7日，区人口计生委、团区委、教育局联合举行以"四海情缘结虹口，春风化雨女儿红"为主题的第三届"虹口女儿节"活动，市人口计生委副主任孙常敏、团市委青少年事务办主任蔡忠，区委常委、宣传部长宋妍等出席。该届"虹口女儿节"旨在弘扬传统文化，更好地关爱女孩尤其是流动人口家庭女孩，营造有利于流动人口家庭女孩成长的良好社会环境。活动内容有女孩穿汉服、行成人礼，播放流动人口家庭女孩事迹，相关部门负责人谈关爱女孩工作，长辈寄语，开通适应女孩心理、生理咨询的玫瑰心语咨询网页，向贫困流动人口家庭女孩赠送学习用品和独生子女保险。市、区有关部门、各区县人口计生委负责人，各街道、部分居委人口计生干部、志愿者、流动人口家庭家长及女孩和社区群众400余人参加。

【召开区人口计生工作会暨示范区推进会】 4

月14日，区委、区政府以“推进婚育新风进万家，建设和谐文明新虹口”为主题，召开虹口区2011年人口和计划生育工作会议暨婚育新风进万家活动示范区工作推进会，区长吴清，区委常委、宣传部长宋妍、副区长华东平出席。会议贯彻市人口计生工作会议精神，回顾总结2010年全区人口计生工作、部署2011年工作，吴清向荣获“全国人口和计划生育基层群众自治示范村居”的欧阳街道蒋家桥居委会、四川北街道多伦居委会授予奖牌。宋妍代表区委、区政府对“十一五”期间全区人口计生各项工作取得的新成效、新突破给予充分肯定，并就做好“十二五”期间人口计生工作和推进婚育新风进万家活动示范区工作提出3点要求：一要统一思想、认清形势；二要立足统筹协调、促进均衡发展；三要强化领导、强化责任、强化投入。华东平主持会议并与街道办事处主要负责人代表签订《2011年社区人口和计划生育工作目标管理责任书》。区人口计生委主任孙敏回顾总结“十一五”人口计生工作、部署“十二五”时期及今年重点工作。欧阳街道办事处、区文明办和区妇联作会议发言，7个街道单位书面交流。区人口计生工作联席会议组成人员、区机关有关部门负责人、区、街道部分专职人口计生干部等110余人参加。

【举行《抵制家庭暴力，提高家庭发展能力》研讨会】 4月29日，为进一步加强和改进流动人口服务管理，推进流动人口基本公共服务均等化，区人口计生委联合区妇联、司法局、综治办、未保办举行《抵制家庭暴力，提高家庭发展能力》研讨会暨“流动家庭，和谐生活”项目启动仪式，副区长华东平宣布项目启动，市人口计生委副主任孙常敏、副巡视员张梅兴向项目专家指导组成员颁发聘书。会上，福特基金会项目官员Susie Jolly女士阐述研究流动人口家庭暴力的重要意义，上海市计划生育科学研究所研究员楼超华介绍上海市流动人口家庭暴力调查研究结果，区人口计生委主任孙敏介绍“流动家庭，和谐生活”项目计划实施情况。全国妇联妇女研究所所长谭琳，中国社会科学院人口与劳动经济研究所研究员郑真真，上海市计划生育科学研究所教授高尔生，上海市心理咨询行业协会会长、著名心理咨询师王裕如等专家，从妇女保护、流动人口家庭暴力对受暴者心理影响、性和生殖健康影响等方面研究发表了各自见解，市人口计生委领导、区领导和区人口计生委、司法局、妇联、综治办、未保办等部门负责人从各自工作实际对流动人口家庭暴力现状、存在的问题进行研讨，并对存在的问题和项目实施计划提出意见和建议。

【开展“流动家庭·和谐生活”项目】 4～12月，区人口计生委联合区司法局、妇联、未保办等部门单位针对流动人口家庭暴力问题，举办“抵制家庭暴力，提高家庭发展能力”主题研讨会，召开《向家庭暴力说“不”》座谈会，利用虹口有线台“说法论理”栏目播放《除暴安家》专题节目，为外来流动妇女提供心理咨询和法律援助，组织各方面专家商讨通过宣传、教育、预防等多种途径和方法，促进家庭和谐，较好地发挥职能部门的协助、参谋作用。

【区计生协召开志愿者见面会】 5月22日，区计生协召开网上注册计生协志愿者见面会，区计生协专职副会长李信芳主持。会议旨在进一步倡导奉献、友爱、互助、进步的自愿服务精神，更好地在统筹解决人口问题和构建社会主义和谐社会中发挥积极作用。区计生协在上海志愿者网上公开招募计生协志愿者，经过网上确认，共招募计生协会志愿者22名，18位网上注册计生志愿者出席会议。

【召开区人口计生工作联席会议】 7月11日，召开区人口计生工作联席会议，副区长、区人口计生工作联席会议总召集人华东平出席，讲述参加中央党校人口专题研讨班及学习胡锦涛总书记关于人口工作重要讲话精神的体会，并就做好今后工作提出要求：一要结合虹口实际抓好人口发展战略研究；二要调控人口数量、结构、分布的同时抓好人口素质的提高；三要认真履行联席会议成员单位各自职责，充分发挥职能部门在人口工作中的作用。区人口计生委就学习贯彻总书记讲话精神提出具体措施和工作目标，对《上海市计划生育奖励与补助若干规定》调整问题作解读培训。区人口计生工作联席会议全体成员、区人口计生委科以上干部等参加会议。

【举行暑期“扶雁行动”】 8月16日，区人口计生委、计生协和区未保办联合举行以“青春扬帆展前程，扶雁助学指航向”为主题的暑期“扶雁行动”,受助孤儿与“扶雁行动”志愿者参与。这次“扶雁行动”，组织参观中国航海博物馆，该馆作为上海建设国际航运中心的标志之一，不仅展现了中国的航海文明与海上辉煌，同时也成为未成年人爱国主义教育的生动平台。行动旨在凝聚来自于政府、社会的热切关怀和帮助，最为重要的是通过回顾祖国航海事业的辉煌历史，能够充分激发孩子们强烈的爱国主义情怀，让这些受助孤儿在活动体验后，绽放青春活力。

【召开标准化菜场计生协建设推进会】 8月25日，区计生协在曲阳社区召开加强标准化菜场计划生育协会建设推进会。会议旨在区内16个标准化菜场全面建立流动人员计生协会，利用宣传栏、专题讲座等，广泛宣传计生法律法规、优生优育、生殖健康知识，免费发放计生药具，引导流动人员依法维权，使外来流动人员切实享受到均等化服务，从而推进虹口区流动人员计生协会实现自我管理、自我教育、自我服务、自我监督。会上，曲阳社区大连西路菜场流动人员计生协介绍开展协会工作取得的成果，区内16个标准化菜场负责人分别与所在街道计生协秘书长签订《虹口区标准化菜场计划生育均等化服务协议书》。

【实施“爱婴·乐家”行动】 9月6日，虹口区人口计生委与上海乐教网络科技有限公司联合推出的“爱婴·乐家”行动公益项目启动仪式在凉城社区举行。该项目充分体现公益性，在家庭自觉自愿的前提下，为全区常住人口0～1岁家庭养育提供以下免费指导服务：指派一对一指导老师，为服务家庭每年免费提供13次以上的家庭养育电话指导服务；免费为每个服务家庭提供家庭养育大礼包及家庭信息登记卡各一份，每月提供一次手机报服务；每年协助社区开展一次育儿指导主题活动；免费对外开放育儿咨询服务热线：400–670–6655，家长可以随时电话咨询养育问题。该项目还将及时整理收集家庭养育个案，做好需求分析，为进一步提升服务奠定基础。项目实施3个多月来，各社区协同做好相关宣传发动和组织工作，发放视觉刺激卡包2510个，举办婴幼儿家长和看护人的教育培训讲座16场、800余人次受益、各类亲子活动24场、1080余人次参与。

【签订《军民共建协议书》】 10月14日，虹口区人口计生委与中国人民解放军94804部队在区政府签订《军民共建人口计生工作协议书》，以进一步加强双方的合作交流，积极开展拥军爱民活动，密切新时期军政、军民关系，实现优势互补、共同提高，促进军地共建虹口“四个文明”和“健康军营”建设。94804部队还向虹口区人口计生委赠送“军民共建 和谐计生”锦旗。

【召开行风监督员和效能监察员沟通会】 11月3日，区人口计生委召开行风监督员和效能监察员沟通会，通报2011年全区人口计生工作完成情况和2012年工作思路。区行风监督员、效能监察员在听取区人口计生委工作情况后，一致认为区人口计生委的工作卓有成效，抓政风行风意识强，在政风行风测评中取得优秀；人口计生工作有很多创新，从虹口走向全国。并就人口计生队伍建设、流动人口管理等热点议题展开积极探讨，提出3点建议：一是进一步加大基层人口计生干部的力量和业务培训；二是进一步加大街道间工作经验的交流，规范工作方式；三是进一步加强流动人口信息共享及信息维护。

【召开商务楼宇计生协工作研讨会】 11月4日，区计生协在提篮桥街道办事处召开加强商务楼宇暨流动人口聚集地计生协工作研讨会，区计生协专职副会长李信芳出席，提篮桥、欧阳、四川北路社区计生协作专题发言。各社区计生协秘书长、各街道人口计生办主任围绕商务楼宇及流动人口计生协工作进行深入研讨。

【举行“新虹口人”杯扑克80分友谊赛】 11月10日，区计生协在江湾社区事务受理服务中心举行首届“新虹口人”杯扑克80分团体友谊赛，丰富流动人员的文化娱乐活动。在区、街道计生协精心组织下，8个街道32名选手分成16组按抽签顺序捉对厮杀，凉城、江湾镇、提篮桥社区分获前3名。

【举行世界艾滋病日主题宣传活动】 12月1日，区人口计生委联合区防艾办、区卫生局、区妇联、团区委、区禁毒办等5家成员单位，在曲阳街道社区文化中心举行主题为“行动起来，向‘零’艾滋迈进”的虹口区第24个“世界艾滋病日”大型宣传活动。此次宣传活动通过观看防艾公益影片《最爱》、版面展览和发放宣传资料等形式，宣传艾滋病防治、禁毒、生殖保健、妇女健康等知识和政策法规。

【李国华调研人口计生工作】 12月8日，副区长李国华到江湾社区事务受理服务中心调研区人口计生工作，区人口计生委、江湾镇街道办事处负责人参加。李国华听取区人口计生委的工作汇报，观看信息化应用演示，察看社区人口计生综合服务站、社区早教中心，对区人口计生委扎实有效的工作给予充分肯定，他要求：要自提地位、自树作用，通过加强人口基础性工作来提供指导公共政策制订的依据；要继续做好上传下达工作，积极争取上级领导和机关的支持，调动和发挥好基层的积极性与创造性；要进一步拓展思路、开拓视野、拓展性思考；要自提信心、自我宣传，使更多的人了解、支持人口计生工作；要善于“无中生有”，整合资源，不求所有、只求所用，为虹口新崛起创造良好人口环境。

【区人口计生指导中心落成】 12月28日，虹口区人口和计划生育指导中心在巴林路76号正式落成，区委书记孙建平，区委副书记、副区长施小琳，副区长高香等一行到中心新址视察指导工作。在听取区人口计生委主任孙敏关于中心总体布局及功能定位汇报后，视察中心运作情况。在察看流动人口孕（环）检室时，孙建平提出：“将B超用耦合剂放于温水备用，使被检查者感受温和无刺激的服务，从每一个细节出发，真正做到以人为本，人性化服务”。该中心增挂区人口和家庭计划指导服务中心牌子，具备政策咨询、活动培训、药具仓储、孕检服务等八大功能，将为各年龄段人群提供多样化服务和活动，营造亲和温馨的家庭文化氛围。

（季其昌）

杨浦区

【概述】 2011年，杨浦区人口和计划生育工作坚持理念创新，坚持先行先试，坚持从实际出发，有效推进了社会管理创新。深入开展“流动人口计划生育基本公共服务均等化”和“免费孕前优生健康检查”两项国家试点工作。区人口计生委被评为全国阳光计生行动示范单位。

依法行政 审批《再生育子女告知书》632份；实行《独生子女父母光荣证》当场受理，当场发证制度，确认发放《独生子女父母光荣证》18606份；全区审核18156名退休人员领取一次性计划生育补充养老金；对68人次独生子女伤残死亡家庭父母发放扶助金24.2万元，对85名实行计划生育的无业夫妇年老发放一次性计划生育奖励27.68万元；对3729名计划生育特别扶助对象（年满49周岁，依法只生育或者合法收养一个子女，现无存活子女或者子女持有《中华人民共和国残疾人证》，且残疾等级为四级以上，未再生育和未再收养子女的对象）发放特别扶助金592.97万元。接待和处理群众来访来电10824人次；与15对收养子女的夫妻签订计划生育协议，出具无子女证明21份。实行《杨浦区社会抚养费征收案件合议办法》，全年共立案审查征收社会抚养费案件59件，作出《征收社会抚养费决定书》84件，实际征收社会抚养费157.88万元，占应征款项67.79%。指导基层为外来孕妇办理《生育联系卡》2439张。开展全区性流动人口专项集中执法检查4次，共查验《流动人口婚育证明》5.6万人次，验证合格率86.22%。召开区流动人口计划生育工作会议。与安徽省全椒市、河南省孟州市等10个市区签订流动人口计划生育双向服务管理协议。区人口计生委定期召集卫生、公安、医保等部门召开打击两非专项整治会议，与卫生、公安等部门联合执法，取缔5家非法实施胎儿性别鉴定和选择性别人工终止妊娠场所。

宣传服务 开展流动人口计划生育宣传服务周、关爱女孩行动、7·11世界人口日、10·28男性健康日、12·1世界艾滋病日等宣传活动。为杨浦区户籍已婚人员和符合条件的来沪已婚人员提供基本项目免费计划生育技术服务，共计19935人次，费用100万元。区人口计生委与共建部队开展“兵儿子,军民一家亲”服务项签约仪式。制定《杨浦区关于贯彻联合开展“绿苗工程”项目实施方案》。

优生优育 与加拿大、瑞士等早教机构开展国际交流合作。为80名社区婴幼儿开展综合能力普测。全区共有计划生育免费药具发放点1032个，2011年全年共免费发放药具79万元。

协会工作 区计生协会举办为期2天的2011年“杨浦区促进流动人口计生协能力建设培训班”，各街镇计生协秘书长，流动人口计生协会项目点负责人，优韵社工师事务所社工，企事业单位计生协负责人、会员、志愿者，约50余人参加培训。做好24万元人口计生专题福利彩票推行工作。“女性安康基金”为7500名外来媳妇提供女性健康保险。募集8.4万元对220户独生子女特困家庭进行慰问。对区内6所高校200余名大学生志愿者开展同伴教育主持人培训，向大学生、中学生、社区青年、部队官兵和外来务工青年开展同伴教育，达1万人次。

【人口和计生数据】 2011年，全区常住人口总数132.43万人，其中户籍人口总数109.16万人（户籍育龄妇女人口总数24.45万人），外来流动人口总数23.86万人（外来育龄妇女人口总数9.25万人）。常住人口出生数8956人，出生率6.79‰；户籍人口出生数6912人，出生率6.33‰；户籍人口自然增长−1924人，自然增长率−1.76‰，全区户籍人口连续20年负增长；妇女总和生育率0.67；人口老龄化率24.51%，高龄化率4.76%；户籍人口计划生育率99.57%，外来流动人口计划生育率91.73%。

【开展流动人口计划生育关怀关爱活动】 1月17日，区人口计生委与殷行路街道办事处联合举办“真情系杨浦·春暖新家园”新生代农民工计划生育关怀关爱活动启动仪式。各街镇在用工重点单位、居住点、集贸市场等地，张贴和悬挂横幅标语，开展联欢、座谈、咨询、专题讲座等活动共计50余场，接受有关咨询3000余人次，向来沪人员免费赠送《杨浦区流动人口计划生育服务指南》2万余份、避孕药具等宣传小礼包1万余份。活动期间，全区人口计生干部走访慰问193名计划生育帮扶对象，为47户流动人口计划生育困难家庭送上14100元慰问金。

【召开区计生协会第四次会员代表大会】 2月24日，区计划生育协会在沪东工人文化宫召开第四次会员代表大会。全国政协常委、市计生协会会长左焕琛，杨浦区副区长吴乾渝出席会议。区人口计生委主任，计生协常务副会长李红珍主持会议。大会审议通过区计生协第三届理事会工作报告和财务报告，选举产生第四届常务理事会。吴乾渝当选为新一届计生协会长，李红珍当选为常务副会长，吴玉珍、薛海东、周培培、郑星霞、曹腊梅、彭希哲当选为副会长，李建红被聘为秘书长。大会传达中国计生协第七次会员代表大会精神，同时向杨浦区荣获全国计划生育协会先进称号的单位和个人进行表彰。会议进一步明确未来5年杨浦区计生协工作的任务：以中央《决定》、市委《意见》和中国计生协《规划纲要》、《章程》为纲领，坚持紧紧围绕党政中心工作，坚持服务群众的宗旨；发挥党和政府联系群众的桥梁纽带作用，发挥基层人口计生工作生力军作用；要求全区各级计生协认真组织广大理事和会员学习中计协第七次会员代表大会和杨浦区计生协四次会员代表大会精神，结合实际，正确把握新时期计生协工作的方向和思路，不断开创协会工作新局面。区各委办局、街镇、企事业单位、高校、部队、居民委员会等各级计生协会的会员，共计140人参加会议。

【流动人口计划生育基本公共服务均等化工作全方位提升】 3月5日，杨浦区启动流动人口生育健康服务区政府实事项目，全年投入60万元为全区1500名符合生育政策、常居在本区的流动人口孕产妇提供一次早孕建册免费健康检查，并为1000名孕产妇提供3次平产分娩免费基本孕期检查及相关服务。各相关部门、街镇把均等化试点工作纳入本部门全年重要工作内容：区财政局在教育、卫生、人口计生等部门以实有人口来配置工作经费，确保流动人口享有市民基本待遇；区教育局制定《杨浦区学前教育三年行动计划》，计划到 2014 年新建 11 所幼儿园，解决常住人口学前教育的资源紧缺问题；区人保局在敦化职业介绍所开设外来人员就业服务窗口，提供求职登记，岗位推荐。工、青、妇等部门开展“杨浦一家亲”、“阳光扶苗”等集个体、家庭、社会“三位一体”的融入服务；各街镇建立“美丽新家园”工作室，通过项目化运作为园区白领开展人口文化进园区、服务关爱进园区、名医专家进园区的“三进”活动。

【魏伟明调研人口计生工作】 4 月 1 日，区委副书记魏伟明专题调研人口计生工作，并与区人口计生委党组中心组成员座谈下一步人口计生工作打算。副区长吴乾渝陪同调研。在听取 2011 年第一季度区人口计生工作情况、下一步工作安排，以及工作中遇到的问题和困难后，魏伟明肯定区人口计生工作在近年来取得的显著成绩，各项工作围绕目标任务圆满完成，许多创新工作得到了国家、市人口计生委的充分肯定。区人口计生队伍团结一致、战斗力强，为杨浦社会发展做出了很大的贡献。魏伟明对下一步人口计生工作提出 3 点意见：一是要坚持大人口工作格局，加快建立人口计生公共服务体系。二是要坚持三区融合，整合资源，全面推进社会管理和服务的改革创新。三是要坚持创先争优，加强队伍建设，巩固和保持全市领先的状态。

【区人口计生委被评为“全国阳光计生行动示范单位”】 4 月 20 日，区人口计生委被评为上海市唯一的“全国阳光计生行动示范单位”。主要做法：一是规范“阳光计生行动”，认真推行“三公开”、“四评议”、“五监督”，保障群众合法权益不受侵犯。二是落实依法行政，全面落实各项计生奖扶政策，重点加强流动人口服务维权，开展流动人口计划生育公共服务均等化试点工作，流动人口实现属地化管理和市民化待遇。三是开展优质服务，通过政务公开栏、人口网站、政务公开宣传手册等多种形式面向社会公开人口计生政策；发挥“12356”阳光计生服务热线和“阳光信访工作平台”作用，落实信访工作责任制，解决群众最关心的问题。四是加强作风建设，注重源头防治，建立长效机制，开展民主评议政风行风活动，发现和查找执法中的薄弱环节和突出问题，通过查漏补缺，提高基层行政执法规范化水平，深化“阳光计生行动”。

【开展“六一”系列活动】 6 月 1 日，区人口计生委、区计生协联合开展“赠保险、送关爱”专项行动。由政府买单免费为 1000 名实行计划生育的流动人口困难家庭的子女送上“独生子女保险”；向 2000 名从事菜场、环卫等外来务工育龄妇女赠送“女性安康保险”。 围绕贫困、重大疾病、残疾等流动人口困难女孩家庭开展帮困慰问活动，向 60 户家庭送出慰问品和慰问金 3 万余元。区机关党工委、区机关工会、区人口计生委和区计生协在五角场街道社区文化中心联合举办“健康宝宝嘉年华‘六一’亲子活动，开展“良好情绪与健康发育”讲座。邀请市儿童医院、第一妇幼保健院和红房子医院专家为部队官兵子女举办“军民共建，同庆‘六一’”早教专家专场咨询活动。

【成立杨浦人口创新发展社区实践基地】 6 月 13 ~ 16 日，区人口计生委与复旦大学社会发展与公共政策学院合作举办“加强社会管理，创新人口服务”2011 年杨浦区人口计生干部培训班。开班式上，复旦大学社会发展与公共政策学院院长彭希哲、区人口计生委主任李红珍为杨浦人口创新发展社区实践基地授牌。通过“复旦 · 杨浦人口发展研究中心“平台，区人口计生委试点在控江恒联“多代屋”和延吉社区睦邻中心设立杨浦人口创新发展社区实践基地，为高校学生和青年教师提供社会实践和校外实习，同时开展家庭发展等相关政策调研。培训班采取集中培训与讨论交流相结合、专家授课和外出学习相结合的形式，邀请市委党校、市人口计生委、市人口发展研究中心、复旦大学、红房子医院专家教授，就人口发展态势与相关社会政策、公共政策视野下的人口问题、执法案例分析、家庭计划指导室的建设、现代沟通管理理论与技巧以及加强出生缺陷干预等专题开设课程。区人口计生工作联席会议成员单位分管领导、联络员，区计生协会理事，各街镇分管领导、人口计生干部和人口计生社工等150余人参加培训。

【优韵社工师事务所揭牌成立】 6月13日，市人口计生委副主任孙常敏、杨浦区副区长吴乾渝为杨浦区优韵社工师事务所揭牌。事务所是以人口计生社会工作服务为主的非营利性社会组织，以儿童、青少年、育龄人群以及家庭为主要服务对象，整合教育、卫生、人口计生、民政等资源，搭建工作平台，统筹管理家庭计划事务，拓展人口工作服务新领域。事务所根据杨浦人口现状和实际需求，设计新生育儿篇、孕育欣喜篇、快乐成长篇、家有儿女篇、青青学子篇、觅爱婚恋篇、家计健康篇、城市融入篇、关爱支持篇、耄龄融融篇等“家庭计划和发展指导“服务项目。事务所承接上海福利彩票公益金招投标项目40万元，开展“杨浦区来沪女性关爱服务项目”，重点服务1000名25～40周岁的流动人口育龄妇女，推出“健康自我”、“孕育之美”、“关爱之家”等六个服务内容。

【联手推进免费孕前优生健康检查项目】 7月，区人口计生委联手复旦附属妇产科医院医院，开展两个为民服务项目—“孕前优生专病门诊”和“优生护航，红房子专家社区行”。7月1日，孕前优生专病门诊正式开诊，针对在孕前检查中发现存在高风险因数的问题，由专家提出医学建议。7月2日，“优生护航”第一站起航，活动邀请红房子产科专家就“孕前保健、计划妊娠”从提高预防出生缺陷的意识、孕前生理保健、心理准备、孕前健康检查项目的意义等几个方面开设讲座。2011年，杨浦区被列为国家免费孕前优生健康检查项目第二批试点区。全区通过搭建区域优质卫生资源与政府部门优势互补、指导和实践结合的合作新平台，发挥复旦大学附属妇产科医院的医疗、科研、教学优势，探索建立人口计生与卫生三二一级医疗机构互相联动的优生促进工作模式。

【举办“世界人口日”纪念活动】 7月18日，区人口计生委、区计生协会在同济大学举办世界人口日纪念活动。全国政协常委、市计生协会长左焕琛，市人口计生委主任谢玲丽，杨浦区委书记陈寅、区委副书记魏伟明、副区长吴乾渝，同济大学党委副书记马锦明出席活动。活动中，杨浦区成立“环同济知识经济圈计划生育协会”，将服务辐射到环同济知识经济圈，为园区的创智精英提供人口计生优质服务。市、区领导向获得杨浦区人口和计划生育工作“奉献奖”的10位同志颁发荣誉证书。社会组织向8户独生子女家庭代表捐赠公益服务项目仪式。在第22个世界人口日，杨浦区以“传承红色文化，唱响人口赞歌”为主题，重点围绕杨浦人口发展所带来的机会和挑战，通过歌曲、诗朗诵、小品等不同形式展现杨浦区人口计生发展的成就。

【启动“杨浦新家园、江浦幸福村”】 7月22日，杨浦区江浦路街道在社区文化中心举行街道流动人口计划生育均等化服务暨“杨浦新家园、江浦幸福村”项目启动仪式。市人口计生委副巡视员张梅兴、杨浦区副区长吴乾渝出席启动仪式。江浦路街道领导与江苏省阜宁县政府共同签订《流动人口计划生育双向服务和管理协议》。幸福村经营户中80%以上来自江苏省阜宁县。江浦路街道利用工作资源和服务手段，发挥流动人口计生协会的作用，调动会员、志愿者的积极性，以政府购买服务形式进行项目化运作。在地区流动人口聚集地成立“杨浦新家园、江浦幸福村”——盐阜农副产品综合市场流动人口计生综合服务站。通过搭建人性化服务平台，开展人口文化、宣传教育、生殖健康、优生优育、社会保障、法律维权等活动，落实和维护流动人口合法权益，加强流动人口“自我教育、自我管理、自我服务、自我监督”能力，构筑全方位、多层次流动人口计生公共服务新模式。江苏省盐城市政府驻上海联络处，江苏省阜宁县物价局、县人口计生委有关领导以及杨浦区各街镇人口计生分管领导、人口计生负责人和基层人口计生干部100余人参加启动仪式。

【成立“复旦－杨浦优生促进中心”】 9月20日，杨浦区在复旦大学附属妇产科医院杨浦新院召开杨浦区优生促进工作推进会暨“复旦·杨浦优生促进中心”成立仪式。市人口计生委副主任孙常敏、复旦大学副校长许征、杨浦区委副书记魏伟明、副区长吴乾渝出席会议。复旦大学附属妇产科医院、区卫生局、区人口计生委分别汇报优生促进工作开展情况，平凉街道办事处、优韵社工师事务所、优韵俱乐部会员分别交流发言。中心主要开展4方面工作：(1)开展重点课题研究。探索建立出生缺陷干预—孕前优生健康检查与唐氏孕早中期筛查项目有效衔接，重点研究《城市模式的优生促进工作机制》。(2) 推出民生服务项目。建立“孕前优生绿色通道”、“孕前保健门诊”、和“专家咨询门诊”。(3) 建立规范评估体系。完善免费孕前优生健康检查规范和工作流程，研究并建立免费孕前优生健康检查的技术指导、质量保证和评估体系。组织社区科普宣传。(4)组织“优韵”俱乐部活动，编写孕前保健宣传资料，更新杨浦人口网“优生促进专栏”。复旦大学附属妇产科医院、区卫生局、区人口计生委、各街镇分管领导、人口计生干部和优韵社工、优生工作医师等200余人参加会议。

【国家人口计生委视察区流动人口管理工作】 11月8日，国家人口计生委流动人口服务管理司副司长贺丹一行视察杨浦区贯彻落实《条例》精神、推进流动人口服务管理“一盘棋”工作，市人口计生委副巡视员张梅兴、杨浦区副区长吴乾渝陪同。贺丹一行参观殷行街道事务受理中心，了解流动人口行政事务受理过程和流动人口PADIS平台信息采集、维护、发送、协查等环节的使用情况；召开殷行街道人口计生工作座谈会和流动人口座谈会，听取基层意见和建议。区人口计生委从区流动人口基本特点、人财物保障、综合管理、依法行政、服务转型、区域协作、优质服务7个方面介绍主要做法与成效。贺丹肯定杨浦区在创新社会服务与管理中的流动人口计生工作，认为杨浦区工作有5大方面的成绩与经验：统筹有力、模式创新、均等化推进有序、网络布局合理、人口迁移政策研究走在前列。

【蔡威调研区优生促进工作】 11月16日，全国政协常委、市政协副主席蔡威调研区优生促进工作。吴乾渝汇报区优生促进工作进展情况。杨浦区通过宣传倡导免费孕前优生健康检查项目，群众知晓度大幅度提高，计划怀孕夫妇主动参与的积极性提高。《解放日报》、《新民晚报》、《杨浦时报》对杨浦优生促进工作进行专题报道。杨浦有线电视台滚动播放免费孕前优生健康检查宣传片。在杨浦人口网开设“优生促进”专栏，通过“专家信箱”和“微博空间”，开展个性化的咨询。在区婚姻登记处播放《优孕进行式》公益宣传片，向新婚夫妇发放大礼包5000余份，制作优生海报和折页10万份，宣传覆盖面由居民小区、科技园区、大学校区，逐步向工业厂区、部队营区以及机关企事业单位拓展。

【完成3项区政府实事项目】 11月30日，区人口计生委提前完成3项2011年度区政府实事项目。在确定2011年度区政府实事项目前，召开部分街镇分管领导调研会，征求基层意见，并与卫生、教育、妇联等部门协商具体操作流程。实事项目以需求为导向、以问题为导向，注重定量的科学性、可操作性，注重体现社会效益，扩大普惠面。优生健康检查项目为2154对区域内计划一年内怀孕的夫妇提供免费优生健康检测、随访等优生指导服务。独生子女保险项目为区域内7041名低保困难家庭的子女和3000名品学兼优的女孩提供独生子女意外保险。流动人口生育健康服务项目为2388名外来常住、符合计划生育政策的孕妇提供免费的早孕建册健康检查、健康教育、优生指导服务。

【推进社会化运作】 一方面，杨浦区与复旦大学社会发展与公共政策学院合作，成立“复旦·杨浦人口发展研究中心”，通过搭建高校科研机构与政府部门优势互补、理论与政策结合的平台，共同推进杨浦人口发展战略研究。与复旦大学附属妇产科医院合作，成立“复旦·杨浦优生促进中心”，依托“红房子”的技术和品牌优势，建立高危人群转诊的绿色通道和服务质量控制的技术支撑。公开招聘15名人口计生社工，成立“杨浦优韵社工师事务所”，引入社工服务大人口新模式，整合教育、卫生、人口计生、民政等资源，搭建工作平台，统筹管理家庭发展事务，申报并承接各类项目，拓展人口工作服务新领域。另一方面，积极探索政府购买服务机制，通过购买民间组织社工服务、项目化招标等社会化运作方式，将人口计生工作项目委托社工事务所或其他中介机构承担。召开2011年社会组织发展工作座谈会。借助启步育儿中心、一铭教育、孕雅公司、阳光社工事务所等社会服务资源，合作开展了0～3早教、家庭计划指导、青春健康同伴教育、流动人口服务、优生促进等工作，建立了“阳光同伴俱乐部”、“美丽新家园工作室”、“优韵俱乐部”等一批特色品牌。

（方　超）

闵　行　区

【概述】 2011年，闵行区人口计生工作围绕“稳定低生育水平、统筹解决人口问题”主线，以婚育新风进万家全国示范区创建成功为动力，以全国综合改革示范区为载体，以“两项国家试点、三项特色创新”等项目为抓手，以“立足新起点、瞄准新目标、促进新发展、实现新跨越”为目标，不断创新工作举措。

依法行政 强化依法行政执法责任制，严把生育政策关，依法落实各项奖励扶助政策。2011年全区共计发放特别扶助金额355万元；发放农村奖励与补助金额307万元。共受理、审批再生育1010对；发放独生子女父母光荣证24980份；政府支付独生子女父母一次性奖励金2542人，共计994.62万元；审核社保支付独生子女父母一次性奖励金11409人。与此同时，对于修订后的《上海市计划生育奖励与补助若干规定》，学习领会政策精神，掌握参透政策变化，全力做好群众接待和政策解释工作。

学习贯彻胡锦涛重要讲话精神 区人口计生领导小组召开会议，组织成员单位及各镇、街道、莘庄工业区认真学习、深刻领会胡锦涛总书记在中共中央政治局第28次集体学习时就人口工作的讲话，加强高层倡导。与此同时，区人口计生委党组组织党组成员专题学习胡锦涛总书记讲话精神；5月9日，还组织镇、街道、莘庄工业区人口计生办主任召开集中学习座谈会，统一思想，提高认识，达成共识，贯彻落实。

人口研究 进一步分析开发“六普”数据，结合闵行区情，修订和完善《闵行区人口“十二五”规划》；完成《老龄化对政府社会管理及公共服务的影响》、《流动人口基本公共服务均等化研究》、《“十二五”闵行区0～3岁早期教育发展研究》等课题研究，探索创新2012年实事项目和政府重点工作的新亮点。

流动人口服务与管理 以均等化试点创建为抓手，进一步强化流动人口服务与管理。(1) 13个街镇完成国家、市流动人口动态58个监测点的抽样框编制、选派调查员、问卷预调查、调查员培训、问卷录入及结果分析等各项工作。(2) 召开全区电视电话会议，专题部署集中整治“两非”专项行动，并出台《闵行区集中整治“两非”专项行动实施方案》。全年接收外省市人口计生部门移交的“两非”案件43例，认真查处，有效控制“两非”现象的蔓延。(3) 扎实做好10.1万名育龄群众的人口计生政策、生殖健康等法律、法规知识培训。

全国幸福家庭试点工作 作为全国创建幸福家庭活动试点单位，闵行区区委、区政府高度重视，成立由分管副区长任组长，区文明办、总工会、妇联、人口计生委、计划生育协会和13个镇（街道、莘庄工业区）为成员单位的创建幸福家庭活动领导小组，制定下发《闵行区关于开展创建幸福家庭活动的实施意见》。并于“7·11”世界人口日举行“精彩人生、和谐家庭——闵行区纪念“7·11”世界人口日暨创建幸福家庭活动启动仪式”；于“9·25”公开信发表31周年纪念日开展“畅·享幸福、乐·活人生——闵行区纪念‘9·25’公开信发表31周年暨幸福家庭倡导活动”。与此同时，揭牌成立闵行区人口和家庭计划指导中心。成立闵行区人口和家庭计划指导服务中心筹备工作小组以及第一届专家委员会；制定下发《闵行区人口计生公共服务机构开展家庭计划指导服务试点工作的实施意见》；确立“闵行区独生子女伤残死亡老年家庭生育关怀”项目，深化人口计生公共服务内涵。

免费孕前优生健康检查项目 与卫生局联合下发《闵行区关于进一步做好免费孕前优生健康检查项目的实施意见》，成立由分管副区长任组长，人口计生、卫生、财政、各镇（街道、莘庄工业区）为成员单位的领导小组，进一步明确部门职责，规范服务流程；积极与财政局沟通，申请专项经费270万元，项目所需经费由区、镇（街道、莘庄工业区）两级财政按35∶65比例分级承担；为提高优生检查项目的科学性，提高群众的满意度，增加部分检查项目，以满足服务对象的多元化需求。同时，在全区范围内增加闵行区妇幼保健院、闵行区中心医院、闵行区中医院、第五人民医院和吴泾医院等5家签约医疗服务机构，方便群众就近选择医院接受检查，建立项目运作长效机制。全年全区共计3908名计划怀孕夫妇接受免费孕前优生健康检查服务，并通过市人口计生委专家组的终期评估。

暖心系列工程 以“民需我为，暖心惠民”为理念，完善利益导向政策体系建设工程。(1)扩大政策覆盖群体。为解决历史遗留问题、填补政策空白，体现以人为本惠民生的计划生育利益导向政策初衷，在全市率先将16周岁以上独生子女死亡的父母纳入一次性特别扶助体系。2011年全年区、镇（街道、莘庄工业区）两级财政共投入资金247.5万元，为全区495名父母提供一次性每人5000元的特别扶助。(2)延伸“免费助餐和家政服务”项目。进一步规范服务对象、服务内容，并就服务时间上作了进一步明确；对服务人员、服务形式、服务经费的保障作了调整和规定，对确有特殊情况不能送餐上门的享受对象给予现金补贴，解除这些特殊家庭的后顾之忧。截至12月底，免费午餐享受566户1163人，免费家政服务105户，享受率100%，群众满意度继续保持在97%以上。部分街镇还通过建立“爱之屋”沙龙、组织外出旅游、参加体检，通过开设特殊家庭自主聊天室等多种方式，引导独生子女特殊家庭父母参加各类公益活动。(3)全力拓展“住院护工费补贴”项目。将享受对象年龄条件，从原来的“男性、女性均为60周岁”调整为“女性50周岁、男性60周岁”，真正做到以人为本、立足民生，办好群众需要的难事实事，切实解决计划生育家庭的实际困难。2011年全年全区享受五类疾病护工费补贴509人次，发放补贴金55.99万元。第三方社会专业机构评估认为，政策配套较完善，量化程度高，产出效果好，群众满意度高。

计生协会 (1)国际合作项目继续深化。继续推进与英国救助儿童会开展的《上海市来沪务工人员子女健康促进国际合作项目》，开展健康教育参与式教学法培训、流动儿童家长培训、对拓宽的3所学校4000多名儿童进行免费体检，并建立健康档案。建立和健全学校健康和卫生制度、开展健康环境建设和健康促进主题活动。成立“母婴之家”，2011年全年共有618名流动人口孕产妇以及孕产妇家属从中受益。(2)市区合作项目不断拓展。制定《关于推进“促进流动人口协会能力建设项目”的实施意见》，成立项目领导小组，召开项目推进会。(3)政府购买服务项目有序推进。2011年，区人口计生委购买区计生协会服务项目6项，总经费112.47万元。全区各级协会着力加强宣传、咨询和服务，充分发挥协会志愿者和青春健康教育主持人的作用，整合各方资源，深入社区、学校、企业和服务场所，开展各项特色活动，多个项目有序推进。(4)区域合作项目得到拓展。与区慈善基金会合作，为5年以上闵行区户籍且年满70周岁，其独生子女伤残或死亡，未再生育和未再收养子女的父母开展慈善养老扶助，制定《关于开展闵行区计划生育特殊家庭慈善养老扶助的实施意见》，规定符合上述条件的人员，在入住养老机构期间，每人每月扶助300元，居家养老的人员，每人每月扶助150元。

【人口和计划生育数据】 2011年，全区户籍人口96.7万人，外来流动人口101.3万人，境外人口6.8万人，人户分离人口（人在户不在38万人）。外来流动人口中男性53.5万人，女性47.8万人。

【左焕琛到闵行考察】 1月10日，市计生协会会长左焕琛，副会长周剑萍、沈龙英等，在副区长杨德妹陪同下对闵行区计生协会工作进行调研，考察闵行区计划生育协会与英国儿童救助会合作开展的《关怀上海市来沪务工人员子女健康促进国际项目》。

【国家人口计生委国际合作司到闵行调研】 5月6日，国家人口计生委国际合作司副司长、"强基提质"工程调研组组长汝小美一行，在市人口计生委副主任赵勇、闵行区副区长杨德妹陪同下，调研该区"强基提质"工程进展情况，并就人口计生队伍职业化建设、公共服务网络转型拓展以及儿童早期发展与教育、老龄关怀等工作情况座谈。调研组一行考察古美路街道社区事务受理中心人口计生综合服务站、七宝镇早教中心及莘庄工业区鑫泽阳光公寓。

【吴申耀等调研人口计生工作】 1月6日，区政协主席吴申耀，副主席李梦麟、夏根福、邹蜜蜂、汪小帆，秘书长梅建高等到区人口计生委视察工作。区人口计生委主任李永珍汇报2010年工作总结和2011年工作思路。

【赵祝平到区人口计生委调研】 11月1日，区委副书记赵祝平来委调研。区人口计生委主任李永珍汇报区人口计生工作。赵祝平要求人口计生部门树立大局意识、创新意识，做强"大人口"，做实"小人口"，让群众得到实惠。

【区政协"十二五"重要课题组调研人口计生工作】 3月21日，区政协副主席夏根福率"十二五"重要课题组成员赴区人口计生委调研，秘书长梅建高等参加调研。夏根福提出：一是要做好规划；二是确立目标；三是强化考核；四是明确责任，共同为闵行区"十二五"发展作出贡献。

【区人大教科文卫调研人口计生工作】 4月28日，区人大教科文卫工委主任陈国华一行赴区人口计生委调研工作。调研会上，区人口计生委主任李永珍汇报闵行区"大人口"主要工作，"十一五"期间区人口计生工作的基本情况以及"十二五"时期区人口计生工作面临的挑战和困惑。陈国华对该区"十二五"期间人口计生工作提出3点要求：一是进一步加大人口数量的调控，"城中村"改造力度必须加大；二是产业结构必须有所调整，"第三产业"的比例应增加；三是提高人口素质依旧要抓好早教工作及出生缺陷一级预防工作。

【召开2011年人口和计划生育暨流动人口基本公共服务均等化工作推进会】 2月12日，召开2011年人口和计划生育暨流动人口基本公共服务均等化工作推进会。会议由副区长杨德妹主持。市人口计生委主任谢玲丽，闵行区区委副书记、区长莫负春出席会议并讲话。莫负春与有关镇（街道）代表签订目标管理责任书；区委常委、宣传部长赵丹妮和区政协副主席邹蜜蜂共同主持推进流动人口基本公共服务均等化工作项目启动仪式；区人口计生委主任李永珍通报2010年闵行区人口计生工作情况和2011年工作思路，并与区计划生育协会签订政府购买服务项目书；区人口计生委副主任方永昌通报2010年闵行区人口信息。区人口计生工作领导小组成员，各镇、街道、莘庄工业区行政主要领导、分管领导、人口计生办负责人，区计生协会会长、副会长，区人口计生委科以上干部参加会议。

【举办首届庆"六一"活力宝宝幸福秀活动】 5月29日，由区人口计生委与区妇儿工委联合主办、七宝镇人民政府承办、七宝中心幼儿园协办的"智慧闵行，快乐宝宝"——庆"六一"闵行区首届活力宝宝幸福秀在七宝中心幼儿园举行。活动启动仪式上，副区长杨德妹向小朋友们致"六一"祝辞，市人口计生委副主任孙常敏、区人大常委副主任俞莉红共同宣布活动启动。

【多项培训打造精品团队】 6月24～25日，区人口计生委开展主题为"强基提质，共创未来"人口计生系统团队培训班，市委党校高级教授朱明毅、著名心理专家孙中柱及专业摄影老师讲课。区人口计生委及街镇人口计生干部70余人参加。9月28日，举办2011年村（居委）人口计生干部培训班，区人口计生委各科室为全区560名基层人口计生干部进行业务指导和培训。

【开展纪念"7·11"世界人口日暨创建幸福家庭活动启动仪式】 7月11日，闵行区纪念"7·11"世界人口日暨创建幸福家庭活动启动仪式在浦江镇文化体育事业发展中心举行，市人口计生委副主任孙常敏、闵行区副区长杨德妹出席活动。启动仪式由区人口计生委主任李永珍主持。浦江镇党委副书记、镇长吉玉萍致欢迎词，孙常敏、杨德妹共同启动闵行区“创建幸福家庭活动”，市人口计生委科技处处长余锡林、浦江镇副镇长张晓英为上海市闵行区人口和家庭计划指导服务中心成立揭牌。

【召开集中整治“两非”专项行动电视电话会议】 8月29日，闵行区召开集中整治“两非”专项行动电视电话会议。会议由区府办副主任杭文权主持。市人口计生委副主任孙常敏出席会议并讲话。会议在区政府设立主会场，在各镇、街道、莘庄工业区设立分会场。市人口计生委科技处、宣教处有关领导、区人口和计划生育领导小组29家成员单位的相关领导参加主会场会议。各镇、街道、莘庄工业区人口和计划生育领导小组成员单位、相关部门的主要负责人、基层人口计生干部在13个分会场参加会议。

【举办纪念“9·25”公开信发表暨幸福家庭倡导活动】 9月24日，由区人口计生委、计划生育协会主办，虹桥镇人民政府承办的“畅享幸福、乐活人生——闵行区纪念“9·25”公开信发表31周年暨幸福家庭倡导活动”在虹桥镇文化活动中心举行。区人口计生委主任李永珍宣读幸福家庭获奖名单，副区长杨德妹、虹桥镇镇长卢国庆共同为获奖家庭颁奖。

【举行流动人口社区母婴健康项目推进会暨“母婴之家”剪彩仪式】 1月17日，在浦江镇社区卫生服务中心举行流动人口社区母婴健康项目工作推进会暨“母婴之家”剪彩仪式。区人口计生委主任、项目工作领导小组组长李永珍，区计划生育协会会长叶焕聪，区人口计生委副主任程建萍，浦江镇副镇长张晓英出席仪式。区人口计生委副主任方永昌主持剪彩仪式。仪式上，李永珍对第一阶段工作进行评估，并对新年度的项目工作提出要求。叶焕聪宣布“母婴之家”正式开张，程建萍、张晓英、浦江镇社区卫生服务中心院长胡玉堂和救助儿童会上海项目总经理王乐为“母婴之家”剪彩。

【区计划生育协会召开四届四次常务理事会】 2月22日，闵行区计划生育协会召开四届四次常务理事会，会议由区计生协会会长叶焕聪主持，区人口计生委主任李永珍出席会议。会上，区计生协会常务副会长宋梅立传达中国计生协第七次全国会员代表大会精神，组织学习《中国计划生育协会章程》和《上海市计划生育协会2011年工作要点》，会议审议并通过区计生协会2010年工作报告、财务工作报告和2011年工作计划。

【推广“爱之屋”特殊家庭关爱模式】 自2009年古美路街道创办“爱之屋”独生子女特殊家庭沙龙以来，独特的关爱方式和丰富的活动内容深受独生子女死亡家庭父母的喜爱。为完善和发展独生子女特殊家庭的关爱模式，2011年，闵行区着力推广古美路街道“爱之屋”沙龙模式。6月14日，七宝镇人口计生办成立七宝镇“爱之屋”温馨俱乐部，聘请国家二级心理咨询师费嘉、王皓等专业人士开展心理疏导、哀伤治疗。

（马西亚）

宝山区

【概述】 2011年，宝山区人口计生委全年办理《独生子女父母光荣证》19409例，换领225例，补领191例，注销393例；再生育子女审批575例，出具征收社会抚养费决定书47例，实际征收社会抚养费63.67万余元；申请法院强制执行36例，强制执行到18.43万余元，结案率66%，未发生一起行政复议和行政诉讼案件。学习贯彻胡锦涛总书记在中央政治局第28次集体学习时关于人口工作的重要讲话精神。区委、区政府把人口计生3项工作指标继续纳入街镇党政一把手年度目标管理考核范围，区政府与各街镇签订目标管理责任书。区人口计生委首次代表区政府向区人大常委会作人口计生工作专题汇报。开展《宝山教育、文化、卫生、人口计生公共服务资源配置与人口增长间的关系研究》、《宝山区“六普”人口数据分析》、《人口老龄化趋势下宝山老年人口社区照料研究》、《宝山人口现居住地服务管理的现状和对策研究》等4个课题研究。联合区财政、民政、人力资源和社会保障局等3部门下发《关于加强“十二五”期间宝山区人口和计划生育工作队伍建设的意见》，区第一批人口计生社工正式上岗。

开展全国婚育新风进万家活动示范区活动 区《政府工作报告》对推进全国婚育新风进万家活动示范区工作进行全面部署。制定下发《宝山区关于“十二五”期间（2011～2015年）全面推进婚育新风进万家活动的实施意见》，成立区婚育新风进万家活动联席会议。建设顾村公园“人口文化苑”之生命年轮，在公共场所和社区设置电子屏及大型广告牌。在罗店镇建立“生命长廊”雕塑群、婚纱摄影基地“幸福驿站”等。制作新婚礼袋、收纳盒等合计39.2万份宣传资料（物品）；编印2011年宝山电话《黄页》人口计生专版24万份。在区广播电台“农村健康小喇叭”节目和“百姓连线”栏目中制作播放优生促进专题节目。印制关爱女孩折页、海报、日历及“两非”警示标记8.1万份。落实出生性别比综合治理专项行动，多部门联合开展打击“两非”专项行动13次，取缔“两非”窝点10个，收缴相关药品62箱、医疗器械212件，查处8位非法行医者。

推进全国流动人口计生基本公共服务均等化试点工作 区府办转发《宝山区流动人口计划生育基本公共服务均等化试点工作实施意见》，成立区试点工作协调小组。推进13项均等化服务。实施“百千万”计划，为347对流动人口计划怀孕夫妇提供免费孕前优生健康检查，1677名流动人口育龄妇女免费妇科检查及1.0312万名来沪人员人口计生政策、生殖健康知识培训。开展“均等服务一家亲”活动。上门走访流动人口及家庭共计2067人次，发放慰问金（品）8.592万元。在全区6家接引产医院及免费计生技术服务签约点发放生育知识礼包1.4916万份。为7807人次流动育龄群众提供30.3万元的免费基本项目计划生育技术服务，为1.2555万人次名流动人口已婚育龄妇女免费提供孕检。完善流动人口出生录入机制等信息化管理手段，签订《宝山区房屋出租（借）人人口和计划生育责任书》16.017万份。全面落实“一例一奖”制度，共计6435例，兑现金额20.94万元。推进抄告制度，共计627份。开展流动人口计生季度执法检查。

计划生育利益导向 区府办转发《宝山区贯彻实施〈上海市计划生育奖励与补助若干规定〉的意见》，区财政较往年多支出629万元。2011年全年共审核计划生育家庭特别扶助2675人，发放410.742万元。共确认农村部分计划生育家庭奖励扶助对象4081人，发放奖扶金304.56万元。春节、重阳节期间，共走访1500户计生困难家庭、1148户次计生空巢家庭，送上54.2万元的慰问金（品）；母亲节期间，募集“幸福工程”款11万元，救助80名贫困母亲，为500名计生贫困母亲家庭免费赠送女性安康保险1份。为3090户计生困难家庭免费赠送独生子女保险一份，完成2000份独生子女保险计划的投保工作。春节期间，联合高境镇共同举办“欢欢喜喜迎兔年，生育关怀暖夕阳”计生特殊家庭迎新年联谊活动；通过耆彩“三连、四建、五动、六助”，为空巢老人家庭提供针对性心理关怀和医疗援助，构筑以政府为主导、社区为依托、志愿服务为纽带的服务体系，共有574户空巢老人家庭受益。

家庭计划指导工作 建立以“幸福佳园”为中心、街镇家庭计划指导站为骨干、全区村居家庭计划指导室为基础的三级网络服务体系。指导建立“上海高境人口和家庭发展服务中心”，完善“政府支持、民非运作、群众受益”的家庭计划指导服务模式。区“幸福佳园”每周3～4次，开展“优生促进”、“同沐阳光”、“爱心之约”、“关爱青春”、“七彩晚霞”等活动。全年共开展105批2131人次培训指导活动。并随访到人，建立相关档案。举办“健康人生，幸福家庭”——“7·11”世界人口日幸福家庭主题活动展示，打造“好孕俱乐部”、“小叮当”幸福港湾、“午后阳光”、来沪人员“依水缘”、“人口文化进家庭”等特色品牌项目。协助基层开展家庭计划指导站、家庭计划指导室硬件建设，为基层配备书刊8520册。各街镇、村居家庭计划指导站（室）举办各类活动550次。

优生促进工程 纳入区政府实事项目，2011年全年共为977对夫妇提供价值78万余元的孕前优生健康检查套餐服务。在区婚育服务中心为新婚对象免费发放宣传礼袋，提供孕前优生健康检查导引、优生咨询等指导服务；为广大适婚对象发放《致适婚人员的一封信》，为适婚、新婚、计划怀孕等家庭提供优生优育讲座、咨询指导等专业化一级预防服务。2011年全年共组织市、区专家赴街镇、社区、农场开展“优生优育社区行巡讲”171场次，受益1.3万余人次。

计划生育药具 “优得”工程 完善区——街镇——村居三级药具管理制度，全区免费药具服务点已增加到2037个，全年共集中配送药具95万元。开展“三分”服务。在服务时间、内容和形式上，对不同类型的家庭开展生殖健康服务跟踪随访“分级服务”，共开展一、二、三级随访5万余人次，随访率98.9%；根据药具自助箱不同设置地点和家庭需求分六类进行“分类服务”；针对青春期、新婚期、孕产期、哺乳期、生育后期、围绝经期等6期妇女的不同需求，开展“分期服务”。

【0～3岁社区婴幼儿科学育儿指导服务】 进一步明确区人口计生、教育、卫生、妇联4部门在社区0～3岁优生优育指导服务工作中的信息采集、宣传指导等职责，优化服务流程，强化考核评估，不断完善“政府推动、部门协作、社会参与、家庭响应”的运作模式，健全“1+x+y”指导服务工作体系；指导基层加强对0～3岁婴幼儿个案建立、信息通报、宣传发动等工作常态化管理，有1.4万余户0～3岁家庭受益。

【关爱青春活动】 组织55场“爱、健康、责任”生活技能培训，2481名流动人口青少年受益。联合团区委、区综治办共同举办纪念“9·25”《公开信》发表31周年暨来沪青少年青春健康知识竞赛决赛，联合上海大学举办“蒲公英”同伴教育强化培训班。2011年11月，上海大学同伴教育工作在中国计生协专题会上交流发言。

【计生协会工作】 继续加强对大场、庙行3个国家级示范点的工作指导和监督，制定下发《宝山区人口和计划生育基层群众自治示范活动实施方案》，召开人口计生基层群众自治现场推进会，组织4家基层协会已上报中计协参与评选。完成24万元人口计生专题福利彩票的发行和16万元的兑奖工作。

【人口与计划生育数据】 至2011年年末，区户籍人口总数895144人，比上年增加12560人；全区常住人口1691679人，比上年增加68081人。户籍人口出生6484人，比上年增加44人，增幅0.68%；人口出生率为7.29‰，比上年下降0.08‰，自然增长率-0.47‰。常住人口共出生14854人，比上年增加480人，出生率8.96‰；自然增长率4.80‰，比上年下降0.17个千分点。户籍人口计划生育率99.51%，比上年下降0.30 %；常住人口计划生育率95.98%，比上年下降1.24%。户籍人口一孩率93.91%，比上年降低1.03%；二孩率6.03%，比上年上升1.08%；多孩率0.06%，比上年下降0.05%。至年底，全区有37646对夫妇领取了《独生子女父母光荣证》，领证率28.77%，比上年增加1.17%；晚婚率89.70%，比上年上升2.30个百分点；一般生育率为31.77‰，比上年上升0.03个千分点；总和生育率0.9380，比上年下降0.0195；全区生育峰值年龄为28岁，与上年持平。至2011年年末，全区共有育龄妇女186740人，占总人口总数的20.86%，比上年减少2649人，减幅为0.57%。其中，已婚育龄妇女130860人，比上年减少2139人，比上年减少1.61%。

【区政府召开2011年人口计生工作会议】 3月31日，区政府召开2011年人口计生工作会议，总结2010年工作，部署2011年主要工作任务。副区长李原出席并讲话。区人口计生委主任王建作全区人口计生工作的情况报告，区人口计生委党组书记、副主任王岚宣读荣获市级示范单位的文件。会议由区府办副主任张丽英主持。李原强调，一要认清形势，进一步提高对当前人口计生工作重要性的认识；二要突出重点，全面落实好全年目标任务，继续深化人口发展战略研究，进一步加强流动人口服务管理，全面推进优生促进工程，推进全国婚育新风进万家示范区活动，继续深化人口计生综合改革；三要强化保障，加强组织领导，夯实人口计生队伍建设，推动人口计生事业科学发展。会上，罗店镇、大场镇做交流发言。会议为荣获2010年上海市社区优生优育指导服务示范单位的罗店镇，以及荣获2010年度上海市人口和计划生育公共服务机构标准化建设示范单位的杨行镇、高境镇、顾村镇授牌。区有关委办局，各街镇、城市工业园区、大中型企事业单位分管领导参加会议，各街镇人口计生办、村居委代表共计160余人参加会议。

【区计生协会召开五届三次理事会】 4月25日，区计生协会召开五届三次理事会，回顾总结区计生协会2010年工作，部署2011年工作。区政协党组副书记、区计生协会会长顾佳德出席会议并讲话。区人口计生委主任、区计生协会常务副会长王建传达中国计划生育协会第七次会员代表大会精神，区人口计生委党组书记、副主任、区计生协会副会长王岚主持会议。会议调整、增补五届计生协常务理事、理事，表彰宝山区荣获全国计生协会的先进集体、先进个人、全国幸福工程先进个人、全国人口和计划生育万（村）居示范单位。庙行镇和大场镇计生协会进行工作交流。全区计生协会理事、先进集体和先进个人代表40余人出席会议。

【区人口计生委召开中心组（扩大）学习会、中层干部座谈会部署深入贯彻胡锦涛总书记重要讲话精神】 5月4日、5月18日，区人口计生委分别举行中心组（扩大）学习会、中层干部座谈会，学习传达胡锦涛总书记在中共中央政治局第二十八次集体学习时对人口工作的重要讲话精神。区人口计生委党组书记、副主任王岚主持会议。委主任王建传达区县人口计生委主任例会精神，并就贯彻落实胡锦涛总书记重要讲话精神提出明确要求。副主任苏玲传达《中国人口报》关于学习贯彻胡锦涛总书记重要讲话精神的社论。通过学习、讨论、座谈，大家更加坚定了做好人口计生工作的信心，思想更加统一、思路更加清晰、思考更加深化。

【宝山区举行“健康人生 幸福家庭”——“7·11”世界人口日幸福家庭主题活动】 7月9日，区人口计生委在高境镇举行“健康人生 幸福家庭”——“7·11”世界人口日幸福家庭主题活动展示。市人口计生委主任谢玲丽出席活动并讲话，市人口计生委副主任孙常敏、副区长李原共同为“上海高境人口和家庭发展服务中心”揭牌。主题活动中，来沪女孩代表讲述在关爱中成长的故事；来沪0～3岁婴幼儿家庭代表和大家分享优生优育的幸福历程；与会者观看区人口计生委自编自演的优生优育小品《幸福一家人》，参观高境人口和家庭发展服务中心的“好孕俱乐部”、“小叮当”幸福港湾、“午后阳光”、来沪人员“依水缘”等品牌项目及高境三村家庭计划指导室系列活动展示。区人口计生委主任王建，委党组书记、副主任王岚出席活动。各区县人口计生委分管领导、区相关部门和街镇分管领导，以及各区县人口计生委宣教科负责人、基层人口计生干部和群众代表共百余人参加活动。

【区召开流动人口计生基本公共服务均等化试点工作推进会】 7月26日，宝山区在大场镇召开流动人口计生基本公共服务均等化试点工作推进会，市人口计生委副巡视员、流管处处长张梅兴到会并讲话，区人口计生委主任王建作工作报告，区人口计生委副主任苏玲主持，试点工作协调小组各成员单位分管领导参加会议。会议明确了下一阶段主要工作任务。会上，区人保局、团区委、大场镇就开展流动人口计生基本公共服务均等化试点工作进行交流发言。

【在顾村公园承办市计生协会“三为”主题摄影展】 8月31日，由宝山区承办的上海市计生协“我为国策添光彩、我为事业做贡献、我为协会尽责任”主题摄影展开幕式在顾村公园民间艺术博览馆举行，全国政协常委、市计生协会会长左焕琛宣布摄影展开幕，市人口计生委主任、市计生协会常务副会长谢玲丽宣读获奖名单，副区长李原致辞，区计生协会会长顾佳德等出席开幕式。市人口计生委巡视员、市计生协副会长夏毅主持开幕式。宝山区计生协会在本次活动中荣获突出贡献奖，其中《天使的微笑》摄影作品荣获一等奖，《爷爷奶奶的微笑》摄影作品荣获优秀奖。

【举行纪念“9·25”《公开信》发表31周年主题活动】 9月23日，区人口计生委、区综治办、团区委、区计生协联合举办宝山区纪念“9·25”《公开信》发表31周年暨来沪青少年青春健康知识竞赛决赛，全面回顾总结、展示“关爱青春 同沐阳光”项目所取得的成果。团市委权益部部长王锋，区人口计生委主任、区计生协常务副会长王建，团区委书记李远锋等出席活动，并为获奖单位和个人颁奖。现场用视频短片介绍了“关爱青春 同沐阳光”项目的开展历程及成果。经过激烈的竞赛角逐，金牡丹大酒店参赛队获一等奖，品宴轩酒店参赛队获二等奖，上海新闻印刷出版职校参赛队及鼎中鼎澳门豆捞参赛队获三等奖。全区各镇、街道计生干部，团干部，青少年事务社工，志愿者及来沪青少年等120余人参加活动。

【石海龙来宝山调研】 国家人口计生委宣教司副司长石海龙来宝山调研婚育新风进万家活动工作，参观考察高境人口和家庭发展服务中心。市人口计生委副主任孙常敏，区人口计生委主任王建，区人口计生委党组书记、副主任王岚陪同。石海龙听取宝山婚育新风进万家活动工作汇报，并观摩高境“好孕俱乐部”、“小叮当”幸福港湾、“午后阳光”、来沪人员“依水缘”等品牌项目。他指出，宝山根据人口计生工作新形势、新要求，及时转变工作思路和方法，着力从提升家庭发展能力这一切入点探索开展系列宣教服务工作，并创建多个服务品牌，实属范例。针对下一阶段工作，石海龙副司长强调，一是要进一步完善由内而外的环境布置，营造大气、温馨的宣传服务氛围；二是要立足高境人口和家庭发展服务中心实际，高起点打造具有高境本土特色的生活展馆；三是要整合资源，充分运用网络媒体手段，构建人口和家庭发展服务大网络、大框架。

【国家人口计生委来宝山督查指导《流动人口计划生育工作条例》贯彻落实及“一盘棋”工作】 11月7日，国家人口计生委流动人口服务管理司副司长贺丹一行，到宝山区督查指导《流动人口计划生育工作条例》贯彻落实及“一盘棋”工作。市人口计生委副巡视员张梅兴和区人口计生委主任王建分别汇报市、区工作进展情况，区计划生育协会会长顾佳德致欢迎辞，区人口计生委党组书记、副主任王岚，大场镇镇长杨金娣，区人口计生委副主任苏玲等参加。督查组听取情况汇报后，查阅了相关资料，召开基层人口计生工作者与流动人口代表座谈会，听取意见建议，对宝山区流动人口“一盘棋”工作的扎实推进尤其是基层服务管理模式创新方面给予肯定。

【陶夏芳调研指导区人口计生工作】 11月30日，副区长陶夏芳来到区人口计生委调研指导工作。区人口计生委主任王建汇报委基本情况、工作开展情况。区人口计生委党组书记、副主任王岚，区府办副主任张丽英，区人口计生委副主任苏玲、副调研员任启发参加调研会。陶夏芳指出，在区委、区政府的正确领导和相关部门的大力支持下，人口计生委按照职责要求，推进工作非常扎实有力，体现了服务意识、责任意识和效率意识。一是围绕发展大局，坚持前瞻性、实证性、综合性三性统一，借智借力，注重理论上研究和实践上探索，为区委区政府和相关部门提供决策建议。二是围绕计生民生，坚持以人为本，大力开展全人口全过程人口计生优质服务，推动人口计生公共服务转型升级，服务和保障民生。陶夏芳强调，2012年是落实区第六次党代会精神的关键年。要紧紧围绕“创新驱动、转型发展”的中心任务，主动融入全区经济社会发展大局，不断深化和拓展人口计生社会管理和公共服务职能，开拓创新，争先创优，为建设“两个区”、率先实现城乡一体化创造更加良好的人口环境。

【区人口计生委走进《百姓连线》与百姓话流动人口计生基本公共服务均等化】 11月30日，区人口计生委副主任苏玲做客宝山人民广播电台《百姓连线》直播间，就群众关心的流动人口计生相关政策与热点问题进行互动。向广大听众宣传了流动人口计生政策及相关服务内容，并通过热线电话，听取群众对人口计生工作的意见与建议。

【召开宝山人口发展研讨会】 12月6日，召开宝山人口发展研讨会。市人口计生委主任谢玲丽出席会议并讲话，市人口计生委副主任孙常敏、赵勇，副区长陶夏芳，市人口计生委副巡视员张梅兴参加会议。谢玲丽指出，宝山区委区政府历来对人口问题高度重视，此次研讨会是贯彻落实科学发展观和胡锦涛总书记关于人口问题重要讲话精神的具体体现，通过研讨达到了会议的目的。她肯定了区人口计生委联合华东师范大学开展的《宝山区“六普”人口数据分析》课题，认为分析详尽、方法全面。要求宝山区人口计生委在现有研究的基础上，加大为相关委办局服务的力度，使研究成果化为政策措施，使宝山市民得到实惠。陶夏芳致辞时指出，作为一个人口导入区，宝山区人口与经济社会、资源环境之间呈现的新矛盾也日趋复杂和多元，人口问题是制约经济和社会发展的关键因素和首要问题，开展人口研究，有利于区委区府决策，有利于相关部门产业谋划，有利于社会事业布局。陶夏芳要求，放眼全局、立足本职，大力开展宝山人口问题研究；研以致用、服务地区，积极推进本地人口计生工作；凝心聚智、均等优质，力争人口文化事业新发展。会议由区人口计生委党组书记、副主任王岚主持。区人口计生委主任王建做《从“六普”数据看宝山人口发展的新趋势、新问题》的主题报告，华东师大人口研究所介绍《宝山区“六普”人口数据分析》课题报告。市人口计生委相关处室负责人、华东师范大学人口研究所专家、市社科院人口研究所专家、区相关部门分管领导参加会议。

【区召开2011年流动人口计生基本公共服务均等化试点工作阶段总结会暨综合服务管理工作总结会】 12月27日，宝山区召开2011年流动人口计生基本公共服务均等化试点工作阶段总结会暨综合服务管理工作总结会。区人口计生委、区人口办领导出席会议。会议通报了2011年流动人口计生基本公共服务均等化试点工作进展及综合服务管理工作情况，并播放“幸福港湾　和谐家园——宝山区流动人口计划生育基本公共服务均等化试点工作纪实”专题片，生动形象地展示了试点工作的主要进展和工作成效。会上，顾村镇人口计生办、大场镇祁连来沪人员服务管理中心就人口计生综合服务管理工作进行了交流发言。各街镇人口计生负责人、派出所分管所长、外口中心主任等相关人员90余人参加。（胡东林）

嘉 定 区

【概述】 2011年，嘉定区人口计生工作按照市政府与各区县政府签订的人口计生工作目标管理责任书，以及市人口计生委下达的人口计生工作目标管理考核办法，结合该区实际，找准定位，明确思路，突出“统筹协调、科学管理、优质服务、引导创新”的工作重点。开展行政处罚自查。对2008年以来实施《行政处罚法》的情况进行自查，对涉及的8项计划生育行政处罚事项逐项梳理，查找问题。开展规范性文件修改，建议修改嘉定区农村部分计划生育家庭奖励扶助制度实施方案。做好精神文明计划生育审核，对2009～2010年上海市和嘉定区文明小区、村、单位进行计划生育审核，严格把关，“一票否决”4家文明单位申请。加强区域人口重大问题研究，参与全区“六普”数据开发。撰写“五普”与“六普”人口情况对比分析、“流动人口对比分析”研究报告，相关“六普”工作获得个人市级、单位区级先进，论文三等奖等荣誉。发布《人口要情》，及时反映当前人口发展形势。发挥区委党校人口学校的阵地优势，将人口计生理论教育加入处级领导干部培训课程。推进优生促进工程。参加市免费孕前优生健康检查项目试点，制定《嘉定区免费孕前优生健康检查项目试点的实施方案》和《嘉定区优生促进工程考评指标》。定期督查孕前优生健康检查工作。成立全市首个区级人口早期发展协会。探索0～3岁早期启蒙指导服务社会化运作。加强早教队伍建设。开展0～3岁婴幼儿早期启蒙指导优秀教案征集活动，共集得教案24个。开设育婴师班中级培训班1个、初级班1个，培训学员近70多名。深入推进计划生育基层群众自治工作，实现基层计划生育群众自治工作规范化、科学化和经常化，又新增四个国家村居群众自治示范点。精心培育“金拐杖”服务品牌，“金拐杖圆梦行动”项目获得上海市慈善奖。推进独生子女家庭帮困工作，定期组织走访慰问困难家庭，对独生子女特困家庭进行扶助帮困

计生宣传教育　发挥区党校人口学校功能，人口计生理论在中青年后备干部培训课程之后，又被纳入区政府处级领导干部培训课程。围绕

关爱女孩、综合治理出生性别比偏高的主题，开展纪念“7.11 世界人口日“宣传活动。举办“关爱女孩人口计生原创手机短信征集活动”，吸引了全国群众参与。，呼吁全社会共同来关爱女孩。深化“十进”宣讲活动，4 ~ 5 月开展“十进”集中宣讲活动 12 场，全区共开展宣讲 91 场，参与群众 8000 人，其中流动人口近 4000 人。制作《走过三十年》宣传画册，展现《公开信》发表 30 年来尤其是“十一五”以来嘉定人口计生事业发展成就的闪亮缩影。在《中国人口报》发表信息 3 篇，在《新民晚报》社区版专版宣传 1 期。依托《嘉定报》民生专刊加强全区政策和服务宣传，共刊登政策宣传 3 期，内容涉及再生育条件、新版《上海市计划生育家庭奖励扶助若干规定》、免费孕前优生健康检查。推荐安亭镇陈才宣家庭参加“2011·中国幸福家庭”的评选。

依法行政 落实修订后的《上海市计划生育奖励与补助若干规定》，根据《上海市嘉定区人民政府批转区人口计生委、财政局关于嘉定区农村部分计划生育家庭奖励扶助制度实施方案的通知》，调整部分农奖人员发放程序，和人社局联合发文，要求各机关事业单位按照新标准发放落实奖励费；通过《嘉定报》做好政策调整的宣传。全年发放《独生子女父母光荣证》1.58 万张，办理再生育 436 例，出具《无子女证明》43 份、《符合计划内生育第二个孩子条件的证明 8 份。二是落实对计划生育家庭的奖励扶助制度。审核年老退休一次性计划生育奖励费 1.1 万人次，其中发放未参保独生子女父母一次性计划生育奖励 3766 人次，发放金额 1038 万元；发放无子女一次性计划生育奖励 19 人次，发放金额 14.68 万元。发放独生子女意外伤残一次性补助 18 人，发放金额 5.4 万元，死亡补助 4 人，发放金额 2 万元。发放农村奖励共 4143 名，发放金额 314 万元。发放计划生育家庭特别扶助金 1468 人，发放金额 220 万元。三是规范征收社会抚养费。对 60 例计划外生育行为征收社会抚养费，发生 2 例行政复议。

流动人口服务管理 2011 年，全区共发出个案信息省际协查 1.5 万条，反馈 1.2 万条，办理《生育联系卡》7220 张，流动人口孕环情检查 1.8 万人，通报怀孕人 312 人。享受免费基本项目计划生育技术服务外来人员 1.9 万人，批准报销金额 50 万元。打击“两非”案件 31 例，查获 7 台非法行医的 B 超机及大量的医疗器械和药品，事后将汇总的材料和查处情况及时通报外省市的人口计生部门。

协会建设 深入推进计划生育基层群众自治工作。2011 年，安亭镇联西村、江桥镇太平村、马陆镇育兰居委、外冈镇大陆村被评为国家村居群众自治示范点。发展“一镇一品”生育关怀项目展，徐行镇“金拐杖”项目关怀空巢老年家庭；工业区的“康乃馨俱乐部”、外冈镇“彩之桥”关怀更年期妇女；南翔镇“关爱无限心灵有约”为独生子女构建了心理驿站；安亭镇“大众青春健康城”、真新街道“凝凤博客”服务流动人口，江桥镇的“快乐大篷车”、新成路街道“迎新迎燕之家”为 0 ~ 3 和育龄家庭送上了科学指导。表彰 6 名从事 8 年以上的基层计生干部；推进独生子女家庭帮困工作。区计划生育协在菊园餐饮业和大众工业学校里开展“做志愿者实现自身价值”的主题活动；印制餐巾纸、一次性水杯等计生宣传品，宣传计生政策。开展以“关爱自己远离艾滋”为主题的“青涩青春”流动人口青春期健康培训活动；为来沪青年开展送技能活动，邀请劳动所老师给外来员工进行职业技能培训，使他们的工作技能水平得到提高。为市生育关怀合作项目创作诗歌《温情暖空巢关怀伴和谐》，编排小品《连心的拐杖》。

扶助困难家庭 2011 年，区人口计生委、区计生协扶助独生子女死亡家庭 2 户，扶助伤残 1 户，扶助大病 5 户，其他困难家庭扶助 31 户，共计金额 6.31 万元。区计生协与嘉定区救助中心合作，对子女 16 ~ 30 周岁期间伤残、死亡的独生子女父母提供扶助金，有 37 人次获得扶助金额 17.7 万元。区人口计生委与外冈镇杨甸村、工业区郁华社区结对，扶助户计生困难家庭。

优生促进工程 区人口计生委优生促进工程被区府列为 2011 年重点督查项目。全区共有 621 对计划怀孕夫妇参加免费孕前优生健康检查，社区相关业务人员培训合格率 80%，生育病残儿夫妇接受再生育优生指导率95%，出生缺陷一级预防指导服务覆盖率68%。

【人口和计划生育数据】 2011年末，全区常住人口135.39万人，其中户籍人口56.21万人。年内，出生人口12448人，其中户籍人口3634人，出生率6.49‰，比上年增加−0.23个千分点；死亡人口4428人，死亡率7.91‰，增加−0.05个千分点。户籍人口自然增长率−1.42‰，比上年下降0.18千分点。

2011年，户籍人口一孩率92.93%，二孩率6.80%。“独生子女父母光荣证”领证率32.61%，晚婚率83.83%。一般生育率28.27‰，总和生育率942.50‰，生育峰值年龄为24岁。全区有户籍人口育龄妇女12.35万人。户籍人口计划生育率99.75%，外来流动人口计划生育率92.74%。

【金拐杖圆梦行动成为市区合作项目】 5月5日，在上海市计划生育协会召开的生育关怀推进会上，市计划生育协会副会长沈龙英与嘉定区计划生育协会常务副会长何蓉签订《上海市计划生育协会生育关怀行动合作项目协议书》，区计生协关爱独生子女空巢家庭“金拐杖关爱项目”成为市区合作项目。2011年，“金拐杖圆梦行动”项目受到社会关注，《中国人口报》、《新民晚报》家庭版、《嘉定报》、嘉定电视台、人口世界网、社会组织网等对项目活动情况作报道，拍摄专题片《生育关怀挽手夕阳》。3月，区人口计生委举行生育关怀·空巢老人金拐杖关爱项目展示活动，市人口计生委巡视员夏毅、区委副书记曹一丁、副区长夏以群参加活动，并联手点亮心愿树。夏以群希望各级计生协要重视空巢老人的精神需求，提供更多、更好的人口计生服务，吸引更多人来共同关心和参与。会上还表彰15名金拐杖优秀志愿者。

【人口计生队伍建设】 7月6日，市人口计生委副巡视员张梅兴来视察区人口计生队伍建设情况时，肯定嘉定区在抓队伍建设、增加计生投入方面的力度，希望嘉定区在社会化运作中找突破，规范计生队伍的聘用、管理、激励机制，不断改善计生队伍状况，实现市人口计生委“十二五”期末，每万常住人口配备4名计生干部的目标。在区府领导的支持下，区人口计生委联合财政局、人社局、民政局联合印发《嘉定区人口和计划生育工作队伍建设的实施方案》，明确“十二五”期间，各街镇在计生队伍建设方面的工作目标。7月，全区公开招聘人口计生专业社工，启动计生队伍建设的序幕。共有83人员报名应聘12个工作岗位。区财政对这批社工提供30%的用工补贴，帮助提高他们的工作待遇，稳定社工队伍。首批招聘12名计生社工10月起到各街镇人口计生办陆续上岗。

【综合治理出生人口性别比】 8月16日，区人口计生委与区卫生局、妇联、财政局等部门负责人参加全国集中整治“两非”专项行动电视电话会。分管区长在随后的全区社会事业口工作会议上，要求全区充分认识到综合治理出生人口性别比偏高问题是一项系统工程，要把打击“两非”案件作为重要治理手段，将打击“两非”工作列为打击非法行医专项行动中的重点内容。2010年至今，共查处78例“两非”案件，其中5例为外省市协查案件，共查获20台非法行医的B超机及大量的医疗器械和药品。全区流动人口出生性别比呈稳中有降趋势。

【计生服务社会化运作签约】 6月25日，嘉定区人口计生工作社会化签约仪式在菊园新区文化中心报告厅举行。计生工作社会化动作试点项目目的是为提升计生部门服务能力，引进社会力量服务计生工作。区委副书记曹一丁讲话，市人口计生委副主任孙常敏与菊园新区书记袁航为菊园“础优”科学育儿指导中心揭牌，区人口计生委主任何蓉和菊园新区主任张惠芳为第三方评估单位发放聘书。各街镇和部分委办局分管领导出席活动。曹一丁指出，向社会组织“购买”计生服务，是人口计生部门转变政府职能，保持政府服务社会能力可持续发展的积极探索。政府要突出政府的管理职能。要加强社会组织培育，通过各种手段，孵化一批社会组织，促进形成一支具有活力，能协助政府提供公共服务的社会力量。活动现场，参与社会化运作的社会组织和企业做宣传展示，部分企业还举行0～3科学育儿指导活动现场教学展示。

【王晓燕任嘉定区人口计生委主任】 区政府任命王晓燕同志为嘉定区人口计生委主任，任期自2011年8月起。

【区人口早期发展协会成立】 9月24日，嘉定区成立嘉定区人口早期发展协会，市人口计生委主任谢玲丽和嘉定区副区长夏以群为协会揭牌。协会将以率先探索人口早期教养的社会化运作模式，动员全社会力量，形成多层次全方位的社区人口早期启蒙指导服务体系为目标，推动全区人口早期发展工作的进一步开展，整合全区早期教养资源，统筹各街镇均衡发展，引导人口早期教养的规范运作。区府办、区人口计生委、区教育局、区卫生局、区妇联等有关部门和马陆镇的相关领导、各街镇人口计生工作分管领导和人口计生干部以及部分0～3岁婴幼儿家长代表近百人出席活动。

【区人口早期发展协会召开工作研讨会】 12月19日，嘉定区人口早期发展协会召开工作研讨会，会议主题是回顾与展望。各街镇人口计生办主任和街镇科学育儿指导中心负责人等30多人参加会议。区人口早期发展协会办公室对2011年该区0～3岁早期教育工作进行总结，对2012年工作提出，一要整合资源、统筹兼顾；二要部门协作、积极参与；三要拓展师资、注重研究；四要关注民生、注重效果。区教育局对0～3岁早期教育工作提出进一步规范、完善的要求，尤其在指导内容的科学性、有效性方面有待加强。马陆镇小木马乐园、安亭镇人口计生办和嘉定区人口早期教育中心等3家单位作了交流发言。

【摄影作品《携手一生》获奖】 嘉定区计生协选送的摄影作品《携手一生》，在上海市计生协会"我为国策添光彩、我为事业作贡献、我为协会尽责任"的主题摄影展评比活动中荣获二等奖，嘉定区计生协荣获优秀组织奖。作品《携手一生》呈现的是区计生协倡导社会参与，关怀关爱空巢老人的真实写照。

【陆晞调研区人口计生条线行政处罚法实施情况】 3月16日，嘉定区人大常委会副主任陆晞率队来到区人口计生委，就2008年以来该委贯彻实施《行政处罚法》的情况开展调研。区人口计生委就实施行政处罚的主体、执行、制度建设等情况作专题汇报。调研组还专门了解目前计划生育行政执法过程中遇到的难点，并就如何进一步实施好《行政处罚法》进行指导，对人口计生部门下一阶段加强依法行政工作提出明确要求。

【流动人口协会自治】 马陆镇以流动人口"自我宣传、自我服务、自我管理"的"三自"出发，推进流动人口协会的群众组织自治。流动人口协会有4个工作组、25个工作点、150人规模的工作队，定期组织队员，深入村宅、小区、商铺、工地等外来流动人口相对密集的区域，向流动人口提供政策知识宣传，提供家庭计划指导服务，配合计生干部开展执法检查，工作覆盖至各村、小区和农民工子女学校。全年，"三自"工作队共召开大小会议283次，开展活动196次，服务流动人口2万多人次；设有队员免费避孕药具发放点44个。同时，尝试以社会化运作的方式，向1282户流动人口0～3岁婴幼儿家庭提供2339次的科学育儿上门指导服务，帮助全镇90%的流动人口婴幼儿家庭提高科学育儿的认识和能力。

【"迎新之家"服务社】 新成路街道以社区人口计生综合服务站为阵地建立"迎新之家"服务社，通过"三送三必访"人口计生服务新举措，为辖区育龄群众提供温馨化、专业化、个性化的人口计生服务。服务社对新婚家庭、怀孕家庭、产后家庭必访。开展送知识、送健康、送服务活动，聘请原嘉定区妇幼保健院妇产科主任朱震炎每周二上午前来人口计生综合服务站坐堂咨询，为育龄群众答疑解惑。通过计生幸福港湾QQ群，电子信息平台对育龄群众进行广泛指导宣传,街道每月还定期出版《人口计生简报》至QQ群宣传共享。

【新市民幸福启程项目】 真新街道人口计生新市民幸福启程项目，全年服务1000多名流动人口。每周六开设的阳光展翅艺术班，为流动人口家庭学龄儿童免费提供艺术熏陶、专业课程培训，。开展0～3家庭早教主题月活动，为200多名流动人口家庭提供科学育儿指导。关心外来孕妇，定期开展胎教音乐欣赏、孕妇操锻炼和营养讲座，为52名怀孕妇女送去温馨关怀。组织278名外来媳妇参加外来育龄妇女小组活动。邀请48户外来流动人口家庭共同参与亲子团队活动，通过专业社工介入促进家庭成员间的正向沟通、交流和互动。

【五进农家】 2011年，华亭镇注重将计生宣教形式与百姓不断提升的物质与文化需求相适应。设立"农家书屋"12个,"计划生育宣传角"13个，开展"读书活动""培训活动""文体活动"等载体活动16场，上门随访宣传526人次，下发宣传资料3万余份。依托活动和"计划生育宣传角"等宣传阵地，把"法律法规、宣传培训、生殖服务、关怀关爱行动、家庭指导"内容送进每户农家。

【关注多动症儿童】 南翔镇计划生育协会把干预"注意缺陷多动障碍"儿童作为2011年工作的一个重要课题。主要通过个案辅导、家庭指导、专题讲座等形式，对学生、家长、老师进行有针对性的辅导和培训，经过一年多的努力，干预活动初显成效，用康纳斯教师问卷对综合干预儿童进行测量，26名儿童中16人有干预效果，其中8名儿童的症状得到明显改善。 （杨　焱）

浦东新区

【概述】 2011年，浦东新区人口计生工作以推进综合改革为立足点，以统筹解决人口问题为核心，关注民生，突出重点，不断推动人口计生事业实现新突破，为全区经济社会快速发展创造良好的人口环境。

强化统筹协调机制建设 年初，区政府召开人口和计划生育工作会议，部署2011年重点工作。区领导与各街镇负责人签订人口计生目标管理责任书，明确各级政府责任。区政府常务会议专门听取人口计生工作汇报，对涉及全区的重大问题进行决策部署。区政府统一部署，将人口计生工作纳入区政府对街镇机关绩效考核工作。分管副区长多次主持召开人口和计划生育工作联席会议，传达胡锦涛总书记在中共中央政治局第二十八次集体学习会上的讲话精神，推进落实《关于加强上海市人口和计划生育工作队伍建设的意见》、《浦东新区集中整治"两非"专项行动实施方案》等。新区成立集中整治"两非"专项行动领导小组，由分管副区长任组长，区公安局、药监局、妇联等部门为成员单位，明确相关部门职责，保证该项工作顺利推进。

依法行政 办理再生育子女审批1944例，出具《社会抚养费征收决定书》191例,发放《独生子女父母光荣证》50241本。处理信访件50余件。农村部分计划生育家庭奖励扶助15637人，金额1177万元。计划生育奖励和补助6082人，金额2780万元。计划生育家庭特别扶助7065人，金额1060万元。16周岁以上未婚死亡独生子女的父母一次性补助158人，金额31.6万元。制定区2011年流动人口计划生育"一盘棋"工作方案，全区流动人口执法检查4次，抽查4500人次。接受外省市计生部门举报"两非"案件79起，打击、取缔非法实施胎儿性别鉴定和选择性别人工终止妊娠场所60多处。

人口研究 （1）开发"六普"数据，围绕工作重点、工作难点、社会热点，与专业学术机构合作开展《2011浦东新区人口发展报告》、《政府委托社会组织开展服务的第三方评估机制》研究，为综合配套改革中浦东新区人口工作、研究成果的转化、实际应用起到推进作用，增强人口工作为经济社会发展服务的能力。（2）完善区域性人口出生预报机制。浦东新区已连续5年向社会发布新区人口出生预报数据，并提供给相关部门，引导市民适时生育，确保浦东新区社会资源的合理配置。

宣传教育 （1）在《浦东时报·浦东人口专栏》上推出6期反映人口计生事业中的典型事例、人物、特色工作、经验等报道。（2）利用"5·29"、世界人口日、"12·1""10·28"男性健康日开展大型宣传服务活动。围绕"关怀关爱，真情服务"主题，结合便民维权和冬春宣传，在新区长途汽车站和惠南商业街等组织开展形式多样、适宜便民的宣传咨询服务活动。5月27日，在高桥镇隆重举办浦东新区2011年母婴健康社区行启动仪式，在塘桥、潍坊、花木、洋泾、北蔡、沪东陆家嘴、南码头、金杨、高桥、东明、三林、惠南等社区举办10期孕妇培训班，邀请妇婴保健专家教授讲课，并为孕产妇家庭提供答疑解惑，800余户参加。(3) 委托市人口与发展研究中心，举办新区人口计生系统业务培训班，内容有“上海人口形势与人口计生工作的改革与发展形势”、“新概念家庭计划”、“流动人口社会管理与人口计生工作”，重点提高人口计生干部实务工作的再认识，开拓人口计生干部工作思路。(4) 推进区级人口文化街镇创建活动，出台区级人口文化示范街镇标准意见，全区有16家单位创建2011年度人口文化示范街镇。(5) 为提升全民预防出生缺陷意识，提高孕前优生保健知识的知晓率和覆盖面，制作“孕前优生指导手册”、“出生缺陷一级预防知识读本”、“浦东新区孕前优生健康服务指南”和“优生优育温馨提示”等宣传资料共5万余份。

公共服务 (1) 创建32个区级示范化家庭计划指导室，以周家渡街道为试点，探索人口计生公共服务机构转型，建立家庭计划指导服务试点，提供中医服务、心理辅导、优生优育、生殖健康等家庭计划指导。在全区形成1个人口计生指导中心、5个分中心（川沙、高桥、三林、周家渡、惠南）、33个街镇综合服务站、1100多个村居委家庭计划指导室公共服务网络。2011年，全区计生机构服务119万人次，其中各类咨询5.3万人次，查环查孕等门诊服务16万人次，发放免费避孕药具94万人次，各级技术服务人员培训5336人次。建立免费孕前优生健康检查项目技术服务家庭档案（家庭档案电子数据库），共检测1645对（3308人），异常的1677人，以妇科炎症、尿常规、肝功能异常以及风疹病毒抗体阴性等为主。出具孕前优生健康检测评估报告的高风险人数417对。(2) 重视开展社区0～3岁科学育儿示范单位的创建，创建金杨社区早教指导中心，并获得“全国独生子女早期教养培育基地”称号。高桥镇、东明街道、六灶镇、申港街道4家创建市级0～3岁优生优育科学育儿指导示范单位，全区已有18家市级0～3岁优生优育科学育儿示范单位。发挥人口计生在社区的网络优势和宣传优势，以周家渡街道试点成立线上、线下社区支持网络平台——“乐孕驿站”准妈妈俱乐部，挖掘各方资源，组建由营养师、妇产科医生、心理咨询师、社工师、育儿专家组成的社区专业队伍，为0～3岁家庭提供多样化、个性化、适宜性的公共服务。

计划生育药具服务 完善药具社会化物流配送机制，南北两片药具物流配送加强监管，在南汇物流配送点新增近100平方米的计生药具库房，统一制作更新640只免费药具自取箱，2000张自取箱宣传贴面，2200套避孕药具标牌。在区药具库房建立6平方米的独立阴凉库，38个街镇药具仓库统一配置药具冷藏柜。4565个药具发放网点进行梳理、完善，免费发放避孕药具金额196万元。

【人口数据】 全区常住人口483.4万人，比上年减少9.7万人，户籍人口278.5万人，比上年增长2.7万人，外来人口206.9万人，比上年减少11.1万人。常住人口出生42287人，户籍人口出生22336人，外来人口出生19951人。户籍人口出生率8.06‰，死亡7.29‰，自然增长率0.77‰。常住人口计划生育率95.92%，户籍人口计划生育率99.77%，外来人口计划生育率91.60%，常住人口出生一孩率79.51%，户籍人口出生一孩率92.56%，外来人口出生一孩率64.90%。常住人口出生性别比111.4，户籍人口出生性别比105.5，外来人口出生性别比118.3。常住人口育龄妇女143.7万人，户籍人口育龄妇女64.5万人，外来人口育龄妇女79.7万人。总和生育率1.03。

【浦东新区人口和家庭计划指导服务中心建设】 整合教育资源，基本完成耀华路服务中心建设，增挂“浦东新区人口和家庭计划指导服务中心”牌子，该中心占地5000多平方米，建筑面积3900多平方米。采取由政府搭建平台，专业化社会机构提供服务的运作机制，计生协会组织落实，通过项目招标，吸引了乐家、新途、一鸣、上钢街道社区卫生中心等机构入驻，服务项目主要包括：开展家庭计划指导服务试点，人口计生宣传教育、0～3岁科学育儿指导基地、优生优育基地、流动人口彩虹工作坊、人口计生热线电话、青春健康教育基地和“人口计生干部之家”。

【计划生育特殊家庭关爱服务】 在上年部分街镇试点的基础上，在全区部署推广计划生育特殊家庭关爱服务项目，户籍、居住均在浦东且一方或双方年满60周岁以上，其独生子女死亡的家庭全区有196户，规范运作，每户特殊家庭建立档案，掌握其信息，开展跟踪服务。为每户家庭每月出资300元服务经费，依托各街镇居家养老服务中心这一专业服务机构，通过整合资源，部门协作，为独生子女困难家庭提供多元化（家政服务、精神慰藉）服务，旨在对独生子女困难家庭给予更多的关爱的服务。

【“新彩虹计划”实事项目】 5月5日，“新彩虹计划”实事项目启动，对全区流动人口状况及流动人口对计划生育公共服务需求进行调查分析，召开人口计划生育干部和部分外来群众座谈会征求意见，适当调整“彩虹计划”原有项目。（1）针对浦东新区迪斯尼项目启动后建筑工地农民工多的特点，开展男性健康关怀关爱项目。（2）针对流动人口困难家庭子女患重大疾病的帮扶项目。（3）针对娱乐场所女性从业人员开展健康检查、疾病干预和预防艾滋病宣传。选择了适合外来育龄群众需求的项目内容。制定周密的计划，拟定实施方案，下达指标、明确工作职责。2011年，为20056名外来已婚育龄妇女免费妇科普查；为1042名外来育龄妇女开展岗位技能培训；为500名困难家庭进行救助；为3000名外来建筑工人进行男性健康检查。截至年底，已在川沙迪士尼项目建筑工地、康桥、三林镇新市民会馆、果园馨语室、东明客嫂俱乐部、山东省临沂驻高桥劳务公司、高东公寓等建立近20家彩虹工作坊。

【对口支援】 10月17～20日，新区人口计生委调研员严胜带队，赴青海省西宁市人口计生委，在计生技术服务人员培训、流动人口管理、人口文化、人口计生科研、支助项目等方面开展业务交流。签订对口支援合作协议，主要对信息化管理网络建设项目（软件升级、应急硬件补充、人员培训）后续工作提供一定经费支持。浦东新区人口计生委与西宁市人口计生委有着良好的合作关系，从2005年起签订对口支援合作意向书，对西宁市人口计生委人口信息化管理服务网络建设项目、技术服务站建设给予了经费支持。近年来，西宁市人口计生委已先后有6批业务、管理人员到新区人口计生生委学习交流。此外，2008年起，浦东新区人口计生委与瑞金市人口计生委签订计划生育技术服务站建设项目对口援建协议书。

【幸福工程救助100户独生子女困难家庭】 2011年，新区在市幸福工程项目办支持下，确定独生子女贫困母亲3年救助计划，对100户独生子女困难家庭实行帮困救助，每人资助5000元，实现“一年以内脱贫、两年夯实基础、三年达到致富”。首先在书院镇实地考查救助对象为计划生育户，符合救助条件，启动书院镇塘北村第三轮“幸福工程”项目点，建立健全救助档案，以村集体小农场138亩土地作为项目基地，开展优质有机西甜瓜的种植与开发工作，把独生子女贫困母亲分成两种对象，一是吸纳到基地上参加种植劳动，以获得约1000元／月的收入；二是将区域内有土地的贫困母亲家庭利用土地入股，让她们率先成为拥有“土地租金”、“劳动薪金”、“社会保障金”以及“土地股金”收入的新型“四金”农民。项目点实施第一年，100户贫困母亲年收入达到2万元以上，实现“一年以内脱贫”的目标。

【“以房管人”流动人口计划生育信息管理】 浦东新区人口计生委从加强流动人口出租屋管理入手，逐步在全区推广川沙新镇率先使用的“以房管人”流动人口计划生育信息管理系统。三林等流动人口较多的镇都已在村居委建立流动人口“以房管人”信息化管理系统。现全区已有14个街镇使用“以房管人”流动人口计划生育管理信息系统。

【召开2011年人口计生工作会议】 4月20日，新区召开2011年浦东新区人口和计划生育工作会议，区人口计生联席会议成员单位，各街道、镇，部分中央和市直属企业、群众团体、驻区部队等各相关部门分管领导及人口计生干部约200人参加会议。副区长张恩迪提出6点要求：（1）做好人口计生“十二五”开局工作。发挥区人口计生工作联席会议的作用，切实解决好人口计生工作中碰到的综合性难点问题。(2)加强流动人口计划生育工作，促进区域“一盘棋”格局形成。将流动人口计划生育纳入现居住地为主的管理渠道，提供“彩虹计划”项目服务，保障流动人口计划生育的合法权益。(3)加强政策引导，完善计划生育利益导向政策体系。做好做实“四项奖励扶助政策”、农村奖扶、特殊补助等民生工作，做实做精生育关怀项目，不断完善独生子女保险计划，开展创建“幸福家庭”活动。(4)深入推进优生促进工程，全面提升出生人口素质。以孕前预防为重点加强出生缺陷干预工作，扩大免费孕前优生健康检查项目试点范围，完善社区0～3岁科学育儿指导服务工作机制。(5)加强干部队伍建设，稳定健全基层人口计生工作网络。提高人口计生干部队伍的整体素质，保证队伍的稳定性和工作的持续性。各街镇充分使用好流动人口综合协管员队伍，设立流动人口计划生育专管员。(6)加大公共财政投入，建立稳定增长的经费保障机制。抓紧调整年度预算指标，确保人均经费逐年增长，确保法律法规规定的各项奖励优惠政策、经常性工作、基本项目等经费的落实。张恩迪与街镇分管领导签订《2011年街道、镇人口计生工作目标管理责任书》。会议对2010年工作进行回顾，对2011年工作进行部署。对流动人口计生管理服务示范街镇进行表彰授牌。东明路街道等4个街镇作大会交流发言。

【召开人口和计划生育工作联席会议】 7月25日，副区长张恩迪主持召开浦东新区人口计生工作联席会议，传达胡锦涛总书记在中共中央政治局第二十八次集体学习会上就人口工作的讲话精神，通报近期人口计生工作情况，并解读《上海市计划生育奖励与补助若干规定》的有关修订内容。12月30日，张恩迪主持召开浦东新区召开人口计生工作联席会议暨集中整治“两非”专项行动领导小组会议，通报2011年浦东新区人口计生工作情况，审议通过《浦东新区集中整治“两非”专项行动实施方案》。

【召开部分街镇分管领导座谈会】 3月2日，区人口计生委调研员严胜主持召开部分街镇分管领导座谈会，严胜强调，2011年区人口计生工作要夯实基础工作，同时围绕队伍建设、利益导向机制建设、提高出生人口素质、流动人口均等化服务等方面有重点突破。区人口计生办主任宋宪东通报2011年区人口计生重点工作，街镇分管领导畅所欲言，献计献策，丰富和完善新区2011年人口计生工作思路。为加强基层之间的交流和学习，会上商议并确定成立街镇分片制度。

【婚育新风进军营活动】 1月12日，浦东新区在空军94796部队举办“婚育新风进军营”暨“人口计生知识问答及男性健康咨询”主题活动。新区人口计生委调研员严胜，新区人口计生办、新区人口计生管理中心、空军94796部队有关领导出席活动。邀请上海市国际和平妇幼保健院朱惠斌教授现场指导。军地双方还举行“人口文化屋”揭牌仪式，新区人口计生办向部队官兵赠送人口文化用品，部队领导向新区人口计生办、人口计生管理中心赠送锦旗。

【举办“7·11世界人口日”系列宣传活动】 7月11日是第22个世界人口日，各级人口计生干部围绕“面对70亿人的世界”主题，开展宣传活动。一是大力宣传人口计生政策法规倡导消除性别歧视、平衡男女比例，维护妇女和儿童的合法权益。二是主动提供外来人口利益导向政策咨询，发放大量《外来人口须知》、《外来流动人口孕检须知》、“新彩虹计划”等宣传资料。三是广泛普及人口计生健康知识，各街镇相继开设新婚夫妇优生优育讲座、生殖保健讲座等，使计划生育知识家喻户晓。四是免费为群众提供各类计生用品和开展义诊服务，塘桥街道、康桥镇、万祥镇、六灶镇和芦潮港镇等地区发放避孕药具600余份。

【开展“阳光计划”生育关怀活动】 8月8日，浦东新区启动“阳光计划生育关怀”——独生子女困难母亲生殖健康免费体检项目。对象为新区户籍独生子女母亲，低保或失业、待业人员，或因其他特殊原因造成家庭困难的。体检项目包括肝功能检测、血常规、肾功能检查及全套妇科检查。全年，为3000名独生子女困难母亲提供生殖健康免费体检。

【开展2011年新生代流动人口专题调查】 9月，在流动人口动态监测调查中开展新生代流动人口专题调查，对新生代流动人口的背景、本地生活经历、与流出地联系以及意愿和打算专题调查。目的是深入研究新生人口的生存发展状况，切实维护新生代流动人口的合法权益。专题调查共抽取全区19个街镇的40个村居委作为调查点，298名新生代流动人口接受调查。

【赴成都武侯区考察流动人口计生服务】 5月10日，新区人口计生委组织15个街镇人口计生分管领导赴成都武侯区学习考察，双方就流动人口的计划生育管理与服务及如何进一步推进流动人口计划生育区域协作“一盘棋”工作进行交流，并签订流动人口双向管理协议书。

【赵勇到浦东新区调研】 9月7日，市人口计生委副主任赵勇到浦东新区调研信访工作，赵勇在听取新区人口计生委关于贯彻执行《上海市计划生育奖励与补助若干规定》情况汇报后，要求进一步加强沟通、协调，认真落实新修订的《上海市计划生育奖励与补助若干规定》，切实贯彻落实好这项民生政策。 （张国玲）

金山区

【概述】 2011年，金山区人口计生工作按照区“保开局、促转型、惠民生”工作要求，细化责任，落实区“十二五”人口计生事业发展规划，聚焦民生、家庭、育龄妇女和中小企业，以全面推广免费孕前优生健康检查为抓手，以协调落实《上海市计划生育奖励与补助若干规定》为契机，以健全和完善流动人口计划生育“一盘棋”为推动，全区人口计生工作取得新进展，在市人口计生目标管理年度考核中连续第6年被评定为“优秀”等次。

宣传教育和科学技术 开展“7·11”世界人口日、纪念“9·25”《公开信》发表31周年、世界艾滋病日等主题宣传活动。做好免费基本项目计生技术服务，为19170人次报销费用86.29万元。推行《上海市社区0～3岁婴幼儿早期启蒙指导服务规范化流程》，完成全区12个早教服务机构调查、80名6～24个月龄婴幼儿智力发育测评，举办“体验烘焙爱心饼干DIY”活动11场，发放“母婴健康服务卡”和用户手册700余份，协同区教育局完成56名四级（五级）育婴师培训，协同区妇儿工委完成5.5万名妇女免费体检。举办新婚夫妇培训22期，全区婚前医学检查率26.53%，其中新婚人群婚检率36.69%。

政策法规 完成农村奖励扶助、计生特别扶助和一次性计生奖励补助三项政策的调查、核对、公示工作，全年共向13920位计划生育群众发放2180.002万元。加强依法行政，办理再生育审批396例、《独生子女父母光荣证》12964人，受理独生子女病残儿鉴定14人。完成《金山人口网》网站改版，强化办事指南、在线咨询等服务项目，推进政务公开。加强潜在矛盾事项摸排，坚持信息排查和问题解决“两到位”，对重大信访件由委领导牵头化解。

流动人口管理和规划统计 健全常住人口计划生育服务管理责任主体制度。制定《金山区2011年流动人口计划生育“一盘棋”工作实施意见》，规范流动人口计划生育“一案一奖”实施细则和操作流程。新录用175名社区综合协管员。2011年完成年度2次流动人口计划生育集中执法检查和流动人口监测点抽样调查，形成《金山区流动人口现状、问题及对策研究》课题报告。依托区实事项目“农民工安全生产培训”，举办流动人口计划生育和安全生产培训57场次，培训7329人。做好江浙沪“二市一县五区”人口计生横向协作值班区工作，先后召开工作交接会、主任（局长）研讨会、经验交流大会，深化区域联防联控机制。年内与4个(累计与38个)外省市人口计生部门签订流动人口计划生育双向管理协议。推进上海市人口计生综合信息系统村(居)委子系统朱泾镇试点和《计划生育药具免费发放信息化管理系统》村（居）委级应用金山卫镇试点，探索村居人口信息网上直报。向外省市发出合格查询信息17844条，对外省市查询反馈率97.95%。

计划生育协会 开展“五百关爱”项目活动，慰问5类计生困难家庭704人（户）24.14万元。完成4919份独生子女保险、5000余份女性安康保险和30万元市扶助独生子女专题福利彩票发行任务。争取市专项资金8.2万元扶助独生子女特困家庭17户。举办“生育关怀社区行”大型义诊4场，惠及群众2000多人。推进“共享亲情—关怀计划生育特殊家庭”项目，坚持基层团支部与独生子女夭亡家庭定期联系走访、节假日上门走访、特殊困难专题解决做法。举办“计生助老夕阳红”慰问演出4场。在枫泾等5镇开展“助你好孕”出生缺陷一级预防公益项目。

药具管理与服务 争取区领导支持，为区人口计生指导中心新增278平方米办公场所。赴宝山、杨浦、奉贤区学习考察人口和家庭计划指导服务工作。举办计生药具岗位新上岗人员培训，保证持证上岗率100%。开展全区698个免费避孕药具发放点“六个”统一规范化建设。完成《金山区计划生育妇女围绝经期生殖健康干预研究》课题研究。做好世游赛期间星级宾馆避孕药具服务管理。全年发放免费避孕药具64.5万多元，为7848名外来育龄妇女开展免费环孕情检查，为8547名育龄妇女、319名基层人口计生干部提供免费B超检查。

经费投入 2011年，金山区人口与计划生育事业经费区镇两级共投入4037.63万元，较2010年增长57.71个百分点，其中区级财政投入1794.41万元，镇级财政投入2243.22万元，人均52.76元。

【人口与计划生育数据】 2011年底，全区常住人口765321人，其中户籍人口516806人；外来常住人口251746人，比上年增加39344人；非常住户籍人口3231人，比上年增加2666人。常住人口出生4540人，其中户籍人口出生2809人，外来常住人口出生1731人，非常住户籍人口出生5人；户籍人口计划生育率99.98%，流动人口计划生育率91.28%。户籍人口出生率5.44‰，死亡率7.32‰，自然增长率-1.88‰。全区户籍人口出生2809人中一孩率93.02%，二孩率6.98%，多孩率0，全区平均初育年龄26.2岁，平均生育年龄26.45岁，一般生育率20.84‰，总和生育率0.815。户籍人口出生性别比111，外来常住人口出生性别比116。户籍人口中未满16周岁独生子女18391人，《独生子女父母光荣证》领证率17.96%。育龄妇女129787人，其中已婚育龄妇女102417人，晚婚率80.5%。据2011年常住人口育龄妇女避孕节育调查显示，采取各种避孕措施的已婚育龄妇女79910人，综合避孕率78.02%，其中63.82%的已婚育龄妇女采取放置宫内节育器的避孕措施。

【区“十二五”规划纲要强调加强人口管理和推进计生工作】 《上海市金山区国民经济和社会发展第十二个五年规划纲要》强调：按照“属地化管理、市民化服务”原则，健全实有人口、实有房屋全覆盖管理服务机制，加强外来从业人员的管理和服务，逐步实现居住地管理，引导人口有序流动。坚持计划生育基本国策，提高生殖健康水平，改善出生人口素质，推进人口计生优质服务，加强基层基础计生工作。

【区领导慰问计划生育困难家庭】 1月26日，区长赵福禧、副区长马淮海慰问山阳镇2户计生困难家庭。副区长谢峰、区人大常委会副主任施黄飞慰问漕泾镇2户计生困难家庭。1月7日，区委常委、宣传部部长、区计划生育协会会长叶汝强慰问金山卫镇2户计生困难家庭。区领导分别送去慰问金和慰问品，鼓励计生困难家庭树立生活信心，积极面对困难，并嘱咐所在镇、村领导做好经常性的帮扶关爱工作。

【区领导到区人口计生委调研指导人口计生工作】 9月27日，区委书记杨建荣要求进一步加大金山人口导入力度，加强人口导入研究，注重提升人口导入质量，认真研究人口导入相关政策。9月21日，区委副书记杜治中要求宣传好新形势下人口计生工作，整合好社会各方资源，建设好全系统干部队伍。5月24日，区委常委、区纪委书记葛永东要求积极应对流动人口大量导入新情况，做实婚前保健、孕前优生健康检查等优生促进工程，做好队伍教育培训和岗位调配。10月9日，副区长李华桂要求注重学习调研和工作思考，以项目化形式谋划2012年工作。12月5日，副区长陆瑾要求将为民服务的理念贯穿于工作全过程，推进0～3岁婴幼儿早教、出生缺陷预防等普惠服务和计划生育弱势群体的常态关怀。10月11日，区人大专委会主任陈大进要求加强人口计生依法行政和宣传倡导，加大人口发展研究，积极参与民生改善。

【《上海市外来人口现状及变化趋势预测》课题组来金调研】 4月20日，课题组在山阳镇与区发展改革委、区人口办、新城区管委会等部门就外来人口住房、就业、就医、子女就学等情况进行交流。区人口计生委主任陈延东介绍金山区流动人口现状及“十二五”期间发展趋势。山阳镇党委副书记孙美华介绍山阳镇外来人口现状、发展趋势、服务管理等情况。

【常住人口计划生育综合管理责任主体工作会议】 2月17日，区政府在区会议中心召开会议。副区长李华桂要求9个责任主体单位充分认识实现“两个倍增、两个同步”追赶式增长对流动人口的客观需求，转变人口、户籍、部门、区域观念，创新管理体制，强化基层工作，深化专项研究，推进流动人口均等化服务、信息化管理；明确各自职责，提高统筹能力，从贯彻基本国策高度，找准部门工作与人口计生工作的结合点，对流动人口早宣传服务、早发现处置，真正实现流动人口计划生育服务管理“一盘棋”。

【人口和计划生育工作会议】 3月4日，区政府在区行政服务中心召开会议。副区长李华桂要求分析形势，把握要求，把思想和行动统一到区委区政府重要决策部署上，明确领导责任，强化人财物保障，把稳定低生育水平、流动人口服务管理、生育关怀行动、优生优育、“强基提质”工作落实到位，努力建设效率型、责任型、学习型、服务型、廉政型人口计生工作队伍，深入推进“宜居金山，和谐人口，创‘五佳’计划生育新村（居）”活动。区政府与上海石化股份有限公司、区常住人口计划生育综合管理责任主体单位及各街镇（工业区）签订人口计生目标管理责任书。

【区计划生育协会第三次会员代表大会】 4月18日，会议在区公共服务中心召开，选举产生区计划生育协会第三届理事会。审议通过第二届理事会工作报告、财务情况报告、协会会费收取标准及协会第三次会员代表大会选举办法。时任会长叶汝强要求各级协会会员、理事、志愿者在今后工作中，认真学习贯彻中国计生协七代会精神和《中国计生协2009～2015年科学发展规划纲要》目标任务，与时俱进加强计生协会组织网络建设、特色团队建设、规章制度建设，突出抓好基层群众自治、流动人口计划生育“一盘棋”、生育关怀品牌项目等重点工作。

【人口计生工作恳谈会】 12月7日，会议在滨海皇家金煦大酒店召开。副区长陆瑾要求区人口计生委立足人本需求，不断夯实基层基础工作，积极促进家庭发展，要求各街镇（工业区）继续加大对人口计生工作的关注支持，因地制宜打造群众欢迎、具有辖区特色的工作品牌，上下合力，争取本区人口计生工作走在全市前列。

【免费基本项目计划生育技术服务工作会议】 4月2日，区人口计生委、区卫生局在区公共服务中心召开会议，通报2010年度免费基本项目计划生育技术服务协议履行情况，要求各街镇（工业区）人口计生办和签约医疗服务机构加强宣传教育，及时告知相关政策；加强依法服务，规范服务程序；加强部门协作，提高流动人口服务受众。区人口计生委与复旦大学附属金山医院、区妇幼保健所等6家单位，各街镇（工业区）与9家社区卫生中心分别签署2011年度免费计生技术服务协议书。

【《围绝经期妇女生殖健康保护研究》课题结题】 7月27日，会议在区公共服务中心召开。课题报告分析论证了金山区围绝经期妇女生殖健康保护情况，提出加强宣传倡导，营造关爱围绝经期妇女的社会氛围；加强计卫协作，加大对围绝经期妇女的生殖健康指导；加强资源整合，重点开展“提升家庭发展能力——健康妈妈行动”、“绿色健康行动——围绝经期计划生育妇女妇科普查”、“完美行动——关爱绝经后未取出宫内节育器计划生育妇女”等关爱行动。

【做好第24届江浙沪“二市一县五区”人口计生横向协作轮值工作】 4月28日，工作交接会在区公共服务中心召开。8个协作单位领导和联络员共同学习胡锦涛总书记在中共中央政治局第28次集体学习时的讲话精神，研讨通过第24届横向协作工作计划，通报第23届横向协作工作情况。9月15～16日，主任（局长）研讨会在区公共服务中心召开。副区长李华桂接见与会人员。各协作单位以推进人口计生公共服务为主题，交流各自在整合资源，推进0～3岁婴幼儿早期教育、社区人口计生公共服务机构建设等方面的经验、做法、思路，结合胡锦涛总书记重要讲话精神，立足“十二五”开局之年，围绕提升人口计生公共服务能力统筹解决人口问题展开研讨，并就经验交流大会方案达成共识。10月27日～28日，经验交流大会在金山海鸥大厦召开。市人口计生委副主任赵勇建议各协作单位进一步拓宽协作手段，在日常工作中创建更多信息化手段和平台；进一步丰富协作内容，将协作延伸至统筹协作、科学管理、公共服务、利益导向等方面；进一步突出协作成效，加强对打击“两非”、跨区域征收社会抚养费等热点、难点问题的点对点合作和“六普”数据开发等重大课题研究成果的共享。副区长李华桂代表东道主致欢迎词。金山区金山卫镇、吴江市盛泽镇、嘉兴市南湖区建设街道、平湖市人口计生局交流发言。各协作单位人民政府分管领导、人口计生委（局）领导班子成员就“十二五”经济社会科学发展与人口计生公共服务体系建设进行座谈，人口计生委（局）中层干部、联络员就人口计生公共服务开展情况进行座谈，街镇分管领导、人口计生办（科）主任（科长）分片交流。

【学习贯彻胡锦涛总书记关于人口工作重要讲话精神】 4月26日，胡锦涛总书记在中央政治局第28次集体学习时发表关于全面做好新时期人口工作重要讲话。区人口计生委召开全体职工大会，结合中央《决定》深入解读；层层组织培训到村（居）信息员，全区掀起学习热潮；研究制定贯彻落实措施，上报市人口计生委，并在实际工作予以贯彻落实。

【贯彻落实《上海市计划生育奖励与补助若干规定》】 6月1日，《上海市计划生育奖励与补助若干规定》修订后，区人口计生委将《规定》作为政务公开重要内容，通过金山电视台、金山报、区政府门户网站、金山人口网、社区事务受理服务中心等渠道及层层培训形式广泛宣传；开展全区独生子女父母奖励费享受人群摸底调查，发动基层人口计生办以书面告知单形式督促用工单位落实；联合区财政局印发《金山区贯彻〈上海市计划生育奖励与补助若干规定〉的实施意见》，下发《关于开展独生子女父母奖励费发放工作督查的通知》，协调区财政局、人保局、总工会等部门统筹落实。

【全面开展免费孕前优生健康检查】 3月1日起，由区政府落实专项经费，为辖区内常住人口中符合生育政策的计划怀孕夫妇提供20项免费孕前优生健康检查项目。区人口计生委发动各街镇（工业区）人口计生办开展免费孕前优生健康检查宣传月活动，投入8万元制作宣传品，在上海电视台新闻坊节目、金山报、金山人口网、新婚夫妇培训中大力宣传。同时协调服务机构优化服务流程和服务项目，配备高年资医生，严格质量监控，建立《家庭档案》，提供追踪指导服务。全区已有222对待孕夫妇享受此项服务，在市免费孕前优生健康检查项目专家来金山评估验收过程中获得好评。

【纪念建党90周年系列活动】 开展“读党史、学党章、唱党歌”活动，购置建党90周年专题书籍，组织参加上海基层党建网党史知识竞赛，参加市人口计生系统纪念建党90周年文艺汇演和区社会组织红色经典诵读展演活动，展示人口计生干部风采；开展“走进基层、服务群众”志愿服务活动，为结对单位提供免费B超体检服务，上门慰问4位结对单位困难老党员，全委党员到所居住的村居党组织报到，积极参与社区志愿活动，10位职工参加城市沙滩志愿者；开展“访红色足迹，看发展成就”活动，举行人口计生公共服务考察暨红色之旅活动，组织全体职工参观上海世博会中国馆、金山区纪念中国共产党成立90周年图片展以及金山规划展示馆，进一步增强发展的自信心。委党支部被评为区级机关“五好”党支部。

【7·11世界人口日主题宣传活动】 区人口计生委开展0～3岁婴幼儿早期启蒙指导优秀教案征集活动，征集教案82篇，评选出一、二、三

等奖教案12篇。7月8日，联合区教育局举办纪念第22个世界人口日暨“成功养育在家庭”主题活动，演示点评优秀教案《爆米花》和《好玩的泡泡》。策划出版《金山报》人口计生专版，宣传“成功养育在家庭”活动和《上海市计划生育奖励与补助若干规定》。各街镇（工业区）以开展知识讲座、设摊咨询、走访慰问等形式纪念“7.11”世界人口日。

【纪念“9·25”《公开信》发表31周年系列活动】 9月23日，区人口计生委举办纪念“9·25”《公开信》发表31周年暨来沪未婚青年“青春与健康同行”演讲比赛，各街镇（工业区）推选的14名来沪未婚青年参加比赛。区文广影视局、区广播电视台、区团委、区人口办专家领导担任评委。区、镇两级人口计生干部、基层协会干部代表、来沪未婚青年代表150多人观看比赛。比赛评选出一等奖1名、二等奖2名、三等奖3名，优胜奖8名。9月15～27日，区人口计生委依托市人口计生宣讲团，围绕中老年女性保健、避孕方法知情选择、育儿大讲堂、人际沟通与咨询、情绪调节等内容，在亭林等5镇举办纪念“9·25”《公开信》发表31周年基层人口计生工作者系列教育培训10场，450多人参加培训。

【“宜居金山，和谐人口，创‘五佳’计划生育新村居”活动】 区人口计生委在2010年保障机制佳、政策落实佳、服务机构佳、宣传服务佳、村居民自治佳五大考核指标基础上，增设特色工作加分指标，以创促建，鼓励基层因地制宜，开拓创新。11月底，第二批89个申报村居全部通过区人口计生委考核组的实地验收，全区206个村居中已有175个完成创建。

【下发《金山区集中整治“两非”专项行动实施计划》】 11月1日，金山区在区公共服务中心召开人口计生综合管理工作座谈会，区人口计生委、公安金山分局、区卫生局、食药监金山分局、区妇联五部门联合下发《关于下发〈金山区集中整治“两非”专项行动实施计划〉的通知》，制定2011年8月～2012年3月集中整治“两非”专项行动实施计划，成立由区人口计生委主任张琼任组长的专项行动领导小组，明确依法查处“两非”案件，完善医疗保健、计生技术服务机构和相关单位日常管理制度，完善部门协调机制和整治“两非”专项行动信息共享机制，开展系列宣传活动等工作重点。

【金山卫镇成立优生优育小分队】 金山卫镇人口计生办认真贯彻落实《上海市社区0～3岁婴幼儿早期启蒙指导服务规范化流程（试行）》关于开展“入户指导”工作要求，利用乡村医生大多兼任村（居）人口和家庭计划指导室咨询员优势，联合镇社区卫生中心，在各村（居）成立由乡村医生、人口和家庭计划指导室咨询员、人口计生干部组成的“生育关怀小分队”，在孕产妇产前、产后一个月内，每月开展入户随访和早教指导至少2次。镇人口计生办和社区卫生中心不定期下乡指导和抽检，不断健全“社区—家庭”一体化指导服务模式。

【山阳镇与上海市公共卫生临床中心签订结对帮扶协议】 5月25日，山阳镇计生协、团委与上海市公共卫生临床中心团委签约结对帮扶计生特殊家庭。根据协议，上海市公共卫生临床中心将在单数年免费为辖区内10户独生子女夭亡家庭提供一次体检，双数年组织医生免费上门问诊，同时建立家庭健康档案，做好跟踪随访服务。（钱文芳）

松 江 区

【概述】 2011年，区人口计生委以科学发展观为指导，继续深化人口计生综合改革，紧扣民生这一主题，以“两个国家项目”试点为重点，更加注重以人为本，更加注重统筹协调，更加注重服务均等，更加注重保障民生，健全和完善体制机制，不断推进人口计生工作实现新的跨越。

年内，全区人口学校、新婚夫妇培训学校积极开展人口计生知识培训，其中，人口计生政策法规培训42378人次，青春期教育培训38174人次，新婚夫妇教育培训2500对，避孕节育培训32198人次，优生优育培训35252人次，男性生殖健康培训14240人次，预防艾滋病知识培训38848人次，镇、村计划生育服务站、室提供相关咨询服务总计125674人次。为24201人次的外来育龄妇女提供了免费孕检，为11200多对婚姻登记当事人提供家庭计划指导咨询服务，提供免费孕前医学检查，有1404对夫妻参加孕前检查，新建150个避孕药具规范化发放点。全年审批二胎605对，其中，夫妇双方一方生育一方未生育299对，夫妇双方均为独生子女的238对，夫妇一方为农村户籍（一方为独生子女）的39对，独生子女病残鉴定15名，不孕症夫妇0对，其他符合计划生育政策规定的14对，办理符合计划生育政策收养孩子证明35人。全区16个镇级协会全部顺利完成换届。共建成20个标准化流动人口计划生育协会。

【人口和计划生育数据】 2011年，松江区户籍人口579186人，比上年度增加3154人。其中男性285767人，女性293419人，分别占总人口的49.34%和50.66%，性别比为97∶100。非农业人口481044人，占总人口83.06%，比上年度增加5588人。松江区常住人口165万人，其中外来人口100.28万人。户籍数为194647户，全区平均每户为2.98人。户籍人口出生4359人，出生率7.55‰，死亡人数3764人，死亡率6.52‰，人口自然增长595人，自然增长率1.03‰。年内全区迁出5565人，迁入5186人，减少379人。全区户籍人口密度每平方公里957.85人，常住人口密度每平方公里2873.31人。户籍人口平均期望寿命82.76岁，其中男性80.36岁，女性85.12岁。常住人口计划生育率91.14%，户籍人口计划生育率99.68%，外来人口计划生育率88.15%。

【王培安到松江调研】 8月30日，国家人口计生委副主任王培安，国家人口计生委流动人口司司长王谦一行来松调研流动人口基本公共服务均等化试点工作。市人口计生委主任谢玲丽陪同调研，并介绍全市流动人口服务管理工作情况。松江区委书记盛亚飞、副书记居洁接待，并介绍松江区的相关情况。区委常委、宣传部长杨峥，副区长任向阳参加。王培安一行实地考察车墩镇社区事务受理服务中心，详细了解了服务中心为流动人口开设的基本服务项目，对松江经济社会的快速发展以及人口计生工作的稳步推进给予高度评价，并肯定松江区在推动流动人口计划生育基本公共服务均等化方面的积极探索。

【推进流动人口计划生育基本公共服务均等化试点】 以流动人口计划生育基本公共服务均等化全国试点项目为契机，拓展流动人口服务管理。一是建立制度保障。区政府专门成立试点工作协调小组，下发三年行动计划，并投入200万元专项经费，将此项工作列为政府重点工作和实事项目加以推进。开展“新松江人服务月”活动，为流动人口就医、就学、就业等提供便利。二是加强属地管理。探索建立流动人口集中居住管理、行业管理、分散居住管理“三种模式”，累计为近3万名流动人口育龄妇女提供生殖保健、查环（孕）等服务，实现流动人口免费计划生育技术服务“保基本、全覆盖”。三是注重源头互动。深入推进流动人口全国“一盘棋”工作，累计已与外省市114个县（地、市）政府和人口计生部门签订流动人口计划生育双向管理和服务协议。开展联合执法、联合宣传、联合打击“两非”活动，与流动人口户籍地交换信息1.6万多条。

【开展出生缺陷干预工作】 通过政府购买服务，加大对计划怀孕夫妇的优生健康检查力度，建立出生缺陷一级预防长效机制。成立区出生缺陷一级预防工作领导小组及办公室，组建一支由市、区两级多学科专家组成的区出生缺陷一级预防工作专家指导组，建立优生健康检查工作联席会议，加强对免费孕前优生健康检查项目工作的组织领导、综合协调和实施运作。以区、街镇新婚学校、人口学校为载体，为2500多对新婚夫妇进行优生优育、生殖健康等知识的培训。通过专家门诊，为200多对高危人群夫妇开展面对面指导和服务，开展优生健康入户指导5000多人次。

【深化社区科学育儿工作】 全区15个社区优生优育指导服务中心全部实行每周五个半天开放，为社区0～3岁家庭提供规范化的指导服务。年内，全区共开设1200多个早教班次，惠及2000多个0～3婴幼儿家庭。坚持0～3早教工作例会制度，组织开展“社区 0 ～ 3 岁婴幼儿早期启蒙指导优秀教案征集活动”。

【加强青少年社会行为教育】 拓展“青春健康”教育领域，注重独生子女社会行为的教育与培养，与松江大学城各个高校联系，为在校大学生开展性与生殖健康教育。探索青春健康教育进辅读学校、进外资企业的途径、方法和机制，全区共开展青春健康培训 1.6 万多人次。

【开展人口文化建设】 组建干部人口理论教育讲师团，聘请市、区两级 7 名干部人口理论教育专家、学者和专业人员担任讲师团成员，年内深入街镇成校（党校）宣讲 17 次，培训 850 人次。分片在各街镇举办“十一五”人口计生事业成果巡回展，全面反映“十一五”期间全区人口计生事业取得的丰硕成果。开通企信通、彩信通平台，全年为新婚夫妇、0 ～ 3 岁家长、流动人口等目标人群发送优生、优育、优教等信息 1 万多条。下发《关于“十二五”期间本区全面推进婚育新风进万家活动的意见》，利用“7 · 11 世界人口日”和“9 · 25 纪念《公开信》发表 31 周年”等契机，举办大型宣传服务活动。推进基层人口文化进会所、进家庭、全区新创建人口文化会所 8 家。

【推进计生药具优得化】 制定实施《松江区实施计划生育药具优得工程三年行动计划(2011 ～ 2013 年)》，重点探索“新城区、旅游度假区、经济开发区、流动人口集中居住区”4 种管理模式，推进药具公共服务向大学城延伸。推进药具发放服务监测哨点建设，明确区市民服务中心和区来沪人员计划生育服务点为服务哨点。

【依法落实计划生育奖励扶助政策】 一是落实兑现年老退休时一次性计划生育奖励 2866 人，发放资金 1400.75 万元；二是落实农村部分计划生育家庭奖励扶助 4679 人，发放资金 348.88 万元；三是落实计划生育家庭特别扶助资金 164.56 万元，惠及 1029 人；四是发放独生子女意外伤残 / 死亡 / 大病重病一次性补助(市、区)资金 134.9 万元，惠及 357 人。

【完善独生子女家庭扶助政策】 区政府第 134 次常务会议专题听取新修订的《上海市计划生育奖励与补助若干规定》的贯彻落实情况，并明确要求，结合实际，先行先试，探索对市级政策的补充延伸。由区政府制定下发《上海市松江区计划生育特殊家庭一次性补助实施意见》，对该区 16 周岁以上未婚独生子女意外伤残、死亡家庭、未婚独生子女大病重病家庭给予一次性补助，扩大独生子女困难家庭的扶助面。政策出台后，全区累计兑现 16 周岁以上未婚独生子女意外伤残、死亡一次性补助 290 人，发放资金 113.6 万元；未婚独生子女大病重病一次性补助 35 人，发放资金 10.5 万元。

【深入开展生育关怀行动】 各街镇计生协深入开展生育关怀行动，新浜镇 17 名计生志愿者以“邻女儿”的形式与计生空巢父母结对子，为空巢老人提供亲情、健康、帮扶等全方位关怀；泖港镇深化“幸福工程”项目内涵，帮助贫困母亲脱贫致富，形成“一村一品”的特色；叶榭镇建立“夕阳辉照关怀点”，为空巢老人送关怀等。据统计，全年共关怀空巢老人 5243 人，为基层人口计生干部开展免费健康体检、外出学习考察、赠送健康保险等“八关怀”为主要内容的活动，关怀基层计生工作者 480 人。组织开展“母亲节”和“幸福工程创立 16 周年”纪念活动，为贫困母亲献爱心募捐活动 16 次、募捐 5 万多元；组织免费体检 3 次，400 多人获益。年内，全区人口计生部门走访贫困家庭 400 多户。

【加强协会标准化建设】 各街镇（园区）按照区计生协会的统一部署，强化组织建设，全区 16 个镇级计生协会全部顺利完成换届。各基层计生协会按照统一要求，开展互学、互动交流，结合区域实际，围绕“六好”标准规范化开展计划生育群众自治工作，石湖荡镇新源村、新桥镇新东苑居委会、佘山镇新镇村村委会 3 个基层村（居）被中国计生协评为群众自治全国示范点。

（李圆圆）

青 浦 区

【概述】 2011 年，青浦区人口计生工作以人的全面发展为主线，着力在加强高层倡导，统筹研究人口问题，提高出生人口素质，探索均等化服务，提升公共服务水平等方面进行大胆实践，努力为全区经济社会协调可持续发展创造良好的人口环境。

人口战略研究 组织编制《青浦区“十二五”人口和计划生育事业发展规划》。完成《青浦区流动人口青少年性与生殖健康教育与服务运作性研究项目》和《青浦区独生子女父母老龄化现状与应对措施》研究。开展《青浦区家庭计划重点推进项目——孕前保健培训项目》，普及优生科学知识。

宣传教育 （1）坚持将人口理论教育纳入区委党校举办的各级领导干部培训班课程中。组织委机关全体人员和各镇（街道）人口计生干部学习胡锦涛总书记在中央政治局第二十八次集体学习会上就世界人口发展趋势和全面做好新形势下我国人口工作的重要讲话精神。(2)“7·11”期间，在桥梓湾广场组织开展大型咨询活动，邀请上海交通大学医学院附属新华医院颜崇淮教授主讲“人口、环境、优生”报告。(3)“9·25”期间，在《青浦报》刊登人口计生知识竞赛题，纪念《公开信》发表31周年，活动最终评出特等奖1名，一等奖3名，二等奖6名，三等奖10名，参与奖30名，组织奖6个。科技节活动期间，组织各镇（街道）开展参观科普体验馆、组织知识竞赛、开展宣传咨询、举办各类讲座、进行科学育儿指导服务意愿调查等多种形式的宣传活动。(4)“男性健康日”期间，联合练塘镇在上海裕生特种线材有限公司开展专家讲座、咨询服务、发放宣传资料、人口计生宣传调查等系列宣传活动。(5)在城区、镇（街道）、村（居）主要道路，人口集聚地等制作人口计生公益广告、人口文化墙。在《中国人口报》、《新民晚报》、《人口与计划生育》等市级以上报刊杂志发表文章近10篇。

依法行政 加大社会抚养费征收力度，全年立案78件，结案52件，征收社会抚养费200余万元。加大“两非”行为（非医学性需要的胎儿性别鉴定和非医学性需要的选择性别人口终止妊娠行为）的打击力度，会同区相关部门开展执法检查6次。加大对《若干规定》执行情况的督促检查力度，会同人保、工会等部门对企业落实新修订的《若干规定》执行情况督促检查30余次。加大对再生育审批和独生子女父母光荣证办证工作的审核管理力度，全年共办理再生育审批470件，办理独生子女父母光荣证的领证14196人，其中领证11091件，换证173人，补证2932人。

利益导向 为全区符合奖励补助、农村奖扶等条件的1.11余万人次，审核发放各类奖励补助金2089余万元。落实2007年出台的《青浦区关于对独生子女死亡特殊家庭实施定期补助的意见》，对未参加社保、镇保的独生子女死亡父母在到达退休年龄时给予每人每月200元的定期补助，共计29人次，补助金额6.4万元。开展“生育关怀”行动：关怀围绝经期妇女、特殊育龄妇女的生殖健康状况；关怀独生子女空巢老人家庭的生存、生活现状；走访慰问计生困难家庭，全年共走访305户，慰问金额18.55万元。

流动人口服务管理 推进流动人口计划生育基本公共服务均等化试点项目。深入贯彻落实流动人口计划生育工作“一盘棋”“三年三步走”实施方案，完成各项评估指标。在日立电梯（上海）有限公司等5个企业中推进流动人口计生协会能力建设。春节期间，组织开展以“关爱新生代农民工，促进社会和谐融入”为主题的新生代农民工计划生育关怀关爱活动。全年共有14509位流动育龄妇女享受免费孕情检查。加强省际间区域协作，主动与流入人口较多的地区进行沟通联系，探索流动人口互动管理，健全双向传输的管理信息网络，全年与外省市共交换反馈信息5万余条。

公共服务 推进人口计生公共服务机构标准化建设，完成香花桥街道人口计生综合服务站建设，确保基层人口计生服务阵地的全覆盖。开展0～3岁科学育儿指导服务工作，完成白鹤镇0～3岁婴幼儿优生优育指导服务点建设，同时开展0～3岁婴幼儿综合能力发育普测工作。开展出生缺陷一级预防工作，为新婚、待孕夫妇开展知识培训，全年共为1557对准备怀孕的新婚夫妇进行免费孕前优生健康检查。落实免费计划生育技术服务，全年共为1.8万余人次的育龄群众提供免费基本项目计划生育技术服务，经费129余万元。

药具管理 加强对管辖区内免费药具发放点的指导和督查，组织开展巡查活动，及时反馈情况，全区563个免费避孕药具发放点100%达到市级标准。组织开展药具窗口免费自取箱箱容箱貌检查工作，及时更换自取箱宣传贴面，实行编号管理，新制免费药具自助箱134只。在全区10个镇（街道）相继建立药具阴凉库或冷藏柜设备，做好温、湿度的检测管理。组织开展药具业务技能培训，提高基层药具管理服务人员整理素质。做好计划生育手术千例万例无事故评比检查工作，2011年，全区有3人获个人千例优质奖，中山医院青浦分院获先进集体奖。

协会工作 开展基层协会规范化建设，全区共建有各级计生协会组织303个，其中企事业单位及流动人口协会组织22个。开展青春健康、幸福工程项目。开展独生子女和幸福人生保险，全年独生子女保险参保3380人，幸福人生保险参保1275人，理赔金额64.9万元。完成扶助独生子女困难家庭专题福利彩票发行工作。

队伍建设 年内，区人口计生委通过举办基层人口计生干部培训、《行政强制法》培训、宣教专业技能培训、出生缺陷专题培训等，提高计生队伍素质。组织和选派优秀的基层人口计生干部参加国家、市人口计生业务培训和活动。坚持深入基层开展调研，坚持一线接访，及时解决工作难题。完善规章制度，对机关7项工作制度进行完善和健全，制定机关干部和基层人口计生干部年度百分考核实施意见。发挥行风监督员队伍作用，提高办事效率和服务质量，不断提高人民群众的满意度。加强信息化建设，开通网上办事，实行行政事务办理提速制，提高办事效率。

经费投入 2011年，全区常住人口人均人口计生事业经费40元以上。

【人口和计划生育数据】 2011年，青浦区常住人口111.76万人，其中户籍人口46.33万人，常住外来流动人口62.45万人。户籍人口出生2786人，计划生育率99.68 %。外来流动人口出生5124人，计划生育率88.21%。户籍人口出生性别比100，流动人口出生性别比116，常住人口出生性别比110。

【召开人口和计划生育工作会议】 4月15日，召开2011年人口和计划生育工作会议。区委副书记胡燕平出席会议并讲话，区人大常委会副主任王学才、副区长陶夏芳出席会议。会议由陶夏芳主持。胡燕平肯定2010年全区人口计生工作所取得的成绩，并对做好2011年人口计生工作提出意见。大会同时对荣获2010年度青浦区新农村新家庭计划达标村称号的65个行政村进行表彰。区人口和计划生育联席会议成员、区人大教科文卫工委领导、各镇（街道）党政分管领导、各委办局区级公司分管领导、各镇（街道）社会事业科科长、全体人口计生干部、青浦区新农村新家庭计划达标村代表等160余人出席会议。

【召开人口和计划生育工作专题会议】 7月6日，召开人口和计划生育工作专题会议，传达学习贯彻落实胡锦涛总书记有关人口问题的重要讲话精神以及新修订的《上海市计划生育奖励与补助若干规定》文件精神，副区长陶夏芳出席会议并讲话。陶夏芳肯定当前人口计生工作的开展情况，并对做好下阶段工作提出意见。区人口和计划生育联席会议成员、各镇（街道）行政分管领导、人口计生科（办）主任，各委、办、局、区级公司、直属事业单位分管领导、人口计生干部等100余人出席会议。

【谢玲丽调研青浦区人口计生工作】 1月27日，市人口计生委主任谢玲丽率队调研青浦区人口计生工作，听取副区长陶夏芳关于2010年度全区人口计生工作的汇报，并就做好独生子女困难家庭扶贫帮困送温暖工作、强化流动人口服务管理、加强人口计生工作队伍建设方面提出意见。

【区领导来委调研】 8月10日，副区长陶夏芳到区人口计生委重点就贯彻落实市政府修订下发的《上海市计划生育奖励与补助若干规定》情况开展调研，听取区人口计生委主任徐孝芳关于近期人口计生工作情况的汇报，提出推进依法行政、加强部门沟通、组织监督检查、开展课题调研等四点具体要求。12月2日，副区长蔡忠调研人口计生工作，听取徐孝芳关于2011年人口计生工作情况和2012年人口计生工作基本思路的汇报，在肯定工作的同时，希望区人口计生委要进一步加强人口发展战略研究，为青浦区人口可持续发展积极提供措施和建议。

【陶夏芳率队考察霍邱流动人口计生工作】 8月18日，副区长陶夏芳带领区人口计生委一行赴安徽省霍邱县考察流动人口计生服务管理工作。陶夏芳和霍邱县常务副县长梁国金分别就各自社会经济发展情况和人口计生管理服务现状等进行工作交流，两地签订《流动人口计划生育双向服务管理协议书》。

【陶夏芳走访慰问计划生育困难家庭】 1月27日，副区长陶夏芳在区人口计生委主任徐孝芳的陪同下，走访慰问夏阳街道部分计划生育困难家庭，了解他们的生活状况和存在的困难问题，代表区政府送上慰问金和慰问品。

【各类业务培训】 2011年，区人口计生委举办各类培训班，进一步提高全区人口计生干部的政策水平和业务素质。(1) 开展孕前保健培训。孕前保健项目是2011年青浦区家庭计划重点推进项目。6月28日，区人口计生委联合上海市人口与发展研究院共同举办青浦区人口计生系统的孕前保健培训班，孕前保健专家朱惠斌，育儿专家李天琼分别从准爸爸与准妈妈的角度讲解孕前保健的必要性、重要性、实效性，并为学员们答疑解惑。11月24日，又分别在徐泾镇、委机关举办两场孕前保健沙龙活动，包括新婚夫妇、计划怀孕夫妇和已怀孕夫妇在内的50余人参加活动。(2) 举办人口理论讲座。4月22日，区人口计生委联合区委党校为全区第八期中青年干部培训班的学员开设主题为“公共政策视野下的人口问题”讲座，邀请复旦大学梁鸿教授进行授课。(3) 举办基层人口计生干部业务培训班。8月1～2日，区人口计生委在日月岛度假村分批举办2011年青浦区基层人口计生干部业务培训班，对新修订的《上海市计划生育奖励与补助若干规定》和出生缺陷知识进行培训，各委（办、局)、各镇（街道)、各村（居）全体人口计生干部400余人参加了培训。(4) 举办人口计生宣教专业技能培训班。9月28～29日，区人口计生委举办人口计生宣教专业技能培训班。邀请上海市人口和计划生育宣传教育中心有关人员前来授课，内容包括摄影技巧、多媒体演示制作、新闻信息的采集和编写等。全区各镇（街道）人口计生干部、委机关全体人员等50余人参加培训。(5) 开展《行政强制法》培训。12月9日，区人口计生委举办《行政强制法》培训活动，华东政法大学沈福俊教授围绕行政强制与行政强制立法、行政强制的基本原则、行政强制措施以及行政强制执行等内容，为区、镇（街道）两级人口计生系统60余位干部进行专场解读。(6) 开展避孕节育抽样调查和人口计生统计工作业务培训会。5月31日，区人口计生委有关业务科室负责人围绕避孕节育抽样调查和人口计生统计业务工作，对全区11个镇、街道人口计生干部30余人进行讲解。

【贯彻落实修订后的《上海市计划生育奖励与补助若干规定》】 区政府下发《关于贯彻落实修订后的〈上海市计划生育奖励与补助若干规定〉的意见的通知》，要求全区各级加强学习宣传，抓紧贯彻落实。区人口计生委通过召开镇(街道)人口计生办主任（人口计生科科长）会议，开展桥梓湾宣传咨询，政务网站、《青浦报》等媒体宣传，举办基层培训班等形式宣传贯彻落实《若干规定》。10月，区人口计生委牵头区人保局、总工会等部门，到部分企业就独生子女父母奖励费落实情况开展宣传检查，为企业解读《若干规定》的主要内容，查看企业独生子女父母奖励费的发放情况，为企业及时提供计划生育有关宣传资料。

【举行纪念建党90周年系列活动】 6月17日，召开庆祝建党90周年老干部座谈会。区人口计生委主任徐孝芳与10余名委退休党员干部共同追忆我党90年来的光辉历程和从事计生工作30余年的风雨历程。6月29日，区人口计生委全体干部职工欢聚一堂，举行纪念建党90周年红歌大家唱活动，用歌声回顾中国共产党90年的光辉历程，歌唱伟大祖国的复兴之路，6 名职工分别获得一、二、三等奖。

【推动流动人口计划生育基本公共服务均等化试点项目】 （1）“关爱孕妇健康”项目。以待孕和已孕的流动人口育龄妇女为目标人群，开展知识讲座、培训和母婴健康沙龙活动。3 月 16 日，青浦区“关爱孕妇健康”流动人口均等化试点项目启动仪式在赵巷镇文化广场举行。7 月，区人口计生委与复旦大学出版社 0 ～ 3 岁早期教育研究中心、《母婴健康》杂志社联合在青浦宾馆，组织 80 对准爸爸准妈妈开展旨在“提高出生人口素质，促进家庭幸福和谐”的“成功准妈咪沙龙”活动，国际和平妇幼保健院专家徐凤仪围绕孕前准备、妊娠反应应对以及出生缺陷预防等内容，对准爸爸准妈妈们给予指导，并发放书籍、奶粉等大礼包。全年在赵巷、金泽等项目点共培训 25 场次，有 1538 人次参加。（2）“农民工职业培训”项目。以外来务工人员为目标人群，开展各类知识和技能培训，帮助获得生殖健康知识，提高生产技能。3 月 20 日，青浦区“农民工职业培训”流动人口计划生育公共服务均等化试点项目启动仪式在上海关勒铭有限公司举行。职业培训学校、人口计生部门在上海关勒铭有限公司等 3 家企业流动人口，开展 80 课时的以“弘扬精神，发扬农民工积极向上精神”、“培养锻炼，促进岗位成才”和“同享成果，实行多元化服务”为主要内容的项目活动，在为企业员工开展技能培训，获取岗位等级证书的同时，开展男性生殖健康和女性生殖健康知识讲座，帮助他们掌握正确的性与生殖健康、预防艾滋病等方面的知识，提升自我保护能力。（3）“0 ～ 3 岁婴幼儿科学育儿”项目。以流动人口 0 ～ 3 岁婴幼儿家庭为目标人群，开展各类活动，帮助流动人口家长了解早期婴幼儿的生长发育，获得科学育儿的相关知识。3 月 31 日，青浦区“0 ～ 3 岁婴幼儿科学育儿”流动人口计划生育公共服务均等化试点项目启动仪式在朱家角镇 0 ～ 3 岁优生优育指导服务点举行。项目通过开展烘焙爱心饼干、影视亲子乐园、快乐亲子运动会等多种形式的早教活动，寓教于乐，传授实用的科学育儿知识，提高科学育儿的意识和能力。活动共开展 40 余场，受益人群超过 4400 人次。11 月 17 日，区人口计生委召开流动人口计划生育基本公共服务均等化试点项目总结交流暨工作推进会，听取 6 家试点单位的工作汇报和明年工作设想。

【区人口计生委深入基层调研人口计生工作】 3 月下旬起，区人口计生委主任徐孝芳带领委班子成员相继深入 11 个镇、街道调研基层人口计生工作情况。在调研中，徐孝芳就 2011 年人口和计划生育工作中的重点、难点，结合各镇、街道的实际情况进行交流沟通，并提出要求：一是加强基层人口计生队伍的建设。二是继续做好基层基础工作。三是进一步加强流动人口的服务和管理。四是力争完成 0 ～ 3 岁社区优生优育服务点和社区人口计生综合服务站建设。同时，人口计生委其他委班子成员和各镇、街道人口计生干部还就预防出生缺陷、“生育关怀”行动等方面进行交流、部署。

【举行中共霍邱驻上海市青浦区流动党员支部委员会成立大会暨上海永来物流发展有限公司计生协揭牌仪式】 8 月 26 日，中共霍邱驻上海市青浦区流动党员支部委员会成立大会暨上海永来物流发展有限公司计生协揭牌仪式，在上海永来物流发展有限公司举行，安徽省霍邱县委常委、常务副县长梁国金对党支部和计生协的成立表示祝贺和感谢，区计生协会常务副会长徐孝芳对党支部工作和人口计生工作提出要求，新当选的党支部书记、协会会长、上海永来物流发展有限公司总经理张永来介绍公司的发展历程。会后，区人口计生委邀请专家为公司内的流动人口开展“出生缺陷一级预防”专题讲座，提高流动人口的出生缺陷一级预防知识水平。

【举行“青浦区促进流动人口协会能力建设项目推进会暨日立电梯（上海）有限公司计生协成立大会】 5 月 25 日，区计生协会联合香花桥街道党工委、办事处在日立电梯（上海）有限公司举行青浦区促进流动人口协会能力建设项目推进会暨日立电梯（上海）有限公司计划生育协会成立大会。香花桥街道党工委副书记、办事处主任陈瑜汇报香花桥街道协会工作。市计生协会副会长夏毅和副区长陶夏芳共同为“日立电梯（上海）有限公司计划生育协会”揭牌，会议同时对青浦区“促进流动人口计生协能力建设项目”上海展华电子等5个企业示范点进行授牌。各镇、街道人口计生科科长，计生协会秘书长，市“促进流动人口计生协会能力建设项目”单位的计生协会会长，香花桥街道部分落户企业代表、日立电梯（上海）有限公司员工代表及区人口计生委全体等共170余人参加会议。

【开展0～3岁科学育儿指导服务意愿调查】 6月，区人口计生委对全区0～3岁婴幼儿家庭进行科学育儿指导服务意愿的问卷调查。在1200个调查家庭中，男孩家庭占调查总量的52%、女孩家庭48%。被调查访问者中，父母占总量的63.7%，（外）祖父母占35.7%。近90%家长认为孩子有必要在3岁前参加社区指导服务点的活动，84.2%家长认为父母带孩子去最合适，其中有超过70%家长曾去过社区指导服务点。在科学育儿方式上，孩子在指导服务点与同龄孩子一起上课成为了家长的首选，其次是在指导服务点参加双休日亲子活动和一对一指导。社区指导服务点和社区咨询、科学育儿讲座这两个途径是家长最希望的育儿知识来源。被调查访问者对社区指导服务点的满意率为99.7%，并收集到意见、建议105条。

【区人口计生委率团赴广州市学习考察流动人口计生工作】 9月，区人口计生委组织部分单位、镇（街道）分管领导及人口计生干部赴广州市学习考察流动人口计划生育服务管理工作。考察学习期间，考察团一行深入街道、社区，实地考察当地办事服务窗口，参观社区幸福家园服务中心，并就流动人口计划生育公共服务与管理、社区基层网络、信息化建设等工作双方进行了深入交流。（曹　菁）

奉贤区

【概述】 2011年，奉贤人口计生工作始终紧紧围绕人口计生综合改革工作要求，围绕区委区政府“三化两建设”目标，坚持以稳定低生育水平、提高出生人口素质、统筹解决人口问题为工作的出发点和落脚点，不断推进全区人口计生工作取得新进展。

区委、区政府重视人口计生工作 区委、区政府始终将全面做好人口计生工作摆上奉贤经济社会发展的重要位置，1月12日，区长时光辉主持召开区人口计生工作领导小组暨综合改革推进会议，区28个委办局主要领导及各镇、开发区分管领导参加会议，推进人口计生综合改革，明确落实各相关部门人口综合改革工作职责。4月12日，时光辉主持召开区人口综合服务管理和计划生育工作会议，部署区2011年人口计生工作，细化分解全年人口计生工作各项任务目标，统筹协调人口计生工作热点难点问题。

课题研究 与上海市对外贸易学院经济研究院、市人发中心等合作开展《奉贤南桥新城人口导入政策的思考与建议》、《奉贤区独生子女家庭养老保障的现状与对策》、《构建“五优”服务新体系，促进计划生育药具从“易得”向“优得”提升》、《奉贤区外来人口情况监测调查》课题研究；配合区人大做好《关于常住人口快速增长对区域经济社会发展影响的思考》调研报告。

落实计划生育奖扶政策 全年审核特别扶助923人，发放金额142.56万；农村奖扶10697人，发放扶助金 806.16万元；审核独生子女父母年老一次性奖励3100人，发放金额1466.3万元；婚后无子女对象奖励61人，发放金额37.78万元。审核独生子女意外伤残补助23人，发放补助金6.9万元；审核独生子女死亡补助33人，发放补助金16.5万元。审核发放独生子女父母光荣证12858份，办理符合条件再生育申请500份，开具无子女证明35份；签订计划生育协议20份。

宣传活动 坚持宣传教育引领，与区委宣传部、文明办等11个部门联合下发《关于“十二五”期间全面推进婚育新风进万家活动的实施意见》，将家庭文化建设融入“贤文化”建设、全国文明城区创建总体规划。(1) 家庭文化主题宣传丰富多彩。组织开展“学雷锋、讲健康、促和谐”主题宣传、“三下乡”、优生优育“三送”、“7·11”、“9·25”、“10·28”和“12·1”、“面对70亿人的世界——关注人口问题”宣传活动、建区十周年“人口计生回眸”、宣传服务进大居建筑工地等活动，服务群众3万多人次，发放8万把主题为“家庭幸福、社会和谐”的宣传小扇子及各类计生宣传资料。(2)舆论先行加强媒体宣传。充分发挥广播、电视、报刊、网络等媒体作用，在区有线电视台每月2期播放5～10分钟人口计生宣传片，重要工作动态及时上报、上网、上电视。全年，在《中国人口报》、《新民晚报——社区版》、《奉贤报》等刊登30余篇报道。(3)宣传渠道拓展延伸。开展优化人口计生户外宣传环境活动，深化人口文化小区(街道)、村(居)委人口计生宣传栏(橱窗)、新家庭文化屋、企事业单位等人口文化窗口阵地建设。

药具管理与服务 探索建立计划生育药具发放“服务优、阵地优、队伍优、药具优、机制优”的服务新体系。开展免费药具自取箱“星级”评比活动，规范和提高药具管理质量。全年增设206个免费药具发放点，制作更新225个自助箱宣传贴面。全区现有免费药具发放网点1318个，其中药具免费自取箱431个。努力为育龄妇女提供优质计划生育技术服务，截至2011年底，服务群众56844人，服务费用184.7万元，姚医生工作室为533名基层计生干部开展免费B超。

流动人口计划生育均等化服务 深化“六个坚持”：坚持开展生育关怀活动，为流动人口育龄妇女提供免费查环查孕服务 26596人次。引导流动人口孕产妇进行产前检查和医院分娩，为3748名流动人口产妇发放交通补贴，金额95860元；坚持开展“小手牵大手”活动，在民工子弟学校开展“我们是快乐的小主人”、庆祝“六一”、送知识送温暖等活动，关注农民工子女的成长；坚持开展流动人口动态监测，实施流动人口信息采集录入奖励办法，建立流动人口动态监测长效机制；坚持开展双向管理交流，与外省市县新签订双向管理服务协议9份。通过点对点的形式，每月与安徽省霍邱县、寿县传递生育、打非等各类信息，形成良好的互动机制；坚持在流动人口集中的企业、农贸市场、城郊结合部推行“三个一”工作模式；坚持开展人口计生进建筑工地活动，组织5人宣传服务小队，进入各个建筑工地，发放宣传资料、提供咨询服务，办理《婚育证明》、《生育联系卡》等。

经费投入 2011年，全区人口计生事业财政投入达到4800多万元，比上年增幅70%以上，常住人口人均事业经费48元。确保“人口和计划生育财政投入增长幅度高于经常性财政收入增长幅度”。

【人口和计划生育数据】 2011年，常住人口出生10451人，人口出生率10.82‰，自然增长率6.87‰；户籍人口出生3157人，人口出生率6.04‰，自然增长率–1.25‰，计划生育率99.84%；流动人口出生7294人，计划生育率92.72%。常住人口出生性别比115(其中户籍人口出生性别比106，流动人口出生性别比119)。

【开展免费孕前优生健康检查】 年内，“免费孕前优生健康检查”被列入区政府实事工程。广泛宣传营造氛围，在《奉贤报》刊登专版、制作6000份优生促进宣传光盘、2万份宣传折页、区网站设立专栏；落实职责科学实施，1月8日举行项目启动仪式，召开专题会议，形成齐抓共管、部门配合的工作格局。开展“三个一”人性关怀优质服务，即在区婚姻登记所设立一个服务点、向服务对象赠送一份优孕教育宣传礼包、聘请市专家给予一次面对面优生指导。全年为604对计划怀孕夫妇提供免费孕前优生健康检查，并根据检测结果，提供咨询指导和风险评估，出具《孕前优生健康检查结果及医学建议告知书》，建立随访档案。

【推广“普惠+特惠”试点项目】 年初，制定下发《关于在全区推进“普惠+特惠 关怀暖民心”项目的实施意见》，在全区范围内对低保边缘计划生育家庭实施救助，实现计划生育利益导向与大民政保障体系的有效融入。各镇、社区、开发区结合本地实际，对计划生育手术后遗症人员、独生子女死亡家庭的父母、患大病、重病、伤残的独生子女家庭、因第一孩病残允许再生育子女的父母开展各类帮扶救助。如南桥镇利用“六一”节开展孤儿慰问，送慰问金，为兵妈妈发放免费体检卡；金汇镇联系“上海路宝机械厂”与独生子女贫困家庭结对，给予帮扶款资助读大学；四团镇对100户困难独生子女家庭发放生活补助；柘林镇关怀流动人口独生子女，开展“小手牵大手”夏令营活动；庄行镇组织60多位计生后遗症人员、独生子女伤残死亡父母“一日游”活动。

【开展人口计生“十年工作回眸”暨先进工作者评选活动】 6月，区人口计生委开展人口计生“十年工作回眸”暨先进工作者评选活动。下发《关于开展人口计生“十年工作回眸”暨先进工作者评选活动的通知》；汇编《十年风雨路、计生书篇章——奉贤区人口计生系统十年工作回眸暨先进事迹集》：刊登区、镇（开发区）撤县建区10年来人口计生工作的主要做法、成就和20位优秀基层人口计生工作者先进事迹；并在电视台播出专题片《柘林镇人口计生办主任程秀芳：用责任和爱心创造和谐》。

【创建宅基课堂特色品牌】 区人口计生委立足“贤文化”，探索新农村家庭文化新载体，创建“宅基课堂”品牌，形成“一堂二站三会四卡”服务群众的新模式新载体，建立“区级主导、镇级负责、村级落实、社会参与、村民响应”的联动机制。全年，全区有宅基课堂点1116个，开课574次，参加21370余人次，其中流动人口5430余人次。

【推进“早教流动车”送教下乡活动】 区人口计生委，在“三级阵地＋流动服务车上门”相结合服务模式的基础上，将指导服务拓展到25所民办幼儿园。坚持开展早教指导月活动，对全区所有幼儿园婴幼儿家长和看护人开展一年4次以上免费科学育儿指导。早教流动车每月2次下乡，为农村地区和流动人口家庭提供早教指导服务，全年早教流动车服务809人次，其中流动人口234人次。联合教育、卫生、残联等部门，对全区51名0～6周岁特殊儿童上门开展送教、送温暖。

【推进独生子女保险工作】 全年参保数15617份，理赔97例，理赔金额23.2万元；累计参保70181份，理赔616例，理赔金额94.78万元。独生子女保险爱心基金对参与保险生活困难的独生子女给予补助。全年独生子女保险爱心基金助学114例，发放助学基金 3.83 万元。爱心基金累计助学351 例，助学基金14.88万元；扶助1475户计划生育困难家庭，发放扶助资金154万元，让更多的参保家庭得实惠。

【开展流动人口信息采集录入工作年终抽查】 11月24日～12月9日，区人口计生委对8个镇、2个社区、2个开发区21个村（居）委开展流动人口信息采集录入工作进行年终抽查。全年共采集流动人口信息37413份，录入综合平台。

【开展“五爱敬老”志愿服务】 11月，区人口计生委、计生协下发《关于对计划生育困难老人开展“五爱敬老”志愿服务活动的通知》，动员全区计划生育志愿者以计划生育困难老人为目标人群，开展“敬老爱老”家政服务、上门慰问、心理辅导、户外健身、医生咨询等“五爱敬老”志愿服务活动。至年底，组织志愿者3037人次，服务老人12149人，发放各类慰问金、慰问品17.33万元，发放各类宣传资料13384份，绘制宣传版面48块，悬挂宣传横幅22幅。

【招聘人口计生协管员249人】 10月，遵循“公开、公正、公平、择优”及属地就业原则，奉贤区全面启动招聘人口计生协管员工作。经过文化考试、计算机上机考试、面试、体检、政审等，招录人口计生协管员249人。配合各村、居委做好计划生育行政事务、计划生育技术服务、生殖健康保健、家庭计划指导服务等工作。

【增设人口和家庭计划指导服务中心】 11月，通过优化环境布置、拓展服务功能，打造集知识性、趣味性、互动性为一体的区人口和家庭计划指导中心，为群众提供更优质、便捷、舒适的服务。区人口和家庭计划指导服务中心设置0～3岁亲子活动、悄悄话（心理疏导）室、青春飞扬实践活动基地、姚医生工作室、药具出样（领取）、办事大厅等区域。同时，在配备4名专职人员的基础上，定期邀请不同领域的专家为群众提供个性化的服务。

【集中整治“两非”行为】 区人口计生委牵头公安奉贤分局、区卫生局、食药监奉贤分局、区妇联、区文广局等部门共同制定《奉贤区集中整治“两非”专项行动实施方案》。全年，区、镇出动1300余人次对“两非”案件进行依法整治，共检查非法行医网点429个，取缔198起，收缴各类医疗器械7000余件，药品405箱，立案查处非法行医者100人次，移交公安处理 26人，接收外省市移交“两非”案件77件，回函74件。

【钱雨晴调研区人口计生工作】 2月9日，副区长钱雨晴到区人口计生委，看望慰问全体干部职工。钱雨晴指出，2011年是“十二五”规划的开局之年，也是奉贤站在新起点实现新跨越的起始之年，全区人口计生系统广大干部在新的一年里要统一思想、坚定信心，围绕区委、区政府重点工作要求，进一步凝心聚力、开拓奋进，抓工作部署、抓工作聚焦、抓工作突破，全面推进人口计生综合改革，为着力打造“三区一基地”建设和奉贤经济社会平稳较快发展营造良好的人口环境。区人口计生委主任周晓春汇报2011年工作目标和任务。

【戴晶斌调研人口计生工作】 （1）5月4日，区委常委、组织部部长戴晶斌到区人口计生委调研人口计生工作。戴晶斌对近年来奉贤区人口计生工作取得的成绩表示肯定，并提出3点要求：一是以“十二五”规划为契机，坚持人口与发展综合决策，不断深化人口计生综合改革；二是针对流动人口急剧增加的现状，积极探索流动人口管理新模式，推进流动人口基本公共服务均等化，全面落实流动人口计划生育区域合作“一盘棋”措施；三是注重提高人口素质，贯彻落实优生促进工程，大力推广免费孕前优生健康检查项目，加强0～3岁婴幼儿早期教育。区人口计生委主任周晓春汇报2011年奉贤区人口计生重点工作及“十二五”人口计生事业发展规划。区委组织部副部长盛梅娟参加调研。（2）8月12日，戴晶斌再次到区人口计生委调研人口计生工作。在听取周晓春汇报后，戴晶斌对今后工作提出3点要求：一是要紧紧围绕区委、区政府中心工作，服务全区大局，进一步发挥人口计生部门工作优势。二是要不断深化来奉人员计划生育“党支部＋协会”模式，积极探索行业党建工作新路子，加快全覆盖工作力度。三是要做到重心下移，服务基层，从根本上保证创先争优和人口计生各项工作落到实处。

【张根舟调研人口计生工作】 6月15日，区人大常委会副主任张根舟、区人大常委会财经工委主任张妙千等一行5人到区人口计生委调研。区人口计生委副主任臧亚农就常住人口快速增长对奉贤经济社会发展的影响作专题汇报，同时对制约区人口计生工作发展问题向调研组提出建议。张根舟指出人口计生工作是一项艰巨重要的工作，一要积极开拓创新，不断破解影响和制约人口计生工作发展的新难题；二要加强人口计生队伍建设，不断提升人口计生服务管理水平；三要建立健全综合管理机制，不断开创人口计生工作新局面。

【陆兴祥调研人口计生工作】 10月11日，区委副书记陆兴祥到区人口计生委调研工作。在听取区人口计生委主任周晓春近期贯彻落实新修订的《上海市计划生育奖励与补助若干规定》和奉贤区全面启动招聘人口计生协管员工作汇报后，陆兴祥对区人口计生工作给予肯定，并就进一步做好人口计生工作提出要求：一是统一思想，狠抓落实，切实贯彻好《若干规定》，将这项惠及于民的实事工程抓紧、抓实、抓好；二是夯实基础，创新方法，大力加强人口计生工作队伍建设，扎实推动人口计生工作再上新水平。

【市人口计生委对区人口计生指导中心进行机构校验】 10月24日，市人口计生委副主任孙常敏率由市计划生育指导所专家等组成的校验组一行，到奉贤对区人口和计划生育指导中心的计生技术服务机构执业情况进行校验。校验组查看区指导中心的服务大厅和流动人口孕检服务站的对外服务情况，查阅区指导中心2008～2010年的各项工作资料，并听取区人口计生委副主任李莲对中心近3年的工作情况汇报。校验组对区人口计生指导中心3年来开展的工作情况给予肯定，并对奉贤区下一阶段开展计划生育技术服务工作提出要求。

【召开人口计生工作领导小组暨综合改革会议】

1月12日，奉贤区召开人口计生工作领导小组暨综合改革推进会议。区委副书记陆兴祥出席会议，副区长钱雨晴主持会议。钱雨晴作2011年工作部署，她指出，2011年的主要工作目标和任务是全面推进人口计生综合改革，完善统筹协调、科学管理、优质服务、利益导向、群众自治、人财保障六大机制，并提出了3点要求：一是加强领导，统筹协调，健全长效工作机制；二是深入实际，调查研究，创新制度，创新机制；三是科学规范，有序推进，做到针对重点分步实施。区人口计生委主任周晓春作2010年奉贤区人口计生工作总结。区财政局主要领导、民政局分管领导作交流发言。领导小组各成员单位、各镇、开发区分管领导近50人出席会议。

【奉贤区人口计生委召开工作会议】 2月23日，奉贤区人口计生委召开工作会议。委、中心全体人员，各镇、开发区人口计生办主任30余人参加会议。区人口计生委主任周晓春在部署2011年重点工作时强调：一要更加注重改革创新，推进人口和计划生育综合改革示范区建设工作。要以三个层面的领导统筹决策、流动人口“一盘棋”、利益导向广覆盖等机制为核心，深化工作措施，继续保持在全市的示范作用。二要更加注重宣传倡导，推进全方位人口文化宣传。结合建党90周年及“撤县建区”10周年双庆活动，加强人口文化建设，积极挖掘本土人文底蕴，打造奉贤特色的文化作品，营造统筹解决人口问题的良好氛围。三要更加注重队伍保障，推进人口计生队伍建设。

【召开2011年人口综合服务管理和计划生育工作会议】 4月12日，奉贤区召开人口综合服务管理和计划生育工作会议。区长时光辉讲话，区委副书记陆兴祥主持会议，区人大常委会副主任汪黎明，副区长钱雨晴、俞凯丰，区政协副主席张开明出席会议。时光辉提出3点要求：一要认真把握“十二五”期间面临的人口快速增长期、人口结构的重要调整期和人口服务管理的探索完善期“三大”发展趋势，站在全局的高度，增强人口工作的责任感和使命感；二要突出流动人口服务管理和为老服务工作重点，加强统筹协调，促进人口长期可持续发展；三要加强组织领导，落实制度和举措，全面推进人口计生服务管理工作。钱雨晴总结2010年人口计生工作、部署2011年工作，并代表区政府与各镇签订《奉贤区2011年人口和计划生育工作目标管理责任书》。四团镇人口计生办作交流发言。区人口计生工作领导小组成员单位、各镇（开发区）行政主要负责人、党政分管领导、人口计生办全体人员、村（居）委计生干部代表120余人出席会议。

【奉贤安徽一市二县流动人口计划生育双向管理联席会议】 （1）5月，奉贤区人口计生委联合区“打非”领导小组办公室分别赴安徽寿县、霍邱县及安庆桐城市，召开流动人口计划生育双向管理和打击“两非”工作合作交流会。奉贤区人口计生委分别和安庆桐城市、宿松县、纵阳县3地人口计生委签订两地流动人口计划生育服务管理联动协作机制协议书。奉贤区“打非”办分别和寿县、霍邱县“打非”办签订两地打击“两非”工作联动协作机制协议书，就涉及无证行医、非法行医和开展非医学需要的胎儿性别鉴定、选择性别的终止妊娠手术案件，两地“打非”办达成“两非”案件信息互通、明确职责、加强互动、联手打击的工作意向。（2）8月26日，两地就深化“党支部＋协会”模式内涵、联合开展打击“两非”、征收社会抚养费等工作进行了商讨，并达成一致意见。奉贤区人口计生委主任周晓春指出，在霍邱县人口计生委的支持配合下，两地双向服务管理工作特别是“党支部＋协会”流动人口服务管理新机制，有效地解决了流动人口管理难问题，实现了两地互惠互赢。作为流入地，奉贤将进一步贯彻落实国家《流动人口计划生育工作条例》和“一盘棋”工作要求，在信息共享、均等化服务、依法行政、诚信计生等工作上下大力气，让更多“新奉贤人”分享改革发展成果，为加快推进上海市与安徽省的区域“一盘棋”格局作贡献。

【奉贤区召开人口计生基层群众自治工作推进会】 10月13日，奉贤区人口计生基层群众自治工作推进会在庄行镇张塘村召开，各镇、开发区计生协秘书长及2011年度全国人口计生群众自治示范村（居）申报单位的计生干部参加会议。区计生协会副会长臧亚农主持会议并作动员。区人口计生委主任、区计生协常务副会长周晓春出席并提出3点要求：一是认清形势，深化理念，充分认识人口计生群众自治工作的重大意义。二是示范引领，完善机制，扎实推进人口计生群众自治工作。三是求真务实，形成合力，确保人口计生群众自治工作取得实效。一定要充分发动群众，共同参与计生工作。要求真务实，形成合力，扎实推进。

【奉贤、青浦、金山召开流动人口公共服务均等化试点项目工作座谈会】 11月18日，奉贤、青浦、金山3区人口计生委召开流动人口公共服务均等化试点项目工作座谈会。就各区试点工作进展情况、工作中遇到的问题、下阶段设想进行交流，相互点评、共促进步。通过交流，3区人口计生委进一步明确了工作目标，争取试点工作能更好地推进流动人口公共服务均等化，切实为广大流动人口提供优质的公共服务项目，以服务带动管理。（陈罗真）

崇 明 县

【概述】 2011年，全县常住人口总数858130人，出生性别比108，自然增长率－1.7‰。户籍人口68.1万人，计划生育率99.6%，户籍人口出生性别比107；流动人口15.4万人，计划生育率88.5%，流动人口出生性别比110。已连续17年持续人口负增长。

健全统筹管理机制 县人口计生委与县卫生局、县财政局共同签发文件，成立免费孕前优生健康检查工作领导小组；与县卫生局及技术服务机构就计划生育免费技术服务、孕前优生健康检查签订协议、规范病残儿鉴定工作，变人口计生工作单一部门“独角戏”为多个部门“大合唱”，有力发挥了人口计生联席会议平台作用。

健全队伍建设机制 在强基上下功夫，赴各个乡镇开展调研，在借鉴其他区的做法的基础上，对该县“十二五”时期人口计生干部队伍建设提出方案设想，争取县级层面的支持协调，形成《关于加强崇明县人口和计划生育工作队伍建设的意见》并召开全县大会布置落实，完成每万人常住人口配备3名专职人口计生干部的目标。

健全信息化和统计工作机制 立足科技强基，在向化镇开展综合信息系统村（居）应用子系统试点，夯实人口计生事业信息化保障基础。做好全国城乡人口和家庭发展状况抽样调查。开发利用“六普”数据资料，撰写课题报告，前瞻提出与该县经济社会发展相适应的人口战略。

健全宣传倡导机制 人口文化凸亮点，建设人口文化小区、人口文化街和农家书屋人口文化图书角。重点规划建设港西镇北双村生态人口文化示范点，加强人口文化阵地建设。继续与文广部门合作创作人口文化小戏，进行百场巡演，创作反映人口计生工作的表演唱、文艺小品等，以富含崇明本土气息的宣传形式扩大人口计生宣传覆盖面。利用建党90周年等重大节庆纪念日宣传节点，组织较有影响的群众性宣传活动，弘扬人口文化。加强与媒体合作，在《新民周刊》、《东方社区》、《中国社会观察》等媒体刊登专栏介绍该县人口计生工作。

健全综合治理机制 加强宣传教育，通过大众传媒及社区载体开展多样性、个性化宣传，普及保护妇女儿童权益的法律知识，倡导关爱女孩的婚育观念。县人口计生委与县宣传部、公安局、卫生局及财政局等有关部门召开协调会，联合下发《关于“十二五”期间本县全面推进婚育新风进万家活动的意见》、《崇明县集中整治“两非”专项行动实施方案》，开展专项整治行动，严厉查处“两非”和非法行医行为。由县府办转发《关于本县深入推进关爱女孩行动综合治理出生人口性别比偏高问题的意见》。落实同等优先原则，在开展扶助计划生育困难家庭、“幸福工程”、“生育关怀”等工作中，优先安排和照顾女孩家庭。

健全优生促进机制 深入开展出生缺陷一级预防，从源头上严把人口素质关口。申报上海市2011年免费孕前优生健康检查项目市级试点，成立县免费孕前优生健康检查工作领导小组，制定县免费孕前优生健康检查实施意见，并做好优生倡导和服务告知，在实施中不断改进检查流程，方便服务对象，500对夫妇接收检查。完善社区0～3岁婴幼儿科学育儿指导服务工作机制，全县已创建全国0～3岁科学育儿示范点1个、市级示范点9个，新申报示范点5个。祖辈育儿课堂巡讲深入开展，在全县乡镇开展社区婴幼儿早期启蒙教育和优生促进专家巡回辅导和指导工作。

健全横向协作机制 开展流动人口监测调查工作，召开流动人口计划生育基本公共服务均等化工作会议，布置落实全县联合执法行动，全面检查流动人口持证、验证、避孕节育情况。下发《崇明县2011年流动人口计划生育“一盘棋”工作方案》，加强县乡、部门之间协作。与安徽省全椒县签订流动人口计划生育管理和服务双向协作协议书，建立户籍所在地和人口流入地双向互动联系制度。启动计划生育均等化公共服务一镇一品项目，联合发文制定《流动人口计划生育基本公共服务均等化工作方案》，促进流动人口享受计划生育基本公共服务均等化待遇。与长宁区、徐汇区人口计生委加强结对交流，走访慰问新生代农民工计划生育困难家庭和独生子女贫困学生，营造全社会关心关爱新生代农民工的良好氛围。与静安区江宁路街道共同举办“人口文化进社区，计生关爱进家庭”纪念7.11世界人口日大型宣传活动。

健全双管齐下机制 依法审批再生育申请440份。出具社会抚养费征收决定书960份，应征收290万元，实际征收259万元，征收率89.21%。按期足额发放有关奖扶、奖补和特扶资金共计约6640万元，受惠人群4.6万人。做好信访受理，为长兴镇、绿华镇解决保险理赔事项，妥善化解社会矛盾。

健全跨地合作机制 持续推进外来人口计划生育基层协会组建工作，积极创建国家级第二批计划生育村居民群众自治示范点（港西镇北双村、竖新镇前卫村、城桥镇怡祥居委）并在全县范围内进一步扩大自治点建设。与安徽省全椒县合作在长兴镇成立“瀛洲椒馨”流动人口计划生育协会，选举出协会第一届理事会。东平镇成立新东平人活动沙龙，探索“老乡关心老乡、同行促进同行”的流动人口计划生育自我教育、自我管理、自我服务新模式。通过70岁以上空巢老人扶助慰问，向贫困母亲赠送女性健康保险，来增强应对重大疾病的抗风险能力。通过“幸福工程”、“人福阳光”项目为贫困母亲提供创业、就业机会，帮助贫困母亲脱贫致富。

健全关怀关爱工程机制 开展“进村入户”上门服务工作，下基层为1.3万余名农村带环育龄妇女提供免费B超检查，开展生殖健康咨询和导医服务。建立健全药具规范化管理的长效工作机制，深化药具服务窗口形象建设。探索和促进以“服务立体多元化、服务手段人性化、药具品种多样化、服务阵地标准化、宣传工作效应化”为内涵的计生药具优得工程，满足育龄群众避孕节育、生殖健康的需求，确保免费避孕药具发放使用安全有效。

【开展流动人口计划生育关怀关爱活动】 1月24日，县人口计生委联合县人口办和城桥镇人口计生办在流动人口集中地区大东船厂举行外来流动人口生育关怀宣传咨询服务活动。

【周卫杰到人口计生委调研】 2月17日，新春伊始，县人大常委会主任周卫杰到县人口计生委调研指导工作。

【县政府召开2011年度人口计生工作会议】 3月3日，县政府召开2011年度人口和计划生育工作。会议回顾2010年全县人口计生工作，对2011年工作进行部署。副县长王菁代表县政府与乡镇代表签订人口计生工作目标管理责任书。

【长宁区、徐汇区人口计生委到崇交流工作】 3月18日，长宁区人口计生委主任张聆与徐汇区人口计生委主任阎宗桂带队到崇明县人口计生委交流工作。3个区县人口计生委主任分别介绍2011年重点工作，并交流特色亮点工作。

【彭沉雷调研人口计生工作】 5月11日，县委书记彭沉雷到县人口和计划生育委员会调研工作。在听取县人口计生委工作汇报后，彭沉雷要求加强优生优育指导宣传，增强宣传指导的针对性、有效性。千方百计提高人口质量，想方设法降低人口出生缺陷率。稳定基层队伍，加强队伍培训和信息化建设。

【联合国儿童权益协会官员考察崇明县0～3岁科学育儿工作】 5月13日，联合国儿童权益协会项目官员到崇明县三星镇考察0～3岁科学育儿工作。参观三星幼儿园内“好小囡”早教示范点，了解早教工作的管理网络和开展情况，并和前来参加活动的婴幼儿家庭进行互动。考察团对该县婴幼儿早教工作给予肯定。

【县政协主席会议成员调研人口计生工作】 6月8日，县委副书记、县政协主席施建华率政协主席会议成员调研该县人口计生工作。主席会议成员实地察看了建设镇“七色花”0～3岁科学育儿指导服务市级示范点和城桥镇社区人口计生综合服务站，并与人口计生部门领导开展座谈。

【赵奇专题研究人口计生工作】 6月13日，县长赵奇在县政府听取县人口计生委工作汇报，专题研究有关工作。

【广泛开展7.11世界人口日宣传活动】 为纪念第22个世界人口日，6月24日，县人口计生委、三星镇人民政府共同举办“人口文化进社区 计生关爱进家庭”纪念7.11世界人口日大型宣传活动。活动内容有：江宁路街道、三星镇结对帮扶赠送、沃奶奶工作室专家咨询义诊、领导走访慰问和人口文化小戏进社区广场文艺演出。各乡镇也以文艺汇演、早市、计生条例培训、知识竞赛和在农家书屋开设专栏等多种形式，开展7.11世界人口日宣传活动。

【县流动人口计划生育均等化公共服务一镇一品项目启动暨中兴镇“‘向日葵’社区亲子俱乐部”成立仪式】 7月6日，县计划生育均等化公共服务一镇一品项目启动暨中兴镇“‘向日葵’社区亲子俱乐部”成立仪式在中兴镇举行。启动仪式上，县人口计生委向中兴镇均等化公共服务赠送活动资金，并为中兴镇的一镇一品项目“‘向日葵’社区亲子俱乐部”成立揭牌。活动中，农民工家庭代表现场获赠一份包括健康育儿手册、儿童学习用品等在内的计生服务大礼包。仪式结束后，与会人员现场观摩了中兴镇0～3岁幼儿与父母共同参与的“园前关爱”亲子运动会。

【召开加强人口计生队伍建设会议】 7月28日，县政府召开加强人口计生工作队伍建设会议。会议首先介绍文件出台背景，对文件重点内容进行解读。副县长王菁出席并讲话。

【谢玲丽到崇调研】 10月19日，市人口计生委主任谢玲丽一行到崇明港西镇北双村，就创建“国家级人口计生基层群众自治示范点”工作和开展生态人口文化建设进行调研。谢玲丽一行考察北双村人口计生基层群众自治宣传服务阵地和生态人口文化基地、查阅相关台账资料、听取港西镇创建工作汇报。谢玲丽肯定北双村在打造独具地区特色的国家级人口计生基层群众自治示范村和生态人口文化村工作中所取得的进步和成效。

【开展打击“两非”专项整治联合执法行动】 11月14～21日，县人口计生委联合县公安、卫监、食药监、妇联等部门，先后赴竖新镇、长兴镇陈家镇和城桥镇，开展集中打击“两非”（非医学需要的胎儿性别鉴定和选择性别的人工终止妊娠行为）专项整治行动。在整治行动中，共取缔无证行医点16个，对其器械和药品进行了查处没收。在打击取缔的同时，执法人员还向群众宣传计生政策，告知群众在非法行医点就诊的危害性，引导他们前去正规医院就诊。

【王菁调研指导人口计生工作】 11月25日，副县长王菁在县人口计生委领导的陪同下到港西镇北双村调研指导人口计生工作。王菁查看北双村人口计生基层群众自治工作相关硬件设施情况，肯定港西镇在人口和计划生育基层群众自治工作中取得的成绩，以及在探索开展生态人口文化建设方面所做的努力。 （徐　洁）

1月

4日　市人口计生委与市计划生育科研所联合召开座谈会，就建立上海市人口与家庭计划指导服务中心方案进行研讨。市人口计生委主任谢玲丽出席会议并讲话。

5日　上海市性教育协会召开三届六次常务理事会，来自市人口计生、教育、卫生等部门和研究机构的领导和专家出席会议，会长孙常敏主持会议。与会常务理事结合本职工作交流参与性教育研究和群众宣传培训工作的经验与感受，并对协会今后的持续发展建言献策，达成共识。

6～7日　市人口计生委召开2010年上海人口计生发展规划与统计年终工作总结交流会。会议通报全国"阳光统计之星"获奖情况，全面回顾总结全市2010年人口计生发展规划与统计工作，通报2011年工作的初步安排，各区县开展工作交流。

7日　副市长赵雯到市人口计生委调研指导工作，市人口计生委主任谢玲丽汇报2010年全市人口计生工作主要进展、2011年工作要点和第一季度重点工作。赵雯指出，近几年来上海人口计生工作取得了显著成效，但在新的形势下，要充分认识人口计生工作面临的新情况、新问题，要进一步完善人口计生工作运行机制，要有创新思路，注重实效，推动上海人口计生工作实现跨越式发展。

同日　市人口计生委主任谢玲丽主持召开主任办公会，研究贯彻落实副市长赵雯到市人口计生委调研时的指示要求。谢玲丽指出，全市人口计生系统要认真贯彻落实赵雯副市长的指示精神，进一步梳理2011年要突破的重点和难点工作，一项一项抓落实，不断完善体制机制，推动上海人口计生工作迈上新台阶。

同日　市计生协召开五届九次常务理事会。全国政协常委、市计生协会长左焕琛主持会议，市人口计生委主任、市计生协常务副会长谢玲丽，市人口计生委巡视员、市计生协副会长夏毅等全体常务理事出席会议。

14日上午　市人口计生委主任谢玲丽主持召开委务会传达贯彻全国人口计生委主任会议讲话精神。谢玲丽指出，2011年是实施"十二五"规划的开局之年。全市人口计生工作要深入贯彻科学发展观，全面落实党的十七届五中全会和九届市委十四次全会精神以及国家人口计生委的各项要求，紧紧围绕创新驱动、转型发展的中心任务，进一步解放思想，勇于改革创新，继续保持在全国的率先、示范和引领作用，为上海新一轮发展和实现"四个率先"、建设"四个中心"营造良好的人口环境，以优异的成绩迎接建党90周年。

22日　上海市2011年"母婴健康社区行合作项目"启动暨上海市优生优育网络服务平台——"宝优网"（二期）开通仪式在徐汇区田

林社区文化活动中心举行，市人口计生委主任谢玲丽，副主任孙常敏、赵勇，徐汇区副区长周秀芬出席活动。

24日 副市长赵雯到市人口计生委调研指导工作，市政府副秘书长薛潮陪同调研。赵雯听取市人口计生委主任谢玲丽关于近期人口计生工作情况的汇报后，要求抓好开局工作，当前特别是要认真做好人口计生工作方面的市人大代表书面意见和政协提案办理工作，进一步做好对独生子女困难家庭的扶贫帮困送温暖工作，进一步强化流动人口服务管理，加强人口计生工作队伍建设。

同日 市人口计生委召开专题会议，研究处理“两会”期间有关人口计生工作方面的市人大代表书面意见和政协提案。市人口计生委主任谢玲丽要求按照赵雯副市长来委调研时的指示要求，高度重视书面意见和提案办理工作，认真开展调查研究，加强与代表、委员的沟通联系，落实好各项答复和处理工作，以此为抓手改进工作，聚焦民生，提升水平。

27日 市人口计生委主任谢玲丽率队到青浦区考察调研人口计生工作，青浦区副区长陶夏芳、区人口计生委主任徐孝芳等陪同。

28日 市人口计生委党委和纪委联合召开专题会议，传达贯彻九届市纪委六次全会精神。会议传达胡锦涛总书记在十七届中央纪委六次全会上的讲话精神，传达市委书记俞正声在九届市纪委六次全会上的讲话精神。

2月

9日 副市长赵雯到市人口计生委调研工作。市人口计生委主任谢玲丽汇报2011年开局工作。赵雯强调：2011年是“十二五”规划的起步之年，要抓好开局工作，抓住重点，聚焦民生改善，启动实施“十二五”人口计生事业发展规划，深入开展人口重大问题研究，全面推进优生促进工程和婴幼儿早期启蒙工程，不断完善人口计生利益导向机制，强化流动人口服务管理，进一步加强人口计生公共服务网络建设，加强人财物保障，为统筹解决人口问题提供强有力支撑。

11日 市人口计生委党委举行《大力弘扬世博精神，创新发展人口计生工作》专题报告会，邀请上海世博会事务协调局党委副书记、副局长陈安杰为市人口计生委系统干部职工作专题报告。市人口计生委党委书记、主任谢玲丽主持报告会。

12日 市人口计生委印发《上海市2011年人口和计划生育工作要点》。

15日 市人口计生委召开专题会议，学习传达贯彻市政府工作会议精神，市人口计生委主任谢玲丽传达会议情况和韩正市长讲话精神。谢玲丽要求全市人口计生系统广大干部和工作人员按照市政府工作会议要求，围绕创新驱动、转型发展，全力以赴推进全市人口计生重点工作，勇于解放思想，善于创新突破，聚焦民生，重点抓好完善政策、健全人口计生利益导向机制、强化流动人口服务管理、推进优生促进工程、深化人口战略研究、完善公共服务体系建设。

21日 市人口计生委召开市人口早期发展协会成立大会。市人口计生委主任谢玲丽、市社团局副局长单杰出席会议并为协会揭牌。市人口计生委副主任孙常敏、副巡视员张梅兴，复旦大学附属妇产科医院院长邬惊雷等出席会议。会议听取协会筹备小组关于协会筹备的工作报告，审议通过《上海市人口早期发展协会章程》、协会会费收缴办法和大会决议，选举产生了第一届理事会理事、常务理事、会长、副会长和秘书长。

23～25日 市人口计生委组织相关处室前往安徽考察交流流动人口计划生育工作，双方就创新两省（市）人口计生协作工作机制、配合做好流动人口计划生育证件办理、流动人口计划生育公共服务、完善两地配合的社会抚养费征收机制、开展关爱女孩行动和打击“两非”双向协作、开展人口信息网络化协作等7个方面达成共识。

24日 2011年全国人口计生系统反腐倡廉工作视频会议召开。在视频会议上，市人口计生委党委书记、主任谢玲丽作《倾听民意，转变作风，转型发展，打造12356阳光计生服务热线优良品牌》的经验介绍，介绍上海以12356阳光计生服务热线平台为抓手，聚焦计划生育民生问题，深入推进阳光计生行动，转变工作作风的做法和经验。

同日　国家人口计生委、财政部联合召开免费孕前优生健康检查项目第二批试点工作电视电话会议，静安、杨浦、松江3个区被列为国家试点区。本市随即在上海分会场召开上海国家免费孕前优生健康检查项目试点启动会，市人口计生委主任谢玲丽出席会议并讲话。谢玲丽指出，要充分认识免费孕前优生健康检查项目试点是我国统筹解决人口问题的重要工作之一，也是一项重大的民生项目，上海一定要贯彻好国家的部署和要求，推动本市优生促进工作全面升级。

28日～3月1日　国家人口计生委在广州召开加强和创新流动人口服务管理暨全国“一盘棋”机制建设会议。市人口计生委主任谢玲丽在会上作题为《加强特大型城市发展进程中，引导人口合理分布的战略研究和科学决策》的交流发言，介绍近年来上海市人口计生委以战略研究为引领，以信息化为手段，为推动全市人口合理分布提供决策支撑，引导城乡人口合理分布等情况。

3月

7日　2011年上海市“母婴健康社区行合作项目”暨上海市优生优育网络服务平台“宝优网”（二期）开通试运行工作恳谈会召开。市人口计生委副主任孙常敏、赵勇出席会议并讲话。

10日　市人口计生委在松江区召开“流动人口计划生育基本公共服务均等化试点工作座谈会”。松江、杨浦、宝山和闵行区等4个国家试点区人口计生委分管领导分别就试点工作的进展和下一步打算作交流和汇报。

15日　市人口计生委召开全市人口计生政策法规工作会议。会议对2011年人口计生政策法规工作要点进行了部署和解读。会议强调，立法工作要胸怀全局，利益导向要统筹兼顾，要加大调研力度；执法工作要规范、公正、文明，坚持依法行政与以人为本的有机统一，保障群众合法权益，切实维护社会稳定。会议要求，人口计生政策法规工作人员要加强学习，全面提升自身能力，不断提高政策法规工作水平。

16日　市人口计生委下发《关于开展2011年度社区优生优育指导服务示范单位创建活动的通知》。

同日　市人口计生委组织召开《“十二五”人口和计划生育事业发展规划（草案）》专题讨论会，听取市人大相关部门和部分人大代表意见。

21日　上海市计生协由会长左焕琛带队，组织区县计生协常务副会长赴福建省厦门市计生协学习考察。双方就健全基层计生协、会员小组的运作模式，更好地发挥计生协在流动人口计生管理服务中的作用等进行交流。

23日　市人口计生委召开全市人口计生发展规划工作会议。会议对2011年人口计生发展规划工作要点进行了部署。会议强调，2011年是“十二五”规划实施起步之年，在规范开展规划编制工作的同时，更要注重做好启动落实工作；要重视研究郊区新城建设人口发展研究，根据区县特点，把握好焦点问题，深入推进人口研究工作；要探索实施人口发展监测工作，做好人口变动的动态统计；要进一步重视基层基础工作，健全台账管理，开展工作抽查。

24日　市人口计生委、市财政局联合印发了《关于成立上海市实施国家免费孕前优生健康检查项目试点工作领导小组的通知》，领导小组组长由市人口计生委主任谢玲丽担任，市财政局副局长田春华、市人口计生委副主任孙常敏、静安区副区长朱成钢、杨浦区副区长吴乾渝、松江区副区长任向阳担任副组长。

28日　市长韩正主持召开市政府常务会议，会议听取市人口计生委主任谢玲丽关于修订《上海市计划生育奖励与补助若干规定（送审稿）》的汇报。会议要求市人口计生委会同有关部门从计划生育作为我国基本国策的高度，进一步研究、提高与本市经济社会发展水平相适应的计划生育奖励与补助标准，并按程序提交市委常委会审议。

同日 市人口计生委党委召开创先争优活动推进会。会议传达上级关于创先争优活动要求，回顾总结委系统2010年创先争优活动开展的成果，对2011年创先争优活动进行部署。

同日 市人口计生委在嘉定区召开上海市2011年流动人口计划生育服务管理“一盘棋”机制建设交流会。会议传达全国流动人口计划生育服务管理“一盘棋”机制建设会议精神，部署本市2011年“一盘棋”工作。市人口计生委要求各区（县）人口计生委要提高认识，稳步推进流动人口基本公共服务均等化；充分利用综合协调工作平台，不断推进政策完善；认真做好信息交换工作，逐步推进区域协作深入；加强交流学习，共同研究解决难点工作。

31日 市委书记俞正声主持召开市委常委会，审议关于修改《上海市计划生育奖励与补助若干规定》若干条款的汇报。受市政府党组委托，市人口计生委主任谢玲丽进行汇报。经审议，会议原则同意关于修改《上海市计划生育奖励与补助若干规定》若干条款的汇报。

4月

1日 市政协在市人口与发展研究中心组织召开《“十二五”人口和计划生育事业发展规划（草案）》专题座谈会。市政协副秘书长朱志诚出席并主持会议，市人口计生委主任，市政协人口资源环境建设委员会主任谢玲丽出席会议并讲话，市政协人资环建委有关同志和部分政协委员参加会议。

6日 市政府召开全市人口和计划生育工作会议。副市长赵雯出席会议并讲话。赵雯要求各区县、各部门和各级领导干部要站在全局和战略高度，增强做好新形势下人口计生工作的责任感和使命感，坚持以人为本，正确把握未来人口发展变动的趋势和特征，实施人口与发展综合决策，建立以人口为基本参数的社会资源和公共服务匹配机制。不断完善人口计生工作目标管理责任制和绩效考核。进一步健全部门联动、政策衔接、资源整合、信息共享的工作机制。进一步加强人财保障机制，确保人口计生财政投入增长幅度要高于财政经常性收入增长幅度，稳定和加强各级人口计生机构和队伍。

6～21日 市人口计生委分3期在市人发中心举办“2011年基层新进人员岗位培训班”，来自12个区县的221名人口计生干部参加了培训。培训针对基层人口计生工作的实际情况和业务现状，主要选取了人口理论、政策法规、宣传教育、流动人口管理、技术服务、婴幼儿早期启蒙、青春期性与生殖健康、避孕药具知情选择等课程，内容丰富，涵盖广泛。培训结束后，针对培训内容，对学员进行了测试和评估。

10日 南汇桃花节暨哈佛教授健康新理念演讲会召开。市人口计生委主任谢玲丽，市人口计生委副主任孙常敏、赵勇等出席活动。

12～17日 市人口计生委主任谢玲丽带队到广东省和广西壮族自治区开展工作考察交流。广西壮族自治区政府副主席高雄、副秘书长张振东，广东省政府副秘书长、省人口计生委主任张枫与谢玲丽一行进行交流座谈。

15日 国家人口计生委政策法规司来上海调研行政执法信息化建设情况。调研组对上海市人口计生部门依法共享相关部门信息，将大部分人口计生行政执法事项纳入信息系统办理，以及社区事务一门式受理服务的模式予以充分肯定，认为我市运用信息化技术办理人口计生行政事务，实现行政执法事项办理的全程监督，促进了依法行政和规范执法，同时方便了群众、提高了效率。

20日 市人口计生委召开2011年全市计划生育药具工作会议。市人口计生委主任谢玲丽出席会议并讲话。谢玲丽强调：各区县人口计生委要把药具优得工程作为“十二五”期间强化人口计生公共服务的一项实事工程和民生工程，进一步加强对本地区药具优得工程建设的领导、协调和推进，加强与相关部门的沟通、联系和协调，注重资源整合和上下联动，形成合力，使药具优得工程落到实处，打造成为上海市人口计生公共服务的优质品牌。会上，“上海市计划生育药具技术指导和咨询服务中心”成立，谢玲丽与市计划生育科学研究所所长李元春共同为中心揭牌。

同日 国家人口计生委流动人口服务管理司到上海市人口计生委调研和指导流动人口动态监测工作，市人口计生委主任谢玲丽陪同调研。

28日 市人口计生委召开党委中心组扩大学习会，认真学习贯彻胡锦涛总书记4月26日在中共中央政治局第二十八次集体学习时的重要讲话精神。市人口计生委党委书记、主任谢玲丽要求上海人口计生系统干部和工作人员把学习贯彻胡锦涛总书记的重要讲话精神作为当前的一项重要工作来抓，利用市、区（县）人口计生工作联席会议平台，迅速掀起学习、贯彻重要讲话的高潮，把思想、认识和行动统一到中央的决策部署上来，进一步增强责任感和使命感。要把学习胡锦涛总书记重要讲话与推进落实2011年工作、完善上海市人口计生事业发展“十二五”规划紧密结合起来，围绕创新驱动、转型发展，将人口计生工作作为加强城市社会管理与公共服务的重要内容，强化“大人口”工作，深化“小人口”工作，推进重点难点人口问题的统筹解决。

29日下午 市人口计生委主任谢玲丽到杨浦区调研“多代屋”服务模式，杨浦区副区长吴乾渝陪同调研。谢玲丽主任充分肯定了杨浦区在创建“多代屋”方面进行的有益探索，并要求在下一步工作中要认真总结杨浦区“多代屋”的做法和经验，发挥世博后效应，按照问题导向、需求导向、项目导向的要求，推动“多代屋”服务朝规范化和可持续方向发展，造福于广大人民群众，促进家庭幸福、多代融合、社区和谐。

5月

3日 市人口计生委召开区县人口计生委主任会议，集中学习中央政治局第二十八次集体学习的有关精神，并就深入贯彻落实进行了全面部署。

4日 副市长赵雯赴北京，与国家人口计生委领导就完善政策等事宜进行沟通，市人口计生委主任谢玲丽等陪同。受国家人口计生委主任李斌委托，副主任王培安会见赵雯一行。

5日 市计生协召开生育关怀项目推进会暨幸福工程捐款仪式。全国政协常委、市计生协会长左焕琛出席会议并讲话。左焕琛要求市、区计生协要积极探索，以项目化运作为抓手，逐步完善“专项扶助、幸福工程、生育关怀、保险计划”四位一体计划生育困难家庭救助模式。

6～8日 国家人口计生委国际合作司“强基提质”工程调研组一行来沪调研“强基提质”工程实施情况。在沪期间，调研组听取市人口计生委关于实施“强基提质”工程情况的汇报，并分别到闵行区、卢湾区进行考察调研。

18日 市人口计生委、市政府发展研究中心共同举行2011年度上海市政府决策咨询（人口系列）课题暨人口计生专项研究课题发布会。

20～22日 副市长赵雯率上海市人口计生工作考察团赴广东省学习考察。20日，粤沪两地流动人口服务管理座谈会在广州召开，双方就贯彻落实胡锦涛总书记在中央政治局第二十八次集体学习时的重要讲话精神，进一步加强人口工作，增进沪粤两地交流合作，共同推动流动人口计划生育工作区域“一盘棋”格局形成，引导人口有序迁移和合理分布，稳步推进流动人口基本公共服务均等化等方面进行座谈交流。上海市副市长赵雯、广东省副省长雷于蓝出席座谈会并讲话。上海市人口计生委主任谢玲丽，广东省政府副秘书长、省人口计生委主任张枫出席会议并陪同考察。在粤期间，赵雯一行考察广州市和中山市流动人口服务点和市政建设、珠海市城市规划及流动人口管理情况、斗门计生服务机构等。

6月

1日 市政府印发修订后的《上海市计划生育奖励与补助若干规定》（沪府发〔2011〕24号）。

8日　市人口计生委召开专题委务会暨党委会议，听取全国计划生育协会工作座谈会精神汇报。

10日　北京市人口计生委党组书记、主任刘志和国家人口计生委人事司以及北京市人口计生委、市编办、市发展改革委、市公安局、市民政局、市社会办、市统计局等有关部门负责人一行14人来上海市交流考察人口计生工作。

14日　市人口计生系统纪念建党90周年文艺汇演在浦东新区青少年活动中心隆重举行。

22～23日　全国人口和计划生育科技工作会议在北京召开。市人口计生委副主任孙常敏在会上作题为《开拓创新，转型发展，积极探索城市人口计生科技服务之路》的交流发言。

28日　市计生协会召开区县计划生育协会会长座谈会，全国政协常委、市计生协会长左焕琛，市人口计生委主任、市计生协常务副会长谢玲丽出席会议并讲话，市人口计生委巡视员、市计生协副会长夏毅主持会议。左焕琛肯定了近年来全市各级计生协在生育关怀行动、流动人口协会建设、幸福工程、青春健康教育、志愿者服务、对外交流合作等方面所取得的成绩，并对进一步做好计生协工作提出要求。

29日　2011年上海市人口计生系统育婴师职业资格培训班举行开班仪式。市人口计生委主任谢玲丽要求通过培训，人口计生干部能够为0～3岁婴幼儿家庭提供全方位、个性化的指导服务，从而不断完善政府推动、部门协作、社会参与、家庭响应的社区0～3岁婴幼儿科学育儿指导服务体系。

7月

7日　市人口计生委举行2011年上海市"世界人口日"宣传活动暨上海市人口和家庭计划指导服务中心启动揭牌仪式。国家人口计生委副主任陈立、上海市副市长赵雯出席并为中心揭牌。市人口计生委主任谢玲丽强调，成立上海市人口和家庭计划指导服务中心，这是贯彻落实胡锦涛总书记在中共中央政治局第28次集体学习时重要讲话精神以及前不久召开的全国人口和计划生育科技工作会议精神的重要举措。

18日　市人口计生委召开人口计生科技工作会议暨2010年免费孕前优生健康检查项目试点工作终期评估交流会。

25日　市人口计生委召开上半年人口形势分析座谈会，市统计局、市发改委、市公安局、市人口办、市卫生局、市出入境管理局、市疾病控制中心等部门相关负责人参加会议。各部门通报交流人口相关数据，分析了全市上半年人口总量、出生、死亡、婚姻登记和境外人口等变动情况，并对全市实有人口统计进行了讨论，预测分析了全年人口发展趋势。会议还交流了各部门人口统计业务开展情况，对第六次全国人口普查数据开发进行讨论。

28日　市人口计生委、计生协联合召开"上海市诚信计生暨人口计生基层群众自治工作推进会"。会议传达"全国诚信计生暨人口计生基层群众自治工作座谈会"精神，就市人口计生委、计生协《关于进一步全面推进诚信计生和人口计生基层群众自治工作的实施意见（讨论稿）》进行了解读说明。

8月

2日　副市长赵雯到市人口计生委调研指导工作。赵雯指出，上半年全市人口计生工作成效明显，做了大量有利于民生的工作，符合党中央、国务院和市委、市政府的要求。强调，下半年全市人口计生工作要紧紧围绕贯彻落实胡锦涛总书记重要讲话精神，认真学习党中央、国务院《关于加强和创新社会管理的意见》文件精神，全面落实九届市委十五次全会精神，进一步解放思想、开拓创新，加强和创新社会管理，深入推进人口计生公共服务管理，特别是要做好流动人口和特殊人群服务管理工作，充分发挥和拓展人口计生部门的社会管理和公共服务职能。

10日　市人口计生委召开《人口分志》编纂工作推进会，组织各参编单位和相关人口学专家就篇目大纲进行讨论，调整和完善篇目大纲，并对下一步编纂工作进行部署。

同日 “上海流动人口基本公共服务均等化研究”课题正式启动。市人口计生委主任谢玲丽，市政府发展研究中心主任周振华出席课题启动会，对课题研究提出建议和要求。

同日 市人口计生委召开2011年流动人口计划生育服务管理“一盘棋”工作推进会。会议传达国家人口计生委全国流动人口服务管理“一盘棋”工作视频会议精神，通报上海市2011年上半年流动人口计划生育服务管理“一盘棋”工作进展情况。市人口计生委要求各区县进一步加强统筹管理，稳步推进均等化试点工作，不断完善信息化管理，做好流动人口动态监测数据分析，加强双向管理和区域协作等，认真做好下半年流动人口服务管理“一盘棋”工作。

16日 市计生协援助江西建立幸福工程项目签约仪式在江西省资溪县举行。全国政协常委、上海市计生协会长左焕琛，副会长周剑萍，江西省计生协常务副会长朱菊芳，抚州市副市长黄赛荣，资溪县县委书记徐国义等出席会议。

同日 国家人口计生委、公安部、卫生部、国家食品药品监管局、解放军总后勤部卫生部、全国妇联联合召开全国集中整治“两非”专项行动电视电话会议。市人口计生工作联席会议办公室主任、市人口计生委主任谢玲丽在上海分会场就贯彻落实全国电视电话会议精神、开展集中整治“两非”专项行动进行部署。

19日 市人口计生委召开全市人口计生宣教工作会议，总结交流上半年工作，部署下一步工作。

22日 市人口计生委、市人口早期发展协会联合举办人口早期发展研讨会。市人口计生委主任谢玲丽强调：加强0～3岁婴幼儿早期启蒙工作、提高人口素质是上海特大型城市统筹解决人口问题的主要任务，也是加强和创新社会管理的应有之义。

23日 市人口计生委组织开展2011年度上海市人口计生系统外宣工作培训班。培训班采用专题讲座与模拟演练的形式，对全市人口计生系统领导干部就如何做好外宣工作、应对突发事件等内容进行培训。

24日 副市长赵雯到市人口计生委调研指导工作。赵雯指出：今年以来全市人口计生工作稳步推进，各项工作取得显著成效。要重点抓好三项工作：一是认真贯彻落实市政府新修订的《上海市计划生育奖励与补助若干规定》，确保奖励与补助政策落到实处；同时，要关注计划生育困难群体，抓紧开展专项调研，提出政策建议。二是强化流动人口计划生育服务管理，按照国家人口计生委等部门的要求，开展集中整治“两非”专项行动。三是加强人口计生干部队伍建设，深入基层开展调研，努力提升服务能力和服务水平。

30日 国家人口计生委在上海召开“特大城市人口规模调控”课题研讨会。国家人口计生委副主任王培安出席会议并讲话。国家发改委城市和小城镇改革发展中心以及北京、上海和广州课题组负责人和主要成员参加研讨会，上海有关部门领导和专家学者也应邀参加研讨会。研讨会上，各课题组汇报阶段性研究成果，听取专家学者和相关部门领导的意见和建议。国家人口计生委副主任王培安在讲话中肯定各课题组取得的进展和成果，同时，要求各课题组加强调研，做好研究论证，开展必要的预测、验算，提出可操作性的政策措施。

同日 上海市召开流动人口基本公共服务均等化试点工作汇报会。国家人口计生委副主任王培安，国家人口计生委流动人口司司长王谦，市人口计生委主任谢玲丽等出席会议。谢玲丽汇报全市流动人口基本公共服务均等化工作，松江、杨浦、闵行、宝山区分别汇报各区的流动人口基本公共服务均等化试点工作情况。王培安对上海市流动人口基本公共服务均等化工作给予肯定，希望上海人口计生部门继续着眼大局，加强理论学习和实践探索，不断总结经验，探索行之有效的工作方法，创新体制机制，巩固现有的服务管理网络，保持良好的发展态势，为全国流动人口基本公共服务均等化工作作出新的贡献。

31日 国家人口计生委副主任王培安一行到上海市人口计生委调研流动人口计划生育服务管理“一盘棋”工作。市人口计生委向调研组汇报近年来本市流动人口服务管理“一盘棋”机制建设情况，同时演示本市人口计生系统信息化建设内容。王培安希望不断健全完善流动人口服务管理体制，加强建立流动人口动态监测的长效机制，做好“三年三步走”“全国一盘棋”工作总结和自评安排，进一步弄清情况，科学分析、推进特大城市人口规模调控课题研究工作。

同日 国家人口计生委召开全国人口计生系统窗口单位为民服务创先争优视频会，国家人口计生委主任李斌作动员讲话。视频会议结束后，市人口计生委副主任赵勇召开专题会议，深入学习贯彻全国视频会议精神。

同日 市计生协在上海宝山国际民间艺术博览馆举行“我为国策添光彩、我为事业做贡献、我为协会尽责任”主题摄影展开幕式。全国政协常委、上海市计生协会长左焕琛宣布摄影展开幕，市人口计生委主任、市计生协常务副会长谢玲丽宣读摄影展获奖名单。

9月

9日 市人口计生委举行党委中心组学习报告会，邀请市信息中心主任、上海市“十二五”规划专家委员会成员王思政同志为委系统党员干部作“建设智慧城市 实现智慧增长”专题报告。

10日 市计生协援助西藏自治区建立幸福工程项目签约仪式在日喀则举行。西藏自治区人口计生委主任玉拉、上海市人口计生委副巡视员张梅兴、日喀则地区行署副专员欧珠卓玛等出席签约仪式。

15日 市人口计生委联合市公安局、市卫生局、市食品药品监督管理局、上海警备区后勤部和市妇联，下发《关于印发〈上海市集中整治“两非”专项行动实施方案〉的通知》。

20日 市人口计生委、市财政局联合印发《关于本市开展国家免费孕前优生健康检查项目试点工作的指导意见》。

22日 市人口计生委召开学习贯彻推进智慧城市建设动员大会精神工作会议。会议要求不断完善人口计生信息化建设的体制和机制，以服务群众和服务基层为立足点，以创新应用为突破口，制定本市人口计生系统推进智慧城市建设工作方案，积极融入到全市智慧城市建设大局中去。

24日 全市首个区级人口早期发展协会在嘉定区马陆镇成立。市人口计生委主任谢玲丽和嘉定区副区长夏以群为协会揭牌。

10月

17～19日 按照国家人口计生委、中国计划生育协会的要求，上海市人口计生委、市计生协组成评估工作组，对本市各区县上报推荐的2011年度全国人口计生基层群众自治示范村（居）进行抽查评估。

19日 市人口计生委主任、市计生协会常务副会长谢玲丽一行到崇明港西镇北双村，就创建“人口计生基层群众自治示范点”工作和开展生态人口文化建设进行调研。崇明县副县长王菁，县人口计生委主任施俭、党组书记陈英等陪同调研。

同日 市人口计生委组织召开区县人口计生委政策法规工作分管主任、科长会议，专题部署计划生育手术并发症人员扶助工作。

25日 市人口计生委、上海人口与发展研究院联合举办文化体制改革与家庭文化发展研讨会，聚焦当今上海家庭文化发展的新趋势，围绕群众对家庭文化和提升家庭发展能力的新期待，深入探讨新形势下家庭文化的内涵建设、体制建设和机制建设。

26日 市人口计生委召开新闻发布会，市人口计生委主任谢玲丽发布本市人口出生预报、来沪人员社会融合与居留意愿状况调查、本市常住已婚育龄妇女避孕节育抽样调查的主要内容等。

同日 上海市性教育协会、上海市计划生育协会在市科学会堂联合举办“性与生殖健康教育信息传递会”，介绍了“家庭与性教育”、“未婚流动人口青少年性与生殖健康教育服务的干预”、“婴幼儿性发育与性教育”、“老年性健康现状及社区健康促进策略”、“性教育与媒体”、“紧急避孕新进展”等领域的社会状况、研究进展、挑战与应对策略等。

11月

3日 上海市普陀区举行区人口家庭计划指导中心揭牌仪式暨市民活动日。全国政协常委、市计生协会会长左焕琛，市人口计生委主任谢玲丽，普陀区区长孙荣乾等领导出席仪式。

同日 市人口计生委印发《关于加强本市人口和家庭计划指导服务工作的意见》。

7～8日 国家人口计生委流动人口服务管理司副司长贺丹等一行到上海检查评估《流动人口计划生育工作条例》贯彻落实情况及“一盘棋”工作开展情况。市人口计生委副巡视员张梅兴等陪同。

10日上午 副市长赵雯到市人口计生委检查指导工作，要求全市人口计生系统进一步解放思想，改革创新，按照时间节点抓紧落实年初制定的各项工作目标，确保全年工作顺利完成。

15日 市人口计生委、市政府外办联合召开上海市人口和计划生育情况通报会。美国、法国、俄罗斯、瑞典、芬兰、日本、乌拉圭、保加利亚、新加坡等18个国家驻沪领馆官员出席。市人口计生委主任谢玲丽通报2011年上海市人口计生工作情况。会后，领馆官员们考察了徐汇区人口和家庭计划指导服务中心。

同日 市政府印发《上海市人口和计划生育事业发展“十二五”规划》。

16日 全国政协常委、市政协副主席蔡威赴杨浦区调研优生促进工作，杨浦区副区长吴乾渝陪同调研。蔡威指出要积极发挥区域优质卫生资源与政府部门优势相结合的作用，进一步提升优生促进工作的科学性和有效性，从源头上提高出生人口素质。

21日 国家人口计生委召开“全国人口计生依法行政工作电视电话会议”。市人口计生委主任谢玲丽就贯彻落实会议精神提出三点意见：一要认真学习会议精神，进一步提高对依法行政重要性和必要性的认识。二要全面开展清理、梳理、整理、总结工作，扎实推进上海人口计生依法行政。三要把握重点，切实把依法行政工作任务落到实处。

23～24日 市人口计生委主任谢玲丽率上海代表一行5人，参加在福建省漳州市召开的全国创建幸福家庭活动试点工作座谈会。

23日 市人口计生委、市计生协召开全市独生子女保险计划工作总结暨推进会。市人口计生委副主任赵勇出席会议并讲话。

29～30日 中国计划生育协会在京召开七届二次全国理事会。中共中央政治局委员、全国政协副主席、中计协会长王刚，国家人口计生委主任李斌，中计协党组书记、常务副会长杨玉学等出席会议。上海市人口计生委主任，市计生协常务副会长谢玲丽在会上作题为“坚持计生协发展战略，推动‘生育关怀——青春健康’蓬勃发展”的交流发言。

12月

4～6日 由项目专家组专家、北京大学教授乔晓春带领的中国／联合国人口基金第七周期生殖健康／人口与发展项目调查组一行来上海开展基线调查。

13日 由上海市人口计生委、上海人口与发展研究院、上海市人口早期发展协会共同举办的“上海市社区与儿童早期发展国际学术交流会”在沪举行。市人口计生委主任谢玲丽出席会议并发表致辞。

14～15日 市人口计生委召开2011年度全市人口计生工作目标管理考核汇报会。按照2011年年初市政府与各区县政府签订的人口计生工作目标管理责任书的要求，市人口计生委对各区县人口计生工作情况进行考核评估，各区县人口计生委、市人口计生委委属各单位在会上集中交流2011年目标管理责任制执行情况。会议对2012年人口计生重点工作进行部署。

21日 副市长赵雯主持召开人口计生工作分管区县长会议，回顾总结2011年全市人口计生工作主要进展，研究讨论2012年工作。会议由市政协副秘书长薛潮主持。赵雯要求进一步加强全市人口计生系统机构和队伍建设，各级人口计生部门领导要进一步加强学习，转变思想观念，提高自身综合素质，弘扬人文精神，树立正确的世界观、人生观和价值观，振奋精神，开拓创新，积极推进人口计生工作改革与发展，促进人口与经济、社会、资源和环境全面协调可持续发展。上海市人口计生委主任谢玲丽、副主任赵勇，各区县人口计生工作分管区县长等参加会议。

22日 市政府印发新修订的《上海市社会抚养费征收管理若干规定》，于2012年1月1日起施行。新修订的《上海市社会抚养费征收管理若干规定》调整的内容主要有两项：一是对于生育第一个子女不符合规定的公民，均按基数的一半征收社会抚养费；二是对于符合再生育条件但未办手续而生育子女的夫妻，由区县人口计生委责令当事人在三个月内补办再生育手续，补办再生育手续后，不再征收社会抚养费；逾期不补办的，对男女双方当事人各按基数的四分之一征收社会抚养费。

26～27日 市人口计生委召开2011年免费孕前优生健康检查项目评估总结会，市人口计生委副主任孙常敏出席会议并讲话。

27日 市人口计生委和复旦大学出生缺陷研究中心联合召开孕前优生遗传咨询和特异性检查研讨会。中科院院士、复旦大学生物医学研究院院长贺林教授，复旦大学出生缺陷研究中心常务副主任马端教授，以及来自复旦大学生命科学院、附属儿科医院、附属妇产科医院，交通大学B io－X研究院、附属新华医院、附属儿童医院、附属国际和平妇婴保健院的专家出席研讨会。

十五、人口数据

上海市2011年人口自然增长情况分析

表1

地区	年末人口数(人)	出生(人)	死亡(人)	自然增长(人)	出生率(‰)	死亡率(‰)	自然增长率(‰)	与上年比较(±‰)	
								出生率	自然增长率
常住人口	2347.46万	18.00万	11.85万	6.15万	7.74	5.10	2.64	−0.02	0.09
其中：户籍常住	1412.10万	—	—	—	—	—	—	—	—
外来常住	935.36万	7.85万	0.74万	7.11万	8.56	0.81	7.75	−0.16	0.07
户籍人口	14193587	101507	111142	−9635	7.17	7.85	−0.68	0.04	−0.08
黄浦区	905643	6786	8051	−1265	7.49	8.89	−1.40	—	—
徐汇区	914621	6131	6892	−761	6.72	7.55	−0.83	0.01	−0.19
长宁区	620483	5006	4577	429	8.10	7.40	0.70	1.17	1.01
静安区	302269	2161	2726	−565	7.12	8.98	−1.86	0.52	0.29
普陀区	881106	6187	7557	−1370	7.03	8.59	−1.56	0.31	0.19
闸北区	688940	4901	6119	−1218	7.10	8.86	−1.76	0.20	−0.34
虹口区	790492	5237	6737	−1500	6.62	8.52	−1.90	0.01	0.22
杨浦区	1092280	6912	8836	−1924	6.33	8.09	−1.76	0.23	−0.02
闵行区	984778	9065	6942	2123	9.29	7.11	2.18	−0.70	−0.79
宝山区	895144	6484	6902	−418	7.29	7.76	−0.47	−0.08	−0.24
嘉定区	562086	3634	4428	−794	6.49	7.91	−1.42	−0.23	−0.18
浦东新区	2785271	22336	20202	2134	8.06	7.29	0.77	−0.09	−0.30
金山区	516806	2809	3781	−972	5.44	7.32	−1.88	−0.23	−0.30
松江区	579186	4359	3764	595	7.55	6.52	1.03	−0.21	0.02
青浦区	463315	2786	3286	−500	6.02	7.10	−1.08	−0.38	−0.27
奉贤区	523516	3157	3810	−653	6.04	7.29	−1.25	0.07	0.06
崇明县	687651	3556	6532	−2976	5.16	9.49	−4.33	−0.10	−0.35

注：1.户籍常住：是指本市户籍人口中实际居住在本市的人口数，不包括流到本市以外地方的户籍人口数。

2.外来常住：是指在本市居住半年以上的外省市流动人口数。

3.区县数据为户籍人口。

上海市2011年生育情况

表2

地　区	出生总数(人)	按孩次分析(人)			孩率(%)			与上年比较(±%)
		一孩	二孩	多孩	一孩率	二孩率	多孩率	一孩率
常住人口	180014	142180	35678	2156	78.98	19.82	1.20	−0.15
外来常住人口	78507	47971	28487	2049	61.10	36.29	2.61	1.56
婚嫁女性	15222	14457	746	19	94.97	4.90	0.12	−0.75
户籍流出人口	247	223	24	0	90.28	9.72	0.00	0.43
户籍人口	101507	94209	7191	107	92.81	7.08	0.11	−0.95
黄浦区	6786	6372	410	4	93.90	6.04	0.06	—
徐汇区	6131	5636	491	4	91.93	8.01	0.07	−0.46
长宁区	5006	4652	352	2	92.93	7.03	0.04	−1.16
静安区	2161	2005	152	4	92.78	7.03	0.19	−0.45
普陀区	6187	5807	377	3	93.86	6.09	0.05	−0.77
闸北区	4901	4561	331	9	93.06	6.75	0.18	−2.17
虹口区	5237	4911	321	5	93.78	6.13	0.10	0.10
杨浦区	6912	6539	370	3	94.60	5.35	0.04	−0.07
闵行区	9065	8233	826	6	90.82	9.11	0.07	−2.00
宝山区	6484	6089	391	4	93.91	6.03	0.06	−1.03
嘉定区	3634	3377	247	10	92.93	6.80	0.28	0.21
浦东新区	22336	20674	1635	27	92.56	7.32	0.12	−0.98
金山区	2809	2613	196	0	93.02	6.98	0.00	−0.84
松江区	4359	3974	376	9	91.17	8.63	0.21	−1.16
青浦区	2786	2493	291	2	89.48	10.45	0.07	−1.87
奉贤区	3157	2843	303	11	90.05	9.60	0.35	−3.64
崇明县	3556	3430	122	4	96.46	3.43	0.11	−0.76

注：1.常住人口出生中含户籍流出人口出生。

2.婚嫁女性出生数为当年婚嫁妇女实际生育数。

3.区县数据为户籍人口。

上海市2011年出生分析

表3

地　区	出生总数(人)	符合计划生育人数(人)	计划生育率(%)	第一孩人数(人)		第二孩人数(人)		多孩人数(人)	
				计划内	计划外	计划内	计划外	计划内	计划外
常住人口	180014	169830	94.34	137895	4285	31520	4158	415	1741
外来常住人口	78507	69096	88.01	44211	3760	24571	3916	314	1735
婚嫁女性	15222	15181	99.73	14439	18	726	20	16	3
户籍流出人口	247	241	97.57	222	1	19	5	0	0
户籍人口	101507	100734	99.24	93684	525	6949	242	101	6
黄浦区	6786	6736	99.26	6332	40	400	10	4	0
徐汇区	6131	6071	99.02	5598	38	469	22	4	0
长宁区	5006	4967	99.22	4635	17	330	22	2	0
静安区	2161	2150	99.49	1996	9	150	2	4	0
普陀区	6187	6147	99.35	5785	22	359	18	3	0
闸北区	4901	4836	98.67	4525	36	303	28	8	1
虹口区	5237	5134	98.03	4860	51	272	49	2	3
杨浦区	6912	6882	99.57	6521	18	358	12	3	0
闵行区	9065	9018	99.48	8194	39	819	7	5	1
宝山区	6484	6399	98.69	6027	62	368	23	4	0
嘉定区	3634	3607	99.26	3354	23	243	4	10	0
浦东新区	22336	22284	99.77	20629	45	1628	7	27	0
金山区	2809	2779	98.93	2587	26	192	4	0	0
松江区	4359	4324	99.20	3961	13	354	22	9	0
青浦区	2786	2742	98.42	2458	35	282	9	2	0
奉贤区	3157	3114	98.64	2804	39	300	3	10	1
崇明县	3556	3544	99.66	3418	12	122	0	4	0

注：1.常住人口出生中含户籍流出人口出生。

2.婚嫁女性出生数为当年婚嫁妇女实际生育数。

3.区县数据为户籍人口。

上海市2011年女性初婚情况

表4

地 区	女性初婚人数(人)	23周岁及以上人数(人)	晚婚率	
			(%)	与上年比较(±%)
常住人口	111042	99530	89.63	3.13
外来常住人口	29217	24797	84.87	3.28
户籍人口	81825	74733	91.33	2.98
黄浦区	6176	5912	95.73	—
徐汇区	6489	6262	96.50	1.30
长宁区	6510	6339	97.37	1.41
静安区	2324	2239	96.34	1.46
普陀区	5259	4992	94.92	2.15
闸北区	3964	3720	93.84	2.71
虹口区	5304	5168	97.44	3.78
杨浦区	6410	6078	94.82	1.48
闵行区	4668	4264	91.35	2.73
宝山区	3923	3519	89.70	2.30
嘉定区	2189	1835	83.83	5.04
浦东新区	15101	13467	89.18	3.82
金山区	2636	2122	80.50	3.00
松江区	2764	2258	81.69	7.85
青浦区	2266	1844	81.38	4.84
奉贤区	2946	2418	82.08	3.78
崇明县	2896	2296	79.28	5.54

注：1.常住人口初婚＝ 外来常住人口初婚 ＋ 户籍人口初婚。

2.区县数据为户籍人口。

上海市2011年已婚育龄妇女落实避孕措施情况

表5

地　区	已婚育龄妇女人数(人)	已落实避孕措施人数(人)	综合避孕率	
			(%)	与上年比较(±%)
常住人口	4111098	3327405	80.94	−2.53
外来常住人口	1960791	1666945	85.01	−2.20
户籍流出人口	20942	—	—	—
户籍人口	2171249	1660460	76.47	−3.61
黄浦区	116248	74789	64.34	—
徐汇区	118797	91605	77.11	−0.87
长宁区	85611	57978	67.72	−4.73
静安区	38165	26964	70.65	−4.78
普陀区	108916	73709	67.68	−8.43
闸北区	90400	61412	67.93	−1.64
虹口区	101507	69020	68.00	−3.86
杨浦区	137354	96044	69.92	−12.88
闵行区	157963	122436	77.51	1.08
宝山区	130860	105759	80.82	−2.04
嘉定区	95520	76046	79.61	−7.11
浦东新区	455106	371599	81.65	0.75
金山区	102417	79910	78.02	−6.73
松江区	104695	86353	82.48	−4.86
青浦区	93349	74481	79.79	−1.72
奉贤区	100115	82294	82.20	−5.04
崇明县	134226	110061	82.00	−3.57

注：1.常住人口数＝ 外来常住人口数 ＋ 户籍人口数 — 户籍流出人口数。

2.区县数据为户籍人口。

上海市2011年落实避孕措施分类情况

表6 （单位：人）

地　区	合 计	男性绝育	女性绝育	放置宫内节育器	皮下埋植	口服及注射避孕药	避孕套	外用药	其他
常住人口	3327405	19657	257485	1751524	5064	94332	1111276	11499	76568
外来常住人口	1666945	16789	237670	884779	2992	36563	461479	2106	24567
户籍人口	1660460	2868	19815	866745	2072	57769	649797	9393	52001
黄浦区	74789	200	400	30995	67	2400	37527	867	2333
徐汇区	91605	251	1253	34837	376	1504	47870	501	5013
长宁区	57978	175	787	22474	0	1137	31394	0	2011
静安区	26964	44	310	11689	89	797	12397	133	1505
普陀区	73709	0	1022	31914	227	2158	35435	114	2839
闸北区	61412	0	650	31403	279	1672	24528	279	2601
虹口区	69020	202	304	29045	101	2024	33094	202	4048
杨浦区	96044	210	2307	42989	210	3565	39843	629	6291
闵行区	122436	273	1913	45913	547	4646	64224	547	4373
宝山区	105759	669	1339	51541	0	2008	47525	0	2677
嘉定区	76046	0	1159	48456	0	696	24344	0	1391
浦东新区	371599	596	4175	201607	0	11929	137784	3579	11929
金山区	79910	0	413	51002	0	4749	21268	1239	1239
松江区	86353	0	764	48144	0	4203	32096	382	764
青浦区	74481	248	993	47419	0	2483	21103	745	1490
奉贤区	82294	0	262	64472	0	2097	15201	0	262
崇明县	110061	0	1764	72845	176	9701	24164	176	1235

注：1.常住人口数＝ 外来常住人口数 ＋ 户籍人口数。

2.区县数据为户籍人口。

3.落实避孕措施人数为2011年抽样调查推算数。

上海市2011年落实避孕措施构成比情况

表7

地　区	男性绝育		女性绝育		放置宫内节育器		皮下埋植		口服、注射		避孕套		外用药		其他	
	构成比	比较	构成比	比较	构成比	比较	构成比	比较	构成比	比较	构成比	比较	构成比	比较	构成比	比较
常住人口	0.59	0.26	7.74	2.66	52.64	-6.02	0.15	0.00	2.84	-0.39	33.40	3.43	0.35	-0.14	2.30	0.20
外来常住人口	1.01	0.40	14.26	4.62	53.08	-4.90	0.18	0.01	2.19	-0.58	27.68	0.59	0.13	-0.26	1.47	0.12
户籍人口	0.17	0.08	1.19	-0.07	52.20	-7.03	0.12	-0.02	3.48	-0.13	39.13	6.76	0.57	0.00	3.13	0.40
黄浦区	0.27	——	0.53	——	41.44	——	0.09	——	3.21	——	50.18	——	1.16	——	3.12	——
徐汇区	0.27	-0.20	1.37	-0.81	38.03	-2.22	0.41	-0.06	1.64	-1.32	52.26	4.21	0.55	0.24	5.47	0.17
长宁区	0.30	0.13	1.36	-0.03	38.76	-5.51	0.00	-0.17	1.96	-0.30	54.15	8.49	0.00	-0.52	3.47	-2.09
静安区	0.16	0.16	1.15	-0.46	43.35	-1.81	0.33	-1.60	2.96	-3.65	45.98	7.59	0.49	0.33	5.58	-0.55
普陀区	0.00	0.00	1.39	0.29	43.30	-12.22	0.31	0.31	2.93	0.56	48.07	10.85	0.15	-0.64	3.85	0.85
闸北区	0.00	-0.35	1.06	-1.41	51.13	0.34	0.45	0.10	2.72	-1.51	39.94	2.90	0.45	-0.61	4.24	0.54
虹口区	0.29	-0.09	0.44	-0.33	42.08	-9.55	0.15	0.15	2.93	-0.33	47.95	8.22	0.29	-0.67	5.86	2.60
杨浦区	0.22	0.22	2.40	1.22	44.76	-6.59	0.22	-0.12	3.71	1.01	41.48	6.51	0.65	-0.36	6.55	-1.90
闵行区	0.22	0.22	1.56	-0.18	37.50	-12.50	0.45	0.45	3.79	0.06	52.46	10.67	0.45	0.45	3.57	0.83
宝山区	0.63	0.63	1.27	0.96	48.73	2.12	0.00	0.00	1.90	-1.19	44.94	-2.90	0.00	0.00	2.53	0.37
嘉定区	0.00	0.00	1.52	1.12	63.72	-14.61	0.00	-0.20	0.92	-1.47	32.01	14.12	0.00	0.00	1.83	1.03
浦东新区	0.16	0.16	1.12	-0.14	54.25	-6.29	0.00	0.00	3.21	-0.57	37.08	4.83	0.96	0.06	3.21	1.95
金山区	0.00	0.00	0.52	-0.34	63.82	-8.34	0.00	-0.21	5.94	-0.06	26.61	7.77	1.55	0.69	1.55	0.48
松江区	0.00	0.00	0.88	-0.01	55.75	-15.55	0.00	0.00	4.87	3.39	37.17	12.32	0.44	0.14	0.88	-0.30
青浦区	0.33	-0.27	1.33	0.14	63.67	-4.09	0.00	-0.30	3.33	0.35	28.33	3.55	1.00	1.00	2.00	-0.39
奉贤区	0.00	0.00	0.32	-2.24	78.34	-4.66	0.00	0.00	2.55	-0.38	18.47	8.05	0.00	-0.37	0.32	-0.41
崇明县	0.00	0.00	1.60	0.58	66.19	-9.11	0.16	0.16	8.81	1.14	21.96	7.48	0.16	-0.01	1.12	-0.24

注：区县数据为户籍人口数。

上海市2011年已婚育龄妇女领取独生子女父母光荣证情况

表8

地　区	育龄妇女人数(人)	已婚育龄妇女人数(人)	领取父母光荣证人数(人)	领　证　率	
				(%)	与上年比较(±)%
常住人口	6552120	4111098	664571	16.17	−1.04
外来常住人口	3385171	1960791	82805	4.22	−0.62
户籍流出人口	31013	20942	——	——	——
户籍人口	3197962	2171249	581766	26.79	0.17
黄浦区	192888	116248	21122	18.17	——
徐汇区	203664	118797	30971	26.07	1.02
长宁区	143269	85611	13958	16.30	−1.80
静安区	64756	38165	6926	18.15	−1.55
普陀区	187190	108916	37056	34.02	−0.04
闸北区	143171	90400	17623	19.49	−2.72
虹口区	166341	101507	31289	30.82	1.02
杨浦区	244455	137354	29057	21.15	−1.09
闵行区	217109	157963	33757	21.37	−0.26
宝山区	186740	130860	37646	28.77	1.17
嘉定区	123455	95520	31152	32.61	2.02
浦东新区	645253	455106	150951	33.17	2.55
金山区	129787	102417	18391	17.96	−1.82
松江区	150210	104695	24136	23.05	−2.31
青浦区	116075	93349	28599	30.64	0.21
奉贤区	123321	100115	33820	33.78	0.54
崇明县	160278	134226	35312	26.31	−1.31

注：1.常住人口数＝ 外来常住人口数 ＋ 户籍人口数 — 户籍流出人口数

2.区县数据为户籍人口。

上海市2011年户籍人口生育率与初育年龄情况

表9

地 区	总 和 生育率	一 孩 总和生育率	二 孩 总和生育率	多 孩 总和生育率	一 般 生育率(‰)	平均初育 年龄(岁)
全市	0.90	0.83	0.06	0.00	30.38	28.44
黄浦区	0.92	0.86	0.06	0.00	33.65	29.64
徐汇区	0.91	0.83	0.08	0.00	29.45	29.85
长宁区	0.80	0.74	0.06	0.00	33.28	29.69
静安区	0.91	0.84	0.07	0.00	32.15	29.58
普陀区	0.90	0.84	0.06	0.00	31.64	29.51
闸北区	0.90	0.83	0.07	0.00	32.21	29.12
虹口区	0.85	0.79	0.06	0.00	29.63	29.74
杨浦区	0.67	0.63	0.04	0.00	26.51	29.83
闵行区	1.15	1.05	0.10	0.00	39.07	28.44
宝山区	0.94	0.88	0.06	0.00	31.77	28.12
嘉定区	0.94	0.89	0.05	0.00	28.27	26.53
浦东新区	1.03	0.95	0.07	0.00	33.88	27.98
金山区	0.81	0.76	0.05	0.00	20.79	26.20
松江区	0.88	0.80	0.08	0.00	28.25	27.37
青浦区	0.77	0.69	0.08	0.00	22.25	26.25
奉贤区	1.01	0.92	0.09	0.00	25.46	26.12
崇明县	0.83	0.80	0.03	0.00	21.40	26.58

人口迁移

积极推动流动人口服务管理“一盘棋”机制建设，促进流动人口合理有序流动

按照国家人口计生委的统一部署和要求，上海市积极构建“统筹管理、服务均等、信息共享、区域协作、双向考核”的“一盘棋”工作新机制。

（谢玲丽《人口》2011 年第 3 期）

我国未来人口发展与碳排放变动的模拟分析

构建人口——消费——碳排放系统动力学模型，对本世纪上半叶我国人口发展、经济增长、居民消费及碳排放进行动态仿真，定量考察未来我国人口发展与居民消费对碳排放的影响。在基准情景下，我国人口总数将于 2032 年达到峰值 14.6 亿人；一次能源消费总量将于 2044 年左右达到峰值 63.6 亿吨标准煤，碳排放总量将于 2038 年左右达到峰值约 31.3 亿吨碳；2050 年我国人均碳排放量约为 2.2 吨碳，低于日本、欧洲 1980 年代以来的最低水平；居民消费碳排放的人均需求约为 1.3 吨碳，相当于美国居民 1990 年代后期排放水平的五分之一。从满足人口发展与居民基本生活需求的角度争取合理的碳排放空间，是我国争取国际气候谈判话语权的有力支撑点。

（朱　勤　彭希哲　傅　雪《人口与发展》2011 年第 1 期）

世博后上海人口分布新态势

世博后上海经济社会发展转型、现代化城市基础设施和全面调整优化空间载体战略布局等因素将对上海人口分布产生重要影响。该文利用灰色理论模型对人口分布变动进行预测，结果表明：2010–2020 年期间，上海市人口继续向郊区集聚，近郊区是人口集聚和流动的最显著区域，同时远郊区常住人口集聚的增长速度开始超过近郊区，成为人口迁移和流动的主要区域。今后一段时期内近郊区和远郊区为上海产业发展和人口布局调整提供空间，近郊区和远郊区的新城镇将成为重点建设区域，上海将加快形成城乡一体化发展的新格局。建议：加强人口发展战略和规划研究，解决土地规划、产业规划和人口规划的问题，统筹考虑土地、产业、人口之间的协调发展；实施城市人口发展功能区战略，引导人口有序流动和迁移，使上海城市人口空间布局与城市形态、区域功能和资源环境协调发展；加强流动人口均等化服务，建立健全流动人口基本公共服务均等化投入保障机制。

（高向东《中国人口资源环境》2011 年第 6 期）

城市户籍制度改革与流动人口社会融合

本文分析户籍制度对流动人口公共服务和社会福利所造成的歧视性排斥，回顾了改革开放以来城市户籍制度的改革与探索，并对推动城市户籍改革、促进流动人口社会融合提出基本思路，包括：第一，使户籍制度逐步与相关福利制度脱钩；第二，对外来人口社会福利和公共服务实行渐进性的增量改革；第三，扩大从外来移民到本地户籍人口的制度通道；第四，推动城市户籍改革和区域户籍改革的联动。

（李　涛　任　远《人口》2011 年第 1 期）

上海外来人口在沪生育状况的研究

外来人口在沪生育人数出现大幅快速增长，然而，该变化并未得到充分关注。为此，我们通过有关资料及问卷调查的数据对外来人口在沪生育问题进行探讨，以促进上海外来人口生育行为的研究，提升上海外来人口的综合管理与服务水平，推动上海人口的健康发展。

（查　波　梁爱玉　张宪英　王春兰《人口》2011 年第 2 期）

上海市流动人口已婚育龄妇女家庭暴力及其对性与生殖健康影响的研究报告

定性研究的结果显示，流动人口的家庭暴力具有暴力形式简单（以身体暴力和语言暴力为主）、隐匿性更大、频率高、受害妇女维权意识差等特点。因此，在构建和谐社会的当今，关注和探讨流动人口中的家庭暴力问题对提高流动人口女性的生殖健康、推进性别平等以及促进社会和谐稳定均具有十分重要的意义。

（陆美琴《人口》2011 年第 1 期）

从上海市普查数据看人口流动的来龙去脉

“六普”数据显示，外来常住人口已成为上海常住人口的重要组成部分。外来人口的变动对上海人口变动与经济社会发展正产生着越来越重要的影响。本文主要通过对“五普”和“六普”数据的分析，描述外省市在沪流动人口的一些基本情况，以及两次普查的 10 年间发生了哪些变化，力图弄清外省市与上海之间人口流动的来龙去脉，并在此基础上提出一些讨论与思考。

（陈　蓉《人口》2011 年第 4 期）

流动人口生育问题研究综述：2002 ～ 2010

我国人口流动现象越来越普遍，流动速度也越来越快。并且流动人口以青壮年育龄人口为主，由此产生的流动人口生育问题对我国的人口与社会发展产生重要影响。尤其近年来出现的流动人口举家迁移现象加剧，流动人口生育问题日益成为学术界关注的焦点。

（张宪英《人口》2011 年第 2 期）

杨浦区流动人口育龄妇女避孕节育和获得计划生育技术服务现状调查

通过调查分析上海市杨浦区流动人口育龄妇女避孕节育措施和获得计划生育技术服务情况，为更好地开展流动人口计划生育均等化服务提供依据。

（沈　蓉　周国萍　赵　芹《人口》2011 年第 1 期）

人口分布

从“六普”主要人口数据看中国发展

通过初步公布的“六普”主要人口数据，我们首先可以看到我国继续拥有世界第一规模的人口资源，正是这一资源奠定了我国的大国优势和大国地位；日趋活跃、由西向东的人口迁移，促进了我国生产要素的优化配置，为推动我国经济的快速增长做出了重要贡献。但“六普”人口数据也显示我国还存在不少问题，将给我国的未来发展带来严峻的挑战。如我国人口文化科学素质总体不高，国际化、全球化发展进程也还十分落后，如何加快教育发展，把目前的人口大国建成人力资源强国；如何加快全球化进程、参与国际竞争，分享全球化效益，这些都是我国需要尽快解决的重大问题。

（马　进　王桂新《人口》2011 年第 2 期）

我国大城市病及大城市人口规模控制的治本之道

改革开放以来，伴随着经济和城市化的快速发展，我国交通拥堵、环境污染等”大城市病”也愈益严重。治理大城市病、控制大城市人口规模，已成为北京、上海等大城市政府管理者排上行政日程的重要问题。集聚经济的作用，决定了城市化和城市发展的大城市化趋势，但大城市化未必一定会产生”大城市病”，完善的市场体制可以使大城市人口规模增长形成自动调节机制。相反，集权体制的存在，则使城市人口规模呈更大（或尽可能大）的倾向；在集权体制下，亦不可能有效地控制大城市人口的迁移增长。治理大城市病、控制大城市人口规模增长不是一个单纯的人口问题，改革集权体制，打破城乡壁垒，这才是治理”大城市病”的治本之道。

（王桂新《探索与争鸣》2011 年第 7 期）

大城市人口分布变动新态势研究

本文根据第六次全国人口普查数据，分析上海市 10 年来人口变化的特征，探讨上海市在人口数量、结构、分布、素质等方面存在的主要问题，并针对问题提出一些新的举措。

（高向东　余运江《人口》2011 年第 4 期）

1964 ~ 2005 年我国人口受教育状况的变动

人口受教育状况通常被当作衡量某一国家或地区社会经济发展状况的重要指标。利用全国人口普查或抽查资料，运用趋势分析和队列分析方法，分析 1964~2005 年间我国人口受教育状况的变动情况；1982~2005 年间分性别、分城乡人口受教育状况的变动情况；不同年代出生人口的受教育状况的变动情况。结果发现，我国人口平均受教育年限逐步提高，教育基尼系数逐渐降低，男女之间的教育差距逐步缩小，但城乡之间的差距继续扩大。每个队列人口平均受教育年限均有所提高，且各队列人口取得了不同方式和不同程度的”进步”，其中既有年龄效应作用的结果，也有队列和时期效应作用的结果。

（黄晨熹《人口与发展》2011 年第 4 期）

农村大龄未婚男性的婚姻困境：基于性别不平等视角的认识

大龄未婚男性的婚姻困境是在中国农村普婚制社会下长期存在的现象。文章利用全国性的专项调查、主流媒体报道和实地调查数据，从婚姻市场上的性别不平等视角来研究农村大龄男性的婚姻困境。宏观数据分析显示，用性别结构失衡来解释农村大龄男性的”婚姻剥夺”显得原发性因果关系不强和实证性不足，而简单地以贫困概括农村大龄男性婚姻困境的主因并没有充分考虑婚姻的本质和功能。基于性别不平等的理论视角和实证研究，认为婚姻市场上性别不平等对贫困男性婚姻困境的影响远比人口性别结构失衡的影响更为直接和重要，农村大龄男性的婚姻困境具有独立于个体内因的社会经济结构性的成因。

（韦　艳　张　力《人口研究》2011 年第 5 期）

转轨中粮食政策变迁及其市场制度关系的形成

本文通过对中国 1998 年以来粮食政策改革及其市场制度体系的确立研究发现，解释政治学关于公共政策变迁过程的观念因素与转轨经济学对影响转轨条件和策略的因素是不可分离的，两者之间可通过政策决策层对不同政策目标的优先排列顺序的选择以化解转轨中的各类阻力因素而内在地联系起来。将这两类不同性质的解释因素结合起来可以加深对市场化转轨进程中市场制度运转的条件和逻辑的理解。在市场化改革过程中，关键的阻力因素不仅来自于政策改革与市场制度关系形成中利益受损者能否得到有效的补偿，而且也可能直接来自于政策决策层对特定政治或价值目标的追求。

（赵德余《人文杂志》2011 年第 2 期）

闵行区“十二五”人口发展趋势与对策思考

闵行区与本市其他区、县相比，其区域人口与发展既具有一般性的特征，又具有明显的自身特点，作为上海的一个迅速城市化的人口大区和上海建设国际性大都市、提升城市竞争力的重要支撑区域，其功能定位与区位特点都对区域的人口与发展产生深刻的影响，低生育率、人口老龄化、人口年龄结构不规则、人口在空间分布不合理等一系列问题，均对区域人口发展构成了不同程度的挑战，特别是人口的迅速集聚已经成为闵行区突出的人口问题。本文通过对闵行区“十一五”人口发展形势和“十二五”人口发展趋势的分析和梳理，提出有利于区域人口可持续发展的思路和建议。

（李永珍《人口》2011 年第 1 期）

关于大型居住社区人口迁入情况的分析与思考

“十二五”时期，松江作为市政府重点建设的大型保障房基地之一，人口导入将延续“十一五”的增长趋势。随着松江区四大保障房基地的陆续建成，人口激增带来的社会管理问题将逐渐显现。松江区人口计生委对松江区大型居住社区人口导入和社会管理情况进行了调研，重点以泗泾新凯家园为例，对大型居住社区人口导入现状进行了分析思考，并提出相关建议，供区委、区政府领导决策参考。

（松江区人口计生委《人口》2011 年第 4 期）

从“六普”数据看闵行区人口的巨大变化

本文用“六普”数据认为大量农业人口转为非农业人口，农田面积大量减少；居委增村委减。现有的村其中不少是空架子，已建起许多新的居住小区，居委会在筹建和审批中，城市化进程进一步加速。

（王祖元《人口》2011 年第 4 期）

我国人力资本地区差异及其影响因素研究

从增长率和变异系数两方面来分析各地区人力资本的差异，并参考人力资本积累的微观经济学模型，从个体的人力资本投资决策和劳动力迁移决策着手，选取了人均教育事业费等七个解释变量，构建了时间跨度 11 年、地区跨度 31 个的面板数据，分别对两项指标进行了回归，结果显示人均教育事业费、可支配收入、城市平均路灯数对两项指标均有显著性影响，消费支出对人均受教育年限影响显著，每万人拥有的卫生技术人员对高等教育人口影响显著。

（蒋　莹《人口》2011 年第 2 期）

计划生育——为中国的发展意愿腾出空间

文章用三种方案模拟了中国不进行计划生育的人口发展情况，发现在假定情况下，中国人口将会分别比实际人口多出 1.3 亿人，3 亿人或者 4.2 亿人。从而用数据说明计划生育基本国策对于中国脱离贫困落后走上繁荣富强道路的重要意义。

（许政国《人口》2011 年第 3 期）

人口空间抽样研究方法综述

本文分析传统抽样方法在空间对象调查中的缺陷，阐述了空间自相关性度量的指标，在此空间自相关分析的基础之上，确定样本在空间分布的状态，由此对传统抽样中的分层等方法做出调整，建立空间抽样方法的框架。解释了将常规空间抽样方法之间应用在人口空间抽样调查中的不足，并提出了几条解决措施。

（李纬纲《人口》2011 年第 1 期）

城　市　化

加强特大型城市发展进程中引导人口合理分布的战略研究和科学决

上海市在推进特大型城市转型发展过程中，

顺应城市化快速发展趋势，坚持“城市、人口、发展”三位一体，把引导人口合理分布作为统筹解决人口问题的一项重要任务来抓，充分发挥决策支持作用和政策导向作用，推动和优化人口空间分布，在一定程度上化解了大城市人口总量快速增长带来的压力，有力地促进了城市可持续发展。

（谢玲丽《人口》2011 年第 1 期）

城市落户条件的区域差异

通过考察城市落户的相关政策法规建立了城市落户条件评价体系，采用主成分投影评价模型对全国 46 个样本城市的落户条件进行排序和聚类。城市落户条件的高低设置存在着明显的区域差异。从人口迁移的地带分布、省际差异、人口迁移吸引中心的分布和经济发展平等方面阐释城市落户门槛的区域分布特征，为国家制定差异化的城市户籍改革制度提供决策参考依据。

（陈　筱　彭希哲　张　力　吴开亚《人口与发展》2011 年第 4 期）

城市外来人口居住条件对其健康影响之考察——以上海为例

本文利用上海 2008 年的抽样调查数据，考察了一个特别重要但是长期被忽视的群体——城市外来人口居住条件和健康的问题。通过与本地居民的对比，发现外来人口的身心健康好于本地居民，但在居住条件、尤其是住房条件各方面均表现出对本地居民的明显劣势。回归分析结果说明，控制人口和社会经济变量，居住条件的确是影响城市外来人口健康的重要社会因素之一，但对于不同的健康指标，不同居住条件变量作用的大小和方向有所不同。此外，对居住条件与户籍身份的交互作用分析显示，居住条件对城市外来人口健康的影响总体上弱于对本地居民健康的影响，不同的居住条件变量对城市外来人口与本地居民健康的影响关系有所不同。

（王桂新　苏晓馨　文　鸣《人口研究》2011 年第 2 期）

我国城镇独生子女婚姻匹配状况研究

以 2000 年全国人口普查资料 1‰原始数据为基础，结合上海市闵行区独生子女调查资料，采用对数线性回归模型，定量分析了独生子女在年龄、教育、职业、行业、独生子女身份等方面的婚姻匹配状况。同类婚是独生子女婚配的主要形式，独生子女强化了”门当户对”的习俗。这种强化将对社会结构产生深刻影响，加深社会阶层之间的隔离，降低了社会开放度，但在一定程度上缓解了当前严格的一孩政策。

（丁仁船　吴瑞君《人口与发展》2011 年第 1 期）

从劳动力市场变化看中国经济经济增长拐点

文章考察了 3 个指标：农业部门真实工资与边际生产率的比较，技能劳动者与非技能劳动者的工资差别以及农业部门向资本部门的劳动力供给弹性的变化。经过实证分析，笔者得出我国第一个刘易斯转折点在2003年左右发生，并将会在 2015 年左右迎来第二个刘易斯转折点的结论，沿海地区的“民工荒”由农村向城市迁移的“门槛”造成。文章最后提出了促进我国劳动力转移到达刘易斯转折点的 5 点建议。

（姜宏宇 陈家华《人口》2011 年第 2 期）

上海市流动人口体育管理研究

流动人口作为城市人口中的特殊群体，其享受的体育权利很少。本文通过四法一理论模型，分析上海市流动人口现状和趋势的基础上研究上海市流动人口体育管理的现状，找出管理中存在的问题并提出对策和建议，号召建立统一和规范的中国流动人口体育管理制度。

（余运江　高向东　黄祖宏《人口》2011 年第 3 期）

重庆发展应定位于内陆开放型大城市

重庆特大城市的发展对于国家发展的重要意义，在于其正在探索一条内陆城市从低经济起点上实现跨越式发展，实现工业化和城市化的道路。这样的发展道路和目前成功的北京、上海、广州、深圳的发展道路是完全不同的模式。就重庆的改革战略来说，其更需要走出一条内陆开放型大城市的发展道路。

（任　远《人民论坛》2011 年第 8 期）

城市流动人口居留意愿研究

以上海市普陀区、苏州市流动人口问卷调查数据为依据，采用统计分析方法，对流动人口居留意愿的特点、流动人口居留意愿的影响因素以及户籍制度对流动人口居留意愿的影响进行了研究。经济因素对流动人口的居留意愿并没有显著的影响，社会因素的影响更加显著，其中社会融合因素与居留意愿正相关，家乡联系与居留意愿呈负相关关系；从制度因素来看，户籍制度对流动人口居留意愿有一定的影响，表现在它改变了一部分流动人口的居留意愿。

（孟兆敏　吴瑞君《人口与发展》2011 年第 3 期）

城市外来人口居留意愿的影响因素研究

居留意愿和行为是外来人口迁流过程中一项十分重要但又缺乏深入研究的内容。本研究试图以苏州市为例，通过问卷调查的方法，分析城市外来人口居留意愿和居留准备的影响因素，辨析外来人口居留意愿和居留行为之间的相互关系及其影响因素。研究发现，社会变量、迁移变量和制度变量（户口性质除外）都对居留意愿产生显著影响，经济变量产生边际显著影响，而人口学变量无显著影响。受教育年限、是否家庭迁移、月收入、社会融合程度、是否省内迁移、是否有子女在苏州就读等变量对居留准备产生显著影响，其他变量未产生显著影响。居留意愿和居留准备对实际居留状态产生显著影响，但它们不是社会经济和制度变量与实际居留状态之间的中介变量。最后，论文指出了本研究存在的不足以及未来改进和深入研究的方向。

（黄晨熹《西北人口》2011 年第 6 期）

长三角世界级城市群建设中的人口集聚与再分布

课题从宏观、中观、微观三个空间尺度入手，分析长三角城市群人口集聚和人口分布的态势，以及由此导致的区域协调发展问题与挑战，有助于准确把握区域发展格局，为制定区域经济社会各项政策与规划提供科学依据，促进城市区域的可持续发展。

（王春兰　梁爱玉　张宪英　查　波《人口》2011 年第 1 期）

我国大城市的家庭变迁

对正处于转型期的中国而言，伴随着中国社会已经发生或正在发生的深刻变革，当代中国家庭正经历着历史性变迁——家庭结构小型化，现代核心家庭凸现；家庭的代际关系从以血亲主位、父子轴心到以婚姻主位、夫妻轴心（王润平 2004）；家庭的生产、消费、赡养、生育等功能也相应发生了变化。

（魏　星《人口》2011 年第 1 期）

加快中国城市化发展的基本思路与对策

文章认为，推进城市化应该成为我国国家战略和国家行动。国家推进城市化行动方案应包括：国家推进城市化的战略规划；国家推进城市化的组织机构；国家推进城市化的法律法规；国家推进城市化的制度和政策；国家推进城市化的具体方案；国家推进城市化的先行试点地区。未来 10 年里小城镇将在吸纳大量农业剩余人口和加快城市化进程中发挥重要作用。

（纪晓岚《人口》2011 年第 4 期）

东亚妇女的就业比较：中国、日本和韩国

妇女是人口繁衍与发展的主要承担者，又由于妇女的经济地位与人口生育率存在重要的相关关系，因此，妇女就业的基本态势不能不引起从事人口、妇女和性别研究学者的高度关注。比较中国、日本和韩国妇女的就业态势，

分析东亚三国妇女就业的实际状况与变化，对于把握东亚人口生育率、妇女的发展以及性别平等具有重要的意义。

（王菊芬　沈　静《人口》2011 年第 3 期）

上海市浦东新区基层行政社区类型划分研究

受社会因素、经济因素、文化因素的综合影响，社区的类型逐渐多样化。本文以浦东新区“北片”区域为研究对象，运用 SPSS 软件的聚类分析方法将“北片”划分成 7 类社区。研究发现，七类社区在空间上呈近似环状分布，针对各类社区的社会、空间特征，文章提出了社区管理的对策建议。

（欧晓曦　李纬纲《人口》2011 年第 2 期）

城市农民工与本地居民社会距离影响因素分析

缩小城市农民工与本地居民之间的社会距离，促进农民工尽快融入城市社会，是建设和谐城市、推动城市化健康发展的重要途径。但如何缩小城市农民工和本地居民之间的社会距离则成为目前面临的巨大困难。本文以上海为例建立了城市农民工与本地居民社会距离的影响因素模型，分析城市农民工与本地居民社会距离的影响因素及其作用机制，发现社会资本有助于缩小本地居民和农民工之间的社会距离，个人拥有的社会资本越广泛丰富越有利于消除群体之间的偏见并改变农民工对自身的身份认同，缩小本地居民和农民工的社会距离；同群效应则可以强化城市农民工和本地居民群体价值判断的趋同性，从而对二者之间的社会距离有双向作用。

（王桂新　武俊奎《社会学研究》2011 年第 2 期）

老　龄　化

积极探索建立“低龄老人”为“高龄老人”服务的体制和机制

上海是中国第一个进入老龄化社会的城市，1979 年进入人口老龄化，比全国提早了约 20 年，目前人口老龄化水平约为全国平均水平的两倍。未来 10 年，全市每年将净增近 20 万老年人口，预计到 2015 年全市户籍 60 岁及以上老年人口数量将达到 410 万，所占比例达到 28%。值得指出的是，独生子女父母老龄化是上海的一个显著特征。据预测，从 2013 年起，全市每年新增老年人口中 80% 以上是独生子女父母，意味着上海市独生子女父母养老高峰即将到来。

（谢玲丽《人口》2011 年第 2 期）

公共政策视角下的中国人口老龄化

人口老龄化将成为人类社会的常态，它所带来的挑战更多地源于老化的人口年龄结构与现有社会经济体制之间的不协调所产生的矛盾，这使公共政策调节成为必须。仅调节人口政策或仅调节针对老年人的政策或某一部门的政策都不足以全面应对人口老龄化，而应当以社会整合和长期发展的视角来重构当前的公共政策体系。在重构过程中，不仅要统筹人口系统与其他社会系统的关系，而且要统筹短期目标与中长期战略的联系。因此，应建立一个权威的常态统筹机构，并结合中国的国情，重新定位老年人的社会角色、解决老年人养老的现实问题、支持老龄化社会的可持续发展。

（彭希哲　胡　湛《中国社会科学》2011 年第 3 期）

“反哺”第一代独生子女父母的政策思考

上海落实计划生育政策期间少出生 700 万人，节省几万亿元资金，是“反哺”经费的重要来源。第一代独生子女父母大多已是 60 岁左右的老人，他们中的前期人已达 70 岁以上高龄。时间不等人，我们应切实抓紧时间，将各种优惠政策落到实处，使第一代独生子女父母得到实惠，这是应予认真、快速落实的承诺。

（伍　理《人口》2011 年第 3 期）

我国老年心理疾患预防研究

本研究立足于实际，在相关文献研究的基础上，着眼于老年人生活中遇到的问题，关注老年人心理健康，具体分为质性研究以及量化研究两个部分共三个阶段的研究。

研究一和研究二重点关注了养老方式为居家养老的社区老人，全面了解社区老年人心理健康情况，以及影响老年人心理健康的因素。主要包括：经济条件、家庭因素、身体健康、精神文化生活等。研究发现，退休这一事件是老年人生活适应的转折点，而拥有多个群体身份的老年人在面对这一变故时更容易取得支持性资源，而群体多样化则具体体现在精神文化生活的丰富性上。同时，研究结果表明，退休事件对老年人群体个数及重要性有显著影响，且群体个数及重要性和群体多样化程度密切相关。群体多样化水平对于老年人生活满意度、生活质量、生活提升显著正相关，而自我效能感在群体多样化对于老年人生活满意度的影响中起到了调节作用。

研究三在对社区老年人研究的基础上，将养老院老年人的心理健康作为关注的重点。具体分析了养老院、个人以及家庭因素对于养老院老年人情绪及自我效能感的影响。

（上海市老龄科学研究中心课题）

科技介入对老龄产业的影响研究

在我国经济社会转型发展背景下，通过对人口年龄结构转变和产业结构优化升级的互动研究，可以寻求到既能应对人口老龄化挑战，又能促进经济增长的有效路径，即积极发展老龄产业。

（于　宁《人口》2011 年第 4 期）

促使老龄化转化为第二人口红利

老龄产业因此可能迎来发展契机，成为很有挑战性的新兴产业，当然也有巨大增长潜力的投资机会。

（左晓蕾《人口》2011 年第 4 期）

老龄化对我国高速经济增长的挑战

本文通过对相关文献的梳理，并结合高老龄化率国家的经验，得出老龄化导致的社会保障体系不可持续、财政恶化、劳动供给短缺、经济和社会发展失去活力等问题将对经济发展带来严重影响，使我国很有可能面临高速经济增长时代的结束。文章最后提出，为应对老龄化对我国经济的不利影响，未来经济的发展应该以适应和满足社会需求、提高人们福利为目标。

（陈　婧《人口》2011 年第 2 期）

提高机构住养老年人媒介接触率的低成本策略探析

本文利用老年人媒介接触意愿和现状的数据资料，结合现有老龄工作政策文件中有关精神文化生活的部分，从整合社会资源角度出发，试探析低成本加强住养老人媒介接触水平的策略，丰富这部分老年人的精神文化生活，从而提高住养老人目前偏低的生活质量，实现“积极老龄化”。

（上海市老龄科学研究中心课题）

（高苑敏《人口》2011 年第 1 期）

“4 D 空间”里老年人长期照护问题研究

随着人口老龄化和高龄化程度的增加，尤其是在人口流动不断加速和空巢化现象突出的情况下，如何建构起能够满足老年人护理需求的服务体系，不仅是家庭问题，亦是社会问题、市场问题，甚至是政治问题，。文章全面剖析了老年人长期护理产生的原因，提出了从家庭、社会（社区）、政府和市场四个维度打造一个全方位的多维空间亦即“4D 空间”，以满足老年人的长期护理需求。

（郑雄飞《人口》2011 年第 2 期）

静安区空巢独生子女父母生活状况及养老服务需求的调研分析

第一代独生子女的父母已逐渐步入老年行列，其生活照料问题已成为社会各界关注的重点。空巢独生子女家庭的养老问题将成为国际静安建设中必须积极面对的一大挑战。

（静安区人口计生委《人口》2011 年第 1 期）

“长寿之乡”背后的思考

崇明县人口的三项指标均已超过“长寿之乡”的必达指标，获得“中国长寿之乡”的称号名副其实，但这背后也应引起我们对崇明人口老龄化的深刻思考。

（陆静娟　王宗文《人口》2011 年第 1 期）

劳动保障

政府在社区卫生服务发展中的角色与作用：上海的经验

政府在社区卫生服务发展过程中发挥着非常重要的作用，这是毋庸置疑的。政府的作用主要体现在四个方面，即政策规制的制定作用、资源投入的保障作用、服务系统的重构和部门协调作用以及行业管理和监督作用。经过初期改革之后，政府会逐步淡化在医疗卫生服务系统重组方面的直接主导或干预作用，而主要集中在政策制定和行业监管两方面的角色上。未来的政策设计需要不断地调整，以降低政策失灵的风险，政策的目标要更清晰地适应公众健康的提高和地区的公平性以及医疗卫生服务的质量和效率改进之需要。而政策工具的选择也需要更加灵活地突出激励机制的优化和社区组织的自主性以及使医务人员的积极性与创造性提高。

（赵德余　梁　鸿《复旦学报（社会科学版）》2011 年第 3 期）

从全球化视角看社会保障——基于挑战与机遇并存的辩证思考

全球化作为人类社会自由沟通的发展趋势具有不可逆性，社会保障作为人类社会追求自由与福祉的制度安排也是不可逆的。新近一轮”金融危机”给予了我们更多的思考。如何驾驭两种”不可逆”，平衡二者之间的张力，应该学会用辩证的发展的眼光来看待社会保障所面临的挑战和机遇，打造经济体的适应性和灵活性，塑造社会保障体系的安全性和公平性，提升社会保障意志品质，为全人类谋求福祉。

（郑雄飞《社会保障研究》2011 年第 1 期）

工会组织在职工工资决定中的影响与作用：来自上海的经验

企业与工会对集体工资谈判协议的达成在很大程度上依赖于双方对合作收益的预期，其中，工会期望提高工人的工资及其相关的福利或非货币收益水平，而企业则期望由此获得来自工会服务、员工激励改进以及社会认同等方面的收益回报，工会增强对企业合作潜在收益的发掘和创造将有助于提高自愿达成集体行动的动力。工会参与企业职工工资集体协商谈判的实施效果不仅仅与工会领导层的产生方式及其相关的协调能力有关，而且还与行业特征、单位类型以及职工的个体特征因素相关。文章对上海市普陀区区域性与行业性工会工资集体协商的案例为例加以分析，利用上海市总工会 2007 年的抽样调查数据进行实证分析，以提供相关的数据。

（赵德余《社会科学战线》2011 年第 3 期）

医疗保险中道德风险的经济学分析

合理的费用控制是实现医疗保险体系可持续发展的关键。本文首先分析了医疗服务的特征及医疗保险中道德风险的表现形式及其对医疗费用的影响；其次，通过一个经济学模型分析了费用控制的机制。指出，由于医疗服务行业特殊的信息结构，与单纯从需方的角度进行费用控制相比，为服务提供方提供费用控制的激励机制会更有利于实现医疗费用控制的最优化。本研究结论为国务院在《医药卫生体制改革近期重点实施方案（2009—2011 年）》中所提出的积极探索建立医保经办机构与医药服务提供方的谈判机制和付费方式改革、控制成本费用提供了理论依据。

（郭有德《复旦学报（社会科学版）》2011 年第 1 期）

工作特征对性别工资差距的作用

补偿性工资是解释性别工资差距的理论之一。本文利用2006年中国综合社会调查(CGSS2006)数据同时考察了人力资本和工作特征的工资效应，并采用Jann(2008)提出的无歧视工资机制的估计方法，对性别工资差距进行了分解分析。研究发现，我国城镇劳动力市场两性的工作特征存在显著的差异，但部分工作特征对工资的作用方向并不符合补偿性工资理论的预期。管理职务上的差异对性别工资差距具有一定的解释作用，但加入大量的工作特征变量后，性别工资差距中总的可解释部分没有明显提高。由此推论，性别歧视可能是形成工资差距的重要因素。促进性别平等和妇女发展必须采取更加积极的公共政策和反歧视措施。

（卿石松《经济评论》2011年第6期）

公共服务

创新驱动、转型发展 提高家庭发展能力，促进家庭和谐幸福

上海市将进一步加大对全市创建幸福家庭的领导、协调和推进力度，强化高层倡导、政策研究、制度设计、部门协调、资源整合，着力提高家庭发展能力，促进家庭和谐幸福。

（谢玲丽《人口》2011年第4期）

上海市人口老龄化与养老服务体系建设

上海市户籍老年人养老服务需求增长速度将明显在快于老年人口数增长速度。本文在概括近年来上海市按”9073”养老服务格局要求加快养老服务体系建设的基础上，提出了相应对策和建议，认为上海市应按适度比例增加养老机构床位数，完善养老服务优惠政策，加强对亲属或民间保姆照顾的支持，重视老年人心灵关爱等，更进一步地搞好养老服务体系的建设。

（桂世勋《上海金融学院学院》2011年第4期）

流动人口对居住地社会事业资源的需求及满意度分析

通过对上海市外来流动人口对居住地社会事业资源的需求及满意度调查，并与本地居民进行比较分析发现，外来人口对居住地社会事业资源使用情况较差、需求较高、满意度较低。据此提出消除户籍障碍，加大政府财政投入，构建需求导向型的社会事业资源供给模式等建议，使流动人口平等享受居住地社会事业资源，从而提高流动人口社会融合水平。

（王蓉蓉　吴瑞君《南京人口管理干部学院学报》2011年第2期）

上海幸福养老示范基地建设的可行性必要性研究

上海的发展将长期与人口老龄化并存，如何将这一重要的人口结构特征转化为经济社会发展的驱动力，需要战略规划和富有创新的实践。为进一步完善和深化“9073”养老格局，未来上海在社会养老服务体系建设方面将探索推进“全生态养老社区”模式。

“全生态养老社区”是一种基于现代养老需求的，强调尊重老年人的主体性，即能够满足持续保持独立自主精神和生命内涵充实的，自尊、自信、自由、自主养老需求的全新模式。它通过基础性公共资源与开放性社会资源的系统整合，集家庭养老、社区居家养老、机构养老等多领域服务优势于一身，让老年人终生居住而不需要完全改变居住环境，从而实现全过程的在地养老。

建设“全生态养老社区”是一项全新的探索，本文在充分调查研究的基础上，对于这一养老服务的模式可行性和必要性进行了全面的探讨和论证。本文认为，应在明确政府在社会养老服务体系建设的主导作用的基础上，坚持养老社区示范基地建设的路径，家庭适老性设施改造的路径，家庭和社区增能的路径，鼓励社会投资与专业社会组织提供服务的路径。

（上海市老龄科学研究中心课题）

加强独生子女家庭社会保障力度 完善计划生育利益导向机制

本问卷对象对部分独生子女政策给予奖励费使用方式改革的建议及其意愿等进行了抽样调查和分析，对独生子女父母与其子女的社会保障状况、独生子女父母奖励费的作用，并提出对策建议。

（浦东新区人口计生委《人口》2011年第1期）

流动婴幼儿家庭的 公共服务基本内容与对策研究

文章从卫生、教育、计生等方面的基本公共服务的可及性以及体系的完整性来说，可能还存在一定的问题。鉴于我国流动儿童规模的日益巨大，我们要将进城务工的农民及其子女的管理与服务纳入城市公共管理体系和发展规划，并有适度的政策倾斜，在加强管理的同时，政府更应强调服务意识和具体作为，加强对0～3岁流动儿童公共服务，努力实现上海市0～3岁流动儿童基本公共服务的均等化，并形成长效机制。

（胡　琪　滕　文《人口》2011年第3期）

慈善事业的伦理根基和理性建构研究

慈善是一种德性，是一种为公众谋福利的行为，已拓展到社会生活的方方面面，不能简单地认为是一种救助救济行为。它是个体"利他"倾向的人性光彩，亦是社会得以存在与发展的天然纽带和共同责任；个人拥有向他人或社会各部门请求援助的权利，同时也负有提供援助的人道责任。慈善是一种社会爱心事业，需要创新激励机制和运行模式，培植慈善公益组织，合理开发社会慈善资源；也需要加强宣传教育，树立正确的慈善观念，发展优质的慈善文化，动员个体、企业和公民社会组织积极参与、成为慈善事业的"主人"，共同汇成一股"社会亲和"的力量，推进社会健康和谐发展。

（郑雄飞《学术研究》2011年第12期）

上海市运营三年以上 不同所有制养老机构发展比较分析

本文运用2009年上海市383家运营三年以上养老机构问卷调查及实地访谈数据，采用比较分析方法，对不同所有制养老机构发展现状进行分析，着重探讨其经营状况差异的形成原因，并提出推动上海机构养老体系持续健康发展，以更好地满足日益增长的机构养老需求的对策建议。

（胡晶焱 吕海燕《人口》2011年第4期）

加拿大的卫生政策 及其对中国卫生改革的借鉴

卫生政策在改善与增进人口健康中发挥了重要作用。文章通过对加拿大卫生系统相关立法进程的系统回顾与分析，发现加拿大医疗系统的特点是公共筹资而非私人运作，而全覆盖、可携带性、综合性、可及性以及公共管理等五项基础性原则保证了加拿大卫生系统的成功运行。文章着重回答了有哪些政策可以借鉴，如何借鉴，以及哪些政策的不良后果可以避免等。

（郭有德《北京航空航天大学学报》(社会科学版)2011年第2期）

卢湾区养老服务设施空间布局研究 ——打造社区“十分钟生活服务圈”

社区是为老年人提供服务的最重要载体，对于老年人而言，社区服务需具备地域性、普遍性、多元性和就近方便等特点。随着经济社会的不断发展，老年人对所在社区范围内各项服务的要求也逐步提高。为满足社区老年人生活服务等不同需求，经过多年的建设，卢湾区的养老服务设施目前已经具备了一定的规模和服务能力，包括老年人日托所、敬老院、老年人助餐服务点、老年活动室和“心悦夕阳”心理咨询室等。这五类养老服务设施构成了卢湾区为老服务体系中硬件设施的组成部分，主要为老年人提供机构养老服务、居家养老服务、日常文化娱乐服务以及心理援助服务。

本文探讨了如何在现有的硬件设施基础上，进一步整合资源、挖掘潜力，完善服务功能、全面提高服务水平，打造社区“十分钟生活服务圈”，使社区内的老年人能在步行十分钟的路程内，就可以享受到生活用品配送、日间照料、生活护理、困难帮扶、医疗保健、健身娱乐、法律咨询、家政维修等服务，提高社区老年人的生活水平和生命质量。

（上海市老龄科学研究中心课题）

杨浦区养老机构老年人意外事故情况调查及预防对策研究

近年来，老年人在养老机构发生意外引起法律纠纷的事件日渐增多。这些纠纷中，轻则养老机构给老年人家属赔偿了事，重则对簿公堂，诉诸法律。由此，意外事故引发的养老纠纷导致的养老机构行业困境已经引发了行业的担忧。养老机构负责人普遍感到压力越来越大，在老年人意外事故问题上如履薄冰，一定程度影响了他们对养老机构发展的前景和信心。在此背景下，本课题通过对杨浦区养老机构的调查研究，在了解区域内养老机构高危老年人的现状、特征的基础上，研究了意外事故的基本状况特征、危害及主要成因，并提出降低老年人意外事故发生率、增强养老机构风险防范能力的对策和建议。本研究首次触及杨浦区养老机构高危老年人群体及老年人意外事故的发生和处理问题，研究结果有助于养老机构完善设施，改进管理和服务，提高风险防范能力，降低老年人意外事故的发生率，减轻养老机构压力，从整体上促进区内养老机构的提升和发展。

（上海市老龄科学研究中心课题）

上海市残疾人口总体特征

研究发现2006年上海残疾人口比重略低于全国平均水平；肢体、听力与视力残疾人合计约占残疾人总数的73.22%，分居各类残疾人前三位；从性别年龄构成看，上海残疾人以女性、老年人口居多；残疾人口受教育程度普遍偏低，就业率较高；城乡分布无明显差异，各区县残疾类型分布无明显差异。

（陈　蓉《人口》2011年第1期）

流动人口家庭模式问题之探讨

人口流动家庭化呈现趋势，体现了流动人口从流动就业向融入当地生活的转变。本文以人口流动家庭化趋势为背景，对流动人口的家庭模式进行了分类和讨论，指出在当前人口流动家庭化趋势非常明显的情势下，应将流动者看作是“家庭中的人”,而不仅仅是“单个的人”，即以流动人口家庭为对象，来分析他们的公共服务需求，制定相关的家庭政策。

（陈　蓉《人口》2011年第3期）

China’s Demographic History and Future Challenges

On 28 April 2011, China’s state statistics bureau released its first report on the country’s 2010 population census. The report states that the total population of mainland China reached 1.3397 billion in 2010, with an annual average population growth rate of 0.57% during the previous 10 years. The share of the total population aged 0 to 14 declined from 22.9% in 2000 to 16.6% in 2010, whereas the proportion aged 65 and above grew from 7.0% to 8.9% during the same period. This indicates that China’s population is aging rapidly. The report also shows that China is urbanizing, with nearly half of the population—665.57 million people, or 49.7%—living in urban areas, an increase of 13 percentage points over the 2000 figure. Moreover, about 260 million Chinese people are living away from where they are formally registered, and the overwhelming majority of them (about 220 million) are rural migrants living and working in urban areas but without formal urban household registration status. China is at a demographic turning point: It is changing from an agricultural society into an urban one, from a young society to an old one, and from a society attached to the land to one that is very much on the move.

(Xizhe Peng, Science, 2011, 333: 581-587)

上海市人口和计划生育委员会及直属单位

上海市人口和计划生育委员会

主　　任：黄　红
副 主 任：孙常敏　赵　勇　黄　红
副巡视员：张梅兴　邵又娟
电　　话：23111111（总机）
地　　址：上海市大沽路100号21楼
邮政编码：200003

上海人口和计划生育宣传教育中心

主　　任：胡　冰
副 主 任：杨永德　程海铭　乔　方
电　　话：54030262（总机）
传　　真：54033049
地　　址：上海市陕西南路122号8楼
邮政编码：200040

上海市人口与发展研究中心

主　　任：杨金龙
副 主 任：高黄新　黄玉捷
电　　话：54953105
传　　真：64924370
地　　址：上海市莘庄莘北路181号
邮政编码：201100
电　　话：54032083
传　　真：54032083
地　　址：上海市陕西南路122号7楼
邮政编码：200040
网　　址：www.spic.sh.cn
E-mail：spic@stn.sh.cn

上海市计划生育药具管理中心（上海计划生育药具供应站）

主　　任：唐文娟
副 主 任：张初伟　蒋　薇　汤　琦
电　　话：56952848
传　　真：56378359
地　　址：上海市新村路50弄1号2楼
邮政编码：200065
电　　话：69910219
传　　真：69910217
地　　址：上海市嘉定沪宜公路3638号
邮政编码：201821

人口和计划生育群众团体、社会团体

上海市计划生育协会

会　　长：赵　雯
常务副会长：黄　红
秘 书 长：段锦宏
电　　话：54036110
传　　真：54031979

地　　址：上海市南京东路800号21楼A座
邮政编码：200040

上海市人口学会
会　　长：孙常敏
副 会 长：张戎舟　高尔生　丁金宏
　　　　　王桂新　朱国宏　郁鸿胜
秘 书 长：胡　琪
电　　话：64880707转1406
传　　真：64041675
地　　址：上海市陕西南路122号7楼
邮政编码：200040

上海市生殖健康产业协会
会　　长：施德容
副 会 长：朱晓华　张国强　杨毓方
秘 书 长：唐文娟
电　　话：62999354
传　　真：62999384
地　　址：上海市长寿路393号601室
邮政编码：200060

上海市人口早期发展协会
会　　长：谢玲丽
副 会 长：孙常敏　赵　勇　邬惊雷　邵又娟
　　　　　余建国　傅成文
秘 书 长：张戎舟
电　　话：64884601
传　　真：64884601
地　　址：上海市莘北路181号
邮政编码：201199

上海市人口福利基金会
理 事 长：柴俊勇
秘 书 长：孙荣初
电　　话：54030818
地　　址：陕西南路122号3楼
邮　　编：200040

上海市计划生育与生殖健康学会
理 事 长：王一飞
副理事长：高尔生　王国良　刘晓瑗
秘 书 长：刘晓瑗（兼）
副秘书长：萧莉蓉（负责日常工作）
电　　话：64049215转
地　　址：上海市斜土路2140号
邮政编码：200032

上海市性教育协会
会　　长：孙常敏
秘 书 长：沈龙英
电　　话：54031979
地　　址：上海市陕西南路122号5楼
邮政编码：200040

上海市老龄工作委员会
处　　长：袁俊良
电　　话：63232222转老工办
传　　真：63237980
地　　址：上海市江西中路215号
邮政编码：200002

上海市老年学学会
法人代表：左学金
副 会 长：王传馥　冯贵山　桂世勋　李彦林
　　　　　张钟汝
秘 书 长：孙鹏镖
电　　话：63680066转106
地　　址：上海市中山南路1088号3楼
　　　　　南浦大厦
邮政编码：200011
E-mail：webmastr@shrca.org.cn

人口和计划生育研究机构

复旦大学人口研究所
所　　长：王桂新
副 所 长：任　远
电　　话：65643051
传　　真：65643052
地　　址：上海市邯郸路220号
邮政编码：200433

上海社会科学院城市与人口发展研究所
所　　长：郁鸿胜
副 所 长：周海旺
电　　话：53061759
传　　真：53061759
地　　址：上海市淮海中路622弄7号
邮政编码：200020

华东师范大学人口研究所
所　　长：吴瑞君
副 所 长：黄晨熹
电　　话：62232973
传　　真：62233676
地　　址：上海市中山北路3663号
邮政编码：200062
E-mail：hsdrks@yahoo.com

上海市计划生育科学研究所
所　　长：李元春
副 所 长：王　健　袁　伟
电　　话：64049215转
传　　真：（021）64046128
地　　址：上海市斜土路2140号
邮政编码：200032

上海人口与发展研究院
院　　长：谢玲丽
副 院 长：孙常敏　周少云　左学金
　　　　　彭希哲　张戎舟（常务）
　　　　　黄玉捷
电　　话：64884601
传　　真：64884601
地　　址：上海市莘北路181号
邮政编码：201199

上海市老龄科学研究中心
法人代表：沈振新
副 主 任：殷志刚
电　　话：63699606转
地　　址：上海市中山南路1088号3楼南浦大厦
邮政编码：200011
E-mail：srcoa@online.sh.cn

上海生殖医学研究培训中心
主　　任：王一飞
电　　话：64453260
传　　真：64663160
地　　址：上海市重庆南路280号
邮政编码：200025
E-mail：wangyf@shsmu.edu.cn

各区县人口和计划生育委员会

黄浦区人口和计划生育委员会
党组书记：刘树昇
主　　任：陈丽琴
副 主 任：张燕尔　周　红
电　　话：63262020转81431
传　　真：63310494
地　　址：上海市重庆南路100号14楼
邮政编码：200020

徐汇区人口和计划生育委员会
党组书记、主任：阎宗桂
副 主 任：周汝琳
电　　话：64872222转1598
传　　真：64644414
地　　址：上海市漕溪北路336号9楼
邮政编码：200030

长宁区人口和计划生育委员会
党组书记、主任：张　聆
副 主 任：谈一韵
电　　话：22051409
传　　真：22051449
地　　址：上海市长宁路599号14楼
邮政编码：200050

静安区人口和计划生育委员会
党组书记、主任：张　愉
副 主 任：曹　燕　周公望
电　　话：54049084
传　　真：54049264

地　　址：上海市常熟路113弄6号3～4楼
邮政编码：200040

普陀区人口和计划生育委员会
党组书记、主任：马　毓
副 主 任：黄自亮
电　　话：52564588转3378
传　　真：62649508
地　　址：上海市大渡河路1688号C区
邮政编码：200333

闸北区人口和计划生育委员会
主　　任：应　妹
党组书记：谈惠兰
副 主 任：茆训文　王立南
电　　话：63810377
传　　真：63170154
地　　址：上海市秣陵路46号1519室
邮政编码：200070

虹口区人口和计划生育委员会
党组书记、主任：孙　敏
副 主 任：王成东
电　　话：25658706
传　　真：25658709
地　　址：上海市飞虹路518号1705室
邮政编码：200086

杨浦区人口和计划生育委员会
党组书记、主任：金雪萍
副 主 任：吴玉珍
电　　话：25032481
传　　真：65359671
地　　址：上海市江浦路667号A402室
邮政编码：200082

闵行区人口和计划生育委员会
党组书记、主任：李永珍
副 主 任：方永昌　程建萍　何红卫
电　　话：64132907
传　　真：64124744
地　　址：上海市闵行区莘庄镇广贤路180号
邮政编码：201100

宝山区人口和计划生育委员会
党组书记、主任：王　岚
副 主 任：苏　玲
电　　话：56166694
传　　真：56178532
地　　址：上海市泰和路245号2号楼
邮政编码：200940

嘉定区人口和计划生育委员会
主　　任：金惠萍
副 主 任：吴雪芬　许琦星
电　　话：69989993
传　　真：69989603
地　　址：上海市嘉定区德富路1288号4楼
邮政编码：201800

浦东新区人口和计划生育办公室
主　　任：宋宪东
副 主 任：徐玉英
电　　话：38583181
传　　真：38583185
地　　址：上海市成山路990号5楼
邮政编码：200125

金山区人口和计划生育委员会
主　　任：张　琼
副 主 任：干翠宝　吴惠琴　黄强华
电　　话：57922608
传　　真：57922609
地　　址：上海市龙山路555号公共服务中心西14楼
邮政编码：200540

松江区人口和计划生育委员会
主　　任：姚　平
副 主 任：沈利明　俞　悦
电　　话：37735243
传　　真：37735429

地　　址：上海市松江区园中路1号
邮政编码：201620

青浦区人口和计划生育委员会

主　　任：徐孝芳
副 主 任：许秋凤　吴金英
电　　话：33860552
传　　真：33860538
地　　址：上海市青浦区夏阳街道华科路550弄6号楼
邮政编码：201700

奉贤区人口和计划生育委员会

主　　任：周晓春
副 主 任：李　莲　刘伟红
电　　话：57429039
传　　真：57429039
地　　址：上海市奉贤区南桥镇秀龙路128号
邮政编码：201400

崇明县人口和计划生育委员会

主　　任：施　俭
党组书记、副主任：陈　英
电　　话：69695872
传　　真：69695872
地　　址：上海市崇明县城桥镇学宫路403号
邮政编码：202150

各区县人口和计划生育协会

黄浦区计划生育协会

会　　长：蒋一鸿
常务副会长：刘树昇
电　　话：63265528
地　　址：上海市延安东路300号西14楼
邮政编码：200001

卢湾区计划生育协会

会　　长：黄　红
常务副会长：许宝铮
电　　话：63310414
地　　址：上海市重庆南路100号
邮政编码：200020

徐汇区计划生育协会

会　　长：黄霄鹰
常务副会长：阎宗桂
电　　话：54085549
地　　址：上海市东泉路182号
邮政编码：200030

长宁区计划生育协会

会　　长：陈志奇
常务副会长：张　聆
电　　话：22051407
地　　址：上海市长宁路599号14楼
邮政编码：200050

静安区计划生育协会

会　　长：曾晓颖
常务副会长：张　愉
电　　话：54049084
地　　址：上海市常熟路113弄6号3～4楼
邮政编码：200040

普陀区计划生育协会

会　　长：顾顺祥
常务副会长：马　毓
电　　话：52564588
地　　址：上海市大渡河路1688号C区
邮政编码：200333

闸北区计划生育协会

会　　长：鲍英菁
常务副会长：应　妹
电　　话：63805390转6573
地　　址：上海市秣陵路46号
邮政编码：200070

虹口区计划生育协会

会　　长：宋美红
常务副会长：孙　敏
电　　话：25658719
地　　址：上海市飞虹路518号1705室
邮政编码：200086

杨浦区计划生育协会

会　　长：吴乾渝
常务副会长：金雪萍
电　　话：25032479
地　　址：上海市江浦路667号A402室
邮政编码：200082

闵行区计划生育协会

会　　长：杨德妹
常务副会长：李永珍
电　　话：64129442
地　　址：上海市闵行区莘庄镇广贤路180号4楼
邮政编码：201100

宝山区计划生育协会

会　　长：顾佳德
常务副会长：王　岚
电　　话：56569660
地　　址：上海市泰和路245号2号楼
邮政编码：200940

嘉定区计划生育协会

会　　长：夏以群
常务副会长：金惠萍
电　　话：59522722
地　　址：上海市嘉定区人民街100号1楼
邮政编码：201800

浦东新区计划生育协会

会　　长：焦亚蛟
常务副会长：严　胜
电　　话：38583185
地　　址：上海市成山路990号5楼
邮政编码：200125

金山区计划生育协会

会　　长：祝学军
常务副会长：张　琼
电　　话：57922605
地　　址：上海市龙山路555号西14楼
邮政编码：200540

松江区计划生育协会

会　　长：陈　皓
常务副会长：姚　平
电　　话：37735297
地　　址：上海市松江园中路1号
邮政编码：201620

青浦区计划生育协会

会　　长：房剑森
常务副会长：徐孝芳
电　　话：33860544
地　　址：上海市青浦华科路550弄6号楼
邮政编码：201700

奉贤区计划生育协会

会　　长：张小松
常务副会长：钱雨晴　周晓春
电　　话：57414971
地　　址：上海市奉贤南桥镇秀龙路128号
邮政编码：201400

崇明县计划生育协会

会　　长：王　菁
常务副会长：施　俭
电　　话：69698517
地　　址：上海市崇明城桥镇学宫路403号
邮政编码：202150

图书在版编目（CIP）数据

上海人口和计划生育年鉴．2012 ／ 上海市人口和计划生育委员会编．—上海：上海科学技术文献出版社，2012.12

ISBN 978-7-5439-5588-2

Ⅰ．①上… Ⅱ．①上… Ⅲ．①人口—工作—上海市—2012—年鉴②计划生育—工作—上海市—2012—年鉴Ⅳ．①C924.255.1-54

中国版本图书馆CIP数据核字（2012）第263632号

责任编辑　祝静怡

英文翻译　曹　莉

上海人口和计划生育年鉴

（2012）

《上海人口和计划生育年鉴》编辑委员会编

主编　黄红

*

上海科学技术文献出版社出版发行

（上海市长乐路746号　邮政编码 200040）

全 国 新 华 书 店 经 销

上海市印刷十厂有限公司印刷

*

开本889×1194　1/16　插页 26　印张 25.5　字数 700 000

2012年12月第1版　2012年12月第1次印刷

印数：1—1 000

ISBN 978-7-5439-5588-2

定价：180.00元

http://www.sstlp.com